HISTOIRE DE L'ARMÉE ALLEMANDE

Du même auteur
en poche

Histoire de l'armée française, de 1914 à nos jours, Paris, Perrin, tempus n° 13, 2002.

collection tempus

Philippe MASSON

HISTOIRE DE L'ARMÉE ALLEMANDE

1939-1945

PERRIN
www.editions-perrin.fr

ISBN : 978-2-262-032228-9

tempus est une collection des éditions Perrin.

Avant-propos

Est-il besoin de souligner que l'armée allemande se trouve au cœur de la Seconde Guerre mondiale ? A l'origine de la *Blitzkrieg* et des succès foudroyants de 1939-1942, elle a réussi le tour de force de mener pendant plus de deux ans, avec un extraordinaire brio, une lutte défensive face à une coalition formidable. Cette lutte s'est poursuivie jusqu'au bout sans connaître de défaillances.

Fait étrange, aucun ouvrage en France ne traite de l'armée allemande. L'œuvre entreprise par Benoist-Méchin s'arrête en 1939, tout en ayant connu une déviation de plus en plus nette. A partir de la fin des années vingt, le récit concerne de plus en plus la vie politique allemande, avec la crise économique, la montée du nazisme et la mise en place d'un système totalitaire. Quant aux cinq volumes annoncés concernant la période 1939-1945, ils n'ont jamais vu le jour. La curiosité de l'auteur s'est alors tournée vers d'autres domaines. On ne peut que le regretter.

Cet ouvrage a donc pour but de combler une lacune. Il ne traite pas uniquement de l'armée de terre, mais également de la Luftwaffe et de la Kriegsmarine, c'est-à-dire de l'ensemble de la Wehrmacht. Il ne se limite pas aux opérations militaires, mais s'efforce de discerner les ressorts secrets de cette armée sur le plan du commandement, de la doctrine, des matériels, du renseignement ou du politique, susceptibles d'expliquer des victoires retentissantes et un désastre pratiquement sans précédent dans l'histoire.

Cet ouvrage souligne encore un dernier phénomène souvent négligé. Avec les matériels nouveaux apparus à l'extrême fin de la guerre, fusées, avions à réaction, sous-marins électriques, une nouvelle Wehrmacht était en gestation, à l'origine de la révolution militaire de la seconde moitié du XXe siècle.

1

De la Reichswehr à la Wehrmacht

Le 20 avril 1939, pour le cinquantième anniversaire du Führer, Berlin est le théâtre d'une parade grandiose, à la limite du surréalisme. A Charlottenburg, devant tout le corps diplomatique et devant un Hitler, le bras tendu, figé dans une attitude hiératique, impénétrable, c'est pendant quatre heures un défilé ininterrompu de chars, d'engins blindés, de camions remplis de troupes, de pièces d'artillerie. Des centaines d'avions défilent dans le ciel. Au total, plus de 40 000 hommes.

Après cette éclatante démonstration de force, le doute n'est plus permis. Le Reich a bel et bien réarmé. Il est peut-être même devenu la première puissance militaire du monde. Cette constatation inquiétante appelle une question. L'Allemagne avait-elle réellement désarmé au lendemain de la guerre ?

Si on se place sur le plan matériel, la réponse ne peut qu'être positive. Après plusieurs mises en demeure en 1920-1921 de la part des vainqueurs, la république de Weimar, non sans une mauvaise volonté évidente, s'était résignée à appliquer les clauses du traité de Versailles. La Reichswehr provisoire de 300 000 hommes, née au lendemain de la défaite sur les ruines de l'armée impériale, avait cédé la place à une nouvelle Reichswehr de 100 000 hommes, dont 4 000 officiers, composée d'engagés volontaires à long terme. 25 ans pour les officiers, 12 ans pour les sous-officiers et les hommes de troupe. Au total, une armée de 7 divisions d'infanterie et 3 de cavalerie réparties dans 7 Werkreis (régions militaires). La République s'était encore résignée à dissoudre toutes les formations paramilitaires, corps francs ou associations patriotiques.

Sur le plan de l'équipement, la nouvelle armée allemande obéit encore aux clauses du traité. Elle se trouve privée de tout matériel moderne, avions, chars, artillerie lourde, armes chimiques. Elle ne constitue qu'une force de garde-frontière et de maintien de l'ordre. En vertu du traité, la Reichswehr se trouve encore écartée de toute une partie du territoire national, c'est-à-dire de la zone démilitarisée qui comprend la rive gauche du Rhin, qui doit être occupée jusqu'en 1935, et une bande de 50 kilomètres sur la rive droite. Dans cette zone, l'Allemagne ne peut entretenir le moindre bataillon, ni construire un seul blockhaus.

Pour clore le tout, jusqu'en 1927, le désarmement de l'Allemagne a fait l'objet des investigations d'une commission internationale de contrôle, CMIT, présidée par un Français, le général Nollet, et composée de représentants de la France, de la Grande-Bretagne, de l'Italie et du Japon[1]. L'activité essentielle de cette commission s'est exercée jusqu'en 1927, en dépit d'une mauvaise volonté évidente des autorités du Reich. Toute l'Allemagne a été passée au peigne fin.

La commission a tout d'abord procédé à des destructions massives de matériel de guerre : 15 700 avions, 30 000 moteurs, 60 000 canons, 130 000 mitrailleuses, 6 millions de fusils, 38 millions de projectiles, 490 millions de munitions pour armes portatives, 9 000 stations de TSF, 212 000 téléphones de campagne, 2 000 lance-flammes, 31 trains blindés, 2 200 pontons…

La commission a également procédé au démantèlement des fortifications allemandes, aussi bien terrestres que maritimes. La Grande-Bretagne se chargeant tout spécialement de la destruction des installations de l'île d'Helgoland qui avait constitué la principale base des sous-marins pendant la guerre. Elle a procédé également à la neutralisation ou à la reconversion des principales industries d'armement, arsenaux ou entreprises privées. C'est ainsi que plus de 6 000 machines-outils des usines Krupp traditionnellement associées au militarisme allemand ont été détruites. L'Allemagne n'est autorisée à conserver que 33 usines destinées à l'équipement de l'armée et de la marine. Par ailleurs, toute importation de matériel de guerre est rigoureusement interdite.

En définitive, un bilan impressionnant. En revanche, sur le plan moral, force est de reconnaître que le désarmement n'a jamais été accepté non seulement par le corps des officiers, mais par l'immense majorité du peuple allemand. Ce désarmement s'intègre dans le diktat de Versailles. Il apparaît comme une injure, comme une amputation à la souveraineté d'une grande nation. Il ne peut être que transitoire.

A cet égard, au moment où disparaît la commission de contrôle, dans la logique de la détente de la fin des années 20, avec Locarno, le pacte Briand-Kellogg, l'entrée de l'Allemagne à la Société des Nations, les vainqueurs eux-mêmes sont sans illusion. Pour le maréchal Foch, le désarmement d'une nation de 65 millions d'habitants ne peut être permanent. Des précautions s'imposent.

Le général Nollet aboutit à la même conclusion : « Lorsqu'il était dans les mœurs qu'après la défaite la population mâle fût passée au fil de l'épée, les femmes enlevées, les innocents massacrés, peut-être pouvait-on attendre de la victoire l'extermination de l'ennemi.

Mais, à notre degré de civilisation, l'avantage du nombre reste acquis, malgré ses revers, au peuple qui le possède.

« D'autre part, la guerre moderne met en jeu toutes les forces de la nation et nous avons vu que, dans une interprétation à peine extensive, on peut considérer comme matériel de guerre une très grande partie de l'outillage national. Dès lors, le matériel de la nation vaincue ne peut plus – lui non plus – être anéanti.

« Le désarmement d'une nation ne saurait qu'être éphémère. On ne peut réduire une grande nation à l'impuissance qu'en ruinant sa force morale au point qu'elle s'abandonne.

« Avec le temps, le souvenir des souffrances endurées et des échecs subis s'efface. La confiance revient, le sens national renaît. Alors apparaît la volonté de réparer les malheurs de la patrie, de lui rendre sa place dans le monde.

« Le peuple allemand, qu'il n'était pas au pouvoir des Alliés de détruire, devait tendre à se relever. Admettre qu'un peuple puisse se sentir vaincu qu'à titre temporaire, c'est supposer que s'arrête la marche de l'Histoire, c'est commettre une erreur dont la grandeur et les conséquences deviennent plus considérables à mesure que s'accélère le rythme des événements[2]. »

De fait, c'est dans la perspective d'un redressement, de la reconstitution d'une armée nationale, libérée de toute entrave, que le général von Seeckt va exercer jusqu'en 1927 ses fonctions de commandant de la Reichswehr. Pour von Seeckt, la nouvelle armée doit d'abord constituer une élite, une armée de cadres. Parmi les 40 000 officiers de la Reichswehr provisoire, le général n'a aucun mal à désigner les 4 000 officiers de la nouvelle armée. Ceux-ci sont choisis pour leur droiture, leur autorité, leur compétence.

Il n'a également aucune difficulté à recruter tous les ans les 9 500 volontaires nécessaires, en raison de l'afflux des candidatures de l'ordre de 85 000 à 90 000. Une impitoyable sélection peut ainsi s'exercer tant sur le plan physique qu'intellectuel et moral. Le recrutement porte essentiellement sur des jeunes gens issus des régions agricoles et des petites villes. Sont éliminés les ressortissants des grands centres industriels et les Israélites.

Dans l'optique de Seeckt, cette armée doit éviter l'écueil de sombrer dans la routine. L'instruction ne doit pas se limiter à une ou deux années mais conserver un caractère intensif pendant toute la durée de l'engagement. Exploitant une des rares lacunes du traité de Versailles, qui ne limite pas le corps des gradés, la Reichswehr finit par comprendre plus de la moitié de caporaux et de sous-officiers. Les hommes de troupe se trouvent en minorité…

Grâce à une instruction poussée à l'extrême, tous les engagés, officiers ou non, doivent être en mesure d'assurer les fonctions des deux échelons supérieurs au leur. Un simple soldat peut ainsi exercer les fonctions de sergent, un sergent celles de sous-lieutenant, un sous-lieutenant celles de chef de bataillon. En vertu de cette conception, la Reichswehr constitue l'armée de chefs (Führerheer) annoncée par le maréchal Foch lors de la conférence de la paix.

L'ancien généralissime des armées alliées aurait souhaité une armée de 300 000 hommes composée de conscrits servant à court terme. Son avertissement n'avait pas été entendu par les Anglo-Saxons qui ne pouvaient imaginer qu'une Reichswehr de métier puisse avoir une mentalité différente de leurs armées de professionnels. En définitive, la Reichswehr allait constituer les cadres de la future armée nationale après 1935. Dernier point, enfin. Au cours de leur service, les engagés doivent bénéficier d'une formation professionnelle pour ne pas faire figure de déclassés lors de leur retour à la vie civile.

En dépit de la suppression du service militaire, la Reichswehr doit encore rester étroitement en contact avec l'ensemble de la population. Elle ne doit pas constituer un corps étranger à la nation. Dans tous les régiments, des « compagnies de tradition » sont chargées de conserver les drapeaux des unités dissoutes. Ces compagnies doivent encore maintenir des contacts étroits avec les associations d'anciens combattants. De préférence, les recrues tiennent garnison dans la région dont ils sont originaires, de manière à conserver des liens avec leur famille, leur village ou leur ville.

Le général von Seeckt s'efforce également de pallier, sur le plan de l'organisation, certaines exigences des vainqueurs. La création du *Trupenamt*, une expression nouvelle, a pour objectif de remplacer, d'une manière camouflée, le grand état-major dont la disparition s'intègre dans les clauses de Versailles. Il en est de même pour la *Kriegsakademie*, l'Ecole supérieure de guerre, de renommée mondiale, condamnée elle aussi à disparaître mais remplacée par un enseignement militaire décentralisé, à l'échelon de chaque Werkreis.

Sur le plan du matériel, von Seeckt apparaît comme un esprit résolument novateur. Tirant les enseignements du conflit précédent, il discerne que celui de l'avenir verra le retour à la guerre de mouvement, avec l'association du char et de l'avion. D'une certaine manière, l'interdiction pour la Reichswehr de posséder des matériels modernes constitue un avantage. Elle évite à la nouvelle armée allemande de se trouver encombrée d'instruments de combat de plus en plus périmés.

Le Trupenamt doit s'efforcer par tous les moyens de suivre l'évolution des techniques, d'accumuler une solide documentation sur les armées étrangères, en dépit encore d'une nouvelle interdiction de Versailles, celle d'entretenir des attachés militaires. Des prototypes d'armes nouvelles seront étudiés. Dans la lignée du traité de Rapallo de 1922, un accord occulte avec l'URSS donne à l'Allemagne la possibilité d'expérimenter ces prototypes en Russie, d'assister à des exercices mettant en jeu des chars et des avions, notamment à Lipetsk, près de Moscou, voire même de former des spécialistes. En l'absence de toute armée de l'air, von Seeckt conserve auprès de lui un groupe d'une soixantaine d'officiers qui ont combattu dans l'aviation pendant la guerre.

Cet effort de recherche va de pair avec les subventions camouflées accordées à différents industriels pour que ceux-ci soient en mesure, le moment venu, de passer à la fabrication de matériels de série. Le cas est particulièrement facile en ce qui concerne les industries chimiques et même mécaniques. Des usines de matériel agricole seront ainsi susceptibles de sortir des chars légers. Tout en conservant un caractère limité, ces mesures faciliteront considérablement les débuts du réarmement, au lendemain de l'arrivée de Hitler au pouvoir.

Sur le plan politique enfin, von Seeckt tient à ce que l'armée reste au-dessus des partis et soit fidèle au serment qu'elle prête non pas au président de la République, mais à la Constitution. Les officiers et les soldats de la Reichswehr n'ont pas le droit de vote et ne peuvent adhérer à aucune formation politique. Ils apparaissent cependant comme l'ultime recours, en cas de crise interne, et les garants de l'unité de l'Etat et de la nation.

La politique pratiquée par von Seeckt se heurte cependant à des entraves non seulement internationales, mais internes. Cette armée apolitique est soumise à un étroit contrôle budgétaire. Elle suscite la suspicion des partis de gauche dont bien des représentants comme Scheidemann, en plein Reichstag, n'hésitent pas à dénoncer certaines tentatives de réarmement occulte.

En dépit de la qualité de l'entraînement et de la motivation de la troupe, l'absence de matériels modernes en limite le niveau professionnel. La nouvelle armée, tant par ses effectifs que par son équipement, constitue un piètre instrument de combat. Tous les Kriegspiel démontrent son incapacité, non seulement à soutenir un conflit contre la France, mais même à assurer une guerre contre la Pologne. A tous les échelons, sans renier la souplesse opérationnelle, qui laisse la plus grande liberté d'action aux exécutants, le commandement se voit contraint de pratiquer le « combat retardateur », avec des résultats inévitablement déprimants. Constatation qui ne peut que nourrir une volonté de plus en plus affirmée de redressement et de réarmement.

La situation de la marine n'est pas meilleure. La fin de la guerre s'est traduite pour la Kriegsmarine par une humiliation. En arborant le drapeau rouge, ce sont les cuirassés de la flotte de haute mer qui ont servi de détonateur à la crise révolutionnaire qui s'est étendue aux ports, aux centres industriels et qui a entraîné la chute du système monarchique.

L'armistice de Rethondes s'est encore traduit par la livraison immédiate aux Anglais de tous les sous-marins destinés à être détruits et par la reddition humiliante des grands bâtiments de la flotte de haute mer à Scapa Flow, où ils devaient finalement réussir à se saborder, sur l'ordre de l'amiral Reuter, à la veille de la signature de la paix.

Le traité de Versailles ne laisse enfin à l'Allemagne qu'une caricature de flotte de guerre de 100 000 tonnes (144 000 avec les bâtiments de réserve). Cette flotte se trouve limitée aux 6 vieux cuirassés de 10 000 tonnes de la classe *Schlesien* déjà largement démodés en 1914, à 6 croiseurs de 6 000 tonnes, 12 contre-torpilleurs de 800 tonnes et 12 torpilleurs de 600 tonnes. Les sous-marins et l'aéronautique navale lui sont strictement interdits. Le personnel est limité à 15 000 hommes dont 1 500 officiers, ce qui ne permettra même pas d'armer toutes les unités concédées par le traité.

Comble d'infortune, déjà suspecte aux milieux conservateurs par les mutineries de 1917-1918, la marine l'est également aux partis de gauche au lendemain du putsch avorté d'extrême droite Kapp-Luttwitz, où l'une des trois brigades navales, celle commandée par le lieutenant Ehrhardt, a occupé Berlin. Plus que l'armée encore, la marine se trouve coupée de la nation.

Sous l'impulsion de l'amiral Zenker, puis de son successeur Raeder, une réflexion intervient cependant sur la conduite des opérations de 1914 à 1918 et le rôle finalement décevant de la flotte de haute mer. Alors que Raeder, dans son ouvrage sur la guerre des croiseurs menée au cours du conflit, plaide en faveur d'une flotte équilibrée associant navires de ligne et bâtiments aptes à la guerre de course, l'amiral Wegener se fait le procureur de la flotte de cuirassés créée par Tirpitz. Le but de la guerre sur mer ne s'identifie pas à la destruction de la force organisée de l'ennemi, contrairement à l'enseignement de l'amiral Mahan, c'est-à-dire à la bataille, mais au contrôle des lignes de communications[3].

Pour mener cette lutte avec le maximum de succès, l'Allemagne doit s'affranchir d'une position géostratégique extrêmement défavorable limitée à la baie allemande et qui a permis à la marine britannique d'interrompre les communications du Reich en contrôlant le pas de Calais et les accès de la mer du Nord. Dès les débuts d'un nouveau conflit, l'Allemagne devrait occuper les principaux ports de la Norvège et conquérir les côtes françaises de la Manche jusqu'à Brest. Jugées peu opportunes et pour le moins utopiques, ces vues seront condamnées en 1926 et amèneront leur auteur à quitter la marine. Elles seront cependant en grande partie reprises par Raeder, comme on le constatera avec la campagne de Norvège de 1940.

Tout au long de cette période, la marine multiplie les Kriegspiel dans le cas d'un éventuel conflit associant la France à la Pologne. Les résultats de ces exercices sont le plus souvent tout aussi déprimants que ceux menés par la Reichswehr. A la rigueur, une maîtrise de la Baltique semble possible, permettant le maintien de relations avec la Suède et des communications entre la Prusse orientale avec le reste de l'Allemagne. Il serait peut-être encore possible d'interdire l'entrée de forces navales françaises en Baltique par le Sund.

En revanche, les conditions offertes par un affrontement avec la France en mer du Nord, même dans le cadre d'une neutralité bienveillante de la Grande-Bretagne, conduisent à un évident pessimisme. Même en utilisant toutes les ressources du combat de nuit, il semble impossible de préserver les liaisons maritimes de l'Allemagne ou d'empêcher la marine française de procéder à des débarquements sur les côtes allemandes ou sur le littoral danois. Tout au plus peut-on espérer que le comportement de l'Italie l'obligera à maintenir une escadre importante en Méditerranée ou à distraire des forces dans l'Atlantique, en cas de raids menés par les croiseurs légers allemands.

Devant une situation aussi peu encourageante, la Kriegsmarine adopte en permanence une attitude révisionniste et caresse le rêve d'une parité avec la France. Elle aurait souhaité que l'Allemagne participe à la conférence de désarmement de Washington, ou qu'elle obtienne, par le biais de négociations avec la Grande-Bretagne, un relèvement du tonnage autorisé aussi bien sur le plan quantitatif que qualitatif. Mais il ne s'agit que de vœux pieux que le ministère de la Guerre ou la Wilhelmstrasse prennent à peine en considération.

Le renouvellement de la marine s'amorce cependant. Renouvellement parfaitement conforme aux clauses de Versailles. 5 croiseurs légers et 12 contre-torpilleurs de 800 tonnes sont successivement mis en chantier de 1921 à 1928. Quoique tout à fait conforme au traité, la construction décidée en 1928 du *Panzerschiffe* (bâtiment cuirassé) *Deutschland*, en remplacement d'un des cuirassés de la classe *Schliesen*, va avoir des conséquences internationales inattendues.

Avec un déplacement de 10 000 tonnes (12 000 en réalité), un armement composé de 8 pièces de 280 m/m et une vitesse de 27 nœuds associée à un imposant rayon d'action, ce bâtiment qualifié immédiatement de « cuirassé de poche » prend à contre-pied les puissances signataires de Washington, d'autant plus que deux autres bâtiments suivent. Par son armement, il surclasse tous les croiseurs lourds de l'époque tributaires de pièces de 203 m/m, et par sa vitesse il n'a pas grand-chose à redouter de l'immense majorité des navires de ligne, qui atteignent au maximum 22 nœuds. L'entrée en service des cuirassés de poche amène la marine française à riposter par les deux croiseurs de bataille *Dunkerque* et *Strasbourg*. L'Italie réplique par l'annonce de la mise en chantier de deux cuirassés de 35 000 tonnes, obligeant la France à répondre par la construction de deux navires de même tonnage, le *Richelieu* et le *Jean Bart*. D'une manière totalement inattendue, la mise en chantier des Panzerschiffe aboutit à une relance de la course aux armements au lendemain même de la conférence de Londres de 1930.

Si ces bâtiments redonnent à la Kriegsmarine une capacité océanique, ils ne mettent pas fin à une indiscutable morosité, marquée par de nombreuses démissions. Pour l'amiral Tirpitz, alors à la retraite, la perte de la puissance navale se traduit par la dégradation du prestige du Reich dans le monde et le déclin du commerce. Quant à l'amiral Levetzow, le premier officier général à adhérer au national-socialisme, il s'interroge : « Cultive-t-on encore aujourd'hui la tradition de notre ancienne marine ? » avant de conclure d'une façon désabusée : « La flotte existante n'est plus qu'une marine rabougrie composée de navires en trompe-l'œil. »

Tout change à partir de 1930. Contrairement à ce que l'on pense le plus souvent, c'est trois ans avant l'arrivée de Hitler au pouvoir que le gouvernement du Reich, à l'initiative des chanceliers Müller et surtout Brüning, et non plus de la seule Reichswehr, jette les bases d'un programme important de réarmement et la mise sur pied d'une nouvelle armée nettement plus forte que celle exigée par le traité. Deux raisons sont tout d'abord à l'origine d'un redressement à peine caché : la disparition de la commission interalliée de contrôle et l'évacuation anticipée de la rive gauche du Rhin obtenue par Stresemann en 1930.

C'est ainsi que Brüning n'hésite pas, en avril 1932, à exposer, de manière beaucoup plus précise que Stresemann, les objectifs révisionnistes du Reich. Sur le plan territorial, ses propositions portent sur :

1° L'incorporation de Dantzig au Reich et la rétrocession, par la Pologne, de la Prusse occidentale et de la partie polonaise de la Haute-Silésie.

2° La garantie d'un port libre près de l'embouchure de la Vistule et d'un chemin de fer reliant ce port à l'intérieur de la Pologne.

3° Le désintéressement de l'Allemagne pour Memel et pour la Lituanie.

4° La restitution d'une partie de l'ancien territoire colonial allemand[4].

Aurait été également envisagée la restitution (immédiate ou anticipée) de la Sarre, d'Eupen et de Malmédy.

Brüning tient encore à exploiter au maximum une des clauses majeures du traité de Versailles qui souligne que le désarmement de l'Allemagne constitue le prélude à un désarmement général. Aussi les revendications militaires du Reich portent-elles sur :

1° La reconnaissance du principe de « l'égalité des droits » en matière d'armement ; elle ne serait pratiquée que si, après une deuxième conférence du désarmement ou après l'échéance de cinq ans, un accord sur une réduction générale des armements n'était pas conclu.

2° L'assentiment des Etats signataires du traité de Versailles à la transformation de la Reichswehr par la diminution de moitié de la durée du service militaire et par la création d'une milice dont les effectifs seraient limités, pour les cinq années à venir, à peu près au niveau de ceux de la Reichswehr.

3° La liberté de fortifier les frontières du Reich ou des zones démilitarisées.

4° L'autorisation, dès à présent, de construire des prototypes d'armements offensifs lourds et la latitude d'équiper les unités allemandes d'armements défensifs lourds.

5° La substitution de cette nouvelle convention au chapitre V du traité de Versailles, en soutenant le principe du désarmement général et en faisant adopter cette convention par la Société des Nations.

Ces propositions sont présentées en 1932 lors de la conférence de désarmement de Genève, « d'entretiens privés et directs » avec Tardieu, Mac Donald, Grandi et le secrétaire d'Etat américain Stimson, acquis à une refonte partielle du traité de Versailles. Des contacts franco-allemands ont également lieu à Luxembourg.

Brüning compte sur l'enlisement de la conférence de désarmement et les divergences qui se manifestent entre les Anglo-Saxons et les Français pour obtenir une satisfaction au moins partielle. Américains et Britanniques exercent, en effet, une forte pression sur la délégation française pour que celle-ci accepte une réduction de ses forces armées métropolitaines à 200 000 hommes. Une réduction du même ordre concernerait les armées de la Pologne, de la Tchécoslovaquie et de l'Italie. Paris subordonne son accord à la mise en place d'un contrôle militaire et à une garantie britannique contre toute agression.

Si le grand dessein de Brüning se solde finalement par un échec, la Reichswehr, en plein accord avec le pouvoir, met au point un plan de refonte, l'*Umbau*, qui doit être réalisé en 1938. La Reichswehr proprement dite reste une armée de métier fondée sur des engagements de trois ans. Elle sera complétée par une milice d'une force à peu près équivalente basée sur un service de trois mois suivi de courtes périodes d'instruction. L'armée finirait par comporter 21 divisions groupant près de 300 000 hommes.

Le plan de réarmement prévoit également, mais dans des proportions très modestes, la création d'unités aériennes et blindées. La nouvelle Reichswehr devrait se trouver ainsi en mesure d'assumer, avec de sérieuses chances de succès, une guerre contre la Pologne. Ce plan constitue de toute évidence un préalable au rétablissement du service militaire.

Simultanément, dans le cadre également de l'Umbau, et toujours dans l'objectif d'une « parité avec la France », la marine présente elle aussi un programme destiné à mettre sur pied une « flotte équilibrée », suivant les conceptions de l'amiral Raeder, et comportant 6 ou 8 navires de ligne, 3 porte-avions, 7 croiseurs lourds, 12 croiseurs légers, 82 contre-torpilleurs et 80 sous-marins, soit un total de 579 000 tonnes de bâtiments. En fait, la réalisation initiale reste très modeste et se limite à 4 contre-torpilleurs de 2 200 tonnes destinés à entrer en service en 1934 et largement supérieurs aux normes permises par Versailles. Des plans sont simultanément élaborés pour la construction de deux « Super-Dunkerque[5] ».

Avec l'arrivée de Hitler au pouvoir, le plan de réarmement entre dans une phase décisive, mais sans changer encore profondément de nature. Dès le 3 février 1933, devant les principaux généraux de l'armée, le Führer annonce une nouvelle orientation. Il précise son intention de récupérer le « pouvoir politique », préalable indispensable au « renforcement de la volonté de défense ». Tout en se montrant encore évasif sur la date de rétablissement du service militaire, ces propos ne peuvent que plaire aux officiers généraux, soucieux d'une réhabilitation de l'armée aux yeux de l'opinion et qui espèrent que la nouvelle Wehrmacht va redevenir l'institution la plus importante de l'Etat.

Ce réarmement reste cependant discret et le départ de l'Allemagne de la conférence de désarmement et de la Société des Nations, faute d'obtenir une authentique égalité des droits, ne doit pas faire illusion. Hitler se montre beaucoup plus prudent qu'un homme comme le général von Blomberg, qu'on lui a pratiquement imposé comme ministre de la Guerre. Le réarmement doit se poursuivre avec énergie, mais avec le maximum de discrétion, quitte à multiplier les démentis.

L'Allemagne va traverser une période dangereuse, comparable à la Riskogedanke de Tirpitz au début du siècle. Le réarmement ne peut s'affranchir de l'environnement international. Tant que le problème de la Sarre ne sera pas réglé, la plus grande réserve s'imposera.

Jusqu'en 1935 et encore après, Hitler multiplie les déclarations pacifistes et se fait, suivant sa propre expression, le chantre de la paix. Pour des raisons de stricte opportunité, il défend l'idée d'un désarmement international et il entreprend des négociations avec la

France et la Grande-Bretagne, tout en signant en 1934 un pacte de non-agression avec la Pologne.

Il propose ainsi au gouvernement français, en décembre 1933, une armée allemande de 300 000 hommes égale aux forces métropolitaines françaises et une aviation inférieure de moitié à celle de l'armée de l'air française. Après quelques hésitations, le cabinet Doumergue rejette, en avril 1934, ces propositions. Il entend « reprendre sa liberté d'action » et jouer la carte d'un renforcement de la Petite Entente, en particulier avec la Tchécoslovaquie. L'imminence d'une crise au sein du IIIe Reich, qui va éclater lors de la « nuit des Longs Couteaux » semble avoir dicté en grande partie la décision de Paris.

En revanche, Ribbentrop envoyé à Londres comme ambassadeur extraordinaire remporte un évident succès. Le cabinet conservateur accepte le principe d'une renaissance de la Kriegsmarine, à condition que son tonnage ne dépasse pas 35 % de celui de la Royal Navy, avec la possibilité d'atteindre 45 % et même 100 % dans certaines circonstances pour les sous-marins.

Londres préfère alors jouer la carte d'un contrôle du réarmement naval allemand et n'est pas resté insensible à une éventuelle menace navale soviétique en Baltique. En 1937, un nouvel accord avec la Grande-Bretagne permettra à la Kriegsmarine, invoquant à nouveau la menace soviétique, d'obtenir la parité en sous-marins. En échange, l'Allemagne renonce à la construction de croiseurs lourds et s'engage à ne pas dépasser 8 000 tonnes avec ce genre de bâtiments.

En vertu de la politique de prudence adoptée, le réarmement de l'armée obéit au départ au plan de 1932 amendé à l'automne de 1933 et à nouveau en mai 1934. En fonction de ces modifications, l'armée de temps de paix doit atteindre, pour le 1er mai 1935, 300 000 hommes et comporter 63 divisions en cas de guerre[6].

Cette extension pose le problème des réserves et amène l'armée, en liaison avec le parti, à entreprendre l'instruction annuelle de 250 000 SA (Sections d'assaut) et de 7 bataillons de gardes-frontières. Au total, au début de 1935, les objectifs fixés sont à peu près atteints. L'armée d'active compte déjà plus de 280 000 hommes. Cet accroissement a pu être obtenu au moyen d'engagements volontaires de durées variables.

La prudence de Hitler se retrouve avec la Kriegsmarine. Prudence teintée d'une hésitation. Dans *Mein Kampf* et davantage encore dans un article de presse paru en octobre 1932, Hitler s'est montré très sévère à l'égard de la politique de Tirpitz. La création de la flotte de haute mer avait eu pour résultat de rejeter la Grande-Bretagne dans le camp des adversaires de l'Allemagne. Au cours du conflit, à la différence des sous-marins allemands dont Hitler souligne l'héroïsme, la marine s'était cantonnée dans l'inaction et avait constitué tout au plus une « école flottante de canonnage[7] ».

Tout en accueillant avec satisfaction, comme leurs camarades de l'armée de terre, l'arrivée au pouvoir des nazis, qui semble garantir le retour de l'unité nationale et la rupture des chaînes de Versailles, les amiraux ne s'en inquiètent pas moins. Les plans d'expansion du Führer, soulignés dans *Mein Kampf*, apparaissent de nature purement continentale et sont subordonnés à l'amitié avec l'Angleterre. La politique d'espace vital risque de donner la première place à l'armée et de ravaler la marine à un rôle subalterne.

Dans différentes notes, l'amiral Raeder s'efforce de faire l'éducation maritime de Hitler. Il exploite sa passion pour les grands navires et sa parfaite connaissance du *Meyers Taschenbuch der Kriegsflotten* (l'équivalent des flottes de combat). S'inspirant de Tirpitz, il souligne que le rayonnement mondial d'un pays dépend étroitement de sa puissance navale et qu'une marine de guerre peut fort bien constituer l'auxiliaire d'une politique d'expansion continentale, en assurant la liberté des communications maritimes du Reich non seulement en Baltique mais en mer du Nord, surtout en cas de neutralité bienveillante de la Grande-Bretagne. La nouvelle marine « équilibrée » doit être en mesure de faire face à un conflit associant la France et la Pologne.

Pendant deux ans, Hitler, en partie convaincu, n'en reste pas moins circonspect. Les crédits accordés à la marine concernent essentiellement la rénovation des infrastructures, arsenaux, cales sèches, fortifications côtières. C'est seulement à la fin de 1934 qu'il autorise la construction du premier sous-marin et la mise en chantier des deux « Super-Dunkerque » de 32 000 tonnes, le *Scharnhorst* et le *Gneisenau*. Inférieurs en artillerie aux bâtiments français avec des pièces de 280 contre 330, les deux croiseurs de bataille allemands l'emportent par la robustesse et la protection[8].

En fait, Hitler s'efforce alors à tout prix de ne pas éveiller la méfiance de la Grande-Bretagne, dont il souhaite l'alliance dans le cadre d'une sorte de partage hégémonique. A l'Angleterre son empire et la maîtrise des mers. A l'Allemagne la domination de l'Europe continentale et l'expansion vers l'Est.

Au lendemain de la signature de l'accord naval du 18 juin 1935, le soulagement et la satisfaction de Hitler sont immenses. « C'est le plus beau jour de ma vie », affirme-t-il. En revanche, la Kriegsmarine ne dissimule pas une certaine déception. La parité avec la France n'est toujours pas atteinte. Elle aurait exigé 50 % du tonnage de la Royal Navy et Hitler s'était totalement opposé à placer la négociation avec Londres sur cette base. Avec une marine de 450 000 tonnes, le résultat est déjà plus qu'honorable. Les chantiers de construction vont être totalement mobilisés au moins jusqu'en 1941.

Indépendamment du *Scharnhorst* et du *Gneisenau*, les nouvelles constructions portent sur deux navires de ligne, le *Bismarck* et le *Tirpitz*, 5 croiseurs lourds, *Admiral Hipper, Blücher, Prinz Eugen, Seydlitz* et *Lutzow*, deux porte-avions, de grands destroyers de 2 200 tonnes et des sous-marins océaniques et de défense côtière. Par leurs caractéristiques, la plupart de ces bâtiments sont prévus pour « surclasser » les navires français de catégorie équivalente. Les croiseurs lourds dépassent ainsi 13 000 tonnes au lieu de 10 000 et les *Bismarck* et *Tirpitz* constituent des « super Richelieu » avec un déplacement de 42 000 tonnes au lieu de 35 000.

Dans l'hypothèse d'un conflit avec la France, des groupes de grands navires pourront opérer en mer du Nord et dans l'Atlantique, et préserver les communications allemandes. Des sous-marins pourront également agir en Méditerranée occidentale sur l'axe Alger-Marseille contre les transports de troupes français. La détérioration des relations avec l'Italie obligera encore la France à maintenir des forces importantes à Toulon ou à Bizerte. Au total, en quelques années, les perspectives stratégiques, en cas de conflit limité avec la France et la Pologne, se trouvent profondément bouleversées.

Les craintes du Führer ne se retrouvent pas dans le domaine du réarmement aérien. Cette réaction tient tout d'abord à la personnalité de Göring, le numéro 2 du régime, Premier ministre de Prusse et nommé ministre de l'Air du Reich. En liaison avec son secrétaire d'Etat Milch, ancien président de la compagnie aérienne Lufthansa, Göring fait cependant preuve lui aussi de prudence.

Le développement de la future Luftwaffe s'effectue en grande partie de manière occulte, sous le couvert de la Lufthansa. La compagnie adopte des appareils de transport susceptibles d'être transformés en avions de bombardement comme le Junkers 52 et se charge de la formation de futurs pilotes de combat. Les procédures à la navigation nocturne font l'objet d'une attention particulière[9].

Göring accorde également de grosses subventions aux associations sportives qui se consacrent au vol à voile ou au vol avec moteur sur appareils de tourisme. Ces associations constitueront la pépinière des futurs équipages de la Luftwaffe.

L'effort du ministère de l'Air porte encore sur la création presque *ex nihilo* d'une infrastructure : terrains d'aviation, hangars, ateliers de réparations, tandis que des crédits imposants sont accordés aux constructions aéronautiques et naturellement aux centres de formation. Les effectifs employés dans l'industrie passeront ainsi de moins de 600 personnes en 1933 à plus de 220 000 en 1939. Au cours de la même période, la production d'avions militaires évoluera de manière saisissante, passant de 36 par an à plus de 8 000. En somme, une première aviation de combat prend naissance en l'espace de quelques années.

En mars 1935, cette aviation compte 800 appareils de toutes catégories et près de 2 000 à la fin de l'année. A se limiter cependant aux avions de combat proprement dits, les effectifs de la nouvelle Luftwaffe ne dépassent pas 800 avions. Il s'agit encore d'appareils de première génération qui n'affichent aucune supériorité sur les avions en service dans les autres forces armées étrangères.

C'est au cours de cette année 1935 que se manifeste le premier grand tournant du réarmement du IIIe Reich. Le 16 mars, Hitler jette en quelque sorte le masque. Il rejette publiquement les contraintes de Versailles et proclame la souveraineté de l'Allemagne en matière de défense. Simultanément, il décide le rétablissement d'un service militaire d'un an à partir du 1er octobre, tandis que Göring annonce de son côté la création de la Luftwaffe.

Plusieurs éléments expliquent ces décisions spectaculaires. Avec la mort du président Hindenburg, Hitler vient d'être promu Reichsführer. Le problème de la Sarre a été réglé par le plébiscite du 13 janvier 1935 de manière triomphale pour le régime. Plus de 90 % des votants ont opté pour le rattachement à l'Allemagne. S'évanouit ainsi une menace de rétorsion de la part de la France. La décision du gouvernement français de porter à deux ans la durée du service militaire est interprétée par Hitler comme une menace à la sécurité du Reich. En fait, cette décision tient essentiellement à pallier le déficit des classes creuses et n'entraîne aucune augmentation des effectifs de l'armée française. Elle sert cependant de prétexte au Reich pour rétablir le service militaire. Simultanément, l'Allemagne, encore en infraction avec les clauses de Versailles, annonce le rétablissement du grand état-major et de la prestigieuse Kriegsakademie, fondée le 15 octobre 1810 par Scharnhorst. 125 ans après cette création, la réouverture de l'Ecole fait l'objet d'une grandiose cérémonie, en présence de Hitler et de plusieurs centaines de généraux et d'officiers supérieurs.

Ces décisions n'entraînent aucune réaction de la France, résignée à un réarmement qu'elle espère encore limité, et pas davantage de la Grande-Bretagne prête à négocier l'accord naval du 18 juin. Dès lors, le réarmement du Reich se poursuit ouvertement. A l'automne de 1936, l'armée disposera de 36 divisions d'infanterie et de 3 divisions blindées. Le nombre de grandes unités du temps de guerre est fixé à 73.

Ce réarmement ouvert s'accompagne cependant de fortes contraintes économiques. Les industries d'armement de la Reichswehr des années 20, installées pour la plupart dans le centre de l'Allemagne, ne sont plus à la mesure du développement de la nouvelle Wehrmacht. La Ruhr retrouve ainsi progressivement son rôle d'arsenal du Reich. Pour en assurer la protection, la remilitarisation de la Rhénanie s'impose. Prévue initialement, semble-t-il, pour 1937, cette remilitarisation va intervenir le 7 mars 1936.

Il s'agit d'un énorme coup de poker et d'une atteinte extrêmement grave à la dernière garantie conservée par la France depuis 1919 et confirmée par le traité de Locarno. Pendant plusieurs jours, les grands chefs militaires et Hitler lui-même ne dissimulent pas leur anxiété. Mais, pour de multiples raisons qu'il ne s'agit pas de développer ici, campagne électorale, manque de résolution des responsables civils et militaires, pacifisme foncier de l'opinion, abstention britannique, la France ne réagit pas. Paris se contente d'émettre une protestation par l'intermédiaire de la SDN.

La réoccupation de la Rhénanie a fait l'objet de commentaires passionnés et bien souvent erronés. Pour justifier une opération allant à l'encontre d'accords internationaux, Hitler, avec son opportunisme habituel, a saisi une occasion, la ratification par le Parlement français du pacte franco-soviétique de 1935 jugé contraire à l'esprit de Locarno, ce qui n'était pas entièrement faux[10].

En dépit d'une opinion trop souvent admise l'opération ne s'effectue pas à l'encontre de la volonté des chefs militaires. Ceux-ci, pour des raisons logistiques et par crainte d'une réaction brutale et rapide de la France, ont simplement insisté pour que la réoccupation prenne au départ une allure symbolique et soit limitée à quelques bataillons. Le débit des ponts ferroviaires sur le Rhin ne permettait pas un transfert rapide du gros de l'armée allemande sur la rive gauche du fleuve. En cas de réaction française d'envergure, les troupes allemandes devaient mener des combats retardateurs, avant de livrer bataille derrière le Rhin et la Roër. Il ne s'agissait donc nullement d'une reculade.

Au total, le Reich était prêt en 1936 à conduire une véritable guerre, avec des moyens encore limités. Dans cette affaire, Hitler bénéficiait du soutien de l'armée et de l'immense majorité de la population qui s'était toujours insurgée contre une démilitarisation permanente, considérée comme une atteinte insupportable à la souveraineté de l'Allemagne. Une défaite militaire en 1936 aurait été considérée comme une humiliation nationale et n'aurait fait que renforcer l'audience du Führer au sein de la population.

Après la remilitarisation de la Rhénanie, le réarmement allemand connaît une nouvelle phase d'accélération qui sera interrompue par la guerre. Avec le service militaire porté à deux ans, à l'automne de 1936, la Wehrmacht va compter plus d'un million d'hommes sous les armes et alignera en septembre 1939 une cinquantaine de divisions d'active dont 6 Panzer, 4 divisions motorisées et 4 divisions légères de cavalerie. L'Anschluss et la dislocation de la Tchécoslovaquie ont contribué au développement de l'armée avec l'incorporation de 8 divisions autrichiennes et l'apport des industries d'armement tchèques. A cette date, le réarmement de l'armée cesse d'occuper la première place. La priorité est accordée à la Luftwaffe, qui doit quadrupler ses effectifs et compter 20 000 avions de combat en 1942. Elle est encore davantage accordée, à partir de 1938-1939, à la Kriegsmarine avec l'adoption du plan Z qui porte sur une flotte de plus d'un million de tonnes, dix fois celle de 1933[11].

Cette flotte obéit à un tournant stratégique majeur. Avant même la crise de Munich, Hitler ne croit plus à une alliance britannique. La Royal Navy devient l'adversaire potentiel principal et la marine française est rejetée au second plan. Le 28 avril 1939, alors que Londres vient de donner sa garantie à la Pologne, à la Roumanie et à la Grèce, Hitler dénonce l'accord naval de juin 1935. Il accepte la réalisation du plan Z préparé par la Kriegsmarine dans la perspective d'un conflit avec l'Angleterre. Le Führer insiste pour que la réalisation de ce plan prévue initialement pour 1947-1948 intervienne avant 1945.

Ce plan Z apparaît comme une résultante des idées de Hitler et de l'amiral Raeder. Toujours passionné par les grands navires de ligne, le Führer insiste pour la construction de 6 grands cuirassés de la classe M de 56 000 tonnes armés de pièces de 406 m/m. Deux seront mis en chantier avant septembre 1939. Faute de pouvoir jouer du nombre, la Kriegsmarine doit pouvoir bénéficier de la supériorité qualitative. La marine japonaise, avec la construction des *Yamato*, se livre alors au même calcul. A ce corps de bataille, suivant les vœux de Raeder, s'ajouteront des croiseurs lourds et des grands croiseurs de bataille destinés à des raids dans l'Atlantique. Le plan Z prévoit encore la construction de deux porte-avions supplémentaires, de croiseurs légers, de destroyers et de 225 sous-marins, sans oublier 55 flottilles aériennes.

Au lendemain du conflit, certains regretteront que les conceptions de Dönitz n'aient pas été entendues. Au lieu de se lancer dans la réalisation d'un programme grandiose, à la limite des possibilités économiques du Reich, Hitler et Raeder auraient beaucoup mieux fait d'axer l'effort de redressement sur les sous-marins. Si la marine allemande avait disposé, au début de la guerre, d'une flotte de 300 sous-marins, d'un modèle unique de 500 tonnes, elle aurait été en mesure de paralyser les communications britanniques.

Cette thèse exige, en réalité, de sérieuses corrections. En septembre 1939, Dönitz n'est encore que simple capitaine de vaisseau et, tout en assurant l'entraînement des nouvelles flottilles, il ne jouit encore que d'une influence réduite. Par ailleurs, tout en se montrant déjà sceptique sur l'emploi des grands navires et beaucoup plus optimiste que Raeder sur l'avenir du sous-marin, en dépit du système des convois et de l'asdic (appareil de détection sous-marin par ultrasons), c'est seulement à la veille du déclenchement du conflit qu'il défend l'idée d'une flotte de 300 sous-marins, tout en préconisant encore plusieurs modèles.

A cette date, Dönitz n'est d'ailleurs pas très éloigné de Raeder, qui vient de commander le 139e sous-marin. Il semble encore décidé, lui aussi, à respecter la convention de Londres de 1936 qui condamne la guerre sous-marine à outrance et confine le sous-marin dans l'attaque des navires de combat et des transports de troupes.

Les divergences les plus nettes apparaissent, en réalité, entre Hitler et Raeder. Elles concernent l'utilisation de cette nouvelle grande marine équilibrée. Pour le Führer, la réalisation du plan Z s'intègre dans une politique de dissuasion à l'égard de la Grande-Bretagne, alors que le grand amiral n'écarte pas la perspective d'un grand conflit à l'horizon 1945 qui doit conduire à « la solution finale du problème anglais », suivant sa propre expression. Ce sera la revanche de Scapa Flow.

Conformément à la doctrine antérieure, Raeder n'écarte pas l'éventualité de la bataille. Il accorde cependant la préférence à l'action de groupes de grands bâtiments dans l'Atlantique pour la protection du commerce du Reich et des attaques de sous-marins contre des navires de transport de troupes adverses. Avec l'adhésion de l'Allemagne à la conférence de Londres de 1936, la perspective d'une guerre au commerce sans restriction, comme celles de 1915 ou de 1917-1918, semble pour le moment écartée.

Au total, à partir de 1938, un réarmement intensif concerne les trois grandes composantes de la Wehrmacht, l'armée, la Luftwaffe et la marine. On peut alors s'interroger sur la capacité de l'Allemagne à répondre à un tel effort auquel s'ajoute la construction du Westwall (ligne Siegfried) qui absorbe plus de 20 % de l'acier attribué aux armées. Non sans raison, le général Thomas, chargé des problèmes économiques au sein de la Wehrmacht, souligne le caractère « horizontal » d'un réarmement axé sur le quantitatif, au détriment de la dimension « verticale », c'est-à-dire des stocks de munitions ou de pièces de rechange, et davantage encore des carburants[12].

On voit mal, en effet, comment en temps de guerre une Allemagne soumise à un blocus plus ou moins partiel, privée en partie de ressources pétrolières ou de certaines matières premières, serait en mesure de répondre aux besoins des formations blindées et motorisées de l'armée, d'une marine de plus d'un million de tonnes et d'une Luftwaffe forte de 20 000 avions.

Le problème est d'autant plus épineux qu'aucune coordination n'existe au sein de la Wehrmacht. En dépit de sa nomination comme ministre de la Défense du Reich et commandant de toute la Wehrmacht, dès avril 1933, Blomberg n'a pratiquement aucune autorité sur l'armée de l'air et la marine, qui s'adressent directement au Führer. Responsable du plan de quatre ans, Göring n'a lui aussi qu'une influence restreinte sur l'ensemble de la production industrielle, limitée à certaines entreprises et aux industries de synthèse.

L'Allemagne ne sera d'ailleurs pas la seule à être concernée par le problème particulièrement délicat de la mise en route d'une économie de guerre. La France connaîtra des difficultés du même ordre pendant l'hiver 1939-1940. L'économie anglaise traversera une crise sévère en 1943, qui ne sera surmontée que par l'aide américaine. Aux Etats-Unis même, le plus grand désordre régnera dans l'industrie au cours de l'année 1942, et le démarrage de la production d'armement n'interviendra qu'au cours de l'année suivante.

A partir de 1937, le réarmement allemand s'effectue encore dans une économie atteinte de surchauffe, avec de fortes tendances inflationnistes et des pénuries croissantes de matières premières et de main-d'œuvre. Le chômage a alors complètement disparu et le Reich est obligé de conclure des contrats de main-d'œuvre avec certains pays comme l'Italie. Les tensions les plus vives concernent le personnel qualifié que se disputent les entreprises.

Contrairement à une croyance trop répandue encore, l'économie du Reich est loin d'être militarisée, et le spectaculaire redressement ne tient que partiellement à la politique de réarmement. Certes, de 1933 à 1939, les dépenses militaires passent de 0,8 milliard de Reichsmarks à environ 130 milliards. Leur part dans le Produit national brut est passée simultanément de 1 % à 23 %. Il est vrai que celui-ci a doublé entre-temps. Niveau comparable cependant à celui enregistré à la même époque en Grande-Bretagne. Notons encore qu'en 1943 les dépenses militaires du Reich dépasseront 60 % du PNB[13].

Quoi qu'il en soit, une part nullement négligeable de la production est consacrée aux grandes réalisations du régime. Hitler attache un intérêt personnel à la motorisation du Reich, comme le montrent la création des usines Volkswagen à Wolfsburg et la construction d'un réseau de 5 000 kilomètres d'autoroutes dont le rôle est loin d'être uniquement stratégique. De sa formation d'architecte, le Führer s'intéresse tout spécialement à un urbanisme de prestige qui s'adresse à cinq « villes-guides », Berlin, Nuremberg, Munich, Hambourg et Linz. Nombre d'autres cités se lancent également dans des réalisations spectaculaires.

Pour le Führer, un urbanisme grandiose obéit « à un froid calcul politique », « c'est par de telles œuvres que l'on peut communiquer à un peuple la conscience de sa propre valeur et qu'on peut le convaincre qu'il est l'égal des autres peuples du monde, même de l'Amérique[14] ».

Le logement social n'est pas davantage négligé, sans réussir cependant à résorber un déficit chronique. En dépit du blocage des salaires, tourné de multiples façons, heures supplémentaires, primes, changement de qualification, les industries de consommation continuent à se développer. Contrairement à une assertion trop célèbre de Göring, l'Allemagne ne préfère pas les canons au beurre, mais s'efforce de concilier les deux. En définitive, à la veille du conflit de 1939, l'économie du Reich se trouve dans un état intermédiaire entre la paix et la guerre.

On peut se demander cependant si l'effort du réarmement est à la mesure d'une stratégie hautement continentale, avec la création d'une grande Allemagne, le démantèlement de la Pologne et l'expansion vers l'Est dans le cadre de la politique « d'espace vital ». En reconstituant une grande marine, le IIIe Reich ne renouvelle-t-il pas l'erreur de Tirpitz du début du siècle ? En consacrant des crédits considérables à la réalisation du plan Z, au détriment de l'armée et même de la Luftwaffe, il risque de se lancer dans une course perdue d'avance. A partir de 1937, la Royal Navy entreprend, elle aussi, un effort de rénovation et de développement qui a toute chance de lui assurer une sérieuse marge de supériorité sur la Kriegsmarine en 1944-1945.

A partir du réarmement de la fin des années 30, aucune grande puissance ne se lancera, à l'imitation du Reich, dans un effort militaire tous azimuts. La France accordera la priorité à l'armée de terre et à l'armée de l'air. La Grande-Bretagne axera son réarmement sur la marine et la Royal Air Force, au détriment d'une armée réduite de 30 divisions. L'URSS effectuera un effort considérable sur le plan terrestre et aérien. Quant aux Etats-Unis, en dépit de leur énorme puissance, ils s'aligneront sur le modèle britannique avec la création d'une marine des deux océans et une puissante aviation. Prévue pour 200 divisions, l'armée, finalement, n'en dépassera pas 90, dont 16 blindées.

Quoi qu'il en soit, c'est en pleine harmonie entre Hitler et le commandement de la Wehrmacht que s'est effectué le réarmement du Reich, largement préparé au cours des dernières années de la république de Weimar. C'est encore dans un accord total qu'est intervenue la remilitarisation de la Rhénanie. En revanche, de sérieuses tensions se manifestent, au même moment, sur le plan politique et surtout stratégique.

2

La mise au pas

Les débuts du IIIe Reich sont bien connus. Ils sont marqués par la récupération totale du pouvoir politique. Un mois à peine après la prise du pouvoir, une mise au pas se manifeste, dès le 27 février 1933, avec l'incendie du Reichstag, qui entraîne la dissolution du Parti communiste et l'ouverture des premiers camps de concentration.

Au cours des semaines suivantes, à la suite d'élections qui constituent un nouveau succès pour le Parti nazi, sans lui accorder la majorité absolue (288 sièges sur 647), les autres formations politiques sont dissoutes, comme la Social-Demokratie, ou amenées à se saborder. Dès l'été 1933, avec l'attribution des pleins pouvoirs à Hitler et l'instauration d'un parti unique, l'Allemagne est devenue un Etat totalitaire.

La mise au pas s'étend aux syndicats amenés là aussi à disparaître et remplacés par une organisation unique, d'adhésion obligatoire, le Front du travail, placé sous la direction du Dr Ley. Elle concerne progressivement l'économie et les Eglises, invitées à se cantonner dans le domaine purement spirituel et à renoncer à toute ingérence dans la vie politique et sociale.

Seule l'armée échappe au départ à cette mise au pas, même si les débuts du régime sont marqués par un remaniement du haut commandement. Hitler conserve le général von Blomberg, qui lui a été imposé par le président Hindenburg, comme ministre de la Guerre. En revanche, le général von Fritsch succède à von Hammerstein comme commandant de l'armée de terre. Le mouvement porte au total sur une quarantaine d'officiers généraux.

En fait, les relations entre Hitler et l'armée, au début du IIIe Reich, s'identifient à une phase d'observation. A l'égard du corps des généraux, le Führer éprouve des sentiments mitigés, un mélange d'admiration et de méfiance. Comme la plupart des Allemands, il admire la remarquable capacité opérationnelle du haut commandement. En revanche, comme beaucoup d'anciens combattants, il garde une certaine rancune à l'égard du corps des généraux jugés coupables d'avoir infligé aux soldats des souffrances et des pertes inutiles. « On aurait dû faire passer tous les généraux de la guerre au tourniquet », dira-t-il, dans ses *Libres Propos*.

Lors de sa marche au pouvoir, il ne s'est pas heurté à l'opposition directe de l'armée, mais à certains de ses chefs, comme le général von Lossow, lors du putsch de Munich en novembre 1923, encore que celui-ci se trouvait pratiquement en état de rébellion. Il n'a guère apprécié non plus, à la fin du régime, le comportement ambigu du général Schleicher, ministre de la Reichswehr et dernier chancelier de la République.

En dépit des paroles apaisantes du président Hindenburg demandant à l'armée, au lendemain de l'accession de Hitler à la chancellerie, de coopérer sans arrière-pensée avec le nouveau pouvoir, Hitler se montre extrêmement circonspect à l'égard de la Reichswehr. Certes, l'objectif est clair : obtenir la soumission du corps des officiers, mais cet objectif exigera du temps et de la patience. D'une certaine manière, la grande cérémonie du 21 mars 1933 devant la chapelle de la garnison de Potsdam, où repose le corps du grand Frédéric, fait figure d'avertissement, même si Hitler, l'obscur soldat de la guerre, serre longuement la main du vieux maréchal Hindenburg. Deux armées se trouvent côte à côte, la Reichswehr et l'armée brune des sections d'assaut.

Quant à l'armée, elle se cantonne elle aussi, à l'égard de Hitler, dans une position d'attente et d'observation. Par rapport à 1914, cette armée a beaucoup changé. Le corps des officiers, recruté avec soin, a conservé son homogénéité, mais il ne constitue plus un ordre, une caste, soustrait à la juridiction civile et soumis à ses tribunaux d'honneur. Avec la proclamation de la République, l'armée ne domine plus l'Etat ; elle ne dépend plus de la seule volonté de l'empereur.

Elle prête serment à la Constitution, se trouve sous les ordres du président de la République. Elle peut être engagée pour la défense du Reich, contre un ennemi extérieur, mais aussi pour la préservation de son unité, dans le cadre de la loi d'exception qui donne au chef de l'Etat, en cas d'urgence, des pouvoirs d'une ampleur exceptionnelle.

En 1923 notamment, au moment de l'occupation de la Ruhr, l'armée s'est acquittée de cette tâche en intervenant contre les mouvements séparatistes de Hambourg, de Bavière et de Saxe. Tout au long de cette période, elle a cependant suivi scrupuleusement les consignes de son premier chef, le général von Seeckt : se tenir en dehors des partis, au-dessus de l'Etat.

A partir de 1925, avec l'élection de Hindenburg à la présidence, l'armée se retrouve dans une position relativement proche de celle qu'elle avait connue sous l'empire. Une restauration monarchique souhaitée par la majorité du corps des officiers n'est pas exclue. En tout cas, c'est à la fin de la république de Weimar, avec les cabinets von Papen et von Schleicher, que l'armée a exercé le maximum d'autorité et a paru constituer l'ultime recours dans un pays traumatisé par la crise économique, rongé par une instabilité politique décourageante, en proie à la contagion des extrêmes et aux affrontements entre d'imposantes « armées politiques » comme les « Casques d'acier » nationalistes, la Bannière d'Empire socialiste, le Front rouge communiste et les SA du Parti national-socialiste.

Au lendemain de l'accession de Hitler au pouvoir, l'armée comprend rapidement qu'une page est tournée. Il ne s'agit plus d'un épisode, ou même d'un nouveau chapitre de l'histoire de la République, mais d'un phénomène totalement neuf, avec l'instauration d'un nouveau régime de style totalitaire. L'arrivée de Hitler à la chancellerie constitue, au demeurant, un moindre mal, compte tenu de l'épuisement de toutes les autres combinaisons politiques, à la mesure de la décomposition du régime.

Ce qui inquiète le corps des officiers et conforte son attentisme et sa circonspection, ce ne sont pas à proprement parler les méthodes du nouveau régime, l'abolition de la démocratie et des libertés fondamentales. L'instauration d'un régime d'autorité, l'élimination des forces de gauche, le ralliement des masses ouvrières, l'exaltation du nationalisme et de l'idée de défense ne sont pas pour leur déplaire ; bien au contraire.

C'est sans la moindre opposition que la loi sur la « restauration de la fonction publique » du 7 avril 1933, entraînant l'expulsion des Juifs, est appliquée dans la Wehrmacht par le général Blomberg. 50 personnes sont touchées par cette mesure. C'est encore sans la moindre réaction que les forces militaires adoptent l'emblème d'un parti, celui du NSDAP, avec l'aigle aux ailes déployées qui tient dans ses serres un bouclier frappé de la croix gammée. L'emblème figure sur les coiffures et la tunique des officiers et des soldats. L'adoption du drapeau rouge à croix gammée ne suscite pas davantage de protestations.

En revanche, le corps militaire reste intransigeant sur deux points. L'armée doit conserver le « monopole des armes » et garder ou retrouver un droit de regard et même de contrôle sur la politique extérieure dans la mesure où l'action diplomatique peut déboucher sur un conflit.

Sur le premier point, c'est la structure même du Parti national-socialiste qui provoque l'inquiétude du corps des officiers, avec l'existence d'une imposante « armée brune » composée de SA dont le comportement semble ambigu. L'unité du parti apparaît encore loin d'être assuré, comme avait pu le constater Schleicher.

Hitler se heurte sinon à des tendances divergentes, du moins à des ambitions. Tout d'abord, celle de Gregor Strasser, qui s'affirme comme le numéro 2 du parti et le successeur éventuel du Führer. Plus inquiétant encore est le comportement du capitaine Röhm, le créateur et l'organisateur de la SA. L'homme est soupçonné de se faire l'avocat d'un supplément de révolution, associé à la nationalisation des moyens de production et à de vastes réformes sociales.

Dernier point. Avec les Sections d'assaut, Röhm se trouve à la tête d'une armée politique de plus en plus imposante, dont les effectifs ne cessent d'augmenter au lendemain de la prise du pouvoir avec l'enrôlement de dizaines de milliers de militants communistes du Front rouge. Les SA bénéficient encore de l'apport du *Stahlhelm* devenu sa réserve numéro 1. Au total, la SA finit par dépasser 3 millions d'hommes. Röhm est encore soupçonné de vouloir utiliser cette masse de manœuvre dans le cadre d'une refonte radicale de l'armée. Il souhaiterait être nommé ministre de la Défense et faire de la SA la milice souhaitée par la Reichswehr dans le cadre du premier réarmement. Cependant, il ne s'agirait pas d'une milice de 100 000 hommes, mais de 2 millions d'hommes susceptibles d'absorber progressivement la vieille armée de métier. Le Reich disposerait ainsi, en dehors de tout rétablissement du service militaire, d'une grande armée, sinon nationale, du moins populaire.

Vis-à-vis de l'extérieur, la montée en puissance de la SA ne peut que compromettre la politique d'apaisement pratiquée à l'égard des puissances occidentales et le développement d'un réarmement encore masqué. Le problème de la SA domine les conversations entreprises avec la France et la Grande-Bretagne.

Dans les accusations adressées à l'égard de Röhm, il y a une forte part d'exagération, voire d'affabulation et même d'intoxication. Certes, les inquiétudes de l'armée ne sont pas entièrement imaginaires. Depuis 1931, deux ans avant la prise du pouvoir, la SA, sous l'égide de la Reichswehr, est chargée de l'instruction politique et sportive des réserves et du recrutement des volontaires. L'armée se réserve la formation proprement militaire. Il n'en reste pas moins vrai que la SA a tendance à empiéter sur ce domaine, à procéder à des achats d'armes occultes et à constituer des unités militaires parallèles.

Pour des raisons parfois terre à terre, Röhm est détesté par nombre de membres du parti. On lui reproche une existence de satrape, son goût pour les palaces, la bonne chère, les voitures de luxe et un penchant marqué pour l'homosexualité ; on lui reproche également le manque de discipline de ses troupes et un recrutement d'une qualité de plus en plus douteuse.

Trois hommes se font les procureurs occultes de Röhm : le général Reichenau, l'adjoint de Blomberg, bien décidé au nom du corps des officiers à faire respecter le principe du « monopole des armes », Göring, soucieux de demeurer le numéro 2 du régime, et Himmler, l'homme d'une « autre planète », résolu à assumer la suprématie de la SS sur la SA[1].

La conspiration contre Röhm atteint son point culminant au début du printemps 1934. Malgré son flair politique, Hitler lui-même se laisse prendre à la rumeur d'une menace de putsch déclenché par Röhm et la SA qui déboucherait sur une « deuxième révolution », susceptible, comme le souligne l'ancien chancelier von Papen dans son discours de Marbourg, d'entraîner encore une « troisième révolution », c'est-à-dire la prise du pouvoir par l'armée après un affrontement sanglant.

Après bien des hésitations, Hitler se décide à frapper, à éliminer Röhm et à réduire l'influence de la SA dont beaucoup de chefs – comme Lutze – et de sections lui restent totalement acquis. En vertu d'un phénomène fréquent dans l'histoire du IIIe Reich, un événement va hâter la décision du Führer : l'annonce de la maladie de Hindenburg. La succession du vieux soldat est posée.

Cette perspective est à l'origine d'un accord occulte entre l'armée et le Chancelier, qui se dessine le 12 avril, à bord du *Panzerschiffe Deutschland*, au cours d'une conférence qui réunit Hitler, Blomberg et Fritsch. En échange d'une réduction considérable de l'importance de la SA, l'armée ne s'opposera pas à ce que Hitler succède au vieux maréchal. A Paris, Ribbentrop peut affirmer à ses interlocuteurs que les unités de la SA seront sérieusement réduites, dans un délai rapproché[2].

Dès lors, les événements vont se précipiter pour aboutir à la nuit des Longs Couteaux du 30 juin 1934. Au cours de la crise, la collusion entre l'armée, le Chancelier et la SS de Himmler est évidente. Le 25 juin, la Reichswehr est mise en « état d'alerte » sur l'ensemble du territoire. Trois jours plus tard, intervient la mobilisation des SS. Le lendemain, le 29 juin, le général von Blomberg, dans le *Völkischer Beobachter*, l'organe officiel du Parti national-socialiste, souligne que l'armée appuie sans réserves le Chancelier et le Reich.

Le lendemain, débute la purge qui va durer plusieurs jours. Sommairement, ou à la suite de parodies de jugement, plusieurs dizaines de chefs de la SA sont fusillés. Les hommes convaincus d'homosexualité sont tués d'une balle dans la nuque. Refusant de se suicider, Röhm, deux jours après son arrestation à Munich, est abattu d'une rafale de mitraillette. Par la même occasion, Hitler se débarrasse de Gregor Strasser, du général von Bredow et du général Schleicher dont il n'avait pu pardonner les intrigues. Au total, on compte près de 90 victimes et des centaines d'arrestations.

A l'issue du règlement de compte, la SA ne disparaît pas. Elle est sévèrement épurée. Ses effectifs fortement réduits. Elle se trouve désormais placée sous les ordres de Victor Lutze. A l'ombre de l'armée, elle conserve cependant sa mission fondamentale d'assurer l'éducation politique et sportive des réservistes, ainsi que le recrutement des volontaires. En revanche, le port des armes lui est strictement interdit.

L'armée peut donc s'estimer satisfaite, à une réserve près. Himmler est l'un des grands vainqueurs de la nuit des Longs Couteaux. Il obtient l'autorisation de créer quatre régiments motorisés. Hitler précise cependant qu'il ne s'agit pas d'une infraction au principe du monopole des armes. Les quatre unités SS *Leibstanderte, Adolf Hitler, Germania, Das Reich* ne constituent qu'une garde prétorienne chargée de la protection du Führer et du maintien de l'ordre intérieur. En réalité, ces régiments, dans le cadre d'un Etat SS de plus en plus tentaculaire, vont constituer la base de la Waffen SS, qui deviendra une véritable rivale de l'armée à partir de 1943.

La satisfaction du corps des officiers se manifeste dès le 1er juillet, alors que la purge n'est pas terminée. Le général von Blomberg adresse un ordre du jour à l'armée, qui constitue un acte de remarquable allégeance : « Le Führer a personnellement réglé leur compte aux mutins et aux traîtres avec une décision martiale et un courage exemplaire. [...] La Wehrmacht, unique force armée dans le Reich, demeure au-dessus des conflits de politique intérieure, mais fait à nouveau profession de dévouement et de fidélité. Le Führer nous demande d'établir des relations cordiales avec les nouveaux SA. Nous nous conformerons joyeusement à ce vœu, convaincus de servir par là un idéal commun. »

Le même jour, Hindenburg adresse ses félicitations au chancelier du Reich : « D'après les rapports qui me sont soumis, je constate que vous avez, grâce à votre décision et à votre courageuse intervention personnelle, étouffé dans l'œuf le complot qui se préparait [*im Keime erstickt*]. Vous avez sauvé la nation allemande d'un grand danger. Recevez, pour ce fait, mes profonds remerciements et l'expression de mon admiration sincère. »

L'armée s'associe également au décret du Conseil des ministres du 3 juillet, en vertu duquel les événements du 30 juin et des jours suivants sont déclarés mesures légales, pleinement justifiés par « le droit de légitime défense de l'Etat ».

Seule fausse note, les protestations énergiques et courageuses du général von Hammerstein et du vieux maréchal von Mackensen contre l'assassinat de Schleicher et de Bredow. Il faudra attendre le début de 1935 pour que Hitler se décide à annoncer à l'opéra Kroll, devant un groupe d'officiers, la décision de réhabiliter les deux généraux.

En attendant, les événements ont marché. Le 1er août 1934, le maréchal Hindenburg s'éteint dans sa propriété de Neudeck. Suivant l'accord conclu à bord du *Deutschland*, Hitler décrète immédiatement que les fonctions de président de la République et de chancelier sont désormais réunies. Il prend ainsi le titre de Führer et de Reichkanzler. Le 19 août, un plébiscite ratifie cette décision avec près de 89 % des votants.

Dès le 2 août encore, les grands chefs militaires, Blomberg, Fritsch, Raeder ont prêté serment de fidélité à Hitler. Le même jour, dans les casernes, à bord des navires de guerre, officiers, soldats et marins ont prêté le même serment totalement dénué d'ambiguïté : « Je jure devant Dieu d'obéir en toutes choses à Adolf Hitler, Führer du Reich et du peuple allemand, commandant suprême de la Wehrmacht, et je m'engage sur mon honneur de soldat à respecter ce serment quoi qu'il advienne, même au péril de ma vie. »

Avec la nuit des Longs Couteaux, l'armée croit avoir remporté une grande victoire. Elle est profondément satisfaite de rester la seule force militaire du pays et d'avoir évité l'écueil de se trouver intégrée, dissoute dans le cadre d'une armée populaire de masse. En réalité, le grand vainqueur de la crise n'est autre que Adolf Hitler. Il a consolidé son autorité au sein du parti, il a rassuré les puissances occidentales, et surtout il va pouvoir considérablement renforcer son empire sur la Wehrmacht, en associant les fonctions de chef de gouvernement et de chef de l'Etat par le décret sur la Wehrmacht présenté par Blomberg, le 16 mars 1935, devant le cabinet[3].

En vertu du paragraphe 3 de cette loi, « le commandant suprême de la Wehrmacht est le Führer et chancelier du Reich. Sous la haute autorité du Führer, le ministre de la Guerre du Reich commande à la Wehrmacht, dont il est le commandant en chef ».

Au cours des trois années suivantes, l'harmonie la plus profonde règne entre l'armée et le pouvoir. Le réarmement occulte puis ouvert ne peut que donner satisfaction au corps des officiers, d'autant plus qu'il dépasse en ampleur les rêves les plus fous que l'on pouvait nourrir encore en 1933. C'est ce que souligne un homme comme Reichenau : « Il n'y a pas encore eu d'homme d'Etat qui ait donné à la Wehrmacht, dans une telle mesure, des possibilités de développement comme le chancelier d'empire Adolf Hitler. »

Contrairement à une opinion trop souvent admise, le corps n'émet pas de critiques à la rapidité de ce réarmement, même si le passage brutal d'une force de 7 divisions à 36 grandes unités, sans parler des formations blindées et motorisées, se traduit en 1936-1937 par un certain affaiblissement de la capacité opérationnelle de l'armée.

Quant aux réserves émises par le haut commandement lors de la remilitarisation de la Rhénanie en mars 1936, avec un an d'avance sur le plan prévu, elles sont uniquement d'ordre logistique avec les contraintes des passages du Rhin. De toute manière, l'abstention des puissances occidentales, le dénouement extrêmement rapide de la crise apportent pour la première fois aux yeux des hésitants la preuve de l'extraordinaire instinct politique du Führer.

L'harmonie persiste le reste de l'année 1936, marquée par le succès considérable des jeux Olympiques de Berlin, et au cours de l'année suivante. Après des débuts orageux, le régime semble se stabiliser. Il devient enfin « respectable ». La première faille intervient le 5 novembre 1937, lors de la réunion ultrasecrète tenue à Berlin et dont le contenu a été connu ensuite par le rapport de l'officier d'ordonnance du Führer, le colonel Hossbach, rédigé de mémoire quelques jours plus tard. Assistent à la réunion, outre Hitler, le ministre des Affaires étrangères, von Neurath, le général Blomberg et les commandants des trois armées, von Fritsch, Göring et Raeder[4].

Pour commencer, le Führer estime que le Reich n'arrivera jamais à l'équilibre économique et ne pourra compenser son déficit en produits alimentaires et en matières premières par des exportations. L'acquisition d'un espace vital devient indispensable. Cet espace doit d'abord concerner l'Autriche et la Tchécoslovaquie, qu'il faudra occuper avec la « rapidité de l'éclair » et intégrer dans la Grande Allemagne. On pourra envisager ensuite une expansion de plus grande ampleur en direction de la Pologne et surtout de l'Ukraine.

Le Führer ne dissimule pas les difficultés d'une telle entreprise. Mais des hommes comme Frédéric II ou Bismarck n'avaient-ils pas assumé des risques considérables et finalement triomphé ? Hitler ne nie pas davantage l'existence d'accords garantissant l'indépendance de l'Autriche et de la Tchécoslovaquie. Mais on connaît la valeur des traités, et une politique d'expansion peut être facilitée par des troubles internes éclatant en France ou par un conflit opposant en Méditerranée la France et l'Angleterre avec l'Italie, ne serait-ce qu'en raison de la guerre d'Espagne. Ainsi, l'acquisition de l'Autriche et de la Tchécoslovaquie pourrait être obtenue par des moyens pacifiques. Cependant, un conflit n'est pas à écarter. En définitive, cette politique d'expansion devrait intervenir au plus tard en 1943, à un moment où le Reich bénéficiera encore d'une supériorité militaire. Elle pourrait aussi se produire dès 1938.

L'exposé de Hitler pose un problème fondamental : le privilège de l'armée d'être seul juge des implications militaires des initiatives de politique extérieure. Si Raeder semble acquiescer, Blomberg, Fritsch et même Göring multiplient les objections. L'armée allemande n'est pas prête à affronter un conflit européen. Trois jours plus tard, Fritsch, en parfait accord avec son chef d'état-major, le général Beck, présente au Führer un mémorandum où il a développé ses objections. Ces critiques sont aussitôt balayées par le Führer, et le commandant en chef de l'armée se voit accusé de manquer de force d'âme.

Hitler ne cache pas sa déception. A son habitude, il va saisir une occasion d'infliger un affront au haut commandement, tout en renforçant son emprise sur l'armée. Alors que le général von Blomberg vient de se remarier avec une secrétaire du ministère de la Guerre, un rapport précise que la jeune femme est bien connue des services de police et fichée de longue date comme prostituée. Au même moment, sur la foi d'un témoignage en apparence irréfutable, le commandant en chef de l'armée, le général von Fritsch, est accusé d'homosexualité. Devant ces révélations, le corps des officiers est atterré et certains vont même jusqu'à conseiller à Blomberg de se suicider.

Dans un cas comme dans l'autre, il ne semble y avoir eu ni machination, ni préméditation[5]. En réalité, si le premier rapport est exact, le second repose sur un témoignage qui ne tardera pas à s'effondrer. Non sans mal, Fritsch sera réhabilité, réintégré dans l'armée, et il trouvera la mort en 1939 pendant la campagne de Pologne à la tête de son unité.

En attendant, Blomberg est prié de donner sa démission pour raison de santé et Fritsch est mis en disponibilité. A la tête de l'armée, Hitler nomme alors le général von Brauchitsch, un pur représentant de la tradition prussienne, mais un obligé du chef de l'Etat. A la suite d'un divorce difficile, Brauchitsch a bénéficié des largesses du Führer, et sa femme est une nationale-socialiste convaincue.

En revanche, Blomberg n'a pas de successeur, ou plutôt, c'est Hitler qui décide d'assumer lui-même les fonctions de ministre de la Guerre, dans le cadre de la création de l'OKW (Oberkommando der Wehrmacht), un état-major des armées, avec Keitel comme chef d'état-major et le général Jodl à la tête du bureau Opérations.

L'un et l'autre resteront en poste jusqu'en 1945, fait exceptionnel parmi les grands chefs. Keitel, laborieux, docile, se révélera comme un serviteur exemplaire, d'une fidélité inconditionnelle au Führer au point de mériter le titre de *Lakeitel* (le laquais). En revanche, Jodl apparaît comme un homme d'une autre envergure. Totalement dévoué lui aussi à la personne de Hitler, convaincu de son génie militaire, il peut être considéré comme la meilleure tête pensante de la Wehrmacht.

Avec la création de l'OKW un écran disparaît, celui représenté par Blomberg, à la fois ministre de la Guerre et commandant en chef des forces armées. L'autorité du Führer s'exerce maintenant directement sans partage sur l'ensemble de la Wehrmacht avec ses trois composantes, l'OKH (Oberkommando des Heeres), c'est-à-dire l'armée de terre, la Luftwaffe et la marine. Les trois états-majors sont désormais directement soumis aux directives du chef de l'Etat.

La création de l'OKW ne met cependant pas fin à l'affrontement avec le haut commandement de l'armée de terre. Si l'*Anschluss*, le rattachement de l'Autriche, effectué sans coup férir en mars 1938, ne provoque aucune crise majeure en dépit des appréhensions de l'OKH, le conflit éclate à propos de l'affaire des Sudètes. A la fin du mois de mai 1938, à la suite d'un faux pas du président Benès, qui procède à une mobilisation partielle, alors qu'aucune menace n'existe encore sur sa frontière, Hitler décide de régler le sort de la Tchécoslovaquie. Il demande à l'OKW de mettre au point un plan d'opérations, le « plan Vert ». Le 30 mai, sa décision est communiquée aux principaux chefs de la Wehrmacht réunis à la caserne de Juterborg.

En prenant cette décision, le Führer poursuit, une fois de plus, un double objectif. Il tient à démanteler la Tchécoslovaquie, un Etat artificiel issu de Versailles, enfoncé dans le flanc du Reich et qui constitue une plateforme idéale pour des attaques aériennes. Il veut également obliger le haut commandement à respecter sa volonté et à se résigner à n'être qu'un simple agent d'exécution. Se fiant à son intuition, il est convaincu de pouvoir limiter le conflit et d'éviter un embrasement général.

A l'annonce de cette intention, la plupart des grands chefs sont atterrés. L'Allemagne ne dispose pas encore des moyens suffisants pour affronter une crise qui risque de dégénérer en un conflit généralisé. « On se trouve à nouveau, note tristement Jodl, en face de deux opinions diamétralement opposées, celle du Führer que son intuition pousse à agir dès cette année et celle des militaires qui estiment que nous ne pouvons pas agir encore, étant donné que les Occidentaux s'y opposeront certainement et que nous ne sommes pas encore capables de leur résister[6]. »

Les réserves du haut commandement sont d'autant plus vives qu'en vertu d'une tradition impériale, le grand état-major a non seulement un droit de regard sur la politique étrangère, mais a le privilège et même le devoir de se prononcer sur le déclenchement d'opérations extérieures, en fonction de leurs chances de succès.

Cette attitude pouvait aller jusqu'à l'éclipse de la direction politique. C'est avec surprise que l'on constate qu'en août 1914 Guillaume II ignore l'absence d'un plan d'opérations contre la Russie seule. Un conflit avec l'empire des tsars passe presque obligatoirement par une guerre avec la France. Au même moment, le chancelier Bethmann Hollweg est dans l'ignorance du plan d'attaque par la Belgique dont les répercussions internationales, en particulier vis-à-vis de la Grande-Bretagne, peuvent être désastreuses, comme les événements ne tarderont pas à le démontrer.

Au cours des années suivantes, c'est le grand état-major qui impose – en décembre 1916 – à la direction politique la reprise de la guerre sous-marine à outrance, traitant par le mépris les implications d'une intervention américaine. C'est encore lui qui contribue à l'échec des ouvertures de paix de 1917, qui dicte les conditions du traité de Brest-Litovsk et qui impose en 1918 la recherche d'une solution militaire à l'Ouest, avant d'imposer encore l'armistice et l'abdication de l'empereur.

Fidèle à la tradition, c'est le chef d'état-major de l'OKH qui se fait, à la veille de la crise tchécoslovaque, l'interprète des objections du haut commandement. Beck n'éprouve pas la moindre sympathie pour la Tchécoslovaquie. Il ne condamne pas la guerre en elle-même, mais il est convaincu que l'affaire ne peut déboucher que sur un conflit européen. La France et l'Union soviétique liées à la Tchécoslovaquie par des traités d'assistance rempliront leurs obligations. Le chef d'état-major est surtout convaincu que le jour même du déclenchement des hostilités l'Angleterre se rangera du côté de la France, entraînant des conséquences désastreuses. Il est aussi persuadé que l'armée tchèque, s'appuyant sur de solides fortifications, sera en mesure d'offrir une résistance de longue durée.

Faute de pouvoir accéder directement à Hitler, Beck s'efforce de provoquer une démarche de Brauchitsch. Il l'accable de notes, avant de lui remettre, le 16 juillet, un ultime mémorandum où il a condensé toutes ses objections[7]. « Etant donné toutes les précisions que je viens de vous donner, déclare-t-il en terminant, j'estime qu'il est de mon devoir d'insister auprès du commandant suprême de la Wehrmacht [Hitler] pour qu'il abandonne les préparatifs de guerre, dont il a donné l'ordre, et pour qu'il renonce temporairement à son idée de régler le problème tchèque par la force, tant que la situation militaire n'aura pas été sensiblement améliorée. Je considère à l'heure actuelle cette situation militaire comme sans espoir, et c'est également l'opinion de tous mes quartiers-maîtres généraux et de tous les chefs de section du grand état-major qui ont été chargés de préparer et d'exécuter les plans de guerre contre la Tchécoslovaquie. »

D'après Beck, tous les généraux devraient se rendre auprès du Führer pour tenter de le convaincre de renoncer à l'aventure, et aussi de rétablir dans le Reich « un régime légal » et le retour à des principes de « probité et de simplicité prussiennes ». En cas d'échec, ils devraient donner leur démission.

Brauchitsch, sans vouloir s'engager complètement, accepte une réunion limitée aux grands chefs de l'armée. C'est l'occasion pour le chef d'état-major de lire devant tous les assistants son mémorandum du 16 juillet. Tous les généraux approuvent, à deux exceptions près, von Reichenau et von Busch. Quant à Brauchitsch, il se montre extrêmement réservé et se contente de transmettre le mémoire à Hitler.

La riposte du Führer est immédiate. Le 10 août, il convoque tous les responsables au Berghof. Pendant trois heures d'horloge, il leur administre une volée de bois vert, dénonçant leur défaitisme et les accusant de manquer de force d'âme et de ne pas croire dans le génie de leur Führer. Après quelques timides objections, les généraux se retirent, vaincus, écrasés par la puissance de la volonté du chef de l'Etat. Quelques jours plus tard, une note de Hitler transmise à von Brauchitsch interdit toute ingérence des militaires dans le domaine politique et exige une « obéissance aveugle » de tous les généraux et du chef de l'état-major général.

Toute une tradition s'effondre. Le grand état-major se trouve ravalé à un simple instrument d'exécution et se voit interdire toute incursion dans la politique générale. Le civil l'emporte sur le militaire.

L'humiliation des généraux est d'autant plus vive que le Führer, en tant que commandant en chef, ne se gêne pas pour intervenir dans le domaine opérationnel, ce que n'aurait jamais osé faire un Guillaume II. La conférence de Nuremberg du 10 septembre en apporte la preuve. A l'Ouest, Hitler intime l'ordre au général Adam de concentrer les travaux du Westwall (ligne Siegfried) sur certains axes de pénétration majeure.

Hitler donne également son avis sur les types de fortifications à établir. Il condamne les grands ouvrages coûteux dont l'armement apparaît, au demeurant, relativement faible, au profit de fortifications légères, échelonnées en profondeur et destinées essentiellement à mettre le personnel à l'abri des bombardements, sans exclure le combat à l'air libre. C'est ainsi qu'il donne l'ordre de faire construire dans les délais les plus rapides 600 blockhaus exigeant 1 600 pièces d'artillerie.

A la stupeur des professionnels, Hitler ne se gêne pas davantage pour bouleverser complètement le plan Vert établi par Jodl et Brauchitsch. Il condamne l'idée d'une manœuvre en tenaille depuis la Silésie et la Basse-Autriche en direction de la Moravie, de manière à isoler le plateau de Bohême. Il impose une redistribution des unités et une attaque directe depuis Nuremberg en direction de Pilsen et Prague, à travers les monts des Sudètes et les fortifications tchèques.

L'opération sera menée par une division blindée, en liaison avec des attaques aériennes massives et des opérations de sabotage menées sur les arrières des troupes tchèques par des commandos sudètes. Ces commandos seront chargés de tendre des embuscades, de paralyser les communications et les transmissions.

Cette intrusion du Führer dans un domaine réservé suscite l'irritation de Halder et paradoxalement celle de Keitel. De retour à l'OKW, celui-ci déclare à son état-major : « Je ne tolérerai plus ni critiques, ni hésitations, ni défaitisme d'aucune sorte. » Quant à Jodl, il note : « Le Führer sait fort bien que le commandant en chef de l'armée a demandé aux généraux de le soutenir dans ses efforts pour lui ouvrir les yeux sur les dangers de l'aventure où il veut se lancer. C'est pourquoi la conférence tenue à Nuremberg s'est déroulée dans une atmosphère glaciale. Il est profondément attristant de voir que le Führer a le peuple entier derrière lui, mais pas les principaux dirigeants de l'armée.

« Selon moi, ils ne pourront réparer que par des actes le tort qu'ils font [au pays] par leur pusillanimité et leur manque de discipline... Il n'y a qu'une désobéissance dans l'armée, celle des généraux. Elle provient, en fin de compte, de leur présomption. Ils ne peuvent ni croire, ni obéir, parce qu'ils sous-estiment le génie du Führer. Ils ne voient toujours en lui que le caporal de la Première Guerre mondiale et non le plus grand homme d'Etat que nous ayons eu depuis Bismarck[8]. »

Le plan Vert n'aura pas à être appliqué. Hitler n'aura pas sa petite guerre, conçue comme le prototype de la *Blitzkrieg*. Devant l'étendue des concessions occidentales, lors de la conférence de Munich du 29 septembre 1938, il devra renoncer, du moins provisoirement, à la destruction de la Tchécoslovaquie. Ce ne sera que partie remise. Le dernier acte interviendra, le 15 mars 1939, avec « le coup de Prague ». Sur le plan militaire, l'opération sera menée par l'OKW, qui se contentera de demander à l'OKH les moyens nécessaires. L'état-major de l'armée s'exécutera sans la moindre protestation.

La crise tchécoslovaque constitue un tournant majeur dans l'histoire des relations entre Hitler et l'armée. Dans cet affrontement, Hitler l'a emporté et l'OKH a été maté. Le dénouement de Munich n'a fait que conforter cette victoire et convaincre finalement la plupart des généraux de l'étonnante intuition du Führer.

Le mal n'en est pas moins profond. La victoire de Hitler va contribuer à un isolement croissant, qui se révélera de plus en plus désastreux pendant la Seconde Guerre mondiale. Elle contribue également à nourrir un mépris à peine dissimulé à l'égard du haut commandement, accusé de timidité, de manque de caractère, voire même de lâcheté.

« Je croyais, dira-t-il un jour, que le grand état-major était un molosse qu'il fallait perpétuellement tenir en laisse pour lui éviter de sauter sur n'importe qui. » Ce jugement traduit, en réalité, une méconnaissance profonde de la mentalité de la plupart des officiers. L'adhésion à une carrière militaire ne répond pas obligatoirement à une volonté agressive, à l'espoir de participer à une guerre, mais plutôt à l'intention de s'intégrer à une institution, à un ordre, d'en respecter les règles, les servitudes et la grandeur suivant la formule d'Alfred de Vigny.

En ouvrant les vannes du réarmement, Hitler avait naturellement donné totalement satisfaction à ses généraux. Mais, pour la plupart d'entre eux, ce réarmement n'est que la réparation d'une injustice associée à un traité inique. La renaissance d'une grande armée, d'une belle marine et d'une aviation puissante constitue un acte en soi, une question de dignité. Le Reich, en toute légitimité, doit disposer d'un instrument militaire, à la mesure de son potentiel démographique et économique. Le réarmement ne s'associe pas obligatoirement à la volonté de déclencher – tout au moins dans l'immédiat – une guerre de revanche et encore moins d'expansion. Le haut commandement de l'armée, à la différence de la marine et de la Luftwaffe qui se préparent à un conflit généralisé à partir de 1945, envisage, tout au plus, une guerre limitée destinée à fonder une hégémonie allemande sur l'Europe centrale, mais pas avant 1942-1943. Une guerre mondiale doit être évitée.

Le grand état-major était suffisamment fin, en dépit de la légende du « coup de poignard dans le dos » lancée lors de la déposition du maréchal Hindenburg, le 19 novembre 1919, devant la commission d'enquête sur les origines de la défaite, pour ignorer que l'effondrement de l'arrière et la crise révolutionnaire n'étaient intervenus qu'une fois acquise la défaite sur le front. Réalité d'autant moins discutable que le haut commandement avait mené cette guerre à sa guise, sans aucune interférence de la direction politique.

A l'époque, il n'avait pas hésité à le reconnaître. Devant le Reichstag, en octobre 1918, un représentant de l'état-major n'avait pas dissimulé l'impuissance de l'armée devant les chars. De même, tous les officiers avaient parfaitement perçu le rôle capital du blocus dans la dégradation du moral de la troupe et de l'arrière, lié à l'incapacité de la marine à contester la maîtrise de la mer acquise dès le début du conflit par les flottes alliées.

Il y a quelque chose de dramatique dans la démonstration de Beck. L'homme avait raison dans le long terme. L'Allemagne de Hitler, pas plus que celle de Guillaume II, n'était en mesure d'affronter une coalition mondiale. En revanche, le chef d'état-major avait tort dans l'immédiat. Il avait surestimé la résolution des démocraties occidentales et de la Tchécoslovaquie. Il avait mal perçu le rôle ambigu de l'Union soviétique. Que ce soit lors de la conférence de Munich ou à l'occasion du « coup de Prague », les prédictions de Hitler s'étaient réalisées. La Tchécoslovaquie comme l'Autriche pouvaient être occupées par des moyens pacifiques.

Beck est finalement la seule victime de la crise de l'été 1938. Il démissionne le 31 août. Le général Halder le remplace. Personne ne suit son exemple et, comble d'infortune, la nouvelle de son départ ne sera rendue publique que le 31 octobre. Il est encore le seul à avoir tenté in extremis d'organiser un complot contre le Führer. Par une ironie de l'Histoire, ce complot fut probablement le mieux préparé de tous ceux qui ont été ourdis contre Hitler.

Le général Witzleben, le commandant du Werkreis III (région Berlin-Brandebourg) devait occuper la capitale, s'emparer de la personne du Führer, qui serait traduit devant un tribunal qui le jugerait, sur le témoignage d'experts, irresponsable. En cas d'une réaction des troupes de la SS, massées sur la frontière tchécoslovaque, la division blindée de Hoepner, stationnée en Thuringe, leur barrerait l'accès de Berlin. Un pouvoir militaire serait alors mis en place, en attendant la constitution d'un gouvernement civil provisoire.

Le complot ne devait pas recevoir le moindre commencement d'exécution. Pour expliquer le caractère avorté de cette entreprise, les conjurés devaient invoquer par la suite le comportement déconcertant des Occidentaux et la capitulation de Chamberlain, non sans solliciter outrageusement le déroulement des événements. En réalité, sans nier la responsabilité des Anglais et des Français, l'échec du putsch tient essentiellement à un manque de détermination. De l'avis de tous ceux qui l'ont connu, de Guderian en particulier, Beck était un homme anxieux, scrupuleux, hésitant, calculant sans cesse le pour et le contre ; Halder n'était guère différent. Aucun d'entre eux n'avait l'étoffe d'un véritable conspirateur et encore moins d'un homme d'action[9].

L'échec tient également à la faiblesse numérique des conspirateurs et à l'absence de toute assise populaire sérieuse, même si l'ensemble de la population allemande, à l'automne de 1938, envisage avec angoisse la perspective d'une nouvelle guerre. Indépendamment de Beck et de Halder, l'opposition active se limite à quelques officiers généraux comme Hammerstein, Witzleben, Stülpnagel, Hoepner, Thomas ou Adam, et à quelques personnalités politiques écartées de toute responsabilité comme Goerdeler, l'ancien bourgmestre de Leipzig, von Neurath, le Dr Schacht, le comte Bernsthoff, ou des débris des anciens partis ou des transfuges du nazisme comme Nebe ou Gisevius.

En réalité, l'ensemble de la population, tout en redoutant la guerre, était fondamentalement rallié à un régime qui avait ramené la prospérité, brisé les chaînes de Versailles et rendu au peuple allemand sa dignité. Même au sein du haut commandement, nombre d'officiers généraux comme Keitel, Jodl, Reichenau, Busch, Göring ou Raeder sont loin d'être hostiles au Führer.

Un homme comme le général Fritsch, en dépit de sa méfiance à l'égard de Hitler, ne peut se défendre non plus d'une adhésion à l'égard du nazisme. Quelques mois seulement après avoir été ignominieusement chassé du commandement de l'armée, il ne peut s'empêcher d'écrire, au lendemain de Munich : « Il est étrange que tant de gens voient l'avenir sous des couleurs de plus en plus sombres, malgré les succès indiscutables remportés jusqu'ici par le Führer [...]. Dès la fin de la guerre, j'avais déjà décidé qu'il nous faudrait gagner trois batailles pour que l'Allemagne puisse retrouver sa puissance :

« 1° La bataille contre la classe ouvrière – Hitler l'a gagnée.

« 2° La bataille contre l'Eglise catholique, qui se traduit plus exactement par une politique ultramontaine [allusion au concordat signé avec le Vatican].

« 3° La bataille contre les Juifs.

« Nous sommes engagés actuellement dans ces trois batailles, et celle qui se livre contre les Juifs est la plus dure. J'espère que tout le monde comprend les complications où elles nous entraînent[10]. »

Enfin, en ce qui concerne les officiers supérieurs et surtout subalternes, l'adhésion au régime est profonde, et l'admiration envers le Führer tourne déjà à l'adulation. Après la guerre, Brauchitsch s'appuiera sur cette situation pour justifier son abstention en 1938. Il déclarera devant Otto John : « Voudriez-vous me dire pourquoi j'aurais, moi en particulier, essayé de tenter quelque chose contre Hitler ? Le peuple allemand l'avait choisi, et les ouvriers, ainsi que tous les autres Allemands, étaient enchantés de la façon dont il conduisait les affaires. »

Une situation qui n'est pas sans rappeler celle de l'époque napoléonienne. Si le scepticisme, l'inquiétude dominent chez les maréchaux, au point d'en conduire certains à la « trahison », la masse des cadres et les simples soldats vouent un véritable culte à l'Empereur.

Au lendemain du « coup de Prague », la preuve est faite. L'armée, le grand état-major ont été mis au pas, provisoirement du moins. A l'annonce du plan d'attaque contre la Pologne, il n'y a pratiquement pas d'opposition. Le débat est terminé, seul le général Thomas émet quelques réserves d'ordre économique, que le conflit ne confirmera d'ailleurs pas. En fait, l'adhésion est quasiment unanime. La discipline joue son rôle, mais les généraux allemands commencent à croire à l'infaillibilité du Führer, d'autant plus que la signature du pacte germano-soviétique du 23 août apparaît comme un coup de maître, qui ne peut que paralyser les démocraties occidentales.

Personne n'envisage un véritable conflit. Tout le monde, dans les hautes sphères militaires, croit à un nouveau Munich ou à une « petite guerre ». Une guerre limitée contre la Pologne soulève même un indiscutable enthousiasme. L'armée s'y prépare depuis vingt ans. Etat artificiel, oppressif, arriéré, la Pologne est détestée du corps des officiers, et le conflit qui se prépare semble parfaitement légitime. Il permettra de récupérer les provinces perdues et de ramener 3 millions d'Allemands dans le sein de la patrie.

Aussi est-ce avec stupeur et même indignation qu'est accueillie l'annonce de la déclaration de guerre de la Grande-Bretagne et de la France, le 3 septembre 1939. Jodl doit reconnaître que pour la première fois l'instinct du Führer s'est trompé. Déconcerté, Hitler se veut cependant rassurant. La déclaration de guerre des deux démocraties ne constitue qu'un geste platonique. L'Angleterre et la France n'ont nullement l'intention de se lancer dans un véritable conflit. Une fois la Pologne écrasée, une solution politique interviendra à l'Ouest.

3

Bluff ou réalité ?

Depuis la fin de la Seconde Guerre mondiale, la Wehrmacht de 1939 a fait l'objet d'incessantes controverses. A en croire certains, le Reich serait entré en guerre avec un outil militaire incapable de soutenir la comparaison avec celui de 1914 : une marine réduite, une aviation privée d'escadres de bombardement stratégique, une armée composite, victime d'un réarmement trop hâtif et désordonné, et offrant au niveau de l'encadrement et de l'armement des lacunes impressionnantes. En somme, la Wehrmacht du début de la guerre n'aurait été qu'une imposante façade à la Potemkine, d'une certaine manière un gigantesque bluff dont les dirigeants politiques et militaires occidentaux auraient été les victimes.

Le bluff n'est pas niable. En pleine crise des Sudètes, le chef d'état-major de l'armée de l'air française, le général Vuillemin, est ainsi invité par Göring à visiter les installations de la jeune Luftwaffe. La visite comprend des bureaux d'études, des centres d'essais, des usines, des camps d'entraînement. Le général assiste à des manœuvres de bombardement en vol horizontal ou en piqué sur des cibles fixes ou mobiles, à des exercices de DCA. Tout est mis en œuvre pour lui donner une image idéalisée à l'extrême de l'aviation allemande.

Sans s'en rendre compte, le général a été victime de supercheries. Il a inspecté à plusieurs reprises, sur des terrains différents, la même formation aérienne. De retour à Paris, Vuillemin est catégorique. L'aviation française ne pourra résister quinze jours à une offensive de l'armée de l'air allemande[1].

Toutes les grandes parades militaires de Berlin, que ce soit à l'occasion de la visite de Mussolini en 1937 ou du 50e anniversaire du Führer, comportent également une forte part d'illusion. Ouvert par des unités de tradition à pied ou à cheval, le défilé comporte essentiellement des unités motorisées. Certaines formations blindées passent à deux reprises devant la tribune officielle, ce qui amène les attachés militaires à attribuer 500 chars aux nouvelles Panzerdivision, au lieu de 250 en moyenne dans la réalité. Les films d'actualité, largement diffusés dans le monde, en particulier dans les démocraties occidentales, contribuent encore à donner de la nouvelle armée allemande une image flatteuse à l'extrême.

Les travaux du mur de l'Ouest, les manœuvres des chars, le lancement des nouvelles unités de la Kriegsmarine comme le cuirassé *Bismarck* ou le porte-avions *Graf Zeppelin* font l'objet d'une mise en scène soigneusement étudiée. Les Occidentaux, en particulier, sont impressionnés par les manœuvres de bombardement de la Luftwaffe ou les exercices de défense passive.

Il ne fait pas de doute, comme l'attestent les propos de Chamberlain devant les membres de son cabinet, que la menace d'attaques aériennes massives sur les populations civiles n'ait contribué à la politique d'apaisement et à l'aboutissement de Munich. Pourtant, à l'automne de 1938, la Luftwaffe ne dispose encore d'aucune formation aérienne importante capable de bombarder Londres.

Il est vrai que ces démonstrations de force ne constituent pas l'apanage du IIIe Reich, comme l'attestent les grandioses parades de l'Armée rouge, le 1er mai ou à l'occasion de l'anniversaire de la révolution d'Octobre. La France ne néglige pas les démonstrations de ce genre. Lors de la venue à Paris des souverains britanniques, en juillet 1938, 50 000 hommes défilent sur les Champs-Elysées, plus de 600 avions survolent le château de Versailles. Le 14 juillet 1939, le défilé de 350 chars donne une image impressionnante mais faussée de la puissance militaire française. Il n'en reste pas moins que ce sont les parades de la Wehrmacht qui offrent l'impression de puissance la plus irrésistible.

Par une ironie de l'Histoire, Hitler lui-même finit par être victime de ces manœuvres d'intoxication. On le constate le 9 août 1939 avec la démonstration de nouveaux matériels organisée à son intention par Göring et Milch : avions-fusées ou à réaction, cabine pressurisée, canon de 30 m/m. De l'avis de son entourage, cette manifestation contribua, à n'en pas douter, à lever ses dernières hésitations et l'incita à déclencher l'attaque contre la Pologne, au risque d'un conflit généralisé[2]. En réalité, aucun de ces nouveaux matériels, encore en cours d'expérimentation, ne devait entrer en service avant 1944.

Quoi qu'il en soit, le 3 septembre, le haut commandement de la Wehrmacht ne dissimule pas ses appréhensions. La guerre éclate beaucoup trop tôt. Le réarmement de l'armée et de la Luftwaffe ne doit s'achever qu'en 1942-1943 et celui de la Kriegsmarine deux ou trois ans plus tard. Brauchitsch et Halder sont convaincus que si l'armée est en mesure d'abattre la Pologne en trois mois au maximum, elle est incapable de mener une lutte sur deux fronts.

Si le Reich, sans recourir à une véritable mobilisation, dispose d'une centaine de divisions, la défense de l'Ouest repose sur une quarantaine de grandes unités, dont dix seulement d'active. Toutes sont privées de formations aériennes et blindées. Quant au fameux mur de l'Ouest, il est loin d'être achevé et ne présente qu'un ensemble discontinu. Les forces de l'Ouest ont toutes chances d'être refoulées au-delà du Rhin, avec des conséquences catastrophiques pour l'économie de guerre de l'Allemagne.

Le grand amiral Raeder n'est pas plus optimiste, d'autant plus que le réarmement de la marine est encore bien moins avancé que celui de l'armée ou de la Luftwaffe. Le 3 septembre, dans un mémoire personnel, il n'hésite pas à souligner l'erreur de calcul de Hitler dans l'affaire polonaise : « Contrairement à l'affirmation du Führer que "l'Angleterre ne serait pas dans la nécessité de combattre à propos de la question polonaise", l'Angleterre a jugé préférable d'engager la lutte à présent avec la question polonaise comme prétexte. Elle savait que, tôt ou tard, il lui faudrait combattre contre l'Allemagne, et ce, sans doute, dans des conditions plus défavorables, une fois sa flotte reconstituée[3]. »

En définitive, le pessimisme est général. L'impression est totalement différente de celle du mois d'août 1914, où le commandement de l'armée et de la marine avait éprouvé la conviction d'entrer en guerre avec des instruments parfaitement au point. Les généraux et les amiraux de 1939 conservent la nostalgie de ce magnifique ensemble. Il est vrai que l'armée allemande du début de la Première Guerre mondiale constitue un remarquable instrument de combat, sans aucun doute le meilleur de l'époque. Tout a été soigneusement pensé, ordonné, qu'il s'agisse de la tenue de campagne, de l'emploi tactique des mitrailleuses ou de l'artillerie, des règlements concernant l'attaque ou la défense. Sur tous les fronts, pendant toute la durée du conflit, les pertes de l'armée allemande seront toujours inférieures à celles de ses adversaires. La marine ne le cède en rien, tant par la robustesse de ses cuirassés ou de ses croiseurs de bataille, capables « d'encaisser », que par la qualité de l'artillerie. L'entraînement des équipages est poussé à l'extrême.

Et pourtant, dès l'automne de 1914, le plan de campagne allemand se solde par un échec, après les batailles de la Marne et des Flandres. L'Allemagne se trouve confrontée à une guerre longue sur deux fronts. L'espoir d'abattre la France en six semaines s'est évanoui. En dépit de succès tactiques répétés, l'armée allemande ne réussira pas à arracher la décision. Quant à la marine, elle ne parviendra pas davantage à obtenir un succès décisif sur la Royal Navy, ni même à contester suffisamment les lignes de communications alliées.

En revanche, avec toutes ses imperfections, la Wehrmacht de 1939 va remporter, pendant plus de trois ans, des succès spectaculaires, aussi bien sur terre que sur mer, sur des théâtres aussi différents que l'Europe occidentale, l'Afrique du Nord ou la Russie. Elle imposera une nouvelle forme de guerre et laissera le souvenir d'un des meilleurs instruments militaires de l'Histoire.

En septembre 1939, il n'en existe pas moins un abîme entre les projets et les réalisations. Si l'armée compte une centaine de divisions, l'ensemble est disparate. Plus de 80 % des grandes unités ne sont pas motorisées et sont construites suivant des normes très proches de celles de 1917-1918.

Les bandes d'actualité des campagnes de Pologne, de France ou de Russie en 1941 ont laissé l'image de colonnes de jeunes fantassins, col ouvert, tête nue, se livrant à des marches interminables, ou de pièces d'artillerie et de voitures régimentaires hippomobiles. C'est une division de ce genre, sans blindés et véhicules motorisés, qui défilera à Paris sur les Champs-Elysées, le 14 juin 1940.

A l'exception des grandes unités d'active à effectifs complets, l'encadrement paraît insuffisant. L'armée ne compte que 19 500 officiers contre 30 000 pour l'armée française de 1939. Malgré des promotions annuelles massives de 2 000 à 4 000 cadets, il a fallu rappeler des officiers de la fin de la Première Guerre mondiale et intégrer plusieurs centaines d'officiers de police. Les blindés sont composés en très grande majorité de chars légers type Mark I ou II, rapides, mais peu protégés et armés respectivement de deux mitrailleuses ou d'un canon de 20 m/m. Les chars moyens Mark III ou IV, mieux blindés, dotés de pièces de 37 ou de 75 m/m, commencent seulement à sortir d'usine. Pour renforcer l'arme blindée, 450 chars tchèques dotés d'une pièce de 37 ont été incorporés dans les Panzer[4].

Au début de la campagne de Pologne, la Luftwaffe n'aligne encore que 2 200 appareils, pour moitié chasseurs et bombardiers. A la différence de la RAF, elle ne dispose pas d'appareils de bombardement à grand rayon d'action capables d'effectuer des missions stratégiques.

Si les déficiences sont indiscutables, les points positifs ne manquent pas. A la différence des autres armées, encore encombrées de stocks considérables hérités de la Première Guerre mondiale, l'armée allemande dispose d'un matériel neuf de très bonne qualité. Si l'infanterie est toujours équipée du fusil Mauser Ml 92, dont la qualité balistique est d'ailleurs excellente, elle est dotée de la remarquable mitrailleuse MG 34 et du mortier de 80 m/m. L'infériorité quantitative de l'artillerie par rapport à celle de la France est largement compensée par l'abandon du canon de 77, l'équivalent du 75 français, remplacé par des pièces de 105 et de 155. Ces canons lourds sont en nombre à peu près équivalent à ceux de l'armée française[5].

L'armée allemande a encore entrepris la fabrication de mortiers de 570 et 640 m/m, et dispose même d'un canon monstre de 800 m/m. Ces pièces sont en principe prévues pour l'attaque des ouvrages de la ligne Maginot. Elles seront, en fait, utilisées lors des sièges de Sébastopol et de Leningrad.

A la différence de la France, voire de l'Armée rouge, les unités allemandes sont équipées d'une excellente DCA légère à tir rapide composée de canons de 20 et de 37 m/m. Dans la lutte antichars ou la réduction d'ouvrages, indépendamment du canon de base de 37 m/m, elle peut compter sur le 88 m/m attribué au départ à la Luftwaffe. Conçu initialement comme une pièce de DCA lourde, le 88 se révélera jusqu'à la fin de la guerre comme une excellente arme antichars, avant d'équiper, à partir de 1942, des chars lourds et des canons d'assaut. Il peut être considéré comme la meilleure pièce moyenne de la Seconde Guerre mondiale.

Contrairement encore à l'armée française, le génie ne se confine pas dans l'édification de fortifications. Il dispose de tout un matériel de franchissement parfaitement étudié. Dans la défensive, il est encore passé maître dans l'art des destructions. Pendant tout le conflit, le génie allemand imposera à l'adversaire une guerre des mines, à base d'engins « diaboliques » sans cesse perfectionnés, meurtriers aussi bien pour les véhicules que pour le personnel.

Autre atout. Le déficit des cadres est largement compensé par l'excellente qualité du corps des sous-officiers, sans équivalent ailleurs. A partir de 1935, avec le rétablissement du service militaire, la nouvelle armée allemande a pu bénéficier de l'injection des 100 000 « chefs » de la Reichswehr, conçue par von Seeckt comme une armée de cadres. Rappelons que tous ces cadres avaient bénéficié d'une formation leur permettant d'exercer les fonctions de deux grades supérieurs au leur.

L'armée allemande de 1939 compte encore 53 divisions d'active à effectifs complets, soit plus de la moitié de l'ensemble, une proportion nettement supérieure à celle des forces adverses. Par comparaison encore avec l'armée française, l'instruction et l'entraînement des divisions de réserve, en dépit de la pénurie de cadres et de certains matériels, sont largement supérieurs. Ces réservistes sont dans l'ensemble beaucoup plus jeunes, grâce à la puissance démographique du Reich qui aligne plus de 80 millions d'habitants contre 42 pour la France. Dans chaque classe, la proportion d'hommes jeunes est encore plus forte et le phénomène des « classes creuses » a été moins marqué en Allemagne qu'en France.

Si les grandes unités de réserve comptent des hommes enrôlés à la fin de la Première Guerre mondiale et qui atteignent la quarantaine, elles comptent également des soldats issus des « classes blanches » qui n'ont pas été incorporés de 1919 à 1935, mais qui ont été soumis à la solide éducation politique et sportive de la SA avant de recevoir une formation militaire. Quant à la qualité des états-majors, là encore en dépit de difficultés de recrutement, elle ne laisse nullement à désirer.

La véritable supériorité de la Wehrmacht tient, en réalité, à l'existence d'élites et de doctrines, dont on ne trouve l'équivalent nulle part ailleurs. L'armée allemande dispose ainsi, en septembre 1939, d'un remarquable instrument blindé et motorisé. A la différence de toutes les autres armées, les chars sont regroupés en 6 Panzerdivision, associées à 4 divisions motorisées et 4 divisions légères de cavalerie comptant un bataillon de chars. A la même époque, l'armée britannique en est encore à l'étude d'une première division blindée. Quant à l'armée française, si elle dispose de 7 divisions motorisées, elle n'aligne que deux DLM (Divisions légères mécanisées), nettement plus faibles que les Panzer. La quasi-totalité des chars sont regroupés en bataillons de 30 à 50 engins à la disposition des divisions d'infanterie. Il faudra attendre l'hiver 1939-1940 pour assister à la constitution de 3 divisions cuirassées d'une puissance et d'une souplesse nettement inférieures à celles des divisions blindées allemandes.

Le développement de cette arme blindée dérive de la Première Guerre mondiale. Au lendemain de l'armistice, nombre d'officiers reconnaissent que la défaite tient en grande partie à un surprenant désintérêt en faveur du char. Myopie étonnante pour un haut commandement pourtant à l'origine de la plupart des innovations techniques du conflit : artillerie lourde, mortiers, lance-flammes, gaz toxiques.

Cette lacune avait été soulignée le 1er octobre 1918 devant le Reichstag par un représentant de l'état-major général : « Il n'y a pas de possibilité de vaincre l'ennemi. Le premier facteur ayant déterminé ce résultat d'une façon décisive, c'est le char d'assaut. L'ennemi l'a engagé en masses considérables, inattendues pour nous... Ils ont percé nos lignes avancées, ouvert la voie à leur infanterie, ont poussé jusque derrière nos troupes, provoqué des paniques locales et disloqué la conduite du combat[5]. »

L'interdiction pour la Reichswehr de posséder des chars ne fait que souligner cette carence et susciter l'intérêt de nombre d'officiers, pour tout ce qui concerne les blindés et la motorisation. Le général von Seeckt lui-même affirme sa conviction que la guerre de l'avenir se placera sous le signe du moteur.

Les promoteurs de l'arme blindée gravitent autour du général Lutz. Chargé de prévoir le déplacement d'unités motorisées dans le cadre d'une armée affranchie des entraves de Versailles, Guderian, alors simple commandant, estime que le déploiement de ces unités ne pourra être assuré que par des chars. Lutz en arrive encore à la conclusion que les ruptures de 1918, lors des grandes offensives de Ludendorff, auraient pu avoir un caractère décisif si l'exploitation avait été assurée par de puissantes formations de chars interdisant toute possibilité de rétablissement à l'adversaire.

Les promoteurs de l'arme blindée se livrent alors à des exercices au moyen de chars factices construits en toile et en contre-plaqué. Ils mettent sur pied des unités de voitures blindées et de motocyclistes. Les accords avec l'Union soviétique permettent de tester, sur les champs de manœuvre de l'Armée rouge, des prototypes et d'assister à des démonstrations de chars.

Avec l'avènement de Hitler, qui se traduit par l'accélération, puis l'officialisation du réarmement, le stade expérimental est dépassé. Au printemps de 1934, le général Lutz, avec Guderian comme chef d'état-major, reçoit le commandement des unités motorisées. Une doctrine d'emploi se dégage progressivement. Dans un article de 1935, paru dans le *Handbuch der Neuzeitlichen Kriegswissenschaften*, Guderian exprime sa conviction que les nouveaux moyens de combat, comme le char ou l'avion, sont en mesure de réhabiliter la guerre de mouvement.

Cette conviction se manifeste encore davantage dans un ouvrage capital paru en 1937, au titre évocateur, *Achtung Panzer*. Dans ce véritable traité d'emploi de l'arme blindée, Guderian, contrairement à la conception ambiante, précise que les chars ne doivent pas être employés par petits groupes mais en formations massives, dans le cadre de grandes unités blindées[7].

La Panzerdivision disposera de ses automitrailleuses et de son bataillon de motocyclistes de reconnaissance. Elle associera les chars lourds pour la rupture aux engins légers pour l'exploitation. A bord de ses véhicules, l'infanterie participera étroitement à la rupture. Véritable armée motorisée indépendante, la Panzer comprendra encore son bataillon antichars, son artillerie, sa DCA, ses unités de génie chargées du franchissement des coupures, ses services de réparations, de ravitaillement en essence et naturellement de transmissions.

Dernier élément. La radio, dont les progrès sont considérables depuis la guerre et qui permet des liaisons en phonie, constitue la clé de la manœuvre des chars. Elle permet au commandement d'exercer son autorité de l'avant à partir d'un véhicule tout-terrain. Sur ce plan, Guderian joue encore le rôle de pionnier. A la veille de la guerre et pendant le conflit, il avait été affecté au commandement de centres de TSF et de transmissions.

Nul doute que Lutz ou Guderian n'aient puisé une partie de leurs conceptions dans les idées de théoriciens antérieurs comme Liddel Hart ou Fuller et qu'ils n'aient lu l'ouvrage le plus révélateur de De Gaulle dont l'état-major allemand avait fait acheter 500 exemplaires. Une différence profonde sépare cependant *Vers l'armée de métier* de *Achtung Panzer*. Le premier constitue un développement des idées du général Estienne et apparaît surtout comme un essai littéraire, académique, où le rôle de l'avion en liaison avec le char est pratiquement passé sous silence. Le second constitue un manuel précis de l'emploi d'une grande unité blindée. C'est à la fois l'œuvre d'un théoricien et d'un praticien.

Tout comme de Gaulle, Lutz et Guderian se heurtent à une solide incompréhension. En 1935, les idées du général Beck sont très proches de celles du haut commandement français. Le chef d'état-major de l'armée allemande n'est nullement un adversaire du char, mais il ne le conçoit que comme un engin d'accompagnement de l'infanterie. Guderian, avec sa conception des divisions blindées, va trop vite pour lui.

Le général Beck se montre également sceptique sur la « conduite de l'avant » des grandes unités blindées. Il en reste à la tradition codifiée par Schlieffen dont il exhume une note datant de 1903. Trois éléments commandent la direction des opérations : une table, une carte et un téléphone[8].

Contrairement à un de Gaulle, les promoteurs de l'arme blindée allemande vont bénéficier de l'autorité absolue d'un chef suprême, capable de balayer les hésitations de la hiérarchie. Lors d'un exercice mené en 1935 à Kunersdorf, Hitler, avec son étrange intuition, comprend immédiatement la portée de l'arme nouvelle. Devant Guderian, il ne peut dissimuler son enthousiasme : « C'est ce qu'il me faut ; c'est ce que je veux[9]. »

Avec les Panzer, le Führer dispose de l'instrument de guerre rapide et économique qu'il imaginait en 1932 devant Rauschning. « La prochaine guerre ne ressemblera en rien à celle de 1914. Plus d'attaque d'infanterie, plus d'assauts en masse compactes. Tout cela, c'est périmé. Quant au grignotement du front s'éternisant pendant des années, je vous affirme que l'on ne reverra plus jamais cela. C'était une déliquescence de la guerre. La dernière guerre avait fini par dégénérer. Cette fois, nous retrouverons la supériorité que donne la liberté de manœuvre[10]. »

Comme le soulignera Bertrand de Jouvenel, l'arme blindée est parfaitement à la mesure de la mystique nationale-socialiste. « Ceux qui dirigent le Reich d'alors sont d'anciens combattants, des aviateurs, des chefs de détachements d'assaut, des aventuriers. Ils connaissent la vertu de la surprise, du choc subit qui étourdit et paralyse l'ennemi. Ce qui a réussi plus d'une fois à une poignée de partisans ne peut-il s'étendre à l'action de tout un peuple en armes[11] ? »

Atout supplémentaire, la Luftwaffe. Certes, la jeune armée de l'air allemande – et les Anglo-Saxons ne cesseront de dénoncer cette carence – ne dispose pas de formations de bombardement stratégique. Pour expliquer cette lacune, allant à l'encontre des théories du général italien Douhet, on est tenté de faire intervenir l'amateurisme de Göring et surtout la mort prématurée dans un accident d'avion en 1937 du premier chef d'état-major de la Luftwaffe[12].

Le général Wever avait, en effet, prévu la constitution d'une force aérienne stratégique et la mise au point d'un bombardier quadrimoteur baptisé Oural, capable de frapper les arsenaux soviétiques les plus éloignés. Ce projet aurait été abandonné par son successeur, le général Jeschonnek.

Le problème est, en réalité, plus complexe. Pour commencer, aucune puissance militaire ne dispose encore en 1939 d'un instrument de guerre stratégique. Aussi bien en Angleterre qu'aux Etats-Unis, l'aviation lourde de bombardement est encore dans l'enfance et ne commencera à devenir vraiment efficace qu'à partir de 1942. Ni la France, ni l'Italie, ni l'Union soviétique et pas davantage le Japon n'envisagent de se donner une arme de ce genre. Seules les puissances à dominante maritime, comme la Grande-Bretagne et les Etats-Unis, s'orientent dans cette direction.

Par ailleurs, Wever n'avait envisagé qu'une force stratégique de 400 appareils qui se serait révélée radicalement insuffisante, comme le démontrera l'expérience de la Seconde Guerre mondiale. L'offensive aérienne alliée sur l'Europe se soldera de 1940 à 1945 par la perte de 40 000 avions, en majorité des quadrimoteurs.

L'industrie aéronautique allemande, encore en plein développement à la veille de la guerre, n'était pas en mesure de fournir des moteurs d'une puissance suffisante pour un bombardier lourd. Aussi le général Jeschonnek avait-il décidé d'axer l'effort de construction de l'appareil de bombardement stratégique sur le Heinkel 177. Cet avion de conception originale était doté de deux hélices dont chacune était actionnée par deux moteurs accolés par paire.

Par suite de difficultés de mise au point et d'interminables maladies de jeunesse, le Heinkel 177 prévu pour 1940 ne devait entrer en service qu'à la fin de 1942, et encore comme avion de transport lors de l'investissement de Stalingrad. Il faudra attendre le début de 1944 pour qu'il joue enfin le rôle pour lequel il avait été prévu.

En réalité, le bombardement stratégique ne peut jouer qu'un rôle secondaire pour une puissance à dominante continentale et qui est la seule à avoir élaboré une véritable doctrine. La Luftwaffe apparaît essentiellement, à la veille de la guerre, comme une arme de coopération, en liaison avec les forces terrestres. Elle constitue le complément, en quelque sorte naturel, des Panzerdivision. Plusieurs raisons sont à l'origine de cette conception. Avec la disparition complète d'une armée de l'air de 1919 à 1933, la plupart de ses chefs, à l'exception de quelques pilotes chevronnés de la fin de la guerre, sont des officiers issus de l'armée de terre, bien souvent des artilleurs comme Kesselring ou Jeschonnek lui-même. L'expérience acquise par la légion Condor pendant la guerre d'Espagne, sous la direction de Wolfram von Richthofen, a souligné l'intérêt d'une coopération étroite avec des éléments motorisés. Enfin, des hommes comme Lutz ou Guderian intègrent l'action aérienne dans leur doctrine d'emploi des blindés.

Finalement, la Luftwaffe est conçue comme un instrument de soutien direct des troupes au sol, en particulier des Panzer. Cette coopération doit s'effectuer en partie au moyen du bombardier en piqué Junkers 87 expérimenté en Espagne et le seul au monde de son espèce en 1939. Au cours des premières années de la guerre, cet appareil obtiendra d'excellents résultats, aussi bien sur le plan matériel que psychologique, grâce à ses sirènes baptisées « trompettes de Jericho ».

L'appui doit encore être indirect avec les attaques menées sur les arrières de l'ennemi, visant les états-majors, les concentrations de troupes, les carrefours routiers, les nœuds ferroviaires, les ponts. L'aspect stratégique ou semi-stratégique n'est cependant pas totalement exclu avec des raids menés contre certaines industries d'armement, aéronautiques en particulier, ou des centres de décision politique.

Les attaques contre les populations civiles ne figurent pas dans la doctrine de la Luftwaffe, sinon comme représailles. A titre préalable, des attaques surprises contre les terrains d'aviation adverses, suivis d'engagements aériens menés par la chasse, doivent permettre aux forces allemandes de bénéficier de la supériorité aérienne dès les débuts d'un conflit.

Par rapport à l'aviation française, la Luftwaffe, comme l'armée ou la marine, bénéficie d'un excellent service de transmissions fondé sur la machine à coder Enigma et utilisant également toutes les ressources de la radiophonie. A l'école de la Lufthansa, elle est la première aviation de combat à utiliser la radionavigation et à s'initier aux bombardements nocturnes de précision.

A l'imitation des formations blindées de l'armée, la Luftwaffe est encore prévue pour mener des opérations de masse, au moyen de *Luftflotte*, c'est-à-dire de flottes aériennes associant plusieurs centaines de chasseurs aux bombardiers en vol horizontal ou en piqué. Elle ne néglige naturellement pas l'exploration et la reconnaissance. Elle est, en outre, la seule à disposer en 1939 d'une flotte d'avions de transport militaires.

Elle aligne enfin d'excellents appareils comme le chasseur Messerschmitt 109, qui, au prix d'améliorations constantes, sera fabriqué tout au long de la guerre. En revanche, le chasseur bimoteur « destroyer »

Me 110, peu manœuvrant, se révélera décevant en combat aérien, avant de constituer à partir de 1941 un bon chasseur de nuit. Si, parmi les bombardiers, le Dornier 17 apparaît déjà quelque peu périmé, le Heinkel 111 constitue un excellent appareil, en attendant l'entrée en service, à partir de 1940, du Junkers 88, apte au bombardement en vol horizontal et en piqué, plus rapide et disposant d'un plus grand rayon d'action. Au début de la guerre, la plupart de ces appareils affichent une supériorité sur les avions en service dans les autres armées de l'air.

La qualité du personnel ne laisse nullement à désirer. La plupart des volants sont des engagés volontaires de 2 à 12 ans. Le niveau d'entraînement est remarquable et la capacité des écoles très importante. En 1940, au lendemain de la campagne de France, la Luftwaffe bénéficiera encore d'une réserve de 10 000 navigants. C'est seulement à partir de 1942, à la suite de l'attrition sur le front de l'Est, que la Luftwaffe commencera à se heurter à un déficit de personnel et que la qualité de l'instruction déclinera.

Autre élite, les troupes aéroportées. Au milieu des années 30, l'Allemagne est le seul pays avec l'Union soviétique à s'intéresser à cette formule entièrement nouvelle, qui avait cependant suscité l'intérêt des Français et des Américains à la fin de la Première Guerre mondiale. Pourtant, en 1939, le problème est ignoré en Angleterre et à peine effleuré en France, avec la création de premières sections d'infanterie de l'air dont le haut commandement avoue ingénument ne pas discerner l'emploi[13].

En dépit du scepticisme de Beck et grâce, une fois de plus, à l'intervention de Hitler, la Luftwaffe, sous la direction du général Student, achève la création d'une grande unité de chasseurs parachutistes, la 7e Fligerdivision. De son côté, l'armée met au point une formule différente, avec la formation de la 22e division aérotransportée dont les éléments sont acheminés à pied d'œuvre sur l'objectif au moyen de planeurs. Dès les premières heures du 10 mai 1940, ces deux unités feront preuve de leur efficacité aux Pays-Bas et en Belgique.

A la différence de la plupart des autres armées de l'air, la Luftwaffe intègre une puissante DCA avec 21 régiments d'artillerie aérienne servis par 600 000 hommes, soit les deux tiers de ses effectifs. Au début du conflit, la DCA lourde, et même le plus souvent légère, des grandes unités de l'armée est servie par du personnel de la Luftwaffe. Notons encore que la DCA lourde commence déjà à être associée à des radars de recherche et de conduite de tir.

La situation la plus difficile semble concerner la Kriegsmarine. Son réarmement réel a été plus tardif que celui des autres armes, et de toute manière, suivant ce qu'on peut considérer comme une loi de l'Histoire, la reconstitution d'une flotte représente une opération de bien plus longue haleine que celle d'une armée ou d'une aviation.

En septembre 1939, la marine allemande n'aligne que trois Panzerschiffe de 12 000 tonnes, les deux croiseurs de bataille *Scharnhorst* et *Gneisenau*, 6 croiseurs légers, 22 destroyers, 12 torpilleurs et 57 sous-marins dont une vingtaine seulement peuvent opérer dans l'Atlantique. Au total, 250 000 tonnes seulement de navires de combat, soit une infériorité considérable par rapport aux forces franco-britanniques qui alignent près de deux millions de tonnes de bâtiments.

Par ailleurs, la Kriegsmarine, comme la marine française ou italienne d'ailleurs, est totalement dépourvue de porte-avions. Le *Graf Zeppelin* n'est pas terminé et le problème de son achèvement se posera encore en 1942. De toute manière, l'aéronautique navale n'occupe pas une place prioritaire dans les préoccupations de Raeder. En 1939, elle ne compte que 228 appareils, déjà anciens, composés essentiellement d'hydravions lourds basés sur le littoral et d'hydravions légers embarqués sur les grands navires de surface. A l'exception de quelques avions lance-torpilles, son rôle concerne essentiellement l'exploration et le réglage du tir. Sans disparaître jamais complètement, cette aéronautique navale sera progressivement intégrée dans l'armée de l'air.

Contrairement à une croyance tenace, la Luftwaffe ne néglige pas, en effet, la lutte maritime à partir de la terre. Elle commence à s'y intéresser à partir du printemps 1939, avec la reconnaissance au large et l'attaque de forces navales à la mer. Cet intérêt donne naissance aux deux premiers groupes KG 26 et KG 30 dotés de He 111 et de Ju 88 destinés à constituer, en février 1940, le Fliegerkorps X, qui se distinguera en Norvège. De même, la Luftwaffe va s'intéresser au mouillage des mines dès le début de la guerre avec la formation de la Fliegerdivision 9[14]. Dans tous ces domaines, l'aviation allemande dispose au départ d'une avance indiscutable sur les armées de l'air britannique et française.

Sur le plan maritime, l'Allemagne souffre encore, comme en 1914-1918, du handicap d'une position extrêmement défavorable. La flotte se trouve une fois de plus bloquée au fond de la baie allemande. La Manche lui est interdite et elle ne peut gagner l'Océan qu'en faisant le tour des îles Britanniques. Dès septembre 1939, le grand commerce à destination de l'Atlantique sera paralysé.

La situation d'ensemble de la marine n'incite pas le grand amiral Raeder à l'optimisme. Dès le 3 septembre, il écrit : « En ce qui concerne la marine, l'état de préparation de cet automne n'est nullement adéquat à la grande lutte contre la Grande-Bretagne [...] ; la flotte sous-marine est trop faible pour avoir aucun effet décisif. Quant aux forces de surface, elles sont tellement inférieures en nombre et en puissance à celles des Britanniques que, même en déployant tous leurs efforts, elles ne pourraient pas faire plus que de montrer comment on meurt courageusement et ouvrir ainsi la voie à une future reconstruction [...]. De toute façon, l'action des bâtiments de surface ne pourra pas influer de façon décisive sur l'issue du conflit[15]. »

Le tableau est quelque peu poussé au noir. En dépit de sa faiblesse quantitative, la marine allemande de la Seconde Guerre mondiale soumettra les flottes alliées à une tension finalement supérieure à celle du premier conflit mondial. Plusieurs éléments compensent, en effet, la faiblesse maritime allemande. La Kriegsmarine dispose de matériels récents et n'est pas tributaire comme la Royal Navy ou la flotte française de bâtiments anciens plus ou moins bien refondus.

C'est ainsi que dans la perspective d'une guerre de course menée par des bateaux de surface, les cinq navires de ligne allemands affichent une vitesse nettement supérieure à celle des cuirassés alliés, à l'exception de trois vieux croiseurs de bataille britanniques et des deux *Dunkerque* français.

Dans l'ensemble, les navires allemands, comme on avait déjà pu le constater en 1914-1918, sont exceptionnellement robustes. Ils bénéficient d'une bonne tenue à la mer et d'un grand rayon d'action, ce qui n'est pas toujours le cas des unités françaises les plus récentes. Contrairement aux *Dunkerque,* les *Scharnhorst* et *Gneisenau* ont une artillerie parfaitement au point. Ces deux bâtiments, avec des équipages disciplinés et parfaitement entraînés, constituent un excellent groupe de combat qui effectuera de 1939 à 1942 des raids particulièrement réussis dans l'Atlantique.

Sans présenter de caractères révolutionnaires, les sous-marins sont également très supérieurs à ceux des autres marines. Avec des coques soudées et non rivetées, il offrent une grande profondeur d'immersion. Ils sont dotés d'excellents moteurs Diesel, de remarquables périscopes et de calculateurs facilitant considérablement la précision du lancement des torpilles. Un seul point faible. Pendant les premiers mois du conflit, les torpilles à mise à feu magnétique révéleront de graves défaillances et frustreront les U-boote d'un nombre important de succès. Dernier point positif de l'arme sous-marine, placée sous les ordres du commodore Dönitz : l'extrême rigueur de l'entraînement. Au total, trois types de bâtiments composent la flotte : le type II D de 250 tonnes, apte aux opérations en mer du Nord et à l'entraînement, le type VIIC, le modèle de base de 500 tonnes, et le modèle IXC de 740 tonnes.

Par rapport aux autres puissances navales, la Kriegsmarine possède encore d'autres atouts. Elle est la seule en 1939 à disposer de mines magnétiques susceptibles d'être mouillées par bateau, par sous-marin ou par avion. Elle possède également une avance prometteuse dans l'étude des mines acoustiques et à influence.

Pour la détection, la marine allemande, sans ignorer l'existence de l'asdic britannique, n'accorde qu'une importance secondaire aux ultrasons. En revanche, elle dispose d'excellents hydrophones, qui équipent les sous-marins et les grandes unités de surface. Elle possède également une sérieuse avance dans le domaine du radar. En 1939, des bâtiments allemands sont les seuls à être équipés de radars de navigation et de direction de tir, type Seetakt de 70 cm.

Comme toutes les autres composantes de la Wehrmacht, la marine utilise encore un excellent service de décryptage qui lui permettra de rompre le code de la marine française et de l'Amirauté britannique jusqu'à l'été 1940. Cette capacité expliquera, en partie, le succès de l'opération de Norvège.

Jusqu'à l'été 1943, elle sera encore en mesure de décrypter le code des convois de la marine marchande britannique. Toutefois, comme l'ensemble de la Wehrmacht, la marine utilise la machine à coder Enigma dont le haut commandement s'exagère la sécurité et qui sera à l'origine des graves mécomptes subis par la guerre sous-marine à partir de 1943.

Dernier avantage. A l'exception de la Baltique et de la baie allemande, la Kriegsmarine, en raison de sa propre faiblesse, n'a pas à assurer la sécurité de ses lignes de communications. Elle peut consacrer l'essentiel de ses forces à l'attaque de commerce adverse, obligeant l'adversaire à une grosse dispersion de ses moyens.

Quoi qu'il en soit, la déclaration de guerre se traduit par une refonte complète du programme de développement de la marine. La réalisation du plan Z est interrompue. Ne seront terminés que les bâtiments en achèvement à flot comme les grands navires de ligne *Bismarck* et *Tirpitz* dont l'entrée en service est prévue pour 1941. La construction des cuirassés de 56 000 tonnes de la classe M est annulée. L'accent est mis sur la construction des sous-marins. Mais, par suite de pénuries de matières premières et de main-d'œuvre qualifiée, ce n'est pas avant 1942-1943 que la Kriegsmarine possédera les 300 bâtiments jugés nécessaires pour obtenir un résultat décisif dans la bataille des communications.

L'accent mis sur les u-boote répond en grande partie à l'orientation souhaitée par le capitaine de vaisseau Dönitz, comme le souligne son mémorandum du 1er septembre 1939 : « Des mesures doivent être prises en dehors des programmes normaux, et les problèmes navals existants doivent être provisoirement mis de côté de manière que la flotte sous-marine soit mise à même de mener sa tâche principale le plus vite possible, je veux dire vaincre l'Angleterre sur mer. »

La confiance de Dönitz dans l'arme sous-marine est d'autant plus vive qu'il a mis personnellement au point une méthode d'emploi des sous-marins profondément originale, dérivée des expériences qu'il avait menées du temps de la Reichsmarine, lorsqu'il conduisait des attaques nocturnes de torpilleurs à l'entrée de la mer du Nord pour s'opposer à une éventuelle irruption de bâtiments français. Il préconise ainsi l'emploi de groupes ou de « meutes » de sous-marins guidés par radio depuis un submersible de commandement ou, mieux, d'un état-major installé à terre et centralisant toutes les informations. Les meutes attaqueront en surface, à la faveur de la nuit et n'auront rien à craindre de l'asdic. Les grandes manœuvres de 1937 avaient montré tout le parti que l'on pouvait attendre de cette nouvelle tactique qui faisait du sous-marin un torpilleur rapide et peu visible.

En définitive, la Wehrmacht de 1939 ne constitue pas un instrument de masse ; elle ne constitue pas davantage un trompe-l'œil. Elle s'identifie à un ensemble de cellules de haute qualité et apparaît, en grande partie, comme l'œuvre de Hitler. C'est grâce à l'intervention du Führer que des esprits novateurs comme Lutz, Guderian, Student, Dönitz ont pu mettre au point et imposer à un haut commandement résolument conservateur des formules neuves, audacieuses, qui font des nouvelles forces armées allemandes un instrument de combat d'avant-garde, sans équivalent ailleurs.

Reste le problème du moral. Sur ce point, des nuances s'imposent. Certes, à la surprise de Hitler, l'entrée en guerre du Reich n'entraîne nulle scène d'enthousiasme comparable à celles d'août 1914. La population apprend le déclenchement des hostilités avec une stupeur mêlée de résignation. Une analogie avec la France semble se manifester. En réalité, le rapprochement est loin d'être complet.

Depuis 1919, deux tendances se sont disputé l'âme allemande. Tout d'abord, un courant résolument pacifiste, émanation de la social-démocratie, des libéraux, de certains éléments du centre et des syndicats. Un autre courant nationaliste, belliciste, s'était exercé simultanément par l'intermédiaire d'associations d'anciens combattants comme le Stahlhelm, de sociétés pangermanistes, de groupements patriotiques, de corporations d'étudiants et de cercles d'écrivains militaires comme celui organisé autour de Ernst Jünger. La guerre est présentée non seulement comme le seul remède à l'abaissement de l'Allemagne, mais comme une fatalité, une nécessité inéluctable, comme la « mère de toute chose ».

Ce courant, majoritaire dans les partis nationalistes et conservateurs, avait fini par gagner les libéraux et le centre, voire même les Eglises qui n'hésitaient pas à justifier la guerre sur le plan théologique. La crise économique ne fit qu'accentuer l'idée d'une *Wiederwehrhaftmachung*, c'est-à-dire d'un réarmement intellectuel, en réaction avec le pacifisme décadent de la République, par la glorification des actes de guerre, de l'esprit de sacrifice et par l'éloge des vertus militaires.

Paradoxalement, le nazisme devait jouer sur ces deux registres. De 1933 à 1938, Hitler ne cesse lui-même, pour justifier le réarmement, d'insister constamment sur la volonté de paix du régime et les intentions pacifiques de l'Allemagne. Il se donne l'épithète de « disque pacifiste ». Constamment, il cherche à se faire convaincant. A un correspondant anglais l'interrogeant sur les réactions d'un homme politique français qui soulignait le comportement ambigu de l'Allemagne vantant les intérêts de la paix jusqu'à ce qu'elle soit en mesure de faire une guerre victorieuse, il répond : « Ce politicien n'a jamais dirigé une nation. Sinon, comment pourrait-il croire que l'on puisse parler de paix à son peuple pendant dix ans et soudain, de but en blanc, ce même peuple devrait faire la guerre ? »

C'est seulement au lendemain de la crise de Munich, devant la faible combativité de la population, que Hitler se décide à entamer une préparation psychologique. C'est ce qu'il déclare, le 10 novembre 1938, au cours d'une réunion secrète de hauts fonctionnaires de l'Etat : « Il va de soi qu'une telle propagande de paix, prolongée sur des dizaines d'années, ne manque pas d'aspects délicats ; car cela pourrait mener facilement à ce que beaucoup de personnes se mettent en tête que le régime actuel veut véritablement sauvegarder la paix à tout prix. Cela mènerait non seulement à une fausse appréciation de nos objectifs, mais aurait surtout pour effet que la nation allemande, au lieu de regarder les événements en face, serait imprégnée d'un esprit qui, à la longue, deviendrait défaitiste et priverait le régime politique actuel de ses succès. C'est la nécessité qui m'a fait parler de paix durant toutes ces années. Désormais il s'est avéré nécessaire d'opérer une reconversion psychologique du peuple allemand et de lui faire comprendre peu à peu qu'il existe des choses qui, si on ne peut les obtenir par des moyens pacifiques, doivent l'être par la violence. Mais pour atteindre ce but, il n'était pas seulement indispensable de préconiser la violence en tant que telle, il fallait aussi expliquer au peuple allemand certaines données de la politique extérieure de telle sorte que la conscience du peuple en vienne peu à peu à réclamer la violence. » Hitler conclut en disant : « Le disque pacifiste, c'est fini chez nous ; et de toutes façons, on avait cessé d'y croire[16]. »

En somme, derrière un pacifisme foncier, on ne peut nier au plus profond du peuple allemand l'existence d'une « combativité latente », qui se manifestera lors des grandes victoires militaires et qui explique une extraordinaire capacité de résistance, persistant pendant toute la guerre, en dépit d'épreuves infiniment plus dures que celles de 1914-1918.

Un état d'esprit comparable se retrouve dans la Wehrmacht. Au cours de la campagne de Pologne, certaines unités manqueront d'ardeur combative et seront parfois sujettes à des défaillances. Ces défaillances concerneront essentiellement les formations composées de réservistes des vieilles classes qui avaient connu la fin de la Première Guerre mondiale, les humiliations de la défaite, et qui ne croyaient pas à une nouvelle forme de guerre.

En revanche, un esprit totalement différent régnera dans les divisions d'active et parmi les équipages des Panzer et de la Luftwaffe. Pour toute la jeune génération, la dislocation du traité de Versailles, le redressement économique, les réalisations du régime, la création de la grande Allemagne, le sentiment d'appartenir à une société égalitaire, fraternelle, suscitent un sentiment de fierté, un désir d'engagement et par là même une extrême volonté de vaincre. Le passage par la Jeunesse hitlérienne, le service du travail, le service d'honneur dans l'armée ne font que renforcer la volonté de défendre le « nouvel ordre allemand ». A cet égard, la Wehrmacht dispose d'un avantage psychologique certain sur une armée française où dominent le doute et la résignation[17].

Ainsi, la Wehrmacht de 1939 bénéficie d'un triple avantage sur ses adversaires. Elle possède un matériel neuf et de haute qualité. Elle est la seule à disposer de doctrines d'emploi fondamentalement originales, voire même révolutionnaires. Les unités les plus jeunes, les plus modernes présentent une forte combativité. Une simple constatation confirme cette supériorité. Pendant toute la guerre et dans tous les domaines, la Wehrmacht servira de modèle à toutes les armées étrangères.

4

Blitzkrieg

Déclenchée le 1er septembre au matin, la campagne de Pologne obéit à un rythme qui dépasse les prévisions les plus optimistes. La Wehrmacht met en jeu 60 divisions dont 10 blindées et motorisées, et 1 600 avions, contre une armée polonaise de 50 divisions, surprise en pleine mobilisation, privée de formations aériennes et blindées modernes et dont le fer de lance repose encore sur la cavalerie.

A la tête du 19e corps d'armée composé de 4 divisions blindées et motorisées, Guderian exécute dès le premier jour une mission essentielle. Débouchant de Poméranie, il est chargé de la rupture du corridor, où se trouve sa ville natale de Kulm, et de la liaison avec la 3e armée massée en Prusse orientale. En dépit de légers mécomptes liés à l'inexpérience de troupes qui n'ont encore jamais vu le feu, la manœuvre s'exécute en moins de trois jours et démontre la capacité offensive des unités blindées.

Intégré dans le groupe d'armées de von Bock, le 19e corps participe ensuite, en liaison avec les forces de von Rundstedt venues de Silésie, à la première grande manœuvre d'encerclement qui s'achève dès le 8 septembre à hauteur de Varsovie. Soumise à des attaques aériennes constantes, l'armée polonaise se disloque et les divisions encerclées dans les poches de Graudenz, de Kutno, de Modlin et de Cracovie vont être amenées à capituler les unes après les autres.

A partir du 8 septembre débute une seconde manœuvre de grande ampleur. Elle aboutit aux encerclements de Brest-Litovsk, où Guderian arrive le 14, et de Lwow. Le 17, l'Armée rouge déclenche à son tour son attaque contre la Pologne. Soumise à des bombardements intenses, la garnison de Varsovie, à court de vivres, d'eau et de munitions, capitule le 27 septembre. Les dernières troupes polonaises, qui n'ont pu passer en Roumanie, déposent les armes le 5 octobre.

La Pologne disparaît de la carte. En vertu de l'accord germano-soviétique du 28 septembre, un quatrième partage intervient. En échange de la Galicie, la Lituanie tombe dans la sphère d'influence soviétique. Tandis que l'URSS annexe les régions situées à l'est du Boug, l'Allemagne retrouve sa frontière de 1913. A la demande de Moscou, le Reich renonce à maintenir une « Pologne croupion » et établit son protectorat sur le « gouvernement général de Varsovie ».

Au total, une éclatante démonstration de la nouvelle forme de guerre annoncée par von Seeckt dès les années 20 et aussitôt baptisée Blitzkrieg par la presse occidentale. Alors que les Français comptaient sur une résistance polonaise jusqu'au printemps de 1940 et que le commandement allemand s'attendait à une campagne de trois mois, tout s'est effondré en quelques semaines. L'écart des pertes trahit l'abîme qui sépare deux conceptions. Les pertes polonaises s'élèvent à 66 000 tués, 200 000 blessés et 700 000 prisonniers, alors que l'armée allemande ne compte que 10 500 tués, 30 000 blessés et 3 500 disparus.

Attaquant par surprise sur des fronts étroits, les colonnes blindées ont réalisé des percées profondes et des manœuvres d'encerclement. Visitant le corridor rompu en 48 heures par le 19e corps de Guderian, Hitler ne cache pas son étonnement devant les résultats obtenus, qu'il attribue d'abord à l'aviation, et devant la faiblesse relative des pertes, 150 tués et 700 blessés, sans commune mesure avec celles de la Première Guerre mondiale, dans des circonstances analogues.

Les blindés n'affichent qu'une seule faiblesse, leur vulnérabilité dans les combats de rue, comme Guderian en fait lui-même l'expérience à Brest-Litovsk et les Panzer de Bock à Varsovie. La reddition de la capitale n'intervient qu'à la suite de tirs d'artillerie et de bombardements aériens intenses.

Le rôle de la Luftwaffe s'est également révélé déterminant. Les appareils de bombardement en piqué ou les avions d'assaut sont intervenus directement au profit des troupes au sol avec des effets matériels et psychologiques dévastateurs sur une armée privée de DCA et de couverture aérienne. Le stuka Junkers 87 entre dans la légende. Dès les premiers jours, la Luftwaffe a pu facilement acquérir une supériorité aérienne totale, détruisant au sol ou en combat aérien une aviation polonaise limitée à 400 appareils, pour la plupart de modèle ancien.

L'action de la Luftwaffe s'est également révélée capitale par des bombardements répétés sur les arrières du champ de bataille. Le général Kutzeba, le commandant de l'armée polonaise de Poznan, devait souligner, au lendemain de la campagne, cette terrible efficacité. « Tous les mouvements, toutes les concentrations, tous les itinéraires étaient soumis en permanence à un feu dévastateur venu des airs. Les ponts étaient détruits, les passages à gué bloqués, les batteries d'artillerie détruites… Poursuivre la lutte ne pouvait que conduire à un suicide. Rester sur place ne pouvait qu'amener l'aviation allemande à transformer les positions en un gigantesque tombeau, faute de protection aérienne[1]. » En effectuant une moyenne de 400 sorties par jour, le corps aérien de Richthofen a encore contribué de manière décisive à entraîner la reddition de la garnison de Varsovie.

En définitive, une victoire retentissante, source d'une expérience irremplaçable. L'armée allemande vient de retrouver la guerre fraîche et joyeuse. Hitler exulte. A maintes reprises, au cours de la campagne, il s'est rendu en première ligne, retrouvant visiblement avec satisfaction son expérience d'ancien combattant. A la tête du bataillon chargé de la protection du Führer, Rommel, encore colonel, apprécie le courage physique de son chef : « Il me causa beaucoup d'ennui, devait-il écrire à sa femme, car il voulait toujours se trouver parmi les troupes avancées et il prenait beaucoup de plaisir à être au feu. »

Quant au haut commandement, il ne cache pas sa satisfaction d'avoir réglé le sort de la Pologne, l'Etat détesté depuis 1919. Satisfaction d'autant plus vive que les Français n'ont nullement profité de la faiblesse du dispositif à l'Ouest pour déclencher une offensive d'envergure dont les conséquences auraient pu être extrêmement graves. Leur réaction s'est limitée à une simple démonstration dans la région de Sarrebruck, face au secteur le mieux fortifié du mur de l'Ouest.

Ce comportement semble justifier l'appréciation de Hitler. La déclaration de guerre de la Grande-Bretagne et de la France, le 3 septembre, n'a été qu'un simple geste platonique de soutien à l'égard de la Pologne. Les démocraties n'ont nullement l'intention de livrer un véritable conflit, et la possibilité d'une paix n'est pas exclue.

De fait, le 6 et le 10 octobre devant le Reichstag, Hitler effectue une proposition de compromis, tout en soulignant que ni l'Allemagne ni l'Union soviétique n'accepteront le rétablissement de la Pologne de Versailles. Devant un rejet qui ne semble pas le surprendre outre mesure, le Führer est décidé à passer à l'action et à déclencher à l'Ouest une offensive générale avant l'hiver. Cette offensive sera étendue à la Belgique et aux Pays-Bas.

Les grands chefs de l'OKW et de l'OKH, Keitel, Jodl, Göring, Raeder, Brauchitsch et Halder, sont prévenus des intentions du Führer lors des réunions des 10 et 27 octobre. Si Keitel, Jodl et Raeder affichent un enthousiasme réel ou de commande, Brauchitsch, Halder et même Göring dissimulent mal leur surprise et leur appréhension. Le projet de Hitler va à l'encontre de leurs intentions.

En dépit de son succès spectaculaire, la campagne de Pologne a révélé de sérieuses lacunes dans l'équipement, l'instruction, voire même la combativité de la troupe. Les Panzer manquent de chars lourds. La liaison entre les blindés et les divisions d'infanterie non motorisées a souvent été laborieuse.

L'OKH met encore en doute l'efficacité des méthodes de la campagne de Pologne sur le théâtre occidental. Fait qui peut paraître étrange, les conclusions de Brauchitsch et de Halder ne sont guère éloignées de celles d'un Gamelin. En Pologne, la Wehrmacht s'est heurtée à une armée en pleine mobilisation, regroupée dans l'ensemble dans la région de Poznan, dans une position géostratégique extrêmement défavorable, et qu'il a été facile d'encercler par une manœuvre en tenaille depuis la Prusse orientale et la Silésie.

A l'Ouest, les conditions sont totalement différentes. L'armée allemande va se heurter à des fronts étroits, à des positions fortifiées aussi bien en France qu'en Belgique, et à des adversaires totalement mobilisés et disposant de gros effectifs. Se fondant sur les souvenirs de la Première Guerre mondiale, le commandement allemand est convaincu de la solidité de l'armée française et de la qualité de ses chefs. Au cours d'une rencontre à Paris en

1937, à l'occasion de l'exposition universelle, Gamelin a fait une très vive impression sur le général Halder[2].

Les spécialistes de l'arme blindée, Guderian, Hoepner, Reichenau, déconseillent le déclenchement d'une offensive à la veille de l'hiver, qui risque de s'enliser dans la boue de l'automne. Göring lui-même estime que les brouillards de novembre, indépendamment de la brièveté des heures de jour, risquent de paralyser l'action de la Luftwaffe.

Certains redoutent encore une extension du conflit. La violation de la neutralité de la Belgique et des Pays-Bas risque de compromettre définitivement toute solution de règlement pacifique. Les chefs militaires conseillent donc une attente. Les forces allemandes devraient se cantonner sur la défensive, renforcer leur potentiel, renoncer à prendre l'initiative et se tenir prêtes à répondre à une opération alliée en 1940, voire même en 1941. Hitler reste inébranlable. Le « plan Jaune » d'offensive à l'Ouest sera déclenché le 12 novembre. En fait, il va être reporté à plusieurs reprises, pour des raisons météorologiques.

En attendant, les projets de Hitler aboutissent à une relance de la fronde des généraux que l'on pouvait croire disparue depuis 1938. Devant Keitel, Brauchitsch critique sévèrement les intentions du Führer, provoquant une crise grave entre l'OKW et l'OKH. Par ailleurs, le chef d'état-major, Halder, son adjoint le général Karl Heinrich von Stülpnagel et von Leeb, le commandant du groupe d'armées C, en liaison avec le colonel Oster, le chef d'état-major de Canaris, envisagent carrément de renverser le régime hitlérien, en liaison avec Beck et Gördeler. Par l'intermédiaire du Vatican, ils s'efforcent encore de connaître les intentions britanniques[3].

Les conspirateurs sont encouragés par les déclarations de Chamberlain extraites d'un discours prononcé aux Communes et dont de larges extraits ont été communiqués en Allemagne, avec les commentaires encourageants d'un des membres de la délégation britannique de Berne : « Ce n'est donc pas par esprit de vengeance que nous sommes entrés en guerre, mais simplement pour la défense de la liberté... Nous ne cherchons aucun avantage matériel pour nous-mêmes ; nous ne voulons rien exiger du peuple allemand qui risque d'attenter à sa fierté. Bien plus que la victoire, c'est ce qu'elle rendra possible que nous cherchons à obtenir, autrement dit l'établissement d'un meilleur système international qui permettrait à nos descendants d'être délivrés de la hantise de la guerre.

« Je suis convaincu que tous les peuples de l'Europe, y compris le peuple allemand, désirent la paix, une paix qui leur permettra de passer leur vie autrement que dans la crainte, et de consacrer leurs efforts et leurs talents au développement de leur culture, à l'accomplissement de leurs idéaux et à l'amélioration de leur prospérité matérielle. »

Brauchitsch promet alors de passer à l'action si Hitler rejette les conclusions d'un mémorandum qu'il a lui-même rédigé. Le 5 novembre, le commandant en chef de l'armée, en compagnie de Halder, est reçu par le Führer. Il reprend la liste des objections déjà présentées le 17 octobre : saison défavorable, solidité de l'armée française, nécessité de corriger les faiblesses des forces allemandes. Il se hasarde même à aborder le problème délicat des ingérences du Führer dans la conduite des opérations, comme cela s'est produit en Pologne. L'OKH voudrait être assuré d'être seul responsable du déroulement d'une nouvelle campagne.

Brauchitsch abat ensuite sa dernière carte. Il souligne le manque d'ardeur combative de l'infanterie, bien inférieure à celle de 1914-1918. Il révèle que l'on a observé des symptômes d'insubordination comparables à ceux de la fin de la Première Guerre mondiale.

Cette révélation provoque une réaction extrêmement brutale de Hitler, drapé jusque-là dans un silence glacial. Le Führer veut des preuves, des faits précis, le nom des unités mises en cause, le nombre de condamnations à mort. Il décide de régler le problème lui-même et de se rendre personnellement sur le front en avion.

S'adressant directement à Brauchitsch, il dénonce « l'esprit de Zossen », le défaitisme du grand quartier général. Il laisse éclater son mépris à l'égard de généraux débordant de lâcheté et de couardise. A la suite d'une scène « des plus gênante et des plus désagréable », aux dires de Halder, il quitte la pièce, laissant sur place un Brauchitsch pétrifié, profondément ébranlé par la sortie du Führer. Le commandant en chef regagne Zossen dans un tel état de décomposition qu'il se révèle incapable à son arrivée d'exprimer de manière cohérente le déroulement de son entrevue.

Le résultat le plus clair de cette scène mémorable est de mettre fin à toute tentative de putsch. Brauchitsch est, une fois de plus, maté, rappelé au strict respect de la discipline. Le découragement s'empare des généraux. Convaincu que les projets des conjurés ont été éventés, Halder met fin à tous les préparatifs du putsch. Aussi, la tentative de Stülpnagel d'entraîner les états-majors des groupes d'armées de von Bock et de von Rundstedt se solde-t-elle par un échec total. Seul le colonel Oster continuera à avertir l'attaché militaire néerlandais des changements apportés à la date du déclenchement de la grande offensive à l'Ouest.

Deux événements, encore loin d'être totalement éclaircis, contribuent au découragement des conjurés. Le 9 novembre, des agents du SD (le *Sicherheitsdienst*, le service des renseignements du parti) réussissent à enlever, à Venlo, à la frontière germano-hollandaise, deux agents secrets britanniques, en compagnie d'un agent néerlandais qui trouve la mort dans l'opération.

Les représentants du SD à la tête desquels figure Walter Schellenberg, le chef du contre-espionnage de la Gestapo, se sont fait passer pour des résistants allemands, à la veille de déclencher un complot et d'assassiner le Führer. Schellenberg s'était attribué l'identité d'un certain commandant Schmaël. Avant de lancer l'opération, ils souhaitaient obtenir des puissances occidentales des garanties sur l'avenir du Reich. « Nous sommes allemands et nous devons penser avant tout à l'avenir de notre pays », avait déclaré ingénument Schmaël, alias Schellenberg.

De fait, quelques heures avant le guet-apens de Venlo, un attentat a bien eu lieu dans une brasserie de Munich. Une demi-heure avant la fin d'un discours de Hitler, une bombe a explosé tuant 7 personnes et faisant plus de 60 blessés. L'attentat est attribué à un certain Georg Elser, un ancien communiste, manipulé par l'Intelligence Service. En fait, il semble bien – sans que l'on puisse en apporter une preuve absolue – que les deux affaires, celles de Venlo et de Munich, aient été manigancées par Himmler et Heydrich.

Quoi qu'il en soit, elles vont avoir des conséquences graves pour les conspirateurs. L'enlèvement de Venlo ne fera que renforcer l'extrême circonspection des services britanniques à l'égard de tout contact concernant d'éventuels opposants allemands. A la veille de déclencher l'offensive à l'Ouest, l'affaire vient encore à point nommé pour montrer la collusion entre services secrets britanniques et néerlandais. Elle permettra à Hitler de dénoncer la manière pour le moins étrange dont le gouvernement de La Haye conçoit la neutralité.

Quant à l'attentat, il a pour résultat immédiat de renforcer la popularité du Führer, la combativité du peuple allemand et de ranimer la haine à l'égard de la Grande-Bretagne. Le rôle des services secrets britanniques apparaît d'autant plus crédible que la plupart des crimes politiques de l'époque, qu'il s'agisse du comte Witte, de l'archiduc François-Ferdinand, de Jaurès, de lord Kitchener, du roi Alexandre de Yougoslavie, sont attribués à l'Intelligence Service.

L'occasion est bonne pour Hitler de renforcer son emprise sur le haut commandement. Le 27 novembre, il s'adresse à nouveau à ses généraux convoqués à la chancellerie. Pour commencer, il ne se gêne pas pour faire allusion aux défaillances des chefs de 1914, victimes d'effondrement nerveux comme Prittwitz en Prusse orientale, au moment de l'invasion russe, ou encore Moltke, au lendemain de la Marne. Il leur rappelle encore qu'il n'y aurait pas de défaite si les chefs montraient le même courage que les simples soldats[4].

« Tout est déterminé, ajoute-t-il ensuite, par le fait que l'heure nous est favorable. Dans six mois, tout peut avoir changé. Et comme dernier facteur, je dois en toute modestie citer ma propre personne : irremplaçable. Aucun militaire, aucun civil ne pourrait me remplacer. Il peut y avoir d'autres tentatives d'assassinat. Je suis sûr de ma puissance de réflexion et de décision... Le temps travaille pour nos adversaires. Aujourd'hui, il existe un rapport de forces qui ne pourrait être plus avantageux pour nous, mais qui, pour nous, ne peut que se détériorer...

« Ma décision est irrévocable. J'attaquerai la France au moment le plus favorable et le plus tôt possible. La neutralité de la Belgique et de la Hollande n'a aucune importance. Personne ne nous reprochera de l'avoir violée dès que nous aurons remporté la victoire.

« Tout espoir de compromis, poursuit-il, est enfantin : la victoire ou la défaite ! Le problème n'est pas la destinée de l'Allemagne nationale-socialiste, mais la personnalité de celui qui dominera l'Europe à l'avenir. Ma vie n'a aucune importance. J'ai conduit le peuple allemand très loin, même si aujourd'hui le monde nous hait. Je joue mon œuvre entière sur un coup de dés. Je dois choisir entre la victoire et la destruction. Je choisis la victoire. Ces dernières années, j'ai vécu de nombreux exemples d'intuition. Même dans la situation actuelle, je vois une prophétie. Si nous sortons victorieux de ce combat – et nous y parviendrons –, notre époque entrera dans l'histoire de notre peuple. Je remporterai cette victoire ou je mourrai. Je ne survivrai pas à la défaite de mon peuple. Pas de capitulation devant l'étranger ; pas de révolution à l'intérieur. »

L'effet est électrique. La harangue galvanise l'assistance. Suivant la formule d'Oster, l'accusation de lâcheté « transforme les braves en poltrons ». La réunion du 27 novembre ne met cependant pas fin aux espoirs de certains conjurés. A l'initiative de Schacht, de von Hassel ou de Oster, ceux-ci tentent d'obtenir des assurances du côté des Etats-Unis, de la Grande-Bretagne et même du Vatican, sur l'avenir d'une Allemagne libérée du nazisme. Von Hassel précise alors qu'il veut jeter les fondements « d'un état de paix durable et rétablir en Europe une base de sécurité contre un retour des velléités agressives ». A cette occasion, notons que les conjurés n'envisagent nullement un retour aux limites de 1937, mais le maintien de la grande Allemagne avec l'Autriche, les Sudètes et le rétablissement de la frontière de 1913 vis-à-vis de la Pologne.

Ces contacts sont à l'origine du rapport X adressé, le 4 avril 1940, par le général Thomas à Brauchitsch. L'échec est complet. Le commandant en chef de l'armée écarte désormais toute idée de putsch et menace même de mettre aux arrêts son interlocuteur. Comme il le soutiendra après la guerre, son refus procède de l'état d'esprit général du peuple allemand : « Tout cela sentait la haute trahison d'une lieue. Et pourtant je n'ai pas sévi contre vos amis. J'ai lu le fameux rapport, mais je ne pouvais pas l'utiliser. Je n'aurais eu aucune peine à faire arrêter Hitler, car j'avais assez d'officiers dévoués à ma personne pour leur demander de le faire. Mais ce n'était pas là ce qui me tourmentait. Pourquoi aurais-je agi de la sorte ? Ç'aurait été un acte contraire aux vœux du peuple allemand. Soyons francs. J'étais parvenu à me faire une idée très exacte de l'état d'esprit du peuple allemand. J'étais tenu au courant de tout par mon fils et par quelques autres. Le peuple allemand tout entier tenait pour Hitler. Et ce n'était que justice, en particulier du côté des ouvriers. Personne n'avait jamais tant fait pour relever leur niveau de vie que Hitler. »

Un autre élément contribue à ce rejet : le déclenchement imminent de la campagne de Norvège. Maintenant que la guerre démarre vraiment, les initiatives des conjurés ne peuvent s'apparenter qu'à des actes de haute trahison.

La tension du haut commandement persiste pendant tout l'hiver. A maintes reprises, l'ordre de déclencher le plan Jaune est annulé par suite des mauvaises conditions météorologiques. Un nouveau contrordre intervient le 10 janvier 1940 à la suite de l'atterrissage forcé d'un avion militaire en Belgique à Mechelen-sur-Meuse, transportant deux officiers de l'état-major général porteurs d'une partie de l'ordre d'opérations. Les Belges réussissent à s'emparer de ces documents et en informent les Alliés, qui mettent leurs troupes en état d'alerte.

L'affaire provoque la plus vive tension au sein de l'OKW et de l'OKH, et entraîne, une fois de plus, l'ajournement de l'opération fixée au 17. Furieux, Hitler donne l'ordre de renforcer les mesures de sécurité. Les Belges et les Alliés interprètent l'affaire comme une manœuvre d'intoxication.

Contrairement aux Français dont les troupes se consument dans une inaction morose, le commandement allemand profite de la pause de la drôle de guerre pour renforcer et améliorer ses forces. Par l'incorporation de nouvelles catégories de réservistes, l'armée atteint 143 divisions. Par la transformation en unités blindées des divisions légères de cavalerie, le nombre de Panzer est porté à dix, regroupant 2 700 chars et 700 automitrailleuses.

Grâce aux sorties d'usine de chars moyens Mark III et IV, la puissance de ces grandes unités est renforcée, même si les engins légers restent encore majoritaires. Toutes les grandes unités sont soumises à un entraînement intensif, qui s'efforce de pallier les déficiences observées pendant la campagne de Pologne. Simultanément, la puissance de la Luftwaffe est portée à 4 000 appareils de combat.

Contrairement à ce que l'on pourrait croire, l'armée allemande est loin de rester inactive, en dépit du caractère laconique des communiqués. Entre la frontière française et la ligne Maginot, sur 15 à 20 kilomètres de profondeur, des commandos opèrent avec une extrême audace et multiplient les coups de main contre les petits postes français établis souvent d'une manière qui défie le simple bon sens. Des dizaines de ces postes sont enlevés pour être rétablis quelques jours après, exactement au même endroit. Signe révélateur, ils n'opposent le plus souvent pas la moindre résistance. L'armée allemande acquiert ainsi un ascendant de bon augure sur les troupes françaises[5].

Pour l'OKH, cet ascendant apparaît comme le résultat d'un intense effort de propagande. Pour commencer, cet effort incombe aux forces armées elles-mêmes avec la création, le 1er avril 1939, d'une section de propagande de la Wehrmacht, dirigée par le lieutenant colonel Hasso von Wedel. Cette section vise tout d'abord la protection du moral des troupes elles-mêmes[6].

A la déclaration de guerre, l'armée dispose de 8 compagnies, la Luftwaffe de 4 et la Kriegsmarine de 2. Avec les débuts du conflit, la section de propagande s'oriente vers l'armée française, au moyen de tracts, de haut-parleurs, de banderoles et de contacts directs. Des officiers, de simples soldats ou des personnalités civiles, comme le Gauleiter de Bade-Wurtemberg, entrent en relation avec les soldats français. Convaincu de la puissance de l'arme psychologique, Hitler demande communication des tracts et participe même parfois à leur élaboration.

L'essentiel de cette propagande porte sur la forme et le sens de la guerre. Quels que soient les arguments utilisés, la démonstration est toujours la même. Si l'Allemagne n'attaque pas, ce n'est pas faute de moyens. C'est tout simplement qu'elle ne tient pas à envenimer le conflit, à créer l'irréparable. Le Reich n'a pas déclaré la guerre, il n'a aucun différend avec la France, qui n'est entrée dans le conflit que pour le compte de l'Angleterre et des capitalistes de la City qui se préparent à une lutte de cinq ans pour redresser leurs affaires.

Mais l'Allemagne n'attendra pas. Elle attaquera. Cette attaque concernera essentiellement la ligne Maginot. Une fois de plus, c'est la France qui supportera le poids essentiel de la lutte et subira des pertes encore plus lourdes que celles de 1914-1918, dont elle ne s'est pas encore remise. Aussi, pourquoi ne pas en finir tout de suite ? Pourquoi ne pas conclure la paix, accepter l'offre du Führer ? Que chacun rentre chez soi, retrouve sa famille, sa maison, son travail. Qu'on en finisse ! Et la France et l'Allemagne prendront la place qui leur revient dans l'Europe nouvelle[7].

Des éléments plus précis renforcent cette argumentation. La propagande allemande souligne l'absence de troupes anglaises en première ligne. Les Britanniques préfèrent se trouver à Nice ou à Paris plutôt que sur le front. Dans les airs, la Luftwaffe ne rencontre plus que des avions français. En 1914-1918, les pertes françaises ont été trois fois plus fortes que celles des Anglais. La puissance de la Wehrmacht est considérable. La Pologne a été écrasée en trois semaines, alors que les milieux politiques et militaires français tablaient sur une longue résistance. Au cours de la Première Guerre mondiale, en 1916, l'Allemagne tenait un front de 2 400 kilomètres, aujourd'hui celui-ci n'est plus que de 250 kilomètres... Constatons que cette propagande est adroite, adaptée à la mentalité des masses. Elle constitue un ensemble cohérent, émaillé de formules brèves, percutantes, de slogans. Notons encore qu'elle ne fait aucune allusion à l'Union soviétique et au pacte de Moscou.

Cette action psychologique s'accompagne d'éléments ponctuels portant sur les mouvements des troupes françaises. L'état-major du groupe d'armées C signale ainsi avec précision par haut-parleurs les déplacements des grandes unités de la 3e armée française. Le mouvement de la 3e DIM de Ligny-en-Barrois vers l'armée voisine est parfaitement annoncé. Quand la 1re DIM arrive sur le front, elle est accueillie par des émissions radio en arabe. La section de propagande de la Wehrmacht sème ainsi le doute dans l'esprit des Français en démontrant la qualité de son service de renseignements et renforce la croyance dans l'existence d'une cinquième colonne.

Tout au long de l'hiver, le commandement allemand est parfaitement renseigné sur l'affaissement du moral des troupes françaises et ne cesse d'intensifier son action comme le démontre la note de synthèse du mois de février : « Des problèmes familiaux, le mauvais temps, des questions de solde, l'attitude des Anglais et des péripéties comparables ont engendré dernièrement çà et là dans les forces armées françaises le mécontentement, la frustration et des doutes quant à la nécessité de la guerre. Il s'agit maintenant, à un moment où une grande partie de l'armée française se trouve en camps de repos et donc particulièrement réceptive aux actions de démoralisation, de renforcer ces tendances et d'influencer assez tôt l'attitude de la troupe française en vue des combats importants auxquels elle devra s'attendre. Le moment actuel s'y prête particulièrement bien[8]. »

L'action de propagande s'exerce également à l'égard de l'arrière et des populations civiles. Les postes clandestins comme Humanité et la Voix de la Paix contribuent beaucoup à l'efficacité de cette propagande. Ces postes reçoivent leurs instructions de Goebbels puis du Dr Adolf Raski. Radio Humanité se fait passer pour un poste mobile, se déplaçant en France et entretenu par le Parti communiste, condamné à une existence clandestine depuis son interdiction en septembre 1939. Ses émissions incitent la population à organiser une grève de l'impôt, à retirer son argent des banques. Des attaques extrêmement violentes sont lancées contre le gouvernement accusé de se livrer à des exécutions sommaires. La situation militaire reste à l'arrière-plan. Il s'agit essentiellement de semer le trouble, d'ébranler la confiance de la population dans le régime.

Un des rédacteurs des textes de ces émissions n'est autre qu'un communiste dissident, Ernst Togler. Cet ancien parlementaire avait été acquitté par la cour de justice du Reich, dans le procès sur l'incendie du Reichstag. Ses émissions trahissaient un homme de terrain, connaissant remarquablement son métier. Elles connaîtront une ampleur nouvelle, au moment du déclenchement de l'offensive à l'Ouest, et contribueront à ce que le trouble devienne parfois panique dans la population française.

La pause de l'hiver permet encore une refonte complète du plan d'opérations. Dans sa première version, le plan Jaune n'apparaît nullement, ainsi qu'on le soutient trop souvent, comme la réédition du plan Schlieffen de 1914. Il ne vise pas l'enveloppement et la destruction des armées alliées. Il offre, en réalité, un caractère limité, voire préventif. L'occupation des Pays-Bas, de la Belgique et d'une partie du Nord de la France a pour but de devancer une opération alliée, d'assurer la protection de la Ruhr contre l'aviation britannique et permettre de mener une guerre aéronavale contre la Grande-Bretagne.

Dès le départ, Hitler manifeste une évidente insatisfaction. Il souhaite une opération décisive et s'inquiète de l'attribution de tous les moyens offensifs au groupe d'armées B de von Bock face aux Pays-Bas et à la Belgique au détriment du groupe d'armées A de von Rundstedt en position devant l'Ardenne.

Dans un premier temps, Hitler attribue à ce groupe d'armées le 19e corps blindé de Guderian fort de deux Panzer, d'une division motorisée et de deux régiments d'élite, *Grossdeutschland* et SS *Leibstandarte Adolf Hitler*. Le 19e corps devra traverser l'Ardenne et établir une tête de pont sur la Meuse à Sedan. Il se trouvera ainsi en mesure de créer des conditions favorables à la poursuite des opérations au cas où le groupe d'armées B de von Bock ne parviendrait pas à percer en Belgique. A l'initiative du Führer, le nom fatidique de Sedan apparaît ainsi pour la première fois dans le plan d'opérations, dans le cadre d'une solution de rechange et d'une éventuelle rupture du centre français. Le 20 novembre, Hitler envisage même d'aller plus loin et de déplacer le point d'application de l'opération au profit du groupe d'armées de von Rundstedt. Cette éventualité tient à un événement capital. Depuis le mois d'octobre, les services de renseignements du groupe d'armées C sont en mesure de décrypter les communications radio du ministère de la Guerre français avec les armées, les services de l'intérieur et même ceux d'Afrique du Nord et de Syrie[9].

Cette rupture permet au commandement allemand de prendre connaissance des lacunes de l'organisation militaire, ce qui confirme la perspicacité du Führer, sceptique de longue date sur la qualité de l'armée française. Elle permet aussi de suivre l'évolution de la stratégie franco-britannique qui envisage, en cas d'attaque allemande à travers la Belgique, une intervention limitée d'abord à l'Escaut puis à la Dyle, sur une ligne Louvain-Namur.

Si le gros des forces alliées pénètre en Belgique, l'exécution du plan Jaune risque de conduire le groupe d'armées de von Bock à une bataille frontale sanglante et indécise. En déplaçant le centre de gravité de la manœuvre vers le sud, en frappant sur la Meuse à Sedan, le groupe d'armées A peut trouver le défaut de la cuirasse franco-britannique.

Ce dispositif s'impose d'autant plus que le risque d'une contre-attaque de flanc s'estompe avec le déplacement de la réserve stratégique française. La 7e armée du général Giraud vient d'être transférée du secteur de Reims à celui de Lille-Dunkerque.

Les reports successifs du déclenchement de l'attaque, tout au long de l'hiver, vont entraîner une refonte du plan, favorisé par la confrontation entre les idées de Hitler et du général von Manstein. En totale indépendance à l'égard des idées du Führer, le chef d'état-major du groupe d'armées A ne cesse de multiplier les critiques à l'égard du plan élaboré par l'OKH.

Dès le 31 octobre, dans une note adressée à son chef, von Rundstedt, il souligne : « Le succès initial que l'on escompte sur la Belgique et sur les forces que les Alliés auront jetées à son secours est concevable. Mais la victoire générale ne dépend pas de ce succès initial ; elle dépend de la destruction dans leur ensemble de toutes les forces ennemies au combat, tant en Belgique qu'au nord de la Somme. » Il ajoute : « Il faut en même temps mettre en échec la contre-offensive française qui, selon toute certitude, débouchera tôt ou tard de la direction du sud et du sud-est[10]. »

Cette critique s'accompagne d'une suggestion. « Ces considérations imposent au groupe d'armées A la conviction qu'il faut transférer à l'aile sud le centre de gravité de l'opération tout entière… Placé au sud de Liège, il faudra le pousser au-delà de la Meuse, en amont de Namur, sur l'axe Arras-Boulogne, de manière à couper sur la Somme tout ce que l'ennemi aura aventuré en Belgique et non pas à le rejeter sur la Somme. »

Les 26 et 30 novembre, les 6 et 16 décembre, von Manstein revient à la charge et adresse de nouvelles notes à Rundstedt, qui les transmet à l'OKH. Von Brauchitsch et Halder se refusent à les prendre en considération. Ils n'y voient qu'une manœuvre du commandant du groupe d'armées A de se faire attribuer le premier rôle dans l'exécution du plan Jaune.

Le 12 janvier, au lendemain de l'incident de Mechelen, von Manstein récidive. Il juge insuffisant le renforcement du groupe d'armées A par le corps blindé de Guderian. Le groupe A doit disposer de trois armées, deux pour assurer la sécurité du flanc gauche jusqu'à l'Oise et interdire toute contre-attaque, et une troisième renforcée en éléments blindés pour assurer les passages de la Meuse entre Dinant et Fumay, et pousser sur Saint-Quentin « afin de saisir le flanc des forces ennemies retraitant sur la Somme devant l'aile nord ». « Alors seulement, conclut-il, la poursuite de l'opération provoquera la victoire définitive sur l'armée française. »

Brauchitsch et Halder se refusent, une fois de plus, à transmettre les observations de l'état-major du groupe d'armées A à l'OKW. Le projet de von Manstein fait cependant l'objet, les 7 et 14 février, d'un exercice sur la carte. Les conclusions apparaissent négatives. L'Ardenne, avec ses routes sinueuses, étroites et encaissées, ne se prête pas au passage de puissantes colonnes blindées. La Meuse, où les Français sont en position depuis septembre 1939, constitue encore un remarquable fossé antichars, dont le franchissement semble singulièrement aléatoire.

Consulté, Guderian se fait fort de franchir le fleuve, le cinquième, voire le quatrième jour de l'offensive. Halder juge cette prétention « absurde ». Il n'envisage pas une exploitation avant le neuvième ou le dixième jour. Par une ironie de l'Histoire, les conclusions de l'OKH coïncident étrangement avec celles du haut commandement français pour lequel l'Ardenne est « imperméable » aux chars.

En dépit de l'avis négatif de l'OKH, l'affaire est loin d'être enterrée. Elle va même rebondir de manière inattendue. Pour commencer, le 30 janvier, à Coblence, un des aides de camp de Hitler, le colonel Schmundt, se trouve en présence de von Manstein qui l'entretient naturellement de son idée de manœuvre. Le colonel est surpris « d'avoir rencontré chez Manstein, quoique dans une forme sensiblement plus précise, une conception identique à celle que le Führer ne cesse de nous développer ». Schmundt a-t-il rapporté à Hitler sa conversation avec von Manstein ? On ne sait. Toujours est-il que le 13 février, selon le Journal de Jodl, Hitler décide de renforcer le groupe d'armées A sur l'axe de Sedan, prétendant que l'ennemi ne s'attendra pas à recevoir le choc principal dans cette région. Il ordonne donc de prélever sur le groupe d'armées B deux divisions blindées au profit du groupe de von Rundstedt et de lui attribuer une autre Panzer prélevée sur la réserve générale.

L'événement majeur se produit cependant le 17 février. Ce jour-là, conformément à l'habitude, Hitler reçoit les nouveaux chefs de corps d'armée. Parmi eux, von Manstein lui-même, affecté au 38e corps d'armée de Stettin, nullement en vertu d'une mise à l'écart déguisée, mais d'une affectation prévue depuis l'automne.

Une conversation s'engage entre les deux hommes et Manstein est surpris de la rapidité avec laquelle Hitler entre dans les idées soutenues par le groupe d'armées A depuis des mois. Ravi de bénéficier du soutien d'un professionnel, le Führer va jusqu'au bout de l'idée de manœuvre et impose à l'OKH la version définitive du plan Jaune qui doit aboutir à une destruction complète du dispositif adverse, en faisant porter l'effort principal au sud d'une ligne Liège-Charleroi.

Le rôle des deux groupes d'armées B et A se trouve inversé. Hitler décrète que von Bock attaquera en Belgique et en Hollande du Sud. « Cette action, secondaire dans son esprit, devra paraître principale à l'adversaire et monopoliser son attention pendant les premiers jours. Elle a encore pour objet d'attirer le maximum de troupes alliées en Belgique et de protéger le flanc droit du groupe d'armées A de von Rundstedt, destiné maintenant à fournir l'effort principal. »

En vertu de cette nouvelle perspective, le groupe d'armées A se taille la part du lion avec 45 divisions dont 7 Panzer. A lui la mission de franchir l'Ardenne, de border et de traverser la Meuse entre Dinant et Sedan, et de poursuivre en direction de Saint-Quentin et même au-delà. Devant Brauchitsch et Halder perplexes, Hitler, d'un large coup de crayon vert, trace lui-même l'axe de marche qui conduit tout droit à Abbeville et à la mer. Le fer de lance du *Schwerpunkt* sera constitué par le 19ᵉ corps de Guderian chargé de franchir la Meuse avec le soutien de toute une flotte aérienne.

Quant au groupe de von Bock, destiné à jouer un rôle d'appât, il se trouve ramené à 29 divisions dont 3 Panzer. Hitler n'en surveille pas moins lui-même les opérations destinées à détourner l'attention des Français de cette région : débarquement aérien aux Pays-Bas, opérations parachutées sur le canal Albert et le fort d'Eben Emael. Pour donner le change, le Führer prescrit bien de ne pas mentionner dans les premiers communiqués l'avance vers Dinant et Sedan.

Après d'ultimes hésitations, l'OKH finit par se laisser convaincre et travaille fiévreusement à la refonte du plan achevée à la fin février. Sur 10 divisions blindées, 7 sont donc affectées au groupe d'armées A, avec la quasi-totalité des chars lourds et moyens. Les trois Panzer destinées à pénétrer aux Pays-Bas et dans le centre de la Belgique n'auront guère à rencontrer de grosses formations de chars et pourront être constituées essentiellement d'engins légers. La quasi-totalité des divisions motorisées est également affectée au groupe d'armées A.

La plupart des généraux commencent à croire au succès de l'opération dont le caractère audacieux finit même par les enthousiasmer. Le 25 avril, le général Fromm, le commandant de l'armée de l'intérieur, effectue une véritable prophétie : « Nous traverserons la Hollande et la Belgique d'un seul trait et nous réglerons son affaire à la France en quinze jours. » Il affirme sa conviction que les Français se débanderont comme les Polonais et que « les Anglais, après avoir encore combattu quelque temps, finiront par se lasser ».

« A ce moment-là, affirme-t-il, le Führer leur accordera une paix très modérée et digne d'un grand homme d'Etat. » A la fin de l'hiver, la confiance des états-majors est d'autant plus vive que la campagne de Norvège, en dépit de tous les pronostics, vient de s'achever par une victoire retentissante.

Malgré la faiblesse de la Kriegsmarine, les débuts de la guerre sur mer ne sont pas aussi déprimants qu'avait pu l'envisager Raeder, à l'annonce de la déclaration de guerre franco-britannique. Conformément à sa doctrine, le grand amiral engage dans ce qu'il appelle la « bataille des communications » la totalité de ses forces. Encore qu'une guerre au commerce sans restrictions ne soit autorisée par Hitler que le 16 novembre, une fois convaincu de l'impossibilité d'une paix de compromis à l'Ouest. Il n'en reste pas moins que les résultats obtenus par les grands bâtiments se révèlent décevants. Ayant appareillé de Wilhelmshafen dès le 24 août, le *Deutschland* opère dans l'Atlantique Nord, mais ne coule que deux navires avant d'être rappelé en Allemagne, au début novembre, où il est rebaptisé *Lutzow*. Du 21 au 27 novembre, le groupe *Scharnhorst Gneisenau* effectue une tentative de sortie en direction de l'Atlantique. Mais, entre les Feröe et l'Islande, les deux bâtiments rencontrent et coulent le croiseur auxiliaire *Rawalpindi*. Ils renoncent alors à leur tentative par crainte d'une interception britannique.

Le mécompte le plus sérieux survient avec le Panzerschiffe *Admiral Graf Spee*. Ayant appareillé d'Allemagne dès le 21 août, le bâtiment opère d'abord dans l'océan Indien, puis dans l'Atlantique Sud. Il ne coule que 9 navires, avant d'être intercepté et engagé le 13 décembre par un groupe de 3 croiseurs britanniques. Endommagé, ayant consommé la moitié de ses munitions, il gagne Montevideo où le gouvernement de l'Uruguay ne lui accorde qu'une escale de 72 heures.

Convaincu à la suite d'une manœuvre d'intoxication qu'une sortie en direction de Buenos Aires ne peut que se heurter à des forces britanniques considérables, le commandant du cuirassé de poche demande des instructions à Berlin et reçoit l'autorisation de saborder son navire dans le Rio de la Plata. Le capitaine de vaisseau Langsdorf se suicide trois jours plus tard. L'affaire jette une ombre sur la combativité de la Kriegsmarine.

En revanche, conformément à ce que pensait Dönitz, les sous-marins sont plus heureux. Le 17 septembre, l'U-29 envoie par le fond le porte-avions *Courageous*. Le

14 octobre, Gunther Prien, commandant l'U-47, réussit l'exploit de pénétrer dans la rade de Scapa Flow et de couler le cuirassé *Royal Oak*. L'équipage est accueilli triomphalement à son retour en Allemagne. Il défile à Berlin et est reçu par le Führer. Les défaillances de torpilles privent cependant les sous-marins d'un certain nombre de succès. Le porte-avions *Ark Royal* échappe ainsi à la destruction. Les sous-marins remportent enfin des succès non négligeables contre la navigation commerciale.

La Luftwaffe s'associe également à la bataille des communications, en attaquant le trafic de la côte est de l'Angleterre et en mouillant des mines magnétiques sur les chenaux utilisés par la navigation alliée. Si une parade est assez rapidement trouvée par l'adversaire, l'utilisation de ces nouveaux engins n'en constitue pas moins une nouvelle et lourde servitude pour les marines franco-britanniques.

Les résultats obtenus par cette première bataille des communications restent cependant médiocres et hors d'état de peser sur le déroulement du conflit. A la date du 10 janvier 1940, les pertes infligées à la navigation alliée et neutre ne dépassent pas 755 000 tonnes, dont 420 000 par les U-boote, 262 000 par les mines et 60 000 seulement par les navires de surface. Au cours de cette période, 14 sous-marins ont disparu. Si les résultats s'améliorent légèrement en janvier-février 1940, ils diminuent ensuite avec la préparation de l'expédition de Norvège.

L'idée de déclencher une opération en Scandinavie incombe à la fois à Rosenberg, le chef du bureau de politique extérieure du Führer, séduit par la perspective de constituer un grand bloc germanique dans le nord de l'Europe, et au grand amiral Raeder. Dès le 3 octobre, le commandant de la Kriegsmarine fait étudier par son état-major la possibilité d'obtenir par une pression diplomatique des bases navales en Norvège à Trondheim et à Narvik, pour priver la Grande-Bretagne d'importation de bois, d'huile et de minerai de fer. Une opération de ce genre s'intégrerait dans la lutte économique menée contre l'Angleterre et faciliterait la bataille pour les communications[11].

Raeder ne fait que reprendre un projet de l'amiral Wegener exposé, comme on l'a vu dès 1923, et destiné, à la lumière des enseignements de 1914-1918, à améliorer la position géostratégique de l'Allemagne. Le projet de Wegener se limitait cependant à la Norvège méridionale et centrale, et écartait la région de Narvik.

Raeder ne tarde pas à aller plus loin et, le 20 octobre, il présente à Hitler un plan d'occupation de la Norvège. Le Führer se montre sceptique et tout à son plan d'attaque à l'ouest, il écarte les propositions du grand amiral. Se refusant encore à radicaliser le conflit, il hésite à violer la neutralité de la Norvège à la lumière de l'effet déplorable produit par l'invasion de la Belgique en 1914. Le 8 décembre, Raeder effectue une nouvelle tentative, sans plus de succès.

Un événement se révèle alors décisif : la rencontre entre Hitler et le Norvégien Quisling, un personnage étrange, ancien ministre de la Défense, le chef d'un petit parti nationaliste d'extrême droite. Quisling informe le Führer que les Anglais ont l'intention de débarquer en Norvège et que la seule mesure préventive consisterait pour son parti à s'emparer du pouvoir. L'homme n'est pas si mal renseigné ou bénéficie d'une solide intuition. Depuis octobre 1939, W. Churchill, premier lord de l'Amirauté, ne cesse de préconiser une opération en Scandinavie, sans rencontrer, il est vrai, beaucoup d'enthousiasme de la part de Chamberlain et des Français.

Sans dissimuler son scepticisme à l'égard d'un coup d'Etat, Hitler est visiblement impressionné, même s'il répugne encore à violer la neutralité d'un pays scandinave et à distraire des forces qui lui seraient indispensables à l'Ouest. En attendant, il demande à l'OKW de créer une cellule restreinte chargée d'une « Etude Nord ». Dans son esprit, il ne s'agit encore que d'une riposte à une éventuelle initiative franco-britannique.

Le problème de la Norvège prend alors une ampleur nouvelle à la suite de l'attaque de l'URSS contre la Finlande. Les Français envisagent l'envoi d'un corps expéditionnaire à Petsamo pour aider les Finlandais et pour occuper également les mines de fer du nord de la Suède, et priver l'économie de guerre allemande d'une matière première essentielle[12].

Plus réalistes, les Anglais tiennent à se limiter à une opération en direction de Narvik, point de départ de la route du fer d'hiver, à un moment où celle du golfe de Bothnie est paralysée par les glaces. La prise de Narvik pourrait être suivie de l'occupation de Bergen, de Trondheim et de Stavanger. Le point de vue britannique finit par l'emporter et, en janvier 1940, un corps expéditionnaire se réunit en Ecosse et à Brest.

L'OKW achève alors une première étude concernant l'occupation de tous les points clés du littoral norvégien, y compris Narvik, où il n'est pas question de laisser les Anglais s'installer. La Norvège ne doit pas devenir le théâtre d'une bataille d'usure. Le 20 janvier, l'opération reçoit le nom de code de *Weserbürung* (exercice Weser).

Un nouvel incident précipite les événements. Le 16 février, au sud de Bergen, le destroyer britannique *Cossak* intercepte l'*Altmark,* l'ex-cargo ravitailleur de l'*Admirai Graf Spee*, qui tente de rejoindre l'Allemagne en longeant les eaux territoriales norvégiennes avec à son bord 299 marins anglais recueillis après la destruction de leurs bateaux. L'opération se solde par un succès et les Britanniques sont libérés.

A Londres, l'affaire renforce les partisans d'une intervention. La Norvège ne fait pas respecter ses eaux territoriales. Par une ironie des choses, Berlin en arrive aux mêmes conclusions. Hitler donne l'ordre d'accélérer les préparatifs de Weser. Le commandement en sera assuré par le général Falkenhorst, qui a servi en Finlande, à la fin de la Première Guerre mondiale. L'affaire mettra en jeu 6 divisions, 1 500 avions et la totalité des moyens de la Kriegsmarine.

Les débarquements interviendront simultanément à Narvik, Trondheim, Bergen, Kristiansund, Egersund et Oslo. Les troupes seront transportées par des cargos camouflés et des navires de guerre, à l'exception du groupe Narvik composé uniquement de grands contre-torpilleurs rapides soutenus à distance par le *Scharnhorst* et le *Gneisenau*. L'opération sera étendue au Danemark dont les aérodromes permettront de soutenir les éléments débarqués et d'alimenter un pont aérien.

Le 3 mars, Hitler décide de déclencher l'affaire avant le plan Jaune. Il fixe la date de l'opération au 9 ou 10 avril, sans avoir le moindre renseignement sur les préparatifs alliés sur le point de s'achever. En réalité, la décision du Führer intervient à la veille d'un profond bouleversement des plans franco-britanniques. La signature le 13 mars d'un traité de paix entre l'URSS et la Finlande met fin à tout prétexte d'intervention. Le corps expéditionnaire est dissous.

L'affaire est cependant reprise, le 28 mars, avec l'arrivée au pouvoir de Paul Reynaud. Le corps expéditionnaire est remis sur pied. Dans le cadre de l'opération *Wilfred*, les débarquements seront précédés de mouillages de mines au large de Narvik. En définitive, l'opération Weser va déboucher sur une bataille de rencontre.

En dépit de risques considérables, réaction de la Home Fleet, présence de sous-marins alliés, reconnaissance aérienne, Hitler, Raeder et l'OKW sont confiants.

« L'opération, souligne le grand amiral, est en elle-même contraire à tous les principes de la guerre navale. Selon ces principes, elle ne peut être conduite que si les Allemands possèdent la maîtrise de la mer. Nous ne l'avons pas. Au contraire, nous allons poursuivre l'opération en face d'une flotte britannique largement supérieure à la nôtre. Malgré tout, je crois que si bénéficiant d'une surprise complète, les troupes peuvent être transportées avec succès en Norvège. » Pour Hitler, c'est le caractère totalement irréaliste de l'affaire qui doit en garantir la réussite. Personne ne peut envisager le déclenchement d'une des « opérations les plus insolentes de l'Histoire ».

En fait, Weser se solde par un succès. Le 9 avril au soir, tous les objectifs ont été atteints. Le Danemark a été occupé pratiquement sans résistance et 10 000 hommes tiennent solidement les ports norvégiens. La Luftwaffe est déjà pleinement en mesure d'agir depuis les terrains danois et les aérodromes du centre et du sud de la Norvège.

Aucun affrontement sérieux ne s'est produit avec la Home Fleet pourtant à la mer depuis le 7 avril et les pertes apparaissent supportables compte tenu de l'enjeu. La réussite de l'opération tient d'abord à un temps exécrable qui a paralysé toute activité aérienne britannique et à la qualité des services de décryptement de la Kriegsmarine qui a permis de suivre les mouvements de la Home Fleet. En revanche, les services de renseignements alliés n'ont pas su interpréter les indications recueillies par les attachés militaires des pays scandinaves et ont été tenté de croire à une manœuvre d'intoxication.

Par une mer démontée, les dix destroyers du capitaine de vaisseau Bonte, après avoir coulé deux garde-côtes norvégiens, ont pu atteindre Narvik et débarquer les 2 000 hommes de troupes de montagne du général

Dietl qui ont immédiatement occupé la ville. Assurant la couverture, le *Scharnhorst* et le *Gneisenau* ont eu un bref engagement, en pleine tempête de neige, avec le croiseur de bataille *Renown*. Engagement sans suite. L'Amirauté britannique interprète cette rencontre comme une tentative des grands navires allemands de percer dans l'Atlantique.

Dans le centre de la Norvège, les débarquements se sont également exécutés comme prévu, même si le croiseur léger *Karlsruhe* a été torpillé par un sous-marin devant Trondheim et si le *Koenigsberg* a été désemparé par le feu des batteries de côte de Bergen. Il sera achevé quelques jours plus tard par les appareils du porte-avions *Furious*.

Le seul mécompte s'est produit dans le fjord d'Oslo. Le cuirassé de poche *Lutzow* et le croiseur léger *Emden* ont été endommagés par les défenses côtières. Quant au croiseur lourd *Blücher*, atteint par plusieurs obus de 280 et touché par des torpilles, il finit par sombrer dans les eaux du fjord. La situation est cependant rétablie en fin de journée. L'aéroport de la capitale Fornebu est occupé par des unités d'infanterie amenées à pied d'œuvre par avion, et le centre d'Oslo investi. En revanche, sur le plan politique, le gouvernement norvégien refuse de s'incliner et de suivre l'exemple de celui de Copenhague. Le roi s'oppose à l'entrée de Quisling dans le cabinet. Il décide de poursuivre la lutte dans le centre de la Norvège et fait appel aux Alliés.

Pour l'heure, la présence de la Luftwaffe paralyse les réactions de la marine britannique, confrontée pour la première fois à des attaques aériennes venues de la terre. Dans l'après-midi du 9 avril, le cuirassé *Nelson* est touché, les croiseurs *Southampton* et *Glasgow* sont endommagés et le destroyer *Gurkha* coulé. Il faut renoncer à toute tentative de forcer les passes de Trondheim et de Bergen.

Dès le départ, comme le soulignera l'amiral Barjot, la bataille de Norvège prend son visage définitif : « la lutte d'une puissance maritime presque sans avions contre une puissance aérienne soutenue par des forces navales faibles. Ce fut la lutte de la maîtrise de la mer contre la maîtrise de l'air[13] ».

Au cours des journées suivantes, les Allemands se renforcent régulièrement. En dépit de l'activité des sous-marins britanniques, dans le Kattegat et le Skagerrak, qui coulent une dizaine de transports, des renforts de troupes parviennent à Oslo, Kristiansund et Bergen. Un pont aérien fonctionne entre les aérodromes danois et Stavanger. La Luftwaffe commence à utiliser le terrain de Vaernes près de Trondheim. Profitant de la désorganisation de l'armée norvégienne, des colonnes allemandes soutenues par quelques chars légers entreprennent le contrôle des grands axes du centre et du sud du pays.

Un secteur reste cependant névralgique, celui de Narvik, en dépit de la réussite initiale de l'opération. Faute de pétroliers ravitailleurs de capacité suffisante, le capitaine de vaisseau Bonte ne peut regagner l'Allemagne aussi rapidement que ses instructions lui en donnent l'ordre. Le 10 avril, il se heurte à une première réaction britannique. Sous les ordres de Warburton Lee, 5 destroyers pénètrent dans le fjord. Deux contre-torpilleurs allemands sont coulés, trois autres endommagés. Deux destroyers britanniques sont cependant perdus et les autres doivent se replier. Les deux chefs de flottille, Warburton Lee et Bonte, ont trouvé la mort dans l'engagement.

Le 13, la réplique anglaise est encore plus imposante. Escorté par 8 destroyers, le cuirassé *Warspite* pénètre à son tour dans le fjord. Tous les contre-torpilleurs allemands sont détruits et la garnison de Narvik isolée. Dietl ne se décourage cependant pas. Il renforce ses troupes par l'armement des 2 500 marins grâce à l'équipement saisi dans un camp norvégien. Quelques jours plus tard, des éléments alliés débarquent à Harstad, à l'entrée du fjord de Narvik, parachevant l'investissement de la garnison.

Hitler manifeste alors une nervosité proche de la panique. Jodl doit le conforter, lui rappeler qu'une guerre est remplie d'aléas et que la qualité principale d'un chef est de savoir conserver le contrôle de ses nerfs et faire face à l'imprévu. En fait, les Allemands vont bénéficier de l'extraordinaire désordre qui règne dans le camp allié.

Axée d'abord sur Narvik, la réaction britannique s'oriente finalement sur le centre de la Norvège. Des débarquements interviennent du 14 au 18 à Namsos et Andalnes. Le but de la manœuvre est visible : converger sur Trondheim. En quelques jours, les Allemands n'ont pas de peine à déjouer l'opération. Ils se heurtent à des troupes mal entraînées, mal équipées et bientôt coupées de tout arrière digne de ce nom.

La Luftwaffe se révèle à nouveau déterminante. Elle bombarde les villes, incendie Namsos. Elle paralyse les déchargements et détruit le matériel à terre. Ces attaques contribuent à la démoralisation des troupes alliées privées de DCA et d'abris. Elle se manifeste encore lors des rembarquements qui se succèdent du 29 avril au 3 mai. Plusieurs bâtiments sont touchés, deux destroyers coulés, le français *Bison* et le britannique *Afridi*. En définitive, au début mai, les Allemands tiennent solidement le sud et le centre de la Norvège.

Le dernier acte va se jouer à Narvik. Après l'évacuation de Namsos et d'Andalnes, les Alliés n'écartent pas la perspective de maintenir une tête de pont dans le nord de la Norvège. Tous les moyens sont regroupés dans la région de Harstad, à l'entrée du fjord de Narvik. Sous les ordres de l'amiral lord Cork et du général

Auchinleck, le corps expéditionnaire comprend des éléments britanniques, polonais et français. Des moyens maritimes importants sont réunis avec les deux porte-avions *Furious* et *Glorious*. A partir du 21 mai, deux escadrilles de Hurricane opèrent à partir de Bardufoss.

La situation de Dietl devient à nouveau extrêmement délicate. Depuis Trondheim, au prix de très grosses difficultés, le groupe Feurstein appartenant à la 2ᵉ division de montagne progresse en direction du nord, le long de la route côtière. L'avance est freinée non seulement par l'état détestable de la route, mais par un petit débarquement allié à Bodö. Hitler envisage alors l'envoi de renforts au nord de Tromsö, dans le fjord de Lyngen. Les troupes seraient transportées par les paquebots *Bremen* et *Europa*, sous la protection du groupe *Scharnhorst* et de destroyers. Mais les délais exigés par la remise en état des paquebots et la constitution du groupe entraînent l'abandon de l'opération.

Les renforts se limitent finalement à quelques unités de parachutistes. En cas d'abandon de Narvik, Dietl est invité à poursuivre la lutte le long de la voie ferrée et à se replier sur le versant montagneux norvégien à l'ouest de la frontière suédoise. La Luftwaffe qui opère depuis Trondheim constitue, en fin de compte, le soutien le plus sérieux. Pendant tout le mois de mai, l'aviation attaque les transports et les navires de guerre. Des succès sont enregistrés. Sont envoyés par le fond le destroyer et le transport polonais *Grom* et *Chrobry*, le croiseur *Curlew*. Plusieurs grosses unités sont endommagées.

Ces résultats ne font que retarder le déroulement de l'opération alliée. Placées sous les ordres du général Bethouard, les troupes s'emparent d'abord de Bjerkvik, le 13 mai, ainsi que du dépôt norvégien de Elvegaard. Quant à l'opération principale, elle intervient, le 28 mai, avec le soutien d'une forte préparation navale. En dépit de la réaction de la Luftwaffe qui coule le croiseur *Cairo*, le débarquement réussit et Dietl doit évacuer Narvik. Echappant à l'encerclement, il se replie en direction de la frontière suédoise.

A la surprise des Allemands, aucune poursuite n'intervient. Devant la tournure désastreuse de la campagne de France, les Alliés ont décidé d'abandonner la Norvège. La prise de Narvik a simplement pour but de saboter la voie ferrée, de détruire les installations portuaires et la centrale électrique. Favorisée par des tempêtes de neige, l'évacuation s'effectue à la faveur de la nuit du 4 au 8 juin. Elle échappe totalement aux troupes allemandes épuisées.

L'affaire de Narvik se solde cependant par un dernier succès de la Kriegsmarine. Le 4 juin, dans le cadre de l'opération Juno, le *Scharnhorst*, le *Gneisenau*, le croiseur lourd *Hipper* et 4 destroyers appareillent de Kiel, sous les ordres de l'amiral Marschall. L'opération a pour but de soulager la pression alliée sur Narvik en attaquant les transports dans le secteur de Harstad. Se fondant sur des reconnaissances aériennes fragmentaires et en dépit des renseignements fournis par le XB-Dienst, Marschall modifie sa route, manque les transports. Il intercepte cependant le porte-avions *Glorious*. Si le *Scharnhorst* est touché par une torpille, le porte-avions est coulé au canon ainsi que ses deux destroyers d'escorte. Pertes sévères pour la Royal Navy, d'autant plus que disparaissent dans le naufrage les pilotes des Hurricane évacués de Bardufoss.

En définitive, la campagne de Norvège constitue une des opérations combinées les plus étonnantes de l'Histoire, allant à l'encontre de toutes les règles admises par les écoles de guerre navale. Le succès de Weserbürung, la première grande confrontation entre forces allemandes et alliées, offre une éclatante démonstration des capacités et de la supériorité de la Wehrmacht.

Dès le premier jour, la Kriegsmarine réussit à occuper tous les ports norvégiens, à l'exception d'Oslo. Deux exploits retiennent tout particulièrement l'attention. Les raids du groupe *Scharnhorst*, le 9 avril au matin, en direction de Narvik, et celui du 27 juin, au nord des Lofoten, dans le cadre de l'opération *Juno*, méritent de figurer en bonne place dans les annales de l'histoire navale. Ils se produisent, dans une mer réputée anglaise, à une latitude où la flotte de haute mer n'avait pas osé s'aventurer au cours de la Première Guerre mondiale.

Le succès de ces raids tient, en grande partie, à la supériorité du XB-Dienst sur les services de renseignements alliés. L'état-major naval allemand a été en mesure de décrypter de 30 à 80 % des messages britanniques et de déjouer les mouvements de la Home Fleet. En revanche, l'Amirauté britannique a été, de façon générale, prise à contre-pied. A plusieurs reprises, elle s'est obstinée à croire à des tentatives de sortie de grands bâtiments allemands à destination de l'Atlantique.

Certes, les pertes de la Kriegsmarine, encore que comparables à celles des flottes alliées, n'ont pas été négligeables avec 3 croiseurs, 10 contre-torpilleurs et 7 sous-marins coulés, ainsi que plusieurs grosses unités, comme le *Lutzow* et le *Scharnhorst* endommagés. Contrairement à ce que devait soutenir Churchill, soucieux d'atténuer sa responsabilité dans le fiasco norvégien, ces pertes ne sont pas à l'origine de l'incapacité allemande de débarquer en Angleterre, au cours de l'été 1940. De toute manière, la Kriegsmarine n'était pas en mesure de procéder à une opération de ce genre.

Plus grave, en revanche, les défaillances des torpilles, qui ont frustré les U-boote de succès importants, qui auraient probablement accéléré la victoire de la Wehrmacht et annulé le débarquement de Narvik, à la fin mai. Des attaques manquées ont concerné les cuirassés *Warspite* et *Valiant*, les croiseurs *Effingham, Enterprise, Emile Bertin* et plusieurs destroyers. Ces défaillances ont entraîné une crise sévère du moral des équipages de sous-marins[14].

Les 6 ou 7 divisions de l'armée ont également effectué en Norvège une brillante démonstration, en dépit de moyens limités. Ces unités ont « ridiculisé » à plusieurs reprises les troupes alliées, suivant la formule de Churchill, utilisant des chemins réputés impraticables, affichant une exceptionnelle souplesse tactique. C'est au prix d'une grosse supériorité de moyens, 15 000 hommes contre 3 000, avec un soutien aérien et un appui naval important, qu'un contingent allié a pu, après des semaines de préparatifs, réoccuper Narvik, sans réussir à encercler les troupes du général Dietl.

La démonstration la plus éclatante est, sans aucun doute, celle de la Luftwaffe, comme Jodl devait le souligner dans son rapport du 21 juin. Cette démonstration s'est effectuée dans trois domaines : mise en place de ponts aériens, soutien des troupes à terre, attaques répétées des ports et des forces à la mer. Dans ce domaine, l'aviation allemande a fait preuve d'une rare virtuosité, interdisant un forcement des passes de Trondheim et de Bergen, et condamnant l'intervention alliée dans le centre de la Norvège. La Luftwaffe a démontré, pour la première fois dans l'Histoire, qu'une force à la mer devait disposer à proximité des côtes d'une aviation embarquée et d'une DCA renforcée.

L'occupation de la Norvège se traduit enfin par une amélioration considérable de la position géostratégique allemande. Scapa Flow n'est plus qu'à 250 milles de la Norvège méridionale et se trouve à portée de la Luftwaffe. La Kriegsmarine, suivant le vœu de l'amiral Wegener, dispose enfin d'un « balcon » sur l'Atlantique et ne se trouve plus enfermée dans la baie allemande.

A partir de 1941, l'aviation du Reich, utilisant des terrains aménagés en Norvège septentrionale, sera en mesure d'exercer une lourde menace contre les convois de Mourmansk, en liaison avec les grands navires de surface et des sous-marins. Cette menace constituera pendant plus de deux ans une lourde servitude pour la Royal Navy, obligée de conserver à Scapa Flow des forces importantes. L'occupation de la Norvège aura cependant un effet pervers. Elle obligera le Reich à y entretenir des moyens importants. Hitler et l'OKW vivront dans la crainte permanente d'un débarquement allié. Quoi qu'il en soit, le succès de Weserbürung ne peut qu'encourager la Wehrmacht à prendre l'initiative à l'Ouest.

5

Victoire à l'Ouest

Le jeudi 9 mai dans la soirée, Hitler, à bord de son train spécial « Amerika », quitte Berlin à destination de Hambourg. Tout laisse croire à une visite du Führer en Norvège. Mais, peu après minuit, après avoir dépassé Hanovre, le train prend la direction du sud. A 4 heures, il s'arrête à Euskirchen, entre Bonn et Aix-la-Chapelle. Un convoi de voitures conduit alors le Führer et sa suite en pleine montagne dans le Munsterreifel, jusqu'au nouveau quartier général installé dans une clairière, le Felsennest (l'aire des rochers).

Hitler se tourne alors vers son entourage. « Messieurs, l'offensive contre les puissances occidentales vient de commencer. » De fait, une rumeur, un grondement de moteurs se fait entendre, bientôt couvert par les tirs de l'artillerie. Une fois de plus, le Führer se livre à un énorme coup de poker. Une fois de plus, il va gagner. La campagne à l'Ouest ne sera pas la répétition de celle de 1914. Elle va se dérouler avec une chance insolente, une facilité déconcertante, offrant quelque chose d'irréel.

Pour commencer, le déclenchement du plan Jaune débute par des attaques de la Luftwaffe sur les terrains de Belgique, du nord et de l'est de la France. Elle s'étend jusqu'aux aérodromes de Lyon-Bron et de Châteauroux. Elle concerne également des nœuds routiers, des carrefours ferroviaires.

Suivant le plan et dans l'intention d'intoxiquer l'adversaire, le Schwerpunkt, le point d'application, semble concerner le groupe d'armées B de von Bock depuis la région de Liège-Maastricht jusqu'au Pays-Bas. L'attaque débute par une opération aéroportée de grand style.

En Hollande, sous les ordres directs de Student, l'affaire met en jeu le gros des 7e et 22e divisions. Aux premières heures du jour, les paras s'emparent intact du pont de Moerdjek, sur le Maas, et contrôlent l'aéroport de Rotterdam, ainsi que le passage sur la nouvelle Meuse. Toutefois, autour de La Haye, les Allemands se heurtent à une âpre résistance. Ils ne peuvent s'emparer des terrains autour de la capitale. Plus de 170 avions de transport sont détruits ou gravement endommagés. Student lui-même est sérieusement blessé, 2 000 hommes seulement sur 7 000 ont pu être mis à terre, et doivent livrer de durs combats défensifs. L'espoir de s'emparer de La Haye et du gouvernement néerlandais s'évanouit.

En réalité, dès le 12 mai, les éléments aéroportés sont rejoints par la 9e Panzer et les avant-gardes de la 18e armée de Küchler. Le lendemain, Rotterdam capitule, non sans avoir subi un violent bombardement aérien, qui cause près de 1 000 morts et qui avait été, en fait, annulé au dernier moment. Le 14, devant l'effondrement de leur système défensif, les troupes néerlandaises déposent les armes et la reine Wilhelmine gagne l'Angleterre à bord d'un destroyer. Déjà, les forces de Küchler ont rejeté au-delà de l'Escaut la 7e armée française venue donner la main aux Hollandais dans la région de Breda. Le 16 et le 17, sous les attaques répétées de la Luftwaffe, des torpilleurs français doivent évacuer dans le plus grand désordre les troupes débarquées dans les bouches de l'Escaut à Walcheren et dans la presqu'île du Beveland du Sud.

Le 10 mai, au matin, les troupes allemandes doivent également s'assurer des passages de la Meuse au nord de Liège. A Maastricht, un bataillon du régiment Brandebourg ne peut empêcher la destruction des deux ponts. Le génie doit lancer un pont de bateaux, permettant à partir du 11 le passage des premiers éléments de l'armée de Reichenau.

En revanche, entre Maastricht et Liège, le succès est complet. Des commandos transportés par planeurs s'emparent de deux ponts intacts sur trois et neutralisent le fort d'Eben Emael qui commande le cours de la Meuse. Débarquant de 10 planeurs, 55 pionniers occupent les superstructures, font sauter les coupoles et les cloches d'observation avec des charges creuses, et neutralisent l'intérieur du fort en jetant des paquets d'explosifs par les gaines d'aération. La garnison capitule le lendemain en fin de matinée.

La route est désormais ouverte de Maastricht à Liège à la 6e armée de von Reichenau et au corps blindé de Hoepner. Tournées par le franchissement de la Meuse, les troupes belges doivent abandonner la ligne du canal Albert, évacuer Liège et se replier sur la Dyle où le corps expéditionnaire britannique et la 1re armée française commencent à prendre position. Le 13 mai, une première rencontre intervient entre les 3e et 4e Panzer de Hoepner et les deux DLM de Prioux. L'engagement est sévère et les deux divisions légères mécanisées, après une vive résistance, se replient sur la trouée de Gembloux.

Cette rencontre comble les vœux du commandement allemand. Les meilleures troupes alliées ont massivement pénétré en Belgique et s'alignent sur la ligne Anvers, Bruxelles, Namur. Français et Anglais sont tombés dans le piège. Ils exécutent le mouvement qui conditionne la réussite de la manœuvre allemande par l'Ardenne. La Luftwaffe se contente d'observer ce mouvement, sans l'entraver par le moindre bombardement. « Nous en verserions des larmes de joie », déclare Hitler, au comble de l'exaltation.

De fait, conformément là encore au plan prévu, les 7 Panzer du groupe d'armées A de von Rundstedt achèvent de traverser l'Ardenne. Les colonnes blindées et motorisées ne se sont heurtées qu'à des obstacles, et à une faible résistance des chasseurs ardennais et de la 2e division de cavalerie française. Le 12 mai, en fin d'après-midi, les avant-gardes allemandes atteignent la Meuse à hauteur de Dinant, de Monthermé et de Sedan.

Les premiers franchissements interviennent à la tombée de la nuit au nord de Dinant sur le front du corps blindé de Hoth. Des éléments d'infanterie de la 7e Panzer de Rommel traversent la Meuse sur la digue du barrage de l'île de Houx. Au milieu de la nuit, les premiers chars passent sur la rive gauche au moyen de portières. Le lendemain, le mouvement s'accélère avec le lancement d'un pont de bateaux. Dans la soirée du 13, la tête de pont est déjà solide avec une profondeur de 10 kilomètres.

Les Allemands ne se heurtent qu'à une résistance sporadique. Les éléments avancés de la 9e armée française de Corap se sont contentés de tenir les hauteurs sans battre de leur feu le cours de la Meuse. Plus au sud, l'infanterie des deux Panzer de Reinhardt prend pied sur la presqu'île de Monthermé, mais sa progression est bloquée par la vive résistance de la 102e division de forteresse.

Le franchissement le plus spectaculaire intervient ce jour-là sur le front du corps blindé de Guderian. Il se produit à Sedan et de part et d'autre de la ville à Donchery et Bazeilles, des lieux synonymes de victoire pour l'armée allemande depuis 1870. En fin de matinée, alors que les pièces antichars et les canons des blindés ouvrent le feu de plein fouet sur les blockaus de la rive gauche, une flotte aérienne se déchaîne sur les positions françaises. Von Rundstedt lui-même assiste au spectacle. Dans un vacarme infernal, sans la moindre opposition de chasse ou de DCA, les bombardiers en vol horizontal et les stukas pilonnent les positions d'infanterie et les batteries d'artillerie.

A 17 heures, l'infanterie passe à l'attaque. Elle franchit le fleuve sur des canots pneumatiques et monte à l'assaut des pentes de la rive gauche. Les points d'appui français sont réduits les uns après les autres ; des paniques éclatent sur les arrières de deux divisions, aux cris de « les chars arrivent », alors que pas un seul blindé n'a encore franchi le fleuve. A la nuit, les Allemands dominent les hauteurs et tiennent le bois de la Marfée. Le génie met aussitôt en place un pont de bateaux, et les passages concernent en priorité des batteries de DCA légère. Le 14 au matin, Guderian dispose déjà d'une solide tête de pont.

Ce jour-là, le succès se confirme, en l'absence de toute réaction française d'envergure. Si Reinhardt se trouve toujours bloqué à Monthermé, la tête de pont de Hoth au nord de Dinant atteint une vingtaine de kilomètres de profondeur. Quant à Guderian, il pousse en direction de Mézières, permettant ainsi de dégager Monthermé. Il lance également la 1re Panzer vers l'ouest et assure la protection de son flanc gauche par le régiment motorisé Grossdeutschland qui repousse les contre-attaques de la 3e DIM et de la 3e DCR.

Le point culminant de la journée s'identifie à une tentative de l'aviation alliée de détruire le pont de Sedan. Une centaine de chasseurs et 145 bombardiers participent à l'opération. Les avions d'assaut se heurtent aux feux intenses des batteries antiaériennes et plus de la moitié sont abattus, sans le moindre résultat et sans interrompre les passages. Suivant le mot de Guderian, « la DCA connaît son heure de gloire ». Au total, le 14 au soir, une brèche de 70 kilomètres se dessine sur le front du groupe d'armées A.

Le 15 mai, les Panzer passent à l'exploitation. Dans la trouée de Gembloux, les deux divisions blindées de Hoepner, au prix de pertes sévères, livrent un combat acharné aux deux DLM de Prioux. C'est la première grande bataille de chars de la guerre. Elle sera largement évoquée dans le film *Sieg im Westen* (Victoire à l'Ouest) où les Français sont représentés comme des adversaires coriaces et valeureux. Le soir, les deux DLM ont perdu plus de la moitié de leur matériel.

Le centre de gravité de l'offensive allemande reste cependant toujours fixé plus au sud. Le 15 et le 16 mai, le succès de la manœuvre se confirme largement. En liaison avec la 5e Panzer, la 7e division blindée de Rommel détruit presque entièrement la 1re DCR, surprise en flagrant délit de ravitaillement en essence. Roulant jour et nuit, Rommel franchit la « position frontière », pénètre en France. Le 16, il déborde Avesnes et atteint le Cateau. En 48 heures, il effectue une avance d'une centaine de kilomètres, jetant un désordre considérable dans les rangs de la 9e armée, à la veille de la décomposition. Depuis le début de la campagne, pour la perte d'une centaine de tués et de blessés, la 7e Panzer a détruit ou capturé une centaine de chars, 30 véhicules blindés et 27 canons.

Guderian n'est pas en reste. Protégé sur sa droite par le corps blindé de Reinhardt, il progresse rapidement vers l'ouest avec ses trois Panzer, en direction de l'Oise et de Saint-Quentin. Et le 16 au soir, le succès de la manœuvre est acquis. Le centre français a été totalement rompu. Ce jour-là, au cours d'une réunion dramatique à Paris, au Quai d'Orsay, en présence de Churchill, de Reynaud et de Daladier, Gamelin, le commandant en chef des armées alliées, doit reconnaître qu'il ne dispose pas de « masse de manœuvre » et que la bataille peut être considérée comme perdue.

Au cours des journées suivantes, l'avance du 19e corps s'accélère, au point d'inquiéter von Rundstedt, von Kleist et Hitler. Tous redoutent une contre-attaque française sur le flanc gauche de Guderian. Comme le souligne le Führer devant ses généraux, la menace n'est pas uniquement militaire, mais politique et psychologique. « En aucun cas, souligne-t-il, il ne doit se produire un revers [...] qui relèverait de manière fatidique le moral de nos ennemis, non seulement de leur armée, mais aussi de leurs dirigeants politiques[1]. »

Guderian est invité à observer une pause pour permettre aux divisions d'infanterie de rattraper ses Panzer et faire face à une éventuelle réaction française. Convaincu par des reconnaissances aériennes qu'aucune menace ne pèse sur son flanc, il brandit sa démission. Von Kleist l'autorise alors à poursuivre « une reconnaissance en force ». L'avance reprend ou plutôt se poursuit.

Seuls incidents, les deux contre-attaques menées par la 4e division cuirassée du colonel de Gaulle lancées les 17 et 19 mai en direction de Montcornet et de Crécy-sur-Serre. Des chars français arrivent à quelques kilomètres du PC avancé de Guderian, c'est-à-dire de sa voiture de commandement. Les attaques sont refoulées par des unités blindées et l'intervention de la Luftwaffe. Elles ne contrarient en rien l'exécution de la manœuvre.

Le 18 mai, l'Oise est franchie, Saint-Quentin occupée. Le 20, les Panzer s'emparent d'Amiens et le soir même atteignent Abbeville et la mer. Au cours de son avance, Guderian a pu encore établir des têtes de pont sur la Somme à Péronne, Amiens, Abbeville que les Français, en dépit de l'emploi de moyens importants, ne pourront réduire. A Abbeville, les attaques menées par la 4e DCR, de De Gaulle et la 2e DCR se briseront sur des champs de mines ou le barrage de canons de 88 utilisés pour la première fois en antichars.

Le « coup de faucille » a magistralement réussi. A la suite de replis successifs derrière l'Escaut, les armées du Nord, durement pressées par les divisions de Reichenau et de Küchler, sont encerclées, prises au piège. Au cours des journées suivantes, la pression de la Wehrmacht ne cesse de s'accentuer. Guderian remonte vers le nord, investit Calais et Boulogne, coupant le corps expéditionnaire britannique de ses bases logistiques. Les autres corps se dirigent vers Arras et Lille.

C'est alors que se produit le seul incident sérieux de la campagne. Le 21 mai, au sud d'Arras, le corps expéditionnaire de Gort tente une percée en direction du sud, à travers le « couloir » des Panzer. Il met en jeu deux divisions d'infanterie, une brigade blindée et quelques éléments français. La 7e Panzer est surprise, malmenée. Rommel doit donner de sa personne pour rétablir l'ordre, ranimer les énergies défaillantes. Suivant une méthode qu'il appliquera à maintes reprises en Afrique, il établit un barrage de canons de 88 pour briser l'assaut des chars britanniques, soumis ensuite à des attaques de flanc de ses propres blindés. A l'issue de la journée, les Anglais, qui ont perdu plus de la moitié de leurs chars, se replient et évacuent Arras.

Le 24 mai, en fin de matinée, au moment où les blindés de Guderian établissent des têtes de pont sur l'Aa, à une vingtaine de kilomètres de Dunkerque, le dernier port encore disponible pour les Alliés, intervient l'ordre célèbre d'arrêt des Panzer donné par Hitler, en dépit des protestations véhémentes de Brauchitsch et de Halder.

Cette décision reste à l'origine d'interminables controverses depuis plus d'un demi-siècle. En donnant cet ordre, Hitler n'aurait fait que confirmer une directive de von Rundstedt destinée à reposer les unités blindées, éprouvées par une progression ininterrompue de près de quinze jours. Il aurait également voulu éviter d'engager ses chars dans les traquenards de la région marécageuse des Flandres où il avait combattu pendant la Première Guerre mondiale. Quant à Rundstedt, il tenait à regrouper les Panzer au sud dans la perspective d'une contre-attaque alliée, et surtout de l'ultime offensive sur la Somme et l'Aisne destinée à éliminer totalement la résistance des armées françaises.

D'après une autre version, Hitler aurait voulu accorder une faveur à la Luftwaffe, sur les instances de Göring, en lui donnant pour mission d'interdire tout rembarquement et d'achever la déconfiture des armées alliées. Cette version s'appuie aussi sur une remarque de Jodl : « La guerre est gagnée, il n'y a plus qu'à la terminer. Inutile de sacrifier le moindre char, si la Luftwaffe peut le faire au plus juste prix. » Dernière explication d'ordre politique. En laissant échapper le corps expéditionnaire, Hitler souhaitait épargner une humiliation à la Grande-Bretagne et l'inciter à conclure une paix de compromis après la chute de la France[2].

Deux éléments contribuent encore à obscurcir l'affaire. L'ordre d'arrêt est rapporté dès le 26 mai, ce qui ne plaide guère en faveur d'un geste de haute politique. Au cours de la campagne de Russie, enfin, Hitler devait déclarer un jour publiquement : « Alors même que Göring [lui] avait certifié que seule la Luftwaffe pourrait faire le travail, [il] était devenu un peu plus sceptique à ce sujet depuis Dunkerque. » C'est peut-être seulement après coup, au lendemain du rembarquement, que le Führer aurait évoqué l'intention de ménager l'Angleterre, pour justifier une décision a priori essentiellement militaire.

Dans ses Mémoires, Guderian déplorera un ordre qui n'avait pas permis de remporter une victoire totale. A en croire cependant sa correspondance et certains témoignages de l'époque, il aurait été beaucoup plus nuancé et il aurait hésité lui aussi à hasarder ses forces dans une zone peu favorable à l'évolution des blindés[3]. Quoi qu'il en soit, lorsque l'ordre est rapporté le 26 mai, il est trop tard. En dépit de la capitulation de l'armée belge, le 27 mai, les Allemands se heurtent à une résistance bien organisée et assistent impuissants au rembarquement des armées alliées.

De fait, la Luftwaffe, qui ne dispose encore que de terrains éloignés, gênée par plusieurs journées de mauvais temps et les fumées dégagées par l'incendie des dépôts de pétrole, ne peut empêcher l'exécution de l'opération *Dynamo*, qui porte sur 330 000 hommes dont 115 000 Français. Elle réussit cependant à couler ou à endommager de nombreux transports et à envoyer par le fond une douzaine de destroyers et de torpilleurs alliés.

Le rembarquement se traduit encore par le premier affrontement d'envergure entre la Royal Air Force et l'aviation allemande. Pour protéger l'évacuation, les Britanniques engagent le gros de leur aviation de chasse. Les pertes sont sévères de part et d'autre ; 177 appareils anglais et 244 allemands sont détruits ou endommagés. L'affrontement démontre la vulnérabilité des bombardiers dès qu'ils se trouvent privés d'escorte de chasseurs.

En dépit de l'évacuation, la bataille du Nord, qui s'achève le 4 juin, constitue un indiscutable triomphe pour l'armée allemande. Les troupes alliées ont dû abandonner la totalité de leur matériel. 40 000 hommes ont été faits prisonniers à Dunkerque, auxquels il faut ajouter la reddition de deux corps d'armée de la 1re armée encerclée dans la région de Lille. La Wehrmacht peut donc revendiquer, en l'espace de trois semaines, la reddition des forces néerlandaises et belges, la destruction de trois armées françaises et l'élimination du corps expéditionnaire britannique.

Au moment où il s'installe dans son nouveau quartier général à Bruly-la-Pêche, baptisé *Wolfschanze* (Tannière du loup), Hitler, au comble de la satisfaction, proclame que le 4 juin sera jour de grande fête nationale dans toute l'Allemagne. Tous les édifices seront pavoisés et les cloches des églises sonneront sans interruption. Un communiqué exceptionnel célèbre la plus grande bataille de tous les temps.

Le second acte de la bataille de France (Rouge) peut alors commencer. A la suite d'un regroupement amorcé dès le 26 mai, le gros des forces allemandes se trouve en position devant les restes des armées françaises. Sur la Somme, von Bock aligne 4 armées, tandis que von Rundstedt dispose sur l'Aisne de trois grandes formations. L'un et l'autre se répartissent la moitié des corps blindés. Au total, l'armée allemande aligne 125 divisions, 10 Panzer, dont les moyens ont été recomplétés à 2 500 engins. Le généralissime Weygand ne peut plus opposer que 60 divisions et 1 500 chars.

Le 5 juin, l'attaque de von Bock démarre à partir des têtes de pont ou des ouvrages ferroviaires que le génie français a oublié de faire sauter. Pendant deux jours, les éléments d'infanterie éprouvent de grosses difficultés à réduire les centres de résistance français établis dans les villages dont les issues sont commandées par des pièces antichars ou des canons de campagne. Les pertes sont sévères. Pendant toute la journée du 5, les forces de Rommel se heurtent à Hangest et au Quesnoy-sur-Airelles à une vive résistance de la 5ᵉ division coloniale et à des tirs d'artillerie lourde.

Toutefois, dès le lendemain, les éléments blindés commencent à s'infiltrer entre les centres de résistance. Le corps blindé de Hoth disloque les positions de la 10ᵉ armée. La 7ᵉ Panzer de Rommel atteint Forges-les-

Eaux, tandis que la 5e pénètre dans Rouen. Dans la nuit du 8 au 9 juin, Rommel atteint à son tour la Seine à Elbeuf sans pouvoir empêcher la destruction des ponts.

Von Bock veut alors un succès total et entreprend l'enveloppement dans le pays de Caux du 10e corps d'armée du général Ihler et de la 5e division du général Fortune, la dernière grande unité britannique combattant encore en France. Les forces alliées se trouvent acculées à la mer et tout doit être mis en œuvre pour éviter une réédition de Dunkerque.

Le 10 au soir, Rommel encercle Fécamp, tient le port sous le feu de son artillerie et refoule au large deux destroyers britanniques. Le lendemain, ses blindés dominent les falaises qui surplombent Saint-Valéry. Le général Fortune offre alors une âpre résistance dans l'attente d'un rembarquement à la faveur de la nuit.

Le miracle de Dunkerque ne se reproduit pas. Une brume épaisse interdit l'arrivée des navires. Le 11 juin survient la reddition. La 7e Panzer capture 12 généraux dont Fortune et Ihler, 50 000 hommes et un matériel considérable : 58 chars, une centaine de canons, 368 véhicules et 1 000 camions.

Le 9 juin, le groupe d'armées von Rundstedt passe à son tour à l'action. Il se heurte là aussi à une vive résistance. Les troupes allemandes débouchent difficilement d'étroites têtes de pont sur l'Aisne. Elles doivent repousser les contre-attaques de blindés lancées heureusement sans appui d'infanterie. Guderian doit intervenir lui-même avec un 47 capturé pour tenter de neutraliser un B2, le blindé le mieux armé et le mieux protégé de l'époque. Au bout de trois jours de combats violents, la résistance finit par céder et les troupes françaises tentent de se replier sur les monts de Champagne.

La rupture assurée sur la Somme et sur l'Aisne, l'armée allemande peut passer à l'exploitation. La manœuvre s'effectue en éventail, mettant en œuvre la totalité des moyens blindés et motorisés répartis en trois groupements. Celui de von Kleist déborde Paris par l'est, s'empare des ponts de Nogent et de Romilly sur la Seine. Le 14 juin, les Allemands font leur entrée à Paris, dans une capitale quasi déserte, abandonnée depuis le 10 par les autorités politiques et proclamée ville ouverte. Sous un ciel gris et pluvieux, une division d'infanterie défile sur les Champs-Elysées. Von Kleist continue ensuite son exploitation vers le centre de la France, en direction du Massif central et de la vallée du Rhône.

Les manœuvres de plus grande ampleur incombent aux groupements Hoth et Guderian. Après avoir franchi la basse Seine, le premier s'élance vers l'ouest, dans le but d'occuper les ports de la Manche et de l'Atlantique, de couper la France de la mer et de l'isoler de la Grande-Bretagne.

La progression s'effectue à un rythme extrêmement rapide. Les formations allemandes dépassent des colonnes de troupes françaises épuisées, démoralisées, qui n'offrent aucune résistance et qui acceptent docilement de repartir dans la direction opposée après avoir jeté leurs armes. La 7e Panzer mérite alors bien le nom de « division fantôme ». Après avoir traversé la Normandie, Rommel aborde le Cotentin et effectue en une seule journée un bond de 260 kilomètres.

Brisant quelques résistances improvisées, il arrive aux abords de Cherbourg le 18 juin et en obtient la capitulation le lendemain ; 30 000 hommes sont faits prisonniers, dont le préfet maritime, l'amiral Le Bigot et le commandant des forces navales du Nord, l'amiral Abrial.

Le même jour, Brest est occupé, et le 21 juin, les Allemands s'emparent de Lorient où l'amiral de Penfentenyo, le fusil à la main, tente d'improviser une défense. Le 23, enfin, les unités motorisées atteignent La Pallice et Rochefort, faisant prisonnier tout le personnel de la rue Royale. Partout, les Allemands découvrent le même spectacle : des quais vides, des bateaux sabordés dans les bassins, des réservoirs de carburant en flammes. Tous les bâtiments en état de prendre la mer ont pu appareiller à destination de l'Afrique ou de l'Angleterre.

L'évacuation la plus spectaculaire a concerné, dans la nuit du 18 au 19 juin, le cuirassé *Jean Bart* en achèvement à Saint-Nazaire. Une attaque de la Luftwaffe n'a provoqué que des dégâts mineurs et n'a pas empêché le bâtiment de prendre la direction de Casablanca. Le butin n'en est pas moins considérable : munitions, pièces de rechange, matières premières. La Kriegsmarine va pouvoir rapidement disposer des installations et de l'outillage des arsenaux que les Français n'ont pu détruire.

Quant au groupement Guderian, par la haute vallée de la Marne, il s'élance vers l'est, aiguillonné par une directive du Führer. « L'armée doit considérer comme une mission d'honneur d'occuper le plus rapidement possible l'ancienne terre d'Empire jusqu'à la ligne Verdun, Toul, Belfort », c'est-à-dire la frontière antérieure aux traités de Westphalie de 1648.

Ne rencontrant là encore qu'une résistance sporadique, le groupement fonce en direction du Jura. Le 15 juin, Guderian est à Langres, le 17 à Pontarlier. Sidéré par une telle progression, l'OKH croit à une erreur. Il doit s'agir de Pontailler-sur-Saône. « Aucune erreur, répond laconiquement Guderian, suis personnellement à Pontarlier, frontière suisse. » Au cours des jours suivants, les éléments blindés et motorisés remontent vers Besançon, Belfort, et abordent les Vosges par Charmes, Epinal et Remiremont, consommant l'encerclement des armées de l'Est.

Au nord, cet encerclement est assuré par l'armée Busch qui s'est emparée de Verdun après avoir livré de sanglants combats au Mort-Homme et à la cote 304. Un communiqué spécial du grand quartier général du Führer annonce la chute de la place-forte que n'avait pu enlever en 1916 l'armée du Kronprinz.

L'investissement est également assuré plus à l'est par le groupe d'armées C de von Leeb, porté à 24 divisions et qui, après avoir rongé son frein depuis le 10 mai, passe à l'attaque des positions de la ligne Maginot. L'offensive concerne d'abord l'armée de von Witzleben sur le front de la Sarre. Contrairement aux opérations précédentes de la campagne de France, elle ne met en jeu que des unités d'infanterie, sans participation de blindés ou de parachutistes. Elle bénéficie cependant d'un fort soutien d'artillerie et d'aviation.

L'assaut s'adresse au défaut de la cuirasse de la ligne Maginot. Il concerne la région des Etangs, une zone basse, marécageuse, au centre du dispositif fortifié, dont le caractère difficile a été renforcé par des inondations, des blockhaus et des troupes d'intervalle. Dans le cadre de l'opération *Tiger*, l'armée Witzleben met en jeu une puissante artillerie, plus de 200 batteries de campagne, 27 batteries Morser de 210 et 16 pièces de 280 sur voie ferrée.

En liaison avec la préparation d'artillerie, l'attaque lancée le 14 juin est précédée par d'intenses bombardements aériens. Les troupes d'assaut se heurtent cependant à la vive résistance du 20e corps d'armée du général Hubert. En fin de journée, la progression ne dépasse pas quelques centaines de mètres et les pertes sont sensibles. Le général Hilpert, le chef d'état-major de Witzleben, doit reconnaître l'échec : « Dans l'ensemble, l'attaque n'avait pas réussi et sur tout le front on avait l'impression que l'on n'était pas parvenu à une avance fluide. On avait obtenu localement des pénétrations modestes et rien de plus. » La décision intervient cependant le lendemain, à la faveur de l'ordre de repli donné par Weygand, à la suite de l'évolution désastreuse de la situation en Champagne.

Le commandement allemand en profite pour se livrer à l'attaque de certains ouvrages de la ligne Maginot. Les pionniers appliquent les méthodes mises au point à la faveur d'opérations expérimentales montées en 1938-1939 contre les fortifications tchèques de la région des Sudètes construites sur le modèle français.

En dépit de bombardements aériens en piqué, de tirs massifs d'artillerie avec des mortiers de 280, les troupes d'assaut essuient un échec coûteux contre les gros ouvrages de la COR (Commision d'organisation des régions fortifiées). Les pionniers qui réussissent à atteindre les superstructures, soumis au tir de l'artillerie des forts voisins, doivent se replier avec de lourdes pertes. Au total, les ouvrages du Fermont, de Latiremont, du Hochwald ou de Schonenbourg résistent. Ils ne capituleront avec les honneurs de la guerre qu'au début juillet, sur l'ordre exprès du gouvernement français.

En revanche, les troupes d'attaque sont plus heureuses contre les petits ouvrages médiocrement armés et peu protégés construits à l'économie, à partir de 1935, par de la main-d'œuvre militaire. L'assaut est précédé de violentes attaques aériennes et par le feu direct de canons de 88 qui tirent de plein fouet sur les embrasures, les observatoires, et agissent à la manière de marteaux piqueurs contre les parois de béton.

Dominant les superstructures, les pionniers peuvent ensuite neutraliser l'intérieur des ouvrages en lançant par les puits d'aération des charges d'explosif et des pots fumigènes. Capitulent ainsi les casemates de Kerfent, de Bambusch, du Haut-Poirier et de Welshoff.

L'assaut du groupe d'armées C ne se limite pas à la Lorraine, il concerne également la rive gauche du Rhin et l'Alsace, où la ligne Maginot, contrairement à ce que pouvait imaginer l'opinion française abusée par des cartes flatteuses, se réduit à une centaine d'ouvrages légers dépourvus d'artillerie. L'attaque débute le 15 juin. Elle est précédée par le tir de canons de 37 ou de 88 en batterie sur la rive gauche. Ces pièces s'efforcent de toucher de plein fouet les embrasures et les cloches d'observation.

L'infanterie traverse ensuite le Rhin à l'abri de rideaux fumigènes et au moyen de canots pneumatiques à moteur. En moins de deux jours, la rupture est obtenue. Les Allemands s'infiltrent entre les casemates, traversent la plaine d'Alsace et abordent les cols des Vosges. Assaillies de toute part, les armées françaises de l'Est déposent les armes le 22 juin. Les Allemands capturent plus de 300 000 prisonniers.

A l'entrée en vigueur de l'armistice le 25 juin, les éléments avancés allemands sont aux portes de Bordeaux, de Limoges, de Clermont-Ferrand et de Saint-Etienne. Ils ont dépassé Lyon, atteint Valence et Grenoble. Avec l'annonce de la demande d'armistice, le 17 juin, par le maréchal Pétain, toute résistance coordonnée s'est effondrée et les Allemands n'ont plus eu qu'à livrer quelques combats menés pour l'honneur à Saumur ou au nord de Lyon. En proclamant dès le 15 juin villes ouvertes toutes les agglomérations de plus de 30 000 habitants, le gouvernement français avait encore contribué à briser toute volonté de résistance. En somme, au cours des dix derniers jours, l'armée française n'était plus qu'une tourbe démoralisée, mêlée à des millions de réfugiés. La bataille, comme le constatait Rommel, s'identifiait « à une occupation progressive ».

Au total, une campagne exceptionnellement brillante, qui constitue, depuis plus de 50 ans, un des grands modèles de l'art militaire. En l'espace de six semaines, la Wehrmacht a obtenu la capitulation des armées néerlandaise et belge. Elle a chassé le corps expéditionnaire britannique du continent et mis en déroute les 95 divisions de l'armée française, qui abandonnent au vainqueur un énorme matériel et plus de 2 millions de prisonniers dont 1,5 million seront transférés en Allemagne.

Le Reich s'assure encore une position géostratégique dominante en Europe et bénéficie maintenant du contrôle d'une façade littorale continue depuis le cap Nord jusqu'à la frontière espagnole. Le rêve de l'amiral Wegener s'est réalisé. Le prix payé pour ces résultats spectaculaires apparaît singulièrement léger : 27 000 tués, 15 000 disparus, 700 chars et 1 600 avions détruits. La guerre redevient fraîche et joyeuse.

Ce triomphe ne tient pas à une quelconque supériorité numérique, contrairement à la conviction du commandement français qui a fini par évaluer à 200 divisions la puissance de l'armée allemande. Avec 135 grandes unités, la Wehrmacht ne dispose d'aucune supériorité le 10 mai au matin. Elle n'aligne pas davantage 7 500 chars, mais 2 500 contre 3 500 engins alliés, et encore moins 5 500 avions de combat, mais à peine 3 000. Sa seule supériorité repose sur l'aviation de bombardement et une conception tactique révolutionnaire qui joue de la surprise, de l'effet de masse et de la vitesse.

La campagne constitue encore pour Hitler un éclatant succès personnel avec la confirmation de son instinct politique et de son sens stratégique et tactique. Les événements ont largement confirmé ce qu'il n'avait cessé de répéter pendant des mois à un état-major général sceptique. L'armée française de 1940 n'est plus celle de 1914-1918. L'édifice est vermoulu, énervé au sens propre, à la mesure d'un pays tombé en déliquescence. Il se trouve à la merci d'un choc brutal et audacieux.

La manœuvre de l'Ardenne et la rupture du centre sur la Meuse ont réalisé la surprise stratégique, permis d'atteindre cet objectif et de remporter une victoire totale, bien éloignée de l'objectif limité envisagé par le premier plan d'opérations d'octobre 1939. La victoire a encore prouvé, conformément aux prévisions du Führer, que les méthodes de la campagne de Pologne pouvaient parfaitement s'appliquer au théâtre occidental. Une fois de plus, Hitler peut se féliciter d'avoir imposé à un haut commandement hésitant la conception d'emploi des chars et de l'aviation imaginée par un Guderian.

Toute la bataille du Nord, la rupture de la ligne Weygand, l'exploitation en direction de l'Atlantique et de l'Est, se placent sous le signe de l'efficacité des Panzer et des formations motorisées agissant en étroite liaison avec l'aviation. Les colonnes blindées ont en permanence conservé l'initiative et su profiter de manière magistrale de toutes les erreurs d'un adversaire pris à contre-pied, sans lui laisser le temps de retrouver son équilibre et de réagir. Les théories de Guderian se trouvent ainsi largement confirmées et vont servir de modèles à toutes les armées étrangères restées sceptiques au lendemain de la campagne de Pologne.

Les transmissions radio, les liaisons en phonie ont encore assuré l'efficacité du couple char-avion. C'est avec étonnement que l'on a pu assister à partir du 26 mai au redéploiement depuis le nord de la France et jusqu'à la Somme et l'Aisne de tous les corps blindés, à la manière d'escadres de haute mer, sans qu'interviennent le moindre désordre et la moindre confusion. A la stupeur des anciens de 1914-1918, comme Ernst Jünger, l'auteur *d'Orages d'acier*, qui traverse tout le nord de la France à la tête de son bataillon sans réussir à arriver au contact, l'impasse des fronts fortifiés semble exorcisé.

Tout au long de la campagne, les états-majors ont remarquablement fonctionné, laissant aux exécutants la plus large indépendance opérationnelle. A l'exception de réservistes ayant combattu à la fin de la Première

Guerre mondiale, les Panzer, les parachutistes, les unités d'active, les équipages de la Luftwaffe ont fait preuve d'un entrain, d'un mordant, d'une détermination qui ont forcé l'admiration de l'adversaire. Les Français ont constaté avec stupeur que des équipages de chars faits prisonniers n'avaient rien mangé et n'avaient pas dormi depuis plus de 48 heures, sans pour autant cessé de combattre. Les vaincus, les populations occupées ont encore été surpris de la « correction », de la tenue générale des jeunes soldats et de la camaraderie qui unit cadres et hommes de troupe.

Un témoin malheureux comme le professeur Pierre Benaerts, ancien combattant de 1914-1918, attaché au grand quartier général, ne peut s'empêcher d'établir un parallèle entre le combattant allemand de 1940 et le soldat de l'an II : « Et c'est là le trait dominant de cette nouvelle armée allemande, son enthousiasme révolutionnaire, son ardeur de foi et de mystique nationale, d'esprit de sacrifice à l'image des armées françaises de la Révolution. Une cohésion remarquable des chefs et des hommes ; une discipline de fer s'alliant à une liberté d'allure tranchant sur la physionomie classique du soldat allemand lourdaud et sans initiative personnelle. On ne peut, devant le spectacle de cette guerre entre les puissances "révolutionnaires" et "conservatrices", se défendre d'un rapprochement avec les jeunes armées de la Révolution, bousculant d'un seul élan les vieilles troupes peu manœuvrières et médiocrement commandées de la Prusse et du Saint-Empire[4]. »

La guerre à l'Ouest comporte une moisson d'enseignements qui devraient permettre encore d'améliorer la qualité de la Wehrmacht, même si le haut commandement ne semble pas avoir tiré toutes les leçons d'une campagne placée sous les auspices d'une chance insolente.

Certes, les chars légers Mark I et II, qui ont subi les plus lourdes pertes, sont condamnés et vont être progressivement remplacés par des engins plus lourds. Le Mark III lui-même va échanger son canon de 37 jugé trop faible contre une pièce de 50 m/m.

En revanche, on peut s'étonner qu'après ses rencontres souvent mouvementées avec les chars français type B2, l'armée allemande n'ait pas envisagé de pousser l'étude d'un blindé plus puissant que le Mark IV. Il semble encore surprenant que les services techniques n'aient pas davantage envisagé de donner aux divisions d'infanterie un canon antichars plus efficace que le 37 qui s'est révélé impuissant contre les blindés britanniques type Mathilda ou certains modèles de chars français.

En dépit de l'expérience de Dunkerque, la vulnérabilité du bombardier à la chasse ne semble pas avoir fait l'objet d'une analyse sérieuse. De même, le bombardier en piqué Junkers 87 a confirmé son étonnante efficacité, à la fois matérielle et psychologique. Personne ne semble cependant avoir perçu que cette efficacité pourrait être remise en cause par une armée dotée d'une solide DCA légère. De même dans les principales fabrications, la production continue à stagner comme si l'Allemagne était condamnée à ne mener que des guerres éclairs.

La victoire de 1940 comporte, en fin de compte, des effets pervers qui se feront sentir un an ou deux plus tard. La conclusion de la campagne de France débouche sur un sentiment d'euphorie. La conviction règne au sein de l'OKW ou de l'OKH que la Wehrmacht, après avoir triomphé de l'armée française, ne peut plus avoir d'adversaires à sa taille.

Quant au Führer, il est désormais convaincu de détenir tous les attributs d'un grand chef de guerre et de bénéficier d'une supériorité fondamentale vis-à-vis de son entourage. Assuré de disposer du secret de la victoire, il sera de plus en plus tenté de repousser toutes les objections de ses généraux, pour lesquels il ne peut s'empêcher de nourrir un mépris de plus en plus affiché, aussi bien en raison de leur timidité que de leur manque d'imagination.

Ni le Führer, ni l'OKW et encore moins l'OKH n'admettent au fond d'eux-mêmes que la conclusion victorieuse de la guerre à l'Ouest a été singulièrement facilitée par un haut commandement français prématurément sclérosé et qui n'avait pas réussi à assimiler les implications apportées par le moteur et les liaisons radio, et qui a accumulé les erreurs comme à plaisir.

On peut s'étonner, en effet, qu'à la veille de l'attaque, le général Gamelin ait maintenu plus de la moitié des divisions de l'armée française, soit 50 grandes unités, le long de la ligne Maginot et du Rhin, face au groupe d'armées de von Leeb qui n'en alignait que 17, dont pas une seule d'active. On peut encore être surpris que le 10 mai, sans avoir aucune certitude sur la direction de l'offensive allemande, Gamelin se soit privé de toutes ses réserves en envoyant la 7e armée dans la région de Bréda et en dispersant ses trois divisions cuirassées.

Il est encore surprenant de constater qu'il ait attendu le 18 mai pour suggérer au général Georges, le commandant du théâtre du Nord-Est, « sans vouloir intervenir dans la conduite de la bataille », de lancer une offensive en tenaille contre le « couloir des Panzer ». Surprenant encore le comportement de Billotte, le commandant de la 1re armée, la meilleure de toutes les forces françaises, qui se contente de replis successifs jusqu'à l'Escaut, sans tenter la moindre manœuvre offensive sur le flanc droit des corps blindés allemands.

Que l'armée allemande de 1940 s'impose comme un splendide instrument de combat, à la manière de la légion romaine, du Tercio espagnol ou de la Grande

Armée de Napoléon, le fait n'est pas niable. Il n'en reste pas moins que le dénouement trop facile de la campagne de France n'a pas permis de révéler des failles qui se manifesteront au grand jour, un an plus tard, lors du déclenchement de l'opération *Barbarossa*.

Dernier point. La victoire fulgurante à l'Ouest constitue un coup d'une extrême sévérité pour les opposants du régime. Elle apporte une nouvelle preuve éclatante de l'extraordinaire génie du Führer et de la chance diabolique qui s'attache à son surprenant destin. Pour les Brauchitsch, les Halder, toute idée de putsch s'évanouit. L'armée savoure son triomphe, se voit comblée d'honneurs. Elle redevient la grande muette.

Lorsque le 19 juillet Hitler accorde le bâton de maréchal à douze généraux, il suffit de regarder la photo de la cérémonie, de scruter le visage d'un Witzleben ou d'un von Leeb pour constater à quel point ils arborent un visage satisfait, épanoui, bien éloigné de toute idée de conspiration. L'opposition ne disparaît cependant pas totalement, mais elle se limite à quelques cercles restreints, académiques et pour le moins désabusés. Elle entre en hibernation.

6

A la recherche d'une stratégie

Au lendemain de l'armistice avec la France, le conflit connaît une pause, une sorte de réédition de la drôle de guerre. Après la tension des semaines précédentes, Hitler semble éprouver le besoin d'une détente. Après avoir visité avec quelques camarades les champs de bataille où il a combattu pendant la Première Guerre mondiale, il effectue, le 24 juin, en compagnie de son architecte Albert Speer et du sculpteur Arno Breker, une visite éclair à Paris. Le 30, il accomplit encore une tournée touristique en Alsace.

Le Führer caresse, en réalité, l'espoir d'une solution politique. Il espère amener la Grande-Bretagne à conclure une paix de compromis avec l'Allemagne. En abattant la France, en la faisant sortir du conflit, il visait essentiellement la Grande-Bretagne et il espérait se dégager de ce conflit à l'Ouest qu'il ne souhaitait pas et qu'il avait cru éviter en signant un pacte avec Moscou et en essayant, dans les derniers jours du mois d'août, d'arriver encore à un accord avec Londres, au sujet de la Pologne.

Le premier objectif est atteint, le 22 juin, à Rethondes. Rejetant les propositions draconiennes de l'OKW et de la Wilhelmstrasse, Hitler propose à la France un armistice modéré, dont les conditions apparaissent « diaboliquement habiles », suivant la formule de l'ambassade de Grande-Bretagne, à la veille de son départ de Bordeaux. En dépit d'un désastre sans précédent, il laisse au vaincu une zone libre, la souveraineté sur son empire et se contente d'un désarmement de la flotte, tout en affirmant solennellement qu'il n'émettra aucune revendication sur la marine française, au moment de la conclusion de la paix.

Le 18 juin, à Munich, le Führer réussit à convaincre Mussolini de s'aligner sur ces conditions. L'effet recherché est atteint. Le gouvernement du maréchal Pétain signe les armistices de Rethondes et de Rome dont les conditions lui apparaissent « inespérées ».

L'Angleterre se trouve alors isolée, obligée d'ouvrir un nouveau théâtre d'opérations en Méditerranée et confrontée à une menace d'invasion face à une Wehrmacht qui domine tout le littoral de l'Europe occidentale. Tous les témoins sont alors frappés de l'équilibre et de la modération du Führer, qui révèle les qualités d'un grand homme d'Etat. Un autre Hitler semble faire son apparition. Dès le 21 mai, le lendemain de l'arrivée des Panzer sur la Manche, Halder et Jodl sont étonnés de sa volonté de paix. « Nous recherchons le contact avec l'Angleterre, affirme-t-il, sur la base d'une division du monde. » « Les Anglais pourraient obtenir une paix séparée à tout moment… après restitution des colonies allemandes. »

Le 28 mai, dans la perspective d'un accord international, Hitler évoque la refonte de l'armée allemande qui serait réduite à 120 divisions dont 30 blindées et motorisées. Quelques jours plus tard, il annonce son intention de dissoudre 35 grandes unités.

La modération de Hitler se manifeste encore le 13 juin, lors de l'interview qu'il accorde au journaliste américain Karl von Wiegand, le correspondant du *New York Journal-American*, le principal quotidien isolationniste du groupe Hearst. Le Führer se veut rassurant. Il loue la doctrine de Monroe et la politique étrangère de Washington, qui consiste à ne pas intervenir dans les affaires du vieux continent. « Je dis par conséquent : l'Amérique aux Américains, l'Europe aux Européens[1]. »

Il dénonce l'idée d'une « cinquième colonne » qui inquiète certains Américains. « Ce n'est pas parce qu'il y a des agents de la "cinquième colonne" parmi eux que mes ennemis perdront la guerre ; mais parce que leurs hommes politiques sont corrompus, peu scrupuleux, mentalement limités. Ils la perdront parce que leur organisation militaire est mauvaise, que leur stratégie est vraiment pitoyable. L'Allemagne gagnera cette guerre, parce que le peuple allemand sait que sa cause est juste, que l'organisation et le commandement militaires allemands sont les meilleurs, qu'ils ont la meilleure armée et le meilleur matériel. »

Hitler ajoute encore qu'il n'a nullement l'intention de détruire l'Empire britannique : « Ce qui sera détruit dans cette guerre, affirme-t-il, c'est une clique de capitalistes qui étaient et demeurent disposés à anéantir des millions d'hommes au nom de leurs méprisables intérêts particuliers. Mais ils seront détruits, j'en suis certain, par leur propre peuple, non par nous. »

Le 18 juin, à Munich, le comte Ciano est impressionné par l'attitude du Führer : « A l'entendre, il est clair qu'il souhaite agir rapidement pour en finir. Hitler est dans la peau d'un joueur qui a réussi un gros coup et qui voudrait quitter la table, sans prendre aucun risque supplémentaire. Il parle aujourd'hui avec une réserve et une perspicacité qui, après une pareille victoire, sont réellement étonnantes. On ne saurait m'accuser de tendresse excessive à son égard, mais aujourd'hui, il force vraiment mon admiration[2]. »

Dans la nuit du 24 juin, enfin, au moment où l'armistice va entrer en vigueur, Hitler se laisse encore aller à des confidences devant son entourage. « La guerre à l'Ouest est terminée. La France a été défaite et avec l'Angleterre je trouverais d'ici peu un terrain d'entente. Il nous restera alors à régler nos comptes avec l'Est. Mais c'est une tâche qui ouvre des problèmes planétaires, tels que les relations avec le Japon et le rapport de forces dans le Pacifique, des problèmes auxquels nous ne serons sans doute pas à même de nous attaquer avant dix ans. Maintenant, nous allons avoir les mains occupées et ce pour des années à digérer et à consolider ce que nous avons obtenu en Europe[3]. »

Le mémorandum de Jodl du 30 juin, intitulé « La continuation de la guerre contre l'Angleterre », constitue le reflet de la pensée du Führer. « La victoire décisive sur l'Angleterre [...] n'est plus maintenant qu'une question de temps. L'ennemi n'est plus capable d'offensives de quelque ampleur. Aussi, l'Allemagne peut choisir une méthode de guerre qui préserve ses forces, tout en évitant les risques. *Priorité doit être donnée au combat contre l'aviation anglaise...* [c'est Jodl qui souligne].

« Tout débarquement ne saurait être envisagé qu'en dernier recours. Comme l'Angleterre ne peut plus se battre pour la victoire mais uniquement pour préserver sa situation, tout indique qu'elle sera tentée de faire la paix si tôt qu'elle apprendra qu'elle est encore à sa portée à relativement bon compte[4]. »

Assez bien renseigné sur l'état d'esprit des dirigeants britanniques, Hitler, dès la chute de la France, s'efforce d'enfoncer un coin entre Churchill et certaines personnalités comme lord Halifax, ministre des Affaires étrangères, ou Butler, secrétaire général du Foreign Office, qui jugent nécessaire, avant de poursuivre une lutte incertaine, de connaître au moins les conditions de paix de l'Allemagne. A cet égard, une tension réelle se manifeste entre Churchill et Halifax, du 26 au 28 juin.

Hitler tente d'amorcer les contacts par l'intermédiaire de la Suède, de la Suisse et du Vatican. Il s'apprête également à faire une grande déclaration publique. Le 9 juillet seulement, il revient à Berlin où la population, pourtant sceptique et même frondeuse, lui réserve un accueil d'un enthousiasme délirant. Le Führer est non seulement l'homme miracle, mais l'homme de la paix. Un défilé militaire impressionnant constitue le point culminant de la « journée de la gratitude » envers les forces armées.

Après plusieurs jours de réflexion à Berchtesgaden, Hitler attend le 19 juillet pour prononcer son discours devant le Reichstag. Imprimé à des dizaines de milliers d'exemplaires, le discours sera lancé par la Luftwaffe au-dessus des villes du sud de l'Angleterre. A la surprise générale, la déclaration apparaît étonnamment modérée, du moins pour un discours du Führer.

Certes, Hitler ne peut s'empêcher de vitupérer « les fauteurs de guerre juifs et capitalistes souillés de sang », de dénoncer « l'empoisonnement des peuples par la juiverie internationale » ou traiter la Pologne de « Kyste enflé », d'« épouvantail bouffi ». Il ne peut s'empêcher encore de traiter « Mister Churchill » « d'instigateur doublé d'un agitateur » et de « dilettante couvert de sang ».

En réalité, le but de Hitler est d'isoler Churchill, de le détacher de la population britannique. C'est au peuple anglais qu'il s'adresse. Dominant sa victoire, il lui offre les conditions d'une paix de compromis, sans cependant préciser ses conditions en ce qui concerne le devenir des Etats européens vaincus et occupés. S'il ne fait aucune allusion aux Etats-Unis, il manifeste, en revanche, sa satisfaction du comportement de l'Union soviétique.

« Mon dessein, souligne-t-il, n'est pas de mener des guerres, mais d'édifier un nouvel Etat social de haute culture. Chaque année de cette guerre me floue de ce travail. Et les sources de cette situation ne sont que de ridicules nullités... Mister Churchill vient une fois de plus, à l'instant, de déclarer qu'il souhaite la guerre.

« [...] J'ai bien conscience que notre réponse à venir pourrait causer des souffrances et des malheurs sans nom au peuple. Naturellement pas à Herr Churchill, parce qu'il sera sûrement tranquillement installé au Canada [...]. Cette fois-ci, Herr Churchill devrait faire une exception et me croire lorsque tel un prophète, je déclare ceci : qu'à cause de cela un grand empire mondial sera détruit. Un empire mondial, que mon intention n'a jamais été de détruire ni même d'affaiblir. Moi seul sais clairement que la continuation de cette lutte ne peut finir que par la destruction totale de l'un des deux adversaires. Herr Churchill pense sans doute que ce sera l'Allemagne. Je sais, moi, que ce sera l'Angleterre.

« A cette heure, je me sens tenu par ma conscience d'adresser une fois de plus à l'Angleterre un appel à la raison. Je crois pouvoir le faire non pas comme quelqu'un qui a été battu, mais comme un vainqueur qui parle le langage de la raison : je ne vois aucun motif pressant de poursuivre cette guerre...

« Herr Churchill peut bien balayer d'un revers de main ma déclaration, hurler que c'est le fruit de mes craintes et de mes doutes quant à notre victoire finale. En ce cas, j'ai libéré ma conscience concernant la suite des événements. »

La réponse britannique, décevante pour le Reich, intervient quelques jours plus tard. Halifax a surmonté ses hésitations et se charge d'adresser une déclaration publique de fin de non-recevoir. Churchill l'a emporté et a évité de s'engager sur le terrain glissant d'une négociation avec tous les risques d'aboutir à un nouveau Munich.

Fidèle à la tradition de l'équilibre européen, Churchill ne peut se résigner à une hégémonie allemande sur le continent, une situation que l'Angleterre n'avait pas voulu accepter au temps de Louis XIV, de Napoléon ou de Guillaume II. Par ailleurs, le Premier britannique est parfaitement conscient du caractère insidieux et pervers du régime national-socialiste dont les principes, même s'ils font tache d'huile en Europe, ne sont pas compatibles avec les idées de démocratie parlementaire auxquelles Churchill est profondément attaché.

Le conflit lui offre encore, il faut bien le dire, l'occasion de prendre une revanche, de démontrer qu'il a l'étoffe d'un grand chef de guerre, en dépit de la défaite des Dardanelles ou de fiascos plus récents, comme la campagne de Norvège, dont il a été le promoteur dès octobre 1939, ou de l'engagement continental qu'il n'avait cessé de prôner depuis le début des années 30, assuré de la qualité de l'armée française.

A la fin juillet 1940, Churchill a largement consolidé sa situation. Son arrivée au pouvoir, le 10 mai au soir, a été accueillie, en effet, avec scepticisme par l'establishment et les conservateurs et même le roi, qui auraient préféré lord Halifax. L'homme passe pour instable, impulsif, prisonnier d'une imagination débordante et pas toujours heureuse.

Le premier discours, le 14 mai : « Je n'ai à vous offrir que du sang, des larmes et de la sueur », celui du 20 juin, avec la célèbre formule « *the finest hour* » (l'heure la plus haute), se heurtent encore à un évident scepticisme. L'homme ne s'impose vraiment qu'au lendemain de Mers el-Kébir. C'est à juste titre qu'il pourra déclarer plus tard que c'est le drame du 3 juillet « qui a fait comprendre au peuple britannique que je voulais le transformer en une énorme machine de guerre et mener la lutte jusqu'au bout ».

De fait le lendemain, devant les Communes, Churchill est l'objet d'une folle ovation qui n'épargne pas les bancs des conservateurs. Dès lors, il bénéficie de l'entière confiance et de l'affection des classes moyennes et même populaires, qui voient en *good old Winnie* le chef charismatique, susceptible de les conduire à la victoire.

Deux autres éléments renforcent encore la volonté de résistance du Premier britannique et son refus de tout compromis. Devant la tournure favorable prise dans la négociation avec les Etats-Unis sur la cession de 50 vieux destroyers, Churchill a désormais l'assurance de bénéficier du soutien de Roosevelt. L'arrière américain devra permettre à la Grande-Bretagne de résister.

Les services de décryptement de Bletchley Park permettent encore de préciser la puissance de la Luftwaffe. Contrairement aux conclusions tirées de la campagne de France, l'aviation allemande n'aligne pas 5 500 avions de combat mais à peine plus de 2 500. Avec 800 chasseurs, le Fighter Command de la RAF doit être capable de conjurer la menace. L'affaire est jouable. L'affrontement qui se prépare comporte des chances sérieuses de succès.

La réponse de Halifax ne constitue pas finalement une surprise pour Hitler devenu sceptique sur les chances d'un accommodement depuis le manque d'écho lié aux contacts pris en Suède et en Suisse. Avant même de connaître le résultat de son discours du 19 juillet, le Führer se décide ou plutôt se résigne à envisager un débarquement en Angleterre.

A deux reprises, le 11 et le 13 juillet, le problème est abordé devant les grands chefs militaires. Aux dires de Halder, « le Führer est très profondément préoccupé par la question de savoir pourquoi l'Angleterre répugne encore à choisir la voie de la paix ». Le 16 juillet, enfin, Hitler se décide à signer la directive n° 16 « sur la préparation d'une opération de débarquement en Angleterre », baptisée *Seelöwe* (Lion de mer).

L'hésitation reste perceptible. « Puisque l'Angleterre, en dépit de sa situation militaire sans issue, ne manifeste toujours aucune intention d'en venir à un arrangement, j'ai décidé de préparer une opération de débarquement et de l'exécuter, si nécessaire. Le but de cette opération est d'éliminer la métropole anglaise en tant que base pour continuer la guerre contre l'Allemagne, et, si ce devait être nécessaire, de l'occuper entièrement. » Mettant en jeu la marine, l'aviation et l'armée, l'opération concernera « un débarquement par surprise sur un large front s'étendant de Ramsgate à l'île de Wight ».

Dès le départ, l'amiral Raeder émet de sérieuses objections à une opération de telle ampleur à réaliser dans des délais extrêmement rapides. Tous les préparatifs doivent être terminés au milieu du mois d'août. Un consensus s'établit cependant sur le préalable jugé indispensable. La Luftwaffe doit acquérir la supériorité aérienne au-dessus de la Manche et du sud-est de l'Angleterre.

Au début août, Göring et son état-major mettent au point un plan d'opérations baptisé *Adler* (l'Aigle). Le succès doit pouvoir être obtenu en l'espace d'un mois. Pour l'opération décisive, la Luftwaffe aligne 2 300 avions de combat, 1 300 bombardiers, dont 280 stukas et 1 000 chasseurs dont 800 Me 109.

Cette force est articulée en trois flottes aériennes. La Luftflotte 2, la plus importante, sous les ordres de Kesselring, a pris position en Belgique et sur les terrains du Pas-de-Calais. Plus à l'ouest, en Normandie et en Bretagne, est basée la Luftflotte 3 sous le commandement de Sperrle. Depuis le sud de la Norvège et le Danemark, la Luftflotte 5, sous le commandement de Stumpff, doit pouvoir effectuer des raids de diversion sur l'Ecosse et le Northumberland.

Face à ces trois grandes formations, le Fighter Command, sous les ordres de l'Air Marshall Dowding, aligne 700 chasseurs répartis en 4 groupes. Le plus important, le groupe 11, sous les ordres de Park, assure la protection de la région de Londres et de la côte sud-est. Le groupe 12 (Leigh Mallory) couvre la région industrielle des Midlands, tandis que les groupes 13 et 10 protègent le nord-est et le sud-ouest de l'Angleterre.

Ces groupes sont associés à un système de défense intégré, encore unique au monde, fondé sur des stations de guet, des chaînes de radar et des centres de commandement. Les Allemands, sans en ignorer l'existence, en sous-estiment la complexité et l'efficacité.

Avant le déclenchement de l'Aigle, la Luftwaffe et la Royal Air Force se sont déjà affrontées au-dessus de la Manche. Les Allemands ont pu acquérir la supériorité au-dessus du pas de Calais, interdire la navigation côtière et obliger les grosses unités de la Royal Navy à se replier sur l'Ecosse. Les pertes allemandes ont cependant été sévères, 220 appareils descendus pour une centaine de la Royal Air Force.

La bataille d'Angleterre proprement dite débute le 13 août, le jour de l'Aigle. Elle va obéir à trois phases successives. Jusqu'au 24 août, Göring recourt à la tactique utilisée en Pologne et en France. Pour acquérir la supériorité aérienne, des groupes de bombardiers multiplient les attaques contre les stations de radars et les terrains de la RAF, tandis que des formations de chasseurs ont pour mission d'engager en combats aériens les appareils du Fighter Command.

Cette tactique ne remporte qu'un demi-succès. La chasse anglaise concentre ses efforts sur les bombardiers et leur inflige des pertes sévères. Pris à parti par les groupes 11 et 12, les appareils opérant de Norvège sont particulièrement éprouvés. Les stukas ne retrouvent pas l'efficacité des campagnes précédentes et doivent être mis en réserve dans l'attente du débarquement proprement dit. Quant au « destroyer » bimoteur Me 110, il affiche un manque de maniabilité qui conduit également à son retrait.

Le 24 août, la Luftwaffe inaugure une autre tactique, qui va conduire à la phase la plus violente et la plus critique de la bataille pour la RAF. Protégés par des nuées de chasseurs, des groupes de bombardiers multiplient les attaques contre les industries aéronautiques et les terrains du Fighter Command. Certaines bases comme Manston ou Biggin Hill sont bombardées quotidiennement et deviennent impraticables.

Les groupes de chasse doivent se replier sur les terrains au nord de Londres. La Luftwaffe, au début septembre, est sur le point d'acquérir la maîtrise de l'air au-dessus du Kent et du Sussex. Les pertes commencent à s'équilibrer. Du 24 août au 6 septembre, l'aviation allemande perd 225 appareils et la chasse britannique 185.

Cette phase constitue une rude épreuve pour la Royal Air Force. Elle ne manque pas d'appareils. Les usines britanniques fournissent 470 chasseurs par mois contre 200 pour le Reich. En revanche, une pénurie de pilotes se manifeste. Le commandement britannique doit effectuer des ponctions au détriment de la Fleet Air Arm ou du Bomber ou du Coastal Command. Par ailleurs, terriblement surmenés, les pilotes britanniques affichent une lassitude croissante et inquiétante.

Convaincu que la victoire est en vue, que la RAF n'aligne plus que 300 chasseurs, alors qu'elle en possède encore le double, l'état-major de la Luftwaffe change à nouveau de tactique et oriente son effort sur Londres. L'origine de ce changement de méthode n'apparaît pas clairement. La nouvelle orientation peut faire figure de représailles aux premiers bombardements de Berlin effectués par la RAF dans les nuits des 24, 27 et 28 août.

Se fondant sur les théories de Douhet, Göring compte peut-être encore arracher la décision par des attaques massives sur la capitale britannique. La désorganisation de la vie politique et économique devrait entraîner l'effondrement de la Grande-Bretagne. Le maréchal du Reich semble caresser le rêve d'obtenir une victoire purement aérienne et de rendre un débarquement inutile.

Cette nouvelle phase débute le 7 septembre par deux raids sur Londres couronnés de succès, le premier effectué de jour, le second à la faveur de la nuit. Surpris, s'attendant à des attaques sur ses terrains au nord de la capitale, le Fighter Command n'a pu réagir avec efficacité. Les dégâts infligés aux docks, aux raffineries de pétrole, à l'arsenal de Woolwich sont considérables. Les quartiers populaires de l'East End sont durement éprouvés. On compte plus de 300 morts et 1 400 blessés. Des raids dévastateurs interviennent encore les 9, 11 et 14 septembre.

Toutefois, le 15, la Luftwaffe essuie une cuisante défaite. Les formations de bombardiers sont attaquées et disloquées par des groupes de chasse dès le franchissement de la côte. 50 bombardiers sont abattus et non 183 comme le prétendront les Britanniques. Mais les pertes anglaises ne dépassent pas 26 appareils.

La concentration des attaques sur Londres constitue finalement une lourde erreur. Elle permet au Fighter Command de remettre ses terrains et ses postes de commandement en état, et de renforcer l'efficacité de ses moyens. Ainsi, la perspective d'arracher la supériorité aérienne s'éloigne plus que jamais, et le 17 septembre Hitler décide d'ajourner l'opération Lion de mer, avant de la reporter au printemps de 1941.

La bataille d'Angleterre s'achève par un indiscutable succès britannique. La Grande-Bretagne vient de remporter sa bataille de la Marne. Les pertes de part et d'autre sont sévères. Du 1er juillet au 15 septembre, la RAF accuse la destruction de près de 1 000 appareils contre 1 750 pour la Luftwaffe. L'affaiblissement sera temporaire pour les deux aviations. La RAF poursuivra son développement avec une vigueur croissante, et la Luftwaffe, dès le début de 1941, retrouvera son efficacité et restera jusqu'au début de 1944 un redoutable instrument de combat.

Il n'en reste pas moins que la Luftwaffe et le IIIe Reich viennent de subir leur premier échec sérieux. Les causes en sont multiples. On peut invoquer à la fois l'insuffisance des moyens et certaines erreurs tactiques. Sous-estimant l'efficacité de la défense britannique, les Allemands ont interrompu beaucoup trop tôt les attaques contre les chaînes de radar. Ils n'ont pu mettre en jeu que des bombardiers moyens, avec une capacité d'emport réduite, et des chasseurs à rayon d'action limité. Les Me 109 ne peuvent opérer au-dessus de Londres qu'une dizaine de minutes.

L'échec de l'opération Adler pose cependant deux questions. Même si la Luftwaffe n'avait pas commis d'erreurs, il ne lui aurait guère été possible d'arracher la décision à elle seule. A la lumière des enseignements de la guerre aérienne, l'aviation stratégique anglo-américaine ne sera pas plus heureuse au-dessus de l'Allemagne de 1942 à 1944, en dépit de l'emploi de moyens infiniment supérieurs.

L'expérience démontrera que des formations massives de quadrimoteurs, hérissés de mitrailleuses lourdes, ne peuvent s'aventurer en profondeur au-dessus du territoire adverse qu'à la condition de bénéficier de la protection de chasseurs d'escorte à grand rayon d'action.

Seconde question. L'incapacité de la Luftwaffe à acquérir la supériorité aérienne est-elle uniquement à l'origine de l'ajournement de l'opération Lion de mer ? On peut en douter sérieusement. Dès le départ, l'amiral

Raeder avait émis de sérieuses réserves aux plans proposés par Jodl et Halder. Le débarquement ne pouvait concerner qu'une zone étroite, limitée au pas de Calais, avec un soutien aérien massif et la protection de batteries lourdes de 280 et de 380, sans compter une très forte DCA pour protéger les ports d'embarquement.

Ces objections s'étaient heurtées à une totale incompréhension des grands chefs de l'OKW et de l'OKH. Pour Halder, et il ne voulut jamais en démordre, le débarquement ne pouvait que s'identifier au franchissement d'un fleuve de grande largeur et devait s'effectuer sur un large front, pour obliger l'adversaire à éparpiller ses forces et faciliter une exploitation rapide dans l'intérieur à partir de zones peu défendues.

Les chefs militaires se révélèrent également incapables de comprendre les autres exigences de Raeder. La zone maritime conduisant aux plages de débarquement devait être libérée des mines et sa protection sur les flancs serait, au contraire, assurée par deux barrages de mines particulièrement denses. Ces conditions n'étaient pas à la hauteur des faibles moyens de la Kriegsmarine, et seule la Luftwaffe était en mesure d'effectuer les mouillages sur les flancs de la zone de débarquement.

De toute manière, à la mi-septembre, aucune de ces conditions n'était remplie. Les destroyers anglais et les vedettes continuaient à sillonner la Manche et le pas de Calais, et attaquaient les dragueurs de mines allemands. Les unités légères de la Royal Navy attaquaient encore au canon les ports d'embarquement comme Cherbourg, Calais, Boulogne ou Ostende où s'entassaient les chalands destinés à l'opération amphibie. A partir du 4 septembre, le Bomber Command multiplie à son tour, du Havre à Ostende, les attaques contre les rassemblements de bateaux et réussit à en détruire près de 200 sur 1 200.

Dernier point également, dont le haut commandement de l'armée ne saisissait pas l'importance. L'opération ne disposait pas d'une flotte de débarquement composée de chalands adaptés au transport du personnel et du matériel, mais d'une simple armada hétéroclite, à base de remorqueurs, de caboteurs et de péniches de type rhénan. La Kriegsmarine se heurtait à l'inadaptation de la flottille déjà rencontrée par le duc d'Albe en 1588 ou Napoléon en 1805. Il aurait fallu des conditions météorologiques d'un calme et d'une durée exceptionnels pour tenter l'aventure.

Force est de reconnaître qu'à la différence de ses généraux, Hitler était parfaitement conscient de ces difficultés. Dès le 14 août, il ne dissimule pas son scepticisme à l'égard de la réussite d'un débarquement. Ce n'est pas un hasard si à ce moment-là déjà il envisage une attaque contre la Russie, comme seul moyen de décourager l'Angleterre et de l'amener à composition.

De toute manière, compte tenu de son expérience d'homme politique et de chef de guerre, l'opération Lion de mer souffrait à ses yeux d'un vice rédhibitoire, l'impossibilité d'obtenir l'effet de surprise.

L'avortement de l'opération Seelöwe conduit, en définitive, à une lutte de longue haleine, qui va se manifester sur le plan aérien et maritime. Dans la seconde quinzaine de septembre, les raids aériens contre la Grande-Bretagne se poursuivent. Mais la bataille d'Angleterre cède la place au *Blitz*.

Les attaques diurnes deviennent de plus en plus rares, à l'exception d'incursions de chasseurs-bombardiers sur les villes du Kent et du Sussex menées à haute ou basse altitude pour déjouer la couverture radar. Le 15 octobre dans la matinée, trois groupes effectuent ainsi une attaque réussie sur Londres, provoquant de sérieux dégâts dans les quartiers de la gare de Waterloo et de la Tour de Londres.

L'essentiel de l'activité de la Luftwaffe concerne, en fait, des bombardements nocturnes. Du 7 septembre au 13 novembre, Londres est attaquée presque toutes les nuits. Les attaques s'étendent aux villes industrielles des Midlands et aux ports de la côte ouest, comme Bristol, Cardif, Liverpool. Ces raids se révèlent économiques, en raison de la faiblesse relative de la DCA et de l'inefficacité d'une chasse de nuit encore dans l'enfance.

Le changement de tactique tient aussi à l'avance technique dont bénéficient les Allemands dans le système du radioguidage. Au départ, les équipages de bombardiers utilisent un procédé relativement simple, le *Knickebein*, rapidement brouillé par les Britanniques. Aussi, dès l'automne de 1940, ce procédé est-il remplacé par un système plus évolué, le *X-Gerät* mis en œuvre par les équipages d'élite du *Kampfgruppe 100*. Arrivés au-dessus de l'objectif, ceux-ci en procèdent au marquage, au moyen de bombes incendiaires. Les autres formations se guident sur les lueurs des incendies.

Le plus grand succès du *Kampfgruppe 100* intervient le 14 novembre 1940, lors du raid de Coventry. Parfaitement réussi, le marquage permet à des groupes de bombardiers venus de directions différentes d'endommager gravement une vingtaine d'usines aéronautiques étroitement imbriquées dans le centre de la ville. Les pertes sont négligeables ; deux bombardiers seulement sont portés manquants.

Au cours des semaines suivantes, des contre-mesures britanniques d'une efficacité croissante ne permettent pas à la Luftwaffe de renouveler le succès de Coventry. Aussi un nouveau procédé de guidage est-il mis au point, le *Y-Gerät*, qui permet à nouveau des raids de précision. Les derniers grands bombardements nocturnes de la Luftwaffe interviennent en mai 1941, avec une attaque le 3 sur Liverpool et le 10 sur Londres, pour le premier anniversaire de l'attaque à l'Ouest. Toute une partie de la City est la proie des flammes. Pour l'aviation allemande, ce raid constitue une sorte de représentation d'adieu. Le transfert du gros de la Luftwaffe à l'Est dans le cadre de l'attaque contre la Russie met fin au Blitz. L'Angleterre retrouve des « nuits calmes ».

Seules des formations réduites de chasse et de bombardement, de haut niveau il est vrai, restent basées en France et en Norvège. Elles vont cependant jouer un rôle dissuasif. Dans la crainte d'une reprise de l'offensive aérienne, la RAF ne cessera de développer ses moyens de défense, tant en ce qui concerne la chasse de jour que de nuit.

En fin de compte, l'offensive nocturne de la Luftwaffe se solde par un nouvel échec. En dépit de coups sévères, de la mort de 50 000 personnes, l'aviation du Reich n'a pas réussi à désorganiser l'économie, ni à abattre le moral de la population. D'aucuns reprocheront à l'armée de l'air du Reich de ne pas avoir disposé d'un bombardier lourd et d'avoir négligé certains types d'objectifs ponctuels.

Ces critiques inclinent au scepticisme. En dépit de l'emploi croissant de gros quadrimoteurs, type Lancaster, le Bomber Command ne sera pas plus heureux dans son offensive nocturne contre le Reich de 1941 à 1944. Les moyens de radioguidage de l'époque ne permettent pas de toucher les objectifs précis comme les centrales thermiques ou les gares de triage. Les raids de terreur ne permettent pas davantage de démoraliser les populations.

En dépit de son échec, la Luftwaffe de 1941 n'en reste pas moins une arme d'avant-garde, sans équivalent ailleurs. Sans disposer d'appareils lourds, elle se trouve cependant à l'origine de la guerre aérienne moderne et du bombardement stratégique. La Luftwaffe a exploré toutes les techniques que l'on retrouvera par la suite : attaques massives de jour, radioguidage pour les raids nocturnes, marquage de l'objectif par des grappes lumineuses, panachage de bombes explosives et incendiaires, emploi de chasseurs-bombardiers dotés de réservoirs supplémentaires. Les Anglo-Saxons ne feront que reprendre et développer les méthodes utilisées.

Simultanément, la Kriegsmarine mène dans l'Atlantique non pas une guerre sous-marine seule, mais une « bataille des communications », selon la formule de l'amiral Raeder, dans le but d'arriver à une asphyxie progressive de la Grande-Bretagne. Après la chute de la France, elle bénéficie enfin de la plate-forme opérationnelle souhaitée par l'amiral Wegener. Dès l'été 1940, les Allemands peuvent utiliser Brest, Lorient, Saint-Nazaire, La Pallice. A partir des terrains de Bretagne, la Luftwaffe est encore en mesure d'attaquer les ports du sud-ouest de l'Angleterre et les lignes de navigation des Western Approaches, et de procéder à des mouillages de mines.

Suivant les conceptions de Raeder, la lutte met d'abord en jeu des grands navires de surface. Pendant l'automne et l'hiver 1940-1941, le Panzerschiffe *Admiral Scheer*, le croiseur lourd *Hipper*, les croiseurs de bataille *Scharnhorst* et *Gneisenau* opèrent dans l'Atlantique et regagnent l'Allemagne ou Brest, après avoir envoyé par le fond près de 250 000 tonnes. Toutefois, à partir du printemps de 1941, en dépit d'une forte DCA, de l'emploi de fumigènes, de l'intervention de groupes de chasse, les grands navires basés à Brest sont l'objet d'attaques répétées du Bomber Command et sont avariés à plusieurs reprises.

Leur indisponibilité interdit la concentration de tous les grands bâtiments de surface dans l'Atlantique prévue par Raeder pour mai 1941, d'autant plus que le navire de ligne *Tirpitz* n'a pas achevé ses essais. Cette concentration qui aurait pu mettre la Home Fleet dans une situation délicate, en raison de sa pénurie en cuirassés récents, se limite au navire de ligne *Bismarck* de 42 000 tonnes et au croiseur lourd *Prinz Eugen* de 13 500 tonnes.

La sortie est brève et mouvementée. Au débouché du détroit du Danemark, le groupe *Bismarck*, sous les ordres de l'amiral Lutjens, est intercepté, le 22 mai, par les deux navires de ligne de l'amiral Holland. A l'issue d'un bref engagement, le *Bismarck* réussit à couler le croiseur de bataille *Hood*, l'orgueil de la Royal Navy, et à avarier gravement le *Prince of Wales*, obligé de rompre le combat. La route de l'Atlantique est ouverte. L'émotion est considérable dans le monde et en Grande-Bretagne.

Légèrement endommagé et ne disposant que de réserves de mazout réduites, le *Bismarck* prend alors la direction de Saint-Nazaire. Pendant deux jours, l'Amirauté perd sa trace. Retrouvé, le 20, par un appareil d'exploration maritime, il est désemparé à la tombée de la nuit par la torpille d'un Swordfish du porte-avions *Ark Royal* et disparaît, le lendemain, pavillon haut, sous les coups de la Home Fleet, à 400 milles de Brest.

Un mois plus tard, une sortie du *Lutzow* se solde par un nouvel échec. A la suite d'une méprise, le cuirassé de poche est endommagé par la torpille d'un avion allemand au large de la Norvège. En octobre, une avarie de machine interrompt brutalement une tentative de sortie de *l'Admirai Scheer* dans l'Atlantique.

En définitive, seuls quelques raiders, soigneusement camouflés et puissamment armés, réussiront encore à opérer depuis Bordeaux à destination de l'Atlantique ou de l'océan Indien jusqu'en 1943. 8 ou 10 disparaîtront, après avoir envoyé par le fond près de 800 000 tonnes de navires de commerce, le double des grands bâtiments de surface.

Jusqu'au printemps de 1941, les meilleurs résultats de la « bataille des communications » sont enregistrés par la Luftwaffe, avec le bombardement de ports, de docks, de chantiers encombrés de bateaux en réparations. Aux résultats obtenus par la Luftflotte 3, basée en Bretagne, s'ajoutent ceux enregistrés par le Kampfgruppe 40, composé du seul quadrimoteur allemand à grand rayon d'action, le Focke Wulf 200 Kondor, dérivé d'un avion commercial. Opérant depuis Bordeaux-Mérignac, Stavanger ou Trondheim, ces appareils repèrent les convois, en signalent l'existence aux sous-marins et aux navires de surface et n'hésitent pas à les attaquer.

D'août 1940 à juillet 1941, les résultats obtenus par 1/KG 40 sont spectaculaires. Le capitaine Bernhard Jope en donne la raison. « Les convois, même les plus importants, ne disposaient pratiquement pas de défense aérienne. A bord du Kondor, nous ne disposions que de quelques bombes, mais en attaquant à très basse altitude, il était possible de toucher pratiquement à coup sûr. » Au total, en trois mois, de janvier à mars 1941, le 1/KG 40 réussit à envoyer par le fond 86 navires représentant 390 000 tonnes.

A partir de l'été 1941, le renforcement de la DCA des convois, l'intervention de Cam-Ships dotés d'un chasseur lancé par catapulte, mettent fin aux attaques faciles des Kondor. Ceux-ci se cantonnent de plus en plus dans des opérations de patrouille maritime. Ce déclin survient au moment où le gros de la Luftwaffe est transféré à l'Est.

A la fin du printemps de 1941, la bataille de l'Atlantique finit par s'identifier aux sous-marins. Même en utilisant les bases françaises, qui améliorent considérablement leur rendement, les U-boote, en raison de leur petit nombre, ne sont pas encore en mesure de jouer un rôle décisif et d'exploiter les déficiences des Anglais qui, par manque d'escorteurs, ne peuvent assurer que partiellement la protection des convois.

En 1940, on ne compte encore que 10 à 12 sous-marins en opération. Dönitz s'efforce cependant de généraliser la tactique des meutes. En septembre 1940, 5 U-boote envoient par le fond 12 navires appartenant à un convoi venu d'Halifax. Du 17 au 20 octobre, 9 sous-marins attaquent les convois SC 7 et HX 79. Ils coulent 32 bâtiments sur 79 sans subir de pertes.

A partir de l'été 1941, le nombre de sous-marins en opération augmente sensiblement, mais les résultats ne suivent pas la même courbe. Au cours des six derniers mois de l'année, les destructions oscillent de 220 000 à 60 000 tonnes. Le bilan de 1941 est finalement légèrement inférieur à celui de l'année précédente.

Cet ensemble médiocre tient à l'amélioration de l'escorte des convois et des techniques de lutte anti-sous-marine, ainsi qu'au décryptage des messages allemands qui permet à l'Amirauté de modifier la route des convois et de déjouer l'embuscade des meutes.

Il tient aussi à l'intervention croissante de la marine américaine dans le cadre d'une « guerre non déclarée ». La zone de neutralité américaine inaugurée au début du conflit est portée au 26e méridien. Elle oblige les sous-marins à limiter les attaques dans la partie orientale de l'Océan où les Anglais peuvent concentrer les moyens de défense. A partir du printemps de 1941, l'engagement américain s'intensifie.

En marge du prêt-bail accordé à une Grande-Bretagne au bord de la faillite financière, Roosevelt place le 10 avril le Groenland sous la protection des Etats-Unis. Le 7 juillet, des troupes américaines assurent la relève des forces anglaises en Islande.

En septembre, un pas supplémentaire de la plus haute importance sera franchi. Des navires de l'US Navy participent à l'escorte des convois de l'Atlantique Nord. Cette décision conduit à de graves incidents. Le 17 octobre, un U-boote endommage gravement le destroyer américain *Kearney*. Le 31 octobre, le *Reuben James* est coulé par un sous-marin. Simultanément, une Task-Force composée d'un porte-avions et de deux cuirassés américains surveille le débouché du détroit de Danemark, susceptible d'être emprunté par des bâtiments allemands. Si *l'Admiral Scheer* n'avait pas été victime d'une avarie de machines, on aurait assisté à un premier engagement naval germano-américain plus d'un mois avant Pearl Harbor. En dépit de l'insistance de Raeder et de Dönitz, Hitler ne cesse de prodiguer à ses amiraux des conseils de prudence. Il se refuse à céder aux provocations américaines et écarte toute idée de conflit avec les Etats-Unis avant le règlement du problème soviétique.

Pour l'heure, Hitler se contente de l'arme diplomatique. Le pacte tripartite conclu, le 27 septembre 1940, entre Berlin, Rome et Tokyo s'inscrit dans cette perspective. Tout en offrant une allure défensive, le traité constitue un avertissement pour les Etats-Unis. Si Washington franchit le pas décisif et entre en guerre contre l'Allemagne, il se heurtera à la puissance nipponne dans le Pacifique. Réciproquement, une initiative américaine contre le Japon entraînera une réplique du IIIe Reich. En marge de cet accord, Hitler n'en incite pas moins le Japon à attaquer la Malaisie et Singapour situées en dehors de la portée opérationnelle de l'US Navy. Ce serait un moyen de résoudre partiellement le problème britannique.

En fait, l'attention de Hitler, de l'OKW et de la Kriegsmarine se tourne alors vers la Méditerranée. Raeder affirme sa conviction qu'une élimination de la Grande-Bretagne de la mer intérieure pourrait avoir des effets décisifs. Une proposition d'envoyer des unités motorisées en Libye de manière à exercer une poussée en direction de l'Egypte et de Suez se heurte cependant à un veto italien. Pour le moment, Mussolini tient à conserver le monopole de la guerre en Méditerranée où il se croit en mesure de conduire une « guerre parallèle » à celle du Reich.

Une proposition de Jodl de déclencher une grande opération en direction du Proche-Orient et de Suez par la Turquie est écartée par Hitler. Une opération de ce genre se heurterait à d'énormes difficultés logistiques, voire même à l'hostilité de la Turquie. Elle semble également peu souhaitable, compte tenu du comportement ambigu de l'Union soviétique. De même le Führer écarte-t-il l'idée d'une occupation des archipels portugais de l'Atlantique, les Açores et le cap Vert[5].

A la faveur de la surprise, l'affaire pourrait réussir. Mais le ravitaillement des troupes débarquées risquerait de poser des problèmes insolubles et même de provoquer une réaction américaine que Hitler tient, pour le moment, à éviter totalement.

Finalement, l'attention du Führer se fixe sur l'attaque de Gibraltar (opération *Félix)*, en liaison avec l'Espagne, et sur une éventuelle collaboration militaire avec la France limitée au plan naval. Hitler a, en effet, été favorablement impressionné par le comportement des marins français à Mers el-Kébir et à Dakar, lors de la tentative de ralliement anglo-gaulliste, et il éprouve une réelle confiance en l'amiral Darlan.

Toutefois, le 23 octobre, lors de l'entrevue d'Hendaye, Franco, derrière un enthousiasme apparent, manifeste de profondes réserves à l'égard d'une coopération avec l'Axe. Indépendamment d'une aide militaire et économique considérable, il demande l'annexion du Maroc et d'une partie de l'Algérie. Devant l'ampleur de ces exigences, qui ne pourraient qu'entraîner une « dissidence » de l'Afrique du Nord française, Hitler refuse de céder.

L'entrevue ne met pas fin aux contacts germano-espagnols. En dépit d'une sévère mise en garde allemande, Franco, en février 1941, se refuse finalement à toute intervention. Une victoire allemande lui apparaît encore loin d'être assurée, et il se heurte à une très forte pression des Anglais et des Américains, qui brandissent la menace d'un blocus et d'une occupation des îles espagnoles de l'Atlantique.

Le lendemain de la rencontre d'Hendaye, Hitler n'est pas plus heureux à Montoire avec Pétain et Laval. Le Maréchal se montre extrêmement prudent. La France n'est pas en état de reprendre le conflit. De toute manière, une intervention exigerait de sérieuses compensations, voire même une refonte de l'armistice, tant en ce qui concerne les frais d'occupation, la ligne de démarcation, l'Alsace-Lorraine, la zone interdite, que les prisonniers.

Ce sont finalement les déboires de l'Italie qui vont amener l'Allemagne à intervenir en Méditerranée. En dépit de plusieurs mises en garde pressantes de l'Allemagne, Mussolini, le 28 octobre, attaque la Grèce, et lors de l'entrevue de Florence, survenue le même jour, Hitler ne peut que s'incliner et féliciter son partenaire. En fait, l'opération mal préparée, lancée avec des forces insuffisantes, se solde par un échec presque immédiat. Mieux même : le 14 novembre, les troupes grecques passent à la contre-offensive et rejettent les Italiens en Albanie. Un désastre est évité de justesse par l'envoi massif de renforts.

L'initiative intempestive de Mussolini bouleverse la situation stratégique des Balkans. En dépit de la prudence du dictateur Metexas, Churchill saisit l'occasion de reprendre pied sur le continent et caresse le rêve d'une intervention de la Turquie et de la Yougoslavie contre l'Axe. Des troupes britanniques débarquent en Crète et à Leros, à l'entrée des détroits turcs, tandis que des formations de la RAF s'installent dans le Péloponnèse.

Ne serait-ce que pour sauver l'allié italien d'une humiliation et limiter les effets de l'intervention britannique dans les Balkans, Hitler est contraint d'intervenir. Il donne l'ordre de préparer l'opération *Marita* destinée à « s'emparer du territoire grec au nord de la mer Egée ». L'élaboration de ce plan s'accompagne d'une intense activité diplomatique, qui donne au Reich l'autorisation de faire transiter des troupes à travers la Hongrie, la Roumanie et la Bulgarie. L'intervention allemande devient d'autant plus indispensable qu'à partir de début mars Churchill envoie un corps expéditionnaire de 50 000 hommes en Grèce. Le déclenchement de Marita est prévu pour le 28 mars 1941. C'est l'époque où les routes du nord de la Grèce doivent redevenir praticables.

A cette date, l'intervention de la Wehrmacht en Méditerranée est déjà effective, à la suite de nouveaux revers italiens. Le 11 novembre 1940, une formation navale britannique, construite autour du porte-avions *Illustrious*, mène une attaque nocturne parfaitement réussie contre Tarente. Pour la perte de deux avions, les Anglais coulent dans les eaux peu profondes de la rade trois cuirassés. Un de ces bâtiments ne sera jamais remis en état. Les deux autres exigeront six mois de réparations. A la suite de ce désastre, la marine italienne se replie sur Naples et La Spezia, perdant toute capacité d'action en Méditerranée centrale.

Le 9 décembre, enfin, le général Wavell déclenche en Afrique du Nord un raid limité contre l'armée italienne avec un corps motorisé de 35 000 hommes. En moins de deux mois, l'armée italienne est mise en pleine déroute. Elle perd 400 chars et 130 000 prisonniers. Seul l'envoi de troupes britanniques en Grèce empêche une occupation totale de la Libye.

Devant l'étendue de ce nouveau désastre, Mussolini se résigne à demander l'aide militaire de l'Allemagne qu'il avait refusée six mois plus tôt. L'intervention de la Werhmacht se manifeste d'abord par l'envoi en janvier 1941 du 10e corps aérien en Sicile. La Luftwaffe démontre immédiatement son efficacité sur le plan aéronaval, en attaquant dès le 10 janvier le convoi de ravitaillement *Excess* venu de Gibraltar à destination de Malte et du Pirée, sous la protection de la Force H.

Le cuirassé *Warspite* et le porte-avions *Illustrious* sont durement touchés. Le lendemain, le croiseur *Southampton* est coulé et le *Gloucester* sérieusement endommagé. Si les quatre cargos du convoi réussissent à atteindre le Pirée, l'Amirauté britannique n'en décide pas moins de renoncer à la route de la Méditerranée pour le ravitaillement des forces d'Egypte et du Proche-Orient, et d'en revenir, malgré sa longueur, à l'itinéraire du Cap. Après ce succès, le 10e corps aérien concentre ses efforts sur Malte qui cesse alors d'exercer une menace sur la route logistique Tarente-Tripoli.

L'action de la Wehrmacht en Méditerranée se traduit encore par l'envoi en Libye de ce qui va devenir l'Afrikakorps. Débarquent ainsi en février 1941 la 5e division légère, une unité motorisée, et les premiers éléments de la 15e Panzer. Grâce à l'intervention personnelle de Hitler, l'ensemble est placé sous les ordres de Rommel qui s'est illustré pendant la campagne de France à la tête de la 7e division blindée.

C'est le point de départ d'une extraordinaire épopée de deux ans, qui va faire entrer le nom de Rommel dans la légende. Placé théoriquement sous commandement italien, Rommel bénéficiera, en réalité, d'une liberté à peu près totale. Il découvre en Afrique un théâtre à sa mesure, qui se prête remarquablement, avec ses vastes plateaux pierreux, à la manœuvre des blindés.

A peine arrivé, Rommel, aux commandes d'un avion de liaison Fieseler Storch, bien que n'ayant pas son brevet de pilote et toujours muni de son inséparable Leica, examine les positions britanniques. Le 24 mars, à la surprise de l'OKW qui lui conseille la prudence et des Anglais qui n'attendent rien avant le mois de mai, il part à l'attaque.

Le succès est immédiat. Les Anglais sont refoulés d'El Agheila. Menacés sur leurs arrières, ils se replient sur El Gazala, puis Sollum et la passe d'Halfaya, qui commande l'accès en Egypte. En moins de trois semaines, la Cyrénaïque a été reconquise. Seul mécompte, les Allemands ne peuvent s'emparer de Tobrouk où la 8e division australienne, ravitaillée par mer, va résister pendant près de huit mois.

Avec le renfort de deux ou trois divisions blindées et motorisées, Rommel souhaiterait aller plus loin et atteindre Le Caire et le canal de Suez. Venu de Berlin, le général Paulus lui rappelle les directives de l'OKW. A la veille de l'attaque contre la Russie, l'armée allemande a besoin de toutes ses forces et l'envoi de renforts en Afrique entraînerait un alourdissement des transports maritimes que les Italiens ne seraient probablement pas en mesure d'assurer, d'autant plus que le gros des moyens aériens de la Luftwaffe en Méditerranée a été dirigé sur les Balkans.

Pour l'heure, le front doit se stabiliser. Rommel a rempli sa mission. Il a rétabli la situation et évité un effondrement italien préjudiciable à la cause de l'Axe. L'Afrique ne peut que rester un théâtre secondaire.

A cette date, la Wehrmacht vient encore de faire la preuve de son exceptionnelle capacité opérationnelle. La campagne des Balkans s'est achevée sur un énorme succès, en dépit d'adversaires valeureux, d'un terrain difficile, d'un réseau de routes embryonnaire et d'une étonnante improvisation de dernière heure.

Initialement, l'opération Marita ne concerne que la Grèce, avant de s'adresser également à la Yougoslavie. Pourtant le 25 mars, le gouvernement de Belgrade accepte d'adhérer au pacte tripartite et de participer à l'offensive contre la Grèce, en échange de la possession de Salonique, mais à condition que son territoire ne soit pas utilisé par les troupes allemandes. 48 heures plus tard, un coup d'Etat militaire, à l'instigation des Britanniques, renverse le prince régent. Le nouveau gouvernement dénonce l'accord avec Berlin et signe immédiatement un traité d'amitié avec Moscou.

Furieux, Hitler ordonne au haut commandement d'inclure la Yougoslavie dans l'opération Marita. En quelques jours, l'OKH remanie son plan. Transférée de Bulgarie, la division SS Das Reich s'installe en Roumanie dans la région de Temesvar, tandis qu'une armée entièrement nouvelle, la 12e, sous les ordres de von Weichs, prend position en Carinthie (sud de l'Autriche) et en Hongrie.

L'attaque contre la Yougoslavie démarre le 6 avril par un coup de tonnerre avec l'opération *Châtiment*. En deux vagues successives, la Luftwaffe détruit le centre de Belgrade, paralysant les organes politiques et militaires, et provoquant la mort de plusieurs milliers de personnes. L'impression produite par le raid est considérable dans tous les Balkans.

Simultanément, trois colonnes blindées venues de Bulgarie, de Roumanie et de Hongrie convergent sur Belgrade occupée le 12 avril. Une seconde manœuvre concerne les grandes unités de la 12e armée qui se dirigent sur Zagreb défendue par la 4e armée yougoslave, en pleine décomposition avec la défection des éléments croates. Le 10 avril, les Allemands sont accueillis en libérateurs à Zagreb. Le lendemain, la Croatie proclame son indépendance suivie le 12 par la Slovénie.

Le commandement yougoslave espère alors constituer un réduit au cœur des montagnes de Serbie. La conversion des unités allemandes sur Sarajevo s'oppose à cette manœuvre. Le 18 avril, les troupes yougoslaves déposent les armes après douze jours seulement de résistance, alors qu'en 1915 il avait fallu deux mois de combats difficiles aux forces austro-allemandes et bulgares pour venir à bout de l'armée serbe, dont les restes, à travers les montagnes du Monténégro, avaient pu, au cœur de l'hiver, atteindre l'Adriatique et être rembarqués par la marine française à destination de Corfou.

Au moment où la campagne de Yougoslavie s'achève, l'issue de la bataille de Grèce ne fait déjà plus de doute. Les Allemands ont su admirablement exploiter la faille du commandement hellénique, qui s'est refusé à sacrifier la Macédoine. Tandis que la 1re armée avec 14 divisions s'oppose aux Italiens en Albanie, la 2e armée forte de 6 divisions assure la défense de Salonique, en s'appuyant sur la ligne Metexas. Le corps expéditionnaire du général Wilson s'efforce de couvrir la brèche entre les deux armées. Avec deux divisions et une brigade blindée, il s'appuie sur les monts Vermion et défend la Thessalie.

La manœuvre allemande contre Salonique débute dès le 6 avril. Avec l'appui de l'artillerie et des stukas, des troupes de montagne forcent la ligne Metexas, tandis que la 2e Panzer déborde les positions grecques par l'ouest. Le 9 avril, Salonique est atteinte et le lendemain la 2e armée grecque dépose les armes.

Pendant que s'exécute cette manœuvre, deux divisions blindées et deux grandes unités motorisées traversent le sud de la Yougoslavie, atteignent le 9 avril la trouée de Monastir, enlèvent le col de Klidi tenu par les Australiens et occupent Janina le lendemain. Coupée de ses arrières par la progression des colonnes allemandes en Thessalie, la 1re armée grecque, victime d'un ordre de repli beaucoup trop tardif, capitule à son tour le 20 avril. A la grande colère des Italiens, la reddition intervient devant les Allemands.

Menacées à leur tour d'encerclement, les troupes de Wilson ne peuvent plus mener que des combats retardataires à Platamon et aux Thermopyles, avant de se replier en direction du Pirée et du Péloponnèse sous les attaques constantes de la Luftwaffe. Les Allemands entrent à Athènes le 27 avril, tandis que des éléments aéroportés s'emparent de l'isthme de Corinthe, consommant la déconfiture des troupes alliées.

La Royal Navy réussit à rembarquer 45 000 hommes sur 60 000. Il s'agit cependant d'un second Dunkerque avec la perte de la quasi-totalité du matériel. Simultanément, des éléments allemands venus de Thrace occupent les îles grecques de la mer Egée face au littoral turc : Samothrace, Lemnos, Mytilène, Chios. En moins de trois semaines, les forces allemandes, par une étroite liaison entre les Panzer, l'infanterie et l'aviation, ont donc brisé toute résistance, effectué une nouvelle démonstration des possibilités de la Blitzkrieg et obligé les Britanniques à évacuer, pour la seconde fois, le continent européen.

Cette campagne connaît une conclusion spectaculaire qui révèle à un monde stupéfait les ressources toujours nouvelles de la Wehrmacht. Avant même la fin des combats en Grèce, le général Student arrive à convaincre Hitler de la possibilité de s'emparer de la Crète par une opération aéroportée et de déjouer ainsi la supériorité navale britannique.

Le 14 mai, à partir des terrains sommairement aménagés du sud de la Grèce, la Luftwaffe bombarde les positions britanniques. Le 20 mai, les parachutistes et les planeurs allemands attaquent les trois aéroports principaux de l'île, Maleme, Rethymno, Heraklion. Leur occupation permettra de mettre en place un pont aérien et d'acheminer en renforts les unités d'une division de montagne.

L'affaire manque de tourner au désastre. Le général Freyberg dispose de 30 000 hommes. Grâce au décryptement des messages radio de la Luftwaffe, il est averti du déclenchement et du but de l'opération. Au cours de la première journée, les paras subissent de lourdes pertes et ne peuvent s'emparer de leurs objectifs. Student s'acharne malgré tout. Il envoie des renforts dans les secteurs où les conditions paraissent le plus favorable.

Le 21, les Allemands réussissent à s'emparer du terrain de Maleme où atterrissent les premiers Junkers 52 sous le feu de l'artillerie britannique. Au cours des journées suivantes, en dépit de pertes sévères, le succès des parachutistes s'affirme. Soumises à des attaques aériennes constantes, les troupes britanniques se démoralisent et Freyberg doit se résoudre à un rembarquement dans les baies du sud de la Crète.

L'évacuation permet à la Luftwaffe de remporter une nouvelle victoire. Elle inflige à la Mediteranean Fleet, privée d'une DCA et d'une couverture aérienne suffisantes, des pertes sévères, 3 croiseurs et 6 destroyers sont coulés. Le porte-avions *Formidable*, 2 cuirassés et 6 croiseurs sont gravement avariés. La Royal Navy ne remporte qu'un seul succès, la destruction d'un convoi de caïques venu du Péloponnèse.

Si les troupes aéroportées ont été sérieusement éprouvées, avec 25 % de pertes, tués, blessés, disparus, la prise de la Crète à l'abordage, en dépit de la maîtrise de la mer britannique, constitue un des épisodes des plus étonnants de la guerre. Avec l'occupation de l'île, l'aviation allemande dispose d'une base stratégique remarquable qui commande toute la Méditerranée orientale. Elle pourra mener des attaques contre le terminal pétrolier de Haïfa, le canal de Suez et Alexandrie. Elle pourra également attaquer les convois à destination de Malte et ravitailler en 1942 par pont aérien les forces de Rommel engagées en Egypte. Des résultats encore plus importants auraient été obtenus si les formations de la Luftwaffe en Méditerranée n'allaient pas être affaiblies régulièrement au profit du front de l'Est.

En attendant, avec la campagne des Balkans et la chute de la Crète, Hitler vient de remporter son dernier grand triomphe. L'emprise du Reich se renforce sur tout le Sud-Est européen. La Yougoslavie est démembrée. En marge des avantages territoriaux dont bénéficient l'Allemagne, l'Italie et la Hongrie, trois Etats, fondés sur des critères ethniques et religieux, émergent du naufrage : le Monténégro ressuscité, la Croatie d'Ante Pavelitch et la Serbie du général Neditch. Un gouvernement favorable à la cause de l'Axe fait également son apparition à Athènes, celui du général Tsolokoghlon. Pour prix de sa participation, la Bulgarie retrouve l'accès à la mer Egée perdu en 1919. Impressionnée par la puissance allemande, la Turquie se canttts une neutralité bienveillante à l'égard du Reich.

La campagne des Balkans constitue une nouvelle preuve de l'impuissance britannique sur le continent. Après 18 mois de guerre, elle n'a pu engager en Grèce que 60 000 hommes et 180 avions, qui n'ont offert qu'une résistance symbolique face à la Wehrmacht. Ses positions en Méditerranée orientale semblent menacées. On peut croire, en effet, à une expansion de la puissance allemande au Proche-Orient et à un rapprochement militaire du Reich avec la France.

A la suite du coup d'Etat du 2 avril en Irak par le général Rachid Ali, résolu à secouer la tutelle britannique, Hitler, après de longues hésitations, se décide à accorder une aide au nouveau régime, soumis à une vive pression des troupes anglaises qui marchent de Bassorah vers Bagdad. L'aide allemande ne peut parvenir que par la voie aérienne et les appareils de la Luftwaffe doivent transiter par les terrains du Levant. Le 6 mai, le gouvernement de Vichy donne son accord, en échange d'aménagements à l'armistice. Le 11 mai, les premiers avions aux cocardes irakiennes font escale sur les terrains de Syrie. Leur intervention trop tardive et limitée ne peut empêcher l'effondrement du gouvernement de Rachid Ali et le rétablissement de l'émir Abdallah sur son trône avec le soutien britannique.

L'attitude ambiguë de Vichy incite le gouvernement anglais à monter une opération contre la Syrie et le Liban, avec le concours d'éléments gaullistes. L'opération débute le 7 juin et se heurte à une résistance inattendue des forces de Vichy. Göring propose immédiatement le concours de l'aviation allemande. Après de longues hésitations, Darlan refuse, pour des raisons évidentes de politique générale. Il renonce également à une intervention de la flotte de Toulon au Levant, qui exigerait, là encore, une couverture aérienne de la Luftwaffe. La campagne de Syrie s'achève le 14 juillet 1941 par la convention de Saint-Jean-d'Acre, qui prévoit le rapatriement des forces de Vichy et qui préserve les droits de la France sur le Liban et la Syrie.

Toute cette période est marquée par une tentative de rapprochement franco-allemande. A la suite des déboires britanniques, Darlan redoute une paix de compromis entre la Grande-Bretagne et le Reich dont la France ferait les frais. Aussi est-il tenté, en échange d'une refonte du statut de l'armistice, de rechercher le soutien de l'Allemagne, en offrant de participer à la lutte contre l'Angleterre, au moyen de forces navales et terrestres limitées à du personnel de carrière.

Cette proposition conduit, le 13 mai 1941, à une rencontre à Berchtesgaden entre Darlan et Hitler, suivie de conversations militaires. Ces contacts aboutissent aux « accords de Paris » du 28 mai signés entre Otto Abetz et l'amiral Darlan. Ces accords confirment l'aide technique apportée en Syrie à l'aviation allemande. Pour éviter les attaques venues de Malte, les puissances de l'Axe pourraient utiliser la route de Bizerte et le chemin de fer de l'Est tunisien pour l'acheminement de matériel à destination de leurs forces en Libye. Dakar pourrait éventuellement constituer un point d'appui pour les sous-marins et les avions allemands engagés dans la bataille de l'Atlantique. En échange de ces facilités, l'Allemagne et l'Italie accorderaient à la France des compensations politiques.

Ces accords resteront lettre morte. Ils se heurtent dès le départ à une vive opposition de Weygand, délégué général du gouvernement de Vichy en Afrique du Nord, et des gouverneurs des colonies, et surtout de Hitler, en dépit de l'insistance de Keitel, de Jodl et de Raeder convertis à l'idée d'une alliance avec la France. Le Führer redoute une « dissidence » généralisée de l'Empire français. La participation de la marine française à la guerre en Méditerranée poserait de difficiles problèmes de ravitaillement en combustible. Les concessions réclamées par Vichy, concernant en particulier la reconnaissance de l'intégrité des possessions coloniales, vont encore à l'encontre des revendications italiennes. Comme Hitler le souligne lui-même, l'Allemagne ne peut pas changer d'alliée[6].

Pour clore le tout, Hitler, contrairement à l'OKW ou à la Kriegsmarine, ne croit pas que le théâtre méditerranéen soit en mesure de faire sortir la guerre de l'impasse où elle s'enlise. L'impuissance est réciproque. L'Allemagne ne peut débarquer en Angleterre et la Grande-Bretagne se révèle incapable de reprendre pied sur le continent. Le Führer est convaincu que pour le Reich l'issue du conflit se trouve à l'Est. Une coopération avec la France constitue une option à tenir en réserve jusqu'à l'exécution du plan Barbarossa dirigé contre l'Union soviétique.

7

Barbarossa

Le 22 juin 1941, « le monde retient son souffle », suivant la propre formule de Hitler. Cent trente ans presque jour pour jour après l'armée des Vingt Nations de Napoléon, le Wehrmacht frappe à l'Est et déclenche l'opération Barbarossa. L'attaque se produit en liaison avec les Finlandais et les Roumains, désireux de recouvrer les territoires perdus en 1940.

Une des plus grandes batailles de l'Histoire commence. Contrairement à la certitude du haut commandement, cette bataille va dégénérer en lutte d'usure, constituer le tombeau de l'armée allemande et la cause principale de sa chute. Le sort de la Seconde Guerre mondiale et le destin du IIIe Reich vont se jouer à l'Est.

C'est au lendemain de la chute de la France, dès juillet 1940, que Hitler envisage pour l'année même une attaque contre l'Union soviétique. Le projet est écarté par Jodl, pour des raisons logistiques évidentes – le transfert du gros de l'armée allemande à l'Est exigerait au moins quatre mois.

On s'est beaucoup interrogé sur les raisons qui ont pu inciter Hitler, alors que la guerre contre la Grande-Bretagne vient à peine de commencer, à ouvrir un second front, en dépit des assurances qu'il n'avait cessé de formuler jusque-là, et à violer le pacte germano-soviétique. A priori, l'affaire peut trouver sa source dans *Mein Kampf* et s'intégrer dans une volonté de domination, non pas mondiale, comme on le prétend parfois, mais européenne.

Après avoir édifié la Grande Allemagne avec l'Anschluss, le démantèlement de la Tchécoslovaquie et de la Pologne, éliminé la menace française, Hitler aurait été tenté d'acquérir à l'Est l'espace vital nécessaire à la survie et au développement du Reich, comme grande puissance.

Le Führer aurait encore été irrité et inquiet du comportement de l'URSS, dès la fin de la campagne de France. Sans tarder, Staline procède à l'annexion des pays Baltes, ainsi qu'au rattachement de la Bessarabie et même de la Bukovine du Nord, qui ne figurait pas dans le pacte de Moscou du 23 août 1939.

Même si elles sont dans l'ensemble conformes aux zones d'influence prévues, ces annexions n'en font pas moins peser une première menace sur la Baltique, une mer d'un intérêt stratégique capital pour les Allemands, en raison des importations de minerai de fer suédois et pour l'entraînement des unités de la Kriegsmarine. Une seconde menace pèse sur le pétrole de Roumanie, à portée de l'aviation soviétique et d'une importance essentielle pour l'économie de guerre du Reich.

La décision définitive de déclencher l'attaque à l'Est survient après la rencontre de Hitler avec Molotov à Berlin, le 13 novembre 1940. Sans écarter la perspective d'une expansion de l'URSS en direction de l'océan Indien et du golfe Persique, le commissaire aux Affaires étrangères, avec vigueur et même brutalité, souligne les zones considérées comme essentielles à la sécurité de l'Union soviétique. Tout d'abord, la Baltique avec la Finlande et les détroits danois, dont il réclame l'internationalisation. S'y ajoutent la Bulgarie, la Roumanie, voire la Yougoslavie, sans oublier la création d'une base navale dans les Dardanelles. Ces conversations ainsi que les notes échangées ensuite entre Berlin et Moscou, montrent de toute évidence le heurt de deux impérialismes.

En dépit des révélations des ambitions soviétiques, il ne semble pas que les dirigeants allemands, y compris Hitler, aient redouté une guerre préventive de l'URSS. Cet argument n'apparaît que comme un thème de propagande au lendemain du 22 juin, pour justifier le déclenchement de l'attaque de la Wehrmacht contre « le perturbateur de l'Europe ».

Il ne figure pas dans les travaux préparatoires de Barbarossa. Cette lacune n'enlève nullement son intérêt à l'ouvrage du dissident soviétique Souvorov, le *Brise-Glace*, qui soutient, avec des arguments que l'on ne peut totalement négliger, que Staline était prêt à lancer au début de juillet 1941 une offensive à l'Ouest. Les Allemands n'auraient fait que devancer de quelques jours l'Union soviétique[1].

En réalité, en marge de toutes les interprétations, la notion d'espace vital ou la révélation des visées soviétiques ne semblent avoir constitué que des éléments mineurs dans la décision de Hitler. En envisageant une attaque à l'Est dès l'été 1940, le Führer vise essentiellement la Grande-Bretagne à un moment où il manifeste un évident scepticisme à l'égard de la réussite d'un débarquement en Angleterre. En abattant l'Union soviétique en une campagne, il compte priver l'adversaire maritime de son dernier allié potentiel sur le continent, le décourager et l'amener enfin à traiter. On retrouve le calcul de Napoléon en 1812.

Cette conception apparaît dans les papiers de Halder qui note dès le 13 juillet : « Il voit la réponse à la question *au même titre que nous* [c'est Halder qui souligne] : c'est que l'Angleterre a quelque espoir concernant la Russie. » Il ajoute le lendemain : « L'effondrement de la

Russie devrait convaincre l'Angleterre de renoncer à la lutte[2]. »

Le 31 juillet, devant Jodl, Brauchitsch et Halder, Hitler annonce le début des bombardements contre l'Angleterre, tout en ajoutant : « Si la guerre aérienne ne donne pas de résultats satisfaisants, il faudra arrêter les préparatifs de débarquement. » Il aborde ensuite le problème soviétique. A se fier aux notes de Halder, il déclare : « L'espoir de l'Angleterre réside dans la Russie et l'Amérique. Si l'on élimine l'espoir placé dans la Russie, l'Amérique se trouve du même coup éliminée, parce que l'écrasement de la Russie se soldera par un accroissement considérable de l'influence du Japon en Extrême-Orient.

« L'Angleterre parie essentiellement sur le facteur russe. Il s'est passé quelque chose à Londres ! Les Anglais étaient déjà complètement *down* [« abattus » : le mot est en anglais dans l'original], les voici un peu remontés [*aufgerichtet*]. Nous avons mis leurs conversations téléphoniques sur écoute… Toutefois, la Russie serait-elle écrasée que c'en serait fini du dernier espoir de l'Angleterre…

« Décision : au cours de cet affrontement, il faut se débarrasser de la Russie. Printemps 41. Plus vite nous écraserons la Russie, mieux ça vaudra. L'opération n'a de sens que si nous écrasons l'Etat d'un seul coup. Il ne suffit pas de conquérir une certaine portion de territoire. Une stabilisation [du front] pendant l'hiver [serait] hasardeuse. Mieux vaut donc attendre, mais décision bien arrêtée de débarrasser de la Russie… Objectif : anéantissement des forces vives [*Lebenskraft*] de la Russie[3]. »

Quoi qu'il en soit, l'étude d'un plan d'opérations est entreprise dès l'été 1940 par l'OKW et l'OKH. Une première version due au général Marcks prévoit une attaque principale en direction de Moscou suivie d'un rabattement des unités blindées et motorisées en direction du sud pour procéder, en liaison avec un groupe d'armées attaquant sur Kiev, à un encerclement des forces soviétiques en Ukraine orientale. Une attaque en direction des pays Baltes n'est envisagée que comme une manœuvre accessoire destinée à protéger le flanc gauche du gros des armées allemandes.

Ce premier plan, repris et corrigé par l'OKH et Hitler, donne naissance à la version définitive de Barbarossa du 18 décembre 1940. Deux groupes d'armées attaqueront au nord des marais du Pripet. Le plus important débouchant de Pologne aura pour objectif de détruire les concentrations soviétiques de Russie blanche. Il détachera ensuite « de gros éléments d'unités rapides » pour aider le groupe d'armées débouchant de Prusse orientale à détruire les forces de l'Armée rouge des pays Baltes et à s'emparer de Leningrad et de Kronstadt.

Ensuite seulement, le groupe d'armées centre, après avoir récupéré tous ses moyens, entreprendra l'attaque en direction de Moscou, « important nœud du système des communications et centre des industries d'armement ». Quant au groupe d'armées opérant au sud des marais du Pripet, il attaquera en direction de Kiev et s'efforcera d'anéantir les forces de l'Armée rouge dans la boucle du Dniepr.

Simultanément, un corps de troupes de montagne, sous les ordres du général Dietl, aura pour mission, en liaison avec les Finlandais, de couvrir la région de Petsamo et ses mines de fer, et de couper la voie ferrée de Mourmansk. Le gros des forces finnoises s'efforcera de fixer le maximum de troupes soviétiques de part et d'autre du lac Ladoga, facilitant ainsi l'investissement et la prise de Leningrad. A l'extrême sud, un groupement germano-roumain assurera la protection des puits de pétrole de Roumanie, avant d'éliminer les forces soviétiques à l'ouest du Dniestr.

Dans son ultime version, Barbarossa vise la destruction du gros de l'Armée rouge à l'ouest de la Dvina et du Dniepr ainsi que l'occupation des pays Baltes et de Leningrad. Une fois cette mission accomplie, les opérations concerneront Moscou et une exploitation rapide en direction d'une ligne Archangelsk-Astrakhan.

Au total, Barbarossa met en jeu trois groupes d'armées. Le groupe d'armées nord de von Leeb aligne 7 divisions et les 3 Panzer de Hoepner. Le groupe d'armées centre de von Bock est de loin le plus étoffé avec 42 divisions et 9 Panzer réparties en deux corps blindés, sous les ordres de Hoth et de Guderian. Quant au groupe d'armées sud de von Rundstedt, il dispose de 33 divisions et des 5 Panzer de von Kleist. Il bénéficiera progressivement de l'apport de 15 divisions roumaines, de deux grandes unités hongroises et de deux divisions italiennes.

L'OKH engage ainsi 153 grandes unités dont 17 blindées et 13 motorisées, appuyées par une trentaine de divisions alliées. L'ensemble ne doit pas trop faire illusion. Il est à peine supérieur à celui du 10 mai 1940 dans celui de l'infanterie, nettement inférieur sur le plan aérien. Un tiers de l'armée allemande se trouve, en effet, immobilisé à l'Ouest et en Afrique du Nord. La Luftwaffe doit également laisser d'importantes formations en Scandinavie, sur les côtes de la Manche et en Méditerranée. Amputation d'autant plus grave que ses effectifs n'ont pratiquement pas augmenté depuis le printemps de 1940.

Elle n'engage finalement à l'Est que 2 800 avions de combat au lieu de 3 500 lors du début de l'offensive à l'Ouest. Ces appareils sont répartis en quatre flottes aériennes. La Luftflotte I, la plus faible avec 250 appareils, est affectée au groupe d'armées de von Leeb. Les Luftflotte 2 et 3 agiront au profit du groupe d'armées centre, alignant 1 700 avions. Le groupe de von

Rundstedt devra se contenter de la 4e Luftflotte avec 750 avions.

La seule supériorité de la Wehrmacht par rapport à 1940 concerne les blindés. Les 17 Panzer engagées à l'Est totalisent 3 500 chars au lieu de 2 700. Il s'agit de divisions nouveau modèle à deux ou trois bataillons alignant de 150 à 200 chars. La diminution d'engins est compensée par leur qualité et leur puissance. Trop vulnérables, les chars légers Mark I et II ont pratiquement disparu, à l'exception de blindés tchèques. Le gros des effectifs des nouvelles Panzer est constitué de Mark III et IV, les premiers dotés du nouveau canon de 50. La capacité antichars est encore améliorée par l'incorporation de canons d'assaut.

Grâce aux abondantes prises de guerre à l'Ouest, le nombre de divisions motorisées a été sensiblement augmenté. Mais le parc de camions constitue un ensemble disparate avec des véhicules de dizaines de marques différentes, à l'origine de problèmes de maintenance quasiment insurmontables.

Contrairement à ce qu'ils ont prétendu au lendemain de la guerre, les grands chefs de l'OKW ou de l'OKH n'éprouvent alors nulle appréhension et encore moins de sinistre pressentiment. Ils se résignent facilement à la rupture du pacte germano-soviétique, en dépit de l'enseignement de Bismarck. L'attaque de l'Union soviétique s'intègre dans la vieille politique allemande du *Drang Nach Osten* (La marche vers l'Est). Politique appliquée à la fin de la Première Guerre mondiale par Ludendorff, au lendemain du traité de Brest-Litovsk qui permet alors à l'Allemagne d'étendre son influence sur les pays Baltes, la Russie blanche, l'Ukraine, la Crimée et même le Kouban.

Se fondant sur les prestations plus que douteuses de l'Armée rouge en Pologne ou en Finlande, les généraux ont tendance à en sous-estimer considérablement la puissance, tant sur le plan des effectifs que de la qualité des matériels. Ils en évaluent au maximum la force à 180 divisions (portées à 220 sur les recommandations des Finlandais), à 5 000 chars, 5 000 avions, pour la plupart de modèle périmé. Dans une des premières versions de Barbarossa Brauchitsch estimait que 80 divisions allemandes suffiraient à entraîner une décision rapide. Il fallut tout l'insistance du Führer pour l'amener à doubler le nombre des grandes unités.

L'OKH a d'ailleurs tendance à s'appuyer sur les renseignements optimistes fournis par l'Abwehr, le service de renseignements de la Wehrmacht dirigé par l'amiral Canaris, et à négliger les informations du SD, le service de renseignements du parti intégré dans le cadre du RSHA, l'Office principal de sécurité du Reich, nettement plus proche de la réalité.

Seul, Guderian éprouve de sérieuses appréhensions. Compte tenu de l'importance de ses industries d'armement et des visites qu'il a effectuées en 1934 dans des usines de fabrication de blindés, il estime que l'Armée rouge doit disposer de 17 000 engins. Evaluation assez proche de la réalité : 20 000 chars. Ses avertissements se heurtent à un scepticisme général et ne peuvent entamer, suivant sa propre expression, une extraordinaire euphorie. Contrairement à une croyance tenace, Hitler lui-même, à la veille du déclenchement de l'opération, se montre soucieux. La Russie lui fait penser au Hollandais volant : « Le début d'une guerre, déclare-t-il, ressemble toujours à l'ouverture d'une porte dans une pièce plongée dans l'obscurité. On ne sait jamais ce qui s'y cache[4]. »

D'autres objections surgissent sur le plan général de la conduite de la guerre. L'amiral Raeder déplore le déclenchement d'une campagne qui, contrairement aux engagements du Führer, au début de l'été 1940, ne va pas permettre de faire porter l'effort de l'économie de guerre sur la marine. La priorité accordée à la conquête des pays Baltes et à la prise de Leningrad lui donne cependant satisfaction. La Baltique va devenir un lac allemand et la Kriegsmarine pourra disposer des installations de la base navale de Kronstadt.

Göring lui-même ose faire des objections. Il déplore, lui aussi, que le Führer s'engage dans une guerre sur deux fronts. Il souligne que la Luftwaffe est la seule arme qui n'ait pas connu de repos depuis septembre 1939. Toutes ces objections sont balayées. La guerre à l'Est ne constituera qu'une simple parenthèse et sera terminée en 3 ou 4 mois.

En revanche, le chef d'état-major de la Luftwaffe, le général Jeschonnek, ne cache pas sa satisfaction. L'aviation va enfin retrouver sa véritable vocation, la coopération avec les unités blindées et motorisées. Même le général Thomas, responsable des services économiques de l'armée et pourtant hostile jusque-là à toutes les initiatives stratégiques de Hitler, se montre lui aussi satisfait. La conquête des immenses espaces de l'Est permettra à l'Allemagne de disposer des produits alimentaires et des matières premières dont elle a besoin.

De même, les généraux ne semblent pas avoir éprouvé beaucoup d'états d'âme devant la guerre idéologique préconisée par Hitler. Pour le Führer, la bataille qui s'annonce devra revêtir l'aspect d'une lutte à mort entre le bolchevisme et le national-socialisme. Le vieux code de l'honneur militaire ne sera plus de mise.

Arguant du refus de l'URSS d'adhérer aux conventions de Genève, Hitler donne l'ordre de fusiller les commissaires politiques et les membres du Parti communiste. Si von Bock et Guderian semblent avoir voulu ignorer cette directive, des généraux comme Manstein ou Reichenau n'élèvent pas la moindre objection.

La première phase de la campagne semble donner raison aux optimistes. Alors que les troupes de von

Leeb, accueillies en libératrices, pénètrent profondément dans les pays Baltes, le groupe d'armées centre de von Bock met en déroute les forces soviétiques de Russie blanche. Les corps d'armée de Hoth et de Guderian, avec le soutien de l'aviation, effectuent en trois semaines de spectaculaires encerclements à Bialystock, Minsk et Smolensk occupée le 15 juillet. Plus de 300 000 prisonniers, un énorme matériel détruit ou capturé. A elle seule, la 17e Panzer met hors de combat 502 chars soviétiques.

Au cours de cette avance, la Luftwaffe joue un rôle capital, après avoir acquis en quatre jours la supériorité aérienne. Plus de 3 500 avions ont été détruits au sol ou en combat aérien. L'aviation applique à nouveau avec un plein succès les recettes des campagnes de Pologne et de France : soutien direct des troupes au sol par des groupes de stukas et attaque en profondeur sur les arrières de l'ennemi.

Dès le 3 juillet, Halder exulte. Le déroulement de la campagne obéit parfaitement aux grandes lignes du plan d'opérations. « On peut dire que la tâche de détruire le gros des forces soviétiques à l'ouest de la Dvina et du Dniepr a été, dans l'ensemble, accompli. D'après les déclarations d'un général fait prisonnier, il semble bien que les forces soviétiques à l'est de la Dvina et du Dniepr n'ont pas la cohésion suffisante pour s'opposer à l'avance des troupes allemandes. Il n'est pas exagéré de dire que la campagne de Russie a été gagnée en 15 jours. Tout n'est naturellement pas terminé. L'immensité du théâtre d'opérations, une résistance tenace qui sera poursuivie par tous les moyens exigeront encore plusieurs semaines[5]. »

C'est alors que les premières frictions se manifestent et qu'une pause de plusieurs semaines intervient à partir du 15 juillet. On a souvent tendance à justifier cette pause par un conflit stratégique entre Hitler et ses généraux, le Führer voulant accorder la priorité à Leningrad et à l'Ukraine, tandis que l'OKH et même l'OKW insistent pour une poursuite de l'offensive en direction de Moscou. Une attaque visant la capitale permettrait de détruire les dernières réserves de l'Armée rouge concentrées devant Smolensk et de s'emparer du principal centre de communications et d'armement de la Russie.

Le problème est, en réalité, plus complexe. Comme on avait déjà pu le constater en Pologne ou en France, l'infanterie, en dépit de marches forcées de 35 à 40 kilomètres par jour, a le plus grand mal à suivre les formations blindées et à réduire les troupes encerclées. Beaucoup de soldats soviétiques échappent d'ailleurs à la capture et se réfugient dans des forêts impénétrables où ils constitueront les premières bandes de partisans, qui se manifesteront à partir de l'automne. La poche de Smolensk, malgré un encerclement réalisé dès la mi-juillet, n'est liquidée qu'aux alentours du 10 août. Le comportement du combattant soviétique apparaît encore déroutant, sans commune mesure avec celui du soldat français ou britannique. Si certaines unités se rendent dès les premiers coups de fusil, d'autres se battent avec acharnement jusqu'à la mort.

L'avance allemande se heurte encore à d'énormes difficultés logistiques, sous-estimées par le haut commandement. La Russie ne dispose que d'un réseau de routes embryonnaires, non revêtues, à l'exception de quelques axes comme l'autoroute Minsk-Smolensk-Moscou. Le passage des chars et des véhicules soulève une poussière intense, désastreuse pour les moteurs. Le moindre orage transforme ces pistes en fondrières. A la suite d'une progression de plus de 650 kilomètres, des centaines de chars, des milliers de camions doivent être abandonnés, victimes d'avaries de toute sorte. Les camions français, de prise de guerre, révèlent une fragilité bien supérieure à celle de leurs homologues allemands. Dans les divisions d'infanterie, les chevaux meurent par milliers de fatigue ou de maladie.

Au cours de leur retraite, les Soviétiques se livrent à un sabotage savant des voies ferrées. Ils ne se contentent pas comme les Polonais ou les Français de faire sauter les ponts. Ils détruisent les postes d'aiguillage, les châteaux d'eau, les câbles de signalisation. Le génie éprouve encore les plus grosses difficultés à ramener les voies ferrées à l'écartement européen de 1,44 mètre.

De plus, la progression est singulièrement entravée par des difficultés de ravitaillement en essence, en vivres, en munitions. Guderian ne peut obtenir les chars et les moteurs de remplacement dont il a besoin, d'autant plus que Hitler ne veut pas retarder la formation en Allemagne de nouvelles divisions blindées. La Luftwaffe est, elle aussi, handicapée par le manque de carburant et de pièces détachées, et par le caractère sommaire des terrains établis au fur et à mesure de la progression vers l'est.

Par ailleurs, à la mi-juillet, la résistance de l'Armée rouge, en dépit de pertes énormes, se raidit sur tous les fronts. Après une traversée éclair des pays Baltes, les divisions de von Leeb se trouvent arrêtées sur le Volkov, à moins de 150 kilomètres de Leningrad, et doivent livrer de durs combats aux abords du lac Peïpous et du lac Ilmen.

Au sud, tout en atteignant les lisières de Kiev, la 6e armée de Reichenau et les Panzer de Kleist éprouvent de grosses difficultés à réduire la résistance soviétique dans la boucle du Dniepr. Il faut attendre le début août pour réaliser un premier encerclement majeur dans le secteur d'Ouman. Sans être négligeable, le butin est loin d'atteindre celui des encerclements de Russie blanche : moins de 100 000 prisonniers.

Devant Smolensk, enfin, le groupe d'armées centre se heurte à de violentes contre-attaques des forces de

Timochenko. C'est avec beaucoup de peine que Guderian réussit, après de gros efforts, à s'emparer du carrefour routier de Roslav-Yelna. Après de durs combats, 35 000 Soviétiques sont faits prisonniers. Au total, l'avance allemande n'a pas été assez rapide pour empêcher le commandement soviétique de procéder à une mobilisation générale et de constituer de nouvelles armées.

Force est de reconnaître que l'OKH et l'OKW ont grossièrement sous-estimé le potentiel de l'Armée rouge et la capacité de résistance du soldat soviétique. Le 11 août, Halder commence à déchanter : « La situation montre de plus en plus clairement que nous avons sous-estimé la puissance colossale de la Russie, une Russie qui s'est minutieusement préparée à la guerre avec toute la rigueur d'un pays totalitaire.

« Cette constatation est valable tant en ce qui concerne l'organisation que l'économie, les transports et les divisions d'infanterie. Nous en avons déjà identifié 360. Ces divisions ne sont comparables aux nôtres ni par l'armement, ni par l'équipement, et sont dans l'ensemble médiocrement commandées. Elles n'en existent pas moins, et quand on en détruit une douzaine, les Russes en remettent le même nombre sur pied[6]. » L'Armée rouge renaît sans cesse de ses cendres comme une hydre. Chaque fois que douze divisions sont détruites, douze autres assurent la relève. De nouveaux matériels inattendus font leur apparition comme les chars lourds KV1 et T34. Hitler lui-même ne dissimule pas son inquiétude devant une situation imprévue.

Le 4 août, en présence de von Bock et de Hoth, il se livre devant Guderian à une déclaration plutôt surprenante : « Si j'avais su que les chiffres de chars russes que vous avez cités dans votre ouvrage [*Achtung Panzer*] correspondaient à la réalité, je n'aurais pas – je crois – commencé cette guerre. » Le 25 août, lors de la visite de Mussolini à Rastenburg en Prusse orientale, Hitler se montre franchement pessimiste. « Pour la première fois depuis le début de la guerre, l'Abwehr n'a pas fonctionné. On ne m'a pas révélé que la Russie dispose d'une armée parfaitement équipée sous tous les rapports, formée pour la plus grande partie d'hommes fanatisés qui, malgré l'hétérogénéité des rangs, se battent avec un acharnement aveugle. Dans son ensemble, l'armée bolchevique peut être considérée comme formée de deux grandes masses : l'une prédominante, constituée par des paysans qui combattent avec une inconscience têtue, l'autre formée en majorité d'ouvriers qui croient dans le venin marxiste et luttent fanatiquement. Pour des raisons opposées, tous se battent jusqu'au dernier homme ; les premiers par ignorance barbare, les seconds entraînés par le fanatisme mystique du communisme[7]. »

En définitive, au milieu du mois d'août, une conclusion est à tirer. Une progression sur un front de plus en plus large n'est plus possible. Un axe privilégié s'impose. Le débat entre Hitler et ses généraux prend alors toute son ampleur. Tous les chefs militaires prônent une marche en direction de Moscou, une fois la remise en état des grandes unités assurée. Hoth et Guderian estiment à deux ou trois semaines le délai nécessaire.

Cette proposition se heurte à une forte opposition de Hitler. Comme le souligne Jodl, le Führer éprouve une profonde répugnance à axer son effort sur la capitale de l'URSS. Certaines prétendront par la suite que le spectre de la Grande Armée de 1812 était à l'origine de cette aversion. D'autres raisons interviennent, en réalité. Le Führer devient de plus en plus sceptique sur le rendement des grandes opérations d'encerclement. La réduction des poches exige de longs délais qui permettent à l'Armée rouge, grâce à ses énormes réserves, de reconstituer de puissants fronts défensifs. Il préfère des opérations tactiques à but plus limité ou à caractère économique.

Il tient également à s'en tenir au plan Barbarossa, à achever l'élimination des forces soviétiques sur le front nord et à s'emparer ou du moins à investir Leningrad. C'est pourquoi il donne l'ordre au corps blindé de Hoth de rejoindre le groupe d'armées de von Leeb. Ce renfort permet à celui-ci de briser la résistance soviétique sur le Volkov et de s'approcher de Leningrad où le général Joukov presse fiévreusement les travaux de défense.

A la mi-septembre, l'investissement est réalisé avec la prise de Schlusselburg. Mais, en dépit de violentes attaques de la flotte aérienne de Richthoffen, la ville résiste, d'autant plus que le groupe d'armées nord avec le retour des Panzer de Hoth sur le front centre perd de sa capacité offensive. Devant le refus des Finlandais de poursuivre leur avance au sud de Vyborg et l'interdiction de Hitler de mener des combats de rue pour la possession de la cité, von Leeb doit se contenter d'assiéger la ville.

Il espère que la famine, les bombardements d'artillerie entraîneront une capitulation. La prise à l'est de Tikhvin qui coupe la voie ferrée Leningrad-Moscou doit permettre d'obtenir ce résultat.

En dépit de ce succès partiel, Hitler ne se résout toujours pas à relancer l'offensive sur Moscou. Ses regards se portent sur l'Ukraine. Il tient, au préalable, à priver l'URSS d'une base économique essentielle. Comme il l'a déclaré devant Mussolini, il ne semble plus croire à une conclusion heureuse de Barbarossa avant l'hiver. L'effondrement de l'Union soviétique est attendue pour 1942.

Le grand débat trouve sa conclusion le 23 août. Devant les chefs de l'OKH et malgré les avertissements de Brauchitsch, Guderian, à une question du Führer, ose aborder le problème de Moscou. « Compte tenu de l'effort qu'elles ont déjà fourni, pensez-vous que vos troupes soient en mesure de fournir un nouvel effort ? » La réponse est immédiate, dénuée de toute ambiguïté : « Oui, si on leur donne un objectif d'un intérêt majeur. – Vous voulez dire Moscou ? » réplique Hitler[8].

Dès lors, la discussion s'engage. A la consternation des assistants, stupéfaits de tant d'audace, Guderian n'hésite pas à reprendre tous les arguments qui plaident en faveur d'une offensive sur le front central : Moscou est le cœur politique de l'URSS, un nœud ferroviaire capital qui commande toutes les communications de la Russie, un grand centre d'industries d'armement.

Hitler écoute avec la plus grande attention mais reste inébranlable. « Mes généraux ne comprennent rien à l'aspect économique de la guerre », tranche-t-il. Les ressources de l'Ukraine sont indispensables à la poursuite du conflit. L'occupation des rives de la mer Noire et de la Crimée garantirait la sécurité des pétroles de Roumanie. L'offensive vers le sud s'impose.

Guderian s'incline et constate une fois de plus avec amertume que personne n'a osé élever la voix, intervenir et contester une décision du Führer. A l'issue de la conférence, il demande de pouvoir conserver tous les moyens de son armée blindée dans l'offensive qui se prépare. La demande est accordée. Elle ne le sera, en réalité, que partiellement.

Par une ironie de l'Histoire, l'offensive d'Ukraine va s'identifier à la victoire la plus spectaculaire de Guderian. En quinze jours, par des chemins affreux, détrempés par des pluies d'orage, la Panzerarmee réalise une progression de 300 kilomètres. Le 16 septembre, ses éléments de pointe effectuent leur jonction à l'est de Kiev avec les avant-gardes de Kleist venues du sud à leur rencontre, et qui ont franchi le Dniepr dans le secteur de Tcherkassy.

Plusieurs armées soviétiques, victimes d'un ordre de repli beaucoup trop tardif, sont prises au piège, et des combats furieux se livrent jusqu'au 23 septembre. Au total, les Allemands capturent plus de 600 000 prisonniers, nettement plus qu'à la suite des batailles d'encerclement de Minsk et de Smolensk. Ils s'emparent également d'un énorme matériel. Le groupe d'armées de von Rundstedt progresse alors au-delà du Dniepr, en direction de Kharkov et de Rostov-sur-le-Don, tandis que l'armée de von Manstein pénètre, le 27 octobre, en Crimée, occupe la presqu'île de Kertch et met le siège devant Sébastopol.

L'ampleur de la victoire d'Ukraine, qui frappe tous les exécutants, à commencer par Guderian, justifie d'une certaine manière les conceptions de Hitler. Il aurait été singulièrement dangereux de se lancer en direction de Moscou, d'effectuer un nouveau bond de 350 kilomètres, en laissant subsister sur le flanc droit de von Bock une masse de manœuvre de près de 800 000 hommes.

Après cet éclatant succès, c'est d'un commun accord que Hitler et l'OKH décident de lancer l'offensive finale contre la capitale de l'URSS, avant l'arrivée des grands froids qui ne surviennent généralement dans cette partie de la Russie qu'au mois de janvier.

Pour l'opération *Typhon*, von Bock dispose de 44 divisions d'infanterie, de 3 corps d'armée blindés, soit 14 Panzer et 8 grandes unités motorisées. Il est vrai que nombre de divisions sont loin d'être à effectifs complets et que les Panzer affichent un déficit en chars de 50 % et davantage encore en ce qui concerne les camions. Deux flottes aériennes participent à l'offensive.

L'opération démarre le 30 septembre, par un temps splendide. Le 2e groupe blindé de Guderian revenu d'Ukraine attaque à l'extrême droite d'un front de 350 kilomètres. Par Briansk, Orel, Toula, il doit aborder Moscou par le sud. Deux jours plus tard, les deux groupements blindés de Hoth et de Hoepner passent à l'action de part et d'autre de l'autoroute Smolensk-Viazma.

Une fois encore, on retrouve le rythme de la Blitzkrieg. Les positions soviétiques, pourtant sans cesse renforcées depuis plus de deux mois, sont enfoncées. Le 8 octobre, agissant respectivement du nord et du sud, les Panzer de Hoth et de Hoepner se rejoignent à Viazma, après un bond de 150 kilomètres. Quatre armées soviétiques se trouvent prises au piège. Joukov, rappelé par Staline pour assurer la défense de Moscou, admettra plus tard qu'à ce moment-là « toutes les routes conduisant à Moscou étaient ouvertes ».

De fait, le groupement de Guderian vient lui aussi d'effectuer une manœuvre spectaculaire, encerclant deux armées soviétiques dans le secteur de Briansk. Le 9 octobre, les chars de la 4e Panzer font irruption dans Orel, provoquant un indescriptible désordre. Les tramways fonctionnent encore et des caisses contenant le matériel des usines à évacuer vers l'est encombrent les trottoirs de toutes les rues conduisant à la gare.

En l'espace d'une semaine, tout le dispositif couvrant Moscou vient de voler en éclats. Suivant une méthode devenue classique, les divisions d'infanterie entreprennent alors de réduire les poches où plusieurs centaines de milliers d'hommes sont encerclés et tentent frénétiquement de se dégager. Le nettoyage ne s'achève que le 18 octobre. Si plusieurs milliers de soldats soviétiques réussissent à se dégager, avant de former des bandes de partisans, le bilan n'en est pas moins éloquent, comparable à celui enregistré un mois plus tôt en Ukraine. Les Allemands dénombrent près de 700 000 prisonniers et capturent 1 242 engins blindés et plus de 5 400 canons. Le Dr Dietrich, le chef du service de presse du Führer, croit pouvoir annoncer que la campagne de Russie peut être considérée comme terminée.

La route de Moscou est alors ouverte. Toutefois, Joukov réagit habilement, il jette ses dernières réserves au nord et au sud de la capitale, dans le secteur de Kalinine et dans la région de Toula, tout en renforçant le secteur de Mojaïsk. Ce dispositif amène Brauchitsch à renoncer à la proposition de von Bock de lancer le groupement blindé de Hoth par la brèche qui se dessine entre la Haute-Volga et l'axe Viazma-Mojaïsk. Il opte pour un dispositif en tenaille destiné à déborder la capitale.

La manœuvre semble réussir. Au sud, Guderian, en dépit d'une violente contre-attaque de chars lourds T34 à Mtsensk, arrive aux abords de Toula. Au nord, le groupement Hoth s'empare de Kalinine et atteint la « mer de Moscou ». Au centre, les unités d'infanterie réussissent à enlever Mojaïsk et Kalouga. A la mi-octobre, les avant-gardes allemandes ne sont plus qu'à 70 kilomètres de la capitale. Encore quelques jours et les Panzer feront leur entrée dans Moscou.

C'est bien plus tard que les Allemands apprendront les effets de la prise de Kalinine et de Mojaïsk. Une véritable panique éclate à Moscou. Les services administratifs et le corps diplomatique reçoivent l'ordre de se replier sur Kuybichev. Les trains sont pris d'assaut par des foules apeurées. On assiste à des scènes de pillage. Les miliciens se terrent. On peut craindre un effondrement politique. Pourtant, le régime va se ressaisir. Staline décide de rester au Kremlin et d'assurer la défense avec Joukov. La loi martiale est proclamée, le 19 octobre, avec instauration du couvre-feu et tribunaux militaires.

Au moment où la victoire décisive est en vue, l'étreinte allemande se relâche, diminue d'intensité. Alors que le but est à portée de la main, la Wehrmacht se trouve brutalement paralysée par l'automne russe, la *raspoutitza*, la saison des mauvaises routes. Le temps jusque-là encore estival se dégrade brutalement depuis le 8 octobre. Le thermomètre ne cesse de baisser, les nuits deviennent glaciales, et des pluies diluviennes coupées d'averses de neige font déborder les rivières et transforment les routes en infâmes bourbiers.

L'armée allemande se trouve ainsi bloquée par la boue aux portes de Moscou. Les Panzer doivent arrêter leur marche. L'essence, les munitions, le ravitaillement n'arrivent plus. Des colonnes entières de camions sont engluées jusqu'aux essieux. Il faut utiliser des chars pour remorquer les véhicules à l'aide de câbles largués par avion. Il faut surtout recourir aux voitures de paysans et aux increvables petits chevaux russes.

Bayerlein devait décrire les mésaventures de son groupement blindé au nord de Mojaïsk : « Après des pluies incessantes, le terrain devint détrempé, puis commença bientôt, par intermittence, à geler. La grande route Rouza-Voronovo devint pire qu'une mauvaise route de forêt. Les chars ne pouvaient avancer qu'au ralenti dans cette purée d'argile. Les véhicules sur roues s'enlisaient. Les pionniers durent construire une chaussée avec des troncs d'arbre sur 15 kilomètres, qui ne se révéla d'ailleurs utilisable que pour les véhicules chenillés ou semi-chenillés.

« Les nuits glaciales, avec les premières gelées, mirent la troupe à la torture : on ne pouvait construire d'abris dans ce sol boueux et saturé d'eau. Les quelques maisons en bois avaient été détruites par l'ennemi et brûlées au ras du sol. Les difficultés de ravitaillement prirent des proportions inconnues jusque-là. Maintenir les moteurs à une température constante exigeait beaucoup d'essence, la fréquence des combats sous-bois se traduisait par une grosse consommation de munitions. Enfin, pendant plusieurs jours d'affilée, on ne put distribuer de repas chauds à la troupe, d'où dysenterie, troubles intestinaux. »

La Luftwaffe elle-même, tributaire de terrains primitifs, sommairement aménagés, perd de son efficacité. Le nombre de missions tombe de 1 000 à 250 par jour. Cet affaiblissement tient aussi au transfert de la 2e Luftflotte en Méditerranée.

Pendant plus de trois semaines, les divisions de von Bock se trouvent bloquées, pataugeant dans une boue glacée. Le commandement soviétique, le Parti, mettent à profit cette pause inespérée. Plus de 250 000 civils sont mobilisés pour construire des fortifications de campagne. Les grandes forêts de la région de Moscou constituent de remarquables obstacles antichars et canalisent la progression le long d'étroits couloirs faciles à barrer par des mines, des blockhaus, des canons habilement camouflés. Rassuré sur les intentions japonaises par les rapports de Sorge, n'ayant plus à redouter une attaque contre la Sibérie, Joukov peut rappeler 4 divisions et plusieurs brigades blindées de la province maritime.

Il bénéficie encore d'un arrière intact, avec de nombreux aérodromes et un réseau remarquablement dense de routes et de voies ferrées, alors que les Allemands se trouvent immobilisés dans des zones dévastées où l'ennemi a pratiqué la politique de la terre brûlée. L'aviation soviétique, inaugurant de nouveaux matériels, se manifeste avec une vigueur nouvelle et désagréable. Tous les jours, 100 à 120 trains acheminent renforts et approvisionnements pour l'Armée rouge alors que von Bock ne peut disposer que d'une vingtaine de convois au maximum.

A l'OKH ou au quartier général de Bock, une terrible angoisse commence à régner. Le spectre de la Grande Armée se dresse devant les généraux. « Beaucoup, devait dire Blumentritt, commencèrent à relire les Mémoires de Caulaincourt et son sinistre récit de la campagne de 1812. Cet ouvrage eut une profonde influence à ce moment critique de 1941. Je reverrai longtemps Kluge, pataugeant dans la boue entre sa chambre et son bureau, venant contempler les cartes, le livre de Caulaincourt à la main. » Après avoir tant insisté auprès du Führer pour attaquer Moscou, il est difficile à Brauchitsch et à Halder de s'avouer vaincus en présence du but. De toute manière, il n'est pas possible de s'arrêter sur les positions atteintes. Si l'on renonce à l'offensive, il faut se replier sur les lignes de départ du 2 octobre.

Finalement, le 12 novembre, a lieu à Orcha une conférence des chefs d'état-major des trois groupes d'armées, sous la présidence de Halder. Malgré quelques réticences, comme celle de Liebonstein qui représentait Guderian (« Nous ne sommes plus en mai et nous ne combattons plus en France »), il est décidé de reprendre l'offensive et d'encercler Moscou par l'est coûte que coûte, ne serait-ce que pour répondre « aux vues du Führer », ajoute Halder, toujours prêt à tirer son épingle du jeu. Un élément paraît d'ailleurs favorable. De jour en jour, le froid devient plus mordant. La neige ne fond plus. La boue se solidifie, les routes se recouvrent d'une solide carapace. Chars, camions recommencent à évoluer avec une relative facilité. Bock compte sur quatre semaines de froid modéré pour mener son entreprise.

L'offensive en direction de Moscou redémarre le 16 novembre sous un ciel « ni bleu, ni gris, étrangement cristallin, très lumineux, mais dépourvu de chaleur et de poésie ». Au nord, le 3e groupement blindé de Reinhardt, qui a succédé à Hoth, s'empare de Klin le 23 novembre. Deux jours plus tard, Istra est occupée et la 7e Panzer lance deux têtes de pont sur le canal Volga-Don. La branche nord de la tenaille n'est plus qu'à 45 kilomètres de Moscou. Au sud, la Panzerarmee Guderian effectue, elle aussi, un effort énorme. Faute de pouvoir enlever Toula, Guderian s'efforce de tourner la ville par l'est et cherche à atteindre les passages de l'Oka. En vertu de la pénurie de camions et de véhicules chenillés, les fantassins sont transportés sur la superstructure des chars.

A la fin novembre, une nouvelle menace sérieuse pèse sur Moscou. Mais la progression allemande est à nouveau freinée par une résistance de plus en plus acharnée et un froid intense. Le thermomètre chute de jour en jour. On enregistre tout d'abord des températures de – 20, – 25, puis de – 30 degrés. Le 23 novembre, le thermomètre tombe à – 35, accompagné d'un violent blizzard.

Par suite de l'absence de prévision des services de l'arrière, du goulet d'étranglement des transports, les troupes, à l'exception des unités de la Luftwaffe et de la Waffen SS, manquent de tenues d'hiver, d'antigel pour les véhicules, de vaseline spéciale pour les appareils d'optique. Indépendamment d'une épidémie de dysenterie, les cas de gelures se multiplient et représentent les deux tiers des évacuations.

« Il faut avoir vu, écrira Guderian, pendant cet abominable hiver, l'immensité russe ensevelie sous la neige à perte de vue et balayée par les vents glacés qui effacent tout sur leur passage ; avoir marché et conduit pendant des heures à travers ce *no man's land*, pour n'aboutir qu'à un abri médiocre, avec des hommes insuffisamment couverts et à demi affamés, et avoir aussi réalisé quel contraste il y avait entre nos soldats et les Sibériens bien nourris, chaudement vêtus et parfaitement équipés pour se battre en hiver ; il faut avoir connu tout cela pour se permettre de juger les événements[9]. »

Le 1er décembre, l'offensive est au point mort. Par un froid polaire, les armes refusent de fonctionner, l'essence synthétique gèle, l'huile se solidifie, le caoutchouc devient friable. Les moteurs s'obstinent à ne plus vouloir démarrer. Il faut couper le pain à la hache. Ce jour-là, von Bock signale à l'OKH : « Un succès stratégique apparaît fort improbable. Poursuivre l'offensive semble donc aussi insensé qu'inutile, d'autant que le moment approche où nos troupes seront complètement épuisées. »

Un ultime effort intervient les 2 et 3 décembre. Par une température sibérienne, certains éléments de Reinhardt arrivent dans les faubourgs nord de Moscou, au terminus de la ligne de trolleybus. A l'ouest, les troupes de Kluge atteignent également les lisières de la ville. Certains Allemands prétendront toujours avoir aperçu à la jumelle les coupoles du Kremlin.

Au moment où les troupes allemandes se trouvent en porte à faux, le commandement soviétique saisit admirablement l'occasion et passe à la contre-offensive. Celle-ci débute d'abord sur le sud du front. Rundstedt doit évacuer Rostov-sur-le-Don et se replier sur le Mious. Les Soviétiques réoccupent ensuite la presqu'île de Kertch et obligent Manstein à renoncer à l'assaut de Sébastopol. La contre-offensive concerne également le nord du front. Si les troupes soviétiques ne peuvent dégager Leningrad, elles reprennent Tikhvin, permettant ainsi un ravitaillement partiel de la ville.

Mais c'est sur le front centre qu'intervient l'effort principal. Le 6 décembre, à l'aube, Joukov passe à la contre-offensive sur les pointes avancées allemandes. Pour une armée exsangue, qui vient d'avoir 110 000 évacués pour gelures en quelques jours, l'effet est immédiat. Totalement surpris, Hoepner et Reinhardt doivent abandonner Klin, Kalinine, Volokolamsk. Au sud, Guderian cède à son tour. Les Soviétiques dégagent Toula, reprennent Kalouga. Ces replis s'effectuent dans les pires conditions, avec l'abandon de la quasi-totalité du matériel lourd, canons, véhicules blindés, chars, en panne d'essence ou en réparations. En six jours, les

Soviétiques s'emparent de 400 blindés et de 300 canons. Le 16 décembre, la 2e Panzerarmee de Guderian n'aligne plus que 40 chars en état de marche, au lieu de 1 500 à son entrée en Russie. Privée de tout élément blindé, la 7e Panzer de Reinhardt ne compte plus que 200 fusiliers valides.

L'armée allemande semble à la veille de la décomposition, au seuil d'un désastre comparable à celui de 1812. Le moral de la troupe s'effondre. Des débandades apparaissent. Une situation aussi désastreuse provoque à l'OKH un état voisin de la panique. Brauchitsch, mal remis d'une crise cardiaque en novembre, est littéralement brisé physiquement et moralement. Il ne quitte plus son lit et offre au Führer une démission que celui-ci refuse, « ayant d'autres choses plus importantes à s'occuper ». Au groupe d'armées centre, von Bock, malade également, ne se lève plus que trois ou quatre heures par jour.

Au moment où se lève le vent de la Bérézina, les grands chefs ne voient plus qu'une solution, la retraite, sans d'ailleurs savoir où l'arrêter. Les plus optimistes préconisent un repli sur la ligne de départ du 2 octobre. D'autres proposent les frontières orientales de la Pologne. Guderian lui-même n'échappe pas au pessimisme général.

Devant ce découragement, cette menace de décomposition, Hitler seul, il faut bien le dire, conserve la tête froide et manifeste une indomptable énergie. Passant par-dessus la tête de Brauchitsch, de Halder, de tous les commandants de groupes d'armées, il lance, le 16 décembre, son fameux *Haltbefehl* !, l'ordre de tenir sur place. « Le moindre repli d'envergure, au cœur de l'hiver, compte tenu d'une mobilité réduite, de l'insuffisance des équipements d'hiver et de l'absence de positions organisées à l'arrière, ne peut qu'entraîner les conséquences les plus graves. »

D'autres instructions suivent : « Toute retraite importante est exclue. Elle ne peut qu'entraîner la perte des armes lourdes et des équipements. Sous l'autorité personnelle des généraux et de tous les officiers, les hommes doivent combattre avec fanatisme sur leurs positions, en dépit de toute percée de l'ennemi sur les flancs ou sur les arrières. Seul, ce moyen de combattre permettra de gagner le temps nécessaire à l'arrivée des renforts qui doivent venir d'Allemagne et de l'Ouest. »

Le 19 décembre, Hitler daigne enfin accepter la démission de Brauchitsch et assumer lui-même le commandement de l'armée, tout en conservant Halder comme chef d'état-major et Keitel comme ministre de la Guerre. Le jour même, il adresse un ordre du jour à l'armée et à la Waffen SS : « Soldats, la bataille que nous livrons pour la liberté de notre peuple et sa sécurité future [...] approche désormais du point critique qui décidera de tout [...]. Je connais la guerre, j'ai vécu le conflit grandiose à l'Ouest, entre 1914 et 1918. J'ai participé à presque toutes les batailles en qualité de simple soldat, et j'ai une expérience personnelle des horreurs de la guerre. J'ai été blessé deux fois, et j'ai failli perdre la vue.

« C'est l'armée de terre qui porte le poids principal du conflit. Dans ces conditions, j'ai décidé, en ma qualité de chef suprême des forces armées de l'Allemagne, de prendre personnellement le commandement de l'armée de terre.

« Ainsi, rien de ce qui vous tourmente, vous pèse et vous accable ne m'est inconnu. Moi seul, après quatre ans de guerre, n'ai jamais douté une seconde de la résurrection de mon peuple. Armé seulement de ma volonté fanatique, moi, simple soldat allemand, ai réussi, au terme de plus de quinze ans de labeur, à unifier une fois de plus l'ensemble de la nation allemande et à l'affranchir de la sentence de mort prononcée contre elle à Versailles.

« Mes soldats, vous me croirez désormais si je vous dis que mon cœur n'appartient qu'à vous seuls, que ma volonté et mon travail sont mis résolument au service de la grandeur de mon peuple, que mon esprit et ma résolution ne poursuivent qu'un seul but : l'anéantissement de l'ennemi, autrement dit la victoire finale.

« Tout ce que je peux faire pour vous, mes soldats [...], en prenant soin de vous, comme en vous dirigeant dans le combat, je le ferai. Ce que vous pouvez faire pour moi, et ce que vous ferez, je sais que vous le ferez, dans la loyauté et l'obéissance, jusqu'à ce que le Reich et notre peuple allemand soient définitivement sauvés. »

Venu personnellement en avion à Rastenburg, le 20 décembre, Guderian, lui-même profondément découragé, tente de faire revenir le Führer sur sa décision de résistance sur place à tout prix qu'il juge désastreuse. Hitler reste inébranlable. Il interdit tout repli de la 2e Panzerarmee. Une retraite ne pourra que démoraliser la troupe, se transformer en débandade et entraîner l'abandon du matériel lourd. Il ne fait pas moins froid à 80 kilomètres en arrière du front[10]...

« Il faut vous incruster dans le sol, déclare Hitler, défendre chaque mètre carré de terrain. » « Il n'est pas possible de s'incruster dans le sol, répond Guderian, il est gelé sur 1 mètre ou 1,50 mètre de profondeur, et notre pauvre outillage de campagne ne nous permet plus de nous enterrer. » « Ouvrez une position d'entonnoirs avec des obusiers lourds de campagne, c'est ce que nous faisions dans les Flandres pendant la dernière guerre. »

Guderian réplique qu'il manque d'obusiers et de munitions et que sur un sol gelé un projectile ne produira qu'un entonnoir ridicule. Il insiste : le passage à la guerre de positions sur un terrain inadéquat ne peut entraîner que d'énormes pertes et le sacrifice inutile de « la fleur de nos corps d'officiers et de sous-officiers, et la réserve qui leur est destinée ». « Croyez-vous, réplique Hitler, que les grenadiers du grand Frédéric soient morts de bon gré ? Eux aussi voulaient vivre et pourtant le roi était fondé à leur réclamer le sacrifice de leur vie. Je considère que j'ai également le droit d'exiger de tout soldat allemand le sacrifice de sa vie. »

Guderian ne se tient pas pour battu. « L'instruction qui m'a été transmise conduira à des pertes sans aucun rapport avec les résultats concrets. Je vous demande de songer que ce n'est pas l'ennemi qui nous a causé tant de pertes sanglantes, mais l'ampleur du froid qui nous a coûté deux fois plus de pertes que le feu adverse. Celui qui a vu les hôpitaux pleins d'hommes gelés sait ce que cela signifie. »

« Je sais, répond Hitler, que vous vous êtes beaucoup dépensé et que vous avez beaucoup vécu avec la troupe. Je le reconnais. Mais vous êtes trop proche des événements. Vous vous laissez trop impressionner par les souffrances du soldat. Vous avez trop de compassion pour lui. Il vous faudrait prendre plus de recul. Croyez-moi : de loin, on voit les choses avec plus de précision. »

Favorisé à la fin décembre par une brusque remontée de la température, l'ordre de Hitler s'exécute. Les troupes constituent des « hérissons » autour des agglomérations, des kolkhozes, des villages. La résistance doit se poursuivre jusqu'au dernier homme, jusqu'à la dernière cartouche. La Luftwaffe et les formations blindées seront chargées de ravitailler et de dégager les unités encerclées. Finalement, la catastrophe est conjurée. Les troupes s'accrochent au terrain. Les replis ne dépassent pas 150 à 200 kilomètres.

Le rétablissement est favorisé par l'arrivée de renforts, même si cet acheminement s'exécute dans une improvisation confinant au désordre. Contrairement à la campagne de France, l'armée allemande est entrée en Russie, sans disposer d'une véritable réserve. C'est l'armée de l'intérieur, affectée à l'encadrement et à la formation des recrues et des réservistes, qui est chargée de l'envoi à l'Est d'une centaine de « bataillons de remplacement » dont l'instruction est généralement loin d'être terminée. A ces 250 000 hommes s'ajoutent des unités de maintien de l'ordre, sans grande formation militaire. Chacune des 23 divisions d'occupation de l'Ouest fournit encore un bataillon de renfort.

Ces unités arrivent sur le front, en ordre dispersé, souvent dépourvues d'équipement d'hiver, à la suite de marches d'approche interminables, ce qui ne va pas sans de sérieux mécomptes, comme le souligne un obscur combattant : « Sans soutien d'artillerie, sans le moindre canon antichars, notre bataillon est jeté dans la brèche. Les Russes nous attaquent avec des chars lourds et des masses d'infanterie, et nous refoulent. Nos mitrailleuses ne peuvent tirer à cause du froid et nos munitions s'épuisent. Nous sommes encerclés pendant toute la journée dans un village. Nous tentons une sortie à la tombée de la nuit, un acte insensé, qui réussit…

« Tout le front commence à céder sur une vingtaine de kilomètres. Partout, les hommes refluent en désordre. Le pistolet au poing, les officiers tentent vainement d'enrayer la panique. Nous sommes témoins de scènes que nous n'avions pas vu chez les Russes et très rarement avec des Français. Des colonnes de soldats s'enfuient vers l'arrière, alors que des casques, des masques à gaz, des équipements divers jonchent le sol…[11]. »

Le haut commandement, à la suite d'exemples retentissants, est également profondément remanié. Pour des replis parfois minimes, près de 35 généraux sont limogés. Parmi les principales victimes de cette hécatombe, on note von Bock et von Rundstedt, du moins temporairement, Hoepner et Guderian lui-même, congédié à la suite d'un rapport venimeux de von Kluge qui a succédé à von Bock. Ce limogeage sera à l'origine d'une haine mortelle entre les deux hommes, au point de déboucher sur un duel avorté en 1943.

Tout au long d'un hiver d'une extrême rigueur, le rétablissement reste cependant singulièrement fragile. Les attaques soviétiques les plus violentes concernent le Donetz et la région d'Izium, le front de Leningrad et surtout le secteur central. En février, l'Armée rouge réussit des percées profondes en direction de Smolensk. Mais les points d'appui de Rjev, de Viazma, d'Orel tiennent bon.

Des contre-attaques de Panzer anéantissent les pointes avancées soviétiques. La Luftwaffe, qui retrouve un niveau d'activité élevée avec 1 000 sorties par jour, contribue à rétablir à plusieurs reprises la situation.

Les Russes tentent également de reprendre le plateau de Valdaï, de manière à isoler le groupe d'armées nord du groupe d'armées centre. Ils réussissent à encercler une brigade à Kholm et trois corps d'armée, soit 100 000 hommes, à Demyansk. Pour la première fois dans l'Histoire, ces poches sont ravitaillées par air.

Faute d'une piste d'atterrissage, c'est par planeurs que les assiégés de Kholm reçoivent des canons antichars de 37, des vivres, des munitions et des médicaments. Un pont aérien assure, en revanche, la survie de la poche de Demyansk. Au rythme de 100 à 150 missions par jour, 275 tonnes sont acheminées en moyenne quotidiennement. 15 500 hommes arrivent en renforts, 22 000 blessés sont évacués. 265 appareils de transport sont perdus. En mai 1942, les survivants des deux poches, totalement épuisés, seront dégagés par des éléments blindés[12].

Toutes ces batailles se déroulent par des froids sibériens, au milieu de tourmentes de neige, infligeant aux combattants des souffrances abominables. Léon

Degrelle, l'ancien chef de la brigade SS « Wallonie », écrira : « Partout la bise hurlante, partout des ennemis hurlants. Les positions étaient taillées à même des blocs de glace. Les ordres étaient formels : ne pas reculer. Les souffrances étaient indicibles, indescriptibles. Les petits chevaux qui nous apportaient des œufs gelés, tout gris, et des munitions tellement froides qu'elles nous brûlaient les doigts, étoilaient la neige d'un sang qui leur tombait des naseaux, goutte à goutte. Les blessés étaient gelés aussitôt tombés… Nul ne se fût risqué à uriner dehors. Parfois, le jet lui-même était converti en une baguette jaune recourbée. Des milliers de soldats eurent les organes sexuels ou l'anus atrophiés pour toujours. Notre nez, nos oreilles étaient boursouflés comme de gros abricots, d'où un jus rougeâtre et gluant s'écoulait[13]. »

Avec l'arrivée brutale du printemps, la fonte des neiges, qui paralyse toutes les opérations, la crise est conjurée. Le désastre a été évité. Deux causes sont à l'origine de ce qui peut apparaître comme un miracle. D'abord, l'extraordinaire détermination de Hitler, qui a permis de surmonter un triple handicap, le désarroi du haut commandement, la puissance de l'Armée rouge et le spectre de la Grande Armée de 1812. Ensuite, l'esprit de sacrifice du soldat allemand qui vient de conquérir à l'Est ses titres de noblesse et qui a démontré qu'il ne le cédait en rien au combattant de la Première Guerre mondiale.

L'armée allemande a cependant été servie par les maladresses soviétiques. Si Staline a fait preuve, lui aussi, de ténacité et d'esprit offensif, il n'en a pas moins commis l'erreur de multiplier les attaques sur l'ensemble du front, de disperser ses forces et de négliger les axes d'opérations majeurs. La doctrine soviétique reste encore abominablement simpliste avec des attaques massives d'infanterie plus ou moins bien soutenues par l'artillerie et les chars.

Cette tactique, qui évoque les pires errements de 1914-1918, aboutit à de véritables hécatombes. En témoignent ces nombreuses photos montrant autour des points d'appui allemands des centaines de cadavres fauchés par le feu des armes automatiques, autour de carcasses de chars incendiés. Au feu allemand s'ajoutent le froid durement ressenti également par le combattant soviétique et les effets d'une violente épidémie de typhus à la fin de l'hiver.

Il ne faut cependant pas se leurrer. Si la Wehrmacht a surmonté la crise de l'hiver, il ne s'agit que d'une victoire défensive. Pour la première fois depuis 1939, la Blitzkrieg vient d'avouer ses limites et les Allemands se trouvent confrontés à l'Est à un adversaire de taille, sans commune mesure avec les Polonais ou les Français, et à une lutte d'issue incertaine.

Trois éléments expliquent ce mécompte. Tout d'abord, l'immensité russe associée à un hiver précoce et d'une rigueur inhabituelle, telle qu'on n'en avait pas vu depuis un siècle. Les rigueurs du froid qui succèdent à la boue ont eu des effets désastreux sur une armée opérant loin de ses bases, dans des régions mal desservies, ravagées par les combats et les destructions de l'adversaire.

L'échec tient ensuite à une extraordinaire sous-estimation de l'adversaire. C'est avec stupeur que les Allemands, tout au long de leur avance, ont pu apprécier la remarquable capacité de récupération de l'Armée rouge, disposant de réserves humaines en apparence inépuisables et d'un matériel abondant. De toute évidence, à la faveur des plans quinquennaux, l'URSS est devenue une immense fabrique d'armement.

C'est encore avec inquiétude que les Allemands ont progressivement fait connaissance avec des matériels de nouvelle génération, d'une haute efficacité, comme les chasseurs La-7 ou les avions d'assaut Stormovik et les chars lourds type KV1 et surtout T34, sans oublier les lance-roquettes « Katiouchas » baptisés « Orgues de Staline ».

Dernier élément, l'insuffisance des moyens. L'élite qui avait assuré la victoire au cours des campagnes précédentes ne s'est pas trouvée à la mesure d'un théâtre d'opérations énorme dépassant dès la fin octobre le million de kilomètres carrés. Pour pallier cette insuffisance, il a fallu, dès le lendemain de la bataille de Smolensk, déplacer les corps blindés du centre au nord puis au sud du front, avant de les regrouper sur la route de Moscou.

Les meilleures forces aériennes, comme le groupe Richthofen, ont été soumises aux mêmes déplacements. Tout en entraînant des pauses de plusieurs semaines sur des secteurs entiers, ce va-et-vient permanent à eu des conséquences funestes sur la résistance des matériels. Seules la supériorité tactique de la Wehrmacht et l'expérience acquise au cours des années précédentes ont permis de remporter les premières victoires.

Barbarossa pose, une fois de plus, un vieux problème. A la suite d'une étude attentive des campagnes de Charles XII et de Napoléon, Clausewitz en était arrivé à la conclusion qu'une victoire contre la Russie ne peut être obtenue ni par la défaite de ses armées, ni par l'occupation de ses capitales, mais par un effondrement intérieur. Cet effondrement a failli se produire à la mi-octobre 1941. Mais le régime s'est ressaisi et a pu mobiliser toutes les énergies de la population, dans le cadre de la grande guerre patriotique.

En attendant, l'*Ostheer* (l'armée de l'Est) de 1942 n'est plus celle de l'année précédente. C'est avec effarement que Halder constate, le 25 mars 1942, qu'en l'espace de huit mois, les pertes dépassent, sans compter les malades, le million d'hommes dont 32 500 officiers. Soit le tiers des effectifs à l'entrée en Russie le 22 juin 1941, plus de dix fois les pertes enregistrées pendant la campagne de France.

Sur 162 divisions, 11 seulement sont capables de missions offensives. 47 n'offrent plus qu'une capacité opérationnelle limitée. Le reste, c'est-à-dire la grande majorité des unités, n'est plus apte qu'à des missions statiques. Halder note encore la perte de plus de 3 500 chars ; 142 seulement restent en état de marche. Quant à la Luftwaffe, qui a perdu 5 000 avions sur tous les fronts en 1941, dont 60 % en Russie, ses formations d'avions de combat n'atteignent plus que 45 % à 25 % de leurs effectifs.

La Wehrmacht n'est donc plus au niveau de 1941. La césure entre l'élite et la « milice » s'est considérablement accentuée. Au prix d'un énorme effort, les Panzer, les divisions motorisées, renforcées d'unités de la Waffen SS, retrouveront dans l'ensemble leur capacité combative. Il en sera de même d'une partie des divisions d'infanterie. En revanche, les deux tiers de l'armée ne seront plus jamais à effectifs complets et souffriront en permanence d'un sous-encadrement et d'une pénurie sévère de moyens de transport.

Le gros des effectifs de l'Ostheer sera finalement cantonné dans des tâches défensives. Au cours de l'année 1942, les meilleures unités s'efforceront de retrouver la Blitzkrieg en direction de la Volga et du Caucase. On retrouvera, en revanche, sur les fronts nord et centre, des conditions que l'on croyait révolues, celles de 1914-1918, avec des tranchées, des abris, des réseaux de barbelés, complétés de champs de mines et de fossés antichars. Des organisations qui n'auront cependant pas la densité de celles de la Première Guerre mondiale, compte tenu de l'étendue du front et de la faiblesse des effectifs.

En somme, une grande partie de l'armée entre dans une ère de « démodernisation » et se trouve condamnée à vivre d'expédients, avec des réquisitions incessantes sur place de chevaux, de charrettes, de main-d'œuvre civile et même de combattants auxiliaires d'origine soviétique.

Pour Hitler, la campagne de 1941 comporte encore des effets pervers. La victoire défensive de l'hiver va l'ancrer plus que jamais dans la certitude de son génie militaire et aggraver son mépris à l'égard de généraux convaincus de manquer de caractère. Pour le Führer, l'art opérationnel, en marge d'implications tactiques mineures, se résume essentiellement dans la force d'âme du chef et l'abnégation du soldat.

Au moment où le front se stabilise enfin à l'Est, un autre rétablissement de bien moindre importance intervient en Méditerranée. Au cours de l'été, la 8e armée britannique s'est considérablement renforcée. Elle dispose de 680 chars opérationnels contre 380 pour ses adversaires et de 1 000 avions contre 320 pour les forces de l'Axe. Le 18 novembre, le général Cunningham déclenche ainsi l'opération *Crusader* destinée à dégager Tobrouk et à réoccuper la Cyrénaïque. Grâce à l'habileté tactique de Rommel, le premier assaut se solde par un échec.

Furieux, Churchill remplace Cunningham par Ritchie et la 8e armée repart à l'attaque, avec succès cette fois-ci. Devant une menace d'encerclement, Rommel doit se replier sur sa ligne de départ et il atteint El Agheila le 30 décembre. Ce repli tient en grande partie à des difficultés de ravitaillement liées aux attaques des forces aéronavales de Malte contre ses lignes de communications.

L'OKW redoute alors que Rommel ne soit rejeté en Tunisie. Cette inquiétude est à l'origine des dernières conversations militaires franco-allemandes à Berlin, entre Göring et le général Juin. Darlan accepte alors le principe d'une éventuelle coopération militaire avec Rommel dans le Sud tunisien. Il accepte encore que la flotte de Toulon participe à la protection de convois de l'Axe à destination de Bizerte.

Ces contacts restent sans lendemain. Dès le 21 janvier 1942, Rommel reprend l'offensive et refoule la 8e armée jusqu'à Aïn Gazala, à 80 kilomètres de Tobrouk. Ce retour offensif tient essentiellement au rétablissement de ses lignes de communications avec l'Italie, grâce à l'arrivée de renforts maritimes et aériens.

En dépit des observations de Dönitz, qui tient à concentrer tous les U-boote dans l'Atlantique Nord, Raeder accepte de transférer une vingtaine de sous-marins en Méditerranée. Ce transfert se traduit aussitôt par d'importants résultats. Le 13 novembre 1941, l'U-81 torpille le porte-avions *Ark Royal*. Le bâtiment coule le lendemain en vue de Gibraltar Le 25, l'U-331 envoie par le fond le cuirassé *Barham* devant Sollum.

Ces deux destructions constituent le point de départ d'une incroyable série noire pour la Mediterranean Fleet. Le 18 décembre, la Force K, qui opère depuis Malte, tombe sur un champ de mines mouillé par les Italiens, au large de la Tripolitaine. Le croiseur *Neptune* et un destroyer sont coulés, deux autres croiseurs gravement endommagés. Le même jour, trois engins d'assaut italiens, à la faveur d'un exploit remarquable, pénètrent en rade d'Alexandrie et déposent des charges explosives sous les cuirassés *Queen Elizabeth* et *Valiant*, ainsi qu'un pétrolier. Même si les trois bâtiments coulent en eaux peu profondes, ils sont mis hors de combat pour plusieurs mois et la Mediterranean Fleet se trouve privée de porte-avions et de navires de ligne.

Simultanément, le transfert en Méditerranée depuis le front de l'Est de la 2e flotte aérienne de Kesselring, promu commandant de théâtre, permet à l'Axe d'acquérir la supériorité aérienne. Dès lors, les appareils de la Luftwaffe entreprennent une offensive d'une extrême violence contre Malte, tout en interdisant le ravitaillement de l'île.

C'est ainsi qu'au cours de la seconde bataille du golfe de Syrte, le 23 mars 1942, la 2e Luftflotte compense l'incapacité de la marine italienne à refouler un convoi venu d'Alexandrie. Les stukas envoient par le fond deux cargos avant qu'ils n'atteignent Malte. Deux autres sont détruits dans le port. Sur 26 000 tonnes venues d'Egypte, 5 000 seulement sont déchargées. En avril, les raids contre Malte atteignent leur maximum d'intensité. Trois destroyers, trois sous-marins et plusieurs autres bâtiments sont coulés. Le port devient inutilisable pour la Royal Navy.

La Wehrmacht vient de remporter une nouvelle victoire en Méditerranée, mais au prix de prélèvements inquiétants au détriment des autres théâtres d'opérations. L'envoi de sous-marins à l'est de Gibraltar affaiblit le dispositif de la Kriegsmarine dans l'Atlantique. Quant au transfert de la 2e Luftflotte, il s'effectue au détriment du front centre, en pleine bataille de Moscou. De toute évidence, la Wehrmacht se trouve à l'extrême limite de ses ressources et manque de réserves stratégiques.

Quoi qu'il en soit, le rétablissement allemand en Russie et en Afrique du Nord survient à un moment critique de la guerre, celui où le conflit devient mondial avec l'attaque japonaise de Pearl Harbor et la déclaration de guerre de l'Allemagne aux Etats-Unis.

Cette initiative ne semble cependant pas s'imposer. Lors de son discours du 8 décembre devant le congrès, Roosevelt, tout en dénonçant le « jour d'infamie », se montre évasif vis-à-vis de l'Allemagne. Par crainte de rompre l'unanimité nationale, le Président se refuse à déclencher un conflit avec les puissances de l'Axe.

En dépit des assurances données par Ribbentrop aux Japonais, Hitler se donne quarante-huit heures de réflexion. Plusieurs éléments l'incitent finalement à déclarer la guerre, le 11 décembre, aux Etats-Unis. La révélation du *Victory Program*, tenu secret jusque-là, par le *Chicago Daily Tribune*, le 5 décembre, à l'initiative du groupe isolationniste du Sénat, qui dénonce le bellicisme de Roosevelt, démontre que les Etats-Unis se préparent à une guerre totale contre l'Allemagne.

Le second élément est l'insistance de Raeder à déclencher un conflit avec les Etats-Unis, dans le cadre d'une guerre maritime vigoureuse contre les Anglo-Américains, en liaison avec le Japon. Le grand amiral souligne que « tous les calculs des plans de guerre avec les Etats-Unis tels que les a publiés le *Chicago Tribune* sont maintenant réduits à zéro du fait des derniers développements. Une guerre dans le Pacifique, deux ou trois ans avant la réalisation d'une marine des deux océans, à une époque où l'armée n'est pas encore parfaitement équipée et où la gigantesque machine à faire des armements n'a pas encore pris son essor, doit être malvenue pour le gouvernement américain[14] ». Avec une déclaration de guerre à Washington, les U-boote pourront donner toute leur mesure dans l'Atlantique, sans être bridés par la zone de neutralité et des procédures aléatoires d'identification.

De toute manière, un conflit avec l'Amérique est inévitable. L'occasion apparaît extrêmement favorable, d'autant plus que le 11 décembre Hitler n'a pas encore pris la mesure de la contre-offensive soviétique déclenchée le 6. Cette réaction peut être interprétée comme un ultime soubresaut. Il n'en reste pas moins que le Reich se trouve confronté à un conflit prématuré avec les puissances maritimes, sans avoir acquis la base continentale lui permettant d'axer son effort sur mer et dans les airs.

8

Aux portes de l'Asie

Pour la Wehrmacht, l'année 1942 apparaît quelque peu paradoxale. En dépit de la mise en place d'une formidable coalition, qui associe à la Grande-Bretagne les Etats-Unis et l'Union soviétique, les armées du Reich remportent encore des succès impressionnants qui vont les amener aux abords d'Alexandrie, de la Volga et du Caucase. Les forces allemandes continuent à afficher une incomparable supériorité tactique.

Pour commencer, la bataille de l'Atlantique connaît son apogée. Conformément aux prévisions de Raeder et de Dönitz, l'entrée en guerre des Etats-Unis, avec la disparition des contraintes de la zone de neutralité, permet aux U-boote d'opérer sur toute la surface de l'Océan, de solliciter à l'extrême les forces de protection alliées et de remporter leurs plus grandes victoires depuis le début de la guerre.

Dès le mois de janvier 1942, la Kriegsmarine, avec une dizaine de sous-marins type IXC à grand rayon d'action, déclenche sur la côte est de l'Amérique du Nord l'opération *Paukenschlag* (Coup de cymbale). Dans ce secteur, les U-boote rencontrent des conditions idéales. La navigation s'effectue suivant les normes du temps de paix. En dépit des enseignements britanniques, l'US Navy, à court de destroyers il est vrai, répugne à adopter le système des convois et recourt aux routes patrouillées dont l'inefficacité se révèle, une fois de plus, à peu près totale. En quatre mois, de la Floride à la Nouvelle-Angleterre, les sous-marins envoient par le fond près de 2 millions de tonnes de pétroliers et perturbent gravement le démarrage déjà laborieux de l'économie de guerre des Etats-Unis.

Les sous-marins opèrent également avec succès dans la mer des Antilles, au large des ports pétroliers du Venezuela. La mise en place d'un système de convois cohérent au début de l'été met fin à cette période faste et conduit Dönitz à modifier l'emploi de ses forces. La lutte se cristallise sur la route de l'Atlantique Nord, dans le secteur non couvert par l'aviation alliée. Soumis à des attaques de meutes de 20 ou 30 bâtiments, les convois subissent des pertes sévères.

Ainsi, pour la navigation alliée, l'année 1942 apparaît marquée d'une pierre noire. Plus de 6 millions de tonnes de navires de commerce ont été envoyées par le fond, soit un total supérieur à celui enregistré depuis le début de la guerre. La bataille des communications ne se limite d'ailleurs pas à l'Atlantique Nord. Elle concerne le sud de l'Océan, les abords du Cap et même l'océan Indien, où opèrent des raiders et de grands sous-marins.

La lutte s'étend également à l'Arctique. Avec la mise en place de convois à destination de Mourmansk pour le ravitaillement de l'URSS, la Wehrmacht installe dans le nord de la Norvège un dispositif conforme aux idées de l'amiral Raeder. Ce dispositif associe de grands navires de surface, *Tirpitz, Scharnhorst, Lutzow*, à des formations aériennes et à des sous-marins.

A la fin mai, les Allemands remportent leur premier grand succès, favorisé par la journée polaire. Quatre jours après son appareillage d'Islande, le convoi PQ 16 est repéré le 25 mai, avant d'être soumis pendant trois jours à des attaques d'avions et d'U-boote. Sur 35 cargos, 8 sont coulés et plusieurs gravement endommagés.

Une victoire encore plus retentissante concerne le convoi suivant, le PQ 17. Les Allemands sont servis par la chance. Une sortie avortée du *Tirpitz* provoque une décision de l'Amirauté britannique, qui fera l'objet d'interminables controverses. Elle donne l'ordre aux forces de couverture de se replier à grande vitesse vers l'ouest et de disperser le convoi. Les avions et les U-boote se livrent alors à un massacre de bâtiments de charge naviguant isolément. 23 cargos sur 36 sont envoyés par le fond.

En dépit des protestations soviétiques, ce désastre incite l'Amirauté à suspendre les convois de Mourmansk jusqu'à l'automne. Malgré une protection imposante, les Allemands infligent encore en septembre des pertes sévères au PQ 18. 13 navires de commerce sur 41 sont coulés.

Si l'année 1942 confirme l'efficacité des U-boote et de la Luftwaffe, elle se révèle décevante pour les grands navires de surface, même si elle débute par une opération parfaitement réussie. En janvier 1942, Raeder décide de regrouper les forces de surface de la marine en mer du Nord. L'opération concerne les deux croiseurs de bataille *Scharnhorst* et *Gneisenau* et le croiseur lourd *Prinz Eugen* basés à Brest où ils sont soumis à des attaques de plus en plus fréquentes de l'aviation britannique.

Sous les ordres de l'amiral Ciliax, l'opération *Cerberus* débute le 11 février dans la soirée. Le retour s'effectue par la Manche, en étroite liaison avec la Luftwaffe qui met en jeu 250 chasseurs. Simultanément, les Allemands entreprennent d'aveugler les radars de la côte sud de l'Angleterre. L'affaire se solde par un succès qui dépasse toutes les espérances. Le *Scharnhorst*, le *Gneisenau* et le *Prinz Eugen* ne sont repérés que le 12 à midi à hauteur de Douvres. Avec l'appui de la couverture aérienne, ils repoussent des attaques d'avions-torpilleurs, de destroyers et de vedettes, et pénètrent en mer du Nord à la tombée de la nuit.

Le franchissement de la Manche en plein jour provoque en Grande-Bretagne une émotion considérable. Il ne s'agit cependant que d'un demi-succès. Au large des îles frisonnes, les deux croiseurs de bataille sont endommagés par des mines magnétiques. Le *Scharnhorst* va connaître une immobilisation de plusieurs mois et le *Gneisenau*, entré en grande refonte avec modification complète de son artillerie principale, restera finalement immobilisé jusqu'à la fin de la guerre. Raeder doit encore renoncer à achever la construction du porte-avions *Graf Zeppelin* et à disposer ainsi d'un Task-group sur le modèle anglo-saxon.

Par ailleurs, le regroupement du *Tirpitz* et de plusieurs grosses unités en Norvège septentrionale, en dehors de la portée de l'aviation britannique, n'apporte pas les résultats espérés. La concentration à Scapa Flow du gros des moyens de la Home Fleet renforcée par un cuirassé et un croiseur lourd américains inhibe le commandement allemand qui ne peut se résoudre à lancer contre les convois de Mourmansk une attaque de ses grands bâtiments.

Pour clore le tout, l'année 1942 se termine par une humiliation pour la Kriegsmarine. Le 31 décembre, *l'Admiral Scheer* et le *Hipper*, en dépit de leur supériorité, se laissent manœuvrer et intimider par deux croiseurs légers britanniques. Ils ne peuvent se résoudre à passer à l'attaque d'un convoi et se replient après avoir subi des avaries. Cet engagement de la mer de Barentz aura des conséquences sérieuses pour le devenir de la marine allemande.

L'année 1942 se place également sous d'heureux auspices en Méditerranée après le rétablissement de l'hiver, avec le transfert de sous-marins, de vedettes et de la 2e flotte aérienne de Kesselring. Assuré d'une maîtrise de la mer et d'une supériorité aérienne au moins temporaires avec la neutralisation de Malte, l'OKW et Kesselring, avec l'approbation du haut commandement italien, mettent au point un plan d'opérations nettement plus ambitieux que celui de l'année précédente.

Les forces terrestres germano-italiennes déclencheront d'abord une offensive destinée à s'emparer de Tobrouk et à rejeter la 8e armée britannique en direction de la frontière égyptienne. Interviendra alors l'opération *Hercules* qui doit entraîner la chute de Malte. Celle-ci se manifestera par une attaque aéroportée italo-allemande, sous les ordres de Student, le vainqueur de la Crète, en liaison avec un débarquement. Une fois levée l'hypothèque pesant sur ses communications, Rommel repartira à l'offensive en direction du Caire et du canal de Suez.

Le premier acte réussit au-delà de toute espérance. Devançant une opération britannique, Rommel, avec 560 chars dont 240 italiens, se lance le 20 mai à l'assaut des positions britanniques sur un front de 60 kilomètres entre Aïn Gazala et Bir Hakeim. Au nord et au centre, les Italiens effectuent une attaque de diversion pour fixer le maximum de forces adverses. Simultanément, à l'extrémité sud du front, le 20e corps italien tente d'enlever Bir Hakeim tenu par la 1re brigade des Forces françaises libres de König.

En dépit d'un fort soutien aérien, le 20e corps se heurte à une résistance inattendue, à laquelle Rommel rendra hommage. Cette résistance entrave le mouvement de débordement des blindés de l'Afrikakorps devenu Panzerarmee Afrika, et Rommel doit livrer une bataille confuse à front renversé, au cœur du dispositif de la 8e armée. L'évacuation de Bir Hakeim dans la nuit du 11 au 12 juin lui permet de sortir du « chaudron » où il s'est trouvé enfermé et de prendre la 8e armée à revers.

Le 14, Auchinleck décide de se replier en direction de la frontière égyptienne, tout en laissant, comme l'année précédente, une forte garnison à Tobrouk pour menacer les arrières des forces de l'Axe et entraver leur ravitaillement par mer. Le calcul fait long feu. Avec un brio incomparable et le soutien massif de la Luftwaffe, Rommel improvise une attaque contre Tobrouk qui tombe le 21 juin. Il capture 33 000 prisonniers, s'empare d'un important matériel et surtout de 10 000 m^3 d'essence. Le 23, il atteint la frontière égyptienne.

Rommel est alors au pinacle. Il apparaît comme l'archétype du soldat du IIIe Reich. Hitler l'élève à la dignité de maréchal. Sa réputation est immense aussi bien en Allemagne où elle provoque même de l'exaspération parmi les grands chefs qui finissent par surnommer le commandant de l'Afrikakorps le « Hummel », le bourdon, que parmi les Britanniques. A telle enseigne que le général Auchinleck rédige une mise en garde à l'égard de ses grands subordonnés, qui ne manque pas de piquant : « Le fait que notre ami Rommel soit devenu pour nos troupes une sorte de magicien ou de croque-mitaine présente un danger sérieux. Elles parlent beaucoup trop de lui. Bien qu'il soit incontestablement très énergique et capable, ce n'est nullement un surhomme. Même s'il était un surhomme, il serait extrêmement regrettable que nos troupes lui attribuent des pouvoirs surnaturels.

« Je désire que vous contribuiez, par tous les moyens en votre pouvoir, à bannir l'idée que Rommel représente plus que n'importe quel général allemand. Il est particulièrement important que nous ne parlions jamais de Rommel lorsque nous évoquons notre ennemi de Libye. Nous devons nous référer "aux Allemands, aux Puissances de l'Axe, à l'ennemi" et cesser de nous hypnotiser sur Rommel. Veillez, je vous prie, à ce que cet ordre soit immédiatement exécuté à tous les échelons. Tous les chefs doivent comprendre qu'il s'agit, ici, d'un point de vue psychologique de la plus haute importance[1]. »

Pour justifier leurs défaites, les Anglais seront tentés d'invoquer plusieurs arguments. L'Afrikakorps serait composé de volontaires, d'éléments triés sur le volet, farouchement nazis. Il n'en est rien. Les quatre divisions qui composent la Panzerarmee Afrika à son apogée, la 15e Panzer, la 5e légère devenue la 21e Panzer, la 90e Panzer-grenadier et la 161e DI, présentent un recrutement absolument normal, tout à fait comparable à celui des autres grandes unités d'élite de l'armée.

Ces hommes affichent les qualités traditionnelles du soldat allemand, la cohésion, l'ardeur combative, le sens du terrain, l'initiative, la parfaite connaissance des armes. Contrairement encore aux assertions britanniques, la 8e armée n'a pas le monopole de l'hétérogénéité avec des contingents venus de Grande-Bretagne ou des pays du Commonwealth. La moitié au moins des troupes placées sous le commandement de fait de Rommel sont composées d'unités italiennes, pas toujours motivées, le plus souvent médiocrement commandées et très mal équipées.

Jusqu'à l'automne de 1942, la grande supériorité de la Panzerarmee tient à la qualité de ses blindés qui surclassent en artillerie les engins britanniques tributaires de médiocres pièces de 40 m/m, à l'excellente liaison entre les chars et l'infanterie, que l'on ne retrouve pas dans le camp adverse, et à l'efficacité de l'appui tactique apporté par la Luftwaffe qui offre là encore une nette supériorité sur la RAF. L'Afrikakorps bénéficie encore d'officiers généraux de haute valeur, comme son chef d'état-major Bayerlein ou d'hommes comme Eisebeck ou

Ravenstein. Il dispose enfin d'un excellent service de transmissions et de décryptement.

Il n'en reste pas moins que les succès de l'Axe en Afrique tiennent pour la plus grande part à la personnalité exceptionnelle de Rommel. Comme il l'avait déjà démontré en France en 1940, le chef de la Panzerarmee Afrika apparaît comme un virtuose de la guerre de mouvement, sur un terrain qui s'y prête admirablement. La progression des blindés et des unités motorisées ne se heurte pas à des coupures d'eau ou à des barrages de végétation.

Rommel est encore le maître absolu de ses forces. Il n'a pas à lier ses opérations avec celles des armées voisines. Son flanc gauche protégé par la mer, il peut effectuer des manœuvres de débordement et exploiter ce sixième sens qui en fait un des maîtres de la guerre moderne.

A bord d'une Volkswagen ou de sa voiture de commandement Mammuth, capturée aux Anglais, en contact avec son état-major par radio, au moyen de codes simples, il sillonne sans cesse le champ de bataille et se trouve le plus souvent à la pointe du combat. Méthode en contradiction totale avec celle des généraux britanniques restés fidèles aux postes de commandement fixes, éloignés du front.

Rommel affiche cependant une indiscutable lacune. En dépit des remontrances de l'OKW, il se refuse à tenir compte des contraintes logistiques, des difficultés d'approvisionnement par mer ou par air. Ces contraintes ne sont pas de son ressort, estime-t-il, et l'amènent à nourrir un mépris à peine dissimulé à l'égard des « officiers de bureau », de l'OKW, comme Keitel et Jodl.

Cette lacune se manifeste au lendemain de la chute de Tobrouk. C'est ainsi que le 26 juin, à Sidi Barrani, Rommel rejette les objections de Kesselring et insiste pour talonner la 8e armée en retraite, en achever la déconfiture et marcher sur Le Caire. Il réclame l'abandon de l'opération Hercules.

Rommel bénéficie alors du soutien de Mussolini et surtout de Hitler qui s'est toujours montré sceptique sur le concours italien. Le Führer déclare ainsi à Student, le commandant des troupes aéroportées : « Eh bien, moi, je vous garantis la suite. L'escadre de Gibraltar accourera aussitôt et celle d'Alexandrie en fera autant. A la première nouvelle de l'arrivée des Anglais par radio, ils [les Italiens] fileront se mettre à l'abri en Sicile avec les navires de guerre et leurs cargos, et vous resterez en plan sur l'île avec vos paras ! »

Bénéficiant du feu vert de l'OKW, Rommel s'élance vers l'est à un train d'enfer. Le 29 juin, il est à Marsah Matruh, le 1er juillet devant El Alamein, à une centaine de kilomètres d'Alexandrie où Auchinleck a regroupé ses forces. Mais, après une poursuite échevelée de 750 kilomètres, Rommel ne dispose plus que de 40 chars, de 6 000 hommes et d'un appui aérien réduit, avec l'éloignement des terrains de la Luftwaffe.

Son arrivée aux abords du delta du Nil n'en provoque pas moins une émotion considérable en Egypte. La Mediterranean Fleet évacue Alexandrie pour se replier en mer Rouge. Les quartiers généraux du Caire brûlent leurs archives. Le « mercredi des cendres » est cependant de courte durée. A proximité de leurs arrières, les Anglais s'accrochent à la position d'El Alamein, protégés sur leur gauche par la dépression d'El Qantara. Montgomery prend le commandement de la 8e armée. Rommel n'en reste pas moins optimiste. Dès qu'il aura réglé ses problèmes logistiques, il compte reprendre l'offensive et atteindre Le Caire dans les six jours.

Au cours de l'été 1942, c'est essentiellement le front de l'Est qui retient l'attention. L'armée allemande y concentre le gros de ses forces avec 179 divisions et les deux tiers de la Luftwaffe. L'engagement en Russie est sans commune mesure avec celui de l'Afrique du Nord.

Dès la crise de l'hiver surmontée, Hitler et l'OKH jettent les grandes lignes de la campagne de 1942. Halder et la plupart de ses collègues souhaiteraient observer une attitude défensive, riposter aux initiatives soviétiques, tout en procédant à une réorganisation en profondeur de l'armée fortement ébranlée par les batailles de 1941. Cette perspective est écartée par Hitler. L'Allemagne ne peut attendre. Elle doit définitivement mettre hors de combat l'Union soviétique en 1942, avant que les Anglo-Américains ne soient en mesure d'exercer une action directe contre le continent européen, qui a toute chance de se produire en 1943.

Le Führer et l'OKH, en revanche, sont décidés à écarter toute reprise de l'offensive en direction de Moscou, de sinistre mémoire, où l'Armée rouge se livre, d'ailleurs, à d'importantes concentrations. Le point d'application des opérations concernera le sud du front. En dépit d'un effort frénétique de réorganisation, l'armée allemande de 1942 est loin d'avoir surmonté l'épreuve de l'hiver. Malgré l'appel d'une classe par anticipation, la crise des effectifs est à peine conjurée. Sur 179 divisions, le tiers seulement a retrouvé une capacité offensive, encore que bien souvent les divisions d'infanterie ne comportent plus que 7 bataillons au lieu de 9. Le déficit est de l'ordre de 300 000 hommes. Aussi, pendant toute la campagne de l'été et de l'automne 1942, le commandement allemand sera-t-il obligé de faire un appel croissant aux contingents des pays satellites, Italie, Roumanie, Hongrie, Slovaquie et même Croatie, dont la participation passera de 26 à 37 grandes unités d'une valeur souvent plus que douteuse.

Le fer de lance de l'armée allemande de 1942 reste cependant constitué par les grandes formations blindées. La Panzerdivision se conforme alors au modèle de l'année précédente avec deux ou trois bataillons de chars de 50 engins chacun, parfois un bataillon de canons d'assaut, deux régiments d'infanterie motorisés utilisant en proportion croissante des véhicules tout-terrain et des éléments antichars, antiaériens et de génie. A effectifs complets, la Panzer aligne 150 chars, 40 canons d'assaut et comporte un total de 17 000 hommes.

Compte tenu de la crise de matériel et d'effectifs que traverse alors l'armée allemande, le nombre de divisions blindées engagées à l'est, 19 sur un total de 27, reste comparable à celui du 22 juin 1941, jour du déclenchement de l'opération Barbarossa, soit un ensemble de 3 300 chars. Cette stagnation apparente dissimule, en réalité, une amélioration qualitative d'importance.

De fait, au cours de la campagne de Russie de 1941, les Allemands se sont heurtés à deux surprises de taille. Tout d'abord, le nombre considérable de blindés utilisés par les Soviétiques, près de 20 000 au total, qui ont permis à l'Armée rouge, en dépit de pertes écrasantes, de renaître constamment de ses cendres après les grandes batailles d'anéantissement. Force est cependant de reconnaître que ces chars souvent anciens ne soutiennent pas la comparaison avec les matériels allemands et que les équipages soviétiques encore novices ne bénéficient pas de l'incomparable maîtrise des hommes des Panzer.

Toutefois, et c'est là que se manifeste la seconde surprise, l'Armée rouge dispose, en quantités croissantes, de deux remarquables chars, le KV1 de 56 tonnes armé d'une pièce de 76, lourd et peu manœuvrant il est vrai, et surtout le T34 qui va se révéler un des meilleurs engins blindés de la Seconde Guerre mondiale. D'un poids total de 30 tonnes, remarquablement protégé et profilé, le T34 apparaît comme un char rapide, manœuvrant grâce à la largeur de ses chenilles qui lui permettent d'évoluer en terrain boueux, et bien armé grâce à un canon de 76 à grande vitesse initiale. Il offre encore l'avantage d'être propulsé par un moteur Diesel qui limite les risques d'incendie en cas d'impact.

C'est lors des préludes de la bataille de Moscou que les Panzer se heurtent pour la première fois à d'importantes formations de T34. Le choc est sévère, les pertes allemandes particulièrement lourdes. Il faut bien alors constater que le char soviétique surclasse nettement les Mark III et Mark IV qui constituent l'ossature des divisions blindées et que les unités d'infanterie dotées du canon antichar de 37 se trouvent pratiquement impuissantes devant le T34.

Une commission technique arrive alors d'urgence d'Allemagne et se livre à l'examen de chars soviétiques capturés. Elle entreprend aussitôt l'étude de nouveaux modèles de blindés susceptibles de tenir tête et même de surclasser le T34. Ces études déboucheront sur deux modèles de chars. Le premier concernera le fameux Tigre ou Mark VI, un monstre d'un poids total de 56 tonnes, remarquablement protégé, à l'épreuve des pièces soviétiques et armé de l'excellent canon de 88 qui perce 100 m/m de blindage incliné à 1 000 mètres. Le Tigre fera son apparition en novembre 1942 en Tunisie et sur le front de l'Est. Cet engin lent, peu manœuvrant, disposant d'un faible rayon d'action, ne sera jamais intégré dans le cadre des divisions blindées. Les Tigre constitueront des bataillons de réserve générale engagés dans les phases difficiles de la bataille.

C'est en définitive le char Panther qui va constituer l'ossature des Panzer et répondre au défi du T34. D'un poids de 30 tonnes, rapide, parfaitement profilé et protégé, le Panther va constituer une remarquable réussite, d'autant plus qu'il est armé d'une pièce de 75 à très longue volée et grande vitesse initiale surclassant les modèles en usage chez tous les belligérants. Toutefois, par suite de maladies de jeunesse et de difficultés de fabrication, le Panther n'entrera effectivement en service qu'à partir de l'été de 1943.

Avec l'apparition relativement tardive de ces nouveaux blindés, la *Panzerwaffe* se voit contrainte de procéder, en attente, à la refonte de ses modèles existants. Le Mark III de 20 tonnes, qui avait déjà abandonné son canon de 37 jugé trop faible pendant la campagne de France pour un 50 court, reçoit un excellent 50 long à grande vitesse initiale qui va lui permettre de faire bonne figure devant le T34, jusqu'à ce que sa fabrication soit arrêtée en septembre 1942. Le Mark III reçoit également des plaques de blindage frontales supplémentaires. Quant au Mark IV, il bénéficie, lui aussi, d'un supplément de protection et troque son 75 court contre un 75 long en attendant de recevoir le 75 du Panther. Grâce à cette cure de rajeunissement, le Mark IV sera le seul blindé en service en 1939 à traverser toute la guerre et à garder encore une tenue honorable en 1944-1945.

Simultanément, les Panzerdivision reçoivent en nombre croissant des automoteurs ou canons d'assaut, construits à partir d'un châssis de char léger ou moyen et dotés d'une pièce de 75 ou de 76 à grande vitesse initiale. Fabriqués en très grande série à partir de 1942, ces matériels constitueront l'armement de base des divisions motorisées rebaptisées *Panzergrenadier* et des grandes unités de la Waffen SS. On les trouvera également à titre de formations antichars dans les divisions d'infanterie. Au début de 1942, la refonte des divisions blindées s'accompagne encore de la généralisation de véhicules blindés tout-terrain armés de mitrailleuses lourdes ou de pièces de 20. Destinés à l'infanterie portée, ces véhicules permettront souvent aux fantassins de réduire les îlots de résistance laissés par les chars sans avoir à mettre pied à terre.

Au cours de la grande offensive de l'été, les divisions blindées agiront dans le cadre de corps d'armée et surtout d'armées blindées, associant plusieurs Panzer, des divisions motorisées et même de grandes unités d'infanterie rendues nécessaires par la résistance acharnée du soldat soviétique s'accrochant au moindre village et au moindre accident de terrain. Entre Donetz et Don, dans le Kouban et aux approches du Caucase, ces armées évolueront dans l'immense steppe sous la forme du *Motpulk*, le « poing motorisé », prenant la forme d'un énorme carré mobile susceptible d'agir dans toutes les directions. Jusqu'à la Volga et au Terek, le Motpulk balaiera les brigades de chars soviétiques et affichera une incomparable maîtrise. Suivant les règles en usage depuis septembre 1939, les Panzer évolueront en liaison étroite avec les avions de combat de la 4e flotte aérienne qui jouera le rôle d'artillerie volante[2].

Il ne faut pas s'y tromper cependant. Cette remise en condition du fer de lance de l'armée s'effectue au détriment de la majorité des grandes unités engagées à l'Est. Une centaine d'entre elles, rappelons-le, se trouvent totalement privées de matériel de transport. Sous-encadrées et sous-équipées, elles sont condamnées de Leningrad à l'Ukraine à un rôle purement statique. Quant à la Luftwaffe, grâce à un remarquable effort de rééquipement, elle se trouve en mesure d'aligner à l'Est 2 500 avions de combat dont 1 700 pour la partie méridionale du front, soit un niveau comparable à celui de juin 1941.

Face à une puissance militaire allemande aux prises avec une crise d'effectifs, mais en perpétuelle mutation technique et tactique, l'Armée rouge offre un visage totalement différent. Grâce à l'abondance du réservoir démographique de l'URSS, les hommes ne manquent pas. En dépit de terribles pertes, les effectifs des armées soviétiques dépasseront à la fin de 1942 les 6 millions d'hommes, représentant largement le double des formations allemandes et satellites.

Avec l'implantation de grandes usines d'armement dans l'Oural et en Sibérie occidentale et les transferts vers l'est des installations de la Russie d'Europe, le matériel ou plutôt certains matériels sont abondants et l'Armée rouge, dès l'automne 1942, recevra en grandes quantités des armes portatives, des chars, des canons et des avions, indépendamment des livraisons massives des Anglo-Américains.

De sérieuses faiblesses se manifesteront cependant, notamment au cours de l'été. Pour l'emploi des chars, les Soviétiques restent fidèles aux brigades blindées disposant d'une cinquantaine de KV1 ou de T34 agissant de manière autonome et dépourvues d'armement antichar, antiaérien et de formations de génie. Une des grandes lacunes concerne l'insuffisance de la motorisation. Le transport des fantassins indispensables pour réduire les résistances négligées par les chars s'effectue par de simples camions et par des pis-aller, comme l'installation de grappes de combattants sur les superstructures des chars.

La tactique reste encore singulièrement maladroite. Agissant sans liaison entre elles et en indépendance à l'égard des divisions d'infanterie, les brigades blindées enregistreront de sérieux mécomptes lors de l'offensive de Kharkov ou entre Donetz et Don, d'autant plus qu'elles offrent le fâcheux défaut de ne pas assurer la sécurité de leurs flancs. Ces mécomptes s'expliquent aussi par la faiblesse des reconnaissances aériennes liée à la supériorité de la Luftwaffe.

Au total, la directive de Hitler, n° 41 du 5 avril 1942, dans le cadre du plan Bleu, prévoit que les groupes d'armées du front sud effectueront une manœuvre d'encerclement dans la grande boucle du Don. Partant de Koursk et de Kharkov, l'aile nord, avec la 1re Panzerarmee de Hoth et la 6e armée de Paulus, attaquera d'abord en direction de Voroneje avant de descendre ensuite le long du Don et de rejoindre, dans le secteur de Stalingrad, la branche sud de la tenaille avec la 17e armée et la 4e Panzerarmee qui auront rompu les défenses soviétiques et franchi le fleuve entre Vorochilovgrad et Rostov.

L'encerclement réalisé permettra de prendre au piège les fortes concentrations de Timochenko entre Donetz et Don, et de renouveler les grandes manœuvres de l'année précédente. Après cette première phase, les armées allemandes, mettant à contribution les contingents des pays alliés du Reich, Roumanie, Hongrie, Italie, constitueront un front défensif le long du Don jusqu'au coude de la Volga à Stalingrad et s'élanceront vers le sud, en direction du Caucase et de la Caspienne.

Indépendamment de la destruction d'importantes armées soviétiques, le plan Bleu joue de l'arme économique. Il s'agit de priver l'Union soviétique des riches terres à blé du Kouban et des gisements de pétrole des abords du Caucase qui constituent alors l'essentiel de ses réserves exploitées. Avant le déclenchement de cette opération majeure, la 11e armée de Manstein en Crimée devra occuper la presqu'île de Kertch et enlever la forteresse de Sébastopol.

Cette action préliminaire se solde par un succès complet. Du 8 au 26 mai, grâce à une coordination parfaite de toutes ses forces, Manstein nettoie entièrement la presqu'île de Kertch. Il capture 170 000 prisonniers, 250 chars et plus de 1 100 pièces d'artillerie. Fort de ce succès, Manstein prépare alors l'assaut contre Sébastopol. A première vue, la tâche paraît presque insurmontable. La garnison soviétique compte 8 divisions et 3 brigades d'infanterie de marine. Au cours de l'hiver, les renforts acheminés par mer ont porté sur 90 000 hommes. Le terrain très accidenté, coupé de ravins, constitue encore un atout pour les défenseurs, qui ont organisé trois lignes de résistance principales, dont les éléments les plus solides sont constitués par des forts que les Allemands ont surnommés Gorki, Molotov, Guépéou, Tcheka, Sibérie, Staline, Volga, Oural.

Manstein compte lancer à l'attaque deux corps d'armée, soit 8 divisions. Mais l'assaut est précédé d'une imposante préparation menée par le 8e corps aérien de Richthofen et une formidable artillerie de 1 300 pièces dont certaines sont de véritables monstres, comme le mortier Gamma de 427, le Karl de 615 et surtout l'énorme Dora de 800 m/m, sur double voie ferrée, capable de lancer à 45 kilomètres des projectiles de 4 800 kilos. Un de ces obus fera sauter dans la baie de Severnaia un dépôt de munitions situé à 25 mètres sous terre.

Après cinq jours de préparation, l'assaut débute le 12 juin. Il va durer jusqu'au début juillet et s'accompagner de combats d'une violence inouïe sous une chaleur accablante et une odeur pestilentielle répandue par des milliers de cadavres. L'offensive se déploie sur deux axes. Au sud, en direction du mont Sapoun et de la presqu'île de Chersonèse. Au nord, à partir de la vallée de Belbek, en direction de la baie de Severnaia. C'est là que s'exerce l'effort principal. Le 26 juin, la première ligne de défense est forcée et les Allemands atteignent la Severnaia. Trois jours plus tard, un franchissement nocturne de la baie par surprise permet à l'assaillant d'aborder les faubourgs de Sébastopol, tandis qu'à l'aile gauche le mont Sapoun est enlevé.

Le sort de la forteresse est maintenant scellé. Un intense bombardement brise les dernières résistances et, le 2 juillet, les Allemands pénètrent dans Sébastopol. Deux jours plus tard, les derniers combats s'achèvent dans la presqu'île de Chersonèse après la prise du fort Maxime Gorki II. Malgré les évacuations tentées par la flotte de la mer Noire, les Allemands capturent 90 000 prisonniers et un imposant matériel.

Au moment où débute le plan de campagne allemand, les Soviétiques sont loin de rester inactifs. En liaison avec Staline, la Stavka, l'état-major général de l'Armée rouge, dirigé par Vassielievski, a jeté les grandes lignes des opérations de 1942. La priorité doit être accordée à la défense de Moscou en liaison avec des actions offensives destinées à réduire, en particulier, le saillant de Rjev qui menace directement la capitale. Une opération de grande ampleur est aussi prévue dans le Sud avec les forces de Timochenko chargées de libérer Kharkhov et le bassin du Donetz et, dans les meilleures circonstances, de rejeter les Allemands sur le Dniepr.

Dans ces conditions, c'est l'Armée rouge qui démarre la première, le 12 mai, bousculant la 6e armée et exerçant une manœuvre en tenaille par le nord et par le sud en direction de Kharkov. Après une progression de quelques jours, l'offensive soviétique se heurte à une violente réplique de von Bock qui lance sur le flanc méridional de l'Armée rouge tout le poids de la 1re armée blindée, tandis que la 6e armée contre-attaque depuis le Nord. Cette manœuvre aboutit à l'encerclement du gros des forces de Timochenko autorisé beaucoup trop tard par Staline à décrocher et à battre en retraite vers l'est. Pour les Allemands, l'affaire se solde par la capture de 240 000 prisonniers et la destruction de plus de 1 200 chars et 2 000 canons.

Par la suite, l'historiographie soviétique émettra des critiques discrètes sur la légitimité d'une opération qui négligeait par trop la capacité offensive encore limitée de l'Armée rouge et l'importance des concentrations allemandes dans ce secteur. En tout cas, l'offensive de Kharkov, en affaiblissant considérablement les réserves soviétiques du front sud, facilite singulièrement le déclenchement du plan Bleu.

Un mois après l'échec de l'attaque de Timochenko intervient la grande offensive allemande. Les deux groupes d'armées sud alignent 88 divisions dont 10 Panzer et 8 Panzergrenadier dont 2 de la Waffen SS. Un ensemble respectable avec une importante correction cependant. Sur les 65 divisions d'infanterie, 26 sont des unités hongroises, italiennes et roumaines qui ne soutiennent pas la comparaison avec celles de l'armée allemande. C'est une faille dont toute l'ampleur se révélera à l'automne.

Conformément à la directive du 5 avril, l'offensive débute progressivement du nord vers le sud. Elle met d'abord en œuvre à partir du 28 juin le groupe d'armées B de von Bock avec la 4ᵉ Panzerarmee et la 6ᵉ armée chargées d'atteindre Voroneje avant de progresser le long du Don et de mener en liaison avec le groupe d'armées A de von List, sorti du secteur de Kharkov, les opérations d'encerclement des troupes soviétiques entre Donetz et Don.

Une fois de plus, les débuts semblent prometteurs. Le front russe est enfoncé dans le secteur de Koursk, et les Panzer se déployant dans la steppe retrouvent leur grand style et atteignent Voroneje dès le 3 juillet. Plus au sud, la 1ʳᵉ Panzerarmee obtient elle aussi la rupture à partir d'Izioum avant d'atteindre Tchertkovo. Mais l'encerclement prévu en liaison avec la 4ᵉ Panzerarmee ne se réalise pas, von Bock ayant commis l'erreur, en dépit de ses directives, d'engager des combats de rue dans Voroneje, ce qui lui vaut d'être relevé de son commandement et d'être remplacé par von Weichs.

Se rabattant sur Millerovo et Kamensk, la 1ʳᵉ Panzerarmee tente alors une seconde manœuvre d'encerclement en liaison avec l'attaque de la 17ᵉ armée qui entreprend l'assaut de Rostov transformée en forteresse et âprement défendue par des unités d'infanterie épaulées par des formations du NKVD. Pour soutenir ce mouvement, Hitler donne alors personnellement l'ordre à la 4e Panzerarmee d'abandonner la marche sur Stalingrad laissée à la seule 6e armée et de se rabattre à son tour sur le Don. En fait, cette initiative se traduit par un énorme embouteillage aux abords du fleuve et ne fait que gêner la manœuvre de la 1re Panzerarmee qui réussit cependant à provoquer la chute de Rostov, ouvrant aux Allemands les portes du Caucase.

En définitive, au 23 juillet, la situation n'est qu'à demi satisfaisante. Certes, les Panzer ont affirmé une éclatante supériorité sur les formations soviétiques, contrôlé le couloir Don-Donetz et occupé la grande boucle du fleuve. Mais les manœuvres d'encerclement n'ont donné que des résultats décevants, n'apportant que quelques dizaines de milliers de prisonniers, et l'orientation de la 4e Panzerarmee en direction de Zimlanskaïa a différé la neutralisation de Stalingrad. De fait, le 13 juillet, au cours d'une réunion au Kremlin, les chefs militaires soviétiques ont réussi à convaincre Staline de la nécessité de ne pas renouveler les erreurs précédentes et de dégager à tout prix les armées soviétiques de l'étreinte qui les menace dans la boucle du Don. Dans l'incertitude qui règne encore sur l'orientation de la manœuvre allemande, l'Armée rouge doit se replier derrière le Don, défendre les môles de Voroneje et de Stalingrad contre une éventuelle offensive en direction de Moscou. Au sud, Rostov sera tenue le plus longtemps possible et la retraite poursuivie, s'il le faut, jusqu'aux abords du Caucase. L'Union soviétique doit pouvoir jouer du temps et de l'espace.

Cette nouvelle orientation stratégique ne va pas être perçue par le commandement allemand et surtout par Hitler. Pour le Führer, la « disparition » de l'Armée rouge, la faiblesse du nombre des prisonniers, le flottement constaté parmi certaines unités capturées trahissent une décomposition. « Le Russe est fini », se plaît-il à répéter, et, par moments, le chef d'état-major de l'armée, le général Halder, n'est pas loin de lui donner raison. Une dernière poussée audacieuse et déterminée devrait provoquer l'effondrement final.

Aussi, le 23 juillet, la directive 45 remplace la directive 41. Le plan Bleu cède la place au plan Brunswick. Le groupe d'armées B va se trouver réduit à des formations alliées, roumaines, hongroises et italiennes, et surtout à la 6e armée de Paulus. Sa mission consiste à établir un front défensif le long du Don et à s'emparer de Stalingrad. Quand au groupe d'armées A de von List, il associe désormais la 17e armée, la 1re Panzerarmee ainsi que la 4e Panzerarmee mise à sa disposition par Hitler. Il a pour tâche de foncer vers le sud, d'occuper la côte de la mer Noire jusqu'à Touapse, de verrouiller les cols du Caucase et de s'emparer des gisements de pétrole de Maïkop, de Grosnyi et de Bakou. Ainsi, la campagne de 1942 conduit maintenant à deux opérations simultanées, l'une sur Stalingrad, l'autre en direction du Caucase.

Les premières semaines semblent donner raison à Hitler en dépit de l'existence de deux axes d'efforts divergents. L'avance du groupe d'armées A paraît irrésistible. Au lendemain de la chute de Rostov, les Allemands s'élancent en direction du Kouban par le pont de chemin de fer sur le Don capturé intact. Krasnodar est occupé, le 13 août, Novorossïsk le 10 septembre. Les troupes de montagne, après de durs combats dans le nord-ouest du Caucase réussissent à s'emparer des principaux cols et progressent en direction de Touapse et de Soukhoumi. Le 21 août, un groupe de chasseurs alpins, sous les ordres du capitaine Groth, atteint le sommet de l'Elbrouz par un froid mordant, en pleine tempête de neige, et plante le drapeau du Reich à 5 000 mètres d'altitude.

Plus à l'est, la progression des blindés s'effectue également à un train d'enfer. Après avoir traversé Proletarskaïa, les chars atteignent Stavropol, le 5 août, avant de foncer sur Mineralnaia-Vody et Piatigorsk. Ils abordent la route militaire de Géorgie, progressent en direction d'Ordjonikdze, l'ancienne Vladicaucase, et établissent une tête de pont sur le Terek. A l'est, une unité motorisée occupe Elista, avant de lancer des raids audacieux aux portes d'Astrakhan et sur la ligne de chemin de fer qui longe la rive occidentale de la Caspienne.

A la tête de la brigade Wallonie, Léon Degrelle devait laisser une remarquable description de cette marche épique. « Il faisait un soleil éblouissant. Les villages, à plusieurs kilomètres de distance, étaient signalés par une énorme torche grisâtre ; on eût dit que la localité entière était en feu. Ce n'étaient que les tourbillons de poussière soulevés par les vagues de chars d'assaut.

« Nous avions des visages complètement gris-noir où luisait étrangement le blanc des yeux et que coupaient de grosses lèvres roses. Des motocyclistes pour films comiques, le visage complètement peinturluré, surgissaient des nuages, porteurs de nouvelles cartes. Des camions spéciaux les imprimaient au fur et à mesure du déroulement de l'offensive.

« Un ordre merveilleux présidait aux moindres détails. Chaque unité avait son objectif, ses villages à traverser, son gîte où se reposer. Nos pertes étaient insignifiantes. Les milliers de soldats rouges que nous dépassions étaient fourbus d'avoir couru pendant mille kilomètres et d'avoir engoulé tant de kilos de poussière. Pour un verre d'eau, ils eussent volontiers livré Staline, Kalinine, Molotov et dix autres seigneurs d'aussi haut lignage[3]. »

La victoire est, cependant, loin d'être acquise. A partir de la fin août-début septembre, partout l'avance du groupe d'armées A s'essouffle avant de s'arrêter complètement. Les difficultés logistiques jouent leur rôle, après une progression de plus de 700 kilomètres à vol d'oiseau depuis la chute de Rostov. La Luftwaffe doit ravitailler par conteneurs les colonnes blindées en panne sèche, quand les fûts d'essence ne parviennent pas aux éléments d'avant-garde à dos de chameau... Surtout, aux abords des cols du Caucase, du Terek, la résistance soviétique se raidit et à nouveau les divisions allemandes se heurtent à une Armée rouge qui renaît sans cesse de ses cendres.

« Nous avions avancé pendant plus de mille kilomètres, devait écrire Degrelle. Nous étions arrivés aux frontières de l'Asie... Pourtant, en réalité, nous n'étions arrivés nulle part, car si nous avions conquis le sol, nous n'avions pas saisi l'adversaire au collet. Celui-ci avait fui avant d'être pris dans nos encerclements. Partout, il s'était évanoui. Nous croyions même qu'il n'existait plus. Il ne s'arc-bouterait au sol que lorsque nous serions arrivés presque à la fin de notre course, terriblement loin de nos bases, réduits numériquement. L'été allait finir. C'est alors seulement que les Russes firent face, au moment où les premières pluies d'automne s'abattirent par énormes paquets[4]. »

Ainsi, au début de l'automne, les troupes allemandes piétinent devant Touapse, Soukhoumi, se trouvent bloquées à dix kilomètres d'Ordjonikidze et devant Mozdok. A Vinitza, où le Führer a transféré son quartier général depuis Rastenburg, le ralentissement des opérations associé à la lourde chaleur de l'été ne fait qu'accroître la tension, exaspérer Hitler qui sent la victoire, la victoire totale, lui échapper et qui sait que le temps travaille contre lui. A bout de nerfs, le Führer limoge Halder et le remplace par le général Zeitzler jugé plus souple et de conviction nationale-socialiste. Il décide d'assumer lui-même le commandement du groupe d'armées A. Mais en dépit de tous ses efforts, il ne réussit pas, au cours du mois d'octobre, à relancer l'offensive en direction de Grosnyi et de la mer Noire.

La crise de l'armée du Caucase n'est pas une affaire de commandement, comme ose le déclarer le général Jodl envoyé en inspection sur place. Von List n'a fait qu'appliquer ses instructions. Elle tient au raidissement de la résistance soviétique et à l'insuffisance des forces allemandes. Il s'en faut, partout, de quelques chars, de quelques bataillons pour rompre l'équilibre et les moyens font défaut. L'offensive à destination du pétrole subit le contrecoup de la directive n° 45 et des décisions malheureuses prises à la fin du mois de juillet. La 11e armée, qui devait franchir le détroit de Kertch et épauler la 17e armée après la chute de Sébastopol, a été aiguillée sur Leningrad à l'exception de deux divisions. Après la prise de Rostov et le franchissement du Don, deux excellentes divisions de Waffen SS ont été expédiées en France dans l'éventualité d'un débarquement et deux divisions blindées orientées sur le front centre. Surtout, dès le 30 juillet, le groupe d'armées A s'est vu amputé de la 4e armée blindée et du corps aérien de Richthofen dirigés, en liaison avec la 6e armée, sur Stalingrad.

A l'automne de 1942, la Wehrmacht subit de plein fouet les résultats d'un effort exercé selon deux axes divergents. La retraite vers le sud a permis à l'Armée rouge d'échapper à l'encerclement, d'étirer les lignes de communications adverses et de l'obliger à combattre en terrain difficile, tout en reconstituant d'importantes réserves. En fait, le front du Caucase passe au second plan et l'attention se cristallise sur la bataille de la Volga, qui aspire les réserves allemandes.

Au même titre que Guadalcanal et Cassino, Stalingrad s'intègre dans le cadre des grandes batailles d'usure de la Seconde Guerre mondiale. Par l'ampleur des pertes et l'importance des effectifs engagés, elle rappelle Verdun. Mais la comparaison s'arrête là. Stalingrad offre un caractère original, nouveau dans l'histoire militaire. Il s'agit d'une bataille menée pour une ville, se décomposant en une poussière de combats de rue, où l'action des chars, de l'aviation devait se révéler particulièrement faible, en contradiction avec les règles de la Blitzkrieg pratiquées depuis près de trois ans.

Pourtant, au départ, dans l'élaboration du plan Bleu, Stalingrad ne constitue qu'un objectif relativement secondaire. C'est simplement sur le coude de la Volga que doit s'achever par les formations blindées des groupes d'armées B et A l'encerclement des forces soviétiques dans le couloir situé entre le Donetz et le Don. Dans l'établissement d'un front défensif de Voroneje à la Volga, qui doit précéder la marche vers le sud, l'OKH n'envisage même pas obligatoirement la chute de la ville et compte la neutraliser par l'artillerie et l'aviation.

Toutefois, au cours du développement de la manœuvre dans le couloir Don-Donetz, la prise de Stalingrad constitue l'objectif du groupe d'armées B, et le commandement allemand manque une occasion unique de s'emparer de la ville dans la foulée alors que sa défense en est encore au stade de l'improvisation. De fait, c'est le 12 juillet seulement que la Stavka crée le « front de Stalingrad », après avoir enfin compris que l'axe de l'effort allemand ne va pas s'exercer en direction de Moscou à partir de Voroneje, mais vers le sud, c'est-à-dire la Volga et le Caucase.

Aux alentours du 20 juillet, une attaque déterminée des éléments mobiles de la 6e armée et de la 4e Panzerarmee alignant 6 divisions blindées, 3 grandes unités motorisées, sans parler des divisions d'infanterie, aurait facilement rompu le maigre dispositif soviétique, même en tenant compte des renforts amenés par Tchouikov, et permis de prendre la ville. L'orientation de la 4e Panzerarmee en direction du cours inférieur du Don à hauteur de Zimlanskaïa fait manquer l'occasion. La directive du

23 juillet confirme cette orientation. La 4e Panzerarmee est affectée au groupe d'armées A et la prise de Stalingrad incombe à la seule 6e armée de Paulus.

Réduite à ses seuls moyens, qui intègrent cependant un corps blindé de trois grandes unités, la 6e armée marque le pas. Paulus ne réussit pas à éliminer le long du Don plusieurs têtes de pont soviétiques, et il lui faut de longs et durs combats pour nettoyer la boucle du fleuve avant d'en effectuer le franchissement à hauteur de Kalatch. Revenant sur ses directives précédentes, Hitler affecte alors à nouveau, le 30 juillet, la 4e Panzerarmee au groupe d'armées B, et Hoth prend quelques jours plus tard position à la droite de Paulus.

Il faut attendre cependant le 19 août pour que les deux généraux s'appuyant mutuellement soient en mesure de lancer un assaut coordonné contre la ville avec l'appui massif de la 4e Luftflotte. Se heurtant à des positions défensives échelonnées, Hoth et Paulus ne progressent que lentement en direction des faubourgs de Stalingrad. Toutefois, dans la soirée du 23, la 6e armée réussit à pratiquer une brèche étroite, et certaines unités atteignent la Volga au nord de la ville. Il n'en reste pas moins que les hésitations de l'OKH ont permis aux Soviétiques de se ressaisir et de mettre Stalingrad en état de défense, avec deux armées, la 6e de Tchouikov et la 64e de Chumilov. Seul un assaut en règle permettra de faire tomber la grande cité de la Volga.

Pour les Soviétiques, Stalingrad offre alors une résonance particulière. C'est là qu'en 1919, près de la ville de Tsarytsine, que Staline a participé à l'une des grandes batailles de la jeune Armée rouge contre les troupes blanches de Denikine. Aussi, non content de donner son nom à la ville, le maître du Kremlin a voulu, à partir des premiers plans quinquennaux, faire de Stalingrad une cité entièrement nouvelle, à la fois un grand complexe industriel commandant le trafic de la Volga et un exemple du nouvel urbanisme soviétique.

En 1941, l'énorme agglomération qui compte plus de 500 000 habitants s'allonge sur près de 35 kilomètres le long de la rive droite de la Volga. Les parcs, les grands ensembles résidentiels construits en béton alternent avec d'énormes usines, comme « Djerjinski », spécialisée dans la construction des tracteurs, ou « Barricade » et « Octobre rouge », qui se consacrent aux fabrications d'armement.

Acculés à la Volga, les Soviétiques entendent cependant défendre la ville, profitant de toutes les possibilités de l'énorme agglomération de béton, multipliant les barricades le long des grands axes et des rues principales, transformant en forteresses les immeubles et les usines, créant des « zones de mort » en truffant de mines et de pièges les places et certains édifices. Ils vont employer des unités de choc dotées d'un armement léger et bénéficiant d'une très large autonomie tactique. Quant au ravitaillement qui ne peut venir que de la rive gauche, il met en œuvre une imposante flottille de chalands opérant pendant la nuit pour éviter les effets destructeurs de l'artillerie et de l'aviation allemandes.

A la fin août et au début septembre, l'OKH aurait encore pu renoncer à une attaque en règle et se contenter de neutraliser la ville grâce à sa supériorité aérienne, d'autant plus que les raids de bombardement dévastateurs de la Luftwaffe qui ont multiplié les ruines et les incendies, entraîné des pertes considérables parmi la population civile dont une grande partie n'a pas été évacuée, n'ont pas eu l'effet d'intimidation attendue et n'ont fait que prouver la détermination soviétique.

En fait, Stalingrad exerce déjà sa fascination sur le commandement allemand et sur Hitler en particulier qui entend que les opérations « arrivent à une conclusion satisfaisante ». Dès lors, l'OKH va engager et user dans des combats obscurs le fer de lance de ses formations blindées prévues pour agir dans les vastes étendues dégagées de la steppe. Paulus et Hoth se répartissent la tâche. Tandis que la 4e Panzerarmee entreprend de nettoyer la partie méridionale de Stalingrad, la 6e armée attaque au centre et au nord de la ville, en direction de la gare, des grandes usines et des énormes blocs d'habitat collectif.

Pour pallier la tactique des Russes, les Allemands multiplient les attaques sur des fronts étroits de quelques centaines de mètres, lançant des masses d'infanterie s'efforçant de coller à des groupes de 30 à 40 chars. Ces attaques sont précédées par des bombardements d'aviation intenses et des déluges d'obus. Devant les difficultés du terrain, gravats, blocs de béton, poutrelles d'ateliers effondrés, machines-outils, les attaques se dissocient et les Soviétiques s'efforcent de séparer les chars des fantassins, traitant chaque adversaire séparément.

Accueillie d'abord par des tirs nourris d'armes automatiques, l'infanterie s'abrite avant d'être soumise à de furieuses contre-attaques qui se terminent souvent au corps à corps, tandis que les chars livrés à eux-mêmes sautent sur des mines ou se trouvent tributaires à bout portant de cocktails Molotov, de pièces légères ou de fusils antichars inopérants en rase campagne.

Un officier de la 14e Panzer écrira : « Ce fut un combat effrayant et épuisant à la fois à la surface du sol et sous terre, dans les ruines, dans les caves et dans les canalisations de cette grande ville. Nos chars se hissaient sur des montagnes de décombres et de gravats, en grinçant à travers le chaos des ateliers détruits, et ouvraient le feu à bout portant dans les ruelles obstruées par les ruines ou dans les cours étroites des usines. Plus d'un de nos colosses blindés tressaillait ou éclatait sous l'effet de l'explosion d'une mine[5]. »

Pour éviter le feu dévastateur des stukas ou de l'artillerie, les Soviétiques prennent l'habitude de combattre de près, de coller en permanence aux positions de l'adversaire. Cette technique se révèle payante et, à la fin octobre, de peur d'atteindre leurs propres troupes, les Allemands renoncent à l'emploi de l'aviation et aux préparations d'artillerie massives. En quelques lignes, le général Doer résumera toute la technique des combats de Stalingrad : « Pour chaque maison, chaque magasin, chaque château d'eau, chaque quai de gare, chaque mur, chaque cave, chaque monceau de ruine, il fallait livrer une bataille acharnée qui dépassait en violence toutes celles de la Première Guerre mondiale. Les lignes se touchaient, et malgré l'intervention de l'artillerie et de l'aviation, il était impossible de sortir des combats rapprochés. Les Russes surclassaient les Allemands dans l'art d'utiliser le terrain et de se camoufler, et ils faisaient preuve d'une grande expérience dans les combats de rue. »

La défense de Stalingrad n'aurait pu se poursuivre sans le maintien d'une ligne de ravitaillement. Certes, en occupant les abords de la Volga au nord de la ville, les Allemands interrompent le trafic habituel du fleuve, obligeant les Soviétiques à utiliser de manière intensive la voie ferrée Moscou-Saratov-Astrakhan. Toutefois, les Russes conservent le contrôle de la rive gauche, et toutes les nuits, en dépit des tirs d'artillerie et de bombardements aériens effectués à la lueur de fusées éclairantes, une armada de bacs réussit à transférer sur l'autre rive des renforts portant sur une douzaine de divisions et les approvisionnements dont les priorités sont éloquentes : d'abord les munitions, ensuite l'alcool, enfin le ravitaillement.

« L'époque où l'on dirigeait les opérations sur une grande échelle était périmée, constate alors le général Doer. La guerre avait abandonné la steppe infinie pour les berges abruptes de la Volga, coupées de ravins, pour la zone industrielle de Stalingrad. Elle faisait rage dans un monde lunaire, parsemé de carcasses de béton, de fer et de pierres. On ne comptait plus en kilomètres mais en mètres. Au QG, il n'y avait plus qu'une seule carte, celle de la ville[6]. »

A la mi-octobre, Paulus veut en finir et attaque du fort au fort, décidé à enlever les bastions les plus solides de l'Armée rouge, notamment les grandes usines Djerjinski, Barricade, Octobre rouge et les cités ouvrières satellites. Les troupes d'assaut sont renforcées par des bataillons de police, des formations spéciales du génie dotées d'explosifs et de lance-flammes. Pendant trois semaines, les combats atteignent un rare degré de férocité dans les ateliers, les souterrains, les usines, les étages, les caves des immeubles.

« Stalingrad n'est plus une ville, écrit alors un soldat allemand. Dans la journée, elle est recouverte d'un immense nuage de fumée ; ce n'est qu'un gigantesque brasier. Quand la nuit tombe, une de ces nuits ponctuées d'incendies, de hurlements et de sang, les chiens se jettent dans les eaux de la Volga et tentent désespérément d'atteindre l'autre rive. Les nuits de Stalingrad sont leur terreur. Les animaux fuient cet enfer ; les pierres les plus solides n'y résistent pas longtemps. Seuls, les hommes arrivent à s'y adapter[7]. »

Au début novembre, les Allemands dominent enfin l'essentiel de Stalingrad. Ils occupent Octobre rouge jonchée de cadavres, la quasi-totalité de Barricade où les Soviétiques s'accrochent dans des ateliers effondrés. Dans Djerjinski enfin, il ne reste plus que trois centres de résistance. Au total, sur la rive droite de la Volga, les Russes ne tiennent plus que quelques poches de 300 à 500 mètres de profondeur. Le commandement allemand croit alors avoir usé le gros de l'Armée rouge, et Paulus prépare un ultime assaut.

En réalité, ce sont les assaillants qui se sont usés dans l'affaire. A la mi-novembre, Paulus et Hoth ne disposent plus que de 200 chars, en majorité de fabrication tchèque, armés de simples pièces de 37. Les divisions blindées ont besoin d'une reconstitution complète et les divisions d'infanterie se trouvent réduites au niveau de simples régiments. Cet épuisement coïncide avec de grosses difficultés de ravitaillement liées à l'insuffisance du système routier et ferroviaire que le génie allemand n'a pas réussi à remettre entièrement en état ni à compléter depuis l'été. Situation d'autant plus grave que les Soviétiques s'apprêtent à contre-attaquer et qu'un terrible orage monte au nord et à l'ouest du coude de la Volga, sur les flancs et les arrières de la 6e armée.

En définitive, à l'automne de 1942, la Wehrmacht se trouve dans l'incapacité d'arracher la décision, malgré un excellent départ. Les causes de l'échec sont multiples. On peut tout d'abord invoquer l'erreur fondamentale d'avoir orienté la 4e Panzerarmee, à la fin juillet, en direction du cours inférieur du Don, alors qu'elle aurait pu s'emparer facilement de Stalingrad dont la résistance n'était qu'à peine ébauchée.

Hitler n'a pu encore éviter de subir la fascination de la grande ville de la Volga et de relever le défi lancé par Staline. En s'emparant de la cité, il espérait attirer le gros des réserves soviétiques et faciliter la progression du groupe d'armées de von List en direction du Caucase et de la mer Noire. Il comptait également ébranler définitivement le moral de l'armée et de la population soviétiques, et relancer le processus de décomposition amorcé après la prise de Rostov. La chute de Stalingrad ne pouvait avoir qu'un retentissement mondial et hâter l'effondrement de l'Union soviétique.

En réalité, le moment était déjà passé. Certes, l'Armée rouge avait connu un indiscutable fléchissement au cours du mois de juillet, associé au découragement de la population. Mais, à la fin août et au début septembre, la crise était surmontée. Le pouvoir politique et le Parti avaient repris en main la situation.

On peut encore invoquer le manque de mordant et la faiblesse du sens tactique de Paulus, qui exerçait son premier véritable commandement. Sa marche en direction de la Volga est timorée à l'extrême. Lors de la bataille de Stalingrad, il attaque directement du fort au fort les bastions les mieux fortifiés au lieu de tenter de contrôler les berges et de priver la ville de toute relation avec l'extérieur.

L'erreur la plus importante concerne, en fait, la sous-estimation des moyens de l'adversaire. Une fois de plus, les services de renseignements allemands ont mal apprécié l'énorme potentiel matériel et humain de l'Armée rouge. Après avoir tardivement compris que l'effort allemand ne visait pas Moscou mais s'adressait à la Basse-Volga et au Caucase, le commandement soviétique, à partir des réserves massées autour de la capitale, a pu reconstituer un front dans le Caucase, alimenter la défense de Stalingrad, tout en conservant suffisamment de moyens pour lancer de puissantes offensives sur le front central et dans le secteur de Leningrad.

Sur le front nord, la 1re armée de Manstein réussit tout juste à éviter l'effondrement de la 19e armée devant Schlusselbourg et renonce à lancer un assaut contre Leningrad. Au centre, dans le secteur de Rjev, la 9e armée de Model subit des pertes extrêmement lourdes, et une contre-attaque allemande sur Sukhivitchi se traduit, à la mi-août, par une sanglante défaite. La situation n'est maintenue que par l'arrivée des deux Panzer retirées du front sud. En définitive, la décision si contestée de Hitler de prélever des forces du front sud, à la fin juillet, s'est révélée nécessaire pour éviter une crise sévère sur d'autres secteurs du front.

C'est essentiellement par manque de moyens que la Wehrmacht, comme au cours de l'année précédente, n'a pu arracher la décision. C'est encore pour cette raison qu'à la fin octobre, la situation des groupes d'armées A et B apparaît singulièrement aventurée, avec des fronts démesurément allongés, gardés de part et d'autre de Stalingrad, et sur le Don, par les unités des pays satellites.

La situation n'est guère différente en Afrique du Nord. Au cours de l'été, à deux reprises, du 2 au 20 juillet et du 31 août au 7 septembre, Rommel tente de rompre les positions britanniques. Fidèle à sa méthode, il lance des attaques sur l'ensemble du front, tout en cherchant à tourner l'adversaire par le sud, en s'emparant de la passe d'Alem el Alfa. Deux fois de suite, c'est l'échec. Fatigué par un long séjour en Afrique, Rommel quitte son commandement et part se reposer en Allemagne.

Ces échecs tiennent à de graves mécomptes dans le domaine du renseignement, comme la capture de la compagnie radio de la Panzerarmee Afrika ou l'adoption de nouvelles procédures de l'attaché militaire américain au Caire, qui résistent au décryptement allemand. Ils tiennent encore à l'insuffisance du soutien aérien. La Luftwaffe est écartelée entre le front égyptien et la neutralisation de Malte, tout en subissant des ponctions au profit du front de l'Est.

Dès la fin juillet, Malte retrouve une capacité offensive grâce à un effort énorme de la Royal Navy. Du 12 au 16 juin 1942, ce sont les opérations *Harpoon* et *Vigourous*, avec deux convois fortement protégés appareillant simultanément de Gibraltar et d'Alexandrie. Si le second, en butte à une sortie de la flotte italienne, à des attaques de vedettes et de formations aériennes, doit rebrousser chemin, le premier, grâce à une escorte composée d'un cuirassé, de 2 porte-avions, de 4 croiseurs et de 17 destroyers réussit à faire passer à Malte 15 000 tonnes de ravitaillement.

Deux mois plus tard, une seconde tentative intervient. Partant de Gibraltar, *Pedestal*, pour la protection de 14 cargos, met en jeu 2 cuirassés, 4 porte-avions, 7 croiseurs et 27 destroyers. Combinant l'action de sous-marins, de vedettes et de l'aviation, les Germano-Italiens infligent des pertes sévères. Le porte-avions *Eagle* est torpillé par l'U73. Deux croiseurs et un destroyer sont envoyés par le fond, ainsi que 9 cargos. Les Italiens célèbrent la « Vittoria del Mezz agosto ». Victoire incomplète cependant. Quatre cargos et un pétrolier atteignent Malte, assurant le ravitaillement de l'île en essence et en munitions pour trois mois.

Malte inflige alors des pertes sévères aux convois de l'Axe sur la route Tarente-Afrique du Nord. Pour ravitailler l'Afrikakorps, la Luftwaffe met en place un pont aérien entre la Grèce et Benghasi. Rommel reçoit ainsi 40 000 hommes de renforts dont la 164ᵉ division et la 22ᵉ brigade de parachutistes prévue initialement pour l'attaque contre Malte, et 10 000 tonnes d'approvisionnement.

Il n'en reste pas moins que la 8ᵉ armée commandée depuis le 15 août par Montgomery se renforce beaucoup plus rapidement et retrouve une capacité offensive très supérieure à celle des forces de l'Axe. Kesselring peut estimer alors avec raison que la renonciation à l'attaque aéroportée contre Malte avait constitué « un coup mortel » pour l'entreprise nord-africaine. En définitive, à l'automne de 1942, que ce soit en Russie ou en Egypte, l'impasse est totale. La Wehrmacht est arrivée aux portes de l'Asie mais se trouve sur tous les fronts au bout de sa capacité offensive.

Cet épuisement tient également à une dispersion des forces. Dans l'éventualité d'un débarquement allié sur les côtes de la Manche, une trentaine de bonnes divisions se trouvent immobilisées en Europe occidentale, dont quelques unités d'élite, comme les 6e et 7e Panzer, et la Leibstandarte Adolf Hitler. En fait, la réaction alliée pour 1942 se limite au raid de Dieppe du 19 août. L'opération *Jubilee* se solde par un nouveau succès de la Wehrmacht. La division canadienne jetée dans l'opération perd 60 % de ses effectifs de la RAF. 106 appareils, soit le double des pertes de la Luftwaffe. L'existence d'un second front potentiel n'en contribue pas moins à affaiblir la capacité de l'armée allemande sur les grands théâtres d'opérations.

9

Le vent de la Bérézina

C'est à l'automne de 1942 que la Wehrmacht se trouve pour la première fois confrontée à la défaite sans pouvoir invoquer, comme on l'avait fait devant Moscou, le déchaînement des éléments. Les premiers grands craquements se produisent presque simultanément en Afrique et en Russie.

Pendant tout le mois de septembre et la première quinzaine d'octobre, la 8e armée ne cesse de se renforcer devant El Alamein. Montgomery finit par disposer de 200 000 hommes, de 1 300 chars dont 250 Sherman venus des Etats-Unis, de 900 canons et de plus de 1 500 avions. Les Germano-Italiens ne peuvent plus opposer qu'une centaine de milliers d'hommes, moins de 500 blindés dont 200 Allemands et 350 avions.

L'offensive britannique débute le 23 octobre par une puissante préparation d'artillerie suivant les meilleures normes de la fin de la Première Guerre mondiale. Tenant ses chars en réserve, Montgomery multiplie les attaques d'infanterie sur l'ensemble du front, de manière à obliger l'adversaire à disperser ses réserves blindées pour colmater les brèches.

Le lendemain du déclenchement de l'offensive, Rommel, à la demande de Hitler, retourne en Afrique, alors que sa santé est loin d'être rétablie. Dès le départ, la situation lui semble compromise. Pourtant, au cours de la première semaine, la résistance des forces de l'Axe est âpre et les Britanniques subissent des pertes sévères.

L'événement de la bataille intervient dans la nuit du 1er au 2 novembre. Montgomery découple ses unités blindées dans le cadre de *Supercharge*. Une violente bataille de chars tourne à l'avantage des Britanniques. Le 4 novembre, après l'anéantissement du 20e corps italien, une brèche béante se manifeste dans le dispositif de l'Axe. En dépit de l'insistance de Hitler de tenir à tout prix, Rommel se décide le lendemain à une retraite générale.

Sacrifiant les unités italiennes qui manquent de mobilité, exploitant les hésitations de Montgomery, multipliant les champs de mines, Rommel réussit à sauver le gros de la Panzerarmee Afrika, même si celle-ci ne dispose plus que d'une dizaine de chars. Grâce à un ravitaillement assuré par avion, il va mener pendant trois mois un repli de 2 500 kilomètres, ponctué par deux pauses, à El Agheila du 23 novembre au 13 décembre et Wadi Zemzem du 26 décembre au 16 janvier 1943. Contrairement à la règle observée au cours des années précédentes, il n'y a pas de tentative de rétablissement.

Cette retraite ininterrompue jusqu'à la frontière tunisienne s'explique non seulement par le manque de moyens et les difficultés logistiques, mais par la menace qui pèse sur les communications de Rommel avec les débarquements alliés en Afrique du Nord, le 8 novembre 1942.

Ces débarquements, dans le cadre de l'opération *Torch*, sont à dominante américaine. Ils mettent en jeu 100 000 hommes associés à une puissante armada. Ils concernent Casablanca, Oran et Alger, et se heurtent à une résistance des forces de Vichy, notamment au Maroc. La présence inopinée de l'amiral Darlan à Alger permet au général américain Clark d'obtenir un cessez-le-feu limité d'abord à Alger, puis étendu le 10 novembre à toute l'Afrique du Nord.

Le déclenchement de l'opération Torch constitue pour le haut commandement allemand une amère surprise. L'Abwehr et le service de renseignements italien ont bien observé la marche du convoi venu d'Angleterre à destination de Gibraltar, mais la traversée du convoi venu du sud des Etats-Unis à destination du Maroc est passée totalement inaperçue. De toute manière, la concentration de Gibraltar a été interprétée par l'OKW comme une opération de ravitaillement de Malte, ainsi qu'il y en a eu au cours de l'été, ou au pire comme une opération amphibie sur les arrières de Rommel dans le golfe de Syrte. Avec les débarquements du 8 novembre, Göring est bien obligé de reconnaître que c'est le premier succès allié depuis le début de la guerre.

Pris au dépourvu, les Allemands, entraînant les Italiens dans leur sillage, réagissent avec leur détermination et leur rapidité habituelles. L'armistice signé le 10 à Alger écarte toute idée de collaboration militaire avec les Français envisagée au cours des journées précédentes. Réunis le jour même à Munich, Hitler et Ciano décident de procéder dès le lendemain à l'occupation de la zone libre et de constituer une tête de pont en Tunisie. Laval, convoqué la veille, est mis en fin de journée devant le fait accompli. Il est tenu dans l'ignorance du premier point et se laisse forcer la main sur le second[1].

Le 11 novembre, en vertu du plan *Attila* préparé depuis deux ans, les troupes allemandes pénètrent en zone libre, sans rencontrer la moindre résistance des forces de Vichy. Le lendemain, elles atteignent la côte méditerranéenne. Le maréchal Pétain se contente de protester. L'affaire ne lui est pas présentée comme une rupture de l'armistice, mais comme une opération destinée à aider les Français à repousser un débarquement anglo-américain sur le littoral de la Méditerranée.

En ce qui concerne la flotte française, Hitler se cantonne pour l'heure dans l'expectative. Il autorise l'amiral Raeder à conclure un *gentleman's agreement* avec l'amiral Auphan, secrétaire d'Etat à la Marine de Vichy. Un « camp retranché », libre de toute présence germano-italienne, est constitué autour de Toulon, et les Français donnent leur parole de ne se livrer à aucun acte hostile contre les forces de l'Axe.

Simultanément, les Allemands et les Italiens prennent pied en Tunisie. Ils mettent remarquablement à profit les hésitations des responsables français soumis à des instructions contradictoires émanant aussi bien de Vichy que d'Alger. Le général Barré se contente de replier ses troupes sur la dorsale tunisienne, tandis que le résident général Esteva et l'amiral Derrien, après une velléité de résistance, n'osent pas s'opposer à l'arrivée des forces de l'Axe.

Dès le 9 novembre, des avions de transport atterrissent à El Aouina et prennent solidement possession du terrain. Deux jours plus tard, les premiers navires pénètrent dans le port de Bizerte, empruntant la passe maladroitement embouteillée. Débarquent ainsi plusieurs bataillons italiens, sous les ordres du général Messe, et des éléments de la division blindée Herman Göring, de la 10e Panzer et de la 334e division d'infanterie, sous le commandement du général von Arnim.

L'implantation de l'Axe est encore favorisée par l'extrême lenteur des troupes alliées depuis l'Algérie. C'est seulement le 22 novembre qu'une colonne blindée britannique arrive à une vingtaine de kilomètres de Tunis. Elle est brutalement refoulée par les Allemands.

Les forces de l'Axe bénéficient encore d'une supériorité aérienne totale qui va durer jusqu'en février. La Luftwaffe effectue, dans un délai record, une concentration à partir de groupes rappelés du nord de la Norvège, de France et des Balkans. Ces groupes utilisent les aérodromes bien aménagés du nord de la Tunisie, alors que l'aviation alliée s'efforce péniblement d'opérer à partir des terrains sommaires de l'Est algérien, le plus souvent inondés à la suite de pluies torrentielles. Depuis la Sicile et la Sardaigne, la Luftwaffe mène encore au large d'Alger, de Bône et de Bougie des raids efficaces contre les transports alliés.

En définitive, à la fin novembre, les forces germano-italiennes occupent l'essentiel de la Tunisie et s'apprêtent à recueillir les troupes de Rommel. L'Axe dispose ainsi d'une solide tête de pont qui couvre le flanc sud de ce que la propagande allemande commence à appeler la « forteresse Europe ».

A cette date, Hitler s'est encore résolu à liquider l'hypothèque de la flotte française de Toulon. Après le revirement de Darlan, qui a décidé, le 13 novembre, de reprendre les armes contre l'Axe, suivi du ralliement du gouverneur général Boisson en Afrique occidentale, Hitler n'a plus aucune confiance dans les Français. Après avoir exigé le départ du camp retranché des forces terrestres et aériennes de l'armée d'armistice, il donne l'ordre au groupement blindé de Hausser de pénétrer dans l'arsenal et de désarmer *(entwaffen)* les navires français. En cas de résistance, la flotte et la ville de Toulon seraient soumises à une attaque aérienne en règle par les appareils de la 3e Luftflotte de Speerle.

L'opération se déclenche dans la nuit du 27 novembre. A l'arrivée des Allemands dans la base, le commandant de l'escadre, l'amiral de Laborde, lance un ordre de sabordage qui est exécuté. L'opération touche 250 000 tonnes de navires, le tiers de la marine française de 1939. A l'annonce de l'événement, Hitler ne cache pas sa satisfaction. Comme il l'avait écrit quelques jours plus tôt à Mussolini, il ne croyait pas à la réussite d'une saisie. De toute manière, il était décidé à attribuer la flotte française à l'Italie[2].

Au moment où le Reich vient de conjurer la crise méditerranéenne, du moins provisoirement, une crise d'une tout autre ampleur ébranle le front de l'Est, avec le déclenchement d'une contre-offensive soviétique d'une extrême violence et l'investissement de la 6e armée de Paulus à Stalingrad. L'affaire survient onze jours seulement après le discours prononcé à Munich, à l'occasion du 18e anniversaire du putsch de 1923. « Je voulais parvenir à la Volga, et cela en un point déterminé, en une ville déterminée. Elle porte par hasard le nom de Staline lui-même. Mais, ne pensez pas que c'est pour cette raison que j'ai dirigé nos efforts contre elle – elle aurait pu s'appeler tout autrement –, mais parce qu'on trouve là un point de toute première importance. C'est là qu'on trie 30 millions de tonnes de trafic, dont 9 millions de tonnes de pétrole. C'est là que se déversent pour prendre le chemin du Nord les céréales en provenance des immenses régions de l'Ukraine et du Kouban... Je voulais la prendre et, savez-vous, car nous sommes modestes, nous l'avons. »

En dépit de ce plaidoyer fort peu convaincant, Hitler aura cependant un mérite, celui de reconnaître son entière responsabilité dans la catastrophe de la 6e armée. Le 6 février 1943, recevant Manstein à son quartier général, il déclarera d'emblée : « Pour Stalingrad, c'est moi qui en porte, seul, la responsabilité. Peut-être pourrais-je dire que Göring m'a fait un tableau inexact des possibilités de la Luftwaffe en ce qui concerne le ravitaillement aérien, et qu'il me serait donc possible de rejeter sur lui une partie de cette responsabilité. Mais je l'ai désigné moi-même pour me succéder, je dois par conséquent la revendiquer entièrement pour moi[3]. »

L'idée d'une contre-offensive de part et d'autre de Stalingrad commence à se dessiner à la Stavka dès le mois d'août, avant de se préciser en septembre-octobre. Le général Eremenko placé à la tête du « front de Stalingrad », le 25 septembre, devait avec son conseiller politique Khrouchtchev s'en donner la paternité, alors que Joukov et Malinosky en attribueront l'origine à la Stavka. Quoi qu'il en soit, c'est Staline lui-même qui veille à la genèse d'une opération qui prévoit l'encerclement de la 6e armée par une manœuvre en tenaille lancée au nord et au sud de Stalingrad, et qui en confie la préparation à Joukov, Vassilievski, le chef de la Stavka, et Voronov, le grand maître de l'artillerie soviétique.

Deux éléments semblent assurer le succès de l'opération. Sur le Don, les troupes soviétiques vont pouvoir déboucher des têtes de pont que les Allemands n'ont jamais pu réduire. Au nord et au sud de Stalingrad, elles se heurteront à la 3e et à la 4e armée roumaines dont la valeur combative ne soutient pas la comparaison avec les grandes unités allemandes. De fait, ce sont les contingents alliés qui depuis l'été assurent la couverture sur le Don et au sud de Stalingrad de la 6e armée. Pour des raisons politiques, les gouvernements italien, hongrois et roumain ont tenu à ce que leurs contingents soient engagés en grandes formations indépendantes et non amalgamés dans le cadre des armées allemandes.

Cette prétention n'a pu que conduire à une extrême faiblesse des flancs de la 6e armée. Les armées satellites souffrent d'un entraînement insuffisant et d'un matériel vétuste, et ne disposent même pas de véritables unités blindées. L'armement antichar des Roumains, en particulier, repose uniquement sur des pièces de 37, totalement inefficaces contre les blindés soviétiques. Il faut bien dire aussi que le commandement allemand n'a mis aucun empressement à fournir des canons de 50 m/m en dépit des demandes réitérées du maréchal Antonesco.

Au total, trois « fronts » soviétiques sont concernés par une offensive qui va couvrir un secteur de 400 kilomètres : le « front sud-ouest » de Vatoutine, le « front du Don » de Rokossovski et le « front de Stalingrad » d'Eremenko. Ces trois commandements vont mettre en œuvre une dizaine d'armées, une soixantaine de divisions, et pour la première fois des corps blindés et mécanisés associant plusieurs brigades classiques. L'Armée rouge engage dans la bataille le quart de ses unités d'infanterie, la moitié de son aviation de combat et 60 % de ses formations de chars, disposant ainsi d'une énorme supériorité quantitative et qualitative sur ses adversaires.

Contrairement à ce que devaient prétendre Keitel et Jodl retranchés à l'OKW, l'OKH, qui assume la seule responsabilité du front de l'Est, perçoit fort bien la gravité de la menace dès le mois d'octobre. Les services de renseignements du groupe d'armées B et de la 6e armée notent le renforcement constant des têtes de pont du Don et le lancement par le génie soviétique de nombreux ponts de bateaux sur le fleuve. La constitution de deux masses de manœuvre de part et d'autre de Stalingrad est également perçue.

Aussi, dès le début novembre, le chef d'état-major général, Zeitzler, propose une retraite de la 6e armée dans la boucle du Don. Cette proposition se heurte au refus de Hitler, convaincu que tout repli ne peut avoir que des effets catastrophiques sur le moral de la troupe. Le Führer préconise, au contraire, le renforcement des armées satellites par des divisions de campagne de la Luftwaffe et s'efforce de reconstituer une masse de manœuvre sur les arrières des armées roumaines. Mais, à la veille de l'offensive soviétique et compte tenu de l'usure provoquée par Stalingrad, les réserves « stratégiques » ne dépassent pas une division d'infanterie allemande et le 48e corps blindé réduit à 84 chars…

Sous ces auspices favorables, l'offensive soviétique démarre à partir des têtes de pont du Don, le 19 novembre, favorisée par un brouillard intense qui va paralyser totalement l'action de la Luftwaffe pendant plusieurs jours. Après une très violente préparation d'artillerie – on compte 60 à 70 pièces par kilomètre –, les fantassins soviétiques soutenus par des chars submergent les positions roumaines, et dans l'après-midi les corps blindés passent à l'exploitation, procédant à l'encerclement des divisions roumaines et fonçant en direction de la boucle du Don. Le lendemain, le second coup est frappé. Deux armées enfoncent au sud de Stalingrad les positions de la 4e armée roumaine entre les lacs Tsatsa et Bartmantsak, et s'élancent à leur tour en direction du Don. Les deux branches de la tenaille sont sur le point de se refermer.

La décision va être acquise en moins de quatre jours. Paralysé par le brouillard, les ruptures de communications et le manque de moyens, le commandement allemand se trouve incapable de lancer une réaction d'envergure et la situation évolue dans la plus grande confusion. Le 23 novembre est la journée décisive. Les deux armées roumaines se sont littéralement disloquées et 5 divisions encerclées, acculées au Don, mettent bas les armes. Le 48e corps blindé qui a tenté vainement de les secourir échappe de peu à l'étreinte soviétique et se replie vers l'ouest après avoir perdu la quasi-totalité de ses moyens. Enfin, à 16 heures, le 4e corps blindé soviétique réussit à s'emparer du pont de Kalatch sur le Don qui commande le ravitaillement routier de la 6e armée et la liaison avec la branche sud de la tenaille.

Les pionniers allemands qui gardent le pont ont reçu l'ordre de le faire sauter à la moindre approche d'éléments de l'Armée rouge. Mais les Soviétiques recourent à une ruse. En tête de la colonne surgissent cinq véhicules de reconnaissance allemands capturés, remis en état et portant les insignes de la 17e Panzer. Surmontés de grappes de fantassins, ils avancent pleins phares dans la nuit, suivant les règlements en vigueur dans la Wehrmacht. Abusé, le chef du détachement ordonne à ses hommes d'écarter les obstacles et de lever les barrières. Le détachement soviétique pénètre sur le pont, s'immobilise. Les fantassins sautent des véhicules et abattent à la mitraillette ou capturent les pionniers allemands. Quelques heures plus tard, le détachement effectue sa jonction près de Sovietsky, sur la rive gauche du Don, avec l'avant-garde du 4e corps mécanique du « front de Stalingrad », coupant par la même occasion la voie ferrée Stalingrad-Vorochilovgrad, le dernier cordon ombilical de la 6e armée prise au piège.

Aussitôt après la réussite de la manœuvre et conscient de la fragilité de l'encerclement, le commandement soviétique établit un mince cordon autour de la 6e armée et s'efforce, au contraire, de dresser à l'ouest un solide barrage défensif pour repousser une éventuelle tentative de dégagement allemande. La manœuvre s'exécute au cours des jours suivants, avec l'arrivée des troupes soviétiques sur la rivière Tchir et le Don, et la mise en place de forts groupements blindés et d'un solide barrage antichar comprenant plus de mille pièces. En définitive, en l'espace d'une semaine, la manœuvre se solde par un succès complet et la Stavka prépare alors un assaut en règle contre la 6e armée.

En dépit de signes annonciateurs, la rupture du front du Don et de la Volga provoque à l'OKH l'effet d'un coup de tonnerre. Fidèle à son tempérament, Hitler s'oppose à nouveau à toute tentative de repli de la 6e armée et, le 22 novembre, il lui ordonne de se constituer en hérisson à l'est de Stalingrad sur un périmètre de 60 kilomètres de long sur 40 kilomètres de large englobant les terrains d'aviation de Gumrak et de Pitomnik. Mais, dès le lendemain, Paulus, avec le soutien de tous ses chefs de corps et du commandant du groupe d'armées B, demande l'autorisation de percer vers l'ouest, invoquant l'absence de vêtements d'hiver et l'extrême faiblesse des réserves de munitions, de vivres et de carburant. Simultanément, il renonce à tout assaut dans les ruines de Stalingrad où se terrent les derniers défenseurs soviétiques, et fait roquer vers l'ouest de la poche ses meilleurs éléments blindés et motorisés en vue de la rupture.

Le chef d'état-major Zeitzler appuie alors de tout son poids la demande du général Paulus et le 24 novembre, à 2 heures du matin, il est sur le point de faire fléchir le Führer, après lui avoir démontré qu'une résistance sur place ne peut que conduire à la destruction de la 6e armée et qu'une percée en direction de l'ouest reste encore possible, compte tenu de la faiblesse relative de l'encerclement soviétique. Alors que la partie semble gagnée pour Zeitzler, Hitler change brusquement d'avis à 6 heures, ou plutôt s'obstine dans son ordre de résistance sur place.

Deux faits sont à l'origine de ce nouvel accès d'obstination. Pour commencer, l'intervention de Göring joue un rôle décisif. Par l'intermédiaire de son chef d'état-major Jeschonnek, le maréchal du Reich affirme que, conformément aux exemples de l'hiver précédent de Kholm et de Demyansk où la Luftwaffe avait pu ravitailler par air pendant des mois plus de 100 000 hommes encerclés, l'aviation allemande se trouve également en mesure de secourir la poche de Stalingrad et de lui fournir, en mobilisant tous ses moyens, 500 tonnes de ravitaillement par jour. Cette affirmation étayée par des arguments en apparence impressionnants entraîne à l'aube du 24 novembre la conviction de Hitler et scelle le sort de la 6e armée…

L'assurance de la Luftwaffe survient à un moment critique, celui où Hitler échafaude déjà une opération de dégagement de Stalingrad par une forte concentration de blindés. De fait, le jour même, il rappelle du front de Leningrad le maréchal von Manstein, le vainqueur de

Sébastopol. Il lui confie le commandement du « groupe d'armée du Don » et la mission de dégager la 6e armée. En fait, il va falloir quinze jours au maréchal pour constituer ce groupe avec les débris de la 4e armée blindée de Hoth renforcée par la 23e Panzer rappelée du front centre et la 6e Panzer arrivée de France dans des délais records. Au total, Manstein ne dispose que de 300 engins blindés, seule la 6e Panzer étant à effectifs complets avec 200 chars et automoteurs.

Avec un sens tactique remarquable que la campagne de 1943 ne fera que confirmer, Manstein démarre le 12 décembre de Kotelnikovo, attaquant de flanc les forces du front de Stalingrad au point le plus faible de l'encerclement soviétique. En dépit de la faiblesse de ses moyens, que la Stavka évalue à près de 500 chars, l'offensive baptisée « Tempête d'hiver » bouscule la 51e armée soviétique et franchit le barrage de la rivière Aksaï. La violence de l'attaque oblige immédiatement le commandement soviétique à suspendre l'assaut prévu contre Stalingrad et à rameuter trois corps motorisés et blindés pour faire face à la menace qui monte du sud.

Malgré cette intervention, la progression du groupe d'armées Don se poursuit et, le 20 décembre, les blindés allemands atteignent la rivière Myshkoya derrière laquelle la résistance soviétique se raidit. Manstein ne se trouve plus alors qu'à 45 kilomètres de la poche de Stalingrad. Mais devant la difficulté de l'obstacle, jugeant ses flancs exposés, tout en étudiant encore une manœuvre de débordement, le maréchal, qui dispose alors d'une véritable délégation de l'OKH et d'une imposante colonne de camions chargés de ravitaillement et d'essence, incite Paulus à effectuer une tentative de sortie désespérée dans sa direction qui coïnciderait avec un suprême effort de sa part. En dépit d'une véritable mise en demeure, Paulus se retranchant derrière des difficultés de ravitaillement et finalement la volonté du Führer, n'arrivera pas à se résoudre à tenter la percée qui aurait encore pu sauver le gros de son armée[4].

Manstein se voit obligé de mettre fin à sa tentative la veille de Noël, en raison de l'ampleur de la nouvelle offensive déclenchée par l'Armée rouge depuis le 16 décembre. Passant à l'attaque, les « fronts » de Voroneje et du sud-ouest ont littéralement mis en pièces les armées italienne, hongroise et les restes de la 3e armée roumaine. Devant l'effondrement de pans entiers du front sud, le problème clé pour le commandement allemand s'identifie à la défense du bassin du Donetz et du couloir de Rostov, seule voie de repli du groupe d'armées A encore engagé aux abords du Caucase. Dès la fin décembre, le front allemand se situe à près de 400 kilomètres à l'ouest de Stalingrad. Le sort de la 6e armée est désormais scellé, d'autant plus que le pont aérien ne fournira en 67 jours de siège que 100 tonnes par jour en moyenne, au lieu des 500 promises sur la base de 220 000 rationnaires.

Pourtant, sous la direction du chef de la 4e flotte aérienne, le général Richthofen, en attendant que le maréchal Milch soit chargé de coordonner toute l'opération, la Luftwaffe met en œuvre la quasi-totalité de ses moyens, 230 JU 52 et JU 86, 190 Heinkel 111, auxquels s'ajouteront des Heinkel 177 et des quadrimoteurs Focke Wulfe Condor 200 venus de la base de Bordeaux-Mérignac, où ils participaient à la bataille de l'Atlantique. En y ajoutant les appareils de transport des écoles d'instruction, l'aviation allemande arrive à réunir, au début janvier, près de 850 avions, sans tenir compte, il est vrai, des indisponibilités.

En dépit de ce déploiement d'appareils impressionnant, les résultats vont se révéler inférieurs à ceux obtenus au cours de l'hiver précédent, même si la poche dispose de deux aérodromes, Pitomnik et Gumrak. Le pont aérien n'atteint son intensité maximale que du 18 au 23 décembre et les 300 tonnes ne sont obtenues qu'une seule fois le 19, alors que la 6e armée en réclame un minimum de 500. Par la suite, les 200 tonnes ne seront dépassées qu'exceptionnellement à la fin décembre et au début janvier.

Plusieurs raisons, que l'état-major de la Luftwaffe n'avait pas su ou voulu prévoir, expliquent ce bilan désastreux qui va sceller le sort de la 6e armée. Les conditions météorologiques jouent d'abord un rôle déterminant et les Allemands sont amenés à constater que l'hiver dans la région de la boucle du Don et de la Basse-Volga souffre d'un temps perturbé avec formation d'épaisses nappes de brouillard. C'est ainsi qu'à plusieurs reprises, les 24 et 25 décembre, les 2 et 3 janvier, les avions de transport sont cloués au sol.

Un deuxième mécompte concerne l'abandon des aérodromes avancés utilisés pour le ravitaillement de la poche, à la suite de la seconde offensive soviétique lancée à partir du 16 décembre. Après la chute d'Oblivskaïa, les chars soviétiques font irruption, le 24 décembre, sur le terrain de Morosovskaïa d'où opèrent la plupart des avions de transport. Dans une immense confusion, 124 JU 52 et JU 86 sur 180 réussissent à prendre l'air, les autres étant détruits par les blindés ou victimes de collision. Au début de janvier, la Luftwaffe doit abandonner tous les aérodromes de la boucle du Don et opérer à partir des terrains situés à l'ouest du Dniestr, ce qui allonge les distances et diminue les rotations. Alors qu'ils se trouvaient à moins de 200 kilomètres de Pitomnik, les avions parcourent alors de 300 à 400 kilomètres.

Les équipages doivent encore compter avec les réactions adverses totalement inexistantes au cours de l'hiver précédent. Les jours de beau temps, la chasse soviétique cherche à intercepter les appareils de transport, au cours des vols aller notamment, alors qu'ils suivent un couloir marqué par la station de radio-balisage de Pitomnik. Aux approches du terrain et avec la réduction progressive de la poche, les Soviétiques installent une DCA puissante qui prélève un tribut croissant sur les avions.

A partir du début de janvier encore, Pitomnik se trouve à portée de l'adversaire et les avions atterrissent directement sous le feu de l'artillerie soviétique, en dépit de la généralisation de vols nocturnes. Avec la chute du terrain, le 16 janvier, les appareils de transport doivent se rabattre sur Gumrak plus étriqué, moins bien équipé et qui se trouve lui aussi à portée des canons adverses. Après son occupation, le 22, c'est pratiquement la fin du pont aérien, encore que jusqu'au 2 février la Luftwaffe arrivera à ravitailler les restes de la poche par conteneurs, réussissant à dépasser, à la fin janvier, le score de 100 tonnes par jour.

En définitive, le ravitaillement par air de la 6ᵉ armée, en dépit des allégations de l'aviation, s'est soldé par un échec tragique. Il n'a fait que prolonger l'agonie de la 6ᵉ armée après avoir ancré Hitler dans son idée d'une résistance sur place. Dans cet échec, l'abnégation des équipages de la Luftwaffe ne peut être mis en cause. Au jour de la capitulation de Paulus, le bilan se solde par la perte de 488 appareils. Il est vrai que pour ce prix 42 000 blessés ont pu être évacués échappant ainsi à la captivité et à la mort.

Les dernières semaines ne sont qu'une longue agonie. Le 8 janvier, le commandement soviétique offre à Paulus une capitulation honorable, avec l'assurance que les blessés et les prisonniers seront bien traités. L'offre est repoussée et 48 heures plus tard débute l'offensive finale qui, en dépit de l'inégalité des forces, va se poursuivre plus de trois semaines. De fait, pour la destruction de la 6ᵉ armée, le « front du Don » de Rokossovski déploie 7 armées, près de 300 000 hommes appuyés par 4 brigades de chars, 55 régiments d'artillerie lourde et

6 batteries de lance-roquettes. Les Soviétiques disposent d'une supériorité aérienne complète. En face, le général Paulus ne peut plus opposer que 190 000 hommes y compris des formations roumaines et croates. Ses troupes dépourvues d'équipements d'hiver se trouvent à court de carburant, doivent ménager les munitions et sont condamnées à des rations de famine. La résistance n'en sera pas moins remarquable.

A la faveur de préparations d'artillerie intenses menées par plus de 7 000 bouches à feu, la progression soviétique est lente et méthodique. Le 13 janvier, sous les assauts de trois armées, les Allemands se trouvent repoussés au-delà de l'étroite vallée de la Rossochka où ils ne peuvent se maintenir. L'assaut se poursuit les jours suivants et, le 17 janvier, la poche se trouve réduite de moitié. Le coup le plus sévère concerne la perte de l'aérodrome de Pitomnik. A partir du 20 janvier, les débris de la 6e armée, après l'abandon du dernier terrain de Gumrak, se trouvent rejetés dans les ruines mêmes de Stalingrad qu'elles avaient eu tant de mal à enlever.

A bout de forces, à court de munitions, aux prises avec un froid intense, les dernières unités allemandes voient leur moral s'effondrer ; deux divisions déposent les armes le 22 janvier. Ce jour-là, les assaillants, en liaison avec les héroïques soldats de Tchouikov qui s'accrochent encore à quelques positions de la rive droite de la Volga, coupent en deux la poche allemande qui se rétrécit au cours des journées suivantes comme une peau de chagrin. Le 31 janvier, enfin, les Soviétiques font prisonnier Paulus, qui a été élevé la veille à la dignité de maréchal, ainsi que la plupart des membres de son état-major. Les ultimes combats cessent le 2 février 1943 avec la reddition des derniers éléments retranchés dans la partie nord de Stalingrad. S'achève ainsi une bataille de géants entamée cinq mois plus tôt et qui se solde par une éclatante victoire soviétique. Sur les 220 000 hommes de la 6e armée, 42 000 ont pu être évacués par avion, 95 000 ont trouvé la mort et 90 000 sont faits prisonniers dont 8 000 seulement regagneront l'Allemagne après la guerre.

En définitive, une défaite sans précédent, qui porte un coup sévère à la réputation d'invincibilité de l'armée allemande. Trois causes sont à l'origine du désastre : l'obstination de Hitler, son entêtement à imposer une résistance sur place, les assurances abusives du commandement de la Luftwaffe, le manque de caractère de Paulus, qui n'a pas su, sinon désobéir aux ordres du Führer, du moins répondre aux objurgations de Manstein.

Pendant que se déroule l'investissement de Stalingrad, Hitler se résigne à procéder au repli du groupe d'armées A engagé dans le Kouban et au Caucase, et qui court le risque d'être à son tour encerclé. Le repli s'effectue du 1er janvier au 2 février 1943 par le couloir de Rostov et en direction du Donetz, ainsi que sur la presqu'île de Taman où Hitler tient à conserver une tête de pont susceptible de constituer une base offensive sur les arrières de l'Armée rouge.

Toutefois, lors de la capitulation de la 6e armée, la situation du front méridional reste critique. Trois armées soviétiques déclenchent une offensive générale depuis le nord de Koursk à Vorochilovgrad. La Stavka cherche de toute évidence à séparer le groupe d'armées B de celui de Manstein, à détruire les forces allemandes entre Don et Donetz et à les rejeter sur la Crimée, tout en exerçant une menace en direction de Smolensk et de Kiev. Simultanément, intervient une nouvelle tentative de dégagement de Leningrad.

Sur le front sud, l'offensive débute le 29 janvier. Le 9 février, les troupes soviétiques s'emparent de Bielgorod et de Koursk. Le 16 février, Kharkov tombe à son tour. Une brèche de 150 kilomètres se creuse entre le groupe d'armées A et celui de Manstein.

Mais, dès le 19 février, avec les restes des 1re et 4e armées blindées, en liaison avec le Panzerkorp SS, Manstein exploite la situation aventurée de l'Armée rouge. Il contre-attaque les colonnes soviétiques, aux flancs mal protégés et démesurément allongés, qui foncent en direction de la boucle du Dniepr. Totalement surpris, l'adversaire laisse 25 000 morts sur le terrain et abandonne plus de 600 chars.

La contre-offensive de Manstein bénéficie d'un soutien massif de la Luftwaffe qui effectue plus de 1 000 sorties par jour. Le 8 mars, Manstein déclenche une seconde offensive qui rejette les Soviétiques de 150 kilomètres en arrière et permet aux Allemands de réoccuper Bielgorod et Kharkov. Le dégel de fin mars ne permet pas à Manstein de poursuivre les opérations et de réduire le saillant de Koursk, laissant planer une menace sur les groupes d'armées centre et sud.

Le front se stabilise alors sur les positions de juin 1942. Les deux adversaires sont pour l'heure épuisés. L'arrêt des opérations va conduire à une longue pause de plus de trois mois, qui va permettre aux Allemands et aux Soviétiques de reconstituer leurs forces. Au total, à la fin de l'hiver 1943, le Reich semble avoir maîtrisé la crise de l'automne aussi bien en Méditerranée qu'en Russie.

Ce redressement ne peut dissimuler une polémique, loin d'être encore totalement éteinte aujourd'hui. On a pu se demander si la résistance de la 6e armée avait été utile, si une capitulation n'aurait pas dû intervenir au début de janvier, évitant à des hommes épuisés, accablés par le froid, soumis à des rations de famine, des souffrances inouïes et des pertes s'élevant aux trois cinquièmes des effectifs encerclés. Cet épouvantable calvaire n'a-t-il pas été le résultat de l'orgueil insensé et criminel de Hitler imposant une résistance sans espoir, alors que toute chance de dégagement et de ravitaillement s'était évanouie. Sur ce point douloureux, la réaction des Allemands a été unanime. C'est le sacrifice de la 6ᵉ armée qui a évité l'effondrement du front méridional, permis le repli du groupe d'armées A et la victorieuse contre-offensive de Manstein.

Parlant du refus de l'offre de capitulation du 8 janvier, Manstein lui-même écrira : « L'armée devait continuer à combattre, même si elle n'en avait rien à attendre pour elle-même. Chaque journée gagnée par elle prenait une importance décisive pour le sort de tout le front allemand. Que l'on n'aille pas dire que la guerre ayant été finalement perdue, il eût mieux valu en accélérer la fin pour épargner des souffrances inutiles. Ce serait de la sagesse d'après coup. A cette époque, il ne serait nullement certain que l'Allemagne la perdrait militairement.

« Une paix de compromis demeurait dans le domaine des possibilités, mais, pour cela, il fallait rétablir la situation sur cette partie du front, ce qui fut finalement fait. Pour atteindre ce résultat, il était indispensable que la 6ᵉ armée continuât de fixer les forces ennemies devant elle aussi longtemps qu'elle le pourrait. La dure nécessité obligeait le haut commandement à réclamer cet ultime sacrifice de la part de ses vaillantes troupes[5]. »

De fait, jusqu'au début février, les troupes de Paulus ont retenu devant elles sept armées, près de 300 000 hommes qui ont subi de lourdes pertes évaluées à 50 000 hommes par les Soviétiques eux-mêmes et probablement plus élevées. De toute manière, quand on sait le sort réservé aux prisonniers de guerre allemands en URSS, les soldats de la 6ᵉ armée étaient condamnés.

10

Victoires défensives

Le rétablissement de la fin de l'hiver ne doit pas trop faire illusion. Le retentissement de la chute de Stalingrad est énorme dans le monde entier. Pour la première fois dans l'histoire militaire de l'Allemagne, une armée capitule et l'événement prend d'autant plus d'importance que, la veille de la reddition, Paulus a été élevé à la dignité de maréchal par décision du Führer.

En Allemagne, le régime ne cherche pas à réduire l'ampleur de la défaite. Par la radio, la presse, la population a pu suivre, au cours des derniers jours, l'agonie de la 6e armée dans une atmosphère wagnérienne. Au lendemain de la reddition, les journaux paraissent bordés de noir et des services funèbres à la mémoire des soldats sont célébrés dans les églises et les temples. Avec son sens aigu de la psychologie des masses, Goebbels voit dans Stalingrad l'occasion de provoquer le sursaut national nécessaire à la mobilisation de toutes les forces vives du pays dans une guerre qui ne peut plus être qu'absolue. C'est le 18 février qu'il prononce à Berlin son fameux discours sur la « guerre totale » qu'il affecte encore d'identifier à une guerre courte. A partir de ce moment, Hitler impose la mobilisation économique complète et place à la tête de l'industrie des armements Albert Speer, avec des pouvoirs discrétionnaires.

En marge de la guerre totale, la capitulation de la 6e armée a pour premier résultat de relancer la conjuration contre Hitler et le régime. Au lendemain de la chute de la France, cette conspiration, rappelons-le, était entrée en sommeil. Mais un premier réveil s'était manifesté dès la fin de l'année 1940, avec l'incapacité de Hitler d'amener la Grande-Bretagne à composition et de trouver une issue au conflit. La conspiration trouve une vigueur nouvelle après l'échec de Barbarossa devant Moscou et davantage encore avec la chute de Stalingrad.

On retrouve toujours le noyau initial avec Gordeler, les généraux Beck, Witzleben, Hoepner, les diplomates Schulenburg, von Hassel ou quelques personnalités politiques de l'ancien régime comme les socialistes Leber et Leuchfeld. Pour tous ces hommes, il semble plus que jamais nécessaire d'écarter Hitler et d'aboutir à une solution politique. En dépit d'origines diverses, tous sont d'accord pour rétablir la monarchie au profit du prince Frédéric de Prusse, le petit-fils de Guillaume II.

En dépit du résultat décevant des premiers contacts pris avec Londres par l'intermédiaire de Stockholm, tous espèrent encore, à la faveur d'un changement de régime, obtenir un amendement à la reddition sans conditions décidée à Casablanca, traiter avec les Occidentaux sur les bases des frontières de 1938 voire de 1939, avec le rétablissement des limites polono-allemandes de 1913.

Si la Luftwaffe et la Kriegsmarine restent totalement étrangères à la conjuration, celle-ci pousse des ramifications dans l'armée dont le concours est indispensable dans la perspective d'un coup d'Etat. Ces ramifications finissent par concerner la plupart des grands centres de commandement. Sont concernés à l'Ouest les quartiers généraux de Karl Erich von Stulpnagel à Paris et Falkenhausen à Bruxelles. Si l'amiral Canaris se refuse à participer directement au complot, il n'en couvre pas moins, au cœur de l'Abwehr, la « centrale » du général Oster associé au juriste Dohnayi et à des officiers comme Freytag ou Gehre.

Les contacts établis par Oster s'adressent aussi bien au « cercle de Kreisau » du comte Moltke, un centre d'opposition quelque peu académique, qu'au conseil œcuménique des Eglises par l'intermédiaire d'un de ses beaux-frères, le pasteur Dietrich Bonhoeffer. Ils concernent également les milieux militaires, au sein même du grand quartier général du Führer ou de l'armée de l'intérieur du général Fromm. Ils touchent enfin le chef d'état-major du groupe d'armées centre de von Kluge, le général von Tresckow.

Le ralliement de Tresckow constitue un des atouts majeurs de la conjuration. Il compense le refus d'hommes comme Guderian ou Manstein de participer au complot pour des raisons diverses. Le premier n'a que mépris pour Beck considéré comme un homme perpétuellement anxieux et hésitant. Pour le second, un coup d'Etat en temps de guerre relève de la trahison pure et simple. En revanche, Kluge, malgré la faveur dont il bénéficie auprès du Führer, se laisse convaincre par son chef d'état-major et n'écarte pas la possibilité d'une arrestation, voire d'un attentat contre le Führer. Son quartier général de Smolensk devient le foyer majeur de la conspiration.

En définitive, la conjuration ne se limite pas à quelques cercles politiques restreints ou à une poignée de généraux fatigués et privés d'emploi comme Beck et Witzleben. Elle concerne toute une partie du haut commandement, non seulement au niveau des généraux, mais de nombre de jeunes officiers. Elle n'épargne pas le grand quartier général du Führer, avec le quartier-maître Wagner, le colonel Fellgiebel, responsable des transmissions, ou von Roenne, chargé de la section des armées étrangères.

Par une ironie des choses, tous ces cadres ont accueilli l'avènement du nazisme avec enthousiasme, comme l'instrument de la régénération de l'Allemagne. Le désenchantement, la rupture se sont produits dès 1938 pour certains devant la perspective d'un conflit généralisé pour lequel le Reich n'est pas préparé, ou à partir de 1941 avec les premières défaites et surtout avec les atrocités commises sur les arrières du front de l'Est par les Einsatzgruppen. Pour ces officiers, en grande majorité d'origine prussienne, c'est non seulement l'avenir de l'Allemagne, mais l'honneur de l'armée qui sont en jeu.

En tout cas, au début de 1943, le complot prend une autre dimension. A Smolensk, von Tresckow et son entourage sont décidés à passer à l'action. Le 13 mars, lors d'une visite du Führer, ils ne peuvent procéder à son arrestation. Au moment du départ, le capitaine Schlabrendorff réussit cependant à introduire deux bombes à retardement dans l'avion de Hitler. L'explosion doit se produire une demi-heure après le décollage. En réalité, l'appareil se pose normalement deux heures plus tard à Rastenburg. Le mécanisme n'a pas fonctionné. Schlabrendorff réussit toutefois à récupérer les deux engins.

Au cours des mois suivants, à l'instigation du général Stieff, deux autres tentatives d'assassinat se succèdent. Deux jeunes officiers, Axel von dem Bussche et Heinrich von Kleist, envisagent de se faire sauter par des explosifs à proximité de Hitler, lors de la présentation de nouveaux uniformes. A la suite de contre-temps de dernière minute, ces tentatives n'aboutissent pas[1].

Après ces échecs, le centre de la conspiration se déplacera vers le quartier général de Fromm, le commandant de l'armée de l'intérieur, à partir du moment où le colonel Claus von Stauffenberg deviendra son chef d'état-major.

Au lendemain de Stalingrad, le découragement est cependant loin d'être général. Il ne concerne pas la grande majorité des combattants, pour lesquels la capitulation de la 6e armée apparaît comme un douloureux accident qui ne met pas en jeu l'issue de la guerre. Des hommes comme Manstein ou Guderian, revenu en grâce et placé à la tête de l'inspection de l'armée blindée, manifestent également leur confiance dans le potentiel du Reich et les capacités de redressement de la Wehrmacht.

Une nouvelle stratégie s'impose cependant, comme le prouvent les conférences d'avril 1943 au château de Klessheim, près de Salzbourg, où Hitler réunit tous les dirigeants des pays satellites, à commencer par Mussolini, le représentant de ce qui doit être encore l'allié privilégié. Le Führer s'efforce de rassurer, d'obtenir une participation supplémentaire à la lutte contre les adversaires de l'Europe nouvelle[2].

Inquiet, sachant pertinemment que l'Italie a toute chance de constituer l'objectif immédiat des Anglo-Américains, Mussolini presse Hitler de jouer la carte politique à l'Est. Depuis les contacts officieux pris par Ciano avec les Britanniques et les Américains, il sait qu'il n'a rien à attendre des grandes démocraties. Aussi incite-t-il le Führer à conclure un second Brest-Litovsk, à se libérer de ce théâtre oriental qui ronge les forces vives de la Wehrmacht et à consacrer tous ses moyens à la défense de l'Europe méditerranéenne et occidentale.

Hitler se montre évasif. Des contacts ont été pris avec Moscou au cours de l'hiver par l'intermédiaire de l'ambassade soviétique de Stockholm. Le Führer s'est même fait l'écho de ces ouvertures auprès du général Oshima, l'ambassadeur du Japon à Berlin. La position du Kremlin est nette. Avec le redressement de l'Armée rouge, il ne peut s'agir d'un nouveau Brest-Litovsk, d'une paix dictée à l'avantage du Reich. L'Allemagne doit abandonner tous les territoires occupés et se replier sur la frontière du 22 juin 1941[3].

Après deux ans d'efforts sanglants à l'Est, ces conditions apparaissent prohibitives. Par ailleurs, la confiance n'existe plus entre l'Allemagne et l'Union soviétique. Pour Staline, un accord de ce genre risque de s'identifier à une simple pause, dans la perspective d'une reprise du conflit. La Wehrmacht se trouvera obligée de maintenir des forces considérables sur une frontière orientale singulièrement repoussée vers l'ouest.

En somme, la stratégie de Hitler pour 1943 repose sur trois points. Tenir la tête de pont de Tunisie le plus longtemps possible. Donner une nouvelle dimension à la guerre sous-marine, déclencher une offensive limitée contre l'Armée rouge. Une victoire allemande permettrait de recourir à la solution politique préconisée par Mussolini et d'obtenir des avantages plus substantiels, avec le maintien de la présence allemande dans les pays Baltes, en Russie blanche et dans une partie de l'Ukraine.

Ces perspectives vont déboucher sur trois défaites successives. La première concerne la Tunisie. Au cours du mois de janvier, les forces de l'Axe possèdent l'initiative et réussissent à contrôler l'ensemble du territoire. La jonction peut s'établir avec les troupes de Rommel qui prennent position dans le Sud tunisien derrière la ligne Mareth.

Bénéficiant encore d'une nette supériorité aérienne, les forces germano-italiennes caressent l'espoir d'une victoire décisive et d'une occupation de toute l'Afrique du Nord. Par la trouée d'Ousseltine, von Arnim cherche d'abord l'encerclement des troupes françaises qui ne se dégagent que difficilement.

Rommel frappe à son tour. Profitant des difficultés logistiques de Montgomery, après une avance de 2 500 kilomètres, il ne laisse qu'un rideau de troupes devant la ligne Mareth et attaque avec tous ses moyens blindés sur la dorsale tunisienne par le col de Faïd, en direction de Kasserine. Le 2e corps US du général Fredendall est surpris, bousculé et lâche pied. Les Américains perdent 180 chars et abandonnent 3 000 prisonniers.

Le commandement allié redoute alors une rupture complète et un enveloppement de tout le front jusqu'en Algérie. Poursuivant leur progression en direction de Sbida et Tadla, les Allemands sont finalement arrêtés par l'intervention de blindés britanniques et de toute l'aviation tactique alliée.

A la fin février, devenu le commandant en chef de toutes les forces de l'Axe en Tunisie, Rommel se retourne contre la 8e armée et tente de déborder la ligne Mareth. La surprise ne joue pas et la manœuvre échoue dès le départ. Rommel perd plus de 50 chars. Au lendemain de cette dernière démonstration, il est rappelé en Allemagne et cède son commandement à von Arnim.

Patton et Montgomery passent alors à l'offensive. La 8e armée subit cependant le 20 mars un lourd échec sur la ligne Mareth. En revanche, une manœuvre de débordement menée par les Néo-Zélandais et la colonne Leclerc permet de tourner la position et de rejeter les forces de l'Axe derrière l'oued Akari, au nord de Gabès. Au début avril, Montgomery et Patton reprennent l'offensive et contraignent les troupes germano-italiennes à se replier sur la ligne Enfidaville à Takrouna dans le nord de la Tunisie.

L'espoir de Hitler et de l'OKW de s'accrocher à cette tête de pont réduite ne va pas tarder à s'effondrer. A partir des terrains d'Algérie et du Sud tunisien, les Alliés disposent d'une supériorité aérienne complète. Le bombardement répété des terrains de la région de Bizerte et de Tunis oblige les formations de l'Axe à se replier sur les aérodromes de Sicile. Par ailleurs, la Tunisie est soumise à un véritable blocus naval à partir de Malte et des ports de l'Est algérien. Le pont aérien mis en place par la Luftwaffe se traduit par des pertes prohibitives ; 177 avions de transport sont abattus.

A court de carburant et de munitions, surclassées en effectif et en matériel, les troupes de l'Axe soumises à une offensive convergente de toutes les armées alliées doivent capituler le 13 mai. 115 000 Italiens et 95 000 Allemands sont faits prisonniers.

Pour l'Axe, le coup est extrêmement sévère. La Wehrmacht perd dans l'opération une dizaine d'unités d'élite dont trois Panzer. Perte d'autant plus sévère que Hitler s'est refusé, en dépit des instances de Guderian, à procéder à l'évacuation des spécialistes de l'arme blindée. Dès lors, une menace diffuse plane sur la Sardaigne, la Sicile ou les Balkans. Les Anglo-Américains arrivent au contact de la forteresse Europe, sur ses points les plus faibles.

Un deuxième mécompte tout aussi grave concerne, au même moment, la bataille de l'Atlantique. Pourtant les premiers mois de 1943 sont prometteurs et confirment les résultats obtenus en 1942. A se limiter à l'Atlantique Nord, en dépit de conditions météorologiques extrêmement défavorables, les U-boote envoient par le fond 200 000 tonnes en janvier, 300 000 en février. Mais c'est en mars que les résultats sont exceptionnellement brillants, avec les plus grandes batailles de convois livrées depuis le début de la guerre.

Du 6 au 11 mars, 27 U-boote attaquent le convoi SC 121 et envoient par le fond 12 navires sans subir une seule perte. Du 6 au 20, trois meutes, *Raubgraf, Sturmer* et *Dranger*, regroupant 39 sous-marins, taillent littéralement en pièces les convois SC 122 et HX 229. 22 cargos sont détruits pour la perte d'un seul sous-marin.

Au total, plus de 500 000 tonnes sont envoyées par le fond en un seul mois, 650 000 tonnes si l'on ajoute les pertes subies par la navigation alliée en Méditerranée et dans l'océan Indien. L'Amirauté reconnaîtra, au lendemain de la guerre, que les Allemands n'avaient jamais été aussi prêts de rompre les communications entre le vieux et le nouveau monde que dans les vingt premiers jours de mars 1943. On envisage alors sérieusement le retour aux passages isolés.

Le tournant de la bataille est cependant proche. Les résultats d'avril sont décevants. En dépit d'attaques répétées, les meutes ne coulent que 250 000 tonnes de navires de commerce. 14 U-boote disparaissent. Le bilan de mai est encore plus sombre. Du 6 au 10, trois meutes totalisant le nombre record de 60 sous-marins ne réussissent à envoyer par le fond que 12 navires pour la perte de 7 d'entre eux. A la fin du mois, 34 U-boote ont disparu et les destructions atteignent péniblement 150 000 tonnes. Devant l'ampleur des moyens alliés, Dönitz s'incline, du moins provisoirement, et replie ses bâtiments sur l'Atlantique central.

En septembre 1943, le grand amiral effectue une dernière tentative sans plus de succès. Les attaques portent sur l'Atlantique Nord ou les convois de Gibraltar. Le groupe *Leuthen* ne réussit cependant à couler que 8 bâtiments dont 3 escorteurs pour la perte de 7 sous-marins. Les résultats des semaines suivantes sont encore plus médiocres, avec la mise en place par les Alliés d'un véritable blocus naval et aérien du golfe de Gascogne.

107 U-boote disparaissent donc au cours du second semestre 1943 pour des destructions qui atteignent à peine 300 000 tonnes. Dönitz doit reconnaître que la bataille de l'Atlantique est, pour le moment du moins,

perdue. La principale ligne de résistance à l'ouest s'effondre.

La dernière désillusion concerne la grande offensive du front oriental destinée à porter un coup sévère à l'Armée rouge et à déboucher sur une éventuelle solution politique. L'opération débute le 5 juillet 1943. Mettant en ligne près de 40 divisions, l'objectif du commandement allemand, attaquant au nord et au sud du « balcon » de Koursk, est de prendre dans une gigantesque tenaille les forces soviétiques qui se trouvent à l'intérieur du saillant. Moins de 8 jours après le début de l'offensive, Hitler donne l'ordre de suspendre l'opération. Malgré des sacrifices considérables, l'objectif n'a pas été atteint. Au nord, la 9e armée de Model n'a pu pénétrer que de 10 à 12 kilomètres dans les défenses soviétiques. Au sud, Manstein a obtenu des résultats plus brillants. L'avance de ses blindés atteint 30 à 35 kilomètres. Mais le commandant du front sud n'a pu obtenir la rupture du dispositif soviétique.

Quelles sont les raisons de cet échec ?

La surprise n'a pas joué. Le terrain dégagé ne s'y prêtait d'ailleurs pas et les ruses utilisées par les Allemands – hommes des chars troquant leur tenue noire contre l'uniforme feldgrau de l'armée de campagne, voyage de Manstein à Bucarest à la veille du jour fixé pour l'offensive – n'ont pu tromper l'excellent service de renseignements du commandement soviétique. Celui-ci était non seulement averti du secteur où devait se produire l'offensive allemande, mais encore il en connaissait le jour, « entre le 3 et le 5 juillet », avait annoncé Khrouchtchev, délégué de la Stavka à Vatoutine. A l'aube du 5 juillet, les batteries soviétiques ouvrent le feu sur les concentrations de troupes allemandes, devançant la préparation d'artillerie de l'adversaire, et retardent de 2 à 3 heures son offensive. Une attaque éclair de l'aviation soviétique sur les aérodromes allemands manque de provoquer une catastrophe. Les appareils de la Luftwaffe prêts pour l'offensive ne doivent leur salut qu'à une série impressionnante de décollages en catastrophe.

Parfaitement au courant des préparatifs allemands depuis le mois d'avril, le commandement soviétique est décidé à livrer bataille. Profitant des hésitations allemandes, les Russes ont pendant trois mois massé une grande partie de leurs forces d'élite dans le saillant de Koursk, au profit du « front du Voroneje » de Vatoutine et du « front du centre » de Rokossovski. En arrière, la 5e armée blindée de Koniev constitue une réserve générale de chars susceptibles d'intervenir aux points critiques du champ de bataille. Les Russes ont également établi un système de résistance de plus de 25 kilomètres de profondeur, multipliant les champs de mines, les fossés antichars, fortifiant les villages, enterrant les batteries de pièces antichars qui sont parfaitement camouflées.

La profondeur du dispositif et la présence des meilleures forces soviétiques n'ont pas échappé au commandement allemand et ont modifié le caractère de l'opération *Citadelle*. C'est au mois de mars que Manstein a eu l'idée d'attaquer le saillant de Koursk, après la reprise de Kharkov. Mais le raidissement de la défense soviétique et un brusque dégel l'en ont empêché. Il ne s'agit alors que d'obtenir un raccourcissement du front et d'améliorer les positions défensives allemandes ainsi que la liaison avec le groupe d'armées centre.

Au printemps, cette idée d'offensive est reprise par le chef d'état-major général Zeitzler appuyé par Keitel, Kluge et Manstein naturellement. L'armée allemande a repris l'initiative à la fin de l'hiver, et le saillant de Koursk paraît tout indiqué pour infliger à l'armée soviétique une sévère défaite, quitte à dégarnir sérieusement les autres fronts tenus par l'Allemagne. Manstein va même plus loin. Résolument partisan de l'affrontement avec les forces vives de l'ennemi, il propose de procéder à de nouvelles rectifications du front, allant de l'évacuation du saillant d'Orel jusqu'à l'abandon de la région du Donetz, difficile à défendre. Si les Soviétiques prennent l'initiative sur la partie méridionale du front, il serait préférable de les laisser progresser jusqu'au Dniepr. Ensuite, par une « manœuvre en retour » orientée nord-sud, les Panzer concentrés dans le secteur de Kharkov pourraient infliger une défaite décisive aux armées soviétiques trop aventurées. Cette manœuvre inspirée de la bataille de février-mars 1943 soulève les protestations de Hitler, de Zeitzler et de Keitel[4].

Finalement, à la conférence de Munich, les 3 et 4 mai, le principe d'une offensive contre le saillant de Koursk est sérieusement étudié. Les chefs du front de l'Est ne cachent pas l'intérêt qu'ils accordent à cette opération. Ils pensent qu'une attaque dans le secteur de Koursk permettra de détruire le gros des armées soviétiques, c'est-à-dire « la force organisée de l'ennemi ». Cette manœuvre en tenaille conduira à une réédition de la bataille de Cannes considérée par toutes les écoles d'état-major allemandes comme un modèle insurpassable. Pour une fois, l'occasion se présente d'affronter directement le corps de bataille de l'ennemi au lieu de se lancer à la poursuite d'objectifs lointains à caractère économique. Manstein, Kluge et les chefs de la Luftwaffe insistent pour que l'opération soit lancée au mois de mai au plus tard, avant que les Russes n'aient le temps de renforcer leurs grandes unités.

Cependant à Munich, des hommes comme Jodl, Guderian ou Model se montrent beaucoup plus circonspects. Le renforcement des positions russes à l'intérieur du saillant les inquiète, d'autant plus que le commandement soviétique poursuit ses préparatifs d'offensive sur plusieurs secteurs du front : Kharkov, moyen Donetz,

Mious… Des réserves blindées sont signalées en arrière de tous ces points névralgiques.

Model brosse un tableau très sombre des défenses soviétiques aux points de rupture probable d'une offensive en tenaille. D'après lui, l'adversaire compte sur une attaque allemande. Si l'on veut obtenir un succès, il faut changer de tactique. Guderian est aussi net. Appuyé par Speer, il émet des réserves sur l'emploi prématuré des nouveaux matériels de chars et surtout il affirme que l'opération est dépourvue d'utilité. L'Allemagne vient à peine de recompléter ses forces du front de l'Est. « Une offensive conforme au projet du chef d'état-major général, écrira-t-il, entraînerait inévitablement de lourdes pertes en chars qui compromettraient ce rétablissement. Nous n'étions pas en état de recompléter nos réserves en chars en 1943 une seconde fois, d'autant plus qu'il fallait plutôt songer à pourvoir désormais le front ouest en chars modernes, afin de pouvoir affronter le débarquement des puissances occidentales, auquel on pouvait s'attendre sûrement en 1944. »

Les objections de Guderian et de Model font la plus forte impression sur Hitler qui, sans repousser le principe de l'opération, refuse de s'engager et de donner une date précise. Quelques jours plus tard, à Berlin, Guderian revient à la charge. « Pourquoi tenez-vous absolument à attaquer cette année à l'Est ? demande-t-il à Keitel. – Pour des raisons politiques… Pensez-vous qu'un homme au monde sache où se trouve Koursk… je répète ma question… – Vous avez tout à fait raison, dit Hitler. Cette idée d'attaque me donne mal au ventre chaque fois que j'y pense[5]. »

En fait, les hésitations du Führer se poursuivent pendant plusieurs semaines. Il laisse passer la date du 15 mai considérée comme très favorable par Kluge et Manstein. Juin s'écoule encore sans qu'il puisse se résoudre à donner l'ordre de déclencher l'opération

Citadelle. Les raisons de cet ajournement ne manquent pas. Hitler reste surtout préoccupé par la situation du théâtre méditerranéen et il s'attend à une initiative alliée en Italie ou dans les Balkans.

Il tient également à renforcer son dispositif d'attaque et donner à ses divisions blindées toute la puissance possible. Pour percer les positions soviétiques il fonde de grands espoirs sur l'augmentation du nombre de Tigre et sur l'apparition des chasseurs de chars lourds « Ferdinand » de 67 tonnes. Il attend également l'arrivée des chars Panther qui sortent difficilement de leurs maladies de jeunesse. La longue attente de mai à juillet permet ainsi de doubler la puissance des divisions blindées et de disposer d'engins de rupture supérieurs aux chars soviétiques. Des opérations sont lancées contre les partisans en Ukraine, et surtout en Russie blanche où se multiplient attentats et sabotages de voies ferrées.

Naturellement, le retard allemand est mis à profit par les Russes pour renforcer leur système de défense… Bref, comme le soulignera Liddel Hart, le Führer se trouve pris entre deux exigences contradictoires : le délai et la puissance.

Ce n'est que le 3 juillet à Rastenburg, que Hitler annonce à ses généraux sa décision de déclencher l'opération Citadelle. Le moment critique est désormais passé sur le théâtre méditerranéen. L'Allemagne dispose de forces suffisantes en Italie et dans les Balkans pour faire face à une initiative des Alliés. Manstein, Zeitzler ont réussi à le persuader que l'on ne peut attendre indéfiniment une offensive russe qui interviendra peut-être seulement en hiver ou après l'ouverture d'un second front. Naturellement, les préoccupations politiques ne sont pas étrangères à sa décision. Une grande victoire rétablira la confiance des pays alliés ébranlée depuis Stalingrad. Quant à l'opinion allemande, comme chaque été, elle attend que la Wehrmacht reprenne l'initiative à l'Est.

Contrairement à ce que l'on peut penser, le Führer sait parfaitement que l'issue de la bataille sera aléatoire. Devant son auditoire, il compare la situation de 1943 aux crises que l'Allemagne a déjà traversées en 1936, 1938, 1940[6]...

Si l'offensive est couronnée de succès et réussit à enfoncer les défenses soviétiques, elle brisera les meilleures unités ennemies et cassera les reins de l'Armée rouge. Si la percée s'avère impossible... Hitler, Manstein et Model comptent au moins sur un résultat secondaire : les troupes russes seront affaiblies et les préparatifs soviétiques pour une grande offensive d'été bouleversés. Citadelle apportera à l'armée allemande un long répit qui permettra de faire face à une crise méditerranéenne. Quoi qu'il en soit, le 5 juillet, la bataille est attendue et souhaitée de part et d'autre. Ce sera la lutte de deux corps de bataille, le combat du fort au fort.

En apparence, le dispositif allemand est impressionnant. Sur un front étroit, près de 40 divisions, dont 17 blindés, soit la presque totalité des meilleures unités du front de l'Est, vont tenter d'enfoncer les positions soviétiques. Dans les airs, 1 700 appareils de la Luftwaffe, opérant en masse pour la dernière fois, ouvriront la route aux blindés.

Mais un examen détaillé du rapport des forces montre que pour les Allemands, la partie s'annonce particulièrement âpre et difficile. Contre la face nord du saillant est massée la 9e armée de Model renforcée à 22 divisions dont 6 blindées et une motorisée. Avec 270 000 hommes, 3 500 pièces d'artillerie et 1 200 chars, elle doit percer les positions soviétiques attaquant entre la route et la voie ferrée Orel-Koursk. En face, sur le « front central » de Rokossovsky, la 13e armée doit supporter le choc des forces allemandes, mais elle est épaulée par la 2e armée blindée et les 9e et 19e corps blindés.

Au sud du saillant, Manstein dispose de 16 divisions réparties entre la 4e armée blindée de Hoth forte de 5 Panzer dont 3 Panzer SS, une DM et 2 DI, et le groupement blindé « Kempf » constitué de 4 DI et de 3 Panzer. Au total, Manstein aligne près de 280 000 hommes, 2 500 canons et 1 500 chars et canons d'assaut. Mais son adversaire Vatoutine dispose sur le « front de Voroneje » de la 40e armée et des 6e et 7e armées de la garde renforcée en arrière par la 1re armée blindée, les 5e et 2e corps blindés de la garde.

Quant au « front de la steppe » de Koniev, son objectif est double. Il doit établir à l'est du saillant une forte position destinée à recueillir les armées du centre et de Voroneje en cas d'issue défavorable de la bataille. Mais, avec la 5e armée blindée de la garde, sa mission attendue est de contre-attaquer, le moment venu, un adversaire fatigué.

A l'aube du 5 juillet, commence une des plus grandioses batailles de tous les temps. Sur les fronts du centre et de Voroneje, les Allemands avec plus de 600 000 hommes et 2 700 engins blindés vont se heurter à des troupes nombreuses et solides. Le commandement soviétique a groupé à l'intérieur du saillant 40 % de ses grandes unités et toutes ses armées blindées, soit près de 4 500 chars sur plus de 7 000 dont il dispose sur tout le front de l'Est. La supériorité russe est particulièrement nette en chars, en infanterie (54 divisions) et davantage encore en artillerie. Certes, sur les axes d'efforts principaux, le commandement allemand bénéficiera d'une supériorité d'effectifs et de moyens, mais que risque de compenser l'échelonnement en profondeur des défenses de l'adversaire.

A la veille d'un tel affrontement qui va pratiquement décider du sort de la guerre, rien d'étonnant à ce que le cœur des chefs militaires et des combattants n'ait été étreint par une forte angoisse. A Moscou, l'annonce du début de la bataille éveille à nouveau l'inquiétude de la population. Les troupes allemandes sont averties de l'enjeu de la bataille par une déclaration du Führer :

« Soldats du Reich ! Vous participez aujourd'hui à une offensive d'une importance considérable. De son résultat peut dépendre tout le sort de la guerre. Mieux que n'importe quoi, votre victoire montrera au monde entier que toute résistance à la puissance de l'armée allemande est vaine. »

A l'arrière, la propagande du Dr Goebbels se contente de parler d'une « contre-offensive défensive » destinée à bouleverser les préparatifs d'attaque soviétiques.

La 9e armée de Model ne peut, malgré des sacrifices élevés, enfoncer le système de défense soviétique. Disposés en formations lourdes et compactes, en forme de « cloche », les blindés allemands tentent d'enfoncer des « coins » dans le dispositif soviétique avec l'appui massif de l'aviation. En tête, par groupes de 10 à 15, des Tigre et des chasseurs de chars Ferdinand équipés de pièces de 88 à longue portée doivent assurer la percée. En 2e échelon, des chars moyens par groupes de 50 à 100 assurent la protection des flancs et doivent faciliter la progression de l'infanterie. Au prix de lourdes pertes, les 6, 7, 8 juillet, les blindés allemands réussissent à forcer la première ligne de résistance russe et même à entamer la seconde, faisant porter leur effort sur Ponyri et Olkhovatka. Mais ils sont stoppés et rejetés en arrière le 8 par des contre-attaques de la 2e armée blindée et du 9e corps blindé. Le 9, l'armée Model a épuisé sa capacité offensive. Sa pénétration n'a pas dépassé une profondeur de 10 à 12 kilomètres…

Les bataillons des chars lourds et de chasseurs de chars ont bien réussi à pénétrer dans les positions soviétiques, mais en laissant subsister derrière eux des îlots de résistance. L'emploi tactique des Ferdinand en combat rapproché constitue un échec complet. Comme le constate Guderian, dépourvus d'armes automatiques, ces mastodontes, une fois entrés dans la zone de l'infanterie soviétique, doivent « tirer au canon sur des moineaux. Ils ne parvenaient ni à neutraliser ni à réduire les nids de mitrailleuses ou de fusiliers suffisamment pour que notre propre infanterie fût en mesure de suivre. Une fois dans la position d'artillerie russe, ils se voyaient seuls. Malgré son attitude très courageuse et des sacrifices inouïs, la division Weidling ne put exploiter le succès des chars[7] ».

Nombre de chars moyens sont également victimes des « murs d'artillerie antichars » admirablement camouflés et centres de résistance de fantassins russes. Model compte reprendre l'offensive le 12, quand se produit l'attaque soviétique sur le saillant d'Orel…

Au sud, les résultats obtenus par Manstein sont plus encourageants, sans être décisifs. Les Allemands font porter leur effort sur deux axes : la 4e armée blindée comprenant les unités SS das Reich, Totenkopf, A. Hitler, lance des attaques massives en direction de Koursk par Oboïan, tandis que le détachement Kempf, à partir de Bielgorod, progresse en direction de Korotcha. Au prix d'énormes efforts, ces unités parviennent en cinq jours à progresser respectivement de 35 kilomètres et de 10 kilomètres.

Du haut des airs, Rudel, un des plus grands as de la Luftwaffe, se demande cependant « si les forces disponibles suffiront pour atteindre le résultat. En tout cas, nous, pilotes de Stukas, nous appuyons l'avance de nos pointes blindées qui gagnent, en quelques jours, une quarantaine de kilomètres et arrivent tout près d'Oboïan…

« La défense soviétique s'est considérablement raidie ; pour la première fois, la chasse russe intervient avec une vigueur très désagréable... Sur la terre ferme, à perte de vue, se déroulent de gigantesques combats de chars, un spectacle extraordinaire que, depuis 1941, nous n'avons plus guère l'occasion d'observer. Dans de vastes espaces découverts, des masses compactes de blindés se font face, comme sur un champ de manœuvres ; immédiatement derrière chaque camp ont pris position les batteries antichars, sous leur camouflage bariolé. Parfois, les tanks s'enterrent, surtout lorsque, immobilisés par un coup heureux, ils conservent toute leur puissance de feu. Au point de vue numérique, les Soviets possèdent, comme toujours, une grande supériorité. En ce qui concerne la qualité, on constate immédiatement que leurs armes sont loin de valoir nos tanks et nos canons d'assaut. Pour la première fois, apparaissent ici, aux points névralgiques, des formations importantes de chars Tigre infiniment plus puissants que tout ce que les Russes possèdent. D'ailleurs dans l'ensemble, nos chars règlent leur tir avec plus de rapidité et de puissance que les Russes...

« Beaucoup plus redoutables que les tanks des Russes sont leurs canons antichars... On les trouve à tous les points névralgiques du champ de bataille. J'exagère en disant qu'on les "trouve" – les Russes sont de véritables artistes du camouflage, ce qui rend la découverte et la destruction de leur artillerie extrêmement difficiles[8]. »

Le 9 juillet, au prix de gros sacrifices, la 4e armée a enfoncé un « coin » profond dans les lignes de résistance soviétique et commence à déboucher en terrain libre après avoir infligé de lourdes pertes à la première armée blindée de la garde. Les journées du 10 et du 11 juillet sont les plus critiques pour le commandement soviétique. Le 10, en effet, Hoth arrête la poussée de sa 4e armée blindée en direction d'Oboïan et décide d'orienter son effort vers l'est, en direction de Prokorovka, tandis que le groupe d'armées Kempf relance son attaque contre la 69e armée. Si les deux pinces de la tenaille se rejoignent, tout le 48e CA de la 69e armée sera encerclé et la rupture du front de Voroneje obtenue. En même temps, la concentration du groupement Kempf et du corps blindé SS de la 4e armée permettra de briser l'attaque de la 5e armée blindée soviétique signalée dans le secteur de Prokorovka. Ensuite, il sera toujours possible de reprendre la marche sur Koursk par le sud-est.

La nouvelle manœuvre allemande se développe le 11 avec une rapidité inquiétante et oblige le commandement soviétique à précipiter l'intervention de sa réserve stratégique sans préparation d'artillerie. L'attaque de la 5e armée blindée de la garde démarre à l'aube du 12 au sud-ouest de Prokorovka et se heurte, avec une violence inouïe, au corps blindé SS.

Cette intervention brutale constitue « l'événement » de la bataille de Koursk. Mise en alerte le 6 juillet, la 5e armée a parcouru 400 kilomètres en 4 jours et se trouve depuis le 9 au soir prête à intervenir. Face à la ruée massive des blindés soviétiques, 45 chars par kilomètre, les blindés allemands réagissent difficilement. Au milieu de nuages de poussière et de fumée, la mêlée est générale. On assiste à la plus grande bataille de chars de toute la guerre. Près de 700 chars et automoteurs allemands livrent un duel sans merci à un nombre supérieur d'engins soviétiques.

Un combattant allemand écrira : « Nous nous trouvâmes avoir affaire à une masse, apparemment intarissable, de blindés ennemis, jamais comme ce jour je n'eus l'impression d'être écrasé par le nombre et la force des Russes. Les nuages de poussière empêchaient la Luftwaffe de nous aider ; de nombreux T 34 ne tardèrent pas à filtrer à travers notre écran et à se répandre partout, comme des rats, sur l'ancien champ de bataille[9]. »

L'attaque massive de la 5e armée blindée stoppe l'avance du corps blindé SS vers l'est. Cependant, la réaction soviétique n'a pas eu l'ampleur primitivement souhaitée et ne peut frapper mortellement les Panzer. Le commandement soviétique a dû faire face à deux menaces allemandes sur les flancs de la 5e armée et distraire plusieurs corps blindés. Le 12, en effet, il faut enrayer une attaque profonde de la division SS Wiking à partir de Kotchetovka alors qu'au même moment les blindés de Kempf menacent d'enfoncer définitivement la 69e armée et de prendre à revers la 5e armée. D'âpres combats se livrent dans ces secteurs le 12 et le 13 juillet, exigeant l'envoi de toutes les réserves soviétiques du front de la Steppe.

Dans ces conditions, on comprend que Manstein ait tenté de poursuivre et de relancer une bataille encore mouvante et incertaine. Le commandement du groupe d'armées sud dispose de 2 divisions blindées en réserve et, jouant le tout pour le tout, il veut engager le 24e corps blindé (2 Panzer) stationné sur le Moyen Donetz.

Mais le 13 juillet, à son quartier général, Hitler informe von Kluge et von Manstein de son intention d'interrompre l'opération Citadelle. Kluge s'avoue incapable de relancer l'offensive de la 9e armée de Model. Les percées obtenues par les Soviétiques dans le secteur d'Orel exigent l'intervention de divisions blindées. Par ailleurs, les Alliés viennent de lancer l'opération attendue sur le front méditerranéen. Le 10, ils ont débarqué en Sicile et la résistance italienne s'effondre. Hitler autorise cependant Manstein à poursuivre l'opération en cours mais lui interdit avec raison de retirer le 24e corps blindé du Moyen Donetz où une offensive soviétique est imminente. Le 17, deux nouvelles décisions mettent fin définitivement à l'opération. L'OKH retire deux divisions blindées à la 4e Panzerarmee pour les envoyer dans le saillant d'Orel. En même temps, Hitler annonce son intention d'envoyer en Italie le corps blindé SS. « Je ne veux pas pour cette mission, dit-il, prélever sur le front n'importe quelle unité ; il me faut des divisions politiquement sûres… c'est une décision très pénible, mais je n'ai pas le choix. Là-bas, je ne peux obtenir un résultat qu'avec une formation d'élite qui est politiquement en *communion* avec le fascisme… j'ai besoin d'un aimant capable de rassembler tout le monde. Pour cela, il me faut des unités enrôlées sous un drapeau politique[10]. »

Les jours suivants, sous la pression de l'adversaire, les troupes de Manstein évacuent le terrain péniblement conquis et se retirent sur leurs lignes de départ.

Les Soviétiques célèbrent la bataille de Koursk comme un des grands événements militaires de la guerre, et à juste titre. Leurs armées ont remporté du 5 au 17 juillet une indiscutable victoire défensive. Les appréhensions de Hitler, de Model et de Guderian ont été justifiées. La bataille voulue par Zeitzler, Kluge et Manstein a conduit à un échec militaire coûteux. L'OKH a péché par excès de confiance et a sous-estimé la puissance de l'adversaire. Il a finalement subi la volonté du commandement soviétique qui a imposé à la bataille le rythme qu'il souhaitait et a dressé devant l'ennemi ses « murs d'artillerie » et ses « murs antichars ».

En dix jours de combat, les Allemands ont eu près de 40 000 hommes hors de combat dont 20 000 pour l'armée Manstein. Les divisions blindées, difficilement reconstituées par Guderian, ont été fortement éprouvées. Engagées d'une manière aberrante, elles se sont usées contre les positions défensives avant de subir le choc de la contre-offensive du 12 juillet. Le fer de lance de la Wehrmacht est émoussé et la confiance est ébranlée. Le mythe de l'irrémédiable infériorité de l'armée soviétique en été s'effondre.

Le résultat aurait-il été différent si l'offensive s'était produite en mai, comme le souhaitait Manstein ? Rien ne permet de l'affirmer. Les défenses des Russes auraient certainement été plus faibles, leurs préparatifs moins avancés. Mais, à cette date, le groupe d'armées sud ne disposait que de 686 chars moyens et 160 canons d'assaut contre 1 081 et 376 deux mois plus tard, et il est certain que ce sont les nouveaux chars lourds qui ont permis d'enfoncer localement les positions soviétiques. Une victoire allemande au printemps n'avait rien d'assuré. Rien n'empêchait le commandement soviétique d'adopter une action retardatrice qui aurait quand même usé les forces adverses et conduit à un simple raccourcissement du front.

En tout cas, l'opération Citadelle ne va pas apporter aux Allemands le répit espéré. Le 17 juillet, Manstein croit, à tort, que les armées soviétiques, sérieusement malmenées, vont avoir besoin de longues semaines pour se reconstituer. C'est méconnaître les réserves considérables de l'adversaire. Malgré les pertes subies, le commandement soviétique n'a pas interrompu ses préparatifs d'offensive sur l'ensemble du front. L'attaque d'Orel n'est pas une simple diversion destinée à soulager le front centre. C'est le point de départ d'une série d'offensives ininterrompues qui vont se poursuivre pendant tout l'été, l'automne et même l'hiver, et conduire les armées soviétiques des plaines de l'Ukraine orientale jusqu'aux contreforts des Carpates.

L'échec de l'offensive allemande permet au commandement soviétique de passer à la réalisation de la deuxième partie de son plan. Par une série de coups de boutoir lancés depuis Smolensk jusqu'à la mer d'Azov, il veut ébranler le front allemand, disperser et user les réserves de l'adversaire, et, avec l'appui de toutes ses ressources stratégiques, frapper un coup décisif sur un point névralgique du front, de préférence le Haut-

Donetz ou la région de Kharkov. En juillet 1943, la Stavka se trouve dans une situation analogue à celle de Foch après l'échec de l'offensive de Ludendorff du 15 juillet. L'occasion est belle de profiter du désarroi d'un adversaire fatigué, moralement ébranlé par son dernier échec.

Le 12 juillet, l'Armée rouge, avant même que s'éteigne la bataille de Koursk, reprend l'initiative et lance une offensive dans le secteur d'Orel. Le 17, les troupes soviétiques attaquent la 6e armée sur le Mious et tentent d'élargir leur tête de pont sur le Donetz à l'est d'Izium. Le 3 août, elles lancent une violente offensive contre le saillant de Kharkov, et le 7, elles sont encore en mesure d'attaquer les positions allemandes de Smolensk... sans parler d'opérations secondaires sur la tête de pont du Kouban et à l'extrémité nord du front.

La succession de ces offensives déconcerte les Allemands surpris par l'ampleur des réserves de l'Armée rouge. Le commandement soviétique dispose de masses d'infanterie suffisantes appuyées par des brigades de chars et une artillerie puissante pour attaquer sur plusieurs points à la fois. En même temps, comme Staline le révélera à Téhéran, les armées blindées se déplacent rapidement d'un secteur à l'autre et exploitent les percées réalisées. A ce rythme, les réserves allemandes entamées par la bataille de Koursk sont surmenées et s'épuisent rapidement.

Le 15 juillet, la 4e armée blindée doit envoyer deux Panzer soutenir le groupe d'armées centre devant Orel. Tandis que le 24e corps blindé résiste difficilement à l'offensive du Moyen-Donetz, la situation générale exige, à l'exception d'une division, le maintien à l'est du corps blindé SS qui est envoyé à l'extrémité sud du front, où la situation de la 6e armée donne des inquiétudes. Sur le Mious, les Allemands remportent leur dernier succès de l'année. Les divisions soviétiques sont brutalement rejetées sur la rive gauche du fleuve et perdent 18 000 prisonniers, 700 chars et 600 canons.

Mais cette réaction allemande n'a pu qu'être souhaitée par le commandement soviétique qui jette le 2 août le gros de ses forces blindées dans le secteur de Kharkov sérieusement dégarni. Manstein est le premier à reconnaître la faute commise en envoyant des divisions blindées vers le sud. L'attaque sur le Mious n'était qu'une diversion. Le gros de l'effort soviétique s'exerce contre le saillant d'Orel, sur le Donetz et surtout dans la région de Kharkov.

La bataille d'Orel est le prototype de ces « batailles d'anéantissement » qui vont occuper une partie de l'été et de l'automne. Contre les positions tenues solidement par les Allemands depuis près de 22 mois, le commandement soviétique renouvelle, mais avec des moyens supérieurs, la manœuvre allemande de Koursk. Du 12 au 15 juillet, le saillant d'Orel est attaqué successivement sur toutes ses faces. En moins de 48 heures, les chars soviétiques, suivis par l'infanterie, et après d'impressionnantes préparations d'artillerie, percent les défenses allemandes. Le 16 juillet, la pénétration soviétique atteint sur trois points une profondeur de 25 à 50 kilomètres. Les villes de Bolkhov, de Mentsk et de Karatchev sont menacées. Les troupes allemandes opposent une âpre résistance sur l'Oliechna, tandis que les Panzer contre-attaquent durement les chars de Bagramian à partir de Karatchev et de Khotynets. Malgré de lourdes pertes, la pression soviétique est irrésistible. Mentsk tombe le 20, suivie de Bolkhov le 29, tandis que les Allemands doivent abandonner le 5 août Orel menacée d'encerclement à l'ouest par les blindés de Bagramian. Méthodiquement, les troupes allemandes évacuent le reste du saillant, multipliant les travaux de destruction. Le front se stabilise provisoirement devant Briansk à la fin du mois d'août. Mais, trois jours avant la chute d'Orel, a débuté la violente bataille de Kharkov qui va durer près d'un mois. Le front allemand est là encore rompu en moins de 48 heures à l'ouest de Bielgorod qui tombe le 5 août. Le 7, les chars soviétiques ont progressé de plus de 100 kilomètres, dépassant l'infanterie de 25 à 40 kilomètres. Ils rejettent la 4e Panzerarmee vers l'ouest et le détachement Kempf vers Kharkov ; la brèche atteint une largeur de 55 kilomètres. Le 11, la voie ferrée Kharkov-Poltava est coupée. A la même date, de violents combats se déroulent sur les défenses extérieures de Kharkov.

Le commandement allemand se trouve devant la situation de février-mars 1943 ; toute la partie méridionale du front est menacée. Sa réplique est la même ; il rappelle ses réserves imprudemment engagées à 500 kilomètres à l'extrémité sud du front et il tente de couper les blindés soviétiques de leurs arrières.

Du 10 au 15 août, le 3e corps blindé SS et la 3e Panzer contre-attaquent les chars de Romistrov et les rejettent en arrière de 20 kilomètres dans le secteur de Bogodoukhov. Cependant les Soviétiques ne sont pas coupés du gros des forces du front de Voroneje. Huit jours plus tard, à partir d'Akhtirka, 4 divisions blindées allemandes dont la fameuse unité Das Reich tentent d'encercler plusieurs corps blindés soviétiques avec l'appui de la division SS Totenkopf agissant à partir de Kotielva.

Là encore, les Soviétiques, après des combats d'une extrême violence, cèdent du terrain mais évitent l'encerclement. Malgré leur supériorité manœuvrière, les divisions blindées allemandes ne peuvent que freiner la poussée adverse. Les Allemands ne contiennent pas davantage les assauts devant Kharkov. Menacée d'encerclement, la ville doit être évacuée le 23 août après de sanglants combats. La chute de la capitale économique de l'Ukraine est doublement sensible pour le commandement allemand. C'est un rude coup porté au prestige militaire de l'Allemagne, et l'évacuation de la ville entraîne la perte d'approvisionnements considérables ainsi que celle d'un matériel blindé important immobilisé dans des ateliers de réparation. A la fin du mois, les troupes allemandes achèvent l'évacuation du saillant de Kharkov.

Les replis successifs n'apportent à l'OKH que des répits extrêmement courts. Alors que la bataille de Kharkov atteint son point culminant, les armées soviétiques reprennent leurs attaques dans les régions de Smolensk, de Briansk, et surtout dans le secteur du Mious (20 août) et à partir de la tête de pont d'Izium (16 août), où la 2e armée blindée et la 6e armée s'épuisent dans des contre-attaques constantes. Le principe est toujours le même : disperser les réserves de l'ennemi et crever les positions allemandes à hauteur du Moyen-Donetz, et par un grand coup orienté du nord au sud provoquer l'effondrement de toute la partie méridionale du front.

La tactique soviétique réussit partiellement. Une menace mortelle pèse sur le front allemand à hauteur de Kharkov et devant la 6e armée. Manstein, après d'âpres discussions, obtient du Führer le 15 septembre un repli général derrière la ligne du Dniepr. L'affaiblissement de ses réserves – le corps blindé SS vient de partir vers l'Italie où les événements se précipitent – ne lui permet plus de défendre un front trop allongé et au tracé beaucoup trop tourmenté qui se prête à la manœuvre soviétique.

Le repli, qui entraîne l'abandon de toute la région industrielle du Donetz, s'effectue en bon ordre, avec méthode. Le 7 septembre, Stalino est évacuée ; le 25, c'est le tour de Poltava. L'aviation soviétique, malgré des attaques répétées, ne réussit pas à interrompre le passage des unités allemandes sur la rive droite du

Dniepr qui s'effectue par cinq points seulement. Au début d'octobre, le mouvement s'achève : 200 000 blessés ont été évacués, 2 500 trains ont transporté le matériel et les approvisionnements. Les troupes allemandes ont conservé leur cohésion et ont eu le temps d'effectuer sur la rive gauche du Dniepr d'impressionnantes destructions : villages brûlés, récoltes incendiées, destruction systématique de toutes les installations agricoles et industrielles. Les voies ferrées, soumises au traitement d'une machine ingénieuse qui brise des traverses, sont à reconstruire intégralement. Bref, les Allemands ont pratiqué sur une grande échelle la politique de la terre brûlée. Les hommes valides ont dû suivre la retraite de l'armée allemande, tandis que des milliers de paysans entassés dans les chariots à quatre roues typiques de l'Europe de l'Est franchissent le fleuve, de leur plein gré…

Au même moment, le Führer consent à l'évacuation de la tête de pont du Kouban conservée jusque-là dans l'espoir d'une reprise d'une offensive en direction des pétroles du Caucase… Là encore, à travers le détroit de Kertch, le repli s'effectue méthodiquement, sans être sérieusement gêné par les forces soviétiques.

Au début octobre, les forces de Manstein bordent tout le cours du Dniepr depuis le confluent du Pripet jusqu'à Dniepropetrovsk. Sur les instances d'Hitler, le groupe d'armées sud conserve une tête de pont sur la rive gauche à hauteur de Zaporoje dans l'espoir d'une reprise de l'offensive… Le front allemand rejoint ensuite la mer d'Azov à Mélitopol. Dans sa retraite, le groupe d'armées sud a entraîné le repli des forces du centre qui ont évacué Smolensk le 25 septembre et dont le front maintenant rectiligne court de Veliki-Luki jusqu'à Kiev, en suivant le cours du Dniepr supérieur et de la Sotch.

Mais le repli derrière le grand fleuve n'apporte pas la moindre pause aux 37 divisions d'infanterie de Manstein et à ses 17 Panzer fortement éprouvées. Avec l'appui des partisans qui infestent les rives marécageuses et boisées du fleuve, les Soviétiques établissent dès le début octobre des têtes de pont sur la rive droite, entre Krementchoung et Dniepropetrovsk, et en aval de Kiev. D'ailleurs, malgré les demandes pressantes de bien des généraux allemands depuis l'hiver, une position de repli n'a pas été sérieusement aménagée. La ligne « Hagen » n'existe que sur le papier. Faut-il incriminer la responsabilité de Hitler systématiquement hostile à l'aménagement de toute position en arrière du front qui ne peut qu'encourager les généraux à entamer un repli prématuré ? En fait, il semble bien que les Allemands se soient heurtés à des difficultés techniques : manque de main-d'œuvre en Ukraine au moment de la moisson, surcharge des chemins de fer. Quant à l'Organisation Todt, elle avait déjà fort à faire avec la construction du « mur de l'Atlantique ».

Quoi qu'il en soit, l'automne ne ralentit pas l'effort soviétique. Dès le mois d'octobre, les attaques russes reprennent sur plusieurs secteurs selon une technique invariable et fort coûteuse. Un pilonnage d'artillerie intense s'abat sur les positions allemandes, sur les champs de mines, préparant l'attaque d'unités d'infanterie souvent sacrifiées. Ces attaques de « saturation » menées à plusieurs reprises dans la journée et plusieurs jours de suite finissent par creuser des brèches dans les positions les mieux organisées et ouvrent un passage aux corps d'armée blindés. Les chars surmontés de grappes de fantassins foncent dans les brèches, convergent vers un point donné en arrière du champ de bataille et ensuite se dispersent en éventail. Cette pénétration et cette exploitation qui revêtent la forme d'un X sont utilisées maintenant avec brio par le commandement soviétique, non sans de lourdes pertes en hommes et en matériel.

Sinon, la stratégie soviétique reste la même dans ses grandes lignes. Des coups de boutoir successifs sont assenés sur plusieurs points du front et la moindre percée est exploitée à fond. Le commandement soviétique applique le principe de l'attaque du fort au faible. A nouveau, il multiplie les assauts dans le Sud, au détriment de la 6e armée sérieusement malmenée, tout en cherchant la percée sur le « balcon du Dniepr » avec l'intention de provoquer l'effondrement de tout le secteur méridional. Cette tactique ne tarde pas à porter ses fruits. Un mois à peine après la retraite derrière le Dniepr, les réserves de Manstein, dont 5 Panzer reconstituées ou de formation nouvelle cédées par l'OKW, sont malmenées et dispersées sur un front de près de 700 kilomètres...

Le 19 octobre intervient la première crise. A partir des têtes de pont du Dniepr, entre Krementchoung et Dniepropetrovsk, le secteur de Krivoï-Rog est menacé. Manstein rétablit la situation avec la 1re armée blindée renforcée par deux nouvelles Panzer. Les Russes refluent, abandonnant 10 000 morts, 5 000 prisonniers, 350 chars et autant de pièces d'artillerie, tout en conservant une tête de pont sur la rive droite.

Mais le 28, la 6e armée brutalement attaquée abandonne ses positions et se replie avec une vitesse « surprenante », constate Manstein, à travers la steppe nogaïque. Par Nikopol, les Russes peuvent prendre à revers toute la 1re armée blindée... Manstein envisage alors une manœuvre audacieuse avec l'appui des nouvelles Panzer. Contre-attaquer par la tête de pont de Nikopol et surprendre de flanc les forces soviétiques en marche vers le cours inférieur du Dniepr et l'isthme de Pérekop. En fait, cette manœuvre n'aura pas lieu, la 6e armée se retrouve bientôt derrière le Dniepr inférieur, découvrant la Crimée désormais isolée. Du coup, deux des nouvelles Panzer restent immobilisées dans le coude du fleuve.

Simultanément, une nouvelle offensive soviétique lancée au nord de Kiev menace de tourner tout le groupe d'armées sud et exige l'emploi des trois autres Panzer. Le 3 novembre, en effet, le front allemand est percé. Par la brèche, les corps blindés soviétiques s'engouffrent vers l'ouest. Kiev est perdu après de très durs combats. La 1re armée blindée est rejetée vers l'ouest et le sud-ouest. Les chars russes dépassent Korosten, Jitomir et s'emparent du nœud ferroviaire de Fastov, à 60 kilomètres au sud-ouest de Kiev.

Grisé par cette victoire, le commandement soviétique se départit de son habituelle prudence. Des communiqués triomphants annoncent la chute imminente de localités encore fort éloignées des avant-gardes soviétiques. Les forces russes dispersent leurs efforts dans deux directions : l'ouest et le sud. L'infanterie suit avec beaucoup de retard, et le ravitaillement, assuré par des ponts de fortune lancés sur le Dniepr et attaqués sans relâche par la Luftwaffe, arrive difficilement.

Le 15 novembre, après avoir rameuté toutes les réserves possibles, à l'exception des unités blindées engagées dans la boucle du Dniepr, Manstein lance en direction de l'est et du nord-est une violente contre-offensive qui surprend visiblement l'adversaire. Plusieurs corps blindés soviétiques se font écharper. Les Allemands reprennent Jitomir et Korosten, et orientent leur effort en direction de Kiev dont ils arrivent à moins de 40 kilomètres. Mais l'offensive de la 4e Panzerarmee doit s'arrêter devant le raidissement de la défense russe et surtout à la suite d'un brusque dégel qui transforme en une mer de boue toute la plaine à l'ouest du Dniepr.

Cette brutale contre-attaque allemande marque la fin de la campagne d'automne. Elle montre aux Russes que les forces allemandes sont encore capables de réactions dangereuses. Les espoirs caressés en novembre par le commandement soviétique qui a cru un instant tenir la décision, sont prématurés. La destruction des forces allemandes et l'effondrement du front méridional exigeront encore d'âpres et sanglants combats.

La pression de l'Armée rouge ne se relâche pourtant pas. Elle se poursuit pendant tout l'hiver. Sur le front nord, les Soviétiques réussissent enfin à dégager Leningrad après un siège de 900 jours. Küchler et Model arrivent cependant à se rétablir sur une ligne Narva-Pskov-Polotz ponctuée d'obstacles naturels, comme les lacs Peïpous et Ilmen.

Au sud du front, sur le balcon du Dniepr, Joukov et Koniev parviennent à encercler dans le secteur de Tcherkassy deux corps d'armée en janvier 1944. Ceux-ci parviennent à se dégager, au prix de lourdes pertes et de combats d'une violence rarement atteinte.

Plus au sud, dans le secteur de Tarnopol, un second encerclement concerne du 10 mars au 10 avril la 4ᵉ Panzerarmee de Hube. Celle-ci arrive également à se dégager en perçant vers l'ouest, grâce à la mise en place d'un pont aérien et à l'intervention du corps blindé SS venu de France.

Lorsque les combats s'achèvent avec la raspoutitza du printemps de 1944, l'armée allemande a évité un désastre comparable à celui de Stalingrad. Les Soviétiques n'ont pas réussi à anéantir le groupe d'armées sud ni à séparer la 1ʳᵉ armée de la 4ᵉ Panzerarmee. Les forces de Manstein ont dû cependant évacuer toute l'Ukraine et se trouvent rejetées sur la Galicie et les Carpates. Du 3 avril au 4 mai, l'Armée rouge a encore réussi à forcer les défenses de l'isthme de Perekop, à conquérir la Crimée et à obtenir la reddition de troupes germano-roumaines à Sébastopol et dans l'isthme de Kertch. L'évacuation par mer a bien concerné 100 000 hommes, sans empêcher la capitulation de plus de 50 000 combattants.

Finalement, au printemps de 1944, l'armée allemande de l'Est a conservé sa cohésion. Mais elle sort épuisée d'une bataille quasiment ininterrompue de près de dix mois. Les effectifs se trouvent ramenés à moins de 2,5 millions d'hommes au lieu de 3 à la veille de Koursk. Cet affaiblissement illustre l'énorme capacité offensive de l'Armée rouge et procède aussi des exigences des autres fronts même potentiels. Une partie croissante des réserves stratégiques de l'armée allemande se trouve engagée en Italie, ou immobilisée dans les Balkans ou en Europe occidentale dans l'attente de nouveaux débarquements.

11

Nouveaux fronts

A la fin de 1943, la carte de guerre de l'Allemagne reste impressionnante. La superficie des territoires occupés dépasse largement celle du grand Reich. L'Allemagne tient encore toute l'Europe occidentale, la totalité des Balkans, la Pologne, les pays Baltes, la Russie blanche. La Wehrmacht se heurte cependant à des résistances de plus en plus actives dans les territoires occupés. Avec la montée en puissance des Anglo-Américains, elle a dû ouvrir un second front en Italie et elle se trouve confrontée à une menace aérienne croissante sur le Reich lui-même.

De fait, jusqu'à l'été de 1943, la grande préoccupation de Hitler et de l'OKW concerne le théâtre méditerranéen. Contrairement aux estimations les plus vraisemblables, l'assaut allié du 20 juillet ne touche pas les Balkans mais la Sicile. Dès le premier jour, il est clair que les énormes moyens alliés réunis, une flotte imposante, une dizaine de divisions, ne sont pas à la mesure des forces de l'Axe limitées à 8 divisions italiennes, dont la moitié sont dispersées le long des côtes, et à deux grandes unités allemandes, la 15e Panzergrenadier et la Hermann-Göring divisées elles-mêmes en quatre groupes de l'ouest à l'est de l'île. Par ailleurs, la supériorité aérienne anglo-américaine est complète. La Luftwaffe déjà affaiblie par les combats aériens des semaines précédentes doit évacuer ses terrains de Sicile soumis à des bombardements constants.

Le débarquement allié, qui met en jeu en première vague 160 000 hommes, 600 chars et 800 canons intervient au sud-est de l'île de part et d'autre du cap Passaro. La réaction germano-italienne se limite à une contre-attaque de la division Hermann-Göring dans le secteur de Gela, rapidement brisée par le feu de l'artillerie dtt

D'emblée, les généraux Guzzoni, Senger und Etterlin, Hube et naturellement Kesselring optent pour une concentration des moyens dans le nord-est de l'île où la défense sera facilitée par la présence du massif de l'Etna et la proximité de l'Italie péninsulaire. L'offensive spectaculaire de Patton dans l'ouest de la Sicile par Enna et Palerme facilite l'exécution de ce plan.

Pendant plus d'un mois, associées à quelques unités italiennes, la Hermann-Göring à l'est de l'Etna et la 15e Panzergrenadier à l'ouest offrent un modèle de résistance, multipliant champs de mines, destructions, combats retardateurs. Que ce soit dans la plaine de Catane ou sur l'axe Leonforte-Nicosia-Randazzo, l'avance britannique et américaine apparaît singulièrement laborieuse, soumise à des coups de frein permanents. Du 10 au 17 août, les Germano-Italiens effectuent une évacuation parfaite à travers le détroit de Messine qui porte sur 88 000 hommes dont 40 000 Allemands, une centaine de canons et 50 blindés.

C'est Hitler qui a pris la décision, en dépit des objections de Kesselring et de Dönitz, d'évacuer la Sicile, pour des raisons essentiellement politiques. Le 24 juillet, Mussolini est victime d'une double conspiration, émanant du grand conseil fasciste et du roi. Il est relevé de ses fonctions, arrêté, transféré à l'île de la Maddalena puis au Gran Sasso. Le maréchal Badoglio le remplace, tandis que le régime fasciste s'effondre en quelques heures.

La crise italienne ne prend pas Hitler au dépourvu. Depuis l'évacuation de la Tunisie, le Führer accorde une attention toute particulière au théâtre méditerranéen. Il redoute un débarquement allié dans les Balkans, qui priverait l'Allemagne de matières premières importantes, inciterait la Turquie à s'engager dans le conflit et permettrait aux Anglo-Américains de lier leurs opérations avec celles des Soviétiques. Aussi, 13 divisions sont-elles dirigées vers le Sud-Est européen et placées sous le commandement de Rommel qui arrive à Salonique à la veille de la chute du Duce. Hitler ne néglige pas pour autant l'Italie. Dans l'éventualité d'un effondrement de l'allié privilégié, il décide de créer dans la région de Munich un corps d'observation, le groupe d'armées B, tout en envoyant 6 divisions dans la péninsule. Ces mesures ne sont pas étrangères aux ajournements successifs de l'opération Citadelle.

La chute brutale de Mussolini constitue cependant une surprise pour le Führer. Dès le lendemain, le 26 juillet, il convoque à Rastenburg, en Prusse orientale, Dönitz, Kesselring et Rommel, en présence de Keitel et de Jodl. La première réaction de Hitler est de tenter un coup de force et de s'emparer des membres du gouvernement italien avec une division motorisée stationnée à 100 kilomètres au nord de Rome et une division de parachutistes amenée de France.

Hitler n'a aucune confiance dans la nouvelle équipe italienne : « Badoglio, affirme-t-il, a immédiatement déclaré que la guerre se poursuivrait, que rien ne serait changé. Ces gens-là sont bien obligés d'agir ainsi, car c'est une trahison. Mais, de notre côté, nous allons continuer à jouer le même jeu, de tout préparer pour mettre, avec la rapidité de l'éclair, la main sur toute cette clique. J'enverrai demain quelqu'un là-bas pour donner au commandant de la troisième division motorisée l'ordre de pénétrer dans Rome sans plus de cérémonie, d'arrêter immédiatement le gouvernement, le roi, tout le tremblement... [1]. »

Hitler n'a pas tort. Dès le 3 août, en dépit de ses protestations de fidélité à l'alliance – « L'Italie saura être digne de ses traditions militaires. » « L'île italianissime [la Sicile] sera défendue jusqu'à la mort » –, Badoglio va entamer des négociations secrètes avec les Alliés par l'intermédiaire de Lisbonne et de Madrid. Ces contacts déboucheront un mois plus tard sur la signature d'un premier armistice, qui dissimule les termes d'une capitulation sans conditions tout en prévoyant l'amorce d'une « cobelligérance ». Une opération aéroportée alliée est prévue dans la région de Rome, en liaison avec des troupes italiennes.

En attendant, sous la pression de son entourage, en particulier de Kesselring, qui persiste à croire à la sincérité de Badoglio, Hitler renonce à son projet de coup de force et se contente de procéder à l'occupation progressive de l'Italie. Rappelé de Salonique, Rommel reçoit le commandement du groupe d'armées B. Soucieux de disposer sur place « d'unités porteuses d'un drapeau politique », Hitler décide également d'envoyer en Italie le corps blindé SS engagé en Russie. En fait, une seule unité partira, mais ce sera la division la plus prestigieuse, la Leibstandarte Adolf-Hitler.

Sans écarter l'espoir d'une libération de Mussolini et d'un rétablissement du fascisme, le Führer tient à faire face à une opération alliée en liaison avec les forces italiennes. Une occupation de la Sardaigne pourrait constituer le préliminaire à un débarquement dans le sud de la France ou dans le nord de l'Italie. Une opération limitée à la Calabre, l'Apulie ou la région de Rome aboutirait plus facilement encore au même résultat : prendre au piège les divisions allemandes engagées dans le sud de la péninsule. Aussi, dès le 5 août, le Führer donne l'ordre de préparer l'évacuation de la Sicile. S'il maintient des forces encore importantes dans la région de Naples et même en Calabre, c'est pour ne pas donner, par un repli prématuré, l'éveil au gouvernement Badoglio et le prétexte d'une défection.

Au début août, plusieurs plans sont mis au point. Le premier, *Eiche*, vise la libération du Duce, activement recherché par Otto Skorzeny, le chef d'une unité SS chargé d'« opérations spéciales », le deuxième, *Student*, concerne l'occupation de Rome et la restauration du fascisme. *Schwartz* et *Achse* prévoient enfin le désarmement de l'armée italienne, la saisie de la flotte de guerre et de ses bases, et l'occupation des positions clés de la péninsule. De toute manière, à la différence de Kesselring toujours confiant dans les Italiens, Hitler ne croit pas, à ce moment-là, à la possibilité de défendre l'Italie. Après avoir désarmé l'armée italienne, les troupes allemandes se replieront sur les Alpes, ou au mieux sur la ligne Pise-Rimini. Jodl et Rommel sont en plein accord avec ce plan.

En attendant, Achse commence à s'exécuter. Les unités du groupe d'armées B, sept divisions dont deux Panzer, pénètrent en Italie du Nord. Au milieu du mois d'août, 18 grandes unités allemandes contrôlent solidement le pays. Elles tiennent les points stratégiques, cols, ponts, gares, aérodromes, centrales thermiques. Suivant les directives de Hitler, l'opération offre un caractère politique. Les soldats allemands portent sur leur casque « W Mussolini » (viva Mussolini). Ils s'efforcent de fraterniser avec la population et recherchent l'appui des groupes fascistes qui sortent de leur retraite.

Cette mainmise soulève naturellement les pires appréhensions du gouvernement italien et des demandes d'explication. Celles-ci interviennent, le 6 août, à Tarvis. Keitel et Ribbentrop, entourés d'une garde de SS armés jusqu'aux dents, rencontrent le commandant en chef de l'armée italienne, le général Ambrosio, et le ministre des Affaires étrangères, Guariglia. Dans une atmosphère empoisonnée, Allemands et Italiens rivalisent de duplicité. Alors qu'ils réclamaient un mois plus tôt l'arrivée de renforts allemands, les Italiens s'inquiètent de l'irruption des unités du groupe d'armées B.

Keitel explique qu'il s'agit d'une simple réserve générale destinée à intervenir dans le cas d'un débarquement pouvant survenir aussi bien dans le sud de la France que dans les Balkans ou en Italie même. Il écarte ensuite une proposition d'Ambrosio concernant le repli des 30 divisions italiennes stationnées de Bordeaux à Athènes pour « la défense du territoire national ». De son côté, Guariglia suggère à Ribbentrop de présenter aux Alliés une demande collective d'armistice pour en connaître les conditions. Cette proposition ne fait que nourrir les pires soupçons. A la fin de la réunion, les Allemands proposent à leur tour une rencontre en Allemagne du roi et de Badoglio avec Hitler. Flairant un guet-apens, les Italiens refusent[2].

Au lendemain de la rencontre de Tarvis, Hitler et ses généraux, à l'exception toujours de Kesselring, ont désormais la conviction que la défection italienne n'est plus qu'une question de jours. L'emprise allemande sur le nord et le centre de la péninsule s'alourdit encore. Le 1er septembre enfin, Hitler décide de trancher le nœud gordien. Un ultimatum sera remis, le 9 septembre, au gouvernement italien. Mais, la veille, à 20 h 30, alors que les Alliés s'apprêtent à débarquer à Tarente et à Salerne, la radio italienne diffuse un communiqué de Badoglio : « Le gouvernement italien, reconnaissant l'impossibilité de poursuivre une lutte inégale, a demandé un armistice au général Eisenhower. La demande a été acceptée. Tout acte d'hostilité contre les troupes anglo-américaines doit cesser partout de la part des forces italiennes. » Le communiqué ajoute : « Elles réagiront pourtant à des attaques éventuelles d'autres provenances. »

Minutieusement préparée, la riposte allemande est fulgurante. La plupart des unités italiennes se laissent désarmer sans offrir la moindre résistance. On n'enregistre que quelques accrochages isolés, à Chambéry, Cephalonie, où la garnison italienne est massacrée, à La Spezia ou aux alentours de Rome. En deux jours, les Allemands sont maîtres des deux tiers de l'Italie et de la capitale. Dans la nuit du 8 au 9 septembre, le roi Victor-Emmanuel et Badoglio réussissent cependant à quitter Rome, à gagner le port d'Ortona et à s'embarquer pour Brindisi. Au total, plus de 700 000 soldats italiens sont désarmés et transférés en Allemagne. Aucune manifestation populaire, aucune grève ne sont venues entraver l'action des forces allemandes. Partout, le peuple italien s'est réfugié dans une neutralité apeurée. « Le Duce, écrit alors Goebbels, entrera dans l'Histoire comme le dernier des Romains, mais derrière sa puissante figure, un peuple de romanichels finira de pourrir. »

Seuls quelques avions et la plupart des navires de guerre échappent aux Allemands. Sur l'ordre du ministre de la Marine, Rafaele de Courten, l'escadre de Tarente prend la mer pour gagner Malte et se mettre à la disposition des Alliés. Refusant une telle humiliation, l'amiral Bergamini, commandant l'escadre de La Spezia, appareille pour faire interner ses navires dans un port espagnol. Repérée le 9, au nord-ouest de la Maddalena, l'escadre italienne est d'abord bombardée par les Alliés avant de subir une attaque de la Luftwaffe, qui constitue une grande première. Deux bombes planantes, téléguidées, ancêtres des missiles air-mer, touchent le navire-amiral *Roma*, qui disparaît avec l'amiral Bergamini et tout son équipage dans une énorme explosion. Le cuirassé *Littorio* est, lui aussi, gravement touché. Les autres bâtiments, arborant le pavillon noir de la reddition, prennent alors la direction de Malte.

Le 11 septembre, revenu de ses illusions, Kesselring peut annoncer que presque tout le territoire italien se trouve placé sous le régime militaire allemand. Quant à Dönitz, il ne peut s'empêcher de laisser éclater son admiration pour la perspicacité et l'esprit de décision de Hitler : « L'énorme force irradiée par le Führer, son inébranlable confiance, ses prévisions à longue échéance relatives aux événements d'Italie, ont mis en évidence à quel point nous sommes insignifiants comparés à lui et combien notre connaissance de la situation est fragmentaire. Tout homme qui croit faire mieux que lui n'est qu'un imbécile[3]. »

Un événement spectaculaire, l'enlèvement de Mussolini, confirme au même moment le rétablissement de la situation allemande en Italie. L'opération a été décidée par Hitler dès le 26 juillet et placée sous la direction de deux hommes. Otto Skorzeny a pour mission de découvrir la résidence du Duce et de le conduire auprès du Führer, une fois sa libération obtenue. Quant au général Student, commandant des troupes aéroportées, il est chargé de l'exécution tactique de l'affaire.

Une première opération prévue contre l'île de Santa Maddalena doit être annulée avec le transfert de Mussolini à l'hôtel Viletta sur les pentes du Gran Sasso relié par téléphérique à la vallée. Skorzeny réussit rapidement à découvrir ce nouveau lieu de détention. L'opération comporte trois volets. Avec deux compagnies de parachutistes transportées en camion et des éléments blindés, le major Mors s'emparera de la station du téléphérique de la vallée. Simultanément, une compagnie de parachutistes sous les ordres du lieutenant von Berlepsch et le commando de Skorzeny (18 hommes) embarqués sur 12 planeurs se poseront devant l'hôtel.

Le 12 septembre, tout se déroule à peu près comme prévu. Tandis que Mors, après un bref combat, occupe la station du téléphérique, 8 planeurs dont celui de Skorzeny se posent devant l'hôtel. En quelques minutes, les paras et les commandos obtiennent la reddition de la garnison de carabiniers sans avoir à tirer un seul coup de feu. Libéré, Mussolini est accueilli par le major Mors venu à bord d'une benne du téléphérique. Il embarque ensuite avec Skorzeny à bord d'un petit avion de liaison Fieseler Storch qui, après un décollage acrobatique, le conduit à Rome. L'ex-Duce est ensuite transféré à Vienne où il est accueilli par Hitler qui réussit à le convaincre de la nécessité de prendre la tête dans le nord et le centre de l'Italie d'une « république sociale-fasciste ». Etablie à Salò, sur les bords du lac de Garde, cette république ne sera jamais qu'un Etat fantoche, entièrement soumis à la discrétion du Reich.

En marge de cet événement, Kesselring réagit avec vigueur aux débarquements alliés. S'il donne l'ordre aux divisions allemandes d'évacuer la Calabre et l'Apulie, laissant ainsi la 8e armée de Montgomery occuper facilement Tarente, il soutient la contre-attaque de Vietinghoff, le commandant de la 10e armée, contre la tête de pont établie le 9 septembre par la 6e armée américaine de Clark, de part et d'autre de Salerne, au sud de Naples.

Vietinghoff jette successivement dans la bataille la 16e Panzer, les 29e et 15e Panzergrenadier. Les Allemands reprennent Altavilla et Battipaglia, et menacent le port de Salerne. La Luftwaffe lance dans la bataille la totalité de ses moyens et effectue jusqu'à 250 missions par jour. Le 13 septembre, la victoire semble à portée de la main. La tête de pont est coupée en deux. De fait, sous la pression allemande, Clark envisage sérieusement un rembarquement.

Mais, au cours des journées suivantes, la 10e armée de Vietinghoff doit relâcher sa pression. Les Alliés débarquent des renforts, mettent en jeu la totalité de leurs moyens aériens, y compris l'aviation stratégique. En dépit de l'emploi de bombes planantes téléguidées qui mettent hors de combat le cuirassé *Warspite* et les croiseurs *Uganda* et *Savannah*, l'intervention de l'artillerie de marine se révèle décisive. Le 17 septembre, Vietinghoff se résigne à replier ses troupes en direction de Naples.

Cette retraite va constituer un modèle du genre. Vietinghoff établit un front du nord au sud de la péninsule avec le 76e corps (3 divisions) sur le versant adriatique et le 14e corps (5 divisions) sur le versant tyrrhénien. En multipliant les destructions, les champs de mines, les combats retardateurs, les Allemands freinent considérablement la progression des Alliés. La 6e armée ne fait son entrée à Naples que le 1er octobre. Le Volturno n'est atteint qu'une semaine plus tard.

Pendant près de trois mois, profitant des difficultés du relief, de conditions météorologiques exécrables – pluies diluviennes, rivières en crue –, les Allemands offrent une résistance habile et acharnée. C'est seulement au début décembre que les divisions américaines arrivent aux abords du Garigliano et du mont Rotundo. Au nord de l'Apennin, la marche de la 8e armée n'est pas plus rapide. Les Britanniques piétinent d'abord devant le Sangro, avant de livrer jusqu'à la fin décembre des combats épuisants pour enlever une série de villages fortifiés et la vieille cité d'Ortona transformée en forteresse.

Kesselring réussit alors à convaincre Hitler de la possibilité d'arrêter les Alliés sur la ligne Gustav qui s'allonge du nord au sud depuis Ortona jusqu'à l'embouchure du Garigliano, de part et d'autre du massif du mont Cassin et du mont Arazecca. C'est dans ce secteur que Français et Espagnols s'étaient affrontés avec acharnement au début du XVIe siècle.

Renonçant à toute percée au nord de l'Apennin, après l'expérience sanglante d'Ortona, les Anglo-Américains recherchent alors la rupture sur le versant tyrrhénien. Clark tient à faire sauter le verrou de Cassino, qui commande l'accès à la vallée du Liri, c'est-à-dire la route de Rome. L'offensive interviendra en liaison avec un débarquement au sud de la capitale. Pour un commandement allemand dans l'ignorance totale des intentions de l'adversaire, ces opérations vont constituer une série de surprises, tout en démontrant sa remarquable capacité de réaction et d'improvisation.

La première bataille de Cassino débute le 18 janvier 1944 par une attaque du 10e corps britannique le long de la côte. Les Anglais réussissent à établir une tête de pont sur la rive droite du Garigliano. Kesselring doit envoyer les deux divisions tenues en réserve dans la région de Rome pour, sinon résorber, du moins contenir la tête de pont.

En revanche, les Allemands brisent facilement, sans se rendre vraiment compte de l'importance de la manœuvre, une tentative de franchissement du Rapido par la 36e division US. Les Américains, avec de lourdes pertes, sont refoulés par le tir des armes automatiques et le feu intense de l'artillerie. Plus au nord, les troupes allemandes contiennent encore l'assaut du corps expéditionnaire français en direction d'Atina.

La surprise la plus désagréable intervient, le 22 janvier, avec le débarquement à Anzio du 6e corps américain du général Lucas. En quelques heures, 60 000 hommes et 4 000 véhicules sont mis à terre, dans un secteur totalement dégarni. Kesselring bénéficie cependant de l'étonnante circonspection de son adversaire, qui néglige d'exploiter son avantage en s'emparant des monts Albains et en coupant les routes 6 et 7 qui auraient isolé les troupes engagées sur la ligne Gustav. Comme le signalera plus tard le général Westphal, le chef d'état-major de Kesselring, « la route de Rome était ouverte et une audacieuse colonne volante aurait pu entrer dans la ville… L'ennemi fit preuve d'une ahurissante passivité ».

Cette passivité permet à Kesselring de rameuter deux divisions du front de Garigliano, des unités disparates stationnées en Italie du Nord, dans le sud de la France et même dans les Balkans. Il constitue une nouvelle armée, la 14e, sous les ordres de Mackensen. A la fin janvier, cette armée est en mesure de briser les attaques alliées et de contenir la tête de pont qui s'allonge sur 25 kilomètres et une profondeur d'une douzaine de kilomètres, et se trouve sous le feu des batteries installées sur les monts Albains. La Luftwaffe intervient à son tour, coule le contre-torpilleur *Spartan* et plusieurs transports.

Au début février, Mackensen est assez fort pour tenter d'éliminer la tête de pont. Il dispose de l'équivalent d'une dizaine de divisions soutenues par une puissante artillerie. Hitler et l'OKW suivent l'affaire de très près, soucieux de remporter un second Dunkerque dont le retentissement ne pourrait être que considérable.

A trois reprises, du 3 au 7 février, du 16 au 20 et le 28 encore, Mackensen lance des attaques massives sur la route de Cisterna, puis sur celle de Carroceto. C'est l'échec. A l'exemple de ce qui s'est déjà passé à Gela ou à Salerne, les assauts sont brisés par les tirs de l'artillerie de campagne, les canons de la flotte et par l'intervention massive de l'aviation embarquée. Ne laissant que 5 divisions en ligne, les Allemands renoncent et se contentent de bloquer la tête de pont.

A ce moment, l'attention de Kesselring se concentre sur la deuxième bataille de Cassino. Celle-ci débute le 25 janvier 1944 par une tentative américaine de franchir le Rapido avec la 24e division. C'est un nouvel échec. Au bout de 15 jours, les Américains soumis à des tirs d'artillerie intenses doivent se replier sur leurs positions de départ. Plus au nord, le CEF n'est pas plus heureux. Les troupes françaises réussissent bien à s'emparer du Belvédère, au prix de très lourdes pertes, mais sans pouvoir, faute de réserves, tourner Cassino par le nord.

A la mi-février, les Allemands brisent un nouvel assaut lancé par le corps du général Freyberg composé d'une division néo-zélandaise et d'une division indienne. L'attaque est précédée par un bombardement aérien massif qui entraîne la destruction du monastère du mont Cassin soupçonné, à tort, de servir d'observatoire à l'adversaire. Une fois de plus, les Allemands résistent. Ils s'accrochent au mont Calvaire et au mont Cassin, ainsi qu'à la ville de Cassino. L'assaut direct mené un mois plus tard contre l'agglomération par la division indienne aboutit à un nouveau succès défensif.

Cassino entre alors dans la légende et s'apparente, comme le souligne Hitler, aux batailles les plus acharnées de la Première Guerre mondiale, menées à coups d'hommes et de matériel. Cette réputation repose pour l'essentiel sur l'étonnante capacité de résistance de troupes de montagne, d'unités d'infanterie ou de Panzergrenadier et surtout des bataillons de la 1re division de parachutistes du général Heidrich, qui s'étaient déjà illustrés à Ortona.

Il est vrai que cette résistance surprenante est favorisée par le relief, des conditions atmosphériques détestables et par des erreurs alliées comparables à celles des Allemands à Stalingrad. Les tapis de bombes de l'aviation, en particulier, transforment la ville de Cassino en un monceau de ruines et le terrain alentour en un océan de cratères envahis par l'eau, paralysant les manœuvres des blindés et facilitant la tâche des défenseurs.

Promu à la tête du 14ᵉ corps, le général Senger und Etterlin sait également mener sa bataille de main de maître, réalisant des concentrations de batteries d'artillerie et de *Nebelwerfer* (lance-fusées), soutenant les unités en première ligne par des bataillons de Panzergrenadier et s'adaptant parfaitement aux conditions spécifiques de la guerre en montagne. Il n'en reste pas moins que les fantassins et les paras allemands ont fait preuve, sous des déluges d'obus, d'une abnégation, d'une capacité de résistance et d'une combativité rarement égalées et qui forcent l'admiration.

Senger und Etterlin soulignera que les parachutistes, habitués à se regrouper après le saut et à combattre sans liaison avec l'arrière, s'adaptèrent mieux que d'autres à la bataille de Cassino. « Il ne pouvait plus être question d'une occupation suivie du terrain. On se battait dans des points d'appui nouveaux, improvisés, le plus souvent sans liaison à gauche ni à droite, ni avec l'arrière, et sans connaître la situation du reste du front d'attaque, au demeurant peu étendu.

« Les différents nids de résistance n'étaient pas seulement isolés par le bombardement. Cet isolement est plutôt, en général, caractéristique du combat dans les villes. La bataille de Cassino fut d'abord un va-et-vient jusqu'à ce que la division néo-zélandaise engagée pût pénétrer vers le sud et tenir certains points. Mais, entre ceux-ci, ils restaient les points d'appui que les Allemands ne lâchaient pas ou qu'ils reprenaient par des contre-attaques. La lutte avait pris à ce point le caractère d'un corps à corps qu'il arrivait parfois qu'un étage d'une maison fût occupé par le défenseur, l'autre par l'assaillant. Avant de concentrer les tirs d'artillerie sur un tel immeuble afin de le prendre d'assaut, il fallait attendre que l'adversaire évacuât son étage. »

En définitive, à la mi-mars 1944, c'est l'impasse. Le commandement allié renonce pour l'heure à toute nouvelle opération. Les Allemands viennent de remporter une grande victoire défensive, exploitée à fond par leur propagande. Cette victoire ne peut en faire oublier une autre. A l'automne de 1943, la Wehrmacht a remporté un brillant succès contre les Anglais dans le Dodécanèse et en mer Egée. A l'annonce de la capitulation du gouvernement Badoglio, les Britanniques se sont empressés d'occuper certaines possessions italiennes de Méditerranée orientale, dans l'espoir d'impressionner la Turquie et de l'entraîner dans le conflit. A partir du 13 septembre, des débarquements interviennent ainsi à Kos, Syme, Leros, Kalymnos, Kastellorizon et Samos. Si l'accueil italien est enthousiaste, la réaction allemande est, une fois de plus, quasiment immédiate.

Bénéficiant d'un soutien de la Luftwaffe et agissant à partir de Rhodes, le général Müller réussit tout d'abord à reprendre Kos où se trouve le seul terrain utilisable par la RAF. Sont ensuite réoccupées à la mi-octobre Naxos, Syme, puis Leros, Samos et Kastellorizon, à la fin novembre. La victoire allemande tient à l'emploi judicieux de troupes débarquées par mer et par air, et à la supériorité aérienne. En deux mois, l'aviation du Reich envoie par le fond six destroyers et deux sous-marins. Les Allemands restent ainsi maîtres de la mer Egée, contrôlent l'accès des Balkans et confirment l'isolement de la Turquie.

La seconde menace sérieuse est liée à l'apparition de résistances avec leur cortège de sabotages, d'attentats, de formations de maquisards ou de partisans. Cette menace ne peut surprendre, compte tenu de l'ampleur de la domination allemande et du caractère idéologique de plus en plus affirmé de la guerre. Depuis l'Antiquité, les précédents ne manquent pas. Beaucoup plus récemment, les guerres de la Révolution et de l'Empire ont été marquées par la Vendée et la chouannerie, les guérilleros espagnols ou les partisans russes opérant sur les arrières de la Grande Armée en 1812.

La guérilla se manifeste pendant la plupart des conflits du XIXe siècle. Français et Russes en font l'expérience en Algérie et au Caucase. Des guérillas apparaissent lors des révoltes de la Pologne, de l'insurrection hellénique ou de la guerre de Sécession. Les Sudistes se livrent à des opérations de harcèlement sur les arrières des Nordistes avec des unités de cavalerie. Pendant la guerre de 1870-1871, le gouvernement de la Défense nationale encourage l'action de francs-tireurs entre Seine et Loire, immobilisant ainsi plus de 120 000 Allemands.

De ces précédents, deux types de lutte se dégagent. La petite guerre de partisans a retenu l'attention de Scharnhorst et surtout de Clausewitz. Elle ne constitue qu'une variante de la guerre conventionnelle avec des *partis* composés de troupes légères opérant sur les arrières de l'adversaire, technique illustrée en 1812 par des unités de cavalerie de Davydov qui attaquaient les détachements isolés de la Grande Armée, interrompaient les communications et massacraient les traînards.

A cette lutte, s'oppose la guerre populaire marquée par les guerres de l'Ouest ou la guérilla espagnole sous Napoléon. Lutte à l'origine du traité de Le Mière de Corvey qui en souligne l'efficacité et les limites : nécessité de bases arrières, coordination avec les troupes régulières, coopération souvent difficile avec les populations.

Une éclipse se manifeste cependant pendant la Première Guerre mondiale. Les Allemands ne se heurtent à aucune résistance militaire, que ce soit en Belgique, dans le nord de la France ou en Pologne. Une seule tentative éphémère, celle des Serbes en 1916. La guérilla ne concerne que des théâtres extérieurs, comme le Proche-Orient, avec l'épopée de Lawrence, et des Arabes contre la domination ottomane et la défense habile menée par Lettow-Vorbek dans le Sud-Ouest africain, avec des unités indigènes d'Askaris.

Au lendemain du conflit, la guérilla connaît une dernière flambée avec les corps-francs allemands engagés dans les pays Baltes ou en Silésie, les partisans russes pendant la guerre civile, ou bien encore la lutte menée par Abd el Krim ou les Druzes contre la domination coloniale française. La guerre subversive se manifeste encore en Irlande ou en Palestine, mais tend de plus en plus à s'identifier au terrorisme.

Si les Anglais s'inquiètent des possibilités de cette guérilla, l'intérêt des militaires, pendant l'entre-deux-guerres, reste minime. La guérilla sous toutes ses formes n'apparaît pas dans les programmes des écoles de guerre. En Allemagne, un seul auteur, Ehrardt, lui accorde une certaine importance. Les débats de l'époque s'adressent essentiellement au rôle du char et de l'avion dans le cadre d'une reprise éventuelle de la guerre de mouvement.

En dépit de l'activité des partisans pendant la guerre civile, Soviétiques et marxistes n'accordent à la guérilla qu'un intérêt mitigé. L'état d'esprit des partisans apparaît guidé par des considérations nationales ou résolument conservatrices, avec la crainte d'un rétablissement de la grande propriété ou d'une collectivisation.

Dans la lutte subversive, le rôle révolutionnaire appartient aux prolétaires et la pensée militaire soviétique est essentiellement axée sur la création d'une armée de masse, solidement endoctrinée et bien dotée en matériel lourd. Un seul ouvrage d'inspiration marxiste aborde le problème, celui d'un jeune révolutionnaire vietnamien, Hô Chi Minh.

La Seconde Guerre mondiale va s'identifier cependant à une renaissance spectaculaire de la résistance armée. Dès la chute de la France, Churchill compte sur les bombardements stratégiques ainsi que sur la guérilla pour venir à bout de l'Allemagne. L'Europe doit être « mise à feu et à sang ». SOE (Special Operations Executive) est chargé de développer cette lutte clandestine.

Par rapport à 1914-1918, cette forme de combat bénéficie de possibilités techniques infiniment plus larges, avec des armes légères, mitraillettes, bazookas, des explosifs de maniement facile comme le plastic, des avions de liaison type Lysander. La miniaturisation des postes radio permet encore de recevoir des instructions et de transmettre des renseignements. Avec le développement des armées modernes, le champ d'action de la résistance armée s'est considérablement élargi. Il concerne des réseaux de communication de plus en plus variés et de plus en plus complexes, des dépôts d'armes, de munitions, de carburant, sans exclure l'attaque de détachements isolés.

Le début de cette résistance est cependant tardif. Les services britanniques ont du mal à établir des liaisons avec les premiers réseaux qui apparaissent au lendemain de la défaite de la France. Ces réseaux entendent encore limiter leur action au renseignement et rejettent sabotages et attentats, d'un effet militaire douteux, qui ne peuvent conduire qu'à des représailles aveugles. Dans ses appels de juin 1940, le général de Gaulle ne préconise d'ailleurs nullement le recours à la lutte subversive. Ses interventions portent sur le refus de l'armistice et la poursuite d'une guerre conventionnelle.

En somme, pendant un an, les autorités d'occupation ne se heurtent qu'à des actions de propagande antiallemande ou des sabotages concernant des matériels ou des câbles de transmissions. Il ne s'agit que d'actes isolés. Elles ne peuvent que se féliciter du calme qui règne dans les populations de l'Europe occidentale. En dix-huit mois, les tribunaux militaires siégeant en France ne prononcent que 95 condamnations à mort, dont 34 seulement sont exécutées.

Tout change avec l'attaque contre l'Union soviétique du 22 juin 1941. Sur ordre de Moscou, désireux de faire régner un climat d'insécurité et de retenir le maximum d'unités de la Wehrmacht à l'Ouest, les communistes entrent immédiatement dans la lutte et mènent des « actions immédiates » : sabotages, attentats. Quelle que soit leur ampleur, ils comptent sur la brutalité des représailles allemandes pour faire basculer la population dans la résistance.

Le premier attentat en France a lieu à Paris, le 20 août 1941, au métro Barbès-Rochechouart. Il concerne un sous-officier de la Kriegsmarine. D'autres suivent, aveugles d'abord, puis sélectifs comme le Feldkommandant de Nantes, assassiné le 20 octobre, et le conseiller administratif militaire de Bordeaux, abattu le lendemain.

Cette vague d'attentats plonge les autorités allemandes en France dans le plus grand embarras. Elles répliquent au départ en recourant aux vieilles méthodes « d'otages » choisis parmi des « notables », puis des personnes associées intellectuellement ou politiquement au communisme, en vertu de la conviction qu'il s'agit d'un « mouvement de masse, coordonné, dirigé par Moscou ».

La question des otages provoque une vive dissension entre le commandant militaire, le général Otto von Stülpnagel, et l'OKW. Hitler et Keitel exigent une réaction brutale et des exécutions massives. Sur leur ordre exprès, 48 otages sont fusillés le 22 octobre à Chateaubriant, 50 à Bordeaux deux jours plus tard, 95 encore à la fin novembre et au début décembre. Au total, de septembre 1941 à mai 1942, on enregistre 471 exécutions.

Convaincu que cette politique ne peut que creuser un fossé définitif entre les autorités d'occupation et l'ensemble de la population indignée par ces représailles, le général von Stülpnagel préconise une politique d'escalade dans les exécutions, l'application de sanctions à l'égard de la population : couvre-feu avancé, fermeture des lieux publics, théâtres, cinémas. Dans une lettre adressée le 15 février 1942 à Keitel, il souligne l'efficacité d'autres mesures comme « le transfert vers l'est de grandes masses de communistes et de Juifs, ce qui à ma connaissance produit un effet d'intimidation beaucoup plus marqué sur la population française que des exécutions en masse qu'elle ne comprend pas[4]... ». En Belgique, le général von Falkenhausen se heurte au même problème. Les exécutions contribuent encore au discrédit du régime de Vichy qui finit par s'identifier, sous prétexte de préserver sa souveraineté, aux pires représailles par la création de sections spéciales de cours de justice.

Faute de pouvoir se faire entendre, le commandant militaire demande à être relevé de ses fonctions. Il est remplacé, le 17 février 1942, par son cousin, le général Karl Heinrich von Stülpnagel, un des grands opposants du régime. Cette mutation s'accompagne d'une refonte totale des responsabilités. Le gouverneur ne s'occupe plus que de questions purement matérielles. La lutte contre la subversion incombe alors au SD, le Sicherheitsdienst, le service de renseignements du parti, dirigé en France par le SS Brigadeführer et général de police Oberg assisté de Knochen.

Après une courte période d'adaptation, le SD va se révéler beaucoup plus efficace que l'Abwehr, le service de renseignements de l'armée, et porter des coups très durs, au cours de l'été 1943 en particulier, à la résistance française, avec des arrestations retentissantes, comme celles de Jean Moulin ou du général Delestraint, le chef de l'Armée secrète. En revanche, ce qui peut paraître surprenant, Oberg, en accord avec Stülpnagel, réussira à faire triompher à Berlin une politique plus modérée en ce qui concerne les otages. De juin 1942 à août 1944, le nombre d'exécutions ne dépassera pas 254. Les recommandations d'un officier supérieur de la SS pesaient infiniment plus que celles d'un général de l'armée.

A partir de 1943, la Résistance prend une autre dimension avec l'apparition des premiers maquis. Inexistants aux Pays-Bas, peu développés en Belgique, en vertu de conditions naturelles, ces maquis, constitués essentiellement de réfractaires du STO, apparaissent dans des régions d'accès difficile : Alpes, Morvan, Massif central. Ils sont progressivement encadrés et armés par des résistants.

C'est seulement pendant l'hiver 1943-1944 que le haut commandement à l'Ouest commence à s'inquiéter du développement des maquis, notamment dans la moitié sud de la France. Il redoute une insurrection généralisée dont les effets pourraient être désastreux au moment du débarquement allié attendu pour le printemps. Des opérations de nettoyage interviennent ainsi, en liaison avec la milice de Darnand, comme celle du maquis des Glières en Savoie.

La division SS Das Reich, au repos dans la région de Montauban, mène plusieurs dizaines d'opérations de ce genre dans le sud du Massif central.

Une reprise d'activité de la résistance armée se manifeste cependant à la fin du printemps. Un rapport de von Rundstedt, commandant du théâtre occidental, signale le 5 juin, la veille du débarquement : « Forte recrudescence de l'activité des mouvements de résistance dans le sud de la France, surtout au sud de Clermont-Ferrand et autour de Limoges… Rassemblements de groupes armés près de Tulle (70 kilomètres au sud-est de Limoges) et dans les montagnes du Massif central près de Saint-Flour (80 kilomètres au sud de Clermont-Ferrand). Forte activité terroriste dans le département de la Corrèze. Attentats continuels contre les voies ferrées, les localités non défendues, les locaux de l'administration française, pillage des camps de travailleurs français, vols de camions et de carburant, libération d'un convoi de prisonniers après attaque du train à main armée[5]... »

Comme il l'a déjà fait dans sa directive du 10 février, von Rundstedt recommande les mesures les plus sévères. Riposte immédiate en cas d'attaque. Incendie des maisons d'où sont partis les coups de feu. « Si des innocents sont frappés, ce sera regrettable, mais la faute en reviendra exclusivement aux terroristes[6]. »

La menace exercée par la Résistance a cependant peu d'effet sur la répartition des troupes allemandes. A la veille du 6 juin, toutes les grandes unités sont en position le long des côtes. Dans une région pourtant névralgique de 65 000 kilomètres, peuplée de 2,5 millions d'habitants, regroupant le Limousin, l'Auvergne et une partie de la Touraine, le commandement allemand ne dispose guère que de 5 000 hommes constitués d'un régiment de sécurité, d'un bataillon de Géorgiens et de quelques centaines de gendarmes. Les garnisons des agglomérations principales ne dépassent pas 100 ou 200 hommes[7].

Au lendemain du débarquement, le commandement allemand entreprendra de réduire les concentrations de résistants de cette région. Du 10 au 14 juin, le maquis du mont Mouchet sera disloqué. Contrairement aux assertions de certains résistants, l'opération ne mettra pas en jeu une division blindée, mais une dizaine de compagnies dont six de volontaires russes, soit 2 000 hommes au maximum. Une opération identique est menée au même moment contre le maquis de Saint-Marcet en Bretagne.

Une seule grande unité, la Das Reich, participera en fin de compte à la lutte contre les résistants. Au cours de son transfert en Normandie, elle libérera les restes de la garnison de Guéret, interviendra trop tard à Tulle, où elle se livrera à l'exécution d'une centaine d'otages, en représailles, semble-t-il, du massacre d'une quarantaine de soldats allemands. Un de ses bataillons se signalera surtout par le massacre d'Oradour dont les causes n'ont jamais vraiment été élucidées. L'affaire donnera naissance à une enquête de l'OKW qui s'enlisera dans les sables, comme le constatera Keitel en février 1945. Contrairement à certaines affirmations, la marche de la Das Reich ne sera pas entravée par des embuscades. C'est sur les bords de la Loire dont tous les ponts avaient été détruits que la division rencontrera ses plus grosses difficultés.

En fait, au lendemain du débarquement et pendant toute la bataille de Normandie, le commandement à l'Ouest constatera avec soulagement que ses craintes avaient été exagérées. Il n'y aura pas de soulèvement d'ensemble. Les principales difficultés proviendront de sabotages de voies ferrées qui s'ajouteront aux attaques massives de l'aviation sur les communications routières et ferroviaires.

En réalité, les Allemands ont été servis par la faiblesse des effectifs des résistants – 50 000 hommes au moment du débarquement, 100 000 à 120 000 deux mois plus tard – et par l'insuffisance de leur armement. Les parachutages alliés n'avaient pas dépassé 100 000 armes légères dont le tiers seulement était tombé entre les mains des maquisards. Ils ont encore été favorisés par les divergences tactiques entre résistants. Aux « petits » maquis prônés par les FTPF communistes (Francs-Tireurs-Partisans) s'opposaient les grands maquis organisés par l'ORA (Organisation de résistance de l'armée) ou l'Armée secrète implantée dans des régions isolées d'accès difficile, constituant de médiocres bases offensives et relativement faciles à investir et à détruire, comme devait le démontrer la tragique affaire du Vercors, à la mi-juillet 1944.

La stratégie adoptée par de Gaulle explique encore la pause relative observée par la bataille de Normandie. Dans le cadre du thème de l'insurrection, la Résistance devait attendre la rupture du front allemand pour se manifester avec tous ses moyens. De fait, c'est après la bataille de Falaise, et le repli en direction des frontières du Reich, que les Allemands éprouveront les plus grosses difficultés. Nombre de colonnes feront l'objet d'embuscades et de harcèlement. Des isolés seront massacrés, des petits détachements anéantis. La reddition de la colonne Elster, même si elle s'effectuera au sud d'Orléans en faveur des Américains, sera essentiellement l'œuvre de la Résistance.

Au total, la résistance armée à l'Ouest ne jouera nullement un rôle déterminant dans la défaite allemande à l'Ouest. Elle ne sera responsable que de 2 % des pertes de la Wehrmacht. En revanche, sur le plan du renseignement, son rôle, quoique difficile à quantifier, se révélera infiniment plus important.

Dans l'est de l'Europe, des similitudes avec les résistances occidentales se manifestent en Pologne et en Tchécoslovaquie. En Pologne, après l'attaque allemande contre l'URSS, l'armée allemande se heurte à une vague de sabotages contre les voies ferrées. La résistance réussit à faire dérailler une centaine de trains et à faire sauter trois ponts. Devant l'ampleur des représailles, elle s'oriente vers le renseignement. La Tchécoslovaquie offre alors une situation à peu près comparable.

En revanche, dès 1941, la Wehrmacht doit affronter des maquis dans les Balkans et sur les arrières du front de l'Est. Au lendemain de l'effondrement de la Yougoslavie, le général Mihaïlovitch refuse la capitulation. Avec une poignée d'officiers et de soldats, il tente d'organiser une résistance en Serbie, dans la tradition des Tchetniks luttant contre l'oppression ottomane.

Quelques semaines plus tard, au lendemain de l'attaque allemande contre l'URSS, le secrétaire général du Parti communiste, Josip Broz, alias Tito, organise une seconde résistance qu'il va s'efforcer d'étendre à la Bosnie, la Dalmatie et la Croatie.

Des mouvements de résistance se manifestent également en Albanie et surtout en Grèce, dans les régions montagneuses de l'Epire et de la Thessalie, où 15 000 maquisards se trouvent réunis en 1942.

En réalité, pendant deux ans, les maquis balkaniques ne constituent qu'une préoccupation secondaire pour l'armée allemande. Les tâches de répression incombent essentiellement aux Italiens. Quelques formations allemandes participent cependant, en mai 1943, à la bataille de la Stupeska, qui se traduit par une sévère défaite pour les forces de Tito réduites à 6 000 hommes. Le mécompte le plus important enregistré par la Wehrmacht en Grèce intervient le 25 octobre 1942 avec la destruction du viaduc de Gorgopotamus effectué non pas par des maquisards helléniques mais par un commando de parachutistes britanniques. L'opération constituera un handicap sévère pour le fonctionnement du pont aérien mis en place en faveur des forces de Rommel en pleine retraite en direction de la Libye.

Tout change avec la capitulation italienne de septembre 1943. En Grèce comme en Yougoslavie, les partisans réussissent à s'emparer d'un matériel important, à « libérer » des zones nouvelles, et les Allemands sont obligés d'assurer la relève de l'allié défaillant.

Tâche nullement insurmontable, au demeurant. Contrairement aux allégations de nombre de résistants de l'immédiat après-guerre, les maquis des Balkans n'ont nullement retenu 26 divisions allemandes. Ces unités concentrées dans le sud-est de l'Europe avaient essentiellement pour but de s'opposer à un éventuel débarquement allié. Les maquis n'ont pas davantage tué, ni même mis hors de combat 600 000 soldats de la Wehrmacht, le double des effectifs jamais réunis dans cette région !

Les résistants grecs n'ont jamais été plus de 15 000 à 20 000. La croissance officielle des partisans de Tito, 180 000 à la fin de 1943, 350 000 au cours de l'été suivant, apparaît également hautement fantaisiste et ne repose sur aucune base sérieuse. De même, les parachutages alliés n'ont pas dépassé 100 000 armes légères que les partisans sont loin d'avoir récupéré en totalité.

Les Allemands ont d'ailleurs été remarquablement servis par les divisions de leurs adversaires. A maintes reprises, Tchetniks et partisans de Tito, en totale opposition sur le plan politique, se sont livrés à des affrontements sanglants, sans hésiter à conclure des trèves avec les Italiens ou les Allemands, comme le révélera Djilas au lendemain de la guerre.

Si l'activité de Mihaïlovitch reste cantonnée à une partie de la Serbie, celle de Tito ne dépasse pas le cœur de la Bosnie avec de brèves incursions en Dalmatie et en Croatie. En mai 1944, les partisans subiront un véritable désastre. Ils seront obligés de se replier sur la côte adriatique, avec l'aide des Anglais, et Tito établira son quartier général dans l'île de Vis. La situation ne sera guère différente en Grèce où de violents affrontements ne cesseront d'opposer les partisans communistes de l'ELAS aux résistants modérés de l'EDES. A la faveur de ces luttes, les communistes réussiront à éliminer totalement les petits groupes de résistants de Sarafis et de Psaros.

Partisans grecs et yougoslaves se révéleront encore incapables, à l'automne de 1944, d'empêcher le repli en bon ordre du groupe d'armées Löhr sur la Bosnie, où il résistera jusqu'à la capitulation de mai 1945.

En réalité, même à l'apogée de la lutte antipartisans en 1943-1944, l'armée allemande n'a jamais mis en œuvre plus de 100 000 hommes, soit unités de police comme la 4e SS Polizei, soit unités SS de recrutement local, comme les brigades *Kama, Handschar, Skandenberg* formées essentiellement de Croates ou de musulmans bosniaques et albanais. Ils ont bénéficié encore du soutien des Oustachis croates d'Ante Pavelitch.

La Wehrmacht a toujours pu conserver le contrôle des grands axes, des villes principales, poursuivre l'exploitation des mines et cantonner les partisans dans des zones montagneuses d'accès difficile. Elle a été encore servie par des antagonismes politiques, ethniques et religieux irréductibles dont les effets continueront largement à se faire sentir après la guerre.

Il n'en reste pas moins que cette lutte a été impitoyable avec des exécutions réciproques de prisonniers, des fusillades d'otages ou des massacres collectifs comme ceux pratiqués par les Allemands à Kragujevac en Yougoslavie ou à Klissura en Grèce, dans le but de terroriser la population et de la couper des partisans. Les pires atrocités ont cependant été commises par les Yougoslaves ou les Grecs eux-mêmes suivant les meilleures traditions balkaniques, dans le cadre de la lutte menée contre l'occupant et d'une affreuse guerre civile.

Le problème affronté par les Allemands en Russie apparaît quelque peu différent. Là encore, le mouvement des partisans apparaît tardif. Nullement préparé à la veille de la guerre, il fait l'objet d'une totale improvisation dès l'été 1941. C'est le 18 juillet que le comité central ordonne la constitution par l'Armée rouge d'unités de partisans, en étroite liaison avec le ministère de l'Intérieur et le NKVD.

Les progrès sont cependant lents ; 30 000 partisans à la fin de 1941 composés encore essentiellement de détachements militaires coupés de leurs arrières lors des grandes manœuvres d'encerclement de l'été et de l'automne. Réfugiés dans les forêts impénétrables, ces groupes sont plus préoccupés par leur sécurité que d'opérations offensives.

Au cours de l'été 1942, les effectifs finissent par atteindre 80 000 hommes, mais Staline ne cache pas sa déception. Il ordonne un nouvel effort d'organisation avec la création d'un état-major spécial à Moscou, l'établissement de liaisons aériennes avec les unités de partisans pour leur fournir postes de radio, armes, munitions, médicaments. Le but est double, sinon triple : lutter contre l'occupant, veiller au comportement de la population et éliminer les traîtres, neutraliser enfin les partisans « bourgeois » ou nationalistes comme les Polonais ou les Ukraniens. En 1943, le mouvement concerne 150 000 hommes.

Tout autant qu'à un élan patriotique, cet essor tient en très grande partie aux maladresses des occupants, notamment à l'égard des Ukrainiens et davantage encore peut-être aux rafles de main-d'œuvre effectuées en faveur de l'économie du Reich. Plus de 50 % des partisans obéissent au désir d'échapper au travail forcé en Allemagne.

Les maladresses des Allemands à l'égard des nationalistes, le refus notamment de reconnaître pleinement l'indépendance des pays Baltes ou de proclamer celle de l'Ukraine sont encore à l'origine de la formation d'unités de partisans, totalement étrangères aux mouvements organisés par Moscou. De loin le plus actif est l'UPA, l'armée insurrectionnelle ukrainienne, qui opère à l'ouest du Dniepr et qui poursuivra la lutte contre les Soviétiques longtemps après le départ des Allemands, jusqu'à la fin des années 50.

En attendant, à partir de la fin de 1942, les embuscades se multiplient, ainsi que les attaques contre les postes et les détachements isolés. D'après la direction des

Chemins de fer de l'Est, les sabotages prennent une ampleur inquiétante. De 80 par mois au début de 1942, ils passent à 350 à la fin de l'année, pour en atteindre de 1 000 à 1 500 au printemps de 1943.

Dès l'apparition du mouvement des partisans, le commandement allemand réagit avec la plus extrême brutalité. Une directive de Keitel du 16 décembre 1942 est sans la moindre ambiguïté :

« 1. L'ennemi utilise dans les bandes des combattants fanatiques ayant une formation communiste et qui ne reculent devant aucun acte de violence. Plus que jamais il s'agit ici d'"être ou ne pas être". Dorénavant, cette lutte n'a rien de commun avec la conduite chevaleresque d'un soldat ou avec les règles de la convention de Genève.

« Si cette lutte contre les bandes de l'Est et dans les Balkans n'est pas menée avec les moyens les plus brutaux, dans le proche avenir les forces disponibles seront insuffisantes pour liquider cette peste.

« Pour cette raison, les troupes ont le droit et le devoir d'employer dans cette lutte tous les moyens sans restriction, y compris contre femmes et enfants, si cela contribue au succès.

« Une marque de douceur quelconque est un crime envers le peuple allemand et le soldat au front, qui doit subir les conséquences des coups portés par des bandits et qui ne comprend pas comment on peut faire grâce aux bandits et à leurs complices.

« C'est en partant de ces principes qu'il faut appliquer "L'instruction sur la lutte contre les bandes de l'Est".

« 2. Aucun Allemand participant aux opérations contre les bandes ne peut être poursuivi à titre disciplinaire ou judiciaire pour sa conduite dans le combat contre les bandits et leurs complices.

« Les chefs des unités qui luttent contre les bandes sont chargés : de porter cet ordre à la connaissance de tous les officiers de leurs unités sous une forme assurant sa juste compréhension ; d'en informer immédiatement leurs officiers de justice et de ne pas confirmer les verdicts qui sont en contradiction avec cet ordre[8]. »

Les moyens utilisés sont variés. Dès septembre 1941, toutes les grandes unités engagées à l'Est doivent constituer des « commandos de chasse » de l'effectif d'une compagnie, bien dotée en armes légères et munie de postes de radio. Devant l'insuffisance de cette mesure sont engagés des bataillons de sécurité, des divisions de campagne de la Luftwaffe inaptes aux grandes opérations, ou des formations étrangères comme la LVF (Légion des volontaires français contre le bolchevisme). Interviennent surtout, en nombre croissant, des unités de SS Polizei ou des bataillons de recrutement local composés de gens de sac et de corde, comme la brigade SS Dirlewanger.

Les méthodes sont toujours les mêmes. Il s'agit non seulement de détruire les repaires des partisans, mais davantage encore de terroriser la population avec pour objectif de l'isoler de ces bandes. Se succèdent ainsi les incendies de village, les exécutions collectives concernant aussi bien les hommes que les femmes ou les enfants, les saisies de bétail et les confiscations de récoltes.

Les résultats obtenus par les partisans à l'Est ont-ils été déterminants ? En décembre 1943, dans un discours adressé aux Gauleiter, Himmler peut prétendre que les partisans n'ont aucune influence notable sur le ravitaillement des troupes. L'assertion est, en grande partie, vraie. On reste toujours surpris de la rapidité avec laquelle a pu s'effectuer le transfert de grandes unités de l'Ouest à l'Est ou inversement. De même, les affirmations du chef d'état-major des partisans, Ponamerenko, prétendant que ses forces avaient tué 300 000 Allemands, provoqué 3 000 déraillements, fait sauter 3 623 ponts, détruit

1 191 chars, 1 097 camions et 825 dépôts divers, sont en totalité contestées par l'historiographie soviétique. La réalité apparaît infiniment plus modeste, avec 35 000 tués dont la moitié d'Allemands.

L'efficacité des partisans a été, en réalité, très variable en fonction des conditions naturelles. Faible dans les pays Baltes, voire même en Ukraine, leur implantation la plus importante a concerné les forêts de Russie blanche et les abords des marais du Pripet. C'est en vertu de cette forte densité qu'ils joueront un rôle important lors du déclenchement de l'opération *Bagration* du 22 juin 1944 contre le front centre. En multipliant les sabotages, les partisans réussiront à paralyser pendant deux jours les communications ferroviaires. Il n'en reste pas moins que ces sabotages n'ont fait que faciliter la réussite d'une offensive acquise de toute façon, compte tenu de la surprise, de la disproportion des forces et du rôle déterminant de l'aviation soviétique.

En somme, tout autant par ses effets matériels que par la création d'un climat d'insécurité, l'action des partisans a constitué tout au plus une gêne pour l'armée allemande, sans effet déterminant.

En revanche, à partir de l'été 1943, une menace infiniment plus grave se dessine, avec l'ampleur nouvelle prise par les bombardements stratégiques, qui tranche avec la situation observée au cours des années précédentes.

Jusqu'au début de 1943, en effet, le haut commandement de la Luftwaffe considère le théâtre aérien occidental comme secondaire. Depuis la fin du Blitz, l'effort majeur de la Luftwaffe concerne le front de l'Est et le théâtre méditerranéen. Ne sont maintenues à l'Ouest que des formations réduites de bombardiers chargées du mouillage des mines ou de l'attaque de la navigation, surtout à partir du nord de la Norvège. De même, trois groupes de chasse seulement opèrent à partir des terrains de Belgique ou du nord de la France. Il est vrai qu'ils sont composés de pilotes triés sur le volet et des appareils les plus récents comme le Messerschmitt 109 G ou le nouveau Focke-Wulf 190.

Pendant l'année 1942, la Luftwaffe remporte deux grands succès lors de l'opération Cerberus et l'affaire de Dieppe. De même, la chasse, opérant à partir de terrains situés nettement en retrait de la mer, inflige des pertes sévères aux bombardiers britanniques qui s'attaquent de jour à des installations industrielles de la zone occupée. 450 avions anglais sont abattus pour la perte de 150 chasseurs allemands. Les raids de jour lancés par la RAF en profondeur au-dessus de l'Allemagne ne sont pas plus heureux. Une attaque contre les usines MAN d'Augsbourg, fabriquant des moteurs Diesel pour sous-marins, se solde par la perte de 7 avions sur 12.

De même, les raids nocturnes effectués au-dessus du Reich par le Bomber Command, depuis mai 1940, n'aboutissent au départ qu'à des résultats insignifiants. Ils concernent, en principe, des objectifs ponctuels, centrales thermiques, gares de triage, usines de synthèse... Ces raids brillent par une absence de précision totale soulignée en Angleterre par le rapport Butt de mars 1941. 1 % seulement des bombes tombe dans un rayon de 8 000 mètres autour de l'objectif !

Sceptique, le Bomber Command s'acharne tout en se heurtant à une défense de plus en plus efficace, organisée par le général Kamhuber. Devant l'insuffisance de la DCA, celui-ci organise une chasse de nuit encore modeste, agissant d'abord en liaison au-dessus de l'objectif, avec des batteries de projecteurs, puis en coordination avec une première chaîne de radars établie au-dessus du Zuyderzee et de l'estuaire du Rhin.

Cette ligne Kamhuber est divisée en secteurs ou « lits à baldaquin » affectés à un ou deux avions de chasse. Chaque baldaquin comporte un radar de veille *Freya* et deux *Wurzburg* de poursuite, l'un suivant le bombardier, l'autre le chasseur. La position des deux appareils apparaît sur une table traçante, permettant au contrôleur au sol de diriger le chasseur sur le bombardier. Dans la phase finale, le radar de bord Liechenstein émettant sur 60 centimètres facilite l'établissement du contact.

Une première mutation se manifeste au début de 1942. Winston Churchill, sur l'avis de son conseiller scientifique Lindeman, persiste à croire aux possibilités de développement du Bomber Command, qui absorbe 40 % de l'effort de guerre anglais, et se convertit à la stratégie de son nouveau chef, le maréchal de l'air Harris. Le bombardement de précision est ainsi abandonné, au profit d'attaques sur zone, c'est-à-dire de raids de terreur sur les villes menés au moyen du *Gee*, un appareil de radio-navigation. L'Allemagne fait la brutale expérience de cette nouvelle stratégie en avril 1942, avec les raids dévastateurs sur le centre des cités historiques de Lubeck et de Rostock, et surtout de Cologne, le 30 mai 1942. Les dégâts sont considérables et on compte plus de 500 morts.

Jeschonnek, le chef d'état-major de la Luftwaffe, cherche à transformer cette attaque des « mille avions », y compris des appareils d'instruction, comme une grande victoire avec 39 appareils abattus (40 en réalité). Hitler n'est pas dupe. « Je ne cherche jamais à dissimuler des échecs. Mais j'essaie toujours d'en tirer une leçon[9]. »

La crise est cependant sans lendemain. Avec le brouillage du Gee, la RAF ne réussit pas à renouveler des attaques groupées. Les raids sur Essen se traduisent par des échecs coûteux avec la perte de plus de 200 appareils. La Luftwaffe ne tire finalement aucun enseignement de l'affaire de Cologne.

Sa riposte se place, en fait, sous l'angle de raids de représailles. Interrompant les opérations de mouillage de mines, la Luftflotte III déclenche, selon la formule de Hitler, des raids au *Baedecker*, le célèbre guide touristique, sur les villes historiques du sud de l'Angleterre. Exeter, Bath, Norwick, York, Hull, Grimsby, Canterbury sont durement touchées.

Menés par des groupes de 50 à 250 avions, ces raids utilisent les méthodes éprouvées : radioguidage, marquage de l'objectif par des grappes lumineuses, panachage de bombes explosives et incendiaires, concentration des attaques sur le centre médiéval aux vieilles maisons de bois et aux rues étroites propices aux incendies dévastateurs. La riposte de la chasse de nuit britannique, considérablement renforcée depuis 1940-1941, est sévère. 250 bombardiers sont abattus. Aussi, les attaques cessent-elles en juillet 1942, à un moment où la Luftwaffe doit encore concentrer le gros de son effort sur le front de l'Est et en Méditerranée.

Au début de l'année 1943, les autorités du Reich restent optimistes. Les résultats obtenus par le Bomber Command n'ont encore aucune incidence sur la production et le moral de la population. La RAF essuie de lourdes pertes. En 1942, la DCA et la chasse ont abattu 1 404 appareils et en ont endommagé 2 785. La Luftwaffe se refuse alors à tenir compte de l'énorme effort de production aéronautique effectué par la Grande-Bretagne et les Etats-Unis, et de l'apparition des premières formations de bombardiers lourds américains qui amorcent des raids diurnes sur la périphérie de l'Europe occidentale.

Le changement majeur s'amorce à partir de mars 1943 avec l'offensive britannique déclenchée sur la Ruhr, grâce à l'emploi de nouveaux systèmes de radionavigation comme le Gee H, l'Oboe ou le radar de bord H 2S. Des vagues de 400 à 500 appareils, le double des effectifs de l'année précédente, se livrent à des attaques sur Essen, Dortmund, Duisbourg, qui subissent de gros dégâts. Les résultats sur la production restent cependant minimes, inférieurs à 10 %. Une attaque sur les barrages de la Möhne, considérés comme le talon d'Achille de la Ruhr, n'est pas davantage concluante. Tout au long de ces opérations, la défense allemande continue à démontrer son efficacité. Elle réussit à détruire 872 avions et à en endommager 2 126. Les Allemands apprendront seulement après la guerre que le moral du Bomber Command est alors sur le point de s'effondrer.

Le tournant capital intervient, en réalité, au cœur de l'été, avec le coup de tonnerre de Hambourg. A trois reprises, les 24, 27 et 29 juillet, la RAF lance des attaques massives sur la ville. Les dégâts sont énormes, sans précédent. Le raid du 27 provoque un véritable typhon de feu avec des températures dépassant 1 000 degrés. On compte plus de 40 000 morts. Le résultat a été atteint par l'emploi de *Windows*, de bandelettes métalliques, qui ont « aveuglé » les radars et totalement paralysé la défense.

En Allemagne, la destruction de Hambourg provoque un effet de stupeur. Pour le grand maître de la production de guerre, Albert Speer, il suffirait de six raids de même ampleur pour désorganiser complètement l'économie du Reich. On entreprend l'évacuation dans les grandes villes des femmes et des enfants. Un second avertissement concerne, le 17 août, un raid sur le centre d'essais des fusées de Peenemünde, sur les bords de la Baltique. Une fois de plus, la défense a été complètement débordée.

A la menace du Bomber Command s'ajoute celle de la 8e Air Force américaine, basée en Angleterre, qui entreprend une offensive de jour sur des objectifs ponctuels, constructions navales, transports, centrales électriques, industries aéronautiques. En principe 152 objectifs ont été sélectionnés, qui seront successivement attaqués par une force qui devra comprendre 32 groupes de quadrimoteurs, soit 2 200 appareils.

En juin 1943, les raids menés par des groupes de 200 à 300 appareils, avec couverture de chasse, concernent les chantiers de Brême et de Kiel, et le centre d'industrie de synthèse de Hüls. A la fin juillet, l'aviation américaine entreprend des opérations en profondeur, sans protection de chasseurs. Le premier concerne Kassel, et le 17 août intervient la première opération d'envergure avec l'attaque d'usines aéronautiques et de roulements à billes de Regensburg et de Schweinfurth. 60 bombardiers sont abattus pour la perte de 25 chasseurs allemands.

Malgré ce succès, le général Jeschonnek se suicide le lendemain. Sa stratégie a fait faillite. Il est considéré comme le grand responsable de la destruction de Hambourg et des raids américains en profondeur, à un moment où, en Russie comme en Méditerranée, la Luftwaffe se révèle incapable de disputer la supériorité aérienne à ses adversaires. Une refonte totale de la stratégie aérienne s'impose. La priorité doit être accordée à la défense du Reich.

12

La nouvelle Wehrmacht

L'année 1943 constitue un tournant majeur dans l'histoire des forces armées allemandes. Après les premières grandes défaites sur le front de l'Est et en Méditerranée, la Wehrmacht subit une profonde mutation. Ce n'est plus celle des débuts de la guerre. Si les effectifs ont connu une forte augmentation, l'outil de la Blitzkrieg, de plus en plus composite, devient essentiellement défensif.

De fait, la Wehrmacht de 1943 compte 9,5 millions d'hommes sous les drapeaux au lieu de 5 en 1940 et 7,5 en juin 1941. Sur cet ensemble, l'armée se taille la part du lion avec 7 millions d'hommes contre 2 pour la Luftwaffe et 600 000 hommes pour la marine. Au bout de quatre années de guerre, le manque d'homogénéité de cette armée s'est encore accentué. De 1939 à 1941, au cours des grandes offensives victorieuses, on avait déjà pu souligner le fossé qui séparait l'élite, les Panzer, les divisions motorisées, les unités de parachutistes de la masse, de la « milice », c'est-à-dire de l'ensemble des unités d'infanterie, d'active ou de réserve, obligées de se livrer à des marches à pied interminables pour maintenir le contact avec les blindés.

En 1943, cet écart s'est encore creusé. Les 280 divisions de l'armée, au lieu de 147 en 1940, se divisent en plusieurs catégories. On en compte plus de 15. Près des deux tiers des grandes unités n'ont plus qu'une valeur opérationnelle réduite. Démunies de moyens de transport motorisés, ne disposant que de chevaux dont le nombre dépasse le million pour l'ensemble de l'armée, ces divisions qualifiées de « statiques » sont affectées à la lutte contre les partisans, à la défense d'un énorme littoral depuis la Norvège jusqu'aux Balkans, ou aux secteurs réputés calmes du front de l'Est.

Le recrutement de ces unités laisse à désirer, en raison d'une forte dominante de réservistes âgés et d'hommes mal remis de blessure ou de maladie. Il en est de même de l'encadrement. L'armement est le plus souvent médiocre. Ces formations sont généralement privées de moyens antichars modernes, comme les canons d'assaut, ou de pièces d'artillerie sur affût chenillé. Près de 75 de ces divisions ne comportent qu'un tiers d'hommes ayant une expérience du combat.

A ces unités, s'ajoutent les formations terrestres de la Luftwaffe, qu'on ne peut confondre avec les divisions de parachutistes d'une excellente qualité combative et de la Panzer Hermann-Göring dont le comportement sera plus qu'honorable en Tunisie, en Sicile ou en Italie. Au départ et surtout en Russie, l'armée de l'air assure la sécurité de ses bases au moyen de compagnies de protection. En 1942, bien en peine de justifier un excédent d'effectifs, Göring lève une vingtaine de divisions de marche. Généralement médiocrement entraînées et encadrées, ces unités seront, elles aussi, utilisées à la lutte contre les partisans ou engagées dans des secteurs défensifs avec des résultats souvent douteux.

A cette armée de seconde catégorie s'ajoute un nombre nullement négligeable de formations étrangères de qualité extraordinairement variable[1]. Dès 1941 et plus encore au cours des années suivantes, l'Ostheer, l'armée de l'Est, recrute des auxiliaires russes plus ou moins volontaires. Ces Hiwiss (diminutif de Hilfs Willigen) sont utilisés au départ comme chauffeurs, palefreniers, cuisiniers, hommes de peine. Ils ne portent pas d'uniforme, mais un simple brassard. Ces Hiwiss finissent par s'intégrer dans des compagnies de sécurité axées sur la lutte contre les partisans avant d'être affectés organiquement à nombre de grandes unités, y compris les Panzer. Au nombre de 300 000, ils seront toujours encadrés par des officiers et même des sous-officiers allemands.

S'intègrent également dans les Osttruppen les volontaires de la ROA (l'armée russe de libération) recrutée au nom du général Vlassov rallié aux Allemands en 1942 avec plusieurs dizaines d'officiers soviétiques. Réparties en bataillons isolés, ces troupes resteront sous commandement allemand, et avec les revers de 1943 seront transférées dans les Balkans, en Italie et même sur le théâtre occidental. En fait, Hitler, en dépit de la pression de certains de ses généraux, ne se ralliera jamais vraiment à l'idée d'une armée russe de libération nationale.

C'est seulement à l'automne de 1944 que Vlassov sera autorisé à constituer deux divisions qui seront engagées contre l'Armée rouge, avant d'être repliées sur Prague. Dans les derniers jours de la guerre, ces unités, espérant faire oublier leur origine, rejoindront la résistance tchèque et engageront le combat contre les Allemands. Ce revirement de la 25e heure n'empêchera pas Vlassov d'être fusillé à Moscou et ses hommes d'être condamnés à de lourdes peines de détention.

Tout en refusant la création d'une armée nationale, l'Ostheer, ainsi que la Waffen SS, a également procédé au recrutement de plusieurs dizaines de milliers de volontaires en Ukraine, utilisés, là encore, dans la lutte contre les partisans. Le recrutement porte également en 1942 sur des légions nationales composées de Caréliens, de Tartares de la Volga et surtout de Caucasiens. L'armée allemande finira par compter 7 bataillons de Géorgiens, 5 bataillons d'Arméniens, une unité kalmouke et plusieurs formations composées de volontaires de l'Azerbaïdjan et du Turkestan, sans compter deux divisions de Cosaques. Après la retraite de 1943-1944, ces bataillons seront versés dans des unités de l'armée dans les Balkans ou en France, ou encore intégrés dans des brigades de la Waffen SS, notamment en ce qui concerne les musulmans.

Aussi bien à l'Est qu'à l'Ouest, leur comportement sera extrêmement variable. Excellentes dans l'attaque ou le combat d'infanterie, ces unités seront sujettes à des paniques lors de bombardements d'artillerie ou d'aviation. Au total, en y intégrant les 35 000 « volontaires » servant dans la DCA, près d'un million de Soviétiques, de nationalités diverses, ont servi dans les rangs de l'armée ou de la Waffen SS.

Le reste de l'armée allemande de 1943 constitue un ensemble nettement supérieur, avec une cinquantaine de bonnes unités de campagne, partiellement motorisées, du moins en ce qui concerne les arrière-gardes. L'armement est de bonne qualité avec le pistolet-mitrailleur, la mitrailleuse MG42 à tir tendu, le mortier de 80. Ces divisions sont dotées de redoutables batteries de roquettes, les *Nebelwerfer* dont on ne trouve pas l'équivalent dans les armées anglo-américaines. La lutte antichars est assurée par des pièces tractées de plus en plus puissantes, canons de 50, de 75 et de 88. A partir de 1944, les hommes reçoivent des moyens de lutte direct antichars, comme le *Panzerschreck* ou le *Panzerfaust* tirant des projectiles à charge creuse. Ces divisions disposent encore d'un bataillon de canons d'assaut d'une mobilité et d'une efficacité bien supérieures à celles des pièces tractées.

Le recrutement est à base d'hommes jeunes, fortement motivés, et l'encadrement, aussi bien en ce qui concerne les sous-officiers que les officiers, reste solide. En revanche, ces divisions souffrent d'un déficit chronique d'infanterie, en vertu de pertes répétées, difficiles à combler. La dotation normale de 90 hommes par compagnie tombe fréquemment à 70 voire 40 fantassins. Avec une proportion d'infanterie inférieure à 30 %, il suffit qu'une division subisse 20 % de pertes pour qu'elle soit considérée comme « exsangue[2] ».

Le fer de lance de l'armée reste cependant toujours constitué par les divisions blindées et motorisées, celles-ci rebaptisées Panzergrenadier. Depuis 1940-1941, l'arme blindée n'a cessé de gagner en puissance grâce à l'évolution des matériels. Au début de l'été 1943, elle sort d'une véritable refonte liée aux pertes sévères subies aussi bien sur le front de l'Est qu'en Afrique.

Trois divisions blindées ont disparu à Stalingrad, les 14e, 16e et 24e Panzer, trois autres également en Tunisie, les 12e, 21e et 27e. Deux autres ont été dissoutes en février 1943 après des pertes considérables à l'Est. Au total, 5 sont reconstituées et 3 disparaissent définitivement, dont la 18e Panzer créée à l'automne de 1940.

A la veille de la bataille de Koursk, l'armée allemande compte 27 Panzer et 7 Panzergrenadier. Guderian se trouve à l'origine de la réorganisation de l'arme blindée. Après quatorze mois de disgrâce, il est rappelé, en février 1943, par Hitler[3]. Le Führer lui propose alors la fonction d'inspecteur général de l'arme blindée, c'est-à-dire d'en assurer la refonte, rendue nécessaire par l'importance croissante accordée au char par les Soviétiques et les Anglo-Américains.

Guderian accepte, mais à certaines conditions. Il tient à dépendre directement du Führer et à avoir la haute main sur toutes les unités dotées de matériel blindé, y compris celles de la Waffen SS et de la Luftwaffe, et à ne pas subir d'entraves de la part de l'OKH, des services de l'armement et de la production industrielle. Ces conditions sont acceptées et débouchent sur un véritable contrat, qui précise exactement le champ d'action du nouvel inspecteur.

En étroite liaison avec Speer, devenu le grand maître de l'économie de guerre depuis la mort accidentelle de Todt, Guderian se met immédiatement au travail. Avec l'abandon de la construction du char moyen Panzer III, l'accent est mis sur la fabrication du Tigre, armé du canon de 88, et surtout sur celle du Panther, doté d'un 75 long. Cette priorité n'exclut nullement la poursuite de la construction du Panzer IV, qui vient de connaître une cure sérieuse de rajeunissement.

La nouvelle impulsion donnée à la construction des blindés se fait immédiatement sentir. Alors que l'industrie allemande n'a livré que 1 500 chars en 1940, 4 100 en 1942, elle va en fournir près de 7 000 d'une puissance nettement supérieure en 1943.

Un aspect inattendu concerne l'œuvre de Guderian. L'apôtre de la guerre éclair devient, de manière surprenante, le promoteur de l'anti-Blitzkrieg, avec la formidable impulsion donnée à une arme de vocation défensive, le canon d'assaut. A partir d'un affût chenillé, le canon d'assaut, à la différence du char, ne possède pas de tourelle, mais une pièce en casemate. Indépendamment d'une simplicité évidente de fabrication, le poids gagné par l'abandon de la tourelle permet de donner au chasseur de chars un canon de calibre supérieur à grande vitesse initiale. Il est ainsi en mesure d'engager et de détruire les blindés adverses à grande distance.

Les canons d'assaut vont ainsi équiper les nouvelles divisions de la Waffen SS, dont le nombre ne cesse d'augmenter, ainsi que les Panzergrenadier et même certaines grandes unités d'infanterie. Par sa mobilité, le canon d'assaut offre l'efficacité d'une batterie tractée de pièces antichars. Une faille se manifeste cependant à cette occasion dans la rédaction du contrat. Guderian n'a pu vaincre le particularisme de l'artillerie qui réussit à se faire attribuer des canons d'assaut, seul moyen de gagner la croix de fer. En tout cas, les résultats obtenus sont impressionnants. Plus de 6 000 canons d'assaut ou de pièces automouvantes sont fabriqués au cours de l'année 1943, améliorant considérablement la capacité de l'armée allemande dans la lutte antichars. Les résultats de l'année 1944, en dépit des bombardements stratégiques, seront encore plus spectaculaires : 11 000 canons d'assaut et 7 500 chars dont 400 Tigre II, probablement le blindé le plus réussi de la Seconde Guerre mondiale.

Guderian insiste aussi sur un certain nombre de principes. Les unités blindées ou motorisées ne doivent être engagées qu'une fois les nouveaux matériels parfaitement au point, guéris de leurs maladies de jeunesse, et les équipages solidement entraînés. Il se montre également partisan d'une pause sur le front de l'Est. L'arme blindée remise en condition doit répondre par la manœuvre aux initiatives de l'Armée rouge.

Ces conseils ne seront pas suivis et la bataille de Koursk compromettra en grande partie l'œuvre de rénovation. A la suite des violents combats de l'été et de l'automne sur le front de l'Est, nombre de divisions se trouveront bientôt privées de toute capacité opérationnelle. Certaines seront reconstituées en arrière du front, d'autres envoyées en France pour une refonte totale. C'est alors que la 18e Panzer disparaît à l'Est en septembre 1943 et la 25e en février 1944. Venue de Norvège et engagée prématurément, en dépit des avis de Guderian, cette division avait été littéralement taillée en pièces par des brigades blindées soviétiques. A la différence de la 18e, la 25e Panzer sera remise en état.

Simultanément, deux autres grandes unités sont constituées en France, la 116e Panzer et surtout la *Panzer-Lehr*, qui regroupe toutes les unités d'instruction et qui devient la division la plus puissante de l'armée. Au début de 1944 encore, certaines divisions, composées de matériels de prise de l'armée française, chars Somua ou B2, sont jugées impropres à la guerre à l'Est. C'est le cas de la 21e Panzer dont le rééquipement en matériel allemand n'interviendra qu'à la veille du débarquement.

Dans sa nouvelle version, la Panzer dispose de deux régiments d'infanterie portés, d'un régiment de chars à deux bataillons, l'un équipé de Mark IV, l'autre de Panther (chacun à quatre compagnies de 22 chars), d'un régiment d'artillerie à 4 batteries de 105 et de 150 montés sur affûts chenillés, d'un bataillon de reconnaissance, d'un bataillon de chasseurs de chars doté de canons d'assaut, d'une section de transmissions et d'un bataillon de génie. Au total, une force imposante de 17 000 hommes, de 180 chars et d'une cinquantaine de canons d'assaut.

Quant à la Panzergrenadier, elle comprend deux régiments d'infanterie portée, un bataillon de chasseurs de chars à trois compagnies de 14 engins, un régiment d'artillerie, un bataillon de reconnaissance et un bataillon de génie. Les Panzergrenadier de la Waffen SS sont plus étoffées, avec des régiments d'infanterie portée à trois bataillons au lieu de deux, et fréquemment d'un bataillon de chasseurs de chars et d'une unité de Nebelwerfer supplémentaires.

Le développement extrêmement rapide de la Waffen SS constitue encore un des caractères nouveaux de l'armée allemande à partir de 1943. A la veille de la guerre, la SS est déjà devenue un organisme tentaculaire avec le service de renseignements du parti, le SD, l'ensemble des polices et des formations militaires encore réduites. Apparue en 1940, la Waffen SS ne compte au départ que 4 régiments motorisés : Leibstandarte, Deutschland, Germania et Adolf Hitler, qui seront engagés en France et en Russie.

Cette Waffen SS ne dépasse pas 80 000 hommes et ne doit pas modifier la mission fondamentale de l'institution : renseignements, maintien de l'ordre, surveillance des camps, élimination raciale. A cette date, Hitler reste fidèle à son engagement vis-à-vis du corps des officiers. Les effectifs de la Waffen SS ne doivent pas dépasser 5 % de ceux de l'armée. Cette première Waffen SS ne comporte encore que des volontaires et se trouve placée sous le commandement tactique de l'armée.

Les cadres sont cependant formés à part, dans des écoles spéciales de la SS, les *Junkerschule* de Braunschweig et de Bad Tölz. L'instruction est à la fois idéologique, physique et militaire. A l'issue d'une formation exceptionnellement sévère, le jeune SS prête un serment spécial différent de celui de l'armée : « A vous, Adolf Hitler, Führer et chancelier du Reich, je jure fidélité et bravoure. A vous et à ceux que vous chargez de me commander, je promets d'obéir jusqu'à la mort et que Dieu me soit en aide. »

En 1942, en dépit des réticences de Hitler et de l'opposition de l'armée, la Waffen SS connaît une première expansion. Elle atteint 140 000 hommes avec six grandes unités dont 3 divisions Adolf Hitler, Totenkopf et Das Reich. Elle fait déjà figure de troupe d'élite, comme le déclare le général von Mackensen, qui souligne un comportement de « froide témérité [...], d'entrain dans l'action [...], de fermeté inébranlable dans les moments difficiles, de camaraderie et même de modestie[4] ».

C'est après Stalingrad qu'intervient le véritable développement de la SS. Ses effectifs vont se multiplier par deux tous les ans, passant de 300 000 à la fin de 1943 à plus de 600 000 en 1944-1945, en dépit de pertes énormes. Au lendemain des premières grandes défaites, Hitler lève les entraves et donne carte blanche à Himmler. La participation du premier corps blindé SS à la victorieuse contre-offensive de Manstein en février-mars 1943 a joué un rôle décisif.

Sans renier son rôle politique, la SS va devenir une armée de choc, une garde au sens propre. Cette mutation entraîne un bouleversement du recrutement. Les volontaires deviennent insuffisants ; une partie du contingent, en dépit des réserves de l'armée, est attribuée à la Waffen SS. Cet enrôlement soulève de vives protestations émanant aussi bien des parents que des Eglises, ce qui prouve à quel point la SS bénéficie d'une réputation plus que douteuse dans l'opinion allemande. Un compromis est adopté. Après une période d'un mois de probation, les recrues pourront opter pour l'armée ou rester dans la Waffen SS.

A l'image de la nouvelle Wehrmacht, cette Waffen SS ne brille pas non plus par l'homogénéité. Elle finira par atteindre à la fin de la guerre une quarantaine de grandes unités de composition et de qualité extrêmement variables. De loin les meilleures, à l'origine d'une exceptionnelle réputation de combativité, sont les divisions blindées ou les Panzergrenadier de composition allemande.

Une deuxième catégorie s'adresse à des unités à recrutement partiel ou intégral à base de *Volksdeutsche*, d'Allemands de l'extérieur, originaires d'Alsace, de Pologne, du Luxembourg ou issus des colonies agricoles fondées au XVIIe-XVIIIe siècle dans le Sud-Est européen, Yougoslavie, Hongrie, Roumanie. Leur valeur se révélera très inégale.

Un autre groupe est composé d'étrangers dans une proportion bien supérieure à celle de l'armée. Des Européens de l'Est, Baltes, Galiciens, Ukrainiens, Croates,

Serbes, Bosniaques, Albanais s'enrôlent ou sont amenés à s'enrôler dans des divisions ou des brigades SS. Rappelons qu'en Yougoslavie Himmler procède au recrutement de trois divisions à forte majorité musulmane, *Handschar, Skanderberg* et *Kama*. Chaque pays balte fournit une division. Il en est de même pour les Galiciens et les Ukrainiens, et, à la fin de la guerre, la Waffen SS compte deux divisions composées de Russes. La qualité de ces unités est, là encore, extrêmement variable, le plus souvent médiocre. Ces brigades ou divisions se feront remarquer par leur sauvagerie lors des opérations menées contre les partisans.

En revanche, les unités de recrutement occidental seront de bien meilleure valeur, au point de rivaliser parfois avec les divisions de composition purement allemande. Près de 125 000 jeunes gens s'engageront ainsi dans la Waffen SS : Hollandais, Flamands, Wallons, Scandinaves, Français, Luxembourgeois et même Suisses.

Léon Degrelle, le chef du Mouvement rexiste belge, engagé dans la brigade Wallonie, dont il deviendra le chef, s'est efforcé de traduire le sentiment de ces volontaires, en principe engagés sur le front de l'Est pour assurer la survie de l'Europe occidentale face au péril bolchevique : « Quel que fût notre jugement sur la façon dont la guerre avait été engagée, quelque regret que nous eussions du passé, quelque amère que fût pour nos patries l'occupation étrangère, chacun de nous comprit que, bien au-delà des satisfactions ou des désagréments ressentis de 1939 à 1941 par les divers pays européens, le sort de l'Europe entière était en suspens.

« C'est ce qui explique l'extraordinaire sursaut qui souleva d'innombrables jeunes hommes, d'Oslo à Séville, d'Anvers à Budapest. Ceux-ci ne quittèrent pas leurs foyers… pour servir les intérêts particuliers de l'Allemagne. Ils partirent pour défendre 2 000 ans de civilisation[5]... »

En réalité, les motivations apparaissent beaucoup plus variées, d'autant plus que les premiers engagements avaient commencé avant les débuts de la guerre à l'Est. Beaucoup de jeunes, désorientés, désœuvrés, sont alors sensibles au prestige de la Waffen SS, à son uniforme, au besoin d'aventure, à l'appât constitué par des primes d'engagements élevées. La Waffen SS joue alors, d'une certaine manière, le rôle des Légions étrangères française ou espagnole avant la guerre.

Le mépris, la désaffection à l'égard des régimes occidentaux qui se sont effondrés en 1940 jouent aussi leur rôle. La plus grande vague d'engagements intervient encore en 1943-1944 et concerne des hommes compromis par la « collaboration », engagés dans des organisations de style fasciste et qui ont tout à redouter d'une libération de leur pays. Beaucoup sont décidés à introduire dans leur patrie un régime de type totalitaire, vassal de l'Allemagne.

Léon Degrelle n'hésite pas à le reconnaître : « Une volonté identique nous unissait tous : représenter avec éclat notre peuple parmi les vingt peuples accourus au combat, remplir, sans valeter, notre devoir d'Européens en luttant contre l'ennemi mortel de l'Europe, obtenir pour notre patrie une place de choix dans la communauté continentale qui naîtrait de la guerre, enfin préparer les troupes de choc dont la puissance garantirait l'établissement de la justice sociale lors de notre retour définitif au pays, après les hostilités[6]. »

De toute manière, comme il le soulignait lui-même, Himmler ne laissait aux volontaires pas d'autre choix que la subordination au Reich, dans le cadre de l'Europe nouvelle. « Nous ne vous demandons pas de renier votre patrie, ni de faire quoi que ce soit qui répugnerait à tout homme fier de son pays, qui l'aime et qui a le respect de soi-même. Nous ne vous demandons pas davantage de devenir allemands par opportunisme. Mais, ce que nous attendons de vous, c'est que vous subordonniez votre idéal national à un idéal racial et historique supérieur, celui du Reich germanique[7]. »

Sur les 38 grandes formations de la Waffen SS, on note encore une bonne douzaine d'unités de circonstance créées à la fin de la guerre et dont les effectifs atteignent à peine la force d'un régiment. La 32e Panzergrenadier « 30 januar » regroupera le personnel des camps et des écoles d'instruction de Bohême-Moravie. La 35e SS Polizei-Panzergrenadier sera constituée à partir de membres de l'Ordnung-Polizei, et la 38e SS composée des instructeurs et des élèves de la Junkerschule de Bad Tölz. A cette catégorie se rattache la 33e *Waffen-Grenadierdivision der SS « Charlemagne »*, constituée à l'automne de 1944 à partir de survivants de la LVF, de SS français de la 7e Sturmbrigade, de miliciens réfugiés en Allemagne et de volontaires de la Kriegsmarine. En dépit d'une création de la onzième heure, la plupart de ces unités auront une attitude au feu plus qu'honorable.

De fait, dans son ensemble, le comportement de la plupart des unités de la Waffen SS a répondu à l'attente de Hitler et de Himmler. Les divisions de Panzer ou de Panzergrenadier composées d'Allemands, de Volksdeutch ou de volontaires occidentaux, comme la *Wiking*, ont combattu, aussi bien sur le front de l'Est que sur le théâtre occidental avec un rare acharnement, en dépit de pertes énormes. A maintes reprises, elles ont rétabli des situations critiques, au point de mériter le titre de « pompiers du IIIe Reich ». Ces divisions de choc finissent par constituer le tiers des grandes unités d'intervention de l'armée, davantage encore si l'on tient compte de leur capacité opérationnelle.

La Waffen SS comporte encore des « unités spéciales » créées sur le modèle de la division *Brandenburg* de l'armée. La plus célèbre comporte le bataillon de Friedendhal, près de Berlin, associé à l'école de formation de commandos de Seehof, à proximité de La Haye, et placé sous le commandement, à partir de 1943, d'Otto Skorzeny. L'extraordinaire réputation de Skorzeny tient, en réalité, à un exploit usurpé, la libération de Mussolini, organisée par les parachutistes de Student, mais dont il réussit à s'attribuer tout le mérite.

Skorzeny n'en sera pas moins à l'origine de missions réussies, comme la capture du fils du régent Horthy et l'assaut du Burgberg à Budapest en octobre 1944, qui contribueront à maintenir la Hongrie dans la guerre aux côtés de l'Allemagne.

Il sera également à l'origine d'opérations « imaginaires et utopiques », comme la destruction des hauts fourneaux de Magnitogorsk, l'enlèvement du maréchal Pétain ou de Tito. Il sera présent à Berlin lors de l'attentat manqué du 20 juillet 1944 et participera à la répression du putsch qualifié de « haute et basse trahison ». On retrouvera Skorzeny en décembre 1944, lors de l'opération *Greif* menée sur les arrières des troupes américaines pendant l'offensive de l'Ardenne et dont le succès psychologique sera considérable. Lors de la capitulation, il sera à la tête de 16 000 hommes de forces spéciales composées non seulement de SS allemands, mais norvégiens, danois, hollandais, belges et français.

Au cours des derniers mois du conflit, les divisions SS ne sont plus uniquement groupées en corps d'armée sous les ordres d'hommes comme Gilles ou Sepp-Dietrich. Associées à des divisions de l'armée traditionnelle, elles se trouvent intégrées dans des armées ou des groupes d'armées SS commandées par des chefs comme Felix Steiner ou Paul Hausser qui avaient été, l'un et l'autre, bien avant leur engagement politique, officiers de carrière de l'armée impériale et de la Reichswehr.

En fait, la Waffen SS ne peut être totalement assimilée à la 4e formation de la Wehrmacht, aux côtés de l'armée, de la marine ou de la Luftwaffe, comme certains l'ont prétendu après la guerre. Même si ses unités sont restées sous le commandement tactique de l'OKH ou de l'OKW, la Waffen SS, à partir de 1944, a fini par constituer une armée dans l'armée. Tout au long du conflit, elle n'a cessé de renforcer son indépendance administrative et juridique. En cas de manquement à la discipline, ses membres étaient justiciables de tribunaux SS et non de la juridiction militaire traditionnelle. Sa hiérarchie était encore originale et ses officiers généraux s'appelaient *Brigadeführer, Gruppen* ou *Obergruppenführer*.

La Waffen SS ne peut davantage être assimilée aux *Einsatzgruppen* chargés des liquidations de masse sur les arrières du front de l'Est, et pas davantage aux groupes de combat type Dirlewanger ou Kaminski, des unités disciplinaires composées de droits communs, de soldats passés en conseil de guerre ou d'officiers dégradés. Ces formations furent engagées contre les partisans et dans la répression de l'insurrection de Varsovie de l'été 1944.

Cependant, le comportement de la Waffen SS n'a pas toujours été exemplaire. Dès la campagne de France, certaines unités se signalent par des exécutions sommaires de prisonniers. Au cours de sa traversée du Limousin en juin 1944, la Das Reich s'illustre par les pendaisons de Tulle et le massacre d'Oradour. Pendant l'offensive de l'Ardenne, Peiper fera abattre 71 prisonniers américains. Ces infractions au code de l'honneur ont été encore bien plus nombreuses en Russie ou dans les Balkans. Il n'en reste pas moins que bien des atrocités attribuées à la SS incombent, en réalité, à des unités de l'armée elle-même.

Au lendemain de la guerre, la Waffen SS a trouvé des défenseurs. Guderian n'hésitera pas à préfacer les souvenirs de Paul Hausser. « Notre honneur s'appelle fidélité » ; telle était la devise selon laquelle la Waffen SS fut instruite et telle fut la devise selon laquelle elle s'est battue. Quiconque a vu combattre ses unités sur le terrain ne peut que confirmer ce fait. Après la capitulation, cette formation a été l'objet d'accusations exceptionnellement graves et injustes... Le libre témoignage de Paul Hausser contribuera à disperser les nuages de mensonges et de calomnies amoncelés autour de la Waffen SS. Il aidera ces vaillants combattants à reprendre la place qu'ils méritent à côté des autres branches de la Wehrmacht[8]. »

En 1953, à Hanovre, le chancelier Adenauer, dans un discours public, devait déclarer que les Waffen SS n'avaient été que des soldats comme les autres. Toutefois, en 1985, la visite du président Reagan au cimetière militaire de Bitburg où reposent d'anciens Waffen SS devait susciter de vives réactions dans une partie de l'opinion allemande et internationale.

En définitive, les forces terrestres allemandes des deux dernières années de la guerre constituent un ensemble singulièrement bigarré. Elles ont perdu l'unité qu'elles possédaient au temps de l'empire wilhelminien, de la Reichswehr et même encore en 1939-1941. La force de frappe en est toujours constituée par les 32 divisions blindées et les 14 Panzergrenadier relevant de l'armée ou de la Waffen SS. Par la qualité du matériel, la rigueur de l'entraînement et la combativité, ces grandes unités afficheront jusqu'au bout, à n'en pas douter, une évidente supériorité sur les formations analogues soviétiques ou alliées.

En revanche, l'armée allemande souffre d'un vice rédhibitoire, le manque de mobilité. L'absence totale ou l'insuffisance de motorisation de la très grande majorité des divisions d'infanterie, « statiques » ou non, se révélera désastreuse lors des opérations de rupture et de la reprise de la guerre de mouvement en 1944-1945. Cette faille sera d'autant plus grave que les forces anglo-américaines bénéficieront d'une motorisation absolue et que l'Armée rouge réalisera de gros progrès dans ce domaine grâce à l'aide massive des Alliés. L'armée allemande souffre encore d'un autre handicap, un soutien aérien de plus en plus épisodique.

La Luftwaffe connaît, elle aussi, en effet, une profonde mutation, au lendemain de la crise de l'été 1943. Cette crise n'est pas la première. La fin de l'année 1941 a déjà été marquée par un suicide, celui de Ernst Udet, qui s'était révélé incapable d'assurer le développement de la production et de répondre aux options techniques. En regroupant les usines aéronautiques, en accomplissant un effort de rationalisation intense concernant aussi bien les matières premières que la main-d'œuvre, Milch réussit un redressement. 15 000 avions seront fabriqués en 1942 au lieu de 10 000 au cours des deux années précédentes.

Une seconde crise se produit au début de 1943, après les énormes pertes subies à l'Est, au moment de Stalingrad et en Méditerranée, avec la bataille de Tunisie. Les aviations de bombardement et de transport sont particulièrement touchées. Un redressement se manifeste, une fois de plus, à l'initiative de Milch associé à Speer. A la fin du printemps de 1943, la Luftwaffe atteint en quelque sorte son point culminant avec 6 000 appareils dont la moitié d'avions de combat[9].

Redressement de courte durée, comme on a déjà pu le constater. Les débuts de l'été se traduisent par de lourdes hécatombes. En juillet-août, sur 2 400 appareils engagés, près de 1 000 disparaissent sur le front de l'Est, lors des batailles de Koursk, d'Orel et de Kharkov. Au cours des mois suivants, le taux d'attrition se poursuivra à un rythme élevé.

La situation sur le front méditerranéen est encore plus grave. Déjà, de novembre 1942 à mars 1943, plus de 2 400 avions ont été perdus. L'aviation de transport a été particulièrement éprouvée avec le pont aérien accordé à l'armée de Rommel en retraite en Libye et le ravitaillement de la tête de pont de Tunisie, assuré de plus en plus par la voie aérienne en raison de la maîtrise de la mer des Alliés dans le détroit de Sicile. Une nouvelle concentration s'effectue à la fin du printemps. Près de 1 300 appareils sont regroupés dans le sud de l'Italie. La Luftwaffe est cependant surclassée par l'aviation alliée, à la veille et pendant le débarquement de Sicile. Les pertes en combat aérien et au sol, par suite de bombardements constants des terrains, sont sévères. Plus de 1 000 avions détruits en juillet-août. Au début septembre, la Luftwaffe n'aligne plus que 800 appareils et ne pourra, en dépit de l'emploi des premières bombes planantes, s'opposer sérieusement au débarquement de Salerne. La situation n'est pas meilleure en Allemagne, avec le drame de Hambourg et les premières incursions profondes de l'aviation stratégique américaine. Au cours des deux seuls mois de juillet-août, près de 600 chasseurs disparaissent[10].

En définitive, un choix s'impose. La Luftwaffe n'est plus à la mesure d'une lutte sur trois fronts. Une révision devient d'autant plus nécessaire que la multiplication des théâtres d'opérations n'explique pas à elle seule la crise de l'aviation. Le malaise concerne à la fois l'orientation de la production, les ressources en carburant et la formation des équipages.

Le malaise s'adresse d'abord au sommet. Il met en cause, pour commencer, le maréchal du Reich Goring. Pourtant au départ celui-ci, bénéficiant d'une entière liberté, a réussi à faire de la Luftwaffe la première armée de l'air du monde et à en démontrer l'efficacité lors des premières campagnes victorieuses de Pologne et de France. Toutefois, après l'échec de la bataille d'Angleterre et plus encore après les premiers revers à l'Est, Goring est envahi par le scepticisme. Il doute de la victoire. Avec l'échec du pont aérien de Stalingrad, il perd la confiance du Führer qui n'ose cependant le remplacer. S'adonnant de plus en plus à la drogue, le maréchal du Reich sombre dans la schizophrénie. Il se replie dans sa superbe propriété de Karinhall, arbore des tenues hautement fantaisistes et joue au « prince de la Renaissance ».

Il confie de plus en plus ses pouvoirs à des subordonnés comme Udet, un des grands as de la Première Guerre mondiale, qui se révèle incapable de dominer les techniques de l'aéronautique moderne, ou le chef d'état-major Jeschonnek. Celui-ci ne voit dans la Luftwaffe qu'un instrument de soutien des forces terrestres. Il ne juge pas nécessaire d'en assurer l'expansion et ne perçoit pas les implications du redressement de l'armée de l'air soviétique et du formidable développement des aviations anglo-américaines.

Si Milch réussit à développer la production, la Luftwaffe subit un handicap technique de plus en plus inquiétant. Fait étrange, après un excellent démarrage à la veille de la guerre et la fabrication en série d'appareils généralement supérieurs aux modèles étrangers, l'industrie allemande, à la suite le plus souvent d'initiatives malheureuses d'Udet, multiplie les échecs à partir de 1940-1941.

Elle se révèle incapable de donner un successeur au chasseur-bombardier Messerschmitt 110. Le Me 210 est un fiasco, qui ne sera compensé qu'en 1943 avec l'entrée en service tardive du Me 410. L'obsession d'Udet de donner une capacité d'attaque en piqué à tous les bombardiers a déjà retardé la fabrication du Junkers 88 et plus encore du Dornier 217, avant d'avoir des résultats catastrophiques avec le Heinkel 177 promu cependant au rang de bombardier stratégique.

Ce quadrimoteur à deux hélices, chacune actionnée par deux moteurs, connaît ainsi une mise au point exceptionnellement difficile, associée à d'interminables maladies de jeunesse. Prévus pour 1941, les premiers appareils n'entrent en service qu'à la fin de 1942, et encore comme avions de transport lors de l'investissement de Stalingrad. Le Heinkel 177 n'interviendra véritablement comme bombardier qu'à l'extrême fin de 1943. Quant au Dornier 217, qui donne finalement satisfaction, il ne sera fabriqué qu'en petite série.

Le seul avion totalement réussi de la période concerne le Focke Wulf 190. Ce chasseur constitue une percée technologique et affiche une nette supériorité sur les appareils alliés de l'époque. Il sera construit en plusieurs versions : intercepteur, chasseur-bombardier, appareil de reconnaissance et même avion-torpilleur.

En définitive, même si la production aérienne continue son expansion – 14 000 avions en 1942, 25 000 en 1943 –, 80 % des fabrications concernent toujours des appareils du début de la guerre, même si ceux-ci, comme le Me 109, les Junkers 87 ou 88, le Heinkel 111 bénéficient de constantes améliorations.

Par suite d'un taux d'attrition de plus en plus élevé, cette augmentation de la production, qui culminera en 1944 avec 40 000 appareils, en majorité des chasseurs, ne se traduira pas, ce qui peut paraître étrange, par une augmentation significative des effectifs de la Luftwaffe. Pendant la guerre, l'aviation allemande connaît une surprenante stagnation. En 1943-1944, le nombre d'avions de combat tourne toujours autour de 3 500 appareils, un niveau comparable à celui de 1941[11].

De toute manière, une augmentation sensible des effectifs se serait heurtée à un goulet d'étranglement, l'insuffisance de la production de carburant. De 1940 à

1943, les stocks d'essence n'ont jamais dépassé deux à trois mois d'opérations actives. A plusieurs reprises, à la fin de 1941, comme au cours de l'été de 1942, des pénuries se sont manifestées. Le reproche constant adressé aux dirigeants du Reich de ne pas avoir su développer la Luftwaffe et de ne pas avoir créé une aviation de bombardement stratégique ne résiste pas à l'analyse. Cette expansion était tout simplement impossible.

Avec les énormes investissements réalisés dans les industries de synthèse, une amélioration sensible ne se manifestera que dans les premiers mois de 1944, brutalement interrompue par l'offensive de bombardement alliée sur l'industrie de pétrole.

En attendant, les pénuries de carburant se traduisent, à plusieurs reprises, par une réduction des heures d'entraînement. A partir de 1942, la qualité de formation donnée par les écoles de la Luftwaffe ne soutient plus la comparaison avec celle des équipages britanniques ou américains. Le nombre d'heures de vol est le plus souvent inférieur de moitié. Dans les périodes de crise, comme l'encerclement de Stalingrad ou les offensives soviétiques de l'été 1943, les écoles sont mises à contribution ; élèves et instructeurs sont envoyés sur le front.

En somme, à partir de la fin de 1942, la Luftwaffe traverse une crise de personnel, sinon quantitative, du moins qualitative. L'état-major réussira, cependant, presque jusqu'à la fin, à maintenir à l'intérieur de chaque groupe un noyau d'hommes bénéficiant d'une forte expérience.

La mort de Jeschonnek et son remplacement par Korten entraîne pourtant une refonte totale du rôle de la Luftwaffe. La mission fondamentale depuis 1939-1940, l'appui tactique au profit de l'armée, passe progressivement au second plan. Elle est pratiquement abandonnée en Italie et incombe à l'Est à des formations de plus en plus réduites de Heinkel 111, de Junkers 88, de FW 190 et de Junkers 87. Devant le développement de la DCA légère soviétique, le stuka de la Blitzkrieg cesse d'être un bombardier en piqué pour devenir un chasseur de chars attaquant en rase-mottes avec ses deux canons de 37 tirant des obus au tungstène.

Les missions fondamentales de la Luftwaffe s'adressent désormais au bombardement stratégique et à la défense du Reich. En ce qui concerne la première mission, un plan d'attaque d'envergure est mis au point, à la fin de 1943, par le commandement de l'aviation et Speer, contre les industries d'armement et les centrales thermiques soviétiques de l'Oural et de la Volga. Ce plan tranche avec la politique adoptée au cours des années précédentes. Dans le cadre d'une activité essentiellement tactique, la Luftwaffe n'a mené jusque-là que des opérations limitées contre les fabrications d'armement de l'URSS.

Les attaques lancées contre Leningrad, Moscou ou Stalingrad, à l'exemple de Varsovie, de Rotterdam ou de Belgrade, ont eu essentiellement pour but de désorganiser les centres politiques et militaires, de démoraliser la population et d'influer ainsi sur le déroulement de la bataille terrestre. Seules, les multiples « interdictions de rail » menées contre les voies ferrées et les gares sur les arrières du front soviétique offrent un aspect stratégique. A la veille de la bataille de Koursk, à titre exceptionnel, sont intervenues de violentes attaques sur les centres d'industries d'armement, comme Gorki.

Quoi qu'il en soit, une force composite de 500 bombardiers est réunie, à la fin de 1943, sur les terrains de Russie blanche. Cette force ne passera jamais à l'attaque. Elle sera d'abord soumise à des prélèvements constants, par suite de l'aggravation militaire, avant d'être finalement dissoute, en juillet 1944, au moment de la victorieuse offensive soviétique de Russie blanche.

En revanche, la Luftwaffe va se trouver en mesure de déclencher contre l'Angleterre une dernière offensive à partir de janvier 1944, en riposte aux raids britanniques sur Berlin. Dans le cadre de l'opération Steinbock est réunie sous les ordres du major Peltz, un vétéran du Blitz, une force hétéroclite de 450 appareils composée de Ju 88, de Do 217 et He 177. Jusqu'en mars, les attaques se concentrent sur Londres avec des succès divers. A l'approche du débarquement, les raids concernent les ports de la côte sud, où doit se concentrer la flotte de transport. Bristol, Portsmouth, Plymouth, Weymouth et Falmouth sont particulièrement visés. Ce « Babyblitz », suivant la formule britannique, cessera en juin 1944. Aucun résultat décisif ne sera finalement obtenu. Les pertes seront sévères et ces bombardements ne retarderont nullement le déclenchement *d'Overlord*. Seul avantage, ils obligeront la RAF à maintenir un système défensif imposant et à immobiliser plus de 1 400 chasseurs, dont l'absence se fera sentir ailleurs.

Dans la défense du Reich, la Luftwaffe est plus heureuse, tout au moins jusqu'au début de 1944. L'effort, il est vrai, est considérable. A la fin de 1943, la chasse de nuit aligne 700 appareils de types divers, Me 109 ou FW 190, chasseurs-destroyers Me 110 ou 410, bimoteurs Do 17 ou Ju 88. Puissamment armés, ces appareils agissent suivant une nouvelle tactique. Suivant la procédure du *Wilde Sau* (sanglier), ils concentrent leurs attaques, à proximité de l'objectif, contre les bombardiers éclairés par des batteries de projecteurs. Une autre tactique prend la relève, celle de la *Zehme Sau* (sanglier apprivoisé), lorsque les radars réussissent à pallier les effets des Windows. Des chasseurs basés aux Pays-Bas ou dans le nord de l'Allemagne, guidés du sol par des contrôleurs, s'infiltrent dans le flot des bombardiers et établissent le contact avec le radar de bord *SN2* ou *Jagdschloss*, avant de déclencher l'attaque aux armes de bord. La DCA ne cesse également de se renforcer. Le nombre de batteries lourdes (88, 105, 128) passe ainsi de moins de 800 en 1940 à près de 2 200 à la fin de 1943.

A la faveur de cette défense intégrée, sans cesse améliorée, la Luftwaffe inflige à la RAF des pertes considérables. De janvier 1943 à mars 1944, le Bomber Command voit disparaître près de 6 000 appareils, pour la plupart des quadrimoteurs. La Luftwaffe remporte sa plus grande victoire lors de la bataille de Berlin livrée de novembre 1943 à mars 1944. Harris est alors convaincu que pour la perte de 400 ou 500 avions il obtiendra la destruction de la capitale de l'Allemagne et la chute du Reich. En réalité, la défaite du Bomber Command sera sévère. Plus de 1 200 avions seront abattus. Malgré des destructions imposantes, la vie de Berlin ne sera nullement désorganisée.

Le 30 mars 1943, la chasse allemande remportera encore un brillant succès. Grâce à des conditions atmosphériques exceptionnelles, ciel clair, bandes de condensation signalant la présence des bombardiers, 94 avions sur 795 engagés dans un raid sur Nuremberg seront abattus, 59 gravement endommagés. Au cours des journées précédentes, 82 autres quadrimoteurs avaient été perdus au cours de raids sur Berlin et Essen. Le moral des équipages du Bomber Command sera sévèrement atteint.

Une pause interviendra alors. L'aviation stratégique alliée orientera son effort sur les communications du nord-ouest de l'Europe, dans le cadre de la préparation du débarquement de Normandie. Pour la Luftwaffe, le bilan est favorable. La RAF a subi des pertes considérables, le moral du peuple allemand ne s'est pas effondré, l'économie n'est pas désorganisée et la production d'armement ne cesse d'augmenter. Les pertes allemandes n'en sont pas moins sévères, là aussi : près de 15 % par mois, au cours du premier trimestre de 1944.

A la victoire remportée contre le Bomber Command, s'en ajoutera une autre, contre l'aviation stratégique américaine. Le succès le plus retentissant est remporté le 14 octobre 1943 lors du second raid contre les usines de roulements à billes de Schweinfurth. Sur 288 appareils engagés, 62 sont descendus par la chasse ou la DCA et 138 gravement endommagés. Le taux de perte atteint 20 % et même 30, si l'on ne considère que les avions ayant réellement survolé l'objectif.

Pour le commandement américain, la leçon est dure. Le raid démontre que les bombardiers, contrairement aux assurances de leurs promoteurs, ne peuvent résister, en dépit de la puissance de leur armement de bord, à des attaques de chasseurs. Les Forteresses volantes ou les Liberator se révèlent encore beaucoup plus vulnérables que prévu à la DCA, comme le prouve le raid lancé le 1er août par la 12e Air Force basée en Méditerranée sur Ploesti. Sur 178 B24 ayant participé à l'opération, 54 ont été abattus par la Flak et 7 obligés de se poser en Turquie. En définitive, les raids en profondeur effectués au-dessus de l'Allemagne sont interrompus tant qu'il ne sera pas possible de les associer à une escorte de chasse.

De fait, la Luftwaffe dispose maintenant d'une force de chasse imposante : près de 1 000 monomoteurs et au moins 200 destroyers. Ces appareils bénéficient d'un armement de plus en plus puissant. Dans sa nouvelle version, le FW 190 dispose de 2 mitrailleuses et de 4 canons de 20. La tactique mise au point par le commandant de la chasse, le général Galland, s'est révélée efficace. Lançant des salves de roquettes de 210 m/m, les destroyers ont pour objectif de disloquer les formations de bombardiers et de faciliter l'attaque des monomoteurs.

Par une ironie de l'Histoire, la victoire de Schweinfurth ne provoque nul triomphalisme en Allemagne. Même limités au nord de l'Allemagne, dans le rayon d'action de la chasse d'accompagnement, les raids de la 8e Air Force, de novembre à décembre 1943, se révèlent infiniment plus efficaces pour les industries d'armement que les bombardements aveugles de la RAF. En dépit de pertes sévères, ces raids mettent en jeu des formations de plus en plus importantes, atteignant maintenant 500 ou 600 appareils. Elles en atteindront le double en juin 1944. En attendant, l'escorte comporte près de 400 chasseurs. Aussi, les pertes de la Luftwaffe apparaissent-elles singulièrement lourdes, à la limite du supportable. Pour la seule année 1943, près de 3 000 pilotes sur un effectif moyen de 2 200 ont disparu, en majorité au-dessus de l'Allemagne.

Hitler et Göring ne cachent pas leur inquiétude et même leur mécontentement. Devant l'ampleur de la menace, la riposte doit être double. Lancer des attaques de représailles sur l'Angleterre. Ce sera l'opération Steinbock. Modifier le comportement des pilotes de chasse. A l'occasion d'une série de conférences, Göring souligne que le peuple allemand et l'armée ont perdu confiance dans la Luftwaffe. Les pilotes doivent acquérir une mentalité « nationale-socialiste » et ne pas hésiter, comme Galland est invité à le souligner de son côté, à attaquer « à bout portant » les formations de bombardiers américains[12].

Lors d'un vol de contrôle, Galland doit constater que les critiques de Göring ne sont pas dénuées de fondement. Les pilotes, impressionnés par les « boxes » de Forteresses volantes et de Liberator, lancent leurs roquettes ou leurs salves d'armes de bord à trop grande distance. Galland lui-même doit surmonter une énorme appréhension pour passer à l'attaque et abattre un des énormes quadrimoteurs[13].

Les inquiétudes de Hitler et du commandement de la Luftwaffe ne tarderont pas à se vérifier. Dès le mois de janvier 1944, la 8ᵉ Air Force reprendra l'offensive avec des moyens accrus : 1 000 bombardiers opérationnels et 700 chasseurs. Surtout, les formations de B17 ou de B24 seront désormais protégées au-dessus de l'Allemagne par des groupes de chasseurs dotés de réservoirs supplémentaires. Avec un rayon d'action de 500 milles depuis les bases britanniques, les Lightning peuvent opérer jusqu'à Berlin. Göring avouera plus tard que c'est le jour où il put observer des chasseurs d'escorte dans le ciel de la capitale qu'il comprit que la guerre était perdue Quant au Mustang, plus performant encore, il dispose d'un rayon d'action de 600 milles. La protection de chasse couvre ainsi toute l'Europe occidentale et le centre de l'Allemagne jusqu'à Stettin, Prague et Munich.

Le but de l'offensive américaine sera double. Dans le cadre de l'opération *Argument*, baptisée *Big Week* par la presse, l'aviation stratégique entreprendra une attaque systématique de toutes les industries de construction aéronautique et de fabrication de moteurs. Le résultat sera loin d'être atteint. La baisse de production ne sera que provisoire. De 2 300 à 2 000 appareils en mars, elle atteindra le niveau record de 4 000 avions en juillet. Une vaste politique de décentralisation expliquera le phénomène.

En revanche, la 8ᵉ Air Force acquiérera la supériorité aérienne, en dépit de pertes extrêmement lourdes : 1 239 avions perdus dont 801 par la chasse. La 15ᵉ Air Force sera tout aussi éprouvée avec 461 bombardiers détruits dont 263 victimes de la chasse. Pour la Luftwaffe, ces succès constitueront des victoires à la Pyrrhus. Au cours des plus violentes batailles de la guerre, des centaines de Me 109 et de FW 190 seront abattus. A la fin avril, Galland reconnaîtra la perte de plus de 1 000 pilotes, dont un grand nombre d'hommes expérimentés[14].

En définitive, au printemps de 1944, la situation de la Luftwaffe sera tragique. Elle ne disposera plus que d'une aviation tactique réduite et devra renoncer à toute opération de quelque ampleur sur le front de l'Est et en Italie. En Allemagne même, Argument a constitué une défaite désastreuse dont elle ne se relèvera jamais complètement. En dépit d'un très gros effort de formation, 3 276 pilotes de chasse instruits en 1943 au lieu de 1 662, l'année précédente, la Luftwaffe arrivera à peine à couvrir des pertes qui se sont élevées à près de 3 000 hommes. Par ailleurs, la qualité de ces pilotes, par suite d'une formation de plus en plus hâtive, ne cessera de se détériorer. En juillet 1944, seuls les commandants d'unités de la 3e flotte aérienne afficheront une expérience opérationnelle supérieure à 6 mois. Un petit groupe atteindra à peine trois mois. La grande majorité des pilotes n'auront que 8 à 13 jours d'expérience et la moitié d'entre eux sont abattus avant leur dixième mission.

La chasse commencera également à manquer d'avions en dépit de l'augmentation de la production. L'industrie éprouvera des difficultés croissantes non seulement à remplacer les appareils perdus, mais à effectuer les réparations de centaines d'avions endommagés en combat ou victimes de mitraillages au sol de plus en plus fréquents exécutés par des chasseurs d'escorte américains. Au printemps de 1944, la Luftwaffe ne sera plus en mesure de s'opposer aux attaques de l'aviation américaine et encore moins de répondre avec quelque chance de succès aux débarquements de toute évidence imminents.

L'espoir de la Luftwaffe repose alors sur l'innovation. Sur ce point, les Allemands disposent d'une grosse avance sur leurs adversaires. Dans ce nouvel arsenal, figurent tout d'abord les *Vergeltungswaffe*, les armes de représailles dont Hitler a jugé bon de révéler l'existence de manière sibylline, le 9 novembre 1943, dans le discours prononcé à Munich pour l'anniversaire du putsch de 1923. « L'heure de notre revanche est arrivée. Même si pour le moment nous ne pouvons encore atteindre l'Amérique, il y a au moins un pays suffisamment proche pour que nous puissions lui régler son affaire[15]. »

Ces armes que les Alliés appelleront « bombes volantes » concernent tout d'abord le F26-76 ou V1 mis au point par la Luftwaffe. Il s'agit d'un avion-robot de 2 200 kilos doté d'un statoréacteur, capable de porter à une distance de 200 kilomètres une charge d'explosif de 850 kilos à une vitesse de 550-600 kilomètres à l'heure, comparable à celle des meilleurs chasseurs en service. Le lancement s'effectue au moyen d'une rampe orientée en direction de l'objectif.

La seconde arme de représailles ou V2 concerne la fusée A-4 étudiée par l'armée au centre de Peenemünde sur les rives de la Baltique. L'engin est beaucoup plus sophistiqué et annonce les missiles balistiques. Lancée presque à la verticale, la fusée doit atteindre une altitude de 400 kilomètres et une distance de plus de 300 kilomètres.

En principe, l'offensive des V1 contre l'Angleterre aurait dû débuter en février-mars 1944. Mais la mise au point et la fabrication se révèlent plus difficiles que prévu. Avertie de l'existence de ces armes, l'aviation alliée bombarde les rampes de lancement situées dans le Pas-de-Calais et oblige la Luftwaffe à adopter un système plus discret. L'offensive ne débutera finalement que quelques jours après le débarquement. Quant aux V2, elles ne seront opérationnelles qu'en septembre.

L'avance allemande se manifeste également dans le domaine des avions à moteur à réaction dont les premiers modèles sont prévus pour être utilisés dès le printemps ou au cours de l'été 1944. Trois appareils sont prêts à entrer en fabrication. L'Arado 234 est un avion de bombardement ou de reconnaissance susceptible d'effectuer des missions nocturnes au-dessus de l'Angleterre. Si le Heinkel 162 apparaît comme un bon intercepteur léger, le modèle le plus évolué, le Messerschmitt 262, est un chasseur bimoteur, armé de 4 canons de 30 et de 24 roquettes R4M, à voilure en flèche et capable d'atteindre 950 kilomètres à l'heure, soit une vitesse supérieure de 250 kilomètres à celle des chasseurs à hélice les plus récents. Le Me 262 est présenté à Hitler en mai 1943. A un moment où la Luftwaffe semble dominer la bataille aérienne d'Allemagne avec ses chasseurs conventionnels, le Führer insiste pour faire du Me 262 un chasseur-bombardier, ce qui entraînera des retards dans la fabrication et privera la Luftwaffe de l'intercepteur dont elle aurait eu besoin avec la reprise, au début de 1944, de l'offensive aérienne américaine sur le Reich.

Pour la défense directe d'objectifs importants, l'aviation allemande étudie également des avions à moteur-fusée, susceptibles d'atteindre 1 000 kilomètres à l'heure, comme le Komet de Messerschmitt ou le Bachem-Natter lancé à la verticale au moyen de rails de guidage et d'une portée de 13 000 mètres. Des études très avancées s'adressent encore au Junkers 287, un quadriréacteur à réaction, susceptible de transporter, à près de 1 000 kilomètres à l'heure, quatre tonnes de bombes à 1 500 kilomètres. L'avance technologique allemande se manifeste encore par l'étude d'appareils à « aile delta » ou d'un bombardier transcontinental, le FW03 1025, capable d'atteindre les Etats-Unis.

La Luftwaffe compte enfin sur des missiles sol-air d'une efficacité infiniment supérieure à celle de la DCA. Parmi les engins dont la mise au point s'achève, figurent le Schmetterling, le Wasserfall ou la Rheintochter. D'une portée de 12 000 à 16 000 mètres, munis de charge de 100 à 450 kilos, ces engins devaient être dotés de systèmes de guidage par radar ou par infrarouge. Leur efficacité aurait été d'autant plus grande que les Allemands, à l'automne de 1944, seront sur le point de retrouver la supériorité qu'ils possédaient dans le domaine du radar au début de la guerre.

Ils commencent à utiliser des radars centimétriques. Les nouveaux appareils de veille travaillent sur une longueur d'onde de 2,4 centimètres et offrent une portée de 300 à 600 kilomètres. La DCA s'apprête à recevoir l'Egerland qui associe à un radar panoramique Kumbach un appareil de direction de tir semi-automatique, Marbach. Quant aux chasseurs, ils échangent le SN2 contre les radars centimétriques Berlin N1 ou N2. Associés au viseur Pauke, ces appareils permettent au chasseur d'abattre le bombardier en suivant uniquement les indications de son écran.

Avec cette panoplie d'armes nouvelles, la Luftwaffe espère contester la supériorité aérienne acquise par les Alliés, remettre en cause les bombardements stratégiques et retrouver l'initiative.

L'année 1943 est également celle de la mutation de la Kriegsmarine. S'évanouit définitivement l'objectif fixé par l'amiral Raeder de mener une bataille des communications avec tous les moyens disponibles. Cette doctrine avait déjà subi une première brèche au printemps de 1941 avec la concentration du gros des forces de la Luftwaffe à l'Est et en Méditerranée. Les moyens aériens attribués à la bataille de l'Atlantique se limitent à quelques formations de bombardiers mouilleurs de mines et aux Focke-Wulf Kondor.

En décembre 1942, la flotte de surface est remise en cause au lendemain de la malheureuse affaire de la mer de Barentz où le groupe *Lutzow-Hipper* s'est laissé impressionner par deux croiseurs légers britanniques et a renoncé à l'attaque d'un convoi. Cette rencontre peu glorieuse entraîne l'irritation de Hitler, d'autant plus que, par suite d'une défaillance des transmissions de la Kriegsmarine, il n'a pu se fonder que sur les communiqués britanniques pour se faire une idée de l'engagement.

Le Führer décide alors de désarmer les grandes unités. Les canons seront attribués à la défense des côtes en vue de débarquements, les blindages pourront être traités par l'industrie pour récupérer l'acier et le nickel. Quant aux équipages, ils seront transférés à l'arme sous-marine.

Hitler ne manque pas d'arguments. Devant un Raeder on ne peut plus mal à l'aise, il refait le procès de la flotte de haute mer impériale qui s'est consumée dans l'inaction pendant la Première Guerre mondiale avant de devenir un foyer révolutionnaire. Depuis 1939, l'emploi des grands navires de surface n'a réservé que des mécomptes, qu'il s'agisse de l'*Admiral Graf Spee* ou du *Bismarck*[16].

Seuls le *Scharnhorst* et le *Gneisenau* ont réussi quelques croisières heureuses en 1940-1941. Mais devant la menace croissante de la RAF, il a fallu les transférer de Brest en mer du Nord. Succès tactique, l'opération Cerberus s'est cependant soldée par un échec stratégique. Endommagés par des mines, les deux croiseurs de bataille sont condamnés à une longue immobilisation. Le *Scharnhorst* ne redeviendra opérationnel qu'en janvier 1943.

Quant au *Tirpitz* et au *Lutzow*, tapis dans l'Altenfjord, ils n'ont à leur actif aucune attaque de convoi réussie. La bataille de l'Arctique retombe entièrement sur la Luftwaffe et les sous-marins. Seul avantage, les deux bâtiments jouent le rôle de « flotte en vie » et immobilisent à Scapa Flow des moyens importants, deux ou trois cuirassés, dont un navire de ligne américain et un ou deux porte-avions.

On peut donc constater que, depuis le début du conflit, l'action des gros bâtiments s'est soldée par des dépenses considérables de combustible et par l'immobilisation de moyens importants de la Luftwaffe pour la protection des bases, chasse, DCA. Situation qui explique, en grande partie, l'aversion de Göring pour la Kriegsmarine, d'autant plus que les liaisons entre les reconnaissances aériennes et les sous-marins sont plus que médiocres. En définitive, les résultats obtenus par les raiders dans l'Atlantique Sud ou dans l'océan Indien sont bien supérieurs à ceux des navires de surface. Si 8 sur 10 disparaîtront, ils enverront par le fond plus de 800 000 tonnes, le double des grands navires.

Raeder ne peut se résigner au démantèlement de la Kriegsmarine, à la fin de la flotte équilibrée dont il n'a cessé de rêver. Il donne une démission qui est acceptée. L'amiral Dönitz lui succède et semble entrer totalement dans les vues de Hitler. Un premier plan de désarmement prévoit la condamnation des croiseurs *Hipper* et *Köln*, des vieux cuirassés hérités de Versailles, *Schleswig-Holstein* et *Schlesien*, du *Scharnhorst* et enfin du *Tirpitz* à l'automne de 1943. Ces condamnations permettront de récupérer 8 000 hommes et 250 officiers dont une centaine pourront être versés dans les sous-marins.

Mais, trois semaines plus tard, le 26 février 1943, Dönitz se ravise et présente un plan de désarmement limité aux deux vieux cuirassés, aux croiseurs *Hipper, Leipzig* et *Köln*. Le *Gneisenau* ne sera pas remis en état et le porte-avions *Graf Zeppelin* ne sera pas terminé. Hitler s'incline. Le gros de la flotte de surface est préservé. Toutefois, Dönitz s'engage à ce que les grands bâtiments fassent preuve de plus d'activité et de détermination[17].

Les résultats n'en resteront pas moins médiocres, malgré l'arrivée en mars 1943 du *Scharnhorst* dans le nord de la Norvège. La seule opération réussie concerne du 6 au 9 septembre le raid du *Tirpitz* et du *Scharnhorst* contre les installations alliées du Spitzberg. En revanche, le 22 septembre, le *Tirpitz* est gravement endommagé par une attaque de sous-marins de poche britanniques et doit aller se faire réparer à Tromsoe. Après avoir été à nouveau endommagé, au cours de l'été 1944, par l'attaque de plusieurs groupes de porte-avions, le *Tirpitz* sera finalement coulé, le 12 novembre, par le Bomber Command de la RAF. Du 24 au 26 décembre 1943, intervient enfin la dernière sortie du *Scharnhorst* contre un convoi. Le bâtiment est intercepté puis coulé au canon et à la torpille par le cuirassé *Duke of York* et un groupe de croiseurs et de destroyers. Comme le *Bismarck*, il disparaît pavillon haut, et les Anglais ne recueillent que 36 survivants sur 1 900 hommes.

Plus que jamais, le poids de la bataille de l'Atlantique retombe sur les sous-marins. A la date du 18 décembre 1942, 382 bâtiments sont en service. Une soixantaine sont en permanence dans les secteurs d'opérations, une cinquantaine en transit, 100 dans les ports, au repos ou en carénage, 170 à l'entraînement ou affectés aux écoles. 147 ont disparu depuis le début de la guerre et 9 ont été désarmés. L'objectif fixé par Dönitz au début de la guerre est atteint. Plus de 25 sous-marins sont construits par mois et les entrées en service dépassent la dizaine. Jamais l'U-bootewaffe n'a disposé de tels moyens.

Comment expliquer, dans ces conditions, après les derniers succès de mars 1943, la défaite brutale des U-boote subie au cours des deux mois suivants, avec la disparition d'une cinquantaine de bâtiments, soit le tiers des unités en opérations ?

Les causes en sont bien connues. Peu de problèmes de la Seconde Guerre mondiale ont suscité autant d'études que la bataille de l'Atlantique[18]. Deux facteurs ont commandé jusqu'en 1943 les succès remportés par les U-boote. Agissant par groupes et en surface, les sous-marins ont pu disposer, grâce à leur Diesel, d'une vitesse supérieure à celle de la plupart des escorteurs, déjouer leur vigilance à la faveur de la nuit et mettre totalement en défaut l'asdic.

En attaquant au centre de l'Atlantique Nord, les meutes ont encore pu exploiter une des plus graves erreurs du commandement allié, notamment des grands maîtres du bombardement stratégique, qui se sont refusés à accorder des quadrimoteurs à grand rayon d'action à la surveillance du « trou noir » de l'Océan, convaincus que la destruction des sous-marins devait intervenir dans les ports et les chantiers et non en pleine mer. Cette offensive menée pendant presque toute l'année 1942 sur les centres de construction et les abris bétonnés des bases françaises s'était soldée, en fin de compte, par un échec total et la perte d'un nombre impressionnant d'appareils.

L'attaque menée au cœur de l'Océan par les U-boote constitue, en fait, une grande première dans l'histoire maritime. Devant les difficultés de repérage d'un convoi perdu au large, à grande distance du littoral, les interceptions, que ce soit à l'époque moderne ou contemporaine, s'étaient toujours produites à proximité des ports de départ ou d'arrivée des convois, jamais au centre de l'Océan.

Pour expliquer cette anomalie, le commandement allié avait été tenté d'invoquer la mise en place de barrages de sous-marins sur les routes de l'Atlantique Nord. Dès qu'un sous-marin repérait un convoi, il en signalait l'existence par radio au quartier général de Dönitz qui s'empressait de constituer une meute. Cette procédure devait se trouver facilitée par l'utilisation d'hydrophones d'excellente qualité permettant de détecter l'approche d'un convoi à plus de 150 kilomètres.

En réalité, ces attaques au cœur de l'Océan tenaient à un élément que les Anglais découvriront en 1945, mais dont ils ne révéleront l'existence que dans les années 70. Jusqu'à la modification radicale apportée aux codes utilisés par la marine marchande, en juillet 1943, les Allemands avaient été en mesure de décrypter de 50 à 80 % des messages adressés aux convois. Cette rupture leur permettait d'en suivre la marche et de constituer des meutes prêtes à l'avance à passer à l'attaque.

En attendant, les déboires allemands du printemps 1943 semblent tenir à une concentration de moyens considérable de la part des marines alliées : l'apparition de groupes de soutien dotés de porte-avions d'escorte et susceptibles de renforcer la défense des convois, elle-même de plus en plus étoffée, la fermeture enfin acquise du « trou noir » de l'Atlantique par la mise en œuvre d'un nombre suffisant de quadrimoteurs.

La victoire anglo-américaine du printemps 1943 paraît procéder encore de l'utilisation d'appareils de détection radio-goniométriques comme le « Huff Duff », d'origine française, et de radars centimétriques. Les escorteurs utilisent encore des grenades plus puissantes et sont armés de mortiers qui lancent des salves de roquettes sur l'avant sans perte du contact asdic.

L'explication est cependant insuffisante. L'ampleur des moyens alliés n'empêche pas les grands succès des U-boote en mars 1943. La défaite allemande tient essentiellement à une rupture de la sécurité des transmissions, à une victoire alliée dans le renseignement permettant d'exploiter une des faiblesses majeures de la tactique des meutes : l'abondance des émissions radio. Tout le système repose, en effet, sur des liaisons constantes entre les sous-marins et le poste de commandement établi à Lorient ou à Paris.

Depuis le début de la guerre, la Kriegsmarine utilise la machine à coder Enigma, parfaitement compatible avec celles utilisées par l'armée ou la Luftwaffe. Dans l'impossibilité de transmettre les messages par des voies discrètes, téléphone ou télex, la marine emploie une machine plus évoluée. Son Enigma comporte bien trois rotors, mais sept tourillons au lieu de cinq, et utilise des procédures plus complexes avec des réseaux distincts selon les bâtiments et les théâtres, associés à une documentation d'accompagnement variée : codes météo, listes, dictionnaires d'abréviations.

Avec toutes ces précautions, les Britanniques réussissent quand même une première percée au cours du second semestre de 1941. A la faveur du raid des Lofoten du mois de février, de l'interception de deux navires météo et surtout de la capture de l'U-110, le 5 mai 1941, ils se procurent non seulement des machines intactes dont ils peuvent étudier le câblage mais toute la documentation en vigueur. Le centre de Bletchley Park, équipé pour la première fois d'ordinateurs américains appelés « bombes », peut alors décrypter dans des délais opérationnels nombre de messages adressés aux U-boote.

A un moment où ils ne disposent encore que de moyens limités, ces décryptements permettent aux Anglais de pratiquer une simple tactique d'évasion, en modifiant la marche des convois, en évitant les meutes et en frustrant les U-boote de succès que l'on peut évaluer à 2,5 millions de tonnes.

Toutefois, à partir de février 1942, les Allemands adoptent une nouvelle machine, la « Funkschlussel M4 », qui remplace le modèle M3. Cette modification va plonger l'amirauté et Bletchley Park dans un « black-out » qui va durer jusqu'à la fin de l'année. Contrairement à ce que l'on a parfois prétendu, cette nouvelle version d'Enigma ne comporte pas un quatrième rotor mais deux tambours minces additionnels permettant de multiplier les combinaisons. Cette modification se trouve à l'origine des grands succès remportés par les meutes sur l'Atlantique Nord pendant le second semestre de 1942. Avec les destructions opérées sur la côte américaine, le bilan de l'année se situe à 6,5 millions de tonnes.

A la fin de 1942, les Anglais réussissent à nouveau à percer le code allemand grâce à l'emploi de bombes plus puissantes et, surtout, grâce à la capture de l'U-55 en Méditerranée où ils découvrent une Enigma M4 accompagnée de sa documentation. A l'exception de deux brèves interruptions en mars 1943, qui coïncident avec les derniers succès allemands, et en juillet de la même année, il n'y aura plus de black-out jusqu'à la fin de la guerre. En somme, la rupture du secret des transmissions entraîne la faillite à peu près complète de la tactique des meutes, au moment où les Allemands sont sur le point de se trouver dans l'incapacité de percer le nouveau code de l'Amirauté adressé aux convois.

La rupture du secret des transmissions se traduit par des pertes élevées non seulement dans l'Atlantique Nord, mais dans le golfe de Gascogne avec les deux tiers des disparitions. Dans ce secteur, les Alliés mettent en place un véritable blocus aérien. De jour comme de nuit, les sous-marins sont attaqués par des Liberator dotés de radars et de projecteurs, et armés de grenades et de torpilles acoustiques. Là encore, Bletchley Park joue un rôle déterminant dans le repérage individuel des sous-marins en décryptant leurs émissions radio ou celles des dragueurs et des escorteurs chargés de les accompagner.

Dönitz et ses services se révéleront incapables jusqu'à la fin de la guerre de déterminer les causes d'un retournement de situation aussi brutal. Ils sont cependant parfaitement conscients que l'adversaire est désormais en mesure de se faire une image exacte, à une unité près, du dispositif des U-boote aussi bien dans l'Atlantique Nord que dans le golfe de Gascogne[19]. Après une analyse approfondie, la sécurité du système des transmissions est mise hors de cause. En revanche, Dönitz sera un moment donné tenté de croire à l'existence d'un traître, ce qui créera une lourde atmosphère de suspicion dans son état-major.

En réalité, la faillite de la tactique des meutes est attribuée à des conditions météorologiques défavorables, à l'inexpérience des jeunes commandants et surtout à la conjonction de deux éléments : le renforcement de la couverture aérienne alliée et l'entrée en service d'un nouvel appareil de détection. Les Allemands en arriveront même à se demander si le Metox, l'appareil de détection des radars décimétriques utilisé par les sous-marins, n'est pas à l'origine d'ondes parasites captées par l'adversaire.

Dönitz n'en étudie pas moins une riposte d'ordre stratégique pour commencer. Comme l'avait déjà fait Raeder, il tente de convaincre Hitler de la nécessité d'occuper toute la péninsule Ibérique. L'opération offrirait l'avantage de neutraliser Gibraltar, de mettre en difficulté les armées alliées engagées en Tunisie, et surtout de donner aux sous-marins des bases et des possibilités nouvelles d'opérations dans l'Atlantique[20]. Pour des raisons évidentes, à la fois politiques et militaires, Hitler ne se laisse pas fléchir.

En ce qui concerne la guerre sous-marine, Dönitz ne perd pas espoir. A la différence de son prédécesseur, il obtient de nouvelles allocations de main-d'œuvre et de matières premières (45 000 tonnes d'acier supplémentaires) pour augmenter la production de sous-marins qui doit passer de 30 à 40 par mois. Dans l'attente de relancer la tactique des meutes, les U-boote bénéficient de nouveaux systèmes d'armes.

A partir de septembre 1943, ils sont dotés d'une DCA renforcée avec des affûts quadruples de 20 m/m. Les kiosques sont recouverts d'un revêtement synthétique spécial destiné à réduire de 30 % la signature radar. Les sous-marins bénéficient du détecteur de radar centimétrique « Hagenuk Wanz » ou « Naxos » et du ballon leurre « Aphrodite ». Ils sont encore armés de la torpille acoustique « Zaunkönig » (roitelet) destinée à l'attaque des escorteurs. Des avions d'exploration lointaine sont mis à la disposition des sous-marins.

Les opérations menées en septembre au large de Gibraltar ou dans l'Atlantique Nord se soldent par des résultats décevants. Si les pertes sont moins élevées, si les sous-marins prévenus d'attaques par leur détecteur de radar peuvent s'immerger à temps, ils n'en perdent pas moins toute capacité offensive, compte tenu de la médiocrité de leurs performances en plongée. A la différence des quatre premières années de la guerre, les Alliés ont suffisamment de moyens pour mener des « chasses à la mort ». L'U616 finira ainsi par être détruit, le 17 mai 1944, après une poursuite de trois jours menée par 8 avions et escorteurs. Au total, 107 sous-marins disparaissent au cours du second semestre 1943. Une dernière offensive lancée en février 1944 se soldera par un nouvel échec. C'est la fin de la tactique des meutes.

Au début de 1944, la situation de la Kriegsmarine apparaît pour le moins paradoxale. Si la flotte de surface a été préservée, elle se trouve vouée à l'impuissance. A l'exception du *Tirpitz*, immobilisé en Norvège, tous les grands bâtiments ont été repliés en Baltique « pour entraînement ». Jamais la flotte sous-marine n'a connu une telle importance, 419 U-boote en service dont 160 à la mer. Elle aussi se trouve privée de toute capacité offensive, condamnée à opérer dans des « secteurs mous » moins protégés comme l'Atlantique Sud. En réalité, la première ligne de défense à l'Ouest, suivant l'expression de Hitler, a cédé.

Si les succès allemands s'étaient maintenus au rythme des trois premiers mois, toute la stratégie alliée se serait trouvée paralysée. Il aurait été impossible d'assurer le transfert des troupes américaines en Angleterre et il aurait fallu ajourner le débarquement de Normandie, avec d'imprévisibles conséquences politiques et militaires. C'est tout au moins ce que les Allemands n'ont cessé de prétendre[21].

On peut se demander maintenant quel démon a pu inciter le haut commandement de la Kriegsmarine à poursuivre une bataille de toute évidence sans espoir. Dönitz, en plein accord une fois de plus avec Hitler, tenait à fixer des moyens alliés considérables qui auraient pu être employés ailleurs. Cette intention explique la poursuite de la construction de sous-marins conventionnels progressivement équipés du Schnorchel à partir des premiers mois de 1944. Cet appareil, déjà en service dans la marine néerlandaise en 1940, permet le fonctionnement des moteurs Diesel en plongée périscopique. Au total, 244 U-boote du type VIIC seront encore construits de mai 1943 à janvier 1945. Certains regretteront que ces bâtiments classiques n'aient pas reçu un carénage du kiosque qui aurait sérieusement amélioré leurs performances en plongée[22].

En réalité, la Kriegsmarine entend jouer de l'innovation et effectuer un saut technologique. Dès 1941, ses services de recherche s'efforcent de passer du submersible sinon au sous-marin pur, du moins à un bâtiment capable d'effectuer de longues traversées en plongée et de disposer de capacités d'attaques supérieures en immersion.

Les recherches portent d'abord sur le moteur au peroxyle d'oxygène conçu par l'ingénieur Walter et capable de remarquables performances en plongée. Un prototype de 80 tonnes donne des résultats plus qu'encourageants avec des pointes de 28 nœuds. Avec l'appui total de Hitler, quatre bâtiments expérimentaux de 300 tonnes sont mis en chantier au printemps de 1942, tandis que des études portent sur deux sous-marins opérationnels de 320 et 1 485 tonnes. Tous ces sous-marins conservent un double système de propulsion, Diesel en surface, Walter en plongée. Il n'est pas encore question cependant du Schnorchel.

Les études se révèlent cependant plus longues que prévu. Le premier sous-marin *Walter* de 300 tonnes n'effectue ses essais qu'en novembre 1943, et une fabrication en série ne pourra démarrer avant la fin de 1944. Aussi, dès avril 1943, alors que débute la crise de la guerre sous-marine, Dönitz décide de lancer la construction de deux bâtiments de génération intermédiaire, le XXI de 1 600 tonnes et le XXIII de 230 tonnes.

Grâce à des batteries doubles et des coques soigneusement étudiées sur le plan hydrodynamique, ces bâtiments « électriques » doivent offrir des performances très supérieures à celles des U-boote de type VII C. En plongée, le type XXI peut naviguer pendant deux heures à 16-17 nœuds, ou franchir 340 nautiques à 5 nœuds, au lieu de 80 à 4 nœuds pour le VII C. Doté du Schnorchel, le XXI dispose en immersion périscopique d'un rayon d'action de 17 000 milles à 6 nœuds. Il peut ainsi effectuer le trajet aller et retour Allemagne – cap de Bonne-Espérance et y opérer 3 ou 4 semaines. Quant au lancement des torpilles, il s'effectue en plongée profonde par l'intermédiaire d'un central-opérations utilisant un système d'écoute passive (hydrophone) ou active (sonar).

N'ayant plus grand-chose à redouter de l'avion, plus rapide en immersion que les escorteurs alliés, le sous-marin type XXI semble en mesure de bouleverser les conditions de la guerre sous-marine. La construction apparaît également très originale. A l'initiative de Speer et de l'ingénieur général Merker, elle s'effectuera en 8 tronçons dans les usines de l'intérieur et les chantiers n'assureront plus que l'assemblage. Cette méthode permet de réduire à 300 000 heures au lieu de 460 000 la durée de fabrication.

Grâce à ce type de construction, l'entrée en service du premier XXI est prévue pour avril 1944 et la Kriegsmarine doit être en mesure de reprendre l'offensive à l'automne avec un nombre déjà important de bâtiments. Au fond, la marine se retrouve dans la même situation que la Luftwaffe. Elle compte sur de nouveaux moyens révolutionnaires pour reprendre l'initiative.

13

La stratégie ensorcelée

Pour Goebbels, 1943 avait été l'année du « cauchemar ». L'expression aurait, en réalité, été plus valable pour l'année suivante. Que ce soit à l'Est, sur le théâtre occidental ou dans les Balkans, la Wehrmacht entrera alors dans l'ère des grands désastres, associés à des pertes en hommes et en matériels considérables. Pour la première fois depuis 1940, des combats se dérouleront sur les frontières du Reich.

Le passage de la défaite au désastre a suscité depuis la guerre de vives polémiques parmi les historiens et surtout les ex-chefs militaires de l'armée allemande. Hitler se trouve directement mis en cause. L'entêtement du caporal-stratège à résister sur place, son refus d'opérer des replis, d'adopter une stratégie plus souple auraient constitué la cause déterminante des déboires militaires. Son obstination aurait non seulement accéléré mais provoqué le désastre.

C'est la thèse soutenue par Halder et dans une certaine mesure par Manstein. Si les généraux avaient été libres, suivant la vieille tradition prussienne, de développer l'instrument militaire et de mener les opérations à leur guise, ils auraient pu conduire la guerre de manière plus avantageuse et, qui sait, remporter la victoire, ou du moins aboutir à une solution négociée.

Débat quelque peu académique, à la limite du ridicule. Si Hitler avait écouté ses généraux, il n'y aurait pas eu la nouvelle Wehrmacht conçue pour la guerre éclair. Il n'y aurait pas eu l'Anschluss, le démantèlement de la Tchécoslovaquie et de toute évidence pas la guerre, ce qui aurait mieux valu pour tout le monde, à commencer par Hitler.

Une fois le conflit commencé, il n'y aurait pas eu la campagne de Norvège, objet d'une condamnation unanime de l'OKH. Il n'y aurait pas eu davantage de victoire à l'Ouest. Il suffit de rappeler qu'au lendemain de la campagne de Pologne Brauchitsch et Halder prônent une stratégie d'attente, et s'ils se résignent à présenter un plan d'opérations, il ne s'agit que d'une manœuvre limitée, incapable d'arracher la décision. Il faudra toute l'insistance du Führer pour convertir l'OKH à l'idée d'une attaque au Centre, susceptible d'entraîner une victoire totale.

Au passif de l'état-major, notons encore qu'en juillet 1940 il n'avait pas saisi toutes les implications d'un débarquement en Angleterre et qu'il ne demandait qu'à se lancer dans une aventure qui avait toute chance de mal tourner. Notons aussi qu'il n'a fait aucune objection à l'attaque contre l'URSS et qu'il a fallu encore toute l'insistance du Führer pour obliger Brauchitsch et Halder à renforcer considérablement le dispositif prévu à l'Est.

Lors du débat du mois d'août 1941, l'Ukraine ou Moscou, on peut se demander si le plan de Guderian consistant à lancer un raid de corps blindés en direction de la capitale soviétique, avec des flancs démesurément allongés, sans avoir réduit les concentrations de l'Armée rouge à l'ouest du Dniepr, n'aurait pas conduit à un échec retentissant. L'URSS n'était pas la France et Moscou n'était pas Paris. Guderian se serait heurté à une capitale en état de siège et l'expérience de la guerre, à commencer par Varsovie, avait déjà démontré l'inaptitude des chars aux combats de rue.

Il est un point sur lequel tout le monde est cependant d'accord. C'est Hitler qui par son énergie a sauvé l'armée allemande devant Moscou, à un moment où le haut commandement s'était littéralement effondré et ne savait que préconiser une retraite qui se serait, de toute évidence, transformée en déroute.

Ces quelques rappels posent un problème clé. Hitler mérite-t-il de figurer au rang des grands chefs de guerre ? Cette thèse a été contestée à Nuremberg par Brauchitsch ou par des écrivains militaires comme Liddel Hart ou le professeur Gert Buchheit, auteur d'un ouvrage au titre évocateur : *Hitler, der Feldherr-Die Zerstörung einer Legende* (« La destruction d'une légende »).

En revanche, pour ceux qui l'ont approché pendant presque toute la guerre, la réponse ne peut être que positive. Pour Jodl, une des meilleures têtes pensantes de la Wehrmacht, « ce n'est pas parce que Carthage a finalement été détruite qu'Hannibal était un mauvais général ». Lors du procès de Nuremberg, tous les anciens grands chefs reconnaîtront les talents exceptionnels de Hitler. « Le Führer, déclara Keitel, n'avait reçu aucune instruction militaire, mais il avait les intuitions d'un génie. Il s'était formé lui-même et il avait étudié seul la tactique et la stratégie. Nous, les généraux, nous étions devant lui, non comme des maîtres, mais comme des élèves.

« Tous les officiers qui l'ont connu pourront attester qu'il était si bien informé de l'organisation, de l'armement, de l'équipement et du commandement de toutes les armées et – ce qui est encore plus extraordinaire – de toutes les marines qu'il était absolument impossible de le prendre en défaut sur un seul point. Pendant les années que j'ai passées à son quartier général, j'ai pu constater qu'il consacrait ses nuits à étudier les gros ouvrages de doctrine militaire de Clausewitz, de Moltke, de Schlieffen. C'est en eux qu'il avait puisé les connaissances et les idées qui faisaient notre stupéfaction[1]. »

« Sa manière de commander, ajoutera Göring, était la suivante : il donnait des directives générales, recevait les plans des différents commandants en chef, les coordonnait, en faisait un tout qu'il commentait devant les principaux généraux. Il consultait, s'entourait d'avis, mais je tiens à reconnaître que toutes les idées stratégiques essentielles étaient de lui. Il était très doué pour la stratégie. »

Dans un domaine tout à fait différent, Dönitz soulignera, lui aussi, les talents stratégiques exceptionnels du Führer. De fait, une lecture attentive du Journal de guerre de la Kriegsmarine démontre que Hitler, à l'école de Raeder ou de Dönitz, avait assimilé très rapidement les ressorts de la guerre sur mer et qu'il posait constamment des questions extrêmement pertinentes. En ce qui concerne l'opération Lion de mer, il avait beaucoup mieux compris qu'un Brauchitsch, un Halder ou même un Manstein les impératifs d'une opération amphibie, même en cas de victoire de la Luftwaffe sur le Fighter Command.

Quant à Guderian, dont on ne peut nier le talent et le jugement, il reconnaît lui aussi que Hitler avait l'étoffe d'un grand chef militaire et qu'il dominait largement son entourage. Il connaissait parfaitement ses dossiers et on ne pouvait aborder un problème avec lui sans disposer d'une argumentation solidement étoffée.

Pour le promoteur des Panzer, il manquait cependant à Hitler la formation d'un bon officier d'état-major et il avait tendance à s'intéresser à l'excès aux problèmes matériels. Quant au général Manteuffel, une des étoiles montantes de l'armée, successivement commandant de la 7e Panzer, de la division Grossdeutschland, puis de la 5e Panzerarmee en 1944, il arrive lui aussi aux mêmes conclusions : « Hitler avait lu une grande quantité d'ouvrages militaires et montrait un goût marqué pour les conférences traitant du même sujet. De cette façon, à son expérience de simple soldat de la guerre précédente, il ajoutait une solide connaissance de certaines notions élémentaires de la guerre : les propriétés des différentes armes, l'importance du terrain et des conditions atmosphériques, la mentalité et le moral des troupes. Il faisait preuve d'une habileté particulière pour jauger l'état d'esprit des hommes. Sur ces matières, je me trouvais rarement en désaccord avec lui. Par contre, il ne possédait aucune notion des hautes spéculations stratégiques et tactiques. S'il saisissait le maniement d'une division, celui d'une armée entière lui était étranger.

« Il avait un flair réel, il excellait dans les mouvements de surprise, mais il lui manquait les éléments techniques de base, indispensables pour leur application efficiente. Il avait, en outre, tendance à se griser de chiffres et de quantités[2]. »

Il n'en reste pas moins vrai que Hitler a commis de lourdes fautes. L'attestent les remaniements du plan Bleu, au cours de l'été 1942, la fascination exercée par Stalingrad, le refus d'autoriser le repli de la 6e armée, ou encore son entêtement à s'accrocher beaucoup trop longtemps à la tête de pont de Tunisie, malgré une supériorité aérienne et maritime alliée de plus en plus écrasante.

D'autres erreurs interviendront en 1944 comme la contre-attaque de Mortain dont les conséquences seront désastreuses à la fin de la bataille de Normandie, ou encore l'offensive des Ardennes, qui épuisera les dernières capacités de l'armée allemande.

Notons toute de suite que le Führer est loin d'être le seul à avoir commis des fautes pendant la guerre. Celles de Churchill ne se comptent pas, qu'il s'agisse de ses hésitations pendant la campagne de Norvège dont il est le promoteur, de son engagement en Grèce avant d'achever la déroute italienne en Libye, de son entêtement à concentrer des forces considérables en Egypte, au détriment de l'Extrême-Orient.

Après la reprise de l'offensive en Europe, le commandement allié, lui aussi, a commis de lourdes erreurs stratégiques. En Italie, l'attentisme de Lucas à Anzio ne permet pas l'exploitation d'une opération fondée sur la surprise et dont les conséquences auraient pu être désastreuses pour Kesselring. Au lendemain de la rupture de Cassino, Clark, fasciné par Rome, laissera échapper la 10e armée allemande. Au lendemain également de la rupture de Normandie, les hésitations de Bradley, le débat entre Montgomery et Eisenhower ne permettront pas de remporter une victoire complète.

Staline, tout au moins au cours des premières années du conflit, en donnant des ordres de repli beaucoup trop tardifs, que ce soit en Ukraine ou dans le Donetz, a lui aussi multiplié les erreurs, à l'origine de lourdes défaites. Tout au long du conflit et même jusqu'en 1943-1944, il s'obstinera à déclencher des opérations sur l'ensemble du front, au mépris du point d'application et à l'origine de pertes effroyables pour l'Armée rouge.

En fait, Hitler tout comme Staline, de par sa formation de chef de bande, puis de chef politique, a l'esprit naturellement offensif. Tout au long du conflit, il restera prisonnier d'un tempérament foncièrement agressif. Il sera encore gâté par la réussite stupéfiante de ses coups de force et du succès d'opérations menées à l'encontre de toutes les règles de l'art militaire, sous le signe d'une chance insolente, comme la Norvège, le passage de la Meuse ou l'attaque de la Crète. Pour avoir surmonté la crise de Moscou en décembre 1941, Hitler sera plus que jamais convaincu qu'une ténacité à toute épreuve permet de conjurer la défaite. Il ne pourra jamais se libérer du comportement du joueur. Jusqu'à la fin, il se livrera, suivant sa propre expression, à des « coups de poker ».

Le Führer est également prisonnier de son expérience d'ancien combattant de 1914-1918. Il a à son actif une belle guerre. Blessé à deux reprises, il a été décoré de la croix de fer de 2e puis de 1re classe. Engagé dans le 16e régiment d'infanterie bavarois, composé essentiellement de jeunes recrues, il est jeté dans la bataille des Flandres en novembre 1914. Son régiment est très éprouvé. En moins d'une semaine de combat, on ne compte que 611 survivants sur 3 600 hommes. La compagnie de Hitler se trouve réduite de 250 à 42 hommes. Les Allemands devaient appeler ces combats le « massacre des enfants d'Ypres » *(Kindermord bei Ypres)*. Pendant tout le reste de la guerre, Hitler reste dans le même régiment toujours engagé sur le front occidental. Il sert comme agent de liaison, une affectation particulièrement dangereuse. Il se trouve mêlé à trois batailles particulièrement sanglantes, Ypres, la Somme et Arras.

Ses chefs devaient conserver le souvenir d'un soldat particulièrement valeureux[3]. Pour le commandant du régiment, il se fait remarquer par « son cran exceptionnel... et son courage intrépide ». Pour le colonel Spatany, il constituait « un exemple éclatant pour tous ceux qui l'entouraient. Cela et son admirable modestie lui valaient le respect de ses officiers et de ses supérieurs ». Pour le lieutenant-colonel Tubeuf, c'était de tous ses hommes celui dont il se sentait le plus proche. « Les idées qu'il exprimait dans nos conversations privées [...] témoignaient de son amour profond de la nature, et, de manière générale, de sa droiture et de son honnêteté foncières. »

De son expérience de « poilu », Hitler est resté convaincu que les crises peuvent être surmontées par une combativité accrue et par une résistance acharnée sur place. Tout repli, tout abandon d'un terrain péniblement conquis ne peuvent que démoraliser la troupe. En fait, après la bataille de Moscou surtout, Hitler sera de plus en plus assuré que la guerre est avant tout une affaire de volonté.

Même si le chef d'un régime totalitaire à l'origine de toutes les décisions doit en endosser les conséquences, il faut reconnaître que Hitler bénéficie, à plusieurs reprises, de circonstances atténuantes, si l'on peut s'exprimer ainsi. Nombre d'erreurs apparaissent, en quelque sorte, collectives. La bataille de Koursk est imposée à un Hitler réticent, envahi par le doute, par Zeitzler, Manstein et Model. Ceux-ci acceptent fort bien des ajournements successifs, qui offrent l'avantage de renforcer en nouveaux matériels leurs formations blindées.

Lorsque Hitler, en août 1943, préoccupé par la situation en Italie, envisage un repli général sur le front de l'Est depuis le lac Onega jusqu'au Dniepr et l'isthme de Kertch, cette perspective soulève une véritable levée de boucliers. Le commandant du front nord, le général Küchler, se rend à Rastenburg et soutient que l'abandon du siège de Leningrad risquerait de démoraliser ses troupes.

Dönitz abonde dans son sens et souligne qu'une évacuation du golfe de Finlande, barré par des champs de mines et des filets d'acier, permettrait le retour de la flotte soviétique en Baltique et compromettrait l'entraînement des nouveaux sous-marins. De même, l'évacuation de Novorossïsk et du Kouban risque d'avoir des conséquences stratégiques les plus funestes en mer Noire et inciter la Turquie à entrer en guerre contre le Reich. Speer et son adjoint Saur plaident en faveur du maintien d'une forte tête de pont autour de Zaporoje, seul moyen pour assurer le fonctionnement du barrage du Dnieprogues qui alimente en électricité les mines de fer de Krivoï Rog, de manganèse de Nikopol et le centre sidérurgique de Dniepropetrovsk, qui a été, à grand-peine, remis en état. Devant cette vague d'objections, Hitler réserve sa décision[4].

A la fin de l'année, l'évacuation de la Crimée se heurte également à de fortes réticences. Le commandant de la 17e armée garantit l'intégrité des défenses de l'isthme de Perekop. Dönitz souligne à nouveau l'importance de la presqu'île sur le comportement de la Roumanie, de la Bulgarie et de la Turquie. En cas d'attaque soviétique, la marine pourra assurer les ravitaillements nécessaires et répondre à une éventuelle évacuation. En réalité, l'Armée rouge réussira à forcer les défenses allemandes et à pénétrer en Crimée. Quant à l'évacuation, entravée par des attaques aériennes et de mauvaises conditions météorologiques, elle ne sera que partielle, et plus de 50 000 hommes devront capituler dans une des défaites les plus graves du front oriental. En revanche, il convient de rappeler que c'est Hitler qui imposera l'évacuation de la Sicile, en dépit de l'avis défavorable de Dönitz et de Kesselring.

De toute manière, le problème des replis, comme l'a souligné le général Senger und Etterlin, pourtant peu suspect de sympathie à l'égard de Hitler, n'a jamais reçu de solution satisfaisante. Tout repli en appelle un autre, avec des répercussions extrêmement graves sur les flancs. Au cours de l'automne de 1943, la retraite ininterrompue de Manstein sur le front sud en direction du Dniestr et des Carpathes découvre le groupe d'armées centre, l'oblige à des alignements répétés et à l'évacuation de Smolensk, Gomel et Briansk. Cette retraite entraîne également l'isolement de la Crimée.

A maintes reprises, les retraites obéissent au culte des belles positions. En septembre 1943, Manstein, à l'encontre de ses pronostics, ne peut tenir la ligne du

Dniepr plus de quelques semaines. Il ne réussira pas mieux derrière le Dniestr. En Italie, où il dirige les opérations avec le maximum de liberté, Kesselring ne pourra empêcher la rupture de la ligne Gustav en mai 1944. Si un rétablissement s'opérera à l'automne sur la ligne gothique, son successeur, en avril 1945, ne pourra regrouper ses forces dans le « réduit alpin ».

Le débat sur les replis et la défense élastique concerne essentiellement le front de l'Est. Toujours d'après Senger und Etterlin, ce débat est en partie faussé par l'esprit continental des généraux allemands qui n'ont jamais bien perçu les implications de la stratégie anglo-américaine sur le théâtre occidental et la conduite générale des opérations. Maîtres de la mer, les Alliés exercent une menace sur tout le littoral européen de la Méditerranée à l'Arctique. Cette pression entraîne une dispersion des réserves. Sans perdre son caractère majeur, le front de l'Est sera progressivement sacrifié. S'il immobilise 65 % des grandes unités, il ne retient que la moitié des formations blindées et motorisées. A l'issue des terribles batailles de l'hiver 1943-1944, qui ont rejeté ses forces sur les Carpathes, Manstein finira par admettre incidemment dans ses Mémoires qu'il était difficile de faire mieux, « à moins d'accepter des risques considérables ailleurs[5] ».

Cette vision étroite du haut commandement à l'Est est aggravée par la répartition des tâches. A partir de l'automne 1942, l'OKH – en dépit de son nom, l'état-major général de l'armée – se trouve cantonné aux opérations du front russe. A l'OKW, état-major interarmées au départ, incombe désormais la conduite des opérations sur tout le théâtre méditerranéen, y compris les Balkans, ainsi que tout le front occidental de Bayonne au cap Nord. L'OKW gère encore les réserves stratégiques et « prête », dans les grandes circonstances, des divisions à l'OKH.

En réalité, Hitler n'ignore pas que les échecs, les défaites ne tiennent pas uniquement au manque de résolution de ses généraux, obsédés par l'idée de replis à répétition. Tout comme Napoléon après le désastre de Russie ou les déboires de la campagne d'Allemagne de 1813, il est tenté de faire appel aux forces obscures, irrationnelles. La Fortune semble l'abandonner. Son étoile pâlit. « La stratégie est ensorcelée », répète-t-il, à maintes reprises. « Plus rien ne nous réussit », confesse-t-il devant Guderian qui ne peut que lui recommander de changer de méthode.

En réalité, la conjoncture a profondément changé, sans que les Allemands, à tous les niveaux, en aient pris véritablement conscience. Le Reich se heurte tout d'abord à une loi inexorable, celle du nombre. Jusqu'en 1941, l'armée allemande avait pu bénéficier sinon de la supériorité numérique, à l'exception de la Pologne, du moins de l'égalité des forces, comme on avait pu le constater en France. Si une infériorité se manifeste au début de la guerre à l'Est, elle est encore compensée par une indiscutable supériorité manœuvrière. Ces facteurs expliquent les grandes victoires en Russie et en Afrique du Nord en 1941 et 1942. Mais l'impossibilité d'arracher la décision devant Stalingrad ou El Alamein, beaucoup plus qu'à des erreurs tactiques, tient à la supériorité croissante des moyens de l'adversaire.

Evoquant la bataille de la Volga et du Caucase, le général Eremenko se montrera très affirmatif au lendemain du conflit : « Les généraux allemands ne parviendront pas à démontrer que si Hitler ne les avait pas obligés à s'enliser dans la bataille de Stalingrad, ils auraient remporté la victoire et en tout cas pris le Caucase en automne 1942. En réalité, le fond de la question n'est pas dans le fait que Hitler se soit rué en même temps vers Stalingrad et vers le Caucase, mais le fait qu'il n'avait pas suffisamment de forces pour mener à bien de front ces deux opérations. Il a imposé à son armée cette tâche qui était au-dessus de ses forces pour démontrer aux satellites et aux alliés la puissance de la Wehrmacht. »

Il apparaît même surprenant qu'avec des forces aussi réduites, une douzaine de Panzer et une trentaine de divisions de campagne, sans parler des médiocres contingents alliés, l'armée allemande ait pu remporter de tels succès dans le sud de la Russie en 1942. La victoire de Rommel à El Gazala et Tobrouk semble également étonnante, si l'on tient compte de la disproportion des forces au printemps de 1942. Seules la supériorité tactique et la qualité des hommes expliquent de tels exploits.

De même, les chances de Rommel de rompre les positions d'El Alamein, ou celles de l'OKH, l'année suivante, de réduire le saillant de Koursk étaient singulièrement limitées, compte tenu des énormes moyens britanniques et soviétiques. La supériorité des moyens joue encore davantage au détriment de la Luftwaffe, avec le redressement de l'aviation de l'Armée rouge et l'énorme effort accompli par les Anglo-Américains.

De fait, à partir de 1943, le Reich de 100 millions d'habitants, y compris ses annexions les plus récentes, même associé à un Japon de 70 millions, se heurte à un énorme potentiel démographique associant les 200 millions d'habitants de l'Union soviétique, les 190 millions des Etats-Unis, les 50 millions de la Grande-Bretagne, sans oublier les dominions et le reste de l'empire.

La Wehrmacht se heurte encore à des formations de plus en plus étoffées. A l'Est, l'Armée rouge aligne de 400 à 500 divisions, le double des forces allemandes et satellites. La montée en puissance des forces anglo-américaines est également impressionnante. 60 divisions engagées à l'Ouest au printemps de 1944, 100 un an plus tard. L'écart est encore plus grand, si l'on tient compte de la motorisation, intégrale chez les Occidentaux, croissante chez les Soviétiques, grâce au Prêt-Bail.

En matière de production d'armement, le décalage est tout aussi marqué, en dépit de la mise en place d'une économie de guerre à partir de 1943. Cette année-là, la production de blindés de l'Allemagne et du Japon ne dépasse pas 13 000 chars au lieu de 50 000 pour leurs adversaires. Même écart en ce qui concerne les avions, 42 000 contre 140 000. Ce fossé est encore plus impressionnant en ce qui concerne les fabrications de véhicules à moteur, camions, voitures légères. Le décalage se retrouve au niveau des effectifs mobilisés : 12,5 millions contre 23[6].

Autre élément, la Wehrmacht se heurte maintenant à des adversaires qui ont su corriger leurs faiblesses en se mettant à l'école allemande et qui commencent à savoir faire la guerre. A partir de la fin de 1942, l'Armée rouge devient progressivement un redoutable instrument de combat. C'est ce que le général Model souligne l'année suivante devant un Hitler qui prétend que le soldat allemand de 1943 ne vaut pas celui de 1941. « Le soldat allemand de 1941 est mort, mon Führer. Oui, il est mort, tombé quelque part en Russie. Mais les soldats que nous avons maintenant le valent. Il n'y a pas entre eux et lui la différence d'un rouge liard. La différence vient de l'adversaire qui est en progrès. »

Certes, l'Armée rouge reste encore fidèle à des méthodes abominablement simplistes, comme on le constate sur le front central, à hauteur d'Orcha, pendant l'été 1943. Après une forte préparation d'artillerie, les assauts menés à base d'infanterie avec l'appui de quelques chars se déclenchent tous les jours avec une étonnante régularité : 9 heures, entre 9 et 10 heures et enfin entre 2 et 3 heures de l'après-midi. « C'était presque minuté, souligne le général Heinrici, commandant la 4e armée, les Russes agissaient sous la contrainte. Ils devaient attaquer jusqu'à ce qu'ils soient arrêtés par notre artillerie. Derrière eux, revolver au poing, commissaires et officiers leur interdisaient toute retraite. L'infanterie russe était mal entraînée, mais attaquait vigoureusement. » Avec cette méthode, 9 divisions allemandes appuyées par une énorme batterie de 380 canons infligent de véritables hécatombes aux vagues d'assaut de l'Armée rouge.

Toutefois, le commandement soviétique finit par mettre au point de nouvelles tactiques qui assurent la rupture des fronts les mieux fortifiés. Préparées dans un secret minutieux, les offensives sont précédées de préparations d'artillerie courtes mais d'une extrême violence. L'assaut est lancé par des formations massives de fantassins associées à des bataillons de chars. Une fois la rupture obtenue, des corps blindés passent à l'exploitation, pénètrent en profondeur et mènent des opérations d'encerclement.

La tactique anglo-américaine joue également du matériel associant formations blindées, artillerie et aviation tactique et même stratégique. Si les méthodes sont parfois plus compassées, l'exploitation souvent déficiente, ces défauts tiennent à la lourdeur d'armées motorisées liées aux axes routiers et à l'utilisation prudente d'un matériel humain que le commandement allié ne peut, pour des raisons évidentes, consommer avec la même libéralité que les Soviétiques.

En définitive, à partir de 1943, l'Allemagne se heurte à deux adversaires formidables. Le plus imposant est de loin l'Union soviétique, tant par la qualité du matériel, la masse des effectifs que l'extraordinaire esprit de sacrifice du fantassin dont la capacité de mourir, suivant le mot de Zinoviev, se révèle supérieure à la capacité de vaincre du soldat allemand[7]. En 1944-1945, l'Armée rouge représentera un potentiel double de celui des armées alliées engagées sur les fronts européens[8].

Un simple chiffre donne une idée du caractère affreusement sanglant de la guerre à l'Est. Du 22 juin 1941 à mars 1945, les 4/5e des soldats allemands tués, blessés ou disparus l'ont été sur le front de l'Est, soit 6,5 millions d'hommes. A l'Ouest, jusqu'à la bataille de Normandie, les pertes allemandes, que ce soit en Afrique ou en Italie, ont été dans l'ensemble étonnamment légères. Notons encore que les sacrifices consentis par l'Armée rouge, prisonniers compris, sont évalués entre 8 et 9 millions de tués et de disparus[9].

La Wehrmacht souffre encore d'un autre handicap, la faillite du renseignement. Pourtant, les débuts ont été brillants avec le développement de l'Abwehr, le service de renseignements et de contre-espionnage des forces armées, dirigé à partir de 1935 par l'animal Canaris, et le Sicherheitsdienst du parti placé sous les ordres de Heydrich, remplacé par Kaltenbrunner après son assassinat à Prague, le 27 mai 1942.

Contrairement à une croyance tenace, tenant en grande partie à la volonté délibérée de certains auteurs de faire de Canaris un authentique résistant, les relations entre l'amiral et Heydrich ont été, au départ tout au moins, extrêmement cordiales, d'autant plus que le chef du SD avait appartenu lui aussi à la marine et servi en même temps que Canaris sur le croiseur *Berlin*. Une répartition des tâches entre les deux organes est mise au point à la fin de 1936. L'Abwehr se réserve le monopole du renseignement militaire et les contacts avec les services secrets de certains pays étrangers, Finlande, Hongrie, Roumanie, Japon... A la veille de la guerre et lors des premières campagnes, les renseignements fournis par l'Abwehr et le SD se trouvent en grande partie à l'origine des succès obtenus.

De même, le IIIe Reich dispose encore d'une organisation originale, le Forschungsamt placé sous la haute direction de Göring et intégré progressivement, par souci de discrétion, dans la Luftwaffe. Le Forschungsamt a pour tâches la rupture des codes diplomatiques, l'écoute des communications téléphoniques, télégraphiques, des émissions radio et la surveillance des correspondances. L'organisme joue un rôle capital dans le succès des coups de force de 1938. A plusieurs reprises, Hitler et les dirigeants allemands sont en mesure de lire à livre ouvert dans le jeu de leurs adversaires, par l'intermédiaire notamment des communications téléphoniques de Benès.

Au début de la guerre, les services allemands réussissent également à décrypter certains codes majeurs, comme les communications radio entre le ministère de la Guerre français avec les armées et les théâtres extérieurs. Le service du chiffre de la Kriegsmarine, le X-B Dienst, parvient également à percer le code de la marine française et effectue des brèches sérieuses au détriment du *Naval Cypher* et du *Naval Code* de l'Amirauté britannique fondés sur des manuels associés à des tables de surchiffrement soustractives. Au moment de la campagne de Norvège, les Allemands arrivent à décrypter de 30 à 50 % des messages britanniques avec des résultats opérationnels satisfaisants, comme on l'a déjà souligné.

Le tournant majeur du renseignement allemand se manifeste dès la chute de la France. L'Abwehr ne réussit pas à effectuer de pénétrations durables aux Etats-Unis. Les agents débarqués par sous-marins sont presque immédiatement repérés et arrêtés. Il est vrai que l'action de Canaris concerne surtout l'activité économique et les milieux isolationnistes, dans le but de peser sur la politique extérieure de Washington. Un seul résultat majeur semble avoir été obtenu. Les Allemands réussissent à se procurer les schémas du fameux viseur Norden utilisé dans l'aviation de bombardement.

Avec les mesures extrêmement sévères prises par la MI5, le contre-espionnage britannique, avec l'arrestation de plus de 6 000 personnes dès septembre 1939 et dix fois plus après la chute de la France, les agents de l'Abwehr parachutés en Grande-Bretagne sont pratiquement neutralisés dès leur arrivée. Certains sont exécutés, d'autres retournés. Ils seront utilisés dans le cadre du système *Double Cross* jusqu'à la fin de la guerre.

A cet égard, on peut s'étonner de la candeur de l'Abwehr puis du SD. L'un et l'autre n'ont pas manifesté de surprise à ce que ces agents aient pu adresser des milliers de messages radio sans se faire repérer par les services britanniques. Candeur d'autant plus étonnante que dans ce domaine l'Abwehr dispose d'un service spécial, le *Funk Abwehr*, qui, utilisant des procédés de radiogoniométrie, réussira de 1940 à 1944 à porter des coups extrêmement sévères aux résistances européennes, française en particulier, en identifiant et en faisant arrêter un très grand nombre d'opérateurs radio, décimant ainsi de nombreux réseaux.

A l'égard, enfin, de l'Union soviétique, l'échec est total. Faute de pouvoir introduire des agents ou de prendre suffisamment au sérieux les rapports d'ingénieurs ou d'officiers comme Guderian, admis à visiter certaines installations, les services de Canaris fourniront à la Wehrmacht une image totalement erronée de la puissance militaire et économique de l'URSS.

Avec le prolongement de la guerre, les handicaps se multiplient. Devant la montée en puissance de ses adversaires, la Luftwaffe doit progressivement renoncer à ses reconnaissances en profondeur. A partir de 1943-1944, le territoire britannique lui est pratiquement interdit et elle doit se borner à des pénétrations nocturnes, associées à des éclairants. Sur le front de l'Est, les vols de reconnaissance et même de bombardement, devant la renaissance de l'aviation soviétique, doivent s'accompagner d'une forte protection de chasse, ce qui en limite considérablement la profondeur. Pratiquement, la Luftwaffe n'opère plus qu'en bordure du front[10].

En dépit des coups sévères portés par l'Abwehr et le SD, les réseaux de résistance se multiplient dans toute l'Europe occupée, aussi bien en Pologne, en Tchécoslovaquie, aux Pays-Bas, en Belgique qu'en France et ne cessent de transmettre des informations. Les Alliés se trouvent ainsi en mesure de connaître avec une extrême précision l'ordre de bataille de la Wehrmacht, de suivre le déplacement de ses grandes unités et de connaître même certaines intentions de l'adversaire.

Mais la source de renseignements alliés de loin la plus importante concerne la rupture du code Enigma. Cette rupture ne se limite pas à la Kriegsmarine. Dès la fin mai 1940, elle concerne les transmissions de la Luftwaffe dont les procédures manquent de rigueur. Pendant toute la guerre, presque quotidiennement, le centre de Bletchley Park sera en mesure de fournir aux milieux politiques et militaires une masse abondante d'informations concernant les sujets les plus divers, et naturellement le plan opérationnel. Le commandement anglo-américain sera ainsi prévenu à l'avance de presque toutes les initiatives allemandes. Certaines surprises comme Arnhem ou l'offensive des Ardennes de décembre 1944 ne tiendront pas au manque de renseignements, mais à des fautes graves d'exploitation.

La trahison joue également son rôle. Il ne fait aucun doute que les Alliés ont pu bénéficier d'informations émanant aussi bien du colonel puis du général Oster, au cœur de l'Abwehr, ou encore de membres du quartier général de Hitler, comme Fellgiebel, le responsable des transmissions, ou le major général Wagner et le général von Roenne, chargé de la section des armées étrangères[11]. A ces informations s'ajouteront celles fournies par les réseaux de la Rotekapelle et par un officier de la Luftwaffe, Harro Schultze Boysen, profondément antinazi et affecté au ministère de l'Air à Berlin. Il sera arrêté le 31 mai 1942.

Simultanément, la Wehrmacht perd la bataille des codes majeurs. Dès l'été 1940, avec l'adoption par l'Amirauté de nouveaux codes baptisés par les Allemands *Köln Naval Cypher 2* ou *Frankfurt*, le XB-Dienst enregistre une baisse sensible de ses résultats. A partir de 1943, avec l'utilisation de machines à coder dérivées d'Enigma par les marines américaines, canadienne et britannique, la Kriegsmarine tombe dans un black-out total qui durera jusqu'à la fin de la guerre.

Il n'en reste pas moins que la rupture d'un troisième code, le *Merchant Navy Code*, réalisé dès mars 1940, a constitué un des atouts majeurs de la tactique des meutes. C'est seulement en juin 1943 avec l'adoption par les marines alliées du Naval Cypher 5 que le commandement allemand se trouvera dans l'incapacité de suivre la marche des convois et de les attaquer.

Au cours de l'été 1942, la Wehrmacht perd encore, comme on l'a souligné, ses principales sources de renseignements en Afrique. Depuis octobre 1941, l'Abwehr était en mesure de décrypter les messages de l'attaché militaire américain au Caire adressés à Washington et à l'origine d'une foule d'informations quotidiennes sur le dispositif et les intentions britanniques. C'est en décryptant, de leur côté, les messages envoyés à Rome par l'officier de liaison italien auprès de Rommel que les Alliés constatent l'existence de cette fuite et s'empressent d'adopter de nouvelles procédures que les Allemands ne réussiront plus à percer.

L'événement se produit au moment où un bataillon australien réussit, le 10 juillet 1942, à capturer la compagnie d'écoute radio de l'Afrikakorps et de toute sa documentation. Rommel se trouve ainsi brutalement privé de toute information et ce black-out explique, en grande partie, ses échecs lors des attaques de la position d'Alem Halfa en août 1942.

Les Anglo-Américains bénéficient encore en Europe d'une précieuse source d'informations, à la suite d'un manque de prudence des Allemands qui se livrent à de trop nombreuses confidences auprès du général Oshima, l'ambassadeur du Japon à Berlin. C'est par le décryptement des messages de l'ambassadeur adressés à Tokyo que les Alliés obtiendront des renseignements extrêmement importants sur les armes nouvelles, sous-marins et avions à réaction, les fortifications du mur de l'Atlantique, en attendant de connaître les réactions de l'OKW pendant la bataille de Normandie[12].

Les Allemands conserveront cependant jusqu'à la fin de la guerre une remarquable maîtrise dans le décryptage des codes mineurs d'ordre tactique, notamment ceux de l'armée britannique. La Wehrmacht fera encore preuve d'efficacité dans l'analyse des communications radio-électriques, qu'il s'agisse de fréquences, du volume des émissions ou du style même des opérateurs.

Il n'en reste pas moins que, sur le plan stratégique, le haut commandement allemand se trouve plongé dans une brume épaisse. Toutes les opérations déclenchées par les Soviétiques ou les Alliés, à partir de la fin 1942, constituent des surprises, qu'il s'agisse de l'encerclement de Stalingrad, du débarquement en Afrique du Nord ou des opérations amphibies déclenchées en Sicile et en Italie, en attendant l'affaire d'Anzio. Au printemps de 1944, l'OKW est dans l'incapacité de prévoir l'endroit du débarquement à l'Ouest.

Les Allemands commettent encore de lourdes erreurs d'appréciation sur le potentiel de l'adversaire. Ils ont tendance à surestimer les forces anglo-américaines, que ce soit en Méditerranée ou en Angleterre. Encore que certaines erreurs soient intentionnelles, comme on le verra plus tard. Ils sous-estiment, en revanche, le potentiel de l'Armée rouge. Manstein le reconnaîtra honnêtement dans ses Mémoires. « Nous n'avons pas apprécié en Allemagne, comme il le méritait, l'extraordinaire exploit que constituaient la mise sur pied de forces aussi considérables et leur armement. En fait, nous nous trouvions en face d'une hydre à qui deux têtes paraissaient renaître chaque fois que nous en coupions une [13]. »

Le général Gehlen lui-même, chargé du renseignement sur les armées des pays de l'Est, en dépit d'une perspicacité en grande partie usurpée il est vrai, a commis lui aussi de lourdes fautes d'appréciation sur le dispositif et les intentions de l'Armée rouge, d'autant plus que le commandement soviétique finit par acquérir une redoutable maîtrise dans l'art de la sûreté et de la *Maskirovka*, c'est-à-dire l'intoxication de l'adversaire. A partir de 1944, toutes les offensives à l'Est constitueront de mauvaises surprises pour l'OKH. Les préparatifs ne commencent à apparaître que dans les jours ou les heures précédant le déclenchement d'une opération[14].

Par des mesures d'intoxication, les Alliés entretiennent encore le trouble du haut commandement allemand. Une des manœuvres les plus réussies concerne l'opération *Mincemeat* avec l'immersion, le 30 avril 1943, du corps d'un officier britannique, le capitaine W. Martin, au large d'Huelva sur la côte occidentale de l'Espagne. Les documents trouvés dans la serviette de l'officier, victime de toute évidence d'un accident d'avion, sont transmis aux Allemands. Ils concernent un débarquement en Grèce. L'OKW, malgré une enquête sérieuse, tombe dans le piège et envoie d'importants renforts dans le Péloponnèse, négligeant ainsi la Sicile…

A la veille du débarquement de Normandie, la LCS, *London Controlling Section*, prépare une manœuvre d'intoxication de plus grande ampleur. Tout est mis en œuvre pour faire croire à des opérations de diversion en

Norvège ou dans les Balkans et à deux débarquements successifs en France, le premier en Normandie, le second au nord de la Seine.

La faillite du renseignement de la Wehrmacht se trouve à la fin de 1943 à l'origine d'une incertitude totale des intentions de l'adversaire et d'une dispersion désastreuse des moyens, comme on le constate avec le discours du 27 novembre adressé par Jodl aux Gauleiter. Dans le brouillard qui règne sur l'emplacement du futur débarquement allié, l'armée allemande entretient 600 000 hommes en Scandinavie, Norvège et Danemark, 1,7 million en France, 400 000 dans le nord et le centre de l'Italie, 600 000 dans les Balkans. Si plus de la moitié de ces divisions sont de médiocre qualité, ce dispositif n'en absorbe pas moins la moitié des grandes unités d'intervention de l'armée allemande.

Finalement, le procès intenté à Hitler par ses généraux, au lendemain de la guerre, est loin d'être convaincant. La Wehrmacht des deux dernières années du conflit se retrouve dans la situation de l'armée impériale de la fin de la Première Guerre mondiale. Elle reste encore un remarquable instrument de combat, mais elle n'est plus à la mesure d'une lutte sur deux fronts.

Si les généraux allemands avaient conservé la liberté de leurs mouvements, ils auraient probablement appliqué une stratégie prudente, compassée, à la manière de Ludendorff, lors des « coups de boutoir » de Foch à partir de l'été 1918. Il n'y aurait pas eu les coups de poker de Mortain ou de l'Ardenne. Le résultat final aurait été le même. A moins d'un miracle, le IIIe Reich, abandonné de tous ses alliés, en butte à l'hostilité du monde entier, ne pouvait échapper à son destin.

Il n'en reste pas moins vrai que le comportement de Hitler à la fin du conflit a probablement précipité l'échéance. Le Führer de 1944-1945 n'est plus celui du début de la guerre. Au cours des trois premières années,

Hitler est encore en pleine possession de ses moyens. Il maîtrise parfaitement les problèmes stratégiques et techniques. Il accepte des objections. Il affiche un instinct psychologique très sûr et les grandes victoires de 1939-1940 sont essentiellement son œuvre. Au lendemain de la chute de la France, il surprend par sa lucidité et sa modération.

Les relations avec son entourage restent cordiales, même si ses proches considèrent comme une corvée les repas et les soirées interminables où Hitler aborde toujours les mêmes sujets, les Juifs, le christianisme, les Jésuites, le bolchevisme, l'origine du brouet spartiate, la standardisation du voltage sur les réseaux électriques ou l'aversion des êtres humains à l'égard des serpents, des chauves-souris ou des vers de terre. Au cours de monologues interminables, transparaît toute la culture déconcertante et anarchique de l'autodidacte.

Un premier tournant apparaît au lendemain de la bataille de Moscou et davantage encore pendant la crise de l'été 42, au moment où ses armées piétinent aux abords de Stalingrad et du Caucase. Comme le soulignera Jodl à Nuremberg, Hitler est alors sans illusion. De son quartier général de Vinnitza en Ukraine, il a beau vouloir se persuader que « le Russe est fini », il sent pertinemment que la victoire, la victoire décisive, lui échappe. La seule chance de contrôler le conflit par un effondrement de l'URSS, permettant de tenir en échec les puissances maritimes, s'évanouit. Il ne peut que ressasser ses propos du 29 mai 1941. « Barbarossa est un coup de poker comme tout en ce bas monde. Si j'échoue, tout sera fini de toute façon. Si je réussis, j'aurai créé une situation qui forcera probablement la Grande-Bretagne à faire la paix[15]. »

De toute évidence, Hitler perd par moment le contrôle de ses nerfs devant le gouffre qui s'ouvre devant lui. Les scènes avec Halder se multiplient, jusqu'à ce que le chef de l'état-major de l'OKH soit limogé et remplacé par Zeitzler. Hitler accueille encore fort mal les observations de Jodl au retour d'une mission d'enquête sur le front du Caucase. Le maréchal List n'a fait qu'appliquer les directives du Führer. Hitler s'isole et n'assiste plus aux repas de l'état-major. Sa chaise reste vide. Des sténographes sont désormais chargés de prendre en notes toutes les conférences militaires.

En fait, il supporte de plus en plus mal la contradiction. « A partir de l'automne 1942, écrira Speer, il fallait faire preuve de circonspection pour contredire Hitler ouvertement sur des questions importantes. S'il tolérait les objections de la part de non-habitués, il ne les admettait pas lorsqu'elles émanaient de son entourage quotidien… Si au cours de la discussion un point litigieux se présentait, il éludait adroitement la difficulté et remettait la solution à une conférence ultérieure. Il partait de l'hypothèse que les chefs militaires répugnent à s'incliner en présence de leurs officiers d'état-major. Il se peut aussi qu'il ait préféré les entretiens privés, qui lui permettaient de mettre en œuvre plus efficacement la fascination qu'il exerçait et son pouvoir de persuasion[16]. »

Après Stalingrad, le malaise s'aggrave. Hitler perd le sommeil et reste hanté jusqu'à l'obsession par les détails de la bataille. En février 1945, il déclarera à un médecin militaire : « Je continue à voir des cartes d'état-major dans le noir et mon cerveau continue à fonctionner, et il me faut des heures pour m'endormir. A ce moment-là, si j'allume la lumière, je suis capable d'indiquer exactement sur un schéma l'emplacement de chaque division à Stalingrad. Cela continue ainsi pendant des heures et des heures, jusqu'à ce que je m'endorme vers cinq ou six heures du matin. »

Entre le printemps et l'été 1943, Hitler est sujet à de profondes dépressions. Une mutation se manifeste ensuite. Cherche-t-il à se donner le change, à se duper lui-même ou à impressionner son entourage ? Toujours est-il que, aux dires de Speer, sa foi dans la victoire finale ne le quitte pratiquement plus. « En cette dernière période de sa vie, je me rappelle l'avoir entendu, une fois, déplorer la tournure catastrophique que prenaient les événements. Est-ce parce qu'il avait nourri si longtemps la conviction qu'il remporterait la victoire qu'il le croyait si fermement ? Toujours est-il que plus la catastrophe vers laquelle nous étions entraînés semblait inéluctable, plus il devenait inébranlable et plus irréductible sa certitude que toutes ses décisions étaient justes[17]. »

Hitler s'isole de plus en plus. Replié à Rastenburg, il mène une vie de reclus, dans ce quartier général perdu dans les forêts de Prusse orientale et qui tient à la fois, suivant l'expression de Keitel, du « monastère et du camp de concentration ». Ses contacts se limitent à ses secrétaires, à ses officiers d'ordonnance, à l'ambassadeur Hewell, au secrétaire du parti Martin Bormann et à quelques hôtes de passage. En revanche, jusqu'à sa mort, Hitler présidera, le matin et le soir, deux conférences d'état-major interminables. Tous les fronts sont passés en revue, analysés minutieusement secteur par secteur, unité par unité. Les opérations menées par la Luftwaffe et la marine font encore l'objet d'un examen détaillé.

En vertu de ses insomnies, l'horaire de Hitler est totalement décalé. Il prend son petit déjeuner en fin de matinée, le déjeuner en début de soirée et n'hésite pas quelquefois à faire servir le thé à 2 heures du matin. Il s'évertue alors à créer une « atmosphère sympathique ». Il se montre simple et cordial, sert lui-même le gâteau à ses secrétaires. Peut-être tente-t-il alors de trouver un réconfort dans ces soirées, le plus souvent mortellement ennuyeuses.

Ses seuls moments de détente, se limitent à de courtes promenades avec sa chienne Blondi ou à l'étude des projets concernant les plans grandioses d'embellissement de Linz destinée à surclasser Budapest et à devenir la « perle du Danube ». Encore que son attention se tourne alors essentiellement sur le tombeau qui lui est réservé.

Hitler perd encore contact avec le front, avec la troupe. Pendant la campagne de Pologne, il n'avait pas hésité, en compagnie de Rommel, à s'exposer en première ligne. Au lendemain de la bataille de France, il avait effectué une tournée sur le front. Au début de Barbarossa, il avait encore à plusieurs reprises établi des contacts directs avec des unités. Au cours de ses déplacements, il n'hésitait pas à apparaître à la fenêtre du wagon de son train spécial.

Mais, à partir de l'été 1942, il met fin à ces apparitions. A chaque arrêt, il fait baisser les stores des fenêtres qui donnent sur le quai. Le 7 novembre 1942, Speer est témoin d'une de ces scènes : « La table était richement garnie : argenterie, verrerie, porcelaine et fleurs. Nous étions en train de commencer notre repas, lorsqu'un convoi de marchandises s'arrêta le long de notre train, sans que personne d'entre nous y eût prêté attention : dans les wagons à bestiaux se trouvaient des soldats allemands qui revenaient du front de l'Est ; dans un état lamentable, affamés, blessés pour certains, ils regardaient, hagards, l'assemblée des convives. Hitler eut un haut-le-corps en apercevant à deux mètres de sa fenêtre ce lugubre spectacle. Sans esquisser un salut, sans même manifester la moindre réaction, il ordonna à son domestique de baisser les stores au plus vite. Ainsi se déroula l'une des rares rencontres que Hitler eut, pendant la seconde partie de la guerre, avec de simples soldats du front, semblables à celui qu'il avait été jadis[18]. »

Dès lors, Hitler, l'ancien combattant de la Première Guerre mondiale, ne s'adresse plus à ses soldats que par des ordres du jour ou des allocutions à la radio de plus en plus rares. Il perd également le contact avec la population civile et n'acceptera jamais de visiter une ville bombardée.

Le Führer vieillit. Les premières atteintes de la maladie se manifestent dès l'été 1941. Ces symptômes ne sont pas étrangers au flottement observé lors du débat qui l'oppose à ses généraux, Moscou ou l'Ukraine. La nature de l'affection est difficile à préciser : artériosclérose, maladie de Parkinson ou erreurs thérapeutiques du docteur Morell, son médecin particulier. Quoi qu'il en soit, tous les témoins sont frappés par un vieillissement inquiétant chez un homme qui n'a encore que cinquante-trois ans. Le 20 février 1943, Guderian, qui n'a pas revu Hitler depuis le 20 décembre 1941, est frappé du changement. « Il avait beaucoup vieilli depuis quatorze mois. Son comportement n'était plus aussi assuré qu'autrefois, il s'exprimait avec hésitation, sa main gauche tremblait[19]. »

En dépit de la maladie, Hitler n'en conserve pas moins en 1943 toute sa lucidité et son esprit de décision. Il le démontre lors de la crise italienne. Flairant la trahison du gouvernement Badoglio, il met au point des plans qui permettent de conjurer la capitulation italienne et de faire face aux débarquements alliés dans le sud de la péninsule.

Son état de santé continue cependant à se dégrader d'une manière inquiétante. Le général Senger und Etterlin, lors d'une remise de décorations à Rastenburg, en est témoin. « Hitler fit une impression dans le sens négatif et je me demande, malgré moi, comment les jeunes officiers et adjudants réunis en même temps allaient réagir. Pour eux, cet homme, à la volonté démoniaque de résistance et de perdition, auquel le peuple allemand se trouvait enchaîné, était toujours le demi-dieu vers lequel se levait leur regard plein de confiance et dont la poignée de main leur redonnait des forces.

« Il portait une vareuse jaune peu esthétique, avec une cravate jaune, une chemise blanche et un pantalon noir. Son physique avec son cou trop court était plus négligé que jamais. La peau de son visage était flasque, son teint blême et rongé par l'insomnie. Le regard de ses yeux bleus, qui aurait, dit-on, littéralement fasciné bien des gens, était vague, peut-être à la suite des drogues stimulantes qu'on lui administrait sans arrêt. Sa poignée de main était molle. Son bras gauche pendait, inerte et tremblotant. Ce qui pouvait, à la rigueur, exercer un certain charme, c'était sa voix basse et modulée, à l'opposé de ses cris poussés dans ses discours et ses accès de rage, peut-être aussi un certain abattement et une certaine faiblesse à peine dissimulée, qui suscitaient la compassion[20]. »

Le tournant majeur intervient au lendemain de l'échec du complot du 20 juillet. Le Führer en sort, en apparence, indemne, mais sans aucun doute profondément traumatisé. « La maladie dont il était déjà atteint, écrira Guderian, et qui était visible de tous par un tremblement croissant de la main et de la jambe gauches, n'avait pas de rapport avec l'attentat. Mais chez lui, les répercussions morales jouaient un plus grand rôle que les répercussions physiques. En vertu de son caractère, la méfiance profondément enracinée qu'il éprouvait contre les hommes en général, l'état-major et les généraux en particulier, évolua en une haine insondable. Sa maladie le conduisant insensiblement à un renversement des concepts moraux fit que sa dureté devint désormais cruauté, sa tendance à bluffer évolua vers la mythomanie. Souvent, il disait des contre-vérités sans le remarquer et pensait en principe que les gens lui mentaient. Il ne croyait plus en personne. Les débats avec lui, assez difficiles auparavant, prirent de mois en mois des allures de torture croissante. Il perdait souvent le contrôle de lui-même, se laissait de plus en plus aller dans ses propos[21]. »

De fait, très affecté par la trahison d'hommes en qui il avait eu pleinement confiance, qu'il avait comblés d'honneurs et de largesses comme Rommel ou Kluge, Hitler nourrit à l'égard de la plupart des généraux un mépris qui atteint des sommets. Cette haine déjà ancienne est cependant sélective. Elle s'adresse essentiellement à ceux qui n'ont pas connu, comme lui, l'épreuve du feu et qui n'ont pas partagé les souffrances quotidiennes de la troupe.

Cas fréquent, en effet, dans l'armée allemande, où il est jugé de bonne politique de mettre à l'abri les esprits les plus brillants, les officiers d'avenir. On est surpris ainsi de constater que des hommes comme Brauchitsch, Halder, Rundstedt, von Bock ou von List, Guderian même, avaient pu passer toute la Première Guerre mondiale dans des états-majors.

Cette situation se trouve à l'origine de remarques acerbes, blessantes, comme Halder devait en faire maintes fois l'expérience. Zeitzler, à son arrivée à l'OKH, n'y échappe pas. La réponse est cinglante. Evoquant son expérience d'officier d'infanterie de 1914 à 1918, le nouveau chef d'état-major lance : « Pour fait de bravoure face à l'ennemi, j'ai été promu lieutenant. Pendant trois ans, j'ai commandé une compagnie et, pendant une année, j'ai été adjudant-major. J'ai été blessé deux fois. Je pense que mon expérience de combat vaut bien la vôtre. » Hitler se le tint pour dit et se montrera toujours circonspect à l'égard de Zeitzler.

A partir de 1943, après avoir limogé tous les chefs du début de la guerre, à l'exception de Guderian et de Rundstedt qui connaîtront des retours en grâce, Hitler accordera de plus en plus sa confiance à des hommes de terrain, à de jeunes chefs issus de la guerre, jugés d'esprit « national-socialiste », comme Schörner, Weichs, Heinrici, Manteuffel, Student ou Model. A partir de 1944, Model bénéficie de l'entière confiance du Führer. Remarquable entraîneur d'hommes, improvisateur, d'un courage à toute épreuve, l'homme a un art consommé « d'accommoder les restes ». A la différence d'un Paulus, Model se suicidera en 1945, lors de l'encerclement de la Ruhr.

Par ailleurs, comme le soulignent Speer ou Goebbels, les méthodes de travail du Führer sont mauvaises. De tempérament dilettante, il assume une tâche beaucoup trop lourde avec la direction de l'Etat et deux états-majors. Toutes les grandes décisions d'ordre politique, économique ou militaire lui incombent. Il se refuse constamment à nommer un commandant en chef à l'Est, ce qui aurait allégé ses responsabilités et lui aurait évité d'endosser directement les défaites.

Hitler entretient encore un cloisonnement beaucoup trop rigide. Personne, sauf lui, n'est au courant de la situation d'ensemble. Speer se trouve étroitement cantonné dans le domaine économique. Ribbentrop doit se contenter d'une marge de manœuvre de plus en plus réduite sur le plan diplomatique, Goebbels se limite à la propagande. Göring est progressivement tenu à l'écart. Quant aux généraux, leur horizon ne dépasse pas le cadre strictement opérationnel. Il n'y a plus de Conseil de ministres et pas davantage de cabinet de guerre, ni même l'équivalent d'une *Stavka* de style soviétique. Le manque de communications se trouve à l'origine de la « solution politique » caressée par certains chefs militaires dans l'ignorance du rejet aussi bien à l'Est qu'à l'Ouest de toute possibilité de négociation, quelle qu'en soit l'origine.

Le 7 novembre 1943, lors d'une conférence ultra-secrète devant les Reichsleiter et les Gauleiter, Jodl dénonce cette illusion et le « démon de la subversion qui arrive à grands pas ». « Tous les lâches cherchent une issue dans ce qu'ils appellent une solution politique. Contre cette vague de propagande ennemie et de lâcheté qui se répand dans vos cœurs, la force ne suffit pas. C'est pourquoi je vais vous donner une idée absolument véridique et objective de l'état de nos affaires, afin que vous y trouviez les éléments nécessaires pour remonter le moral de la nation[22]. »

De fait, la situation peu encourageante du début de 1944 donne un nouvel élan à la conspiration Beck-Gördeler. Après l'échec des tentatives d'assassinat de l'hiver, à l'initiative du général Stieff, les conjurés acquièrent la certitude que le temps travaille contre eux et que le coup d'Etat doit intervenir avant le déclenchement d'une offensive soviétique et, surtout, avant l'ouverture du second front à l'Ouest, qui ne pourraient que réduire considérablement leur marge de manœuvre. Par ailleurs, l'emprise de la Gestapo s'alourdit avec l'arrestation ou la mise en liberté surveillée d'hommes comme Moltke, une des personnalités dominantes du Cercle de Kreisau, ou le général Oster.

Même si Tresckow promu général reste à la pointe du complot depuis le quartier général de von Kluge, le centre de gravité de la conjuration se déplace au quartier général de l'armée de l'intérieur du général Fromm. Cette armée regroupe non seulement les divisions de réserve et les unités en formation, mais les écoles de spécialités, blindés, infanterie, artillerie. Dans ce centre d'une haute importance, deux hommes adhèrent totalement à la conspiration, le général Olbricht et l'aide de camp du général Fromm, le colonel von Stauffenberg. Tout en se montrant extrêmement discret, Fromm semble adhérer aux objectifs des conspirateurs. D'origine prussienne, esprit religieux et profondément idéaliste, Stauffenberg a été grièvement blessé en Tunisie. Il a perdu un œil, le bras droit et plusieurs doigts de la main gauche. Révolté par la dérive du régime, convaincu que la guerre ne peut plus déboucher que sur une catastrophe, Stauffenberg voue une haine farouche à Hitler. Ayant accès par ses fonctions au grand quartier général, il est décidé à assassiner personnellement le Führer. Ne pouvant plus utiliser une arme, il recourra à la bombe.

Après l'attentat, le quartier général de l'armée de l'intérieur déclenchera l'opération *Walkyrie* prévue dans l'éventualité d'un soulèvement des travailleurs étrangers, au nombre de plusieurs millions, employés dans l'économie de guerre du Reich. La mise en alerte des formations militaires permettra le contrôle des bâtiments administratifs, des stations de radio, des aéroports, l'arrestation des Gauleiter et la neutralisation de la SS. Des scénarios du même ordre se dérouleront à Prague et à Paris.

L'unanimité ne règne cependant pas au sein des conjurés. Julius Leber, qui représente l'aile gauche du mouvement, tout en restant partisan du coup d'Etat, ne croit plus que l'Allemagne puisse échapper à la capitulation sans conditions. Avant son arrestation, Moltke partage ce point de vue. En revanche, Beck, Gôrdeler et Stauffenberg, sur l'avis du diplomate Adam von Trott zu Solz, sont plus optimistes. Ils persistent à croire à la possibilité d'une issue politique.

Pourtant, les contacts pris à l'extérieur n'ont rien d'encourageant. Dès juillet 1943, Moltke a proposé aux Anglo-Américains un armistice limité à l'Ouest, qui permettrait de renforcer et d'assurer l'intégrité du front oriental. A l'automne de 1943, Canaris effectue une proposition semblable auprès de l'attaché naval américain à Ankara. A la faveur de 16 déplacements effectués à l'étranger, en particulier en Suède, de 1942 à juillet 1944, Trott zu Solz accomplit lui aussi des démarches du même ordre. Des contacts directs sont également pris, en avril-mai 1944, à Zurich auprès d'Allen Dulles, le représentant de l'OSS, *l'Office of Strategic Services* américain.

En dépit de l'absence de réaction des alliés à ces propositions, Stauffenberg et Gördeler sont convaincus que les Américains, et surtout les Anglais, tiennent à conserver une Allemagne forte et à limiter l'expansion soviétique en direction de l'Ouest. En mai 1944, un plan d'action conjointe, germano-allié, est même transmis à Dulles.

Au lendemain d'un coup d'Etat, une capitulation unilatérale interviendrait avec les puissances occidentales, en liaison avec quatre opérations militaires. Des unités anglo-américaines seraient parachutées dans la région de Berlin, en liaison avec des troupes allemandes. Des débarquements se produiraient sur les côtes de la mer du Nord, à proximité de Brême et de Hambourg. Suivrait enfin le débarquement en France. La progression des armées alliées en direction de la frontière occidentale de l'Allemagne serait favorisée par la Wehrmacht. Ces opérations, outre la fin des bombardements stratégiques, permettraient la mise en place d'une solide défensive à l'Est sur un front raccourci.

Dans leurs contacts avec les Alliés, les conjurés laissent cependant planer la menace d'un éventuel accord avec l'Union soviétique. Ce chantage repose sur la création du *National Komittee Freies Deutschland*, le comité national pour l'Allemagne libre, créé sous l'égide de Moscou par des communistes allemands émigrés en URSS. Ce comité fusionne avec la Ligue des officiers allemands créée en septembre 1943, à l'initiative d'un certain nombre d'officiers de la 6e armée de Stalingrad, à la tête desquels on compte le général Walter von

Seydlitz-Kurbach, descendant du grand cavalier des guerres de Frédéric II.

A la différence des Anglo-Américains, murés dans le principe de la capitulation sans conditions, le gouvernement soviétique donne des assurances sur le sort futur de l'Allemagne. Celle-ci ne sera pas divisée. Elle pourrait même conserver des frontières supérieures à celles de 1937. L'URSS ne fait pas la guerre au peuple allemand, mais au régime hitlérien. L'avenir démontrera rapidement que cette propagande avait un effet indiscutable, sinon sur la troupe, du moins sur bien des officiers généraux du front de l'Est.

Somme toute, pour l'équipe Beck, Gördeler, Stauffenberg, la menace d'une paix séparée entre l'Allemagne et l'Union soviétique ne peut qu'inciter Londres et Washington à répondre aux avances des conjurés. En attendant, il paraît surprenant qu'aucune tentative sérieuse d'attentat ou de coup d'Etat ne soit intervenue avant l'été de 1944, alors que, de toute évidence, un débarquement à l'Ouest est imminent.

Aucun des conjurés, en contact avec le Führer, ne semble décidé à passer à l'action. Il faudra attendre le 1er juillet, avec la nomination de Stauffenberg comme chef d'état-major de Fromm, avec accès au quartier général de Hitler, pour que le complot entre dans une phase décisive.

En dépit des défaites, de la montée de la subversion, le Führer ne se décourage pas. A la fin de 1943, il s'acharne malgré tout. Pendant 18 mois encore, il va poursuivre une lutte fondée sur d'ultimes espoirs qui se révéleront comme de dramatiques illusions.

Pour commencer, Hitler se raccroche à un précédent. Contrairement à ce qu'on pourrait croire, son modèle n'est pas Napoléon, ni même Bismarck, mais Frédéric II. Dans ses moments de lassitude, il reprend courage en contemplant le portrait du roi de Prusse accroché dans son bureau : « Regardez ces yeux bleus, ce regard intense, ce front ! Quelle tête ! » Il se replonge dans la biographie du « Vieux Fritz » de Carlyle. Il se répète les propos du souverain aux pires moments de la guerre de Sept Ans. « Je suis entré en guerre avec la plus belle armée que l'Europe ait jamais vue. Je suis aujourd'hui à la tête d'une tourbe. Je n'ai plus de commandement, mes généraux sont incompétents, les officiers n'ont plus d'autorité, les soldats sont démoralisés[23]. »

Hitler attend ainsi le renouvellement du « miracle de la maison de Brandebourg », la dislocation de la grande alliance, d'une coalition contre nature, associant, pour l'heure, l'unique Etat socialiste de la planète et les deux plus grandes puissances capitalistes du monde. Le moindre signe de tension entre l'Est et l'Ouest fait l'objet d'une analyse minutieuse.

Le Führer compte également sur les armes nouvelles pour juguler la catastrophe et reprendre l'initiative. Au cours des premières années de la guerre, son intérêt s'était concentré essentiellement sur les matériels de l'armée et de la marine. C'est seulement à la fin de 1943 que cet intérêt se porte sur les avions à réaction et les fusées. En principe, l'entrée en service des V1 et des V2 est prévue pour le début de 1944 et celle des avions à réaction et des nouveaux sous-marins pour l'automne.

Sur la foi des assurances de Dönitz, dont les relations avec le Führer deviennent de plus en plus étroites, les U-boote type XXI et XXIII apparaissent particulièrement prometteurs. Une relance de la bataille de l'Atlantique aggraverait les difficultés toujours chroniques des Alliés en tonnage et remettrait en cause toute leur stratégie. Il n'y a pas qu'une illusion, mais il aurait fallu que ces armes nouvelles interviennent massivement et simultanément, au plus tard à l'automne de 1944.

Reste le problème de la bombe atomique. Recevant en juin 1944 le pilote de stuka Hans Rudel, un des grands soldats du IIIe Reich, Hitler lui annonce le début du bombardement de Londres par les bombes volantes, tout en précisant que ces armes sont destinées à recevoir des explosifs d'une puissance encore inconnue... Quelques mois plus tôt, Hitler s'était livré à une réflexion du même ordre devant Rommel[24].

Au lendemain de la capitulation allemande, la mission *Alsos* composée de militaires et de scientifiques américains passera l'Allemagne au peigne fin pour rechercher les physiciens allemands et se faire une idée exacte des progrès réalisés dans le domaine de la recherche nucléaire. La surprise sera profonde. Contrairement aux craintes éprouvées pendant trois ans aux Etats-Unis, les Allemands se trouvaient encore très éloignés de la réalisation d'une bombe atomique. Leurs recherches n'avaient pas dépassé le stade fondamental et s'étaient orientées vers la réalisation d'un réacteur de faible puissance. Pour certains savants américains, cette situation ne pouvait être que le résultat d'un échec. Les Allemands n'avaient pas réussi à découvrir le secret de la bombe[25].

La version de ces physiciens devait être quelque peu différente. Les Otto Hahn, à l'origine de la fission nucléaire en 1939, les Heisenberg ou les Weisàcker se seraient refusés à mettre entre les mains d'un homme comme Hitler une arme de destruction massive. Il auraient ainsi écarté en mai 1942 une proposition de Speer et de Milch de leur accorder une aide illimitée pour la réalisation industrielle d'une bombe, invoquant le fait qu'un travail de cette ampleur n'était pas à la portée de l'économie de guerre du Reich et qu'il exigerait un délai de plusieurs années. Un autre élément semble avoir également joué un rôle important : la conviction qu'il n'y avait pas de compétition et que les Alliés ne tenaient nullement à se lancer dans une aventure pareille.

Au lendemain du conflit, les chercheurs allemands pourront ainsi prétendre qu'à la différence de leurs collègues anglo-américains ils s'étaient contentés d'exploiter les voies pacifiques de l'atome par le biais d'un réacteur. Pour certains, cette explication n'est pas entièrement satisfaisante. Un réacteur pouvait fournir du plutonium, une des filières conduisant à la bombe, ou servir de propulsion à la navigation sous-marine. De fait, plusieurs officiers de marine étaient affectés au *Heeres Waffenamt*, le centre de recherche de l'armée où étaient employés de nombreux physiciens. Ces officiers étaient extrêmement intéressés par la mise au point d'un moteur unique.

Aucune archive ne permet de juger de l'état d'avancement de ce travail. Toutefois, le premier sous-marin à propulsion nucléaire américain sera un U-boote de type XVI, prévu initialement pour recevoir un moteur Walter. Le fait est troublant, sans permettre aucune conclusion définitive[26].

L'attente des armes nouvelles s'intègre dans le cadre d'une révision stratégique. Le 3 novembre 1943, Hitler, le fait est à noter, rédige sa dernière directive. Cette directive n° 51 sacrifie le front de l'Est au théâtre occidental. « Pendant près de deux ans et demi, écrit le Führer, la lutte acharnée et coûteuse menée contre le bolchevisme a exigé le maximum des ressources de notre force militaire. Cette lourde charge tenait à la gravité du danger, en fonction de la situation générale. La menace subsiste à l'Est, mais un danger encore plus grave surgit à l'Ouest : le débarquement anglo-américain ! A l'Est, l'immensité de l'espace permet, en fin de compte, une perte de territoire même importante, sans porter un coup mortel aux chances de survie de l'Allemagne.

« Il n'en est pas de même à l'Ouest ! Si l'ennemi réussit à percer nos défenses sur un large front, il peut en résulter des conséquences catastrophiques, à brève échéance. Tout indique qu'une offensive contre le front occidental de l'Europe va se produire au printemps ou même plus tôt.

« Pour cette raison, je ne puis admettre plus longtemps l'affaiblissement de l'Ouest au profit des autres théâtres d'opérations. J'ai, par conséquent, pris la décision de renforcer les défenses de l'Ouest, notamment là où nous déclencherons notre guerre à grande distance [armes V] contre l'Angleterre. Ce sont en effet sur ces points que l'ennemi doit attaquer et qu'il attaquera. C'est là [...] que se livrera la bataille décisive de l'invasion. »

La zone probable recouvre les régions où commence l'installation des bases de fusées V1 et V2, c'est-à-dire depuis le Cotentin jusqu'aux bouches de l'Escaut. « On peut s'attendre encore, ajoute la directive, à des attaques de diversion sur d'autres fronts. On ne peut pas exclure la possibilité d'une attaque de grande envergure contre le Danemark. Une action de ce genre posera des problèmes maritimes difficiles et ne pourra compter sur un appui aérien effectif. Mais, en cas de succès, elle aura les plus grandes répercussions politiques et stratégiques. »

Sur ces points névralgiques, la mise en état de défense des côtes ne doit plus se limiter aux ports, mais s'étendre à tout le littoral : « Seuls un effort total dans la construction des fortifications et une mobilisation générale de toute la main-d'œuvre disponible dans le Reich et dans les pays occupés pourront renforcer les défenses le long de la côte dans le bref laps de temps qui nous est laissé. »

Pour donner aux contre-attaques toute la puissance souhaitable, de nouvelles unités blindées seront transférées à l'Ouest et recomplétées dans les délais les plus rapides. Mais ce qui est nouveau c'est que les répliques doivent avoir un caractère immédiat. A peine débarqué, « l'ennemi doit se heurter à de furieuses contre-attaques [...]. La contre-offensive doit empêcher l'ennemi d'élargir sa tête de pont et le rejeter à la mer ».

Une fois encore, Hitler croit disposer de l'initiative. En 1940, en déclenchant l'attaque à l'Ouest et en abattant la France, il espérait acculer la Grande-Bretagne à la paix. En 1941, en se lançant dans l'opération Barbarossa, il se livrait au même calcul. En 1943, en déclenchant l'attaque contre le saillant de Koursk, il voulait affaiblir l'URSS, l'amener à traiter et répondre à la menace alliée en Méditerranée. En 1944, en repoussant le débarquement anglo-américain, il compte regrouper ses meilleures forces à l'Est, vaincre l'Union soviétique ou l'amener à composition, tout en reprenant l'initiative à l'Ouest avec les armes nouvelles. Cette stratégie s'intègre dans une seconde guerre de Sept Ans.

14

L'impossible guerre de Sept Ans

La manœuvre définie par la directive n° 51 est résolument classique. Faire porter l'effort sur le théâtre occidental avant de retourner le gros des moyens sur le front oriental a déjà été pratiqué avec plus ou moins de bonheur par l'armée allemande au cours de la Première Guerre mondiale. Cette fois-ci, la manœuvre se soldera par un échec retentissant. 1944 sera pour la Wehrmacht *l'annus horribilis*. En fait, dès le départ, cette stratégie se place sous de mauvais auspices.

En vertu des exigences des autres fronts, le renforcement du théâtre occidental apparaît tout d'abord limité. Il ne porte pendant l'hiver que sur une demi-douzaine de grandes unités. A la veille du jour J, le maréchal von Rundstedt ne dispose que de 59 divisions contre 185 à l'Est, 55 en Italie et dans les Balkans, et 21 en Scandinavie.

Sur ces 59 divisions, 33 appartiennent à la catégorie des unités statiques, dépourvues de matériel de transport, mal encadrées et mal équipées, tout au plus capables d'assurer la surveillance des côtes. Le fer de lance de la défense à l'Ouest repose sur 13 divisions de campagne mobiles, 3 divisions de parachutistes, 1 Panzergrenadier et 9 divisions blindées, destinées en principe à être renforcées par les deux divisions du 2e corps blindé SS prêtées à l'OKH par l'OKW. Au total, sur les 46 Panzer et Panzergrenadier de l'armée et de la Waffen SS, l'OKW n'a pu en affecter à l'Ouest que le quart. Il est vrai qu'il s'agit dans l'ensemble des meilleures unités.

Autre élément négatif, l'extrême faiblesse de la Luftwaffe réduite à 300 appareils sur le théâtre occidental, dont 150 bombardiers. En principe, ces éléments doivent être renforcés dès les débuts du débarquement par l'envoi de 700 avions prélevés sur les forces affectées à la défense du Reich. Ces avions devront jouer le rôle d'intercepteurs et de chasseurs-bombardiers.

Quant à la participation de la Kriegsmarine, elle n'apparaît nullement à la mesure d'une opération grandiose qui va mettre en jeu 7 navires de ligne, 23 croiseurs, 148 destroyers, sans oublier 350 navires légers équipés de canons ou de roquettes. L'amiral Dönitz envisage cependant l'entrée en Manche occidentale de sous-marins basés à Brest et à Lorient renforcés par des U-boote venus de Norvège. En attendant, l'action dans la zone de débarquement incombera à des vedettes, à des sous-marins de poche et comportera également des largages par avion de mines à influence. Le commandant de la Kriegsmarine, redoutant que le secret de cette arme nouvelle ne soit prématurément éventé, s'est opposé à tout mouillage préventif, renonçant ainsi à la possibilité d'infliger des pertes sévères à la flotte de débarquement.

Une inconnue majeure pèse maintenant sur l'emplacement du débarquement prévu en Normandie. Sur ce plan, les services de renseignements de la Wehrmacht doivent avouer une impuissance totale, renforcée par la disparition presque complète des reconnaissances aériennes. En revanche, l'OKW et le haut commandement à l'Ouest sont victimes des manœuvres d'intoxication alliées, dans le cadre de *Bodygard* mis en jeu dès 1943 et relayé par *Fortitude*.

Tout doit être mis en œuvre pour disperser les grandes unités de la Wehrmacht et éviter que les renforts allemands n'affluent plus rapidement sur la zone de débarquement que les divisions alliées.

Le développement du bombardement sur les transports et les actions de sabotage de la Résistance ne paraissent pas suffisants. Aussi les services alliés se sont-ils ingéniés à présenter une image flatteuse de leurs moyens en Méditerranée pour faire croire à des opérations combinées dans les Balkans et en Italie. L'intoxication concerne également un éventuel débarquement dans le sud-ouest de la France.

Au Nord, Fortitude concerne la mise en place d'un groupe d'armées fictif en Ecosse susceptible d'agir contre la Norvège et le Danemark. En Angleterre, tout est encore mis en œuvre, par les messages envoyés par les agents retournés du système Double Cross, par l'installation de dépôts, de cantonnements ou de rassemblements de chalands factices, pour ancrer le commandement allemand dans la conviction que le centre de gravité de l'opération se situe dans le sud-est du pays.

Dans le cadre de *Fusage*, un état-major de groupe d'armées, nullement fictif mais dépourvu de divisions, est mis en place dans le Kent et entretient avec le quartier général de Montgomery à Portsmouth un flot incessant de messages. Le général Patton, bien connu des Allemands depuis la Tunisie et la Sicile, et dont l'arrivée en Angleterre est signalée par la presse et la radio, semble destiné à prendre la tête de ce groupe d'armées.

Si le commandement de la Wehrmacht ne se laisse pas impressionner par la manœuvre d'intoxication de la Méditerranée ou du sud-ouest de la France, il prend cependant des précautions. 21 divisions sont maintenues dans les Balkans. Sur 26 grandes unités stationnées en Italie, une bonne dizaine sont destinées à repousser un débarquement de style Anzio sur un littoral particulièrement vulnérable. La 11e Panzer et la 17e SS Panzergrenadier restent implantées au nord de la Gironde et à proximité de Poitiers, prêtes à toute éventualité.

En réalité, l'OKW et le haut commandement à l'Ouest sont pratiquement certains que le débarquement principal interviendra sur les côtes de la Manche, en liaison avec des opérations de diversion, dont une pourrait concerner le Danemark où sont maintenues six divisions. A partir d'avril-mai, le succès de Fortitude se confirme. L'OKW, Rundstedt et Rommel, placés à la tête du groupe d'armées B (7e et 15e armées), de l'estuaire de la Loire jusqu'aux Pays-Bas, sont convaincus que le débarquement aura lieu au nord de la Seine, entre Dieppe et l'Escaut.

L'intoxication n'est pas seule à jouer son rôle. En bonne logique, l'opération doit concerner le secteur le plus étroit de la Manche, permettant ainsi à l'aviation de donner son maximum d'efficacité. Le Pas-de-Calais constitue encore la route la plus courte en direction de la Ruhr et du cœur de l'Allemagne. A la différence de la Normandie, un débarquement dans le Nord ne se heurtera pas à un obstacle majeur comme le cours de la Seine.

La mise en place des rampes de lancement des armes V dans le Pas-de-Calais ne fait encore que renforcer l'assurance des responsables, d'autant plus que la Kriegsmarine juge peu probable un débarquement en baie de Seine, en raison de la présence de récifs et de courants. Contribuent encore à cette conviction la destruction des ponts de la Seine par l'aviation alliée et la concentration du gros des attaques de l'aviation stratégique sur les transports du nord de la France et de la

Belgique, et les fortifications côtières entre Dieppe et Ostende.

Alors, en vertu de ces idées préconçues, des subterfuges alliés, notamment dans le domaine des transmissions, Rommel en arrive à la conclusion, le 21 mai, « que le repérage du QG de Montgomery, au sud de Londres, confirme que le centre de gravité des forces alliées se trouve dans le sud et le sud-est de l'Angleterre[1] ».

Suivant cette conclusion, le secteur situé entre la Seine et l'Escaut est particulièrement étoffé, avec 27 divisions dont six unités mobiles et trois Panzer établies en arrière de la côte. En revanche, la côte normande du Havre au Cotentin n'est tenue que par cinq divisions de seconde catégorie. Cette dissymétrie se retrouve dans les faiblesses du mur de l'Atlantique.

Dans la conviction générale que le débarquement ne peut intervenir que dans le Pas-de-Calais, les travaux de défense ont été sacrifiés en baie de Seine. On compte en moyenne 63 ouvriers de l'Organisation Todt sur le front de la 15e armée, contre 16 en Normandie au profit de la 7e armée destinée à recevoir le choc. La densité des blockhaus est encore trois fois plus forte au profit de la 15e armée, et la plupart des pièces du littoral normand sont à ciel ouvert. Sur 17 batteries, 3 ou 4 seulement seront en mesure de tirer sur les plages de débarquement le 6 juin. A la veille de l'opération, Rommel a encore donné l'ordre de retirer et de camoufler dans la campagne les batteries de 155 en position sur la côte. C'est ainsi que l'assaut coûteux lancé par les Rangers, sur la pointe du Hoc, à l'aube du jour J, tombera dans le vide. Il ne débouchera que sur un emplacement de batterie abandonné. En somme, si le mur de l'Atlantique constitue au nord de la Seine un obstacle sérieux, il n'en est encore qu'à l'état d'ébauche en baie de Seine.

Certains indices vont cependant à l'encontre d'un débarquement dans le Pas-de-Calais. Des reconnaissances aériennes nocturnes associées à des éclairants révèlent l'ampleur du dispositif allié à l'ouest de l'île de Wight. A la suite d'une analyse poussée du système de transmissions allié, le *Funkabwehr* estime que le centre de gravité de l'opération anglo-américaine concerne le secteur Plymouth-Ports-mouth et que le débarquement interviendra dans la zone Cherbourg-Caen.

Ces informations retiennent l'attention de Hitler. Au lendemain du conflit, tous les chefs allemands reconnaîtront que le Führer avait été le seul à voir juste. Si Rundstedt n'est pas convaincu, Rommel est ébranlé et accorde une plus grande attention à l'amélioration des défenses de la côte de Normandie. En réalité, Hitler, averti une fois de plus par son instinct, flaire la supercherie. Il a le pressentiment d'une manœuvre d'intoxication.

« Toute l'affaire que les Anglais nous exposent, déclare-t-il le 6 avril, m'apparaît comme du théâtre. Les nouvelles informations concernant les mesures qu'ils prennent, des mesures défensives et tout le reste, on ne le ferait pas normalement… Je ne peux finalement me détacher de l'impression qu'on nous joue une pièce de théâtre[2]. »

Recevant l'ambassadeur Oshima, le 27 mai, Hitler lui annonce que les préparatifs alliés sont terminés et qu'il faut s'attendre à des opérations de diversion en Scandinavie, dans le sud-ouest de la France ou en Méditerranée. Le débarquement n'en concernera pas moins au départ la Normandie ou la Bretagne. Les Alliés chercheront à s'emparer de ports comme Cherbourg ou Brest. Ces opérations n'excluent pas un second débarquement dans le Pas-de-Calais.

Hitler donne alors l'ordre de renforcer les secteurs menacés. La défense de la Bretagne incombe ainsi à

8 divisions dont 4 de bonne qualité. En Normandie, le 84e corps du général Marcks est renforcé par le 91e DI, par un régiment de paras et une brigade mobile à Saint-Lô. Une bonne division, la 352e DI, est poussée sur la côte du Calvados à l'ouest de Bayeux et prend à son compte une partie du secteur de la 716e. La 21e Panzer s'établit au sud de Caen, tandis que deux excellentes unités, la 12e SS et la Panzer-Lehr s'installeront dans la région de Dreux et au sud de Chartres. Le dispositif allemand n'en reste pas moins déséquilibré. La plus forte concentration concerne toujours le secteur du Pas-de-Calais.

Un élément capital contribue en effet à semer le trouble dans l'esprit du commandement allemand et à l'ancrer dans la crainte de diversions, et même, en ce qui concerne Hitler, d'un second débarquement au nord du Havre. Ce trouble tient à une grossière surestimation des moyens alliés. Alors que Eisenhower ne dispose que d'une quarantaine de divisions dont 4 aéroportées, les services de renseignements allemands lui en attribuent de 70 à 80 dont 8 aéroportées. Cette extraordinaire différence tient au colonel Michel ou au général Roenne du quartier général de Hitler, qui auraient voulu réagir contre les estimations trop faibles du SD ou plutôt semer le doute, le découragement au sein du haut commandement à l'Ouest et accélérer ainsi son ralliement à la conspiration Beck-Gördeler[3].

Une controverse jette encore la division au sein du haut commandement. Elle concerne l'emploi des réserves stratégiques, c'est-à-dire des unités blindées. A l'étonnement des grands maîtres de l'emploi des chars, Guderian et Geyr von Schweppenberg, commandant du groupement blindé à l'Ouest, les Panzer sont réparties en « collier de perles » depuis la frontière hollandaise jusqu'à la région de Bordeaux, à l'exception d'une division stationnée dans le Midi. Aucune concentration n'intervient.

Rommel, à l'origine de ce dispositif, est convaincu que la supériorité aérienne alliée interdit tout déplacement important. Il estime que le débarquement, au cours de ce qui sera « le jour le plus long de la guerre », devra être repoussé sur les plages, avec le soutien immédiat de formations blindées. « Celui qui, pendant la première phase du débarquement, n'est pas immédiatement au contact de l'ennemi ne passera jamais à l'action, étant donné l'énorme supériorité aérienne de l'adversaire… Si nous ne parvenons pas dans notre mission à interdire la mer aux Alliés, ou dans les 48 premières heures à les y rejeter, leur invasion réussira… En l'absence de réserves stratégiques et devant la carence totale de notre marine et de notre aviation, nous perdrons la guerre[4]. »

Ce dispositif suscite les plus vives réserves de Rundstedt, de Geyr von Schweppenberg et de Guderian venu en France participer, le 20 avril, à un exercice sur la carte. Les expériences de Sicile, de Salerne ou d'Anzio prouvent le risque de se livrer à des contre-attaques de blindés en bordure de la côte sous le feu de l'artillerie de marine.

Ils souhaitent que le gros des Panzer soit regroupé en deux forces importantes dans les forêts de la région parisienne, de manière à pouvoir intervenir aussi bien au nord qu'au sud de la Seine. Les déplacements s'effectueraient de nuit ou le long d'itinéraires balisés par une forte DCA. Les unités blindées devraient être encore entraînées au combat nocturne.

Rommel reste inébranlable. Prié d'intervenir, Hitler hésite à trancher, tout en reconnaissant les inconvénients d'une dispersion. Il finit par se rallier à une cote mal taillée. Trois divisions blindées restent sous les ordres directs de Rommel, les 21e, 2e et 116e Panzer. En revanche, les autres divisions, considérées comme réserve stratégique, sont placées à la disposition de l'OKW. C'est à ce moment-là que la 12e SS et la Panzer-Lehr sont transférées en Normandie.

De toute manière, les idées de Rommel ne manquaient pas de contradictions. On le constate à la lecture des souvenirs de son chef d'état-major, le général Speidel. Dans l'hypothèse d'un débarquement en Bretagne ou en Normandie, Rommel envisageait successivement : « contre-offensive, repli sur la ligne de la Seine qui serait tenue, attaque au sud de la Seine de l'est et du sud, en vue de l'anéantissement de l'ennemi débarqué ». Que devenait alors dans ce Kriegspiel l'incurable faiblesse de l'aviation allemande[5] ?

Le dispositif adopté, reflet de deux écoles de pensée, accumule donc tous les inconvénients. Les Panzer restent trop loin de la côte pour une intervention immédiate et aucune véritable concentration n'est effectuée, en vue d'une contre-attaque massive. Cette absence de doctrine ferme exercera dès le départ un effet déplorable sur le moral des subordonnés et contribuera au flottement observé lors des premiers jours du débarquement.

En définitive, à la veille du jour J, un trouble évident règne au sein du haut commandement à l'Ouest, lié à l'incertitude sur le lieu du débarquement, à l'extrême faiblesse de la Luftwaffe, au flottement observé dans l'emploi des réserves blindées et à une grossière surestimation des moyens attribués à l'adversaire. Alors que les unités mobiles s'équilibrent, la partie semble compromise d'avance, d'autant plus que le commandement allemand évalue la capacité des moyens de transport amphibies alliés à 15 divisions au lieu de 5.

Ce trouble entraîne l'extension de la conjuration à l'Ouest. Indépendamment de l'adhésion déjà ancienne de Falkenhausen à Bruxelles et de Karl Heinrich von

Stülpnagel à Paris, le complot bénéficie maintenant du concours de Speidel nommé en février 1944 chef d'état-major du groupe d'armées B. Speidel entreprend alors d'achever la conversion de Rommel et le met en contact avec Stülpnagel.

Mal remis de la maladie contractée en Afrique et de ses échecs en Tunisie, Rommel est devenu sceptique. Tout en préparant sa bataille des plages, il ne croit plus vraiment à une issue victorieuse du conflit. Comme beaucoup de généraux, il est de plus en plus convaincu de la responsabilité de Hitler dans les défaites. Il finit par admettre, lui aussi, que la présence du Führer à la tête de l'Etat constitue un obstacle à une solution négociée du conflit. Ses premiers contacts avec des membres de la conjuration remontent à la fin de 1943. Ils concernent le général Wagner et surtout un de ses compatriotes wurtembergeois, le Dr Strôlin, bourgmestre de Stuttgart. Jadis national-socialiste fervent, celui-ci a également perdu confiance dans Hitler.

Rommel reste cependant hésitant, même si certains conjurés à Paris envisagent de le proclamer régent, au lendemain d'un putsch. Au cours d'une rencontre avec Stülpnagel, le 15 mai, dans une villa proche de Marly, il n'écarte pas l'idée de participer à un coup d'Etat, mais il se déclare hostile à un attentat qui risque de conférer à Hitler la palme du martyr. Il préférerait le faire arrêter et juger.

Avant même le débarquement, le ralliement encore vacillant de Rommel a des implications militaires révélées par Speidel. « Par suite de considérations politiques », Rommel aurait souhaité « conserver à sa portée des formations blindées sûres ». Cette intention expliquerait les hésitations qu'il manifestera, au lendemain du jour J, à engager les 2e et 116e Panzer, placées directement sous ses ordres et dont les commandants étaient ralliés, semble-t-il, à l'idée d'un putsch.

L'opération tant attendue finit par intervenir dans la nuit du 5 au 6 juin, sous la protection d'une imposante armada navale et aérienne. Vers minuit, 3 divisions sont parachutées sur les flancs de la future tête de pont, à l'ouest, de part et d'autre de l'estuaire de la Dive, et à l'est sur la rive droite de l'Orne. A partir de 5 heures, après une intense préparation aérienne et navale, les débarquements se succèdent d'ouest en est, mettant en jeu cinq divisions. Les Américains prennent pied à *Utah* dans le sud du Cotentin, et à *Omaha* entre la Vire et Vierville. Les Britanniques créent trois têtes de pont entre Bayeux et l'Orne, sur les plages *Gold, Juno* et *Sword*.

Dans l'ensemble, l'opération est un succès. Le débarquement d'Utah s'effectue pratiquement sans opposition, et les Anglais et les Canadiens surmontent rapidement la résistance de la 716e DI en pénétrant de 6 à 8 kilomètres à l'intérieur des terres. Certains éléments arrivent aux abords de Caen. Seule déconvenue, la résistance extrêmement vive de la 352e division à Omaha qui inflige de lourdes pertes aux Américains. La situation n'est consolidée qu'en fin de journée. Quant à l'opération aéroportée, en dépit de graves mécomptes, elle a pour résultat de semer le trouble dans le dispositif allemand.

Pour le commandement à l'Ouest, malgré la longue attente du mois de mai et l'interception de messages non équivoques de la Résistance, le débarquement constitue une surprise. Les défenseurs sont déconcertés par l'ampleur des moyens alliés et surtout par l'apparition du côté britannique de blindés spécialisés, débarqués en première vague, chargés de la réduction des champs de mines et de l'attaque des blockhaus, en liaison directe avec l'infanterie. L'absence de ces moyens explique en grande partie les mécomptes américains d'Omaha.

La surprise allemande tient aussi au mauvais temps, avec le développement d'une véritable tempête depuis le 3 juin qui a obligé le commandant en chef allié, le général Eisenhower, à ne pas annuler l'opération mais à la retarder de 24 heures. Le mauvais temps a encore entraîné un relâchement de la vigilance des Allemands et interrompu toutes les patrouilles de la Kriegsmarine.

Le 6 juin, à l'aube, convaincus que rien ne peut se produire avant le 15, la plupart des chefs ne sont pas à leur poste. Rommel est parti en Allemagne pour rencontrer Hitler et célébrer l'anniversaire de sa femme. Le commandant de la 7e armée, face au front d'invasion, se trouve à Rennes pour présider un Kriegspiel. Sepp Dietrich, le commandant du groupe blindé SS, a délaissé son quartier général de Rouen pour se rendre à Bruxelles.

La préparation navale, les attaques aériennes ont encore provoqué la plus grande confusion dans les transmissions. Le 6 juin au soir, alors que Rommel regagne son quartier général de La Roche-Guyon près de Vernon, son état-major est encore incapable de lui présenter un tableau clair de la situation.

La plus grande imprécision règne sur l'opération aéroportée du Cotentin. La situation est considérée comme rétablie sur le front de la 352e division. En revanche, les débarquements semblent s'étendre à l'est de l'Orne, et des renforts ont été envoyés en direction de la côte de part et d'autre de Lisieux. Une seule contre-attaque partielle, sans résultats notables, a été lancée en direction de Luc-sur-Mer par des éléments de la 21e Panzer stationnée au sud de Caen.

La confusion persiste les jours suivants. Le 7 juin, une contre-attaque prévue à l'ouest de Caen, en direction de la mer, avec la 21e Panzer et la 12e SS ne peut démarrer. La 21e Panzer est bloquée par les Anglais devant Lebisey et la 12e SS, retardée par des attaques aériennes et des difficultés de ravitaillement en essence, se trouve détournée sur Carpiquet pour refouler une attaque canadienne.

Le 10 juin, une contre-offensive prévue par la Panzer-Lehr et la 12ᵉ SS en direction de Bayeux est paralysée dès le départ par la destruction des voitures radio et véhicules de commandement de l'état-major de Geyr von Schweppenberg, à la suite d'une attaque aérienne lancée sur décryptement de messages Enigma. Presque tous les officiers sont tués ou blessés. Le commandement des blindés passe à Sepp Dietrich. C'est seulement à la fin juin que le Panzergruppe ouest sera reconstitué. Mais l'offensive que Geyr comptera alors lancer à la charnière des armées américaine et britannique en direction de la côte, avec les deux corps blindés SS, sera devancée par l'attaque de Montgomery du 26 juin (Epsom) sur l'Odon en direction de Caen.

Au total, dès le 10 juin, les Alliés disposent d'une solide tête de pont. Si Montgomery constitue un front solide devant Caen où il retient trois Panzer, les Américains progressent dans le Cotentin, coupent la presqu'île en deux et entreprennent l'investissement de Cherbourg.

Le succès allié tient tout d'abord à l'impuissance de la Kriegsmarine. Au cours de la nuit du 6 au 7 juin, les vedettes basées à Cherbourg et au Havre tentent une première sortie, avec des résultats très limités. Un bombardement massif de la RAF, avec 325 quadrimoteurs lancés sur Le Havre le 14 juin, porte un coup fatal à leur activité. Le lendemain, un second raid dévaste Boulogne et détruit 27 bâtiments légers.

La sortie générale des U-boote de la côte atlantique ordonnée dans la nuit du 6 au 7 juin n'est pas plus heureuse. Seuls les bâtiments équipés de Schnorchel réussissent à gagner la Manche occidentale. Les autres, repérés par l'aviation, sont refoulés avec de lourdes pertes. Les sous-marins basés en Norvège et qui tentent d'atteindre la Manche en contournant les îles Britanniques connaissent le même sort ; 5 d'entre eux sont coulés. En somme, les pertes infligées par les U-boote, qui ont réussi à atteindre la zone de débarquement, sont négligeables : 2 corvettes et un LST.

Les destroyers basés à La Pallice ne réussissent pas davantage à rallier Cherbourg. Une flottille de 4 bâtiments est d'abord repérée et attaquée à Saint-Nazaire par des Beaufighter du Coastal Command, avant d'être dispersée au large de Brest par un groupe de 8 destroyers. Au cours de l'engagement, 2 navires allemands sont coulés.

Les mouillages de mines effectués par l'aviation n'apportent pas non plus les résultats escomptés. Dans l'attente d'un second débarquement, ces mouillages nocturnes concernent essentiellement le littoral du Pas-de-Calais, au détriment de la baie de Seine. En dépit des précautions prises, lancements à marée basse, les premiers engins tombent entre les mains des Anglais dès le 10 juin. Une parade est presque immédiatement trouvée. La mise à feu ne fonctionne pas si les bâtiments évoluent à très faible vitesse. Des résultats sont cependant obtenus, mais sans pouvoir peser sur le déroulement des opérations.

Au lendemain de la guerre, l'amiral britannique Ramsay, chargé de tout l'aspect maritime du débarquement, admettra que si ces mines à influence avaient été utilisées massivement elles auraient pu causer aux alliés les ennuis les plus graves. Par idée préconçue – débarquement au nord de la Seine – et excès de prudence – refus de procéder à des mouillages avant le débarquement –, la Kriegsmarine n'avait pas su utiliser la seule carte maîtresse qui lui restait.

Grâce à une maîtrise aérienne totale, associée à plus de 10 000 avions, les Alliés bénéficient encore d'un avantage considérable sur la Wehrmacht. Le 6 juin au matin, après trois mois de bombardements intenses, le système ferroviaire français est désorganisé et ne fonctionne plus qu'à 30 % de sa capacité. Sur le réseau du nord, particulièrement visé, le trafic n'est plus que de 25 % ; 1 500 locomotives sur 2 000 sont inutilisables et des milliers de wagons ont été détruits.

Malgré de nombreuses équipes de réparations, les Allemands n'arrivent pas à rétablir les coupures de voies, aggravées encore par les sabotages de la Résistance. Les difficultés sont accrues par la destruction de presque tous les ponts de la Loire et de la Seine, à l'exception de ceux de Paris, devenus passages obligés. Les déplacements de troupes par voie ferrée ne s'effectuent que la nuit, au prix d'interminables détours, et parfois même se terminent par la route.

C'est le sort réservé à un régiment de la 275e DI embarqué en train près de Nantes. Découvert par l'aviation américaine en gare de Fougères, le convoi est sévèrement bombardé et les fantassins doivent gagner Saint-Lô à pied. Venue de Montauban, la 2e SS, après ses exactions dans le Limousin, met plusieurs jours à faire franchir la Loire à ses blindés au moyen de bacs. Quant au 2e corps blindé SS, il quitte la Pologne le 12 juin et arrive cinq jours plus tard en Lorraine. Si les éléments motorisés réussissent à gagner rapidement la Normandie, il faut plus d'une semaine aux engins chenillés pour arriver sur le front, après avoir parcouru plus de 2 000 kilomètres en utilisant toutes les ressources des voies ferrées secondaires.

Le réseau routier n'est pas épargné. A la veille du débarquement, il est déjà atteint par la destruction des ponts sur les fleuves. Mais, le 6 juin, aux premières heures du jour, la plupart des carrefours sont violemment bombardés. Nombre de charmantes localités normandes, comme Saint-Lô, Vire, Villers-Bocage sont impitoyablement rasées par des tapis de bombes. Le centre des agglomérations complètement bouleversé n'autorise même pas le passage des engins chenillés.

Sur toutes les routes nationales et secondaires, sur une profondeur de 100 kilomètres, les convois allemands ont à subir les attaques répétées de chasseurs-bombardiers. Au cours de sa marche d'approche, la Panzer-Lehr est ainsi soumise pendant deux jours à des attaques constantes : « Le 7, à midi, racontera son commandant Bayerlein, mes hommes donnaient à la grande route de Vire à Bény-Bocage le nom de Jabo-Rennestrecke, champ de course des chasseurs-bombardiers de la RAF. Tous les véhicules avaient été recouverts de branchages ; ils avançaient le long des haies à l'orée des bois… Mais, à la fin de la journée, j'avais perdu 40 citernes et 90 autres camions, 5 de mes chars avaient été mis hors de combat, ainsi que 84 half-tracks, tracteurs et canons-automoteurs. C'étaient des pertes sérieuses pour une division non engagée[6]. »

L'impuissance de la Luftwaffe est alors totale. Conformément aux prévisions, plusieurs formations sont rappelées d'Allemagne, mais ces transferts s'effectuent dans la plus grande confusion. Soumis à des bombardements intenses, les aérodromes sont inutilisables et il faut se rabattre sur des terrains secondaires, mal équipés en ateliers de réparation, trop souvent dépourvus de carburant et de centres de transmissions. L'aviation doit limiter son action à la partie orientale de la tête de pont, à la région de Caen et à des bombardements nocturnes sur des plages de débarquement. Malgré des pertes sévères, plus de 1 000 avions abattus ou détruits au sol, les résultats sont en définitive insignifiants, sans aucune influence sur le déroulement de la bataille[7].

Dès le 12 juin, dans un message adressé à l'OKW, Rommel brosse un tableau déprimant de l'écrasante supériorité aérienne alliée : « L'ennemi se renforce très visiblement à terre sous le couvert de formations aériennes très puissantes. Notre aviation et notre marine ne sont pas en mesure de lui offrir une opposition bien sérieuse, en particulier de jour. Les forces terrestres s'accroissent donc plus vite que nos réserves sur le front. Notre situation devient exceptionnellement difficile du fait que l'ennemi peut paralyser le mouvement de nos unités pendant toute la journée alors qu'il est capable d'opérer lui-même avec des formations très mobiles et des troupes débarquées par avion. Nos propres opérations sont rendues extraordinairement compliquées et en partie impossibles, principalement à cause de la supériorité énorme et à certains égards écrasante de l'aviation ennemie. Elle a la maîtrise totale du ciel au-dessus de la zone des combats et jusqu'à une centaine de kilomètres en arrière du front, interdisant pratiquement toute circulation de jour sur les routes et chemins secondaires en terrain découvert. Il en résulte que nos troupes ne peuvent exécuter aucune manœuvre sur le champ de bataille pendant la journée, alors que l'adversaire opère librement… Les unités et les états-majors doivent se dissimuler pendant le jour dans les endroits offrant quelque couvert… Ni notre DCA, ni notre aviation ne paraissent capables de mettre un terme à cette action paralysante et destructrice des avions ennemis. Les troupes se protègent du mieux qu'elles peuvent avec les moyens dont elles disposent, mais les munitions sont rares et ne peuvent être apportées que dans les conditions les plus difficiles[8]. »

En dépit de la supériorité aérienne alliée, des renforts arrivent cependant en Normandie, avec des retards plus ou moins importants. Mais, fait qui peut paraître étrange, ces renforts concernent essentiellement des unités appartenant à la réserve stratégique de l'OKW. Aux 3 Panzer engagées en Normandie au cours des trois premiers jours (21e Panzer, 12e SS et Panzer-Lehr) s'ajoutent successivement trois autres divisions blindées : la 2e SS, la 1re SS (Bruxelles), la 2e Panzer (Beauvais) et la 17e Panzergrenadier. Aux alentours du 25 juin, ces unités seront renforcées par le 2e corps blindé SS.

Après des marches d'approche effectuées généralement en plein jour, ces unités sont jetées précipitamment dans la bataille, en première ligne, pour contenir la tête de pont alliée. Plus surprenant encore, le faible nombre de divisions mobiles dirigées sur la Normandie. Ces renforts se limitent à l'équivalent de 4 divisions de Bretagne, à une division de campagne de la Luftwaffe rappelée des Pays-Bas, en attendant l'arrivée vers la fin juin de 2 divisions d'infanterie, la 277e et la 276e, la première venue du Pays basque et la seconde du Languedoc. Au cours des trois premières semaines de la bataille, la 15e armée ne cède pas une seule grande unité.

Le maintien de l'intégrité des réserves du nord de la Seine, avec deux rangées de divisions le long de la côte, tient essentiellement à l'attente d'un second débarquement. C'est ainsi que Rommel écrit à von Rundstedt, le 19 juin : « A en juger par le groupement des forces ennemies et d'après les possibilités tactiques et techniques, il faut s'attendre à un débarquement de grande envergure de part et d'autre du cap Gris-Nez ou bien entre la Somme et Le Havre. Ce nouveau débarquement pourrait être monté de façon à coïncider avec l'offensive générale partant de la tête de pont normande, avec Paris comme objectif commun[9]. »

Cette conviction est alors partagée par Keitel, Jodl et Dönitz qui accélère le mouillage de mines du Havre à Ostende. Le débarquement au nord de la Seine est même attendu et souhaité avec impatience. L'OKW et Rommel pensent que le lancement des bombes volantes, qui a enfin commencé dans la nuit du 12 au 13 juin, « incitera l'adversaire à entreprendre un second débarquement au nord de la Seine ». Celui-ci une fois repoussé, il sera alors possible d'utiliser les divisions de la 15e armée pour rejeter les Alliés à la mer entre l'Orne et le Cotentin[10].

En définitive, moins de 15 jours après le déclenchement d'Overlord, la bataille est déjà on ne peut plus mal engagée pour la Wehrmacht. Alors que l'on pouvait s'attendre à l'envoi des meilleures divisions d'infanterie sur la tête de pont et à la constitution d'une solide masse de manœuvre composée de formations blindées, le commandement allemand maintient la plupart de ses unités mobiles le long des côtes et engage en désordre sa réserve stratégique.

Dans ses Mémoires, Guderian s'insurgera contre « le gaspillage du seul instrument apte au combat qui assurait aux Allemands une supériorité incontestable sur les Alliés ». Il déplorera l'engagement aberrant des Panzer, jetées en détail dans la bataille, après de coûteuses marches d'approche de jour, et qui furent décimées dans des opérations défensives pour lesquelles elles n'étaient pas conçues.

Quoi qu'il en soit, dix jours après le jour J, Rommel est découragé par l'image qu'il se fait de la situation. Convaincu de l'imminence d'un second débarquement, il a l'impression justifiée que la situation est sans issue et qu'une catastrophe inéluctable va s'abattre à bref délai sur le groupe d'armées B. Aussi se montre-t-il de plus en plus perméable aux sollicitations de Stülpnagel et de Speidel.

Toutefois, par tempérament et animé probablement par un dernier sentiment de fidélité, Rommel répugne toujours à un assassinat. Il préfère procéder à l'arrestation de Hitler au cours d'un déplacement à l'Ouest et le faire juger par un tribunal. Dans ces conditions et sur les instances du maréchal, le Führer accepte finalement de tenir le 17 juin une conférence à Margival près de

Soissons, dans le poste de commandement construit en 1940, dans l'hypothèse de l'invasion de l'Angleterre.

D'après Speidel, Rommel souhaitait une explication décisive. Si Hitler s'obstinait dans sa volonté de résistance et son refus d'envisager une solution politique, l'occasion serait bonne de l'arrêter. Le moment est encore relativement favorable. Le front de l'Est est calme. Celui de l'Ouest tient. Des pourparlers pourraient s'ouvrir avec les Alliés sur des bases solides, et l'arrêt des bombardements par V1 pourrait servir de monnaie d'échange à un armistice.

Au témoignage de Speidel et de Jodl, Rommel, en présence du Führer, ose brosser un tableau sévère de la situation. A deux reprises, il aborde la solution d'un règlement politique. La réponse est sèche : « C'est une question qui ne vous regarde pas. Vous me ferez le plaisir de me laisser juger cela moi-même. » En fait, Hitler apparaît, une fois de plus, déconcertant. Il se montre très calme, confiant, même réconfortant.

Non sans raison, il se refuse à un repli derrière la Seine. L'armée allemande, peu mobile, ne peut rivaliser avec l'ennemi dans une guerre de mouvement. Si les Alliés combattent le dos à la mer, les Allemands ne sont pas en meilleure posture en cas d'échec. Le cours inférieur de la Seine, dont tous les ponts sont détruits, coupe toute retraite vers l'est.

Hitler accepte à la rigueur un repli sur la Suisse normande en dehors de la portée de l'artillerie navale. Il montre surtout le plus grand intérêt à la contre-offensive des blindés rendue possible par l'arrivée du 2e corps SS. Il insiste longuement sur la nécessité de résister, de tenir sur place à tout prix. Il faut bloquer l'ennemi dans sa tête de pont jusqu'à l'arrivée des escadrilles d'avions à réaction. Persuadé lui aussi de l'imminence d'un second débarquement, il ne peut promettre aucun renfort important. A la fin de la conférence, Hitler évoque les possibilités des armes nouvelles, « se réfugiant, aux dires de Speidel, dans une attitude étrange où se mêlaient le cynisme et une fausse intuition[11] ».

Contrairement à ce que prétendront Speidel et Blumentritt, le chef d'état-major de Rundstedt, Rommel sort de la conférence « visiblement impressionné », comme le note l'amiral Ruge dans son Journal. Certes, le lendemain, « il n'est plus tout à fait dans les mêmes dispositions d'esprit », mais « il est très optimiste, car la situation sur le front s'est consolidée d'une manière générale et les VI vont être lancés sur l'Angleterre. Il parle ensuite des oppositions éventuelles entre les Anglais et les Américains et des faiblesses possibles des deux pays ». Le maréchal a visiblement été ébranlé par la démonstration du Führer.

Dans ces conditions, Rommel aurait-il osé faire arrêter Hitler le lendemain à son quartier général de La Roche-Guyon ? Le Führer avait accepté de rencontrer les généraux commandant sur le front. On peut sérieusement en douter. Il n'a d'ailleurs pas à se poser la question. Le 18 juin, Hitler reprend directement la route de Berchtesgaden. A-t-il été impressionné par la chute d'un V1 désemparé à proximité de son abri ou, plutôt, son extraordinaire instinct ne l'a-t-il pas averti d'un danger menaçant ?

La conférence de Margival ne constitue qu'un incident dans le déroulement de la bataille de Normandie. Elle ne modifie en rien les conditions stratégiques. Les renforts d'infanterie parviennent toujours aussi parcimonieusement sur le front. Les Panzer continuent à s'user en première ligne. Au nord de la Seine, le dispositif de la 15ᵉ armée reste intact et le commandement allemand continue à redouter des opérations de diversion dans le Sud-Ouest où la 9ᵉ Panzer est toujours stationnée près de Bordeaux.

Alors que les Alliés ne cessent de renforcer leur tête de pont bientôt à la limite de la congestion, le combattant allemand doit livrer un *material schlacht* à une échelle encore inconnue. Les bombardiers et les chasseurs-bombardiers deviennent la hantise du soldat allemand de Normandie pourtant aguerri par trois années de guerre à l'Est. Pour se protéger des *Jabos*, les unités combattantes sont obligées de recourir à toutes les ruses du camouflage et de limiter leurs déplacements sur le champ de bataille aux trop courtes heures des nuits d'été.

A la menace aérienne s'ajoutent les tirs constants des canons de campagne alliés, abondamment pourvus en munitions et capables de réaliser sur des fronts étroits des concentrations d'une extrême violence. Le champ de bataille est survolé en permanence par des avions d'observation, les *Iron Tommies* qui règlent le tir de l'artillerie. Dès qu'un appareil est abattu, un autre le remplace.

Quant à l'artillerie de marine, jusqu'à 20 kilomètres à l'intérieur des terres, elle est en mesure d'interdire les ponts, les carrefours et de battre les points de passage obligés. Sur observation aérienne, elle disperse également des concentrations de troupes et de blindés. Entre le 11 et le 18 juin, les cuirassés britanniques *Nelson* et *Rodney* tirent 224 coups de 406 et 687 de 152 m/m. Quant au *Warspite*, il intervient le 10 devant Utah et le lendemain devant la plage Gold au profit de la 50ᵉ division.

Dès le 11 juin, Rommel doit avouer que « les effets des bombardements de la grosse artillerie navale sont tels qu'il est très difficile de déclencher des opérations à base de chars ou d'infanterie dans la région exposée au tir de la mer ». L'aveu est d'importance. C'est reconnaître l'échec de la théorie des contre-attaques immédiates en bordure de la côte. « Il est difficile, admet de son côté le chef du bureau opérations de la 9e SS, de comparer la puissance de feu d'une division britannique avec celle d'une division soviétique, parce que l'aviation et l'artillerie apportent à la première un soutien tel que nous n'en avions jamais vu en Russie. Si la Luftwaffe avait pu empêcher les navires de guerre de bombarder certaines zones avec autant de précision, les Anglo-Canadiens, j'en suis sûr, eussent fait la culbute, comme on dit. En tout cas, ce furent les attaques aériennes et l'artillerie, particulièrement les gros canons des cuirassés, qui brisèrent nos contre-offensives. Le feu des navires fut dévastateur. Quant un de leurs projectiles tombait près d'un Panther, le souffle suffisait à faire chavirer ce char de 57 tonnes. Nos Panzer furent plus arrêtées par les bordées de la flotte que par la défense des troupes[12]. »

Le soldat allemand devait garder le pire souvenir de ces « ouragans de feu » déclenchés par l'aviation ou l'artillerie. Une description mérite d'être retenue. « Des centaines de projectiles de tout calibre labourèrent les jardins, criblèrent les murs de la ferme, mirent le feu à sa toiture. D'épais nuages de fumée acide nous rendirent la respiration difficile, irritèrent nos gorges. Nous nous mîmes à tousser. Un véritable ouragan de feu ravageait la campagne. Nous n'avions vu quelque chose de semblable qu'une seule fois, pendant la bataille d'Orel. Puis, brusquement, tout cessa.

« Dans l'étrange silence, nous perçûmes un vrombissement de moteurs qui s'enfla dans un crescendo terrifiant, ponctué par le crépitement des mitrailleuses… Soudain, ce fut l'enfer. Des roquettes se mêlèrent aux balles. Des Typhoons piquaient toujours arrosant nos tranchées. Puis des bombes tombèrent, des hommes, des armes, des morceaux de véhicule volèrent en l'air. Des bombes éclataient au sol avec de grandes flammes. Pendant une éternité, les cris des camarades blessés, le meuglement désespéré des animaux […] se mêlèrent pour moi aux bruits chaotiques de l'attaque en rase-mottes. Quand le dernier pilote eut disparu, l'*Iron Tommy* reparut et l'artillerie britannique poursuivit l'ouragan de feu[13]. »

Devant toute cette débauche de moyens, la résistance allemande n'en est pas moins étonnante. En Normandie, pendant plus de deux mois, la Wehrmacht mène une bataille exemplaire. Dans le secteur de Caen, les offensives britanniques *Epsom, Charnwood* n'obtiennent que des résultats limités. Caen ne tombe qu'au début juillet, après un mois de retard sur l'horaire, et la résistance allemande se cristallise dans le faubourg de Vaucelles. Lancée le 17 juillet avec 3 divisions blindées et le concours de l'aviation stratégique, *Goodwood* s'enlisera au bout de trois jours et la rupture ne pourra être obtenue.

Dans le Cotentin, après la prise de Cherbourg, le 26 juin, l'offensive américaine de Bradley n'obtiendra que des résultats limités et coûteux en direction de Carentan et de Saint-Lô. En 17 jours, pour une avance de 10 kilomètres, la 1re armée américaine perdra plus de 40 000 hommes.

L'étonnante capacité de résistance du soldat allemand tient tout d'abord à un échec relatif des Alliés. Ceux-ci ne réussirent jamais à interdire complètement l'arrivée des renforts et les mouvements des troupes allemandes. Le temps capricieux – juin et juillet furent pluvieux – et le manque d'aérodromes dans la tête de pont s'y opposèrent. Les attaques sur les voies ferrées diminuèrent d'intensité, avec la reprise des bombardements stratégiques sur l'Allemagne et les attaques massives sur les sites de lancement de V1.

Après une période de flottement, les Allemands s'adaptèrent à la situation, n'exécutant que des mouvements nocturnes, utilisant la navigation sur la Seine, ou circulant le long d'itinéraires balisés par une forte DCA.

C'est finalement l'insuffisance du parc de camions, tout autant que les attaques aériennes, qui entravèrent le ravitaillement des troupes en ligne. A la fin de la campagne, le commandement réussit des déplacements rapides d'unités blindées d'un bout à l'autre du front. La 2e Panzer (Amiens) et la 116e (Compiègne) purent arriver sur le front avec la totalité de leurs moyens sans avoir été détectées.

La qualité du matériel et des hommes joua également son rôle. Les soldats alliés n'arrivèrent jamais à comprendre qu'en dépit de la puissance industrielle de leurs pays ils n'aient pu disposer d'armes comme la mitrailleuse MG-42, le pistolet-mitrailleur Sturmschlesser, le mortier de 80 ou de 120, le lance-roquettes Nebelwerfer, le canon de 88 ou de blindés type Panther, Tigre ou Jagtpanther. Pour détruire un char allemand, il fallait sacrifier 5 Sherman ou Churchill.

Les Britanniques gardèrent un souvenir cuisant de leurs premières rencontres avec les Panzer. Devant Carpiquet ou au Mesnil-Patry, le premier contact des Canadiens avec la 12e SS fut glacial. En une journée, le Queen's Own Rifles Regiment subit le tiers des pertes totales de la campagne sur le continent. Sortant d'un bois comme un monstre préhistorique, le Tigre de Whitman, qui avait à son actif 118 chars soviétiques, détruit en quelques minutes une colonne blindée de la 7e DB venue de Villers-Bocage et oblige les Anglais à évacuer le bourg. Pendant trois semaines, autour de Tilly-sur-Seulles, la Panzer-Lehr offrit aux Britanniques un tel exemple de résistance acharnée qu'ils crurent avoir devant eux les revenants de la 90e légère qu'ils avaient combattue en Egypte.

En dépit de leur énorme supériorité de moyens, les Alliés gardèrent le plus mauvais souvenir des combats menés en Normandie, notamment dans le bocage. Un soldat anglais écrira : « C'était une guerre de chemins creux, avec des milliers de haies, des champs de blé mouvants, des villes, des bourgs, des villages se succédant sans arrêt, des combats rue par rue, maison par maison. Une sale guerre. Des grenades dans les arbres, des pièges dans les trous individuels, des mines sous les pavés des rues, là où on les attendait le moins. Une guerre où l'on se trouvait presque perpétuellement en contact avec l'ennemi avec le sentiment de se battre dans sa cour, l'Angleterre n'étant qu'à une portée de pierre[14]. »

Chose surprenante, les Allemands s'adaptèrent beaucoup mieux que leurs adversaires à ce type de guerre. « Nous nous sentions chez nous, écrira un ancien de Normandie, dans ce paysage de haies, de hauts murs, de chemins creux, où la vue portait tout au plus à 100 mètres. Nous nous saisissions automatiquement de nos pelles et nous creusions le plus possible pour disparaître au sein de la terre protectrice. Champ de tir couvert, camouflage étaient pour nous des habitudes et nous y étions devenus des maîtres. A plusieurs reprises, nous laissâmes venir les patrouilles, les chars, les autos blindées de l'ennemi si près que nous les anéantissions dès la première salve. Les fantassins tombaient et les chars flambaient avant qu'ils eussent pu riposter.

« ... Nos adversaires avaient combattu dans le désert et se comportaient plus que prudemment dans les rencontres à faible distance. Pour nous, il en allait autrement. En Russie, nous avions très souvent livré des corps à corps, repoussant les fantassins russes avec des pistolets, des grenades et même des pelles. Nous étions accoutumés à ces chaudrons de sorcières, à ces batailles dans les bois aux taillis épais. Au début, l'expérience du combat et le sang-froid comptèrent beaucoup plus que la supériorité d'armement[15]. »

Les Allemands furent encore favorisés par le manque d'audace des Anglais ou des Américains, convertis à une progression lente et méthodique. Le général Bayerlein, à la tête de la Panzer-Lehr, constate à maintes reprises que « l'ennemi n'exploite jamais une percée par une poursuite... Le mordant des fantassins britanniques n'est jamais très marqué. Ils se reposent surtout sur l'aviation et l'artillerie [...]. L'ennemi cherche surtout à occuper le terrain plutôt qu'à se battre pour lui ».

Même constatation chez le commandant de la 3e division de parachutistes : « A la plus petite résistance, l'infanterie s'arrête et se replie et un nouveau bombardement d'artillerie se déclenche [...]. Dans la défense, l'ennemi ne se montre un combattant solide que dans la mesure où il est bien appuyé par l'artillerie et les mortiers. Jusqu'ici, ses équipages n'ont pas montré beaucoup d'enthousiasme pour les batailles entre chars[16]. »

Que ce soit aux abords de Caen, sur l'Odon ou dans le Cotentin, les Allemands utilisent toutes les ressources du terrain, de la végétation et de l'habitat pour établir des positions sur une profondeur de 12 à 15 kilomètres... La première ligne s'identifie « aux avant-postes de la bataille » et concerne un ensemble d'alvéoles dotées d'armes automatiques associées à des champs de mines, reliées entre elles par des tranchées et des sentiers balisés abrités des vues de l'ennemi[17].

La position avancée située à 4 ou 5 kilomètres en arrière comporte encore un quadrillage d'alvéoles protégées également par des barbelés et des champs de mines, et fortement dotées en armes lourdes et canons antichars. A 4 ou 5 kilomètres plus en arrière se trouve enfin la position principale établie sur des buttes ou des lignes de crêtes, où sont regroupés les éléments blindés, chars et automoteurs, ainsi que les armes lourdes, canons de 88 et de 105, Nebelwerfer.

Cet ensemble de positions échelonnées, avec possibilité de replis successifs, explique l'échec de l'offensive britannique Goodwood lancée le 17 juillet, à l'est de

Caen, en dépit de la terrible épreuve infligée aux combattants par l'attaque massive de 2 000 quadrimoteurs associés à des centaines de chasseurs-bombardiers : « Dans le sifflement continu des bombes, dans le fracas des explosions, les hommes entendaient venir la mort, connaissaient un sursis, entendaient de nouveau venir la mort, connaissaient encore un sursis et cela indéfiniment. Les nerfs flanchaient chez beaucoup. Il y eut des cas de suicide et d'autres de folie provisoire ou définitive. Fermes et champs disparaissaient, comme effacés ; un paysage lunaire de cratères, empli d'une odeur acide, les remplaçait. Des chars flambaient, d'autres et des hommes étaient ensevelis. Un Tigre de 60 tonnes fut renversé sens dessus dessous. Et les gros bombardiers peints en noir continuaient à défiler, volant bas, pour plus de précision. »

Cet ouragan de feu n'empêche pas les Allemands de se ressaisir. Les chars britanniques sont pris à partie par les Tigre ou les Panther qui ont survécu au bombardement, avant de tomber sous le feu des batteries lourdes de la crête de Bourguebus renforcées par les blindés tenus en réserve. Près de 500 chars anglais sont détruits. Quant à l'infanterie, livrée à elle-même, elle subit de lourdes pertes dans l'attaque des villages où subsistent des nids de résistance intacts. Au cours des deux journées suivantes, la bataille se décompose en une série d'opérations locales. Quelques villages sont encore arrachés aux Allemands, mais ceux-ci s'accrochent à la crête de Bourguebus. Le 20 juillet, Goodwood s'achève sur une nouvelle victoire défensive allemande.

Ces succès défensifs se traduisent cependant par une usure inquiétante. En un mois, 100 000 hommes vont être mis hors de combat pour 6 000 de renfort. 17 chars de remplacement sont envoyés pour 225 complètement détruits. Cet affaiblissement ne peut que nourrir le scepticisme d'un haut commandement toujours prisonnier des manœuvres d'intoxication alliées. Fortitude remplit son rôle à la perfection.

Le 26 juin, Rommel persiste à croire à l'imminence d'une seconde opération amphibie de grande envergure au nord de la Seine. « Il faut s'attendre, dit-il, à une poussée en direction de Paris partant du nord et du nord-est de Caen, en liaison avec un débarquement de grand style entre la Somme et Le Havre. » Dans ses entretiens avec l'ambassadeur Oshima, Hitler exprime la même conviction. Toute contre-offensive sur la tête de pont est subordonnée au déclenchement d'une grande opération dans le Pas-de-Calais. Cette conviction va persister jusqu'au milieu du mois suivant. Un décryptage du 15 juillet précise qu'une contre-attaque ne sera lancée qu'une fois connu avec certitude l'emploi de l'armée Patton… Le retrait des troupes aéroportées alliées de la tête de pont semble confirmer l'imminence de ce second débarquement.

Conviction d'autant plus forte que le haut commandement de la Wehrmacht persiste à surévaluer considérablement le nombre de divisions alliées disponibles. Toujours à la date du 26 juin, alors que 25 grandes unités ont débarqué en France et qu'il ne reste plus en Grande-Bretagne que 21 divisions dont 6 à l'entraînement, le 2e bureau du groupe d'armées B estime que « l'ennemi utilise entre 27 et 31 divisions dans la tête de pont et un grand nombre de troupes de grand quartier général… Il existe en Angleterre 67 autres grandes unités dont 57 au minimum peuvent être utilisées pour une opération de grande envergure ». Sur les indications de la marine, le 2e bureau continue également à se faire une idée radicalement fausse de la capacité de la flotte amphibie alliée, susceptible de débarquer de 9 à 14 divisions, alors qu'elle se trouve entièrement accaparée par le ravitaillement de la tête de pont.

Devant des perspectives aussi sombres, Rommel ne croit plus à une solution militaire. Il adhère complètement à la conjuration. Le 26 juin, date capitale, à en croire Speidel, il est averti par le colonel Finkh des préparatifs d'un nouvel attentat contre le Führer. Tout en restant partisan d'une arrestation, Rommel charge le colonel d'une préparation et d'une coordination minutieuses du coup d'Etat. Rundstedt, Dollmann, le commandant de la 7ᵉ armée et d'autres généraux, sans vouloir s'engager totalement, se déclarent en accord, du moins en esprit, avec lui. Deux chefs d'unité, les commandants des 2ᵉ et 116ᵉ Panzer assurent le maréchal de la fidélité de leurs troupes « prêtes à une intervention contre les ennemis de la patrie[18] ».

Avant d'agir, Rommel souhaite cependant une dernière explication avec Hitler. A Berchtesgaden, le 28 juin, le Führer ne peut cette fois convaincre le maréchal. Il reste muet sur toute solution politique et ne fait que lui répéter ce qu'il vient de dire à Dönitz. « Il ne faut pas permettre à l'ennemi de poursuivre une guerre de mouvement, car il nous dépasse de beaucoup en mobilité [...]. Tout se ramène donc à le maintenir dans sa tête de pont, en construisant un front capable de l'arrêter et en menant une guerre d'usure pour l'épuiser et le contraindre à reculer. » Sans l'avouer, Hitler envisage une solution type Anzio, ou mieux les Dardanelles. Le seul résultat de l'entrevue est le remplacement de von Rundstedt par von Kluge, alors *persona gratissima* aux dires de Guderian. Hitler espère que von Kluge surveillera Rommel et reprendra d'une main ferme la direction des opérations.

A son retour de Berchtesgaden, Rommel se borne à pratiquer une stratégie d'attente. Il se contente de renforcer le secteur de Caen et n'utilise même pas la possibilité offerte par Hitler de se replier sur les hauteurs de la Suisse normande, en dehors de la portée de l'artillerie de marine. Il refuse de donner à Geyr l'autorisation de lancer une contre-offensive en direction de la côte avec le 2e corps blindé SS. Tout en gardant la 116e Panzer au nord de Paris, il retire la 2e division blindée du front.

Guderian s'interrogera sur cette attitude. « D'autres raisons, politiques celles-là, interviennent-elles dans le retard et l'intervention des réserves ? La question demeure posée. » L'amiral Ruge donne la réponse. Il note alors dans ses carnets : « Il se battait avant tout pour gagner du temps, afin de permettre de recourir à la solution politique que la situation exigeait[19]. »

Un autre élément majeur contribue au découragement de Rommel et à son engagement politique : la dégradation accélérée de la situation sur tous les autres fronts.

15

Crise militaire et politique

Trois semaines seulement après le débarquement, le plan de Hitler a échoué. Non seulement les Alliés n'ont pas été rejetés à la mer, mais le front de Normandie semble à la veille de l'effondrement. A cet échec s'en ajoutent d'autres. En Italie, Kesselring est en pleine retraite et, surtout, l'Armée rouge vient d'enfoncer le front centre et semble à la veille d'une victoire décisive. Cette avalanche de mécomptes va entraîner les conséquences politiques les plus graves et mettre en cause le régime.

Une première crise concerne le théâtre italien. Après les déboires de l'hiver devant Cassino et l'enlisement d'Anzio, le commandement allié déclenche, le 12 mai, une offensive générale contre les positions allemandes.

Les premiers résultats sont médiocres. Le mont Cassin résiste, une fois de plus, à un nouvel assaut furieux lancé par les Polonais. En fait, la rupture se produit au sud du front, en grande partie à l'initiative du corps expéditionnaire français du général Juin dont les troupes, aptes à la guerre en montagne, effectuent la percée par les monts Aurunci.

Surpris, Kesselring doit évacuer le mont Cassin et donner un ordre de retraite sur la ligne César en avant de Rome. L'ordre ne peut être exécuté, en raison de la brèche pratiquée en direction de Cisterna par la 34e DI américaine et l'avance du CEF en direction des monts Lepini. La retraite de Kesselring est cependant méthodique avec des retours offensifs à Valmontone, Artena et sur les pentes des monts Albins. Les Allemands bénéficient encore des erreurs de leurs adversaires. La volonté du général Clark d'entrer le premier à Rome facilite le dégagement de la 10e armée.

Après l'abandon de Rome, le 4 juin, Kesselring poursuit son repli avec la même habileté, tout en multipliant les coups d'arrêt, d'abord sur la ligne Trasimène du 20 au 30 juin, puis à hauteur d'Arezzo, avant d'arrêter sa retraite, à la mi-août, sur la ligne gothique, au nord de l'Apennin. Tout au long de ce mouvement, les Allemands multiplient les preuves de leur *Operativkunst*. Leur tâche a cependant été rendue plus aisée par le retrait d'Italie du CEF et de plusieurs divisions américaines, en prévision de débarquements de Provence.

Mais la crise de loin la plus sévère, qui prend des allures de désastre, survient à l'Est, sur le front central. Le 22 juin, pour le troisième anniversaire de l'attaque allemande, le commandement soviétique lance l'opération *Bagration* en Russie blanche. En moins de 48 heures, la rupture est obtenue, et des armées blindées passent à l'exploitation et exécutent une manœuvre d'encerclement de grande ampleur en direction de Minsk.

Vitebsk est libérée le 25 juin, Bobruisk deux jours plus tard et la capitale de la Russie blanche enlevée le 3 juillet. Le groupe d'armées centre est, en grande partie, anéanti. Prises parfois de panique, les troupes allemandes ne peuvent se dégager et les Soviétiques capturent plusieurs dizaines de milliers d'hommes et dix-sept généraux.

En dépit de son énergie habituelle, Model, placé à la tête des débris du groupe d'armées centre, ne peut que ralentir la progression de l'Armée rouge qui se développe en éventail en direction des pays Baltes, de la Vistule et de Lwow occupée le 27 juillet. Les divisions blindées rameutées de Galicie par Guderian nommé chef d'état-major de l'OKH, au lendemain de l'attentat du 20 juillet, permettront cependant d'infliger devant Varsovie un sévère échec aux troupes soviétiques, en proie à de grosses difficultés de ravitaillement après une progression de plus de 500 kilomètres. Simultanément, le maréchal Schörner livre de durs combats dans les pays Baltes et réussit à éviter la destruction du groupe d'armées nord.

L'arrêt soviétique sur la Vistule tient aussi, à n'en pas douter, à des raisons politiques. Staline laisse aux Allemands le soin d'écraser l'insurrection déclenchée à Varsovie, le 1er août, par l'Armée secrète de l'intérieur du général Bor Komorosky. Deux mois de combats acharnés, menés avec le soutien de l'artillerie et de l'aviation, seront nécessaires aux Allemands pour briser le soulèvement, qui entraîne la mort de 180 000 personnes. Le 30 septembre, les résistants déposent les armes. A la surprise générale, Hitler tient à exploiter l'opposition désormais ouverte entre Soviétiques et Polonais. Les insurgés sont considérés comme des prisonniers de guerre, dirigés sur des Oflag et des Stalag et non sur des camps de concentration.

Plusieurs facteurs sont à l'origine du désastre de la Russie blanche, qui dépasse en ampleur la capitulation de Stalingrad, avec la disparition de 25 divisions, soit plus de 300 000 hommes. Tout d'abord, une défaillance du renseignement. Grâce aux précautions extrêmes prises dans le cadre de la Maskirovka, les préparatifs de l'Armée rouge ont échappé au commandement allemand. Ce n'est que 48 heures avant le déclenchement de Bagration que Hitler et l'OKH commencent à prendre conscience de la menace qui pèse sur le groupe centre.

Jusque-là, le commandement s'est hypnotisé dans l'idée d'une offensive soviétique de grande envergure lancée depuis la Galicie, en direction de la Prusse orientale, couverte sur la gauche par la Vistule et susceptible de provoquer l'encerclement et la destruction des groupes d'armées nord et centre. Dans cette perspective, la presque totalité des réserves blindées et motorisées ont été concentrées dans la région de Lwow et de Kovel. Le 22 juin, l'Armée rouge a pu prendre le dispositif allemand à contre-pied.

Les services de Gehlen ont encore – une fois de plus – sous-estimé les moyens soviétiques et la capacité opérationnelle de l'Armée rouge, qui développe les méthodes tactiques inaugurées au cours de l'année précédente et qui ne procèdent pas uniquement de la Blitzkrieg. Une préparation d'artillerie sans précédent brise tout d'abord les positions fortifiées du front centre. La rupture est ensuite obtenue par des attaques massives d'infanterie appuyées par des centaines de chars.

Par les brèches, s'élancent ensuite des armées blindées qui effectuent des manœuvres d'encerclement comme celle de Minsk. Devant l'énormité des moyens mis en jeu, les formations blindées allemandes sont dispersées, les unités d'infanterie, manquant de mobilité, sont tronçonnées, encerclées et détruites.

Autres éléments de surprise. La Luftwaffe, qui n'aligne plus que 500 avions sur le front central, est littéralement submergée par l'aviation de l'Armée rouge qui jette plus de 5 000 appareils dans la bataille. Pour la première fois depuis 1941, les Soviétiques disposent d'une maîtrise de l'air quasi absolue. L'opération Bagration se traduit enfin par une vague de sabotages sans précédent effectués par les partisans contre les voies ferrées. Pendant deux jours, les communications ferroviaires sont paralysées.

Dernière considération, l'aspect politique. On peut se demander dans quelle mesure la débâcle du front central ne procède pas du malaise du haut commandement. Sur 17 généraux faits prisonniers, 16 adhèrent immédiatement au comité de l'Allemagne libre. Ils invitent leurs camarades à mettre fin à « un massacre inutile » et à ne plus obéir aux « ordres meurtriers » de Hitler. Le général Müller du 12e corps d'armée ordonne à ses hommes de déposer les armes. Il les assure que les Soviétiques se sont engagés à prendre soin des blessés, à laisser aux officiers leurs sabres et à autoriser le port des décorations. Ces appels sont largement diffusés par la radio de Moscou et des millions d'exemplaires sont lancés sur les lignes allemandes. Simultanément, Paulus, le vaincu de Stalingrad, sort de son silence et adhère lui aussi au comité[1].

En Allemagne comme en France, l'aggravation brutale de la situation militaire ne peut qu'inciter les conjurés à passer à l'action. Le débarquement du 6 juin a déjà provoqué un énorme désarroi. Un atout majeur vient de disparaître. Le Reich ne semble plus pouvoir échapper à la capitulation. Pour Treschkow, l'attentat doit tout de même avoir lieu. Il prendra figure de symbole. Il démontrera l'existence d'une résistance allemande et constituera le seul moyen de sauver l'honneur de l'armée allemande.

Toutefois, avec la stabilisation du front de Normandie renaît l'espoir d'une négociation à l'Ouest. Espoir d'autant plus vif que de nouveaux contacts avec Allen Dulles laissent entendre la possibilité de pourparlers avec les Britanniques. Les Américains souhaiteraient de leur côté une cessation rapide du conflit en Europe pour concentrer leurs efforts en Extrême-Orient. Fort de ces ouvertures, Stauffenberg n'écarte pas la perspective de négociations de soldat à soldat. Il envisage de prendre contact avec Eisenhower et Marshall pour parvenir à un arrêt des hostilités à l'Ouest entre commandements supérieurs, sans participation des gouvernements[2].

L'offensive soviétique du 22 juin, qui laisse un moment planer la menace d'un effondrement complet du front oriental, décide Stauffenberg à agir le plus vite possible. Le 7, le 11 et le 15 juillet, il ne peut cependant déposer une bombe à retardement dans la salle de conférences de Berchstesgaden. Il prétexte l'absence de personnalités clés du régime, comme Göring ou Himmler, ou la brièveté inattendue de la réunion.

A ce moment, les conjurés bénéficient du soutien absolu de Rommel, encore qu'une ambiguïté pèse sur le rôle du maréchal. Comme il le déclare le 9 juillet, devant le colonel Hofacker, un cousin de Stauffenberg, il est toujours hostile à un assassinat et reste partisan d'une arrestation suivie d'une comparution devant une juridiction allemande. Rommel semble alors décidé à devancer Stauffenberg, par la conclusion d'un armistice avec Eisenhower et Montgomery.

En échange de l'arrêt des attaques de V1, de l'évacuation des territoires occupés à l'Ouest et d'un repli derrière la ligne Siegfried, le Reich pourrait poursuivre la lutte contre l'Union soviétique. La fin des bombardements stratégiques permettrait de rallier l'ensemble de la population.

Rommel se déclare encore prêt à assumer le commandement en chef de l'armée. A l'Est, le front serait ramené sur une ligne allant de l'embouchure du Danube à Memel, en passant par les Carpates, Lwow et la Vistule. Avec l'élimination du Führer, un gouvernement serait mis en place avec Beck, Gördeler et Leuschner.

Avec l'accord tacite de von Kluge, qui hésite à s'engager totalement, Rommel consulte les généraux du front de Normandie. Tous jugent la situation militaire extrêmement grave, voire désespérée. Même les généraux SS comme Paul Hausser, qui vient de recevoir le commandement de la 7e armée, ou Sepp Dietrich, à la tête du corps blindé SS, sont envahis par le pessimisme et finalement favorables aux idées de Rommel.

A la suite de cette consultation, le maréchal demande à Kluge d'adresser « d'extrême urgence » un mémoire au Führer où il souligne qu'une lutte inégale et héroïque touche à sa fin. « Je suis obligé, conclut-il, de vous prier de tirer immédiatement les conséquences politiques de cette situation. En ma qualité de commandant en chef du groupe d'armées, je me sens le devoir de vous le dire nettement. »

Même si Speidel, de peur de déchaîner l'exaspération du Führer, fait biffer le mot politique, on peut s'interroger sur le sens d'un mémoire qui s'identifie à un véritable ultimatum. Par acquit de conscience, Rommel a-t-il voulu donner une dernière chance à Hitler, l'amener à prendre la seule décision susceptible de s'imposer ? A-t-il voulu encore prendre la direction du complot et éviter l'attentat qui lui a toujours répugné ? On ne sait.

Quoi qu'il en soit, le 17 juillet, au cours d'une inspection sur le front, la voiture de Rommel est mitraillée par deux avions alliés. Le maréchal est grièvement blessé. Sa disparition porte un coup extrêmement sévère pour la résistance allemande. Même si le projet de négociation à l'Ouest n'était qu'une illusion, Rommel était probablement le seul à disposer de la popularité suffisante, aussi bien auprès de l'armée que de la population, pour conjurer les risques d'une guerre civile au lendemain d'un attentat qu'il réprouvait.

Quel a été le résultat de la disparition de Rommel sur les conjurés, il est difficile de le dire. Ce qui est sûr, c'est qu'au moment de déposer sa bombe, le 20 juillet, Stauffenberg est sans illusion. Il ne croit plus à la possibilité d'éviter une capitulation. Le seul avantage d'une disparition de Hitler sera de mettre fin à une lutte sans espoir, d'éviter de nouveaux sacrifices et de révéler l'existence d'une « autre Allemagne ».

L'attentat du 20 juillet est trop connu pour qu'on y insiste. Ce jour-là, Stauffenberg est à nouveau convoqué au quartier général de Hitler, cette fois-ci à Rastenburg. La conférence se déroule dans une baraque en bois, en présence de 25 personnes. Stauffenberg dépose la bombe dissimulée dans sa serviette sous la table. Prétextant un appel téléphonique, il sort de la salle et, quelques minutes plus tard, il assiste à l'explosion. La baraque vole en éclats, des corps sont projetés à l'extérieur. On compte quatre morts, plusieurs blessés graves. En revanche, Jodl, Keitel, Hitler, sont pratiquement indemnes.

Convaincu que le Führer est mort, Stauffenberg réussit à sortir de l'enceinte du camp, à gagner le terrain d'aviation et à prendre un avion qui atterrit à Berlin, à 15 h 40. Personne ne l'attend et c'est avec beaucoup de mal qu'il obtient un véhicule de service de la Luftwaffe.

Arrivé à la Bendlestrasse, le ministère de la Guerre, il retrouve Beck, Olbricht, Merz von Quirnhem, Hoepner. Witzleben, qui doit prendre le commandement de la Wehrmacht, n'est pas arrivé. A son grand étonnement, Stauffenberg constate que le plan Walkyrie n'a pas encore été déclenché. La raison en tient aux rumeurs qui circulent dans le ministère. Il y aurait eu un attentat à Rastenburg, mais le Führer serait indemne. Rumeur qui tient à un message ambigu du général Fellgiebel, le chef du service des transmissions, qui a signalé vers 13 heures : « Une terrible nouvelle, heureusement le Führer vit. » Message confirmé par une communication téléphonique de Keitel à Fromm à 16 h 10.

Stauffenberg s'insurge. Il affirme que Hitler est mort. Il a vu emporter son cadavre. Keitel ment effrontément. Les conjurés se décident à agir. Le général Fromm, le commandant de l'armée de l'intérieur, refuse alors de s'engager. Il est consigné dans son bureau par Olbricht et Merz von Quirnhem. D'autres officiers généraux convoqués à la Bendlestrasse connaissent le même sort, comme l'Oberführer Piffrader, le représentant de Himmler, le général von Kortzfleisch, le commandant de la région militaire de Berlin et de la province de Brandebourg, et le colonel Gläsemer, qui commande l'école des blindés de Krampnitz.

Des messages sont envoyés dans toute l'Allemagne, le premier signé Witzleben : « En une heure de danger extrême pour la patrie, où une clique sans scrupules de politiciens n'ayant pas de contact avec le front a essayé d'attaquer dans le dos les unités combattantes, [le maréchal von Witzleben], investi du pouvoir exécutif en même temps que du commandement suprême de la Wehrmacht, subordonne aux détenteurs du pouvoir exécutif les Waffen SS, les dirigeants et organisations du parti national-socialiste… »

Un second message signé par Fromm et Stauffenberg prévoit que « doivent être relevés immédiatement de leurs fonctions et internés tous les Gauleiter, Reichsstatthalter, ministres, préfets, préfets de police, chefs de la Gestapo et les services des SS… ». Il prévoit également l'occupation des camps de concentration, l'arrestation de leurs chefs et le désarmement « sans ménagement des unités de Waffen SS, dont la soumission sans réserve semble douteuse ».

Le seul atout majeur des conjurés repose alors sur le général von Hase, le chef de la Kommandantur de Berlin, qui accepte de diriger sur la capitale des unités de sécurité, d'isoler le quartier des ministères et d'arrêter Goebbels. La manœuvre tourne court. Averti, le ministre de la Propagande convoque le chef du bataillon de sécurité, le commandant Remer, le met en communication téléphonique avec Hitler et obtient son ralliement. Progressivement, Remer va prendre le commandement des troupes dirigées sur la capitale par von Hase.

A la fin de la journée débute le reflux. La station de radio – que les conjurés n'ont pas réussi à contrôler – annonce à plusieurs reprises l'imminence d'une communication du Führer. Witzleben, arrivé enfin en grande tenue au ministère de la Guerre, s'indigne de l'absence de troupes. C'est avec beaucoup de répugnance et sans la moindre conviction que le général Hoepner, sur l'injonction de Stauffenberg, se résigne à prendre le commandement de l'armée de l'intérieur.

Dans le service des transmissions, des officiers de conviction nationale-socialiste se livrent à un sabotage ouvert. Ils cessent de transmettre les messages de Walkyrie. Sur ordre de Rastenburg, le général Reinecke, un nazi convaincu, passe à la contre-attaque. Un groupe d'officiers, pistolet au poing, pénètre dans le ministère, procède à l'arrestation des conjurés, libère les officiers enfermés dans les bureaux. Stauffenberg est blessé d'une balle au bras.

C'est alors une lamentable débandade. Witzleben disparaît. Hoepner est jeté en prison. Beck tente de se suicider d'une balle de pistolet. Il ne réussit qu'à se blesser légèrement. On l'achève. Désireux de faire oublier un comportement plus qu'ambigu, Fromm ajoute l'ignominie à la lâcheté. Il réunit une cour martiale. Olbricht, Stauffenberg, Herz von Quirnhem, von Haeften, l'officier d'ordonnance de Stauffenberg, sont condamnés à mort et immédiatement fusillés dans la cour du ministère à la lumière des projecteurs d'une voiture. Avant de tomber, Stauffenberg a le temps de crier : « Vive notre Sainte Allemagne ! »

Vers 1 heure, quand Hitler s'adresse au pays à la radio, le coup d'Etat est alors totalement maîtrisé. Si les messages de Witzleben ont semé la confusion à Vienne, à Cassel, à Breslau ou à Prague, le putsch n'a connu de réussite qu'à Paris, où Stülpnagel, à l'annonce de l'attentat, a fait arrêter tous les membres de la Gestapo, de la SS et du SD, 1 200 personnes dont Oberg et Knochen. En revanche, il n'a pas réussi à entraîner von Kluge, au cours d'une conversation téléphonique, et pas davantage lors d'une visite, en compagnie de Hofacker, au quartier général de La Roche-Guyon. Kluge refuse de s'engager, du moment que le « cochon », suivant sa propre expression, n'est pas mort.

Stülpnagel n'a plus comme seule solution que de libérer les membres du SD et de la SS, ne serait-ce que pour éviter une intervention des bataillons de marins de l'amiral Krancke. Tout le monde affecte de croire à un malentendu et on sable le champagne jusqu'à l'aube. Convoqué à Berlin, Stülpnagel tente de se suicider près de Verdun, où il avait combattu en 1916. Il ne fait que se blesser et se rendre aveugle. Condamné à mort, il sera pendu le 30 août.

Quelques heures seulement après l'attentat, Hitler et son entourage prennent la dimension de l'affaire. Il ne s'agit pas du geste d'un isolé, pas davantage d'un complot organisé par des politiciens de second ordre et une clique de généraux à la retraite. Il s'agit encore moins d'une ultime rébellion de la vieille aristocratie prussienne ou souabe, comme le laisserait croire la liste des participants, avec de grands noms historiques. Moltke, Yorck, Schwerin, Kleist, Oertzen, Schulenburg, Tresckow, Stauffenberg, Hofacker…

Si elle ne concerne ni la marine ni la Luftwaffe, de sentiment profondément national-socialiste, si elle épargne l'OKW, la conjuration concerne l'OKH, avec le rôle trouble de Zeitzler immédiatement remplacé par Guderian, et pousse des ramifications dans différents services, Rastenburg, Zossen, Berlin et les centres du haut commandement à l'Ouest.

La répression va être d'une brutalité exemplaire. La Gestapo n'a aucun mal à mener son enquête. Avec une imprudence désarmante, les conjurés ont accumulé des notes, des listes de sympathisants, des organigrammes, confié leurs pensées et leurs espoirs à des journaux intimes. Nombre de ces documents sont découverts dans un des coffres-forts de l'OKH à Zossen... Plus de 5 000 personnes sont compromises. Les plus importantes, celles qui ont échappé au suicide, seront déférées devant le tribunal du peuple présidé par Friessner, un ancien communiste, qui s'inspire totalement des méthodes staliniennes.

Tout en évitant soigneusement de condamner en bloc l'armée, tout en interdisant « toute attaque du corps des officiers, des généraux, de la noblesse ou des forces armées en tant que corps », Hitler profite de l'occasion pour imposer une obéissance absolue et définitive. Himmler prend le commandement de l'armée de l'intérieur. Des officiers politiques sont chargés de surveiller les états-majors.

Cette remise en ordre s'effectue sans la moindre difficulté. L'armée en devient la complice. Les protestations de dévouement et de fidélité se multiplient. C'est le corps des officiers lui-même qui propose de remplacer le salut militaire traditionnel par celui du parti national-socialiste. Von Rundstedt, Keitel et plusieurs généraux dont Guderian acceptent de constituer un tribunal d'honneur chargé de trancher les cas litigieux. Avec une candeur suprenante, la plupart des officiers compromis rédigent des confessions d'une sincérité désarmante qui les conduisent au tribunal du peuple. Le but est atteint. Il n'y aura plus la moindre opposition.

Au total, on comptera près de 200 exécutions. Gördeler, Witzleben, Hoepner, Yorck, Stieff, Fellgiebel, Trott zu Solz, Hassel, Hofacker, Moltke, seront condamnés à mort et pendus. Fromm bénéficiera d'un traitement de faveur. Il sera fusillé. A la veille de la capitulation, Bonhoeffer, Oster et Canaris, victimes de ses ambiguïtés, seront exécutés à leur tour.

D'autres opteront pour le suicide à l'exemple de Beck, comme Tresckow et finalement von Kluge. Le 15 août, en pleine bataille de Falaise, l'OKW perdra contact avec lui. Sa « disparition » reste équivoque. Devait-il rencontrer des parlementaires américains pour conclure une suspension d'armes ou s'était-il trouvé tout simplement privé de moyens de communication, après la destruction de sa voiture-radio[3] ? Rien ne permet de l'affirmer.

Quoi qu'il en soit, Hitler soupçonne la trahison. Von Kluge sera immédiatement relevé de son commandement, remplacé par le maréchal Model et convoqué en Allemagne. Il se suicidera en cours de route, dans la traversée de l'Argonne, après avoir adressé à Hitler une lettre qui ne manque pas de grandeur et que celui-ci remettra à Jodl sans le moindre commentaire : « Mon Führer, quand vous recevrez ces lignes, je ne serai plus. Je ne puis supporter le reproche d'avoir scellé le destin de l'Ouest par une mauvaise stratégie... Je vais rejoindre des milliers de mes camarades.

« J'ignore si le maréchal Model réussira à se rendre maître de cette situation. Je l'espère de tout mon cœur. Mais, s'il ne devait pas en être ainsi et si vos nouvelles armes tant désirées ne réussissaient pas, alors, mon Führer, décidez-vous à mettre fin à la guerre. Le peuple allemand a supporté tant d'épreuves inouïes qu'il est grand temps d'en finir avec ces horreurs. Il doit bien exister des moyens pour y parvenir et surtout pour empêcher le Reich de tomber sous la botte des bolcheviks. »

Le sort le plus tragique concernera Rommel. En convalescence dans sa maison de Herrlingen, le maréchal sera rapidement mis en cause par les aveux de certains conjurés. Après quinze jours de réflexion, Hitler optera pour la disparition de celui qui avait été un de ses soldats préférés. Le 14 octobre, le général Maisel, chef de la section disciplinaire, et son adjoint Burgdorf informeront Rommel qu'il est accusé de haute trahison, mais qu'en raison des services rendus le Führer lui accorde la grâce de mourir par le poison, de préférence au revolver.

Rommel acceptera. Il montera en voiture avec les deux généraux et, quelques instants plus tard, ceux-ci avertiront sa famille que le maréchal est mort d'une hémorragie cérébrale. Le 18 octobre, jour de deuil national, se dérouleront à Ulm des funérailles grandioses. Le maréchal von Rundstedt prononcera l'oraison funèbre, affirmant en conclusion que « ce combattant infatigable pour la cause du Führer et du Reich était imbu des principes du national-socialisme, qu'il en avait tiré toute sa force et qu'ils avaient été le moteur principal de toutes ses actions. Son cœur appartenait au Führer ». La vérité n'éclatera qu'après la guerre.

En attendant, la crise du 20 juillet n'est pas sans répercussion sur la conduite de la bataille de Normandie. Au lendemain de l'échec de l'attentat, tous les chefs du front de l'Ouest adressent à Hitler des témoignages de fidélité. Mais pour les officiers qui ont adhéré à la conspiration, la déception est terrible et une lourde atmosphère de suspicion s'abat sur les états-majors. Von Kluge, pour avoir prêté une oreille complaisante aux propos de Treschkow, de Stülpnagel ou de Rommel, se sent particulièrement visé. Il est saisi d'une angoisse grandissante, qui contribue à tuer son peu d'esprit d'initiative et d'indépendance.

Guderian se montrera extrêmement sévère sur sa façon de conduire les opérations. « Von Kluge, écrira-t-il, était un soldat assidu, un bon tacticien à petite échelle, mais il n'entendait rien à l'emploi mobile des unités blindées. Partout où j'en fus le témoin, son influence sur le commandement des unités blindées se révéla paralysante. Il était maître dans le déchiquetage des grandes unités. Rien d'étonnant alors que le commandement à l'Ouest continuât de s'attacher aux apparences au lieu de prendre le mal à sa racine et de passer à la guerre de mouvement avec ce qui restait d'unités encore capables de se déplacer. Notre résidu de forces mobiles fut mis en loques dans des contre-attaques frontales à objectifs limités, exécutées sous la portée de l'artillerie navale ennemie[4]. »

Le commandement à l'Ouest reste toujours tributaire d'une vision totalement déformée des moyens et des intentions de l'adversaire. Le 24 juillet, Speidel, tout en estimant « qu'une opération de très vaste ampleur est peu probable », n'en juge pas moins le secteur, entre le nord de la Somme et le cours de la Seine, particulièrement menacé. Au moment où la plupart des grandes unités alliées disponibles ont franchi la Manche, le chef d'état-major du groupe d'armées B estime que 40 divisions sont en Normandie (ce qui est à peu près exact) mais qu'il en reste encore 42 en réserve. Dans son éternelle attente, la 15e armée ne cède que 3 divisions d'infanterie. Les 4 autres grandes unités appelées en renfort viennent du midi de la France ou de Scandinavie.

Tout en persistant à croire à un second débarquement, von Kluge et Speidel commettent une seconde erreur. Ils négligent la menace américaine dans le Cotentin et immobilisent le gros de leurs forces face aux Britanniques dans le secteur de Caen. C'est ainsi que 14 grandes unités dont 7 Panzer et 4 bataillons de chars lourds (600 engins) sont engagées contre 14 divisions britanniques, alors que 5 divisions seulement, appuyées par des éléments de deux Panzer (110 chars), s'opposent à 16 divisions américaines, prêtes à être renforcées par la 3e armée de Patton.

Ce déséquilibre explique largement la rupture d'Avranches réalisée le 31 juillet, avec l'emploi massif de l'aviation stratégique. Avec un sens de la manœuvre, rare chez les grands chefs anglo-américains, Patton passe à l'exploitation. Au sortir du Cotentin, il lance ses colonnes motorisées en éventail : le 8e corps sur la Bretagne, le 20e vers Nantes et Angers. Quant au 15e corps, par Mayenne et Laval, il marche en direction du Mans et d'Alençon. Dès les premiers jours d'août, une menace extrêmement grave pèse ainsi sur la 7e armée. Kluge demande aussitôt l'autorisation d'effectuer un repli en direction de la Dives et de la Seine.

Le 5 août, Hitler s'oppose à tout recul et ordonne à von Kluge de lancer toutes les unités blindées du front de l'Ouest dans une tentative désespérée pour atteindre Avranches et couper les forces américaines aventurées au sud du Cotentin. Le tempérament de Hitler, sa puissance exceptionnelle de volonté, son art de dramatiser les situations, expliquent déjà une décision qui fera l'objet d'interminables commentaires.

Par ailleurs, comme il le déclare devant Jodl, le 2 août, Hitler ne croit pas à une retraite des forces de la 7e armée et des troupes au nord de la Loire. Avec le peu de mobilité des divisions d'infanterie, l'énorme supériorité de l'aviation alliée, la désorganisation des chemins de fer, l'armée allemande sera incapable de reprendre une guerre de mouvement. Tout repli vers l'Est se heurtera à un obstacle majeur, le cours de la Seine, dont tous les ponts sont détruits, à l'exception de ceux de Paris.

Un dernier élément joue son rôle : l'échec relatif de l'offensive britannique au sud-ouest de Saint-Lô, qui n'a pu enlever l'observatoire du mont Pinçon. La poussée britannique a permis d'élargir la base de la percée américaine, tout en laissant subsister un étroit couloir à hauteur d'Avranches qui ne peut qu'encourager Hitler à attaquer.

L'offensive en direction d'Avranches démarre dans la nuit du 6 au 7 août avec des éléments appartenant à 4 divisions blindées, moins de 200 chars. Jusqu'à l'aube, des progrès sont enregistrés. Mortain est reprise, mais, dans la soirée du 7, l'échec est patent. Les blindés ne réussissent pas à franchir les 30 derniers kilomètres qui les séparent de la côte. Indépendamment de la mauvaise volonté du commandant de la 116e Panzer, le général von Schwerin, qui sabote ostensiblement l'intervention de sa division, l'échec tient à l'absence totale du secret, avec le décryptement de messages Enigma. Cette rupture permet l'intervention massive de l'aviation tactique dont les attaques sont qualifiées par les équipages de blindés « d'insupportables ».

Avec l'échec de l'offensive de Mortain, une menace de plus en plus grave pèse sur la 7e armée, sur le point d'être prise dans une gigantesque tenaille. La menace provient du nord, avec les Canadiens qui réussissent à s'emparer de Falaise, et du sud avec le 15e corps américain qui arrive à Argentan. C'est le 16 août seulement que Hitler se résigne à donner un ordre de repli, convaincu que von Kluge a lancé son offensive prématurément pour le « discréditer ».

L'Operativkunst allemande se manifeste alors dans toute sa vigueur. Des formations blindées réussissent à bloquer les Canadiens au sud de Falaise, ainsi que les Américains devant Argentan. La retraite peut s'effectuer par un couloir d'une vingtaine de kilomètres. Elle s'accomplit alors sous les ordres de Model, qui vient de remplacer von Kluge rappelé en Allemagne, et qui se heurte à une seconde tentative d'encerclement plus à l'est.

Tandis que les Américains s'emparent de Bourg-Saint-Léonard à 10 kilomètres à l'est d'Argentan, les Canadiens depuis Falaise progressent en direction de Trun et de Chambois. Le 17 août, après la perte de Trun, la poche de Falaise ne communique plus avec l'extérieur que par un étroit passage d'une dizaine de kilomètres. Le calvaire de la 7e armée commence. Près de 100 000 hommes et le matériel de 7 Panzer sont entassés dans ce « chaudron » de 30 kilomètres sur 15 de large, entièrement sous le feu de l'artillerie alliée et comprimé de toute part.

D'immenses embouteillages de chars, de camions, de véhicules de toutes sortes bloquent les routes entre Falaise, Argentan et Falaise-Chambois. Les attaques aériennes sont constantes. Les 19 et 20 août sont les journées les plus dramatiques. Des unités se débandent, les plus faibles flanchent. Sur certaines routes, le tir de l'artillerie provoque un véritable carnage. Cependant, avec une étonnante énergie, des unités réussissent à maintenir le couloir ouvert. Des combats acharnés opposent les débris des Panzer aux Canadiens et aux Polonais, à Trun, à Chambois et à Saint-Lambert.

Plus de la moitié des Allemands réussissent, en définitive, à sortir de la poche par de multiples brèches et à franchir la Dives, laissant derrière eux 10 000 morts, 30 000 prisonniers pour la plupart blessés et près de 400 engins blindés. Les plus forts, les plus audacieux arrivent à quitter cet enfer. Aucune reddition d'unité constituée n'intervient. Partout, les Allemands combattent avec une énergie désespérée. Le 21 août, la 2e Panzer effectue encore un dernier effort pour libérer les troupes encerclées.

Si la bataille de Normandie ne se termine pas par l'humiliation d'un second Stalingrad, elle n'en constitue pas moins une impressionnante défaite. La 7e armée n'existe pratiquement plus, et ce sont des divisions en lambeaux qui tentent une retraite aléatoire en direction de la Seine.

A la défaite de Normandie s'ajoute le succès du débarquement de Provence réalisé le 15 août avec un luxe de moyens considérable sur le secteur le plus mal défendu du littoral méditerranéen, tenu par trois divisions de seconde catégorie. Dès le 16, l'OKW donne à la 19e armée l'ordre de se replier en direction du nord par la route des Alpes et la vallée du Rhône. La résistance ne doit concerner que Marseille et Toulon pour y effectuer le maximum de destructions.

En dépit du coup d'arrêt donné sur la Vistule et la résistance habile menée par Schôrner dans les pays Baltes avec repli de ses forces en Courlande, la situation reste tout aussi critique sur le front de l'Est. Le 10 juillet, l'Armée rouge lance une violente offensive contre la Finlande. Tout en cédant du terrain, les Finnois résistent et sauvent pour la seconde fois l'indépendance de leur pays. La fatigue de ses troupes amène Moscou, le 4 septembre, à accorder une trêve. La Finlande échappe à l'occupation et doit être évacuée par les contingents allemands qui vont se replier lentement en direction du nord de la Norvège, multipliant les destructions.

En réalité, la seconde catastrophe du front de l'Est, après celle de la Russie blanche, intervient le 20 août lors du déclenchement d'une nouvelle offensive soviétique contre la Roumanie. Au bout de quelques jours, cette offensive entraîne la chute du gouvernement Antonescu et la défection de la Roumanie, qui ne se contente pas de signer un armistice, mais déclare la guerre au Reich.

Pour les troupes allemandes, étroitement imbriquées avec des unités roumaines, ce revirement a des effets catastrophiques. Une quinzaine de divisions, prises au piège, attaquées par les Roumains et les Soviétiques, sont détruites. Le général Friessner entame le repli des débris de son armée sur la Slovaquie et la Hongrie.

Une autre menace pèse encore sur le front oriental. Le 28 août, Moscou déclare la guerre à la Bulgarie et l'Armée rouge pénètre sur son territoire. Cette série d'événements incite le régent Horthy à entamer des négociations avec le gouvernement soviétique et laisse planer une menace sur le groupe d'armées F du général von Weichs, engagé en Grèce.

Le bilan de l'été 1944 est donc désastreux pour la Wehrmacht. Les pertes sont énormes ; elles se comptent par centaines de milliers d'hommes. Pour la première fois depuis 1939, l'armée allemande se trouve repoussée sur certaines frontières du Reich.

Plusieurs causes expliquent cette situation catastrophique. On est tenté à nouveau d'invoquer les erreurs de Hitler avec la malheureuse contre-offensive de Mortain. Encore qu'avec la percée de Patton à Avranches la 7e armée était, de toute manière, condamnée à une retraite largement compromise par le franchissement de la Seine.

Le nombre a également joué son rôle. Les troupes soviétiques disposent en 1944 d'une énorme supériorité en hommes et en matériel sur l'armée allemande, même si celle-ci engage encore à l'Est les deux tiers de ses forces. A la fin juillet, les Alliés affichent également en Normandie une supériorité de moyens croissante sur des troupes allemandes totalement privées de soutien aérien.

Mais la cause principale de défaites devenues des désastres tient à la carence totale des services de renseignements de la Wehrmacht, même après l'absorption de l'Abwehr par le SD depuis février 1944. Cette carence est, en grande partie, à l'origine de l'effondrement du front central en Russie blanche et du déséquilibre des forces allemandes à l'Est, dont les réserves stratégiques ont été concentrées en Galicie. Le succès de l'Armée rouge en Roumanie tient encore à un manque d'informations sur l'évolution de la situation politique à Bucarest.

Mais la carence la plus sérieuse concerne le théâtre occidental. On pourra toujours s'étonner de l'incroyable succès de Fortitude. Prévu pour fonctionner une dizaine de jours, le plan d'intoxication allié a fait sentir ses effets jusque dans la seconde quinzaine de juillet. Son succès a été renforcé par l'erreur monumentale du commandement allemand sur l'évaluation des moyens alliés. Erreur très probablement liée à une intoxication interne émanant d'officiers acquis à la conjuration. Tout au long de la bataille, les responsables ont encore été victimes des décryptements d'Enigma qui ont permis, notamment, de parer immédiatement à la contre-offensive de Mortain.

En l'absence de Fortitude, le front de Normandie aurait pu être rapidement étayé par les divisions mobiles de la 15e armée, ce qui aurait permis, comme le souhaitaient les spécialistes des blindés, Geyr von Schweppenberg ou Guderian, de regrouper les Panzer dans une contre-offensive massive, notamment après l'arrivée en Normandie du 2e corps blindé SS.

S'il est toujours artificiel de refaire l'Histoire, il n'en reste pas moins qu'une attaque de grande ampleur lancée à la fin juin aurait trouvé des conditions extrêmement favorables. Depuis le jour J, les plans alliés restaient soumis à une terrible inconnue : les conditions météorologiques. A cet égard, le coup de vent du nord-est qui s'abattit sur la Manche du 19 au 26 juin eut des conséquences extrêmement graves.

Il réduisit non seulement l'activité aérienne, mais entraîna la destruction de centaines de chalands, la dislocation du port artificiel américain et un retard considérable dans les déchargements de l'ordre de 75 %, au point, suivant le rapport américain, « de remettre en question la possibilité de se maintenir sur le continent ».

Dans cette conjoncture, une contre-attaque allemande aurait eu des chances sérieuses de succès.

Même si les Panzer n'avaient pu rejeter les Alliés à la mer, un renforcement du front aurait aggravé la congestion de la tête de pont, arrivée fin juillet à la limite de la saturation, et peut-être permis de déboucher sur une impasse comparable à celle des Dardanelles, avec la perspective d'un rembarquement à la mauvaise saison. Quoi qu'il en soit, c'est la faillite du renseignement qui constitue une des causes déterminantes de la défaite allemande en Normandie. On ne peut nier davantage, comme on l'a souligné, les implications d'une crise politique dont les incidences ont été constantes dans la conduite des opérations.

16

Chute et redressement

En août 1944, la Wehrmacht semble à la veille de l'effondrement. Aussi bien à l'Est qu'à l'Ouest, les armées allemandes sont en pleine retraite et un rétablissement paraît hors de question. Dans le camp occidental, on caresse l'espoir d'une fin de guerre avant Noël. A la stupeur générale, les forces du Reich vont effectuer un ultime redressement, prolonger la guerre de huit mois et même lancer en décembre une dernière contre-offensive.

En attendant, le tableau de l'été 1944 est sinistre. Si un rétablissement fragile se manifeste le long de la Vistule, la situation n'en reste pas moins critique dans les pays Baltes et davantage encore dans les Balkans, avec la défection de la Roumanie et l'attitude équivoque de la Hongrie. En Italie, la situation est tout aussi incertaine. En s'emparant de Rimini, la 8e armée britannique tourne la ligne gothique, tandis que la 5e armée américaine tente de rompre les positions allemandes à hauteur de Bologne.

C'est cependant à l'Ouest que la situation est la plus sérieuse, au lendemain de l'effondrement de Normandie. Les Alliés, avec le soutien de la Résistance, passent à l'exploitation et, par une ironie de l'Histoire, appliquent avec brio les procédés de la Blitzkrieg. A la tête de la 2e DB, le général Leclerc croit revivre la campagne de France à l'envers. Situation d'autant plus sérieuse qu'à l'Ouest le Reich manque de capital espace.

Le 30 août, le 21e groupe d'armées de Montgomery franchit la Seine, avant d'atteindre Amiens, 48 heures plus tard. Le 3 septembre, Bruxelles est libérée et, le lendemain, le port d'Anvers et ses installations tombent intacts aux mains des Britanniques, qui commettent cependant l'erreur majeure de ne pas s'assurer le contrôle des bouches de l'Escaut.

La marche du 12e groupe d'armées de Bradley est tout aussi spectaculaire. Dans la première semaine de septembre, les troupes de Hodges libèrent Liège et Luxembourg, et certains éléments américains franchissent la frontière allemande à hauteur d'Aix-la-Chapelle. Plus au sud, après avoir franchi, à partir du 20 août, la Seine, de part et d'autre de Paris, à Mantes et Melun, les divisions de la 3e armée de Patton traversent la Champagne, pénètrent en Lorraine, franchissent la Meuse. Verdun est libéré le 1er septembre, Nancy une semaine plus tard. Les avant-gardes américaines établissent ensuite des têtes de pont sur la Moselle en vue de poursuivre leur avance en direction de Metz et de la Sarre. Quant au groupe d'armées de Devers venu de Provence, il libère Lyon le 3 septembre, Besançon le 8, Dijon le 11 et effectue sa liaison avec l'armée Patton à Langres, avant d'atteindre la trouée de Belfort et de s'aligner sur les Vosges.

Aux défaites militaires s'ajoute la reprise, avec une violence sans précédent, de l'offensive de bombardement stratégique sur le Reich. A la fin de 1944, la 8e Air Force va aligner 3 800 appareils contre 1 800 au début de l'année, la 15e 1 500 au lieu de 800. Le Bomber Command dispose de 1 600 avions, en grande partie des quadrimoteurs. Plus de 900 000 tonnes de bombes vont être lancées en 1944 sur l'Allemagne et les territoires satellites, au lieu de 500 000 au cours des quatre années précédentes. A partir de l'automne, l'aviation tactique associe son effort à celui du bombardement stratégique. Elle déversera 250 000 tonnes de bombes sur le Reich jusqu'à la capitulation.

Les raids contre les villes constituent encore plus de la moitié de l'activité du Bomber Command. Mais la RAF conjugue son action avec l'US Air Force contre l'industrie du pétrole. Des attaques répétées concernent les 60 plus grandes entreprises, raffineries ou usines de synthèse. Des bombardements de plus en plus intenses concernent également le système des communications, voies navigables et chemins de fer.

Alors que le désastre semble inévitable, un redressement des forces allemandes se manifeste sur tous les fronts dès la mi-septembre. A l'étonnement des Alliés, convaincus que l'issue du conflit se trouve en vue, ce redressement se manifeste d'abord sur le front occidental. Les raisons en sont multiples.

Il tient, tout d'abord, à la détermination farouche du Führer, en apparence étranger à toute forme de découragement. Depuis l'attentat du 20 juillet, Hitler est désormais convaincu qu'il a été épargné par la Providence. Cette conviction contribue à l'ancrer dans la certitude de la légitimité de sa mission et d'une victoire finale. La répression qui s'abat sur les conjurés lui apporte un soulagement. Les défaites qui se sont accumulées depuis 1943 ne tiennent pas aux erreurs qu'il aurait pu commettre sur le plan stratégique mais à la trahison. La fortune doit à nouveau sourire aux armes allemandes.

L'attentat renforce encore son admiration pour Staline qui, lui au moins, a su par les purges de 1937 refondre totalement le corps des officiers soviétiques et étouffer toute velléité de trahison. Il lui donne enfin l'occasion, peut-être trop tardive, de contrôler le comportement de ses généraux d'une main de fer et de ne plus supporter la moindre défaillance. L'obéissance aveugle aux ordres du Führer ne doit plus être un vain mot.

Il n'en reste pas moins que les directives de Hitler au lendemain de la bataille de Falaise se révèlent inapplicables. Celle du 20 août prévoyait un repli derrière une ligne marquée par la Seine, l'Yonne, le canal de Bourgogne, rejoignant ensuite Dole et la frontière suisse, avec le maintien d'une tête de pont au sud de Paris.

Le franchissement de la Seine par Patton dès le 20 août, la libération de Paris le 25, entraînent un nouveau projet. Le repli se situera sur les positions que doit organiser le général Kitzinger, c'est-à-dire la Somme, l'Aisne et le plateau de Langres. Là encore, avec la capture d'Eberbach, le commandant des blindés ouest près de Beauvais, et l'avance beaucoup plus rapide que prévu des groupes d'armées de Montgomery et de Bradley, ce plan doit être également abandonné, d'autant plus qu'une brèche d'une centaine de kilomètres sépare alors la 15ᵉ armée rejetée dans le Pas-de-Calais et la 7ᵉ armée refoulée vers l'Est. En vertu d'une nouvelle directive du 24 août, la retraite concerne alors les bouches de l'Escaut, les avancées du mur de l'Ouest (ligne Siegfried), la région fortifiée de Thionville-Metz, les Vosges et la trouée de Belfort. A la différence des précédentes, cette ligne de repli sera tenue.

A la lumière d'une solide expérience, Hitler tient à l'avance à aggraver les frictions que vont connaître inévitablement les armées alliées après une progression de plus de 500 kilomètres. Dès le 16 août, il donne l'ordre aux divisions côtières privées de toute mobilité de transformer les ports en « forteresses ». Ces réduits retiendront le maximum de forces alliées et surtout entraveront le ravitaillement des armées anglo-américaines toujours tributaires des plages de débarquement et de Cherbourg. Une reddition ne devra intervenir qu'après destruction complète des installations portuaires.

La décision se révèle fructueuse et va contribuer à une dissociation des armées alliées. On le constate avec la Bretagne. Lors de la percée d'Avranches, le commandement allié n'envisage pas encore une avance éclair en direction de la Seine. Aussi oriente-t-il vers l'Atlantique un des corps de Patton de manière à s'emparer des installations de Brest et créer une base maritime en baie de Quiberon.

Des flottements dans la marche du 8e corps de Middleton permettent au général Farmbacher, en dépit de l'action de la Résistance, de transformer en forteresses Saint-Malo, Brest, Lorient et Saint-Nazaire. A Saint-Malo, le général von Aulock retient alors toute la 83e division américaine obligée de livrer un siège en règle. Pour réduire les batteries de Cézembre et de Dinard, les vieilles fortifications et la citadelle, les Américains doivent faire appel à l'aviation et à des batteries d'artillerie dotées de pièces de 203 m/m. Ce n'est qu'après avoir épuisé tous ses moyens de combat que von Aulock se décide à capituler, le 17 août, abandonnant une ville en ruine.

Le siège de Brest est encore plus difficile. Chargé d'organiser la résistance, le général Ramcke dispose de la moitié de la 266e division d'infanterie et surtout de la 2e division de parachutistes. Les défenseurs s'organisent autour de 75 points d'appui. Le 25 août, les Allemands brisent une première attaque lancée par 3 divisions soutenues par l'aviation et le tir de navires de guerre britanniques, dont le cuirassé *Warspite*.

Les Américains sont alors sur le point d'abandonner. Mais, devant l'impossibilité d'utiliser Anvers, faute de contrôler les bouches de l'Escaut, Eisenhower veut s'emparer de Brest, coûte que coûte. Patton stimule l'ardeur de Middleton : « Quand l'armée américaine a pris en main les mancherons de la charrue, elle doit aller jusqu'au bout du sillon. »

La résistance allemande se poursuit pendant trois semaines. Les faibles garnisons des forts de Kerauroux et Montbarey ne capitulent qu'après d'intenses bombardements aériens et terrestres suivis d'attaques au lance-flammes lancées par des chars. Le 18 septembre seulement, la garnison dépose les armes. La ville n'est plus qu'un tas de ruines et le port totalement inutilisable. Il ne sera pas remis en état.

Le commandement allié juge alors inutile de consentir de nouveaux sacrifices à la prise de Saint-Nazaire ou de Lorient, dont les installations ne pourraient échapper à la destruction. Il en est de même de La Rochelle et du Verdon, qui commande l'accès de Bordeaux. Au total, pendant plus de six semaines, les Allemands ont immobilisé 50 000 Américains en Bretagne et mis hors de combat plus de 15 000 hommes. L'ordre de Hitler de résister dans les forteresses côtières s'est révélé doublement payant. Des unités statiques ont retenu devant elles des forces importantes et ont eu le temps de rendre les ports impraticables.

Des résultats à peine inférieurs sont obtenus sur la Manche. En dépit des directives d'Eisenhower d'accorder la priorité au nettoyage des bouches de l'Escaut et à la mise en service rapide d'Anvers, Montgomery, après le passage de la Seine, consacre toute l'armée canadienne renforcée par un corps d'armée britannique au nettoyage des ports de la Manche, à l'élimination des bases de V1 et des batteries lourdes du Pas-de-Calais qui tiennent sous leur feu le détroit et la région de Douvres.

L'effort se concentre d'abord sur Le Havre où le colonel Wildermuth ne dispose que d'une garnison hétérogène de 11 000 hommes. Avec ses faibles moyens, il doit faire face à l'attaque menée par les deux divisions du 1er corps britannique soutenues par deux brigades de chars et la totalité de la 79e division blindée composée des engins spéciaux qui avaient participé au débarquement de Normandie du 6 juin.

La garnison subit, pour commencer, une attaque aérienne intense. Plus de 10 000 tonnes de bombes sont déversées par le Bomber Command. A ce raid, s'ajoutent le feu de l'artillerie de marine, près de 60 000 coups tirés par des destroyers, des croiseurs, le cuirassé *Warspite* et le monitor *Erebus*.

L'assaut débute le 10 septembre à la tombée de la nuit, précédé d'un ultime tapis de 5 000 tonnes de bombes et à la lumière d'un « clair de lune » artificiel obtenu par des batteries de projecteurs. Après deux jours de combats acharnés, le colonel Wildermuth, sérieusement blessé, accepte de déposer les armes. Il laisse derrière lui une ville en ruine et un port encombré de mines et d'épaves.

Suivant le même scénario et le même luxe de moyens imposants, l'armée canadienne obtient le 25 septembre la capitulation de Boulogne et le 30 la reddition de Calais. A première vue, cette bataille se solde par une défaite pour les Allemands, qui abandonnent 30 000 prisonniers à l'adversaire et qui ont dû évacuer les sites de lancement de V1 et démanteler les batteries lourdes du Pas-de-Calais.

En réalité, les garnisons hétéroclites de la Manche ont retenu pendant un mois toute l'armée canadienne et un corps britannique. A l'exception de Dieppe, abandonné intact, les ports de la Manche ravagés par les bombardements et les destructions sont inutilisables avant longtemps. Surtout, la bataille de la Manche a permis aux dernières unités de la 15e armée du général Zengen, au total plus de 80 000 hommes, de regagner le continent ou de verrouiller solidement les bouches de l'Escaut ; une bonne division, la 64e, tient ainsi une solide tête de pont à Breskens, tandis que d'autres unités renforcent les défenses côtières de l'île de Walcheren et de la presqu'île du Beveland du Sud. La réouverture d'Anvers suppose ainsi un assaut en règle.

Un second facteur explique le rétablissement de la mi-septembre. Les pertes subies dans la dernière phase de la bataille de Normandie apparaissent finalement moins catastrophiques qu'on aurait pu le penser. Au total, 29 divisions ont été engagées dans la bataille, dont 8 finalement prélevées sur la 15e armée par un commandement devenu enfin sceptique sur l'éventualité d'un second débarquement dans le Pas-de-Calais. La plupart de ces unités, au moment de la défaite de Falaise, commençaient à peine à franchir la Seine. Elles contribueront, en fin de compte, à bloquer l'avance américaine à Vernon et à Louviers.

Au début de l'encerclement, les effectifs théoriques des troupes allemandes comptent, à l'ouest de la Seine, 320 000 hommes, 45 000 véhicules et 800 chars. Il apparaît ainsi surprenant que le commandement allemand ait réussi le tour de force de faire franchir le fleuve à 245 000 hommes, 28 000 véhicules et 135 chars. Les traversées ont pu s'effectuer, à la faveur de la nuit ou des brouillards du matin, par l'intermédiaire d'une cinquantaine de points de passage. Résultat qui va à l'encontre des conclusions de la plupart des ouvrages alliés sur la bataille de Normandie, y compris les plus récents[1].

La retraite de la 19e armée du général Wiese depuis la Provence s'est effectuée également en bon ordre et n'a nulle part pris l'allure de déroute, en dépit de quelques déboires majeurs. A Montélimar, des unités américaines, en liaison avec la Résistance et l'aviation embarquée des porte-avions d'escorte, ont infligé de lourdes pertes à des colonnes en retraite. La liaison avec le 64e corps venant du sud-ouest s'est déroulée dans des conditions particulièrement difficiles dans la région d'Autun à la suite de harcèlements de résistants. Il n'en reste pas moins que le gros des effectifs a pu se rétablir sur les Vosges et la trouée de Belfort. En somme, les pertes allemandes – tués, blessés prisonniers, disparus – n'atteignent pas, du 6 juin au 30 novembre, 400 000 hommes. Au passage, notons qu'à l'Est, pour la même période, les pertes de la Wehrmacht sont de l'ordre de 840 000.

La retraite a été surtout désastreuse en ce qui concerne le matériel lourd : chars, véhicules, artillerie. Des milliers d'engins ont été abandonnés le long des routes, à la suite d'incidents mécaniques ou de vulgaires pannes d'essence, ou faute de trouver des points de passage suffisamment résistants pour le franchissement des cours d'eau. En deux mois, août et septembre, l'armée allemande perd sur l'ensemble des fronts plus de 3 000 chars et canons d'assaut.

Ainsi, lorsque le maréchal von Rundstedt retrouve, le 4 septembre, son commandement du théâtre occidental, il constate que toutes les unités engagées dans la bataille de Normandie ont pu se replier sur la frontière du Reich, mais dans un état extrêmement variable. Sur 54 divisions d'infanterie, 16 sont dissoutes ou en voie totale de réorganisation, 14 sont considérées comme « exsangues » et exigent une refonte complète, 25 conservent leur capacité combative. Sur les 11 Panzer, une seule, la 9e rappelée tardivement de Bordeaux et disloquée par les Américains au nord de la Loire, peut être considérée comme anéantie. Elle se trouve réduite à un millier d'hommes. 6 Panzer ont perdu la moitié de leurs effectifs. En revanche, les 4 divisions blindées SS conservent une réelle capacité opérationnelle, notamment les 9e et 10e repliées aux Pays-Bas dans le secteur d'Arnhem[2].

La Luftwaffe est également sévèrement éprouvée. Pour tenter de freiner la progression alliée, plusieurs formations ont été rappelées d'Allemagne. Les mécomptes de la bataille de Normandie ne font alors que se répéter. Faute de trouver des installations suffisantes, transmissions, ateliers, carburant, DCA, près de 1 000 avions sont en définitive perdus à la suite d'attaques au sol, ou abandonnés faute d'essence ou de pièces de rechange. L'action de ces formations s'est finalement révélée négligeable[3].

Dans la première quinzaine de septembre, la défense de la frontière occidentale du Reich n'est assurée que par l'équivalent d'une trentaine de divisions, alors qu'il en faudrait le double, comme le constate Model, indépendamment de 6 Panzer à effectifs complets.

La réussite relative de la retraite allemande a aussi été facilitée par de lourdes erreurs alliées. Il est surprenant que les Anglo-Américains, avec des divisions entièrement motorisées, bénéficiant d'une couverture aérienne complète, n'aient pas été en mesure de couper la retraite aux unités allemandes sur la basse Seine.

Pourtant, le 13 août, alors que l'encerclement de Falaise s'amorce à peine, Montgomery et Bradley, au cours d'une rencontre, décident d'orienter deux des corps d'armée de Patton en direction du nord et du nord-est, sur Dreux et Vernon. Mais, le lendemain, Patton réussit à convaincre Bradley de l'intérêt d'une manœuvre totalement différente. Il obtient l'autorisation de diriger ses trois corps d'armée plein est, de franchir la Seine de part et d'autre de Paris, de foncer en direction de la Lorraine et de la Sarre, et de pénétrer en Allemagne avant que les Allemands n'aient le temps d'établir une solide résistance.

De toute évidence, Patton caresse le rêve de gagner la guerre à lui tout seul, encore qu'il ait éprouvé la tentation de se rabattre vers le nord après le franchissement de la Seine et d'intercepter le repli allemand dans la région de Beauvais[4].

La retraite est encore facilitée par le débat qui oppose alors Montgomery et Eisenhower, au moment où celui-ci, débarqué en France mais retenu par une blessure au genou à Granville, assume le commandement de toutes les forces alliées. Montgomery, qui souhaite obtenir une délégation et prendre la direction de toutes les forces terrestres, plaide en faveur d'une offensive sur un front étroit de part et d'autre de l'Ardenne, en direction de la Ruhr et du cœur de l'Allemagne. Cette solution suppose l'association d'une partie des troupes de Bradley au 21ᵉ groupe d'armées et l'arrêt de l'armée Patton sur la Moselle.

Bien décidé à faire respecter ses prérogatives, Eisenhower se montre, au contraire, attaché à la notion d'un « large front » associant dans une offensive générale la 3ᵉ armée de Patton et le groupe d'armées de Devers, qui remonte vers l'est par la vallée du Rhône et de la Saône. Eisenhower accepte cependant le principe d'une imposante opération aéroportée sur le cours supérieur du Rhin qui permettrait aux blindés de la 2ᵉ armée britannique de franchir les trois bras du fleuve et de créer au nord d'Arnhem une tête de pont. Celle-ci pourrait servir ultérieurement de tremplin pour une offensive décisive en direction du cœur de l'Allemagne, en liaison avec des franchissements effectués par les troupes américaines sur le cours moyen et inférieur du fleuve.

Un élément majeur commande, en fait, le débat : les difficultés logistiques alliées provoquées par l'allongement des communications, par la politique de Hitler de transformer les ports en forteresses, ainsi que par l'erreur capitale de Montgomery d'avoir négligé le contrôle des bouches de l'Escaut au lendemain de la libération d'Anvers. Au goulet d'étranglement des ports, s'ajoute le délabrement du réseau routier et de la désorganisation du trafic ferroviaire français à la suite des bombardements alliés et des sabotages des Allemands en retraite. Au début septembre, il devient évident que le ravitaillement irrégulier en munitions et surtout en essence ne permet plus d'alimenter une offensive générale.

L'arrêt de la retraite allemande intervient encore dans des régions où l'action de la Résistance cesse de se faire sentir. Le manque de carburant et de terrains avancés limite de plus en plus l'appui aérien allié dont l'intensité diminue de 80 %. L'action aérienne est encore entravée par l'allongement des nuits et l'existence de vastes zones forestières qui servent de couvert aux troupes allemandes.

A la faveur des difficultés alliées, deux éléments commandent la reconstitution d'un front : un énorme effort d'improvisation et un pari. Faisant flèche de tout bois, l'OKW, fait appel à deux divisions, l'une rappelée d'Italie, l'autre de Prusse orientale. Sont envoyés sur la frontière occidentale des bataillons de forteresse, d'instruction, de police. Tous les canons de 88 antichars et presque toute la production de blindés du mois d'août sont également dirigés à l'Ouest, notamment la totalité des Tigre II et des Jagdpanther. Au total, plus de 1 000 engins, pour la plupart en rodage, sont regroupés dans le cadre de 13 brigades blindées de nouvelle formation.

A la surprise générale, la Luftwaffe est également en mesure de participer au rétablissement en jetant progressivement dans la bataille 6 régiments de paras à des degrés divers d'instruction, au point de constituer une 1re armée parachutiste le long du canal Albert, sous les ordres du vainqueur de la Crète, le général Student. Ces troupes, imprégnées d'esprit national-socialiste, se battront avec une extraordinaire énergie. Simultanément, on remet fiévreusement en état le mur de l'Ouest (la ligne Siegfried) en grande partie désarmée depuis 1940. La plupart des canons ont été dirigés sur le mur de l'Atlantique et les installations se prêtent mal à l'utilisation des nouveaux matériels développés depuis le début de la guerre.

Rundstedt se livre enfin à un pari. S'il dispose, à la fin septembre, d'une force nominale d'une cinquantaine de divisions, encore sous-équipées, il concentre l'essentiel de ses moyens devant les « portes » de l'Allemagne, Aix-la-Chapelle, Metz, Belfort, quitte à accepter des risques considérables ailleurs. Model signale ainsi que le secteur Liège-Trèves n'est tenu que par 7 ou 8 bataillons.

Par ailleurs, l'emploi des premières brigades blindées, par manque de cohésion et de matériels éprouvés, réserve de sérieux mécomptes. Les contre-attaques lancées par Manteuffel sur les flancs de l'armée Patton se soldent par des défaites. La 106e brigade Panzer, forte de 45 chars, est presque entièrement détruite le 9 septembre. Engagée devant la 2e DB de Leclerc, à partir du 13 septembre à Dompaire, au sud de Luneville, la 112e brigade perd en une dizaine de jours la quasi-totalité de ses 98 blindés[5].

Il n'en reste pas moins que les barrages établis devant les voies traditionnelles d'invasion freinent considérablement l'avance des armées alliées. Les Allemands s'accrochent avec acharnement devant Aix-la-Chapelle et Metz. Les moyens mis en ligne restent cependant médiocres, surtout en matériel lourd : 21 chars, 30 pièces d'artillerie et 20 pièces antichars devant Aix-la-Chapelle, 52 blindés et 200 canons aux abords de Metz. Mais la qualité combative de la troupe reste étonnamment élevée et les Allemands utilisent admirablement toutes les ressources du terrain, à la faveur d'un automne précoce et exceptionnellement pluvieux.

Par une ironie de l'Histoire, l'armée allemande va même remporter à Arnhem une authentique victoire défensive, la première depuis des mois. L'affaire d'Arnhem est l'œuvre de Montgomery et s'inscrit dans le cadre du plan *Market-Garden* qui prévoit la saisie des passages du Rhin à Eindhoven, Nimègue et Arnhem par trois divisions de parachutistes alliées, les 101e et 82e américaines, et la 1re aéroportée britannique. L'objectif est d'accéder à la grande plaine de l'Allemagne du Nord, d'occuper la totalité des Pays-Bas et de priver les Allemands des sites de lancement de V2.

La fusée A4 ou V2 a pris, en effet, la relève des V1 du Pas-de-Calais et les premiers engins sont tombés sur Londres le 9 septembre, en dépit des paroles rassurantes du ministre de l'Information qui avait annoncé la veille la fin définitive de l'offensive des bombes volantes.

Déclenchée le 17 septembre, l'opération Market-Garden constitue une surprise complète pour les Allemands. Au sud, la 101e s'assure du passage du canal Wilhelmine près d'Eindhoven, sans rencontrer pratiquement de résistance. Au centre, la réaction allemande est plus vive et la 82e Airborne doit livrer de durs combats pour s'emparer finalement au bout de 48 heures du pont de Nimègue intact, les charges de destruction n'ayant pas fonctionné. Une colonne blindée britannique peut alors progresser en direction du nord.

A ce moment, les Allemands commencent à contrôler la situation à Arnhem. Pourtant, le parachutage de la 1re division aéroportée s'est effectué le 17 septembre dans de bonnes conditions, mais à 10 kilomètres du pont et à proximité immédiate du quartier général de Model que celui-ci a dû évacuer en catastrophe. La réaction de Model n'en est pas moins rapide et énergique. Il dispose du gros des éléments des 9e et 10e Panzer SS qui ont conservé une grosse partie de leurs moyens. Il réussit également à se procurer une partie du plan d'opérations. Dès le 18, les Allemands isolent et entreprennent de réduire les deux poches où sont retranchés les Britanniques : la zone de largage prévue pour recevoir des renforts, du matériel et un bloc de maisons à l'entrée nord du pont sur le Leek.

D'autres éléments facilitent encore la riposte allemande, la dégradation du temps qui ne permet pas l'envoi de renforts, des problèmes sévères de transmissions qui entraînent l'isolement des paras britanniques, et enfin la progression extrêmement lente des blindés en direction d'Arnhem. Les Allemands mettent tout en œuvre pour ralentir cette marche tributaire d'une seule chaussée qui domine les terres basses des polders.

Sur le flanc est, ils réussissent encore à mettre en place des batteries de canons antichars et à lancer des contre-attaques par des unités de la 1re armée parachutiste. Des éléments de la 10e SS qui ont traversé le Rhin en bac contribuent encore à freiner la progression des chars britanniques. A plusieurs reprises, le couloir est coupé. La Luftwaffe parvient encore à lancer des attaques redoutables.

Les blindés anglais n'atteignent le Leek, au sud d'Arnhem, que dans la soirée du 25 septembre. A ce moment, les paras, qui ont subi de lourdes pertes, à court de vivres et de munitions, n'ont comme seule ressource que de tenter de traverser le Rhin vers le sud, à la faveur de la nuit. 2 200 réussissent, laissant cependant derrière eux 1 500 morts et 6 500 prisonniers.

Arnhem constitue pour les Allemands un indiscutable succès, qui permet de verrouiller l'accès à la grande plaine de l'Allemagne du Nord. Grâce à des unités de la 15e armée acheminées par le Beveland du Sud, l'envoi d'éléments depuis l'intérieur du Reich et le renforcement de la 1re armée de Student, Model tient solidement la Zélande, les cours du Leek et du canal Meuse-Escaut.

Après Arnhem, les Allemands sont en mesure d'imposer aux Alliés une bataille d'usure qui va se poursuivre pendant tout l'automne. La bataille commence par le nettoyage des bouches de l'Escaut. Pendant un mois, la 64e division résiste pied à pied dans la tête de pont de

Breskens à l'assaut de deux divisions canadiennes appuyées massivement par l'aviation et l'artillerie. La capitulation de la poche n'intervient que le 2 novembre.

Simultanément, la 70e division livre de durs combats à deux grandes unités canadiennes qui entreprennent de contrôler l'accès à la presqu'île du Beveland du Sud. Au bout d'une dizaine de jours, les Allemands doivent évacuer Breda, Rosendaal et Bergen op Zoom. Ils se retirent dans l'isthme à l'abri d'inondations. Un débarquement canadien permet cependant de tourner la position et oblige les défenseurs du Beveland du Sud à se replier, le 29 octobre, sur l'île de Walcheren.

La dernière bataille de la 70e division dure encore une semaine. Des attaques aériennes massives entraînent la rupture des digues et obligent les défenseurs à se replier sur des secteurs isolés épargnés par l'inondation. Le coup de grâce est porté par deux débarquements à Westkapelle et Flessingue, sous le feu de l'artillerie lourde, des grosses pièces du cuirassé *Warspite* et de deux monitors. Les derniers combats s'achèvent le 3 novembre avec la reddition du général Duser et de 2 000 hommes.

Au cours de cette résistance acharnée, les Allemands ont eu le temps d'encombrer le chenal de l'Escaut de mines et d'épaves. C'est seulement le 28 novembre que les premiers cargos réussiront enfin à atteindre le port d'Anvers, soumis immédiatement à un imposant pilonnage de V1.

Au même moment, la 5e Panzerarmee de Manteuffel portée à 5 divisions d'infanterie et deux blindées résiste pied à pied aux abords de la ligne Siegfried. Aix-la-Chapelle ne tombe que le 21 octobre, après 15 jours de combats de rue. Les Allemands exploitent au maximum les conditions naturelles de l'automne : pluies diluviennes, terrain détrempé impraticable aux chars. Ils utilisent de nouveaux types de mines, tirent parti de toutes les ressources de la région des houillères et des épais taillis de la forêt d'Hurgen, avant de se retirer derrière la Roër. En deux mois de combat, ils ne cèdent que 13 kilomètres de territoire allemand.

La résistance est tout aussi acharnée devant Metz où, pendant la seconde quinzaine d'octobre, les brigades de chars multiplient les contre-attaques pour rejeter les Américains au-delà de la Moselle. En dépit de l'infériorité de ses moyens, 80 000 hommes contre 250 000 largement soutenus par l'aviation tactique et stratégique, le général Balck pratique une défensive habile, infligeant à l'adversaire des pertes sévères. Il profite, lui aussi, de conditions atmosphériques désastreuses pour l'assaillant. Metz ne tombe finalement que le 22 novembre et Patton ne réussit à franchir la Sarre que le 2 décembre, sans pouvoir aller plus loin.

Les seuls mécomptes ne se produisent qu'au sud du front. La 1re armée française réussit ainsi à libérer Belfort le 20 novembre et Mulhouse deux jours plus tard. Devant une offensive brutale de la 7e armée de Patch, le col de Saverne ne peut être conservé et la 2e DB de Leclerc libère Strasbourg le 23 novembre. Le général Wiese va réussir cependant à garder le contrôle de la « poche de Colmar » pendant deux mois.

Le raidissement allemand se manifeste sur les autres fronts. Dans les pays Baltes, le maréchal Schörner, après avoir maintenu un étroit couloir dans le secteur de Riga, parvient à regrouper ses forces dans la presqu'île de Courlande où elles seront ravitaillées par mer et par air. Au prix d'une lutte opiniâtre, les Allemands refoulent une offensive soviétique en Prusse orientale. Ils reprennent la ville de Goldap où ils découvrent que toute la population a été massacrée avec des raffinements de cruauté. Avant-goût du cauchemar que vivront les populations des provinces de l'Est quelques mois plus tard.

En Slovaquie, les Allemands réussissent encore à briser l'insurrection de la résistance et à empêcher une tentative de soutien de l'Armée rouge. La liaison entre les forces engagées en Pologne et les unités refoulées dans la plaine pannonienne est maintenue. En Hongrie, Hitler évite la réédition de l'affaire de Roumanie. Un commando dirigé par Skorzeny réussit à arrêter Horthy à Budapest au moment où il s'apprête à annoncer publiquement la conclusion d'un armistice signé avec l'URSS. Le régent est transféré en Allemagne et interné. Szalazi, le chef du parti des Croix fléchées d'inspiration fasciste, prend la tête du gouvernement, tandis que l'état-major de l'armée hongroise accepte de poursuivre la lutte aux côtés de l'Allemagne.

Ce ralliement constitue le point de départ d'une lutte acharnée qui va durer jusqu'en mars 1945. Hitler accorde une importance spéciale à la Hongrie, en raison de ses puits de pétrole et de sa position qui commande la route de Vienne et l'accès au sud du Reich. Pour des raisons politiques, Staline, lui aussi, attache une importance majeure au théâtre danubien.

En Yougoslavie enfin, les troupes allemandes offrent également une vive résistance aux partisans de Tito soutenus par l'Armée rouge. Belgrade tient jusqu'au 21 octobre. La bataille se poursuit dans le sud du pays permettant au groupe d'armées de von Weichs d'évacuer la Grèce, l'Albanie et la Serbie, et de se replier à la mi-décembre sur la Bosnie. Rétablissement également en Italie, avec l'échec d'une offensive américaine en direction de Bologne et l'impossibilité des Britanniques de passer à l'exploitation au nord de Rimini.

En définitive, cette armée allemande, qui paraissait à la veille de l'effondrement au début de l'automne, parvient avec des forces nettement inférieures à contenir ses adversaires et à les condamner à une bataille de plus en plus coûteuse. Sur le front occidental, au cours des combats de l'automne, les Alliés perdront près de 500 000 hommes, le double de la bataille de Normandie. Après un indiscutable fléchissement, le soldat allemand a retrouvé ses qualités traditionnelles.

Toute cette période est mise à profit par le haut commandement pour procéder à une refonte de l'armée et de la Luftwaffe et à la reconstitution d'une masse de manœuvre. Cette refonte bénéficie de l'extraordinaire développement de l'économie de guerre.

Grâce à l'énergie et à l'habileté de Speer, la production d'armement atteint son point culminant en septembre 1944, avant de se stabiliser jusqu'à la fin de l'année. Au total, le Reich produit 40 000 avions pour cette seule année, en majorité des monomoteurs, et 17 500 blindés. Des résultats tout aussi impressionnants sont obtenus dans les autres domaines. Par rapport à 1943, la croissance est de 30 %.

Ces résultats semblent jeter une ombre sur l'efficacité du bombardement stratégique. En réalité, il faut nuancer. Le développement de la production a pu être obtenu grâce à une décentralisation poussée de certaines industries comme l'aéronautique ou la fabrication des véhicules et des armes légères. Nombre d'ateliers sont transférés dans des grottes, des tunnels désaffectés, des petites villes ou même des villages, ou dans des régions situées hors du rayon d'action de l'aviation alliée. Le centre de gravité de l'économie allemande se déplace. La Ruhr cesse d'être le grand arsenal du Reich au profit de l'Allemagne centrale, y compris la Bohême et la Silésie.

Les raids de l'aviation anglo-américaine, notamment du Bomber Command, ne sont cependant pas entièrement négatifs. Les fabrications de chars sont sérieusement touchées. En juin, juillet, août, 2 500 chars lourds sortent des usines, moins de 1 800 au cours des derniers mois de l'année. Cette diminution est cependant largement compensée par l'augmentation importante de la construction de canons d'assaut concentrée dans le centre du Reich et en Silésie.

Plus sérieuse, la baisse de la production de charbon et d'acier. Du premier au quatrième trimestre de 1944, la première tombe de 71 à 45 millions de tonnes, la seconde de 9 à moins de 4 millions. De même, les raids américains et dans une moindre mesure britanniques entraînent une chute de 80 % de la production de carburant. Les attaques sur les voies de communications sont loin d'être inefficaces. D'août à décembre 1944, le trafic ferroviaire enregistre une diminution de 50 % et celui de la voie fluviale de 75 %.

Cette chute de la production des industries de base et du trafic est compensée par une diminution draconienne de la consommation civile, par l'utilisation de ressources de remplacement avec le lignite pour la chauffe des locomotives, l'existence de stocks importants de pièces détachées, de combustible ou de carburant et de réserves « noires » d'une importance insoupçonnée. Speer aura la révélation de ces réserves occultes lors de l'exode massif civil et militaire, en avril 1945, dans le nord de l'Allemagne, à bord d'une incroyable collection de véhicules de toute nature, certains antédiluviens[6]. Quoi qu'il en soit, jusque dans les premiers mois de 1945, l'Allemagne ne manquera pas d'armes. Les grandes difficultés d'approvisionnement en matériel, en munitions et en carburant n'apparaîtront qu'à partir de février-mars 1945, avec la perte de la Silésie et la désorganisation croissante des transports.

A l'automne de 1944, le problème clé est celui des effectifs. Le retour des blessés ou des malades sortis de convalescence ne suffit pas à combler les vides. Himmler, placé à la tête de l'armée de l'intérieur, et Goebbels, nommé, le 12 juillet, commissaire à la guerre totale, entendent procéder à une véritable levée en masse.

300 000 hommes sont incorporés dans l'armée au mois de septembre, 200 000 en octobre, à peu près autant en novembre. L'âge de l'incorporation est abaissé à 16 ans et le service actif porté à 55 ans.

Le recrutement attribué à l'armée en septembre-octobre est cependant loin de porter sur des enfants ou des vieillards. Il comporte une forte part d'hommes dans la force de l'âge, issus des services, de l'industrie ou de prélèvements massifs effectués au détriment de la Luftwaffe ou de la marine, toujours en sureffectifs.

En dépit de cinq années de guerre, l'Allemagne de la fin de 1944 dispose encore d'importantes réserves de main-d'œuvre. Le développement de la production s'est essentiellement effectué par une augmentation considérable de la productivité – le nombre de machines-outils a augmenté de 50 % – et par l'utilisation massive de 7,5 millions de prisonniers de guerre et d'étrangers. La proportion de femmes au travail ne dépasse pas 45 % au lieu de 61 % en Grande-Bretagne. Les administrations, les services publics ou privés ont maintenu leurs effectifs depuis 1939. Il en est de même du personnel domestique.

Des ponctions peuvent encore s'effectuer au détriment des services de la Wehrmacht, de la Waffen SS, de l'Organisation Todt, du service du travail, qui ont jusque-là conservé une totale indépendance dans tous les domaines : habillement, transports, santé, transmissions, ravitaillement[7].

Finalement, à l'automne, la plupart des divisions éprouvées sont remises en état par la récupération de malades et de blessés, l'incorporation de nouvelles recrues et de dizaines de milliers « d'aviateurs » et de « marins ».

Estimant que les unités trop éprouvées ont perdu définitivement toute valeur combative, Hitler insiste pour la formation de divisions nouvelles de *Volksgrena-*

dier, au nombre de 27, qui ne sont parfois que des formations existantes, comme la 352e engagée à Omaha le 6 juin. Les effectifs de ces VG, loin d'atteindre les 17 000 hommes théoriques des divisions d'infanterie classiques, en dépassent rarement 12 000, voire 7 000.

Cette faiblesse est en grande partie compensée par une dotation nettement supérieure à celle des formations adverses en armes légères, mitrailleuses MG 42, pistolets-mitrailleurs, fusils d'assaut. Dans la lutte antichars, les VG reçoivent également en abondance des Panzerschreck et des Panzerfaust, dont la production mensuelle finit par dépasser le million. La plupart de ces divisions nouvelles reçoivent encore un bataillon de canons d'assaut. En revanche, la mobilité constitue toujours le point faible. L'armée allemande reste plus que jamais hippomobile, avec 1 100 000 chevaux inscrits au tableau des effectifs, 900 000 en réalité.

L'automne voit également la remise en condition des divisions blindées et des Panzergrenadier. Deux Panzer doivent être reconstituées intégralement, ainsi que 5 divisions motorisées. Là encore, les pertes sont comblées par des blessés sortis de convalescence, de jeunes recrues ou l'incorporation d'hommes issus de la marine et de l'aviation. Dans sa nouvelle version, la Panzer de la fin 1944-début 1945 comporte toujours deux bataillons de chars, soit 114 à 140 Mark IV et Panther, et un bataillon de canons d'assaut.

Il ne s'agit là cependant que d'une dotation souvent théorique. On le constate avec la 12e Panzer SS Hitler Jungend. Tombée à 12 500 hommes au lieu de 20 500, le 6 juin 1944, la division ne retrouve, après trois mois de remise en condition, qu'un effectif de 18 500 hommes. Le nombre de chars n'est plus que de 78 au lieu de 148, complété successivement par deux bataillons de canons d'assaut. Les déficits en camions atteignent 12 %

et même 25 % en ce qui concerne les véhicules tout-terrain.

Ultime recours. La menace sur le territoire national entraîne la création d'une sorte de milice ou de garde nationale, le *Volkssturm* composé d'hommes valides, non incorporés, de 14 à 65 ans. Groupés en bataillons, organisés par les Gauleiter sur le plan local, dépourvus le plus souvent d'uniforme, dotés d'un simple brassard, équipés d'armes de prise, ces hommes auront un comportement extrêmement variable, médiocre à l'Ouest, nullement négligeable à l'Est lors de l'invasion soviétique.

Contrairement à certaines descriptions, le Volkssturm n'est pas davantage composé de sexagénaires au dos voûté ou de gamins portant le sac scolaire. La photo, le film démontrent, là encore, l'existence d'un solide noyau d'hommes jeunes portant le feutre et le pardessus, la mitraillette ou le Panzerfaust à l'épaule. Ce sont les adolescents, issus de la Hitler-Jugend, à l'origine d'une formation militaire depuis 1942, qui afficheront des qualités combatives et un esprit de sacrifice vraiment exceptionnels.

A la surprise générale, la Luftwaffe surmonte, elle aussi, la crise terrible de l'été et retrouve une capacité opérationnelle surprenante à partir d'octobre-novembre. Ce redressement s'explique par l'effort remarquable accompli par l'industrie aéronautique au profit de monomoteurs, par l'apparition de nouveaux modèles comme le Focke-Wulf 190-D « Long Nez » à refroidissement par eau ou le Messerschmitt 109 K. Ces nouvelles versions surclassent la plupart des chasseurs alliés, à l'exception du Tempest britannique. En janvier 1945, la Luftwaffe aligne enfin des groupes d'avions à réaction, dont 200 Messerschmitt 262, devenus rapidement la hantise des pilotes alliés. Les écoles effectuent encore un énorme effort d'instruction associé à une éducation politique intense.

Certes, la Luftwaffe, privée de son système d'alerte à l'Ouest depuis l'évacuation de la Belgique et de la France, est moins que jamais en mesure de s'opposer aux raids massifs de jour ou de nuit de l'aviation stratégique alliée. Elle ne peut davantage s'opposer à l'attaque du système de transport, au mitraillage des trains ou au bombardement répété de ses terrains. Elle est encore handicapée par le problème souligné depuis 1942, la formation trop rapide de ses pilotes incapables de tirer le meilleur parti de leurs appareils.

Elle n'en dispose pas moins d'un solide noyau de 15 à 20 % de pilotes expérimentés, extrêmement redoutables et qui connaissent toutes les ficelles du métier. La Luftwaffe connaîtra un nombre « d'as », avec des palmarès impressionnants, bien supérieur à celui des autres aviations. Le commandement allié reconnaîtra que, quelle que soit la durée de sa formation, un jeune pilote anglo-américain n'avait aucune chance s'il se heurtait dès ses premières sorties à un vétéran de la Luftwaffe[8].

En octobre-novembre 1944, l'aviation allemande aligne encore un total impressionnant de 3 500 monomoteurs, dont 1 000 pour la chasse de nuit. Le général Galland est alors en mesure de réunir une force de jour de 2 500 appareils, dans l'espoir de déclencher une *Grosse Schlague*, c'est-à-dire une attaque massive contre les formations de bombardiers américains. Pour la perte de 500 appareils et de 150 pilotes, il espère abattre 500 quadrimoteurs et chasseurs d'escorte, et infliger ainsi un choc matériel et psychologique à l'US Air Force.

L'attaque n'aura pas lieu. Hitler se montre sceptique et entend réserver la chasse à l'offensive qu'il prépare dans l'Ardenne, tout en accordant la priorité à la fabrication de canons de DCA. L'action de la Luftwaffe ne se limite pas à la chasse. Sur le front de l'Est, des formations de FW 190 et de stukas équipés de canons de 37 infligeront des pertes sévères aux blindés soviétiques jusqu'à la fin de la guerre. A l'Ouest, junkers 88 et 87 se spécialisent dans les attaques menées par des nuits claires contre les concentrations et les colonnes alliées.

En définitive, les Alliés reconnaîtront que la dernière phase du conflit a été pour eux la plus dure de toute la guerre aérienne. D'après plusieurs études, le rapport des pertes, au cours des derniers mois, se serait établi dans l'ordre de 7,5 à 1 au profit de la Luftwaffe[9].

L'efficacité de la Luftwaffe ne procède pas uniquement de la chasse et du bombardement mais d'une Flak, d'une DCA de plus en plus puissante qui finit par mobiliser près de 900 000 hommes. Avec l'adoption de radars plus performants et de canons de 128 m/m en nombre croissant, la DCA lourde prélève un tribut de plus en plus élevé sur les formations de bombardiers, qui se heurtent sur certains itinéraires à de redoutables « allées de Flak ». Au cours du dernier semestre de 1944, si 400 bombardiers américains sont descendus par la chasse, près de 1 000 le sont par la DCA.

A cette DCA lourde s'ajoute une DCA légère d'une remarquable efficacité. Les terrains d'aviation, les gares de triage, des dépôts, des itinéraires routiers sont tapissés de batteries de canons à tir rapide de 20 ou de 37 m/m. Suivant la proximité du front, les trains comptent de 2 à 3 wagons plates-formes équipés de pièces légères. Jusqu'à la fin, cette Flak prélève un tribut extrêmement lourd sur les formations de chasseurs-bombardiers alliés et provoque une tension bien souvent insupportable pour les pilotes.

Une nouvelle Wehrmacht semble renaître de ses cendres à la fin de 1944. Si elle comporte sur le papier 260 divisions, elle est plus hétérogène que jamais. Tout en bénéficiant de matériel de très haute qualité, aussi bien dans le domaine de l'aviation, des blindés ou des armes portatives, elle souffre d'une nouvelle crise de démodernisation. Par suite d'une production insuffisante de véhicules et d'une disette croissante de carburant, la pénurie de matériel roulant n'a jamais été aussi forte, même au niveau des divisions blindées et des Panzergrenadier. Au cours du dernier hiver, des divisions blindées seront dotées de batteries hippomobiles et de bataillons de cyclistes.

Au niveau de l'encadrement, si la qualité des sous-officiers sortis du rang reste bonne, il n'en est pas de même au niveau supérieur. A la suite de pertes énormes de cadres éprouvés, les jeunes officiers sortis des écoles n'ont aucune expérience du combat. Ils seront souvent à l'origine de pertes anormalement lourdes subies par la troupe. En revanche, malgré des sacrifices considérables en cinq années de combat, le moral reste dans l'ensemble étonnamment élevé.

Ce redressement est, en grande partie, l'œuvre de Goebbels qui affiche un don extraordinaire pour la propagande. Il est vrai, comme il le reconnaît lui-même, que sa tâche est facilitée par l'absence de tout projet comparable de près ou de loin aux 14 points de Wilson. Bien au contraire, les Alliés se refusent à amender ou même à préciser les termes de la reddition sans conditions. Mieux encore, Goebbels s'empresse d'exploiter à fond, à partir du 24 septembre, la publication par la presse américaine du rapport Morgenthau qui proclame que l'Allemagne sera démembrée et convertie en « un pays avant tout agricole et de caractère pastoral ». La Ruhr sera totalement démantelée et « toutes les usines, tout le matériel qui n'auront pas été détruits au cours des opérations militaires devront être totalement démolis, enlevés ou rasés ; tout l'équipement des mines sera emporté et les mines elles-mêmes complètement dévastées ».

Goebbels n'a ainsi aucun mal à ruiner l'illusion de la « solution politique » résumée en une formule : « Tenons à l'Est, lâchons à l'Ouest. » « Peu importe, déclare-t-il le 21 octobre, que les bolcheviks veuillent détruire le Reich d'une façon et les Anglo-Saxons d'une autre. Les uns et les autres ont le même but : se débarrasser de 30 à 40 millions d'Allemands. » Quant au *Völkischer Beobachter*, l'organe du parti, il se contente d'ajouter : « Il s'agit de détruire l'industrie allemande à un point tel que la moitié de la population sera aux prises avec la famine ou devra émigrer comme une main-d'œuvre servile[10]… »

Cette volonté de destruction est dans la lignée de Versailles, des réparations et de l'occupation de la Ruhr. Les adversaires du Reich ne visent pas la chute du régime, mais « l'extermination des Allemands en tant que nation et en tant que peuple ». Il n'y a donc de choix qu'entre la lutte à outrance et l'anéantissement. De toute manière, cette destruction a déjà commencé. Le peuple allemand est victime d'une double barbarie. La barbarie savante, scientifique des Occidentaux avec les raids de terreur, à coup de bombes explosives et incendiaires, comme celui qui vient de détruire, le 11 septembre 1944, la petite ville de Darmstadt, dépourvue de tout intérêt militaire et économique, et qui a provoqué en moins d'une heure la mort affreuse de 17 000 personnes dans un gigantesque « typhon de feu ». La barbarie brutale, primaire des Soviétiques avec le massacre atroce des populations de Prusse orientale.

Nul doute que cette démonstration n'ait eu une influence profonde sur l'ensemble de la population et de la Wehrmacht. Avec un art consommé de la mise en scène, Goebbels va encore plus loin. Il s'ingénie à faire vivre le peuple allemand dans une atmosphère héroïsée. Il multiplie les parades militaires grandioses. La radio vibre des accents de Beethoven, de Bruckner et de

Wagner. Les discours publics de Goebbels s'apparentent à de véritables offices religieux, ponctués d'incantations. A un peuple recru d'épreuves, le commissaire de la guerre totale s'identifie à l'Ange exterminateur. Il annonce l'heure de la vengeance, la *Nemesis*.

La Wehrmacht de la fin de 1944 effectue non seulement un rétablissement inattendu mais reconstitue une masse de manœuvre de 2 000 avions et d'une trentaine de divisions. Elle se trouve en mesure de passer à la contre-offensive dans l'Ardenne, à la mi-décembre. Tout aussi surprenante est l'origine de l'opération envisagée par Hitler dès le 23 août, au lendemain du désastre de Normandie, précisée ensuite, alors que s'achève à peine la retraite des restes de ses armées sur la frontière du Reich.

Devant Jodl, le Führer exprime, le 16 septembre, sa conviction qu'une fois le front stabilisé il sera possible de lancer une contre-offensive, à la faveur des brumes de l'automne qui limiteront la capacité d'intervention de l'aviation alliée, et d'infliger une défaite sérieuse ou même définitive aux armées anglo-américaines, tributaires d'un large front et aux prises avec de graves difficultés de ravitaillement, en raison de l'occupation ou de la destruction par les Allemands des ports de la Manche et de l'Atlantique.

Au cours des semaines suivantes, le projet *Wacht am Rhein* (Garde au Rhin) se précise. « J'ai pris une décision irrévocable, confirme Hitler. L'offensive partira des Ardennes avec Anvers comme objectif. » Le point d'application concernera une terre de bon augure pour les armes allemandes, une zone faiblement occupée par les Américains. Rééditant en plus court la manœuvre de mai 1940, les forces allemandes devront franchir la Meuse, déborder Liège et, par Bruxelles, occuper le grand port flamand, la principale base d'approvisionnement des Alliés.

Comme il le souligne devant Speer, le Führer compte, par une victoire inattendue, déboucher sur une solution politique. En ébranlant la confiance des Occidentaux, il espère obtenir une paix négociée. Si les Alliés se refusent à tout accommodement, le succès de l'opération accordera un répit à l'Ouest et permettra de faire face à l'offensive soviétique attendue pour le mois de janvier. Un succès permettra encore l'entrée en service massive des avions à réaction, l'intensification des bombardements de Londres par V2 et surtout la reprise de la guerre sous-marine par les nouveaux U-boote[11].

En principe, l'opération rebaptisée *Herbstnebel* (Brouillard d'automne) débutera à la mi-novembre.

Le projet suscite de la part des exécutants de fortes objections. Model, qui va commander l'ensemble de l'opération, propose avec le soutien de von Rundstedt une formule moins ambitieuse, la *Kleine Lösung* (La petite solution). Il préconise une opération en tenaille contre le saillant d'Aix-la-Chapelle permettant de rejeter les troupes américaines sur la Meuse et de s'emparer de la grande base de ravitaillement de Liège.

Hitler se montre inflexible. Il rejette une solution à objectif limité qui ne peut remettre en cause la stratégie alliée. Il est décidé à jouer son cinquième coup de poker depuis le début de la guerre. Il n'accepte que les retouches de détail proposées par Manteuffel. L'offensive débutera en pleine nuit, en liaison avec une préparation d'artillerie courte mais brutale et avec l'appui d'un « clair de lune » artificiel provoqué par des batteries de projecteurs. L'attaque sera lancée par des divisions de Volksgrenadier, et les blindés s'élanceront ensuite dans les brèches.

Une dernière conférence réunit, le 12 décembre, les exécutants au quartier général du Ziegenberg dans l'Eifel. Hitler parle pendant deux heures devant ses généraux au garde-à-vous, surveillés par de gigantesques SS. Il expose les mobiles politiques de l'opération :

« Jamais encore l'Histoire n'a connu une coalition comme celle de nos ennemis, formée d'éléments aussi hétérogènes, poursuivant des buts aussi divergents… Des pays ultra-capitalistes d'une part, des pays ultramarxistes de l'autre. D'un côté un empire agonisant, la Grande-Bretagne, de l'autre une colonie qui attend de lui son héritage, les Etats-Unis… Chacun des associés est entré dans cette coalition avec l'espoir de réaliser ses ambitions politiques… L'Amérique essaye de devenir l'héritière de l'Angleterre ; la Russie tente de s'emparer des Balkans, des Détroits, de l'Iran et du golfe Persique ; l'Angleterre s'efforce de conserver ses possessions et de se raffermir en Méditerranée… Dès maintenant ces pays sont à couteaux tirés et celui qui, comme une araignée au milieu de sa toile, peut voir se dérouler les événements, constate que ces antagonismes deviennent plus aigus d'heure en heure. Si nous pouvons frapper maintenant un certain nombre de coups bien assenés, ce front gonflé artificiellement peut se rompre à tout moment dans un gigantesque bruit de tonnerre… à condition, toujours, qu'il n'y ait aucun fléchissement de la part de l'Allemagne[12]. »

La préparation de Herbstnebel a fait l'objet de soins minutieux. Tout en ignorant encore les décryptements d'Enigma, Hitler a fait interdire toute communication radio. Seuls quelques officiers sont au courant de l'opération. La mise en place des grandes unités n'interviendra que pendant les trois derniers jours, et les principaux dépôts de carburant resteront à l'est du Rhin.

Brouillard d'automne met en jeu une vingtaine de divisions réparties en trois armées. A l'aile droite, la 6e Panzerarmee de Sepp Dietrich avec 4 divisions blindées et 5 d'infanterie a la mission principale. Elle doit s'emparer de Monschau et d'Elsenborn, et par Malmédy et Stavelot atteindre la Meuse à Huy, de là marcher ensuite sur Bruxelles et Anvers.

Au centre, la 5e armée blindée de Manteuffel avec 4 Panzer et 5 divisions d'infanterie devra contrôler les nœuds routiers de Saint-Vith et de Bastogne, avant d'atteindre et franchir la Meuse de Namur à Dinant. Elle couvrira ensuite la gauche de Sepp Dietrich. Au sud, la 7e armée de Brandenberger aura simplement pour mission de protéger le flanc gauche de l'opération au nord de Luxembourg et d'Arlon.

L'opération sera précédée d'une attaque massive de la Luftwaffe sur les terrains alliés des Pays-Bas, de Belgique et du nord de la France. Des unités de paras seront également lâchés au nord de Malmédy sur les arrières des Américains. Hitler compte enfin sur l'opération *Greif* préparée par Skorzeny. Le but est double. Une colonne de chars camouflés aux couleurs américaines devra s'emparer sur le front de la 6e armée de ponts sur la Meuse. Des commandos revêtus d'uniformes américains devront également s'infiltrer dans les lignes et semer la confusion chez l'adversaire. Une station radio mise en place au Spitzberg transmettra des informations météo. Elle subsistera jusqu'en août 1945. Le succès repose en effet, à la différence de 1940, sur un plafond bas, un ciel couvert. Comme le souligne von Rundstedt, tout va dépendre de l'abstention ou non de la puissance aérienne alliée.

Trois actions secondaires interviendront encore avec l'opération principale. Une attaque lancée en Hollande en direction de Breda devra immobiliser les troupes britanniques. Une offensive sur Maastricht aura également pour but de fixer les unités américaines engagées dans la poche d'Aix-la-Chapelle. Au début de janvier enfin, une double offensive partant de la Sarre et de la poche de Colmar aura pour objectif de réoccuper le nord de l'Alsace et d'immobiliser la 3e armée de Patton.

Après plusieurs ajournements, Brouillard d'automne démarre enfin le 16 décembre, dans un secteur tenu par 4 divisions américaines et quelques éléments blindés. La surprise est évidente et les Alliés mettront trois jours avant de comprendre qu'il s'agit non pas d'une opération locale, mais d'une manœuvre d'envergure.

Dès le départ interviennent cependant plusieurs mécomptes. En vertu d'un temps exceptionnellement couvert, ne peuvent intervenir les attaques prévues contre les terrains alliés. Cet ajournement a cependant un énorme avantage. L'aviation alliée se trouve, elle aussi, clouée au sol. Déclenchée le 17 décembre seulement, à la suite d'une préparation totalement improvisée, l'opération aéroportée aboutit à un échec total. Le colonel Heydt ne peut rassembler que 300 hommes, bientôt à court de vivres et condamnés à se rendre aux Américains.

Sepp Dietrich, en dépit du soutien des blindés apporté aux divisions de Volksgrenadier, ne peut enlever la crête d'Eisenborn. Il se heurte à des ponts sautés et à l'arrivée rapide de renforts américains prélevés sur la 12e armée de Hodges. Seule la colonne blindée de Peiper, forte de 2 000 hommes et d'une soixantaine de chars, réussit une percée par Malmédy et Stavelot, en direction de la vallée de l'Amblève, avant d'être bloquée et refoulée par la 3e division blindée US. Au cours de cette avance, Peiper se signale sinistrement en faisant exécuter des prisonniers américains. Au sud, Brandenberger n'est pas plus heureux. Il ne peut enlever Echternach, remarquablement défendue par la 4e division américaine bientôt renforcée par la 10e DB détachée de l'armée Patton.

En revanche, au centre, sur le front de Manteuffel, les choses se déroulent d'une façon beaucoup plus satisfaisante. Les positions américaines sont enfoncées. Dans le

Schnee Eifel, deux régiments de la 106e division, sans aucune expérience du combat, sont encerclés et obligés de capituler. Les Allemands dénombrent 7 000 prisonniers. « C'est le revers le plus grave subi par l'US Army en Europe », notera l'historiographie américaine.

Manteuffel se heurte cependant à Saint-Vith à une vive résistance de la 7e DB envoyée en renfort. L'arc de cercle de Saint-Vith tourné par le nord et par le sud ne tombe finalement que le 21 décembre. Les Panzer s'emparent alors du carrefour de Houffalize, puis de Vielsalm et de La Roche en direction de Liège. Au sud, la progression des blindés n'est cependant pas assez rapide pour empêcher la 101e airborne, venue de Reims en camions, d'entrer à Bastogne et de mettre la ville en état de défense. Manteuffel renonce alors à un assaut direct. Ses blindés contournent la ville, encerclée par une division d'infanterie, et progressent en direction de la Meuse.

L'évolution de la situation ne correspond donc pas au plan initial. Le succès est indiscutable. L'opération a jeté un trouble évident dans le haut commandement allié obligé d'interrompre ses opérations dans les secteurs d'Aix-la-Chapelle et de la Sarre et de jeter toutes ses réserves dans la bataille ; quatre divisions de l'armée Patton se dirigent encore vers le sud de la poche, à hauteur de Bastogne. Anvers reste cependant hors d'atteinte et l'offensive sur la haute Rôer est annulée.

L'occasion est bonne pour Model d'en revenir à la « petite solution ». Le 24 décembre, il propose de renforcer le flanc ouest de la pénétration à hauteur de Dinant et de relancer l'offensive des deux Panzerarmee en direction de la Meuse et de Liège. Hitler ne refuse pas cette éventualité. Mais, auparavant, il tient à déclencher l'offensive d'Alsace et faire tomber Bastogne, de manière à assurer la sécurité du flanc sud. Un premier assaut est lancé dans la nuit du 24 au 25 décembre. Il manque de peu de réussir. Il est repris le lendemain sans plus de succès et interrompu par l'arrivée à Bastogne, après des combats épiques, d'une colonne blindée de secours de l'armée Patton.

En fait, un élément capital bouleverse les plans des Allemands. A cette date, ceux-ci, depuis la chute de Saint-Vith, disposent de bonnes routes d'accès vers la Meuse. Trois Panzer, la 116e, la 2e et la Panzer-Lehr progressent vers Marche, Dinant et Givet. Cette progression va être totalement bouleversée par l'intervention massive de l'aviation alliée.

La veille de Noël, le ciel se dégage, avec la mise en place d'une situation anticyclonique sur l'Europe occidentale. Cette haute pression permet déjà le ravitaillement par conteneurs de Bastogne. Elle autorise surtout l'aviation alliée à se déchaîner sur le *bulge*, la poche de 95 kilomètres que les Allemands ont creusée au cœur de l'Ardenne. Devant une Luftwaffe totalement surclassée, les chasseurs-bombardiers mitraillent des colonnes sur les routes. Le drame de la Normandie se répète. Des tapis de bombes détruisent de fond en comble tous les carrefours routiers, comme Saint-Vith, Houffalize, La Roche, rendant toute circulation impossible. Les raids s'étendent aux dépôts, aux terrains d'aviation et aux gares jusqu'à l'est du Rhin.

Tout le système de communication est bouleversé. Les unités de pointe manquent de munitions et surtout de carburant. Le 25 décembre, la 2e Panzer, totalement immobilisée à Celles, sur la route de Dinant, est surprise par la 2e DB américaine. Elle perd la plus grande partie de ses chars et de ses canons d'assaut. La Panzer-Lehr et la 9e Panzer sont également sérieusement malmenées.

Ce mécompte n'empêche cependant pas le déclenchement de l'offensive d'Alsace, la liaison avec l'attaque de la Luftwaffe sur les terrains alliés. 250 appareils américains et anglais sont détruits ou gravement endommagés. Mais les pertes allemandes sont équivalentes. La 7e armée de Patch qui a relevé les divisions de Patton envoyées sur le flanc sud du saillant est bousculée et doit reculer d'une vingtaine de kilomètres, abandonnant une partie de la Basse-Alsace.

Une menace pèse encore sur Strasbourg depuis la poche de Colmar et de la tête de pont de Gersheim établie au nord. Eisenhower envisage alors carrément un repli sur les Vosges et l'abandon de la capitale de l'Alsace. Devant les protestations des Français, il revient sur sa décision. En liaison avec les troupes de Patch, la 1re armée de De Lattre assurera la défense de Strasbourg et devra livrer pendant trois semaines de durs combats. Simultanément, interviennent de nouveaux assauts extrêmement violents contre Bastogne, que les Allemands ne réussissent pas à faire tomber.

Le 8 janvier, Hitler se résigne à entamer un repli de ses troupes. La manœuvre s'exécute méthodiquement, « à l'allemande », facilitée par un temps exécrable : neiges abondantes, froid intense. C'est à ce moment-là que les troupes américaines subissent leurs pertes les plus lourdes. Devant la maîtrise des Allemands, Eisenhower ne peut, en liaison avec le 30e corps de Montgomery, réaliser l'encerclement des divisions de Sepp Dietrich et de Manteuffel.

La bataille cesse vers le 18 janvier. Les pertes sont sévères de part et d'autre. 80 000 Américains ont été tués, blessés ou faits prisonniers. Le bilan allemand est du même ordre. Si les divisions SS ont relativement peu souffert, les Panzer de la 5e armée ont été très éprouvées. La 2e division blindée et la Panzer-Lehr exigent une reconstitution à peu près complète.

Le dernier coup de poker de Hitler a échoué. Brouillard d'automne apporte tout juste un répit, sans modifier le cours de la guerre. L'offensive a cependant provoqué dans le camp allié une énorme confusion. Si la résistance de la troupe a été dans l'ensemble remarquable, certaines unités se sont débandées ou ont reflué vers l'arrière en désordre. En dépit de certains indices, personne n'avait pu envisager une offensive d'une telle envergure. Si la colonne blindée prévue par Skorzeny n'a pu atteindre la Meuse, les commandos de l'opération Greif ont contribué à aggraver le désordre chez les Américains qui ont cru à une tentative d'enlèvement d'Eisenhower. Pendant plusieurs jours, le commandant en chef a été littéralement mis en quarantaine et gardé dans son quartier général de Versailles par une armée de MP.

Devant la brutalité et l'ampleur de l'attaque allemande, Eisenhower a dû engager toutes ses réserves stratégiques, la 10e DB, les 101e et 82e divisions aéroportées. Il a dû effectuer d'importants prélèvements au détriment de la 12e armée de Hodges et de la 3e de Patton, mettant fin à toute opération offensive dans le secteur d'Aix-la-Chapelle et dans la Sarre. Il a été obligé également, au grand désespoir de Bradley, de remanier le commandement et de donner à Montgomery toute autorité sur les troupes américaines au nord de la Meuse.

Ce remaniement n'est pas étranger à la crise qui s'est abattue sur les hautes instances militaires alliées. Une déclaration déplaisante de Montgomery, laissant entendre que les Britanniques se trouvaient à l'origine du rétablissement d'une situation pour le moins délicate, devait avoir pour résultat de déclencher une réaction de rage à Washington et la colère de Bradley qui ne pardonnera jamais. Eisenhower fut à deux doigts de relever Montgomery de son commandement et de le remplacer par Alexander. La crise fut surmontée, en grande partie, par Churchill, qui eut l'habileté de se livrer devant les Communes à un hommage appuyé en faveur du soldat américain.

Avec la décision d'Eisenhower d'évacuer Strasbourg, l'offensive entraîna également une réaction brutale du général de Gaulle, menaçant d'interdire aux Alliés l'usage des chemins de fer et des ports français. La crise provoqua, là encore, une intervention de Churchill, qui amena Eisenhower à s'incliner de bonne grâce.

En définitive, les espoirs de Hitler, pas totalement imaginaires, s'effondrent. L'alliance occidentale, un instant ébranlée, sort victorieuse de l'épreuve. Brouillard d'automne ne fera qu'inciter les Américains, piqués au vif, indignés par les exécutions sommaires de prisonniers, à poursuivre la lutte jusqu'à l'effondrement de l'Allemagne. L'offensive n'eut encore aucune répercussion sur l'alliance entre les Occidentaux et les Soviétiques. Elle n'eut comme effet que de mettre les Américains et les Anglais en position de faiblesse à Yalta.

Même si elle a eu pour résultat, par l'usure d'une ultime réserve, de hâter le dénouement et la chute du IIIe Reich, l'Ardenne n'en constitue pas moins un exemple caractéristique de la stratégie hitlérienne. A l'exemple de la Norvège, de la rupture de la Meuse ou de la Crète, elle est fondée sur la surprise et va à l'encontre des règles établies de l'art militaire.

17

Les derniers accents

Après l'échec du dernier coup de dés de Hitler, la guerre peut être considérée comme perdue. L'Allemagne ne dispose plus d'aucune marge d'initiative. L'impasse apparaît totale. Des symptômes de décomposition se multiplient dans tous les domaines. Pourtant, la lutte va encore s'éterniser pendant cinq mois. Elle sera marquée par les batailles les plus âpres et les plus sanglantes de toute la guerre. Nombre d'Allemands, comme des naufragés perdus au milieu d'un océan hostile, se raccrochent à des espoirs de plus en plus ténus.

De fait, avec les attaques massives et ininterrompues de l'aviation alliée sur les centres industriels et les transports, l'économie présente des signes de désorganisation de plus en plus inquiétants. La Ruhr est pratiquement isolée et le charbon s'accumule sur le carreau des mines. La production de pétrole s'effondre et les industries d'armement n'arrivent plus à écouler leurs fabrications. En février 1945, la Reichsbahn constate qu'il ne lui reste plus que 28 000 wagons utilisables, au lieu de 136 000 six mois plus tôt. 36 000 seraient nécessaires pour assurer un minimum de fonctionnement économique.

L'Allemagne se trouve pratiquement coupée en deux. En mars, une lettre met quinze jours pour parvenir de

Hambourg à Munich. Les trains de troupes ou de matériel, en dépit de l'activité frénétique des équipes de réparation, doivent accomplir d'invraisemblables détours pour arriver à destination.

Il est maintenant évident que les armes nouvelles, même si elles existent réellement, ne seront pas en mesure de renverser le cours des événements. Sans être négligeables – évacuation d'un million de personnes, baisse de 10 à 15 % de la production, 2 500 victimes –, les effets des 9 000 V1 lancés sur Londres n'ont pas réussi à désorganiser la vie de la capitale britannique. Les 6 500 bombes volantes lancées sur Anvers n'auront également que des résultats très limités sur l'activité portuaire.

La campagne des V2, qui assure la relève, n'est pas plus concluante, même si 1 115 engins s'abattent sur la région londonienne. Le résultat le plus net, encore que nullement négligeable, se traduit par une formidable tension nerveuse pour des populations en état d'alerte permanent.

Malgré leur caractère révolutionnaire et le trouble évident apporté aux aviations alliées, les appareils à réaction ne sont pas davantage en mesure de contester sérieusement la supériorité aérienne anglo-américaine. Les terrains, repérables à des pistes de décollage extrêmement longues de plus de 3 000 mètres, font l'objet d'attaques constantes comme celui de Rheine près de Francfort.

Leur nombre est surtout beaucoup trop faible. Le développement de la production est relativement lent, ce qui est normal pour un type d'avion entièrement nouveau. En janvier 1945, 200 Me 262 seulement sortent des chaînes de montage, et le cap de 600 appareils ne doit être franchi, en principe, qu'en juillet[1].

La situation n'est guère différente pour les nouveaux modèles de sous-marins « électriques ». A la fin de décembre 1944, en dépit des bombardements, 62 U-boote type XXI et 31 de type XXIII ont été livrés à la Kriegsmarine. Jusqu'à la capitulation, 51 et 31 bâtiments seront encore respectivement commissionnés.

Les retards constants apportés aux entrées en service tiennent à des difficultés de mise au point, à la volonté de Dönitz de parfaire un entraînement rendu difficile par le mouillage de mines magnétiques en Baltique occidentale par la RAF, en attendant l'occupation des ports de Prusse orientale par l'Armée rouge, en mars 1945. En fait, si les deux premiers U-boote type XXIII sont opérationnels en février 1945, il faudra attendre le 30 avril pour assister à l'appareillage de Bergen du premier XXI qui révélera des possibilités d'attaque entièrement nouvelles[2].

Seuls quelques esprits comme Kaltenbrunner, le général SS Wolf, chargé du maintien de l'ordre en Lombardie qui envisage une capitulation séparée en Italie et étendue à l'Ouest, ou encore Speer ont conscience de l'imminence de la catastrophe. Tous les rapports remis à Hitler par le grand maître de l'économie s'achèvent invariablement par la formule suivante : « La guerre est perdue. »

D'autres dignitaires se raccrochent encore à l'occultisme. Ils se retranchent derrière un horoscope, comme celui de 1940 qui prévoyait après une crise sévère un rétablissement du Reich au cours de l'été 1945. A l'annonce de la mort de Roosevelt, le 12 avril, Goebbels, le visage illuminé, se précipitera chez Hitler pour lui annoncer le renouvellement du miracle de la maison de Brandebourg avec la disparition de la tsarine Elizabeth.

Chose étrange, d'autres ne désespèrent pas. On le constate au niveau du haut commandement. La guerre continue. Le démon de la subversion souligné par Jodl un an plus tôt est en recul. A l'OKW comme à l'OKH, les officiers d'état-major continuent leur travail, de manière imperturbable, avec une étonnante régularité. Depuis cinq ans, la guerre est devenue pour ces officiers une seconde nature. Après l'Ardenne, Jodl compte sur une stabilisation du front occidental. Guderian, à condition de se faire attribuer le gros des forces mobiles, espère encore briser le nouvel assaut soviétique. C'est seulement au milieu du mois de mars qu'il commencera à douter d'une issue favorable et à envisager une solution diplomatique[3].

Certes, au début de 1945, avec 7,5 millions d'hommes, 40 divisions blindées et motorisées, une aviation tactique non négligeable, un armement de qualité abondant, l'armée reste encore un remarquable instrument de combat, peut-être même, sans vouloir jouer au paradoxe, le premier du monde. En réunissant toutes ses forces, l'armée allemande serait non seulement capable de tenir mais de reprendre l'initiative sur un seul front. Mais, de toute évidence, elle n'est plus à la mesure de trois théâtres d'opérations. Par ailleurs, aussi bien à l'Ouest qu'à l'Est, la volonté combative reste intacte, comme vont le prouver l'acharnement des combats, la faiblesse du nombre de prisonniers et davantage encore du nombre de déserteurs.

Beaucoup sont cependant sans illusion, comme le souligne, au tout début de 1945, un lieutenant de la 21e Panzer. « Le dernier des soldats, lui-même, savait pertinemment que la guerre était perdue. Il souhaitait naturellement en réchapper, et le seul sens qu'il pouvait donner au combat était de protéger les populations de l'Est. Il éprouvait une amertume à se battre sur le sol allemand pour la première fois depuis le début du siècle et n'envisageait pas d'autre possibilité que de rester au sein de son unité et d'être fidèle à son serment de fidélité. Il savait que le complot du 20 juillet avait échoué et, en dépit de tout, il caressait l'espoir d'une solution politique, sans bien savoir laquelle. De toute manière, par un simple souci de dignité, l'exigence d'une reddition sans conditions était inacceptable et ne laissait de place qu'à un combat désespéré[4]. »

Avec le délabrement de l'économie, des pénuries de toute sorte – pièces de rechange, munitions – entravent le fonctionnement de l'aviation et de l'armée à partir de janvier-février 1945. Ces pénuries sont à l'origine d'une nouvelle refonte des grandes unités. Dans son ultime version du 15 mars 1945, la Panzerdivision ne compte plus qu'un bataillon de chars et à la rigueur un bataillon de canons d'assaut. De nouvelles formations voient le jour dans une confusion croissante, regroupant le plus souvent des divisions saignées à blanc. C'est le cas des Panzer *Juterbörg, Döberitz, Holstein, Clausewitz*. D'autres unités sont constituées à partir de bataillons d'instruction, comme les divisions blindées *Dönau, Franken, Krampnitz, Ostsee, Thüringen, Westphalen, Münchenberg*. La même tendance se manifeste au sein de la Waffen SS.

Quoi qu'il en soit, l'illusion d'une décision encore favorable tient à la cloison étanche qui amène l'OKH et l'OKW à mener deux guerres différentes, dans une ignorance réciproque à peu près totale.

Cette coupure est à l'origine du débat de la charnière des années 1944-1945. A trois reprises, Guderian effectue le pèlerinage de Ziegenberg pour convaincre Hitler et l'OKW de la nécessité, devant l'imminence d'une offensive soviétique, de renforcer le front de l'Est. Depuis l'automne, celui-ci est sacrifié au profit du théâtre occidental. En trois mois, alors que l'Ouest a reçu plus de 2 500 blindés, l'Est n'en a vu arriver que 1 000. Une centaine de bataillons de forteresse péniblement mis sur pied ont encore été détournés à l'Ouest. Le théâtre oriental se trouve ravalé à la portion congrue. « Il ne recueille, suivant la formule de Guderian, que l'insipide fond de bouteille que l'Ouest ne peut utiliser. » Au total, de la Prusse orientale au Danube, l'OKH ne dispose que d'une centaine de divisions et de 14,5 Panzer et Panzergrenadier.

Pour renforcer le théâtre le plus menacé, Guderian propose l'évacuation de la Courlande, de la Norvège, l'abandon de l'Italie du Nord et des Balkans. Il demande encore l'affectation des réserves mobiles attribuées à l'Ouest où un répit s'annonce. Il tient à tout prix à tenir les vieilles provinces historiques du Reich, ainsi que la Silésie, la dernière grande zone industrielle située en dehors du rayon d'action de l'aviation alliée.

Ces propositions se heurtent à un refus de l'OKW. S'il se montre prêt à accepter certaines évacuations, Jodl ne tient pas à renoncer à « l'initiative retrouvée à l'Ouest ». Hitler se montre tout aussi négatif. Il affirme que le front oriental n'a jamais disposé de tels moyens. Il met en doute les estimations de Gehlen sur la puissance de l'Armée rouge. « C'est le plus grand bluff depuis Gengis Khan », affirme-t-il.

Indépendamment de son allergie à tout repli, le Führer se retranche sur ce qui constitue son point fort, la conduite générale de la guerre, la grande stratégie. Une évacuation de l'Italie du Nord ne ferait que renforcer le bombardement stratégique sur le Reich. L'abandon des Balkans, avec les mines de chromite, de bauxite et les puits de pétrole de Hongrie serait désastreux pour l'économie du Reich. Le maintien de la présence allemande en Norvège et en Courlande commande la reprise imminente de la guerre sous-marine. Sur la foi des affirmations de la marine, une évacuation des 20 divisions de Courlande se traduirait par l'abandon de tout le matériel lourd.

A cet égard, Hitler subit de plus en plus l'influence de Dönitz qui l'entretient dans ce qui tend à devenir une tragique illusion. Lors de la dernière conférence navale tenue dans des conditions à peu près normales, le

1er janvier 1945, l'exposé de la situation par le grand amiral reçoit l'entière approbation du Führer[5].

A l'Ouest, les offensives de l'Ardenne et de l'Alsace laissent espérer une résistance prolongée. On peut également penser retarder la poussée soviétique à l'Est. La défense des bases de Norvège, de la mer du Nord et de la Baltique a une importance capitale pour le développement de la nouvelle offensive sous-marine qui doit débuter en mars.

Guderian n'obtient finalement que le renfort de 4 divisions. En échange, il doit céder le 4e corps blindé SS de Gille stationné près de Varsovie et l'envoyer en Hongrie pour dégager Budapest où 130 000 Allemands et Hongrois sont assiégés depuis le 25 décembre. Se heurtant à un mur d'incompréhension, Guderian finit par croire que le désintérêt de Hitler et de Jodl pour le front oriental tient à des attaches régionales. L'Autrichien et le Bavarois restent par atavisme indifférents au sort des vieilles provinces.

L'orage éclate avec une violence biblique du 12 au 13 janvier. Quatre « fronts » soviétiques, ceux de Tcherniakosky, de Rokossovsky, de Joukov et de Koniev se déchaînent littéralement sur les positions allemandes de la Prusse orientale au sud de la Pologne. Si la poussée de Tcherniakovsky peut être contenue par le groupe d'armées centre de Reinhardt, les vagues d'assaut qui jaillissent des quatre têtes de pont de la Vistule enfoncent les positions du groupe d'armées A du général Harpe et, suivant une procédure parfaitement rodée, les armées blindées passent à l'exploitation. En moins de 48 heures, la rupture est obtenue.

Faute d'effectifs suffisants, les positions défensives établies en Posnanie sont rompues, dépassées, et la progression de l'Armée rouge, grâce à une remarquable logistique, s'effectue au rythme de 50 à 70 kilomètres par jour. Les troupes allemandes qui ont échappé à la destruction n'ont pour seule issue que de se retrancher dans les places fortes de Posen, de Thorn ou de Graudenz. Seules les unités blindées parviennent à constituer des poches mobiles comme celle du général Nehring, à se glisser dans le flot soviétique et à atteindre l'Oder, après avoir dû abandonner la majeure partie de leur matériel lourd.

Le 31 janvier et les jours suivants, après un bond de plus de 500 kilomètres, les avant-gardes du 1er front de Russie blanche atteignent l'Oder à hauteur de Kustrin et de Francfort et établissent des têtes de pont sur le fleuve pris par les glaces. L'Armée rouge se trouve à moins de 80 kilomètres de Berlin. *Staline ante portas*, écrit alors le secrétaire de Goebbels. Simultanément, après avoir libéré Lodz et Cracovie, les troupes du 1er front d'Ukraine de Koniev pénètrent en Haute-Silésie, entreprennent l'investissement de Breslau et jettent là encore des têtes de pont sur l'Oder.

A Berlin, le déchaînement de la ruée soviétique provoque une énorme stupeur. En une quinzaine de jours, l'armée allemande vient de perdre son dernier capital espace et la capitale se trouve pratiquement sur la ligne de front. Le 16 janvier, Hitler quitte enfin le Ziegenberg et établit son quartier général dans le bunker de la chancellerie. Deux fois par jour, du siège de l'OKH à Zossen, Guderian va devoir assister à des conférences interminables. De même doit-il subir la torture physique et morale d'écouter durant des heures les « discours accessoires » des représentants de la Luftwaffe et de la marine, « des armes à peine capables encore d'action[6] ».

Ces rencontres sont marquées par des affrontements de plus en plus violents entre un Hitler qui voit l'abîme s'ouvrir devant lui et un chef d'état-major d'un tempérament particulièrement colérique. A plusieurs reprises, à la stupeur des assistants, les deux hommes paraissent sur le point d'en venir aux mains. Le Führer ne peut s'empêcher de justifier l'effondrement du groupe d'armées A par l'incapacité ou la trahison de ses chefs. Harpe est remplacé par Schörner rappelé du groupe d'armées nord en Courlande. Quant à Reinhard, il perd son commandement au profit de Rendulic, précédemment affecté en Courlande. Au cours des semaines suivantes intervient une véritable hécatombe de généraux, à telle enseigne, comme le soulignera Léon Degrelle, que personne finit par n'y plus rien comprendre.

Pour Guderian, ces limogeages à répétition ne sont que la manifestation pathologique d'une « méfiance exagérée » à l'égard de l'armée. Méfiance parfois justifiée au demeurant. De fait, Guderian est bien en peine d'expliquer le comportement pour le moins étrange du général Hossbach, le commandant de la 4e armée en Prusse orientale. Le 23 janvier, Hossbach abandonne sans combat la forteresse de Lötzen, une des pierres angulaires de la défense de la vieille province de l'Est, abondamment pourvue en hommes et en matériel. A l'encontre de ses instructions, il tente encore une percée vers la basse Vistule au lieu d'assurer à l'Ouest la couverture de Königsberg. On peut se demander si Hossbach, un des membres du complot du 20 juillet, après avoir échappé à l'enquête de la Gestapo, n'est pas en relation directe avec le groupe de Seydlitz.

Défaillance ou trahison, le désastre de l'Est tient essentiellement à la disproportion des forces. A eux seuls les deux « fronts » de Joukov et de Koniev disposent d'une écrasante supériorité sur le groupe d'armées A bientôt rebaptisé groupe d'armées centre. Ils alignent 2,5 millions d'hommes contre 500 000, 7 000 chars et canons d'assaut contre 500, 5 000 avions contre 400.

La rupture brutale des positions allemandes tient encore à une décision désastreuse de Hitler, le refus d'autoriser un repli préalable sur la « ligne de grand combat », à une vingtaine de kilomètres des avant-postes, en dehors de la portée de l'artillerie soviétique. Un problème que l'armée française avait d'ailleurs connu en 1918. A l'arrivée de l'Armée rouge sur l'Oder, le Führer qualifiera cette décision de stupide, et il faudra la lecture des procès-verbaux des conférences pour lui rappeler que cette directive malheureuse est son œuvre. L'effondrement de la Vistule s'explique aussi par une minutieuse préparation soviétique et l'éternel manque de mobilité des divisions allemandes condamnées, dans les meilleures conditions, à se replier dans des forteresses.

Au total, un bilan accablant. Une trentaine de divisions se sont volatilisées ou se trouvent encerclées. Un matériel énorme a été perdu. C'est la répétition en plus grave de la crise subie par les armées allemandes en Russie blanche, au cours de l'été précédent.

Dans l'immédiat, l'OKH doit improviser une défense sur l'Oder. Toutes les unités disponibles dans la région de Berlin sont envoyées sur le fleuve. Des batteries antiaériennes de 88 sont déployées vers l'Est en barrage antichars. La Luftwaffe effectue une de ses dernières concentrations en rameutant toutes les formations disponibles. Le groupe de Rudel arrive de Hongrie et multiplie les attaques contre les blindés soviétiques. Au moment où Rudel attaque son 13ᵉ char, il est touché par la DCA. Grièvement blessé, il réussit cependant à poser son stuka derrière les lignes allemandes. Transporté à l'hôpital, il subira l'amputation de la jambe droite. Six semaines plus tard, il reprend les commandes d'un stuka et effectue de nouvelles missions.

La mise en défense de la ligne de l'Oder est cependant facilitée par une pause de l'Armée rouge. Cette pause tient à des difficultés logistiques classiques après une progression de plus de 500 kilomètres et à un brusque dégel qui transforme les routes de Pologne en bourbiers. Elle procède aussi d'une sérieuse crise d'indiscipline. Depuis leur entrée en Allemagne, les troupes soviétiques se livrent à une débauche de pillages, de meurtres, de viols et exigent une sérieuse reprise en main. Des menaces pèsent encore sur les flancs démesurément allongés de Joukov et de Koniev. Une attaque contre la tête de pont de Courlande s'est soldée par un échec coûteux. Un premier assaut contre Königsberg a été repoussé avec de très grosses pertes. Il ne sera repris qu'au bout d'un mois. La résistance de la Prusse orientale oblige Rokossovsky, qui devait au départ appuyer la progression de Joukov, à lier son action avec celle de Tcherniakovsky. En attaquant en direction d'Elbing, il cherche à achever l'investissement de la Prusse orientale.

En somme, avant de reprendre la marche sur Berlin, la Stavka juge nécessaire de nettoyer des flancs vulnérables. C'est le point de départ de la bataille la plus acharnée et la plus sanglante de la Seconde Guerre mondiale qui va s'éterniser pendant deux mois. La décision de la Stavka est d'autant plus nécessaire que Guderian reçoit enfin ce qu'il n'avait pu obtenir un mois plus tôt.

Le centre de gravité de l'armée allemande se déplace à nouveau vers l'Est, avec le transfert du gros des réserves mobiles, encore que la 6e Panzerarmee SS est dirigée vers la Hongrie. Hitler tient absolument à éviter un effondrement du front danubien et à protéger les dernières réserves de pétrole de Hongrie et d'Autriche à un moment où l'aviation alliée paralyse la production des industries de synthèse.

On assiste ainsi à un renversement total des forces. Le front oriental finit par disposer de 106 divisions d'infanterie et de 32,5 Panzer et Panzergrenadier. Le théâtre occidental se trouve, à son tour, ramené à la portion congrue avec 64 divisions d'infanterie et 12 blindées bientôt réduites à 8.

Le gros de la concentration s'effectue à l'est de Stettin en Poméranie occidentale dans le cadre d'une nouvelle formation, le groupe d'armées Vistule qui mériterait plutôt le nom de groupe d'armées Oder. En liaison avec une attaque lancée depuis la région de Glogau. Guderian souhaite attaquer de flanc les avant-gardes de Joukov avant qu'elles n'aient eu le temps de se renforcer, et marcher en direction de Kustrin.

Au moment où la concentration s'achève, un élément a le don de susciter l'ire du chef d'état-major général. Hitler désigne comme commandant du nouveau groupe d'armées Himmler. Il est vrai qu'au début de l'hiver, le Reichsführer SS a déjà eu l'occasion d'étaler la faiblesse de ses talents militaires à la tête du groupe d'armées du Haut-Rhin, de la Lauter à la frontière suisse.

Guderian s'interroge alors sur la manie de Himmler de cumuler les fonctions les plus importantes : Reichsführer SS, chef des polices allemandes, ministre de l'Intérieur du Reich, commandant de l'armée de l'intérieur… Il le soupçonne de vouloir s'attribuer la plus haute décoration allemande, l'ordre pour le mérite. L'indignation de Guderian est d'autant plus vive que Himmler entend prendre comme chef d'état-major du nouveau groupe d'armées le général Lammerding qui n'a jamais commandé qu'une division, la Panzer SS Das Reich.

Après une scène d'une extrême violence, Hitler accepte de remplacer Lammerding par Wenck qui bénéficie d'une grande expérience dans la conduite des armées. Après avoir retrouvé son calme et son sourire des grands jours, le Führer conclut : « Aujourd'hui, l'état-major a remporté une victoire[7]. »

Le groupe d'armées Vistule va se trouver ainsi à l'origine de l'opération *Sonnenwende* (Solstice) la dernière grande offensive de l'armée allemande à l'Est. En fait, dès le départ, l'affaire prend une ampleur plus réduite que prévue. Faute de moyens, l'attaque depuis Glogau est annulée. Sonnenwende se limite finalement à la consolidation de la défense de la Poméranie occidentale.

Elle met cependant en jeu la 11e armée blindée SS de Steiner, un ensemble composite de plusieurs unités allemandes ou de recrutement étranger : les 9e et 10e SS, la 4e SS Polizei, la Grossdeutschland, la division blindée Holstein, les brigades Wallonie et Nederland...

L'attaque débute le 15 février sur un front de 50 kilomètres. L'effet de surprise est indiscutable. Des progrès sont enregistrés en direction de Dölitz et d'Arnswalde. Le dieu des batailles n'est cependant plus avec la Wehrmacht. Sérieusement blessé dans un accident de voiture, Wenck doit être remplacé par le général Krebs, qui n'a pas son expérience. Par ailleurs, comme le constate Degrelle, si les blindés ont encore leur grand style, les divisions d'infanterie n'ont plus le mordant et l'efficacité tactique de jadis[8].

Enfin, comme le soulignait un jour Model devant Hitler, l'adversaire a changé. Revenu rapidement de sa surprise, Joukov rameute des réserves. Dès le 19 février, les Panzer sont obligées de se cantonner dans la défensive. Finalement, l'opération Sonnenwende, amoindrie dès le départ, aboutit à un échec.

L'armée allemande vient de perdre définitivement l'initiative à l'Est. Le retour offensif de l'armée de la Vistule ne peut cependant qu'inciter la Stavka à réduire les bastions de Poméranie et de Prusse orientale.

Sur le flanc sud, les troupes de Schörner n'abandonnent la région industrielle de Haute-Silésie qu'après avoir infligé aux Soviétiques des pertes énormes en hommes et en matériel. A la fin février, commence encore le siège épique de Breslau, qui va pratiquement durer jusqu'à la capitulation du Reich. L'avance du 1er front d'Ukraine est encore extrêmement coûteuse en

Basse-Silésie. Schörner bloque la progression de Koniev sur la Neisse occidentale et s'accrochera jusqu'à la fin avril à la région industrielle de Màrisch Austrau.

Pour dégager la voie ferrée Berlin-Breslau, Schörner lance encore des contre-attaques à Striegau et Lauban. La reprise de Lauban, assurée le 1er et le 2 mars par le corps blindé de Nehring, qui prend complètement par surprise la 3e armée blindée soviétique de la Garde, est célébrée en Allemagne comme une grande victoire. Goebbels vient en personne féliciter Schörner et couvre d'éloges une compagnie de la Führer Grenadier Division, des unités du Volkssturm et de la Hitler Jugend. Ce succès sera pratiquement le dernier.

La bataille est tout aussi intense sur le front nord. La résistance allemande en Prusse orientale est d'un rare acharnement. Après l'échec de Tcherniakovsky contre Königsberg, Rokossovsky réussit à isoler la vieille province de l'Est, en progressant le long de la basse Vistule et en assiégeant Elbing. Les Allemands n'ont que le temps de faire sauter le monument de Tannenberg et d'évacuer par mer les cercueils du maréchal Hindenburg et de son épouse.

Après de furieux combats, la 4e armée isolée dans le « chaudron » de Heiligenstadt est finalement presque entièrement anéantie du 13 au 28 mars. Malgré une énergie farouche, Rendulic ne peut briser un second assaut contre Königsberg. Les ruines de la ville sont abandonnées le 10 mars. Les restes des forces allemandes se replient alors dans la presqu'île de Samland avant d'être évacués en partie par la marine à Pillau.

Après l'opération Sonnenwende, Joukov et Rokossovsky combinent leur effort pour occuper la Poméranie occidentale. Là encore, la résistance est d'un acharnement extrême. Les troupes allemandes ne cèdent que du terrain pied à pied pendant tout le mois de mars avant de se replier sur le secteur fortifié Gothenhafen-Dantzig.

Mais la marine réussit à évacuer un nombre considérable de survivants et de réfugiés. A cette date, Elbing, après une bataille farouche, est tombée le 18 mars.

Au même moment, le groupe d'armée de la Vistule devenu la 3e Panzerarmee livre ses derniers combats autour d'Altdam, avant de se replier derrière l'Oder à hauteur de Stettin. Les troupes de Joukov achèvent ensuite le nettoyage de la Poméranie occidentale. La défense allemande se disloque. Encerclé, le 10e corps SS est pratiquement anéanti. Seuls quelques groupes isolés réussissent à gagner la côte. La bataille se termine avec la chute de Kolberg.

Au cours de cette interminable bataille, les Allemands usent de toutes les possibilités du terrain, forêts, marécages et des variations climatiques avec des alternances de gel et de dégel. Ils offrent également une résistance farouche aux Soviétiques dans le dédale des installations industrielles de Silésie, leur infligeant notamment des pertes en chars considérables, de l'aveu même de Koniev.

La bataille est encore ponctuée de toute une série de sièges où les défenseurs font preuve de la plus grande ingénuosité, multipliant les pièges, les mines, utilisant des passages de maison à maison, circulant par les réseaux des égoûts, tendant encore des toiles à travers les rues pour dissimuler leurs mouvements. C'est au cours de ces combats de rue que le Volkssturm et les Hitler Jugend armés de pistolets-mitrailleurs ou de Panzerfaust affichent le maximum d'efficacité. Deux sièges l'emportent par l'intensité de leur résistance.

A Königsberg, les 35 000 hommes de la garnison, tirant le meilleur parti de l'enceinte et des forts construits pendant la seconde moitié du XIXe siècle réussissent à briser un premier assaut soviétique. Après une pause d'un mois, Vassilievsky, qui a succédé à Tcherniakovsky tué au combat, repart à l'attaque le 2 avril avec des moyens considérables, 4 armées, une puissante artillerie et une force aérienne de 2 500 avions.

Sous un déluge de bombes et d'obus, la ville est en flammes. « Les positions allemandes sont broyées, les tranchées comblées, les embrasures démantelées, des compagnies entières enterrées. Tout le système de transmissions est détruit, ainsi que les stocks de munitions. Des nuages de fumée se déploient au-dessus des survivants. Les rues sont encombrées de gravats, de véhicules calcinés, de cadavres de chevaux et de débris humains[9]. »

Une tentative de sortie vers l'Ouest de la garnison et d'une lamentable cohorte de civils se solde par un abominable massacre sous le feu des chars, des armes automatiques et des roquettes. Les survivants n'ont comme seule solution que de se replier dans la ville en flammes. Le lendemain, le général Lasch se résigne à une reddition refusée par un groupe d'irréductibles qui préfèrent mourir les armes à la main dans le vieux château.

Plus de 30 000 Allemands prennent alors le chemin de la captivité, tandis que les troupes soviétiques se livrent à un pillage en règle, « jetant par les fenêtres des instruments de musique, des ustensiles de cuisine, des tableaux, des porcelaines de Chine… Des soldats ivres errent dans les rues, tirant au hasard. Ils tentent d'enfourcher des bicyclettes, pour tomber, le visage en sang, à demi inconscients dans les caniveaux. Des femmes et des jeunes filles en pleurs, se débattant, sont entraînées dans les maisons, tandis que des enfants perdus réclament leurs parents ».

A Breslau, trois généraux assurent successivement le commandement d'une garnison de 50 000 hommes encerclée à partir du 15 février, avec 80 000 civils restés dans la ville. L'âme de la résistance est cependant le Gauleiter de Basse-Silésie Karl Hanke, qui se montre impitoyable et n'hésite pas, dès le 28 janvier, à faire exécuter le premier adjoint au maire pour défaitisme. La ville reste en contact avec l'extérieur grâce à une station radio servie par des marins et un pont aérien de junkers 52 qui amène deux bataillons de parachutistes, apporte des munitions, voire même du courrier, avant de se limiter à des parachutages de conteneurs. Un minimum de vie continue et le théâtre donne des représentations pratiquement jusqu'à la fin du siège. La manufacture de tabac fonctionne également, constituant un précieux réconfort pour les assiégés.

En dépit de bombardements intenses qui transforment le centre de la ville en un monceau de ruines, la garnison réussit à briser tous les assauts de l'Armée rouge, dont les pertes finiront par dépasser 60 000 hommes. A la suite d'une démarche de l'évêque catholique et de pasteurs, le général von Niehoff finit par négocier le 6 mai une reddition honorable dont les termes ne seront pas respectés. La ville est alors détruite à 80 % et les pertes militaires et civiles s'élèvent à 6 000 morts et 28 000 blessés. La résistance de Breslau a cependant immobilisé pendant deux mois et demi 6 divisions soviétiques et facilité la fuite vers l'Ouest de 1,5 million de civils.

Les batailles de Prusse orientale et de Poméranie s'identifient encore à un exploit dont la marine allemande reste fière. Mobilisant tous ses moyens, elle mène des opérations d'appui-feu sur les côtes de la Baltique, amène 325 000 hommes de renfort et surtout procède à l'évacuation de plus de 2 millions de soldats, de blessés et de civils fuyant l'invasion soviétique. Evacuation ponctuée de drames. Le 30 janvier 1945, le paquebot *Wilhelm Gustloff*, après avoir quitté Gothenhafen, est torpillé par un sous-marin en pleine nuit, par une mer démontée et une température glaciale, à 25 milles de la côte. On compte moins de 1 000 survivants sur 5 000 passagers.

Le 12 février, malgré ses marques d'identification, le navire-hôpital *General von Steuben* est torpillé à son tour. 2 680 blessés disparaissent et le nombre de rescapés ne dépasse pas 630. La plus grande catastrophe de l'histoire maritime se produit dans la nuit du 16 avril au large de Hela. Torpillé, lui aussi, le paquebot *Goya* disparaît, entraînant dans la mort 7 000 réfugiés et soldats ; 165 survivants seulement sont recueillis. Ces tragiques disparitions ne peuvent cependant faire oublier que 99 % des personnes embarquées par la Kriegsmarine ont pu être sauvées.

Toute la lutte pour les provinces orientales se déroule sur un arrière-plan atroce, avec l'exode de plus de 8 millions de personnes fuyant la fureur d'une soldatesque déchaînée. Ce que la Prusse orientale avait connu à l'automne de 1944 ne constitue qu'une pâle répétition du drame de l'hiver suivant. Au cours de ce terrible exode accompli par des températures glaciales, plus de 2 millions de personnes seront massacrées dans des conditions abominables.

Des colonnes de réfugiés sont mitraillées ou écrasées sous les chenilles des chars. Des familles entières brûlées vives dans leurs maisons. Des femmes violées et crucifiées aux portes des granges. Des enfants jetés vivants dans des auges à cochons. Jamais l'Europe n'avait connu un tel assaut de barbarie depuis les grandes invasions.

Cette folie meurtrière pouvait procéder d'une volonté de vengeance, à la suite des destructions et des excès opérés par les Allemands en Russie. Elle fut cependant encouragée au plus haut niveau par les déclarations enflammées d'individus comme l'écrivain Ilya Ehrenbourg dont les appels au meurtre étaient largement diffusés dans la troupe. Nombre d'officiers soviétiques durent, à maintes reprises, intervenir pour calmer des unités qui avaient perdu leur contrôle et même toute capacité opérationnelle. Des prisonniers de guerre alliés, des déportés même préfèrent se laisser entraîner vers l'Ouest dans cet immense exode plutôt que d'attendre une libération de l'Armée rouge.

Le sort lamentable réservé aux populations de l'Est a contribué à exaspérer l'ardeur combative du soldat allemand et à donner à la lutte un caractère impitoyable. Tous les récits d'engagements sont émaillés d'exécutions sommaires de prisonniers, accompagnées parfois de tortures. Lors de la reprise de Sagan, dont la population a été massacrée, les Allemands tuent les prisonniers soviétiques à coups de pelle et à coups de crosse.

Dans les ruines de Striegau, les soldats de la 208e division ne découvrent qu'une poignée de survivants errant dans les ruines, complètement hagards. « Après Striegau, il n'était plus question, dira l'un d'entre eux, de faire de quartier. Quand on demandait aux soldats de conserver leur contrôle, la réponse était toujours la même : “Après ce que nous avons vu et vécu à Striegau, il est inutile de nous demander de faire des prisonniers[10].” »

Dans son ordre du jour d'avril 1945 adressé aux troupes chargées de défendre l'Oder, Hitler passera sous silence toute référence au national-socialisme. Il demandera aux hommes de défendre, non pas le « concept creux de patrie », mais leur foyer et leurs proches.

On ne put négliger non plus les effets d'une discipline de fer, à la limite de la sauvagerie. En Prusse orientale, le général Rendulic rend responsables les commandants de bataillons ou du régiment de l'abandon de chaque « pouce de terrain ». Un capitaine est fusillé pour un repli de deux kilomètres. Des « cours martiales volantes » sont instituées pour « épurer » l'arrière. Tout soldat non blessé surpris en dehors des lignes est jugé et fusillé immédiatement. Cette rigueur fait école. A Dantzig, de jeunes servants de DCA sont exécutés pour avoir rendu visite à leurs parents. Des détachements spéciaux de SS opèrent sur les arrières à la recherche de déserteurs vrais ou supposés.

Fin mars, ne subsistent plus à l'est de l'Oder et de la Neisse que quelques poches de résistance. La bataille pour les provinces orientales est terminée. En dépit de l'envoi de puissantes formations SS, la situation se dégrade également en Hongrie. Attaquant dans la première quinzaine de janvier, le 4e corps blindé ne réussit pas à dégager la garnison de Budapest dont les derniers éléments résisteront à Buda sur la rive sud jusqu'au 13 février. 2 000 hommes à peine, dont 785 Allemands, ont pu rompre l'encerclement.

Dans un dernier effort, le 4e corps réussit cependant à éliminer une tête de pont soviétique sur la rivière Hron et à stabiliser momentanément la situation. L'arrivée de la 6e SS Panzerarmee permet de lancer une nouvelle contre-offensive à l'est du lac Balaton, toujours dans la perspective de dégager et de protéger les derniers puits de pétrole.

Déclenchée le 6 mars, l'offensive enregistre des succès initiaux avant d'être contrariée par un brusque dégel, et surtout de se heurter aux violentes réactions de Malinovski et de Tolboukhine qui disposent de moyens considérables. Cette réaction conduit à la dernière grande bataille de chars de la Seconde Guerre mondiale et à une crise brutale du moral de l'infanterie des Panzer SS. Furieux, Hitler donne l'ordre de retirer aux hommes de ces unités d'élite les brassards au nom de leurs divisions, en particulier à la *Leibstandarte* (Garde du corps).

Dès lors, la poussée soviétique s'accélère, et Malinovski et Tolboukhine entreprennent la marche sur Vienne. Le 6 avril, leurs éléments de pointe pénètrent dans les faubourgs de la ville où de violents combats se dérouleront jusqu'au 12 avril.

A cette date, Guderian n'est plus chef d'état-major de l'OKH. A la suite d'une nouvelle scène d'une extrême violence, survenue le 28 mars, au sujet de l'échec d'une contre-offensive contre la tête de pont de Kustrin, Hitler l'a prié de prendre un congé, annonçant son intention de faire à nouveau appel à lui quelques semaines plus tard. Les deux hommes ne se reverront plus.

Le général Krebs lui succède. Il accomplit à sa manière une espèce de révolution. Jusqu'à sa nomination, deux cartes composées d'assemblage au 300 000e couvrent deux murs séparés de la salle des conférences du bunker de la chancellerie ; l'une concerne le front occidental, l'autre le théâtre oriental. Krebs met en place une seule carte composée d'un assemblage au millionième. D'un seul coup, les assistants prennent brutalement conscience de la gravité de la situation et de la convergence des armées alliées et soviétiques en direction du cœur du IIIe Reich.

De fait, avec le transfert des réserves mobiles à l'Est, la situation sur le front occidental s'est dégradée à une vitesse vertigineuse. En dépit d'une rare ténacité et d'un terrain propice à la défensive, la 19e armée du général Wiese ne peut résister en Alsace à une offensive concentrique des forces franco-américaines. La poche de Colmar est totalement évacuée le 9 février. Le général Wiese réussit toutefois à replier le gros de ses troupes sur la rive droite du Rhin par le pont de Chalampé.

Au moment où s'accomplit cette retraite, débute l'offensive générale des divisions britanniques et américaines sur la rive gauche du fleuve. L'armée allemande livre alors sa dernière bataille coordonnée. Au nord, face aux troupes de Montgomery, la 1re armée parachutiste résiste pied à pied et réussit à se retirer derrière le cours supérieur du Rhin du 3 au 11 mars. Elle laisse cependant derrière elle 70 000 prisonniers.

Plus au sud, les troupes allemandes offrent encore une âpre résistance à hauteur de Cologne et de Coblence. Elles résistent jusqu'au 11 mars avant de se replier derrière le fleuve. Dans le Palatinat, en revanche, le groupe d'armées B s'effondre devant l'offensive en tenaille de Patton. Quand la bataille de la rive gauche s'achève, l'OKW ne peut plus se faire d'illusions. Les armées de l'Ouest viennent de subir une défaite irrémédiable. Elles ont perdu plus de 60 000 hommes et abandonnent 250 000 prisonniers à l'adversaire.

Rien ne garantit plus la défense du Rhin, d'autant plus que, le 7 mars, par le pont Ludendorff à Remagen dont les charges de destruction n'ont pas fonctionné, des éléments blindés américains ont pu franchir le fleuve et établir une tête de pont sur la rive droite.

L'affaire entraîne pour la troisième fois le limogeage de von Rundstedt. Hitler le remplace par Kesselring qui s'est taillé une excellente réputation de stratège et de tacticien en Italie. Le recevant à la chancellerie, le Führer lui brosse un tableau de la situation qui se veut cohérent et rassurant. Kesselring doit tenir à tout prix le cours du Rhin et réduire la tête de pont de Remagen, permettant ainsi aux troupes engagées à l'Est d'infliger une défaite décisive à l'Armée rouge en avant de Berlin.

Suivant les instructions du Führer, Kesselring multiplie les efforts pour éliminer la poche de Remagen. En vain, une contre-attaque lancée par une cinquantaine de chars lourds Tigre II avorte dès le départ. Tout est alors mis en œuvre pour détruire le pont : tirs d'artillerie, attaques aériennes menées par des bombardiers Arado à réaction, envoi d'un groupe de 8 nageurs de combat qui disparaîtront dans les eaux du Rhin sans laisser de trace, lancement d'une dizaine de V2. Le 15 mars, touché à plusieurs reprises, ébranlé par des explosions rapprochées, l'ouvrage finit par s'abîmer dans le fleuve.

Trop tard. Le génie américain a eu le temps de lancer deux ponts de bateaux.

Kesselring est alors le premier à comprendre qu'il se heurte à une tâche insurmontable. Sur un front de 750 kilomètres, il ne dispose que de 70 divisions dont 8 Panzer, à peine au tiers de leurs effectifs, alors qu'Eisenhower aligne 85 divisions dont 23 blindées et 5 divisions de paras.

Le franchissement minutieusement préparé a été précédé par une offensive aérienne grandiose, l'opération *Clarion*, qui a mobilisé plus de 10 000 avions alliés. L'affaire a débuté le 22 janvier, visant essentiellement les installations ferroviaires et les trains. Plus de 200 objectifs sont concernés dont les gares de triage de la région Chemnitz, Leipzig, Halle, Gotha, considérée comme le dernier bastion, encore à peu près intact, de la résistance allemande[11].

A la différence des raids précédents, les bombardiers lourds opèrent par petites formations, à basse altitude, tandis que des nuées de chasseurs-bombardiers s'attaquent au trafic ferroviaire. Cette nouvelle tactique contribue à désorganiser la défense allemande et porte le coup de grâce à la Luftwaffe, qui subit des pertes considérables sans réussir à entraver le déroulement de Clarion. Le trafic ferroviaire enregistre une réduction de 80 %. C'est dans le cadre de cette offensive que se produit le drame de Dresde, à peine protégée et jusque-là complètement épargnée. Sous l'action combinée du Bomber Command et de la 8e Air Force, un gigantesque typhon de feu ravage le cœur historique de la vieille ville encombré de réfugiés fuyant l'avance soviétique.

Des dizaines de milliers de personnes disparaissent dans ce tragique holocauste. Pour ajouter au drame, les chasseurs alliés n'hésitent pas à mitrailler les réfugiés, les voitures de pompiers et les ambulances. Admirablement exploitée par Goebbels, la destruction de Dresde provoquera une réaction d'horreur dans les pays neutres et ne fera qu'exacerber la volonté de résistance d'un peuple convaincu de n'avoir le choix qu'entre la lutte et l'anéantissement.

Le passage du Rhin s'exécute ensuite avec un luxe de moyens qui disloque immédiatement les frêles positions allemandes. Il est précédé par des attaques aériennes massives qui visent l'isolement de la Ruhr et créent une zone d'interdiction à l'Ouest d'une ligne Brême, Marburg, Coblence, paralysant toute activité des restes de la Luftwaffe et tout trafic ferroviaire et routier.

Totalement surclassés, en proie à une démoralisation croissante, les Allemands ne peuvent empêcher Patton d'effectuer un passage par surprise dans la nuit du 22 au 23 mars dans la région d'Oppenheim et d'occuper Francfort deux jours plus tard. Au nord, Montgomery se livre à une démonstration de grand style. Le franchissement est précédé par des attaques aériennes imposantes, le tir de 3 000 canons et le largage de deux divisions de parachutistes. La traversée intervient dans la nuit du 23 au 24 mars. En deux jours, 14 divisions ont pris pied sur la rive orientale, à partir de 12 ponts de bateaux.

La ligne du Rhin cède alors sur toute sa longueur. La 7e armée de Patch franchit le Rhin à son tour, de part et d'autre de Worms, avant d'entrer à Mannheim le 28 mars ; quant à la 1re armée française, elle traverse le fleuve, le 31, à Spire et à Lemersheim.

Après le franchissement du Rhin, les troupes alliées passent à l'exploitation. La maîtrise de l'air des Anglo-Américains est absolue. Tous les jours, des centaines de chasseurs-bombardiers attaquent les derniers terrains de la Luftwaffe utilisables ou les rares trains encore en circulation. Sur les routes, les avions mitraillent non seulement les convois militaires, mais les colonnes de réfugiés qui cheminent lamentablement sur le bas-côté des autoroutes, les voitures ou les cyclistes isolés. La circulation ne peut plus s'effectuer que de nuit ou à la faveur des brouillards de l'aube.

Avec des troupes dissociées, en proie à une démoralisation croissante, l'OKW est incapable d'une réaction coordonnée. Pourtant, ici et là, la progression alliée se heurte à d'ultimes îlots de résistance. Les Britanniques, en dépit de l'intervention massive de l'aviation tactique, doivent livrer pendant plusieurs jours de durs combats pour enlever les petites villes d'Ibbenbüren, de Verden ou de Lingen défendues par des bataillons de marins ou d'élèves sous-officiers. Les défenseurs du Harz contiennent pendant dix jours la poussée américaine. Une contre-attaque lancée à la mi-avril, dans le secteur d'Heilbronn dans le Wurtemberg, entraîne l'isolement d'une division blindée qu'il faut ravitailler par air et qui ne parvient à se dégager qu'en perçant vers l'arrière.

La bataille de l'Allemagne de l'Ouest dure encore près d'un mois. Pour commencer, Eisenhower entreprend l'encerclement de la Ruhr, suivi du tronçonnement de la poche par des unités blindées. La manœuvre aboutit, le 18 avril, à la reddition de 325 000 hommes et au suicide du maréchal Model. A ce moment, la 9e armée américaine, après une marche d'une rapidité surprenante, est sur les bords de l'Elbe depuis le 11 avril, où elle a jeté deux têtes de pont, à moins de 80 kilomètres de Berlin. De fait, Hitler a donné l'ordre de cesser toute résistance dans ce secteur, de manière à accélérer la rencontre entre Occidentaux et Soviétiques et provoquer d'inévitables dissensions.

A l'étonnement du commandement allemand, la 9e armée n'ira pas plus loin. Visiblement, le gros de l'effort allié concerne le nord et le sud du Reich. Montgomery effectue ainsi une avance méthodique dans le nord de l'Allemagne, occupant Brême et Hambourg, et atteignant Lubeck sur la Baltique avant les Soviétiques.

Le reste des forces alliées s'oriente en direction du Wurtemberg, de la Bavière et de l'Autriche. Après avoir nettoyé la Forêt-Noire, traversé Stuttgart, la 1re armée française prend la direction du lac de Constance. Après avoir livré de durs combats autour de Nuremberg, les Américains atteignent le Danube, le 27 avril, à Ulm, Ingolstadt et Ratisbonne. Une fois le fleuve franchi, l'avance se poursuit en direction de Munich occupée le 30 avril. Elle s'accélère ensuite en Autriche avec la prise d'Innsbruck, de Salzbourg et de Linz.

Plus à l'est, Patton franchit la frontière tchécoslovaque. Mais, à la suite d'un accord entre Eisenhower et le commandement soviétique, il s'arrête sur la ligne Karlsbad, Polsen, Baldweis. Il laissera à l'Armée rouge le privilège d'occuper le gros de la Bohême et de libérer Prague. En Italie également, la résistance allemande s'effondre, à la suite de l'ultime offensive alliée déclenchée le 14 avril. Le général Vietinghof, qui a pris la suite de Kesselring, appelé au commandement du front de l'Ouest, ne peut effectuer le repli prévu sur les positions du « réduit alpin » depuis le lac de Garde jusqu'à l'Adige. Le Pô est franchi le 23, Vérone occupée le 26 et la route du Brenner menacée.

L'arrêt de la 9e armée US sur l'Elbe constitue pour nombre d'Allemands une amère déception. Elle met fin à l'espoir d'une pénétration profonde des Occidentaux vers l'Est et d'une occupation de Berlin par les Américains, avant l'arrivée de l'Armée rouge. De toute évidence, le haut commandement allié tient à respecter à l'avance le tracé des zones d'occupation fixé à Yalta et dont les Allemands ont réussi à se procurer une carte.

C'est en toute connaissance de cause qu'Eisenhower a renoncé à s'emparer de Berlin, ce qu'il aurait parfaitement pu faire sans provoquer la moindre tension avec l'URSS. Le commandement en chef estime que la capitale du Reich ne constitue plus un « objectif militaire » et ne justifie pas la perte de 100 000 hommes. A Washington, Marshall approuve totalement cette vision des choses. Malgré les objurgations de Churchill, les réserves de Bradley et davantage encore de Patton, Eisenhower ne comprend pas l'énorme importance politique de la prise de la capitale du IIIe Reich. Staline, lui, ne s'y trompera pas.

Eisenhower est, en réalité, victime d'une intoxication et des déficiences de ses services de renseignements. Il est convaincu que les Allemands vont tout mettre en œuvre pour poursuivre la lutte dans deux bastions, un « réduit nordique » avec la Norvège, le Danemark et le Schleswig-Holstein, et un « réduit bavarois », au cœur des Alpes allemandes et autrichiennes.

Plusieurs éléments semblent confirmer ce qui n'est qu'une illusion. Les Allemands eux-mêmes ne sont pas étrangers à ce mythe. Goebbels en menaçant les Alliés des foudres du *Werewolf*, une organisation imaginaire prête à une guérilla impitoyable, ou le Gauleiter du Tyrol-Vorarlberg prônant la création d'une « forteresse » alpine confirment les appréhensions du commandement américain. Ces menaces sont étayées par l'annonce du repli en Bavière d'écoles de SS, par des déclarations plus ou moins fantaisistes de prisonniers et des avertissements intéressés de Moscou.

S'y ajoutent plusieurs rapports, en particulier celui du 2e bureau de la 7e armée US, qui fait état de l'existence de dépôts de vivres et de munitions permettant à 100 000 hommes de poursuivre une lutte prolongée dans les Alpes. Le rapport fait encore état de 80 « unités de choc » de 2 000 à 4 000 hommes prenant position dans le réduit. En somme, une conviction solidement ancrée, étayée, en dépit des démentis de l'OSS de Donovan qui a parachuté dans le sud de l'Allemagne des équipes de renseignements, qui ne constatent qu'une désorganisation croissante et un effondrement de toute volonté de résistance[12].

Quoi qu'il en soit, la décision d'Eisenhower dûment transmise aux Soviétiques va amener l'armée allemande à livrer, avec l'énergie du désespoir, sa dernière bataille dans la capitale du Reich. Pour cet ultime assaut, l'Armée rouge aligne de l'estuaire de la Vistule à la Neisse occidentale trois « fronts », ceux de Rokossovsky, de Joukov et de Koniev. L'effort principal incombe aux deux derniers mis en compétition par Staline pour la prise de Berlin. Les moyens sont imposants, près de 3 millions d'hommes, 6 500 chars, 42 000 pièces d'artillerie et 8 500 avions.

Pour la dernière confrontation, les trois grandes formations allemandes échelonnées du nord au sud, la 3e Panzerarmee de Manteuffel, la 9e armée de Busse et la 4e Panzerarmee dépendant du groupe centre de Schörner ne peuvent opposer que des moyens 4 à 5 fois inférieurs. La 9e armée avec 14 divisions, 500 chars et 700 canons va se heurter aux 77 divisions de Joukov appuyées par 3 200 blindés et 17 000 pièces d'artillerie.

Le plan soviétique est simple : briser la résistance allemande sur l'Oder, encercler la 9e armée et une partie de la 4e Panzerarmee, prendre la capitale en tenaille à partir du nord et du sud, avant de l'enlever quartier par quartier.

L'attaque débute le 16 avril. Suivant une méthode désormais classique, elle est précédée par une formidable préparation d'artillerie. Au nord, la 3e Panzerarmee de Manteuffel réussit à limiter les progrès soviétiques. Au sud, Koniev, après avoir franchi l'Oder avec des embarcations d'assaut, pratique une brèche dans les positions de la 4e Panzerarmee et exploite rapidement en direction de l'ouest et du nord-ouest. En revanche, les Allemands, retranchés sur les hauteurs de Seelowe, en dehors de la portée de l'artillerie soviétique, réussissent à briser pendant trois jours les assauts furieux de Joukov.

La percée n'intervient que le 19 avril pour s'affirmer le lendemain. La situation se dégrade alors rapidement. Après avoir franchi la Spree, Koniev progresse en direction de Juterborg et de Zossen, le siège de l'OKH, tandis que Joukov s'efforce de rattraper son retard et entame l'investissement de Berlin par le nord. Simultanément s'amorce l'encerclement de la 9e armée de Busse et d'une partie de la 4e Panzerarmee.

Le 20 avril, alors que la situation prend une tournure critique, Hitler fête son 56e anniversaire. Tous les grands chefs militaires sont là, Keitel, Jodl, Krebs, Dönitz, ainsi que tous les grands dignitaires du régime, Göring, Bormann, Himmler, Goebbels, Speer. Hitler se montre cordial, rassurant. On sable le champagne. Le Führer effectue une brève sortie en dehors du bunker. Il tente de réconforter un groupe d'adolescents dont les parents ont disparu dans le bombardement de Dresde. Ce sera sa dernière apparition en public.

Ensuite, tout le monde se sépare. Dönitz repart pour son nouveau quartier général de Flensburg. Keitel, Jodl prennent le chemin de Neuruppin où a été transféré l'OKW à 60 kilomètres au nord-ouest de Berlin. Göring gagne l'Obserzalsberg et Himmler rejoint son quartier général établi à Ziethen.

Les jours suivants, la situation se dégrade à une vitesse alarmante. Tout en se rapprochant de la banlieue de Berlin, Joukov et Koniev en achèvent l'investissement par l'ouest. Hitler n'en reste pas moins chef de guerre. Il préside ses deux conférences par jour et continue à manœuvrer des armées sur la carte. Avec un groupement blindé SS improvisé, Steiner doit percer depuis le nord en direction de Berlin. La 9e armée de Busse doit se dégager et s'ouvrir une route vers la capitale. Le principal espoir repose sur la 12e armée de

Wenck en position sur l'Elbe face à la 9e armée US. Devant l'inaction totale des Américains, elle doit carrément faire demi-tour, attaquer de flanc les formations de Koniev et percer jusqu'à Berlin.

Le 24 avril, les troupes de Joukov atteignent les faubourgs nord de la capitale. Au sud, Koniev approche de l'aéroport de Tempelhof et franchit le canal de Tetow, en dépit de l'âpre résistance de la division blindée Munchenberg composée d'unités d'instruction. Sobrement, un jeune officier de Panzer note : « Notre artillerie se retranche sur de nouvelles positions. Il ne reste que peu de munitions. Hurlements et explosions des Orgues de Staline, cris des blessés, grondement des moteurs, crépitement des mitrailleuses… Des cadavres de femmes dans les rues, tuées en allant chercher de l'eau. Des chars russes portant de l'infanterie avancent vers l'aéroport[13]. » Le lendemain, Hitler apprend, de « source neutre », la liaison des Américains et des Russes à Torgau suivie d'un premier affrontement sur l'interprétation des clauses de Yalta. C'est l'ultime note d'espoir.

A partir du 27 avril, les dernières illusions s'évanouissent. Il n'est plus question de la contre-attaque de Steiner. Wenck arrête son avance en direction de Berlin. La 9e armée ne peut se dégager et tente cependant de rompre vers l'Ouest. Hitler reçoit ses derniers visiteurs venus de l'extérieur. A bord d'un Fieseler Storch, l'intrépide aviatrice Hanna Reistch, en compagnie du chef d'état-major de la Luftwaffe Greim, réussit à se poser sur l'avenue Unter den Linden transformée en piste d'atterrissage et dont on a enlevé les lampadaires. A ses visiteurs, Hitler annonce sa décision irrévocable de rester à Berlin et d'y mourir.

Entre Oder et Elbe, la bataille se décompose en une série d'engagements acharnés sans liens les uns avec les autres. Au nord, la 3e Panzerarmee, à bout de forces, se disloque. Elle abandonne le cours inférieur de l'Oder et reflue en désordre vers l'ouest. En dépit des injonctions comminatoires de Keitel, Heinrici et Manteuffel se refusent à interrompre une retraite qu'ils ne contrôlent d'ailleurs plus.

Au sud, la 9e armée et les restes de la 4e Panzerarmee accomplissent alors un des plus extraordinaires faits d'armes de la Wehrmacht pendant toute la guerre. Encerclées par 5 armées soviétiques, soumises à des attaques aériennes constantes, encombrées de dizaines de milliers de réfugiés, les deux formations, au prix d'un effort surhumain, de pertes énormes, entraînent dans leur retraite leurs assaillants vers l'Ouest.

Le 26 avril, la poche mouvante ne compte plus que 125 000 hommes ayant déjà perdu la moitié de ses effectifs et son avant-garde blindée. Au cours des jours suivants, la marche insensée se poursuit. Le 30 avril enfin, le miracle se produit. Les débris des troupes de Busse font leur liaison avec l'armée Wenck. On ne compte plus que 30 000 survivants, qui réussiront à franchir les lignes américaines, avec les 70 000 hommes de Wenck.

Vingt ans plus tard, visitant les lieux où s'étaient déroulés les combats les plus violents, le maréchal Koniev devait dire : « Je vis encore les traces du massacre dans les villages environnants. Des casques rouillés et des pièces d'équipement parsemaient les bois. On ne pouvait toujours pas utiliser l'eau d'un des lacs rempli de cadavres au cours des combats… Ce tableau traduisait le courage du désespoir et l'affreuse détermination de ceux qui se trouvaient maintenant vaincus. »

L'assaut direct contre Berlin commence le 25 avril. Pour la défense de la ville déjà ravagée par les bombardements alliés, le général Weidling ne dispose que d'éléments hétéroclites, des restes de la 9e et de la 3e Panzerarmee, des unités de circonstance comme la Münchenberg, des formations de police, de DCA et des unités du Volkssturm. Au total, 75 000 hommes à peine. La défense s'appuie sur les moyens traditionnels, barricades, passages entre immeubles, champs de mines. 1,7 million de civils se trouvent pris au piège, privés d'eau, d'électricité, de vivres, terrés dans les caves ou les couloirs du métro.

500 000 soldats soviétiques soutenus par des milliers de chars et une énorme artillerie sont jetés dans cette dernière bataille. Au prix de pertes énormes en blindés, les faubourgs sont nettoyés du 25 au 27 avril. A partir du 28, commence l'investissement du dernier réduit, le Tiergarten, et le quartier des ministères entre la Spree et le canal Landwehr. Ces deux obstacles franchis, les défenseurs se battent avec acharnement autour de la Potsdamer Platz et le ministère de l'Intérieur.

Le 28 avril, Hitler comprend enfin que tout est fini. Il fait ses adieux à ses derniers fidèles, Goebbels, Bormann, Krebs, ses aides de camp, ses secrétaires. Il met la dernière main à son Testament Politique, confirme l'expulsion du parti de Göring et de Himmler, le premier pour avoir proposé d'assumer les fonctions du Führer et le second pour avoir entamé des négociations avec les Occidentaux par l'intermédiaire du comte Folke Bernadotte. Hitler nomme encore le maréchal Schörner commandant de toutes les forces de la Wehrmacht et Dönitz chef de l'Etat. Le 28 également, il épouse Eva Braun venue le rejoindre dans le bunker.

Le lendemain, Hitler préside ses conférences habituelles. Le général Weidling lui annonce la perte du ministère de l'Intérieur et ne garantit la sécurité de la Chancellerie que jusqu'au 1er mai. Le soir, le Führer adresse un dernier message à l'OKW, demandant où sont les « lances de Wenck ». La réponse de Keitel est sans ambiguïté. Toutes les tentatives de dégagement ont échoué. Le lendemain, 30 avril, alors que les Soviétiques lancent une division à l'assaut du Reichstag où se sont retranchés 5 000 défenseurs, Hitler et Eva Braun se suicident en début d'après-midi. Leurs corps sont incinérés dans une des cours de la chancellerie. Dans la soirée, à 22 heures, deux soldats soviétiques plantent le drapeau de la victoire au sommet de la coupole du Reichstag.

Le 1er mai, Goebbels, puis Krebs tentent une ultime démarche auprès du commandement soviétique pour obtenir un cessez-le-feu et la reconnaissance du gouvernement Dönitz. La réponse de Staline est nette : il ne peut y avoir qu'une reddition sans conditions. Goebbels et sa femme se suicident alors après avoir empoisonné leurs enfants. Le lendemain, le général Weidling prend enfin la décision de mettre fin à une lutte sans espoir.

Un ordre de jour diffusé par les voitures radio soviétiques est adressé à ses troupes. « Le 30 avril, le Führer, auquel nous avions prêté serment d'allégeance, nous a abandonnés. Sur l'ordre du Führer, vous croyez encore que vous devez combattre pour Berlin, même si le manque d'armes lourdes et de munitions et l'évolution de la situation rendent cette bataille inutile.

« Chaque heure de combat ne fait que prolonger les terribles souffrances de la population de Berlin et de nos blessés. En accord avec le haut commandement soviétique, je vous demande de cesser les combats immédiatement. »

L'appel est dans l'ensemble entendu. Toutefois, certains groupes refusent la reddition et tentent une sortie désespérée vers l'Ouest. Certains y parviennent, au prix de nouvelles souffrances, comme les restes de la division Münchenberg.

Avec la chute de Berlin s'achève la dernière grande bataille livrée par l'armée allemande, probablement la plus dure et la plus sauvage de toutes. Si les pertes de la Wehrmacht sont impossibles à déterminer, celles de l'Armée rouge auraient atteint près de 300 000 tués, blessés et disparus. Depuis le 16 janvier, plus de 700 000 soldats soviétiques ont trouvé la mort au cours de l'ultime affrontement avec l'armée allemande, le double des pertes américaines sur tous les fronts et pour toute la durée de la guerre.

Le conflit n'est cependant pas totalement terminé. Il va durer encore une semaine. De Flensbourg, où il a établi le dernier gouvernement du IIIe Reich, Dönitz n'a qu'un seul objectif, tenter de faire passer à l'Ouest le maximum de réfugiés et de troupes encore engagées sur le front oriental. Cet objectif concerne 1,2 million d'hommes, 600 000 appartenant au groupe d'armées centre de Schörner et refoulés en Tchécoslovaquie, 430 000 en Autriche, 180 000 dans le nord de la Yougoslavie.

Ce plan ne s'exécute que partiellement. Une première capitulation locale, préparée depuis deux mois par le général SS Wolf, concerne les troupes allemandes d'Italie et devient effective le 2 mai. Le 5, l'amiral Friedeburg négocie avec Montgomery une reddition des forces allemandes en Hollande, dans le nord de l'Allemagne et au Danemark. Elle sera étendue à la Norvège. Sur l'Elbe, Anglais et Américains acceptent des redditions d'unités constituées ou d'isolés au nombre de 200 000, même s'ils ont combattu contre les Russes.

En revanche, en Tchécoslovaquie, les Américains établissent des barrages et refoulent les soldats allemands qui ont réussi à se dégager de l'étreinte de l'Armée rouge. A Reims, le 7 mai, le général Jodl, dépêché par Dönitz, ne peut obtenir qu'une capitulation générale étendue à tous les fronts. Dönitz se résigne et autorise la signature d'une reddition totale, qui intervient le 8 mai, très précisément à 2 h 41 du matin. Cérémonie mesquine, présidée par le chef d'état-major d'Eisenhower, le général Bedell Smith, en présence du Soviétique Susloparov et du Français Sevez, à titre de témoins.

Une fois les signatures échangées, Jodl est admis à prononcer quelques mots : « Général ! En vertu de cette signature, le peuple allemand et la Wehrmacht se trouvent pour le meilleur et pour le pire entre les mains des vainqueurs. Au cours de cette guerre, qui a duré plus de cinq ans, ils ont enduré davantage de souffrances que tout autre peuple au monde. En cette heure, je veux simplement exprimer l'espoir que le vainqueur saura les traiter avec générosité. »

Pour les Soviétiques, la capitulation de Reims ne constitue qu'un acte préliminaire. Ils exigent une seconde reddition qui intervient à Berlin, le 9 mai, à 22 h 30. Avec une raideur toute prussienne, le maréchal Keitel, accompagné du général de la Luftwaffe Stumpf et de l'amiral Friedeburg, signe l'acte de reddition devant le maréchal Joukov et l'Air Marschall britannique Tedder, Spaatz et de Lattre jouant le rôle de témoins.

Après cette cérémonie non dépourvue de grandeur, les dernières forces allemandes déposent les armes, même si des combats se dérouleront en Tchécoslovaquie jusqu'au 11 mai, marqués par le massacre de la minorité allemande de Prague et d'une partie de la population des Sudètes, avec des raffinements de barbarie d'un autre âge. La tête de pont de Courlande capitule le 9 mai. Les « poches de l'Atlantique », le 9 et le 10. Les troupes allemandes de Yougoslavie le 15.

Pour des millions d'officiers et de soldats allemands, une autre épreuve commence, celle de la captivité, souvent bien plus pénible que celle des combats. Le vieil adage se trouve confirmé : « Enfants, réjouissez-vous de la guerre, la paix sera plus terrible encore. »

18

Moral et politique

Les capitulations de Reims et de Berlin constituent un phénomène unique dans l'histoire moderne et contemporaine. Pour la première fois, une grande nation vaincue est totalement occupée, soumise à l'entière discrétion du vainqueur et ses forces militaires faites prisonnières depuis les représentants du haut commandement jusqu'au dernier soldat. Des centaines de milliers d'hommes vont se trouver parqués dans des camps improvisés ou condamnés à des marches interminables et épuisantes. Au lendemain de la fin des combats, les Soviétiques observent ainsi avec satisfaction une immense colonne ininterrompue de captifs cheminant sur 75 kilomètres de Berlin à Francfort-sur-l'Oder.

Ces millions d'hommes sont envahis par le désespoir et un sentiment d'injustice, exprimé par Hans Rudel, la voix brisée par l'émotion, devant les survivants de l'escadrille *Immelmann* : « Camarades ! Après avoir perdu tant de nos camarades… après que tant de sang allemand a coulé et sur tous les fronts… un sort incompréhensible ne nous a pas permis de gagner la guerre… Les exploits de nos soldats… l'effort de notre peuple tout entier… ont été incomparables… La guerre est perdue… Je vous remercie pour le dévouement avec lequel à l'escadre… vous avez servi notre pays…[1]. »

De 1939 à 1945, le soldat allemand a effectué, en effet, une démonstration probablement supérieure à celle de 1914-1918. L'armée allemande a mené deux guerres successives totalement différentes l'une de l'autre. Jusqu'à l'automne 1941, avec les campagnes de Pologne, de Norvège, de France, des Balkans et les premiers mois de Barbarossa, la Wehrmacht a révélé à un monde stupéfait toutes les ressources de la Blitzkrieg. De 1943 à 1945, elle a conduit en revanche une lutte fondamentalement défensive, ponctuée de quelques retours offensifs limités. C'est de loin la période la plus dure, la plus coûteuse du conflit. Au 31 mai 1941, les pertes depuis le 1er septembre 1939 (tués, disparus, prisonniers, irrécupérables) ne dépassent pas 185 000 hommes. Elles en atteignent 800 000 un an plus tard, 1 680 000 le 31 mai 1943 et 2 875 000 le 30 septembre 1944[2].

Globalement, les pertes allemandes en tués sur la durée totale de la guerre atteignent 2 230 000 hommes dont 60 000 pour la marine et 160 000 pour la Luftwaffe (y compris la DCA et les formations aéroportées). A cet ensemble déjà impressionnant s'ajoute un nombre équivalent de disparus, pour la plupart prisonniers de guerre, morts en captivité à l'Ouest et surtout à l'Est. Les pertes militaires, y compris l'Autriche et l'Alsace-Lorraine, seraient donc de l'ordre de 4 millions de morts, le double de celles de la Première Guerre mondiale pour une population passée de 66 à 85 millions d'habitants. Ajoutons que ces pertes sont très variables suivant les théâtres d'opérations. 80 à 85 % des soldats allemands ont été tués ou ont disparu à l'Est. La Russie a été le tombeau de l'armée allemande[3].

L'esprit de sacrifice ne se limite pas à l'armée de terre. Les performances de la Luftwaffe, malgré d'abondantes critiques, ont été remarquables. De l'avis de ses adversaires, l'aviation allemande est restée jusqu'à la fin de 1943 un redoutable instrument de combat. Il faut attendre le printemps de 1944 pour que les Anglo-Américains acquièrent enfin la supériorité aérienne, ravalant la Luftwaffe à un rôle purement défensif. Il n'en reste pas moins que, avec le rétablissement de l'automne, cette aviation a constitué un adversaire de taille, aux réactions redoutables, qui n'a définitivement été maîtrisée que pendant les dernières semaines de la guerre.

A la capitulation du Reich, la Luftwaffe aligne encore 3 500 appareils, le plus souvent immobilisés par manque d'essence, de pièces détachées ou de terrains utilisables. Du 1er septembre 1939 au 28 février 1945, le personnel navigant compte 44 065 tués ou disparus, 28 200 blessés graves et 27 610 prisonniers. A titre de comparaison, notons que les forces aériennes stratégiques alliées, au cours de leur offensive sur l'Europe, ont perdu à elles seules, par la chasse et la DCA, plus de 40 000 avions et 160 000 hommes d'équipage.

En dépit d'une extrême faiblesse initiale, la Kriegsmarine a effectué également une remarquable démonstration. Ses grands navires, à la différence des bâtiments de la flotte de haute mer de 1914-1918, ne se sont pas consumés dans l'inaction, tout au moins jusqu'en 1942. Ils ont effectué de nombreuses sorties et ont exercé une pression efficace contre les lignes de communications alliées.

Malgré des disparitions tragiques, comme celles du *Bismarck* ou du *Scharnhorst*, ou les évacuations massives des provinces de l'Est, au cours de l'hiver 1944-1945, la Seconde Guerre mondiale s'identifie pour la marine allemande à la lutte sous-marine. Là encore, deux phases sont à distinguer, celle des grands succès, des « temps heureux » jusqu'au printemps de 1943, suivie de deux années d'une lutte exceptionnellement meurtrière pour des résultats de plus en plus minces.

Alors qu'en trois ans et demi les U-boote avaient envoyé par le fond 12,5 millions de tonnes de navires de commerce, pour la perte de 250 d'entre eux, les deux dernières années du conflit voient disparaître 535 sous-marins pour la destruction de 2 millions de tonnes seulement de bâtiments marchands.

Autre élément révélateur. Sur les 45 sous-marins qui avaient participé aux grandes batailles de convois de mars 1943, 2 seulement sont encore à la mer, au moment de la capitulation, 3 autres sont immobilisés pour avaries et un quatrième s'est sabordé. Quant aux 39 autres, ils ont tous été détruits au combat, disparaissant pour la plupart avec leurs équipages.

Au demeurant, un bilan impressionnant. Sur près de 41 000 hommes entrés dans l'Ubootewaffe, 5 000 ont été faits prisonniers et 28 000 ont trouvé la mort dans des conditions le plus souvent affreuses. Pourtant, il n'y a pratiquement pas eu de défaillance. On ne compte qu'une seule reddition de sous-marin. Le 8 mai 1945, 255 bâtiments sont encore en service, cinq fois plus qu'en septembre 1939.

On peut dire que la Wehrmacht, avec toutes ses composantes, s'est battue sur tous les fronts, dans des conditions climatiques souvent épouvantables, avec un acharnement, une ténacité, qui forcent l'admiration. D'une certaine manière, le combat n'a cessé que par manque de terrain. Il n'y a pas eu de symptômes de désintégration, comme ceux qui s'étaient manifestés en 1917, ou plutôt ces symptômes se sont produits dans les derniers jours, à l'annonce de la mort de Hitler.

Ils se sont encore limités au théâtre occidental. Le commandement soviétique, après les terribles batailles des provinces de l'Est, a dû reconnaître n'avoir constaté aucun signe de fléchissement jusqu'à la capitulation. Au cours des derniers jours, les troupes allemandes ont continué à lutter avec le même « fanatisme ».

On s'est beaucoup interrogé sur les origines de cette exceptionnelle combativité. On a pu invoquer le poids de la discipline militaire, la terreur inspirée par la Feldgendarmerie ou les Sonderkommandos de SS agissant jusqu'à la fin sur les arrières du front. De fait, le nombre d'exécutions, avec ou sans cour martiale, dépasse les 13 000, ce qui est considérable, au lieu de 48 pendant la Première Guerre mondiale. Il est vrai que la plupart de ces exécutions se sont produites à la fin de la guerre, à l'initiative de chefs impitoyables comme Rendulic ou Schörner, agissant sur les directives du Führer. A la stupeur de ses généraux, Hitler avait fait exhumer des archives les instructions d'une dureté confinant à la sauvagerie des rois de Prusse, Frédéric-Guillaume Ier ou Frédéric le Grand, ajoutant à titre de commentaire : « Quand on s'imagine que je suis brutal… on devrait en recommander la lecture à tous ces gens distingués[4] ! »

On a pu évoquer également l'existence de « groupes primaires » apolitiques, composés d'hommes unis par les liens de la camaraderie et des épreuves vécues ensemble. Le soldat allemand aurait trouvé au niveau de la compagnie, du bataillon, du régiment ou même de la division une cellule où il se trouvait chez lui, en confiance, et où il se « professionnalisait » avec une rapidité surprenante.

Dans le maintien du moral de ces groupes, on ne peut négliger le rôle du commandement qui s'est constamment efforcé, vis-à-vis des grandes unités, d'alterner les périodes de combat et de repos prolongé, soit à l'arrière du front, soit par des transferts sur le théâtre occidental, du moins avant les débarquements alliés. En juin 1944, la division Das Reich, stationnée dans le sud-ouest de la France, vient de connaître une pause de six mois, après avoir subi de lourdes pertes sur le front de l'Est.

La pratique est la même pour les formations de la Luftwaffe ou les équipages de sous-marins. Au retour de croisière, les hommes des U-boote sont cantonnés dans des villages éloignés des ports soumis à des bombardements intenses. Ils bénéficient des agréments offerts par les jeunes auxiliaires féminines et parfois de séjours de détente à la montagne.

Le commandement joue aussi de la régularité du courrier, de la qualité de la nourriture, la même pour tous, du maréchal au simple soldat, des permissions, des distinctions et des décorations généreusement prodiguées, mais toujours méritées et accordées uniquement aux combattants du front. Au repos, les hommes bénéficient encore de tournées théâtrales et surtout de séances de cinéma et d'émissions de radio, qui diffusent communiqués et chansons, en particulier *Lili Marlene*.

Les unités ont également connu une amélioration constante de l'équipement. L'apparition des armes nouvelles a constitué un remarquable stimulant et le soldat allemand n'a jamais éprouvé le sentiment déprimant de combattre avec un armement périmé, bien au contraire.

La thèse des « groupes primaires » a cependant été sérieusement contestée, en particulier par Omer Bartov dans un ouvrage capital : *Hitler's Army*[5]. Cette thèse est née de l'interrogatoire de centaines de prisonniers par les services occidentaux, au lendemain du désastre, à un moment où les intéressés, devant la révélation des horreurs du système nazi, n'avaient aucun intérêt à invoquer une adhésion ou une appartenance au national-socialisme.

Suivant la démonstration de Orner Bartov, c'est la guerre à l'Est qui aurait constitué le moteur principal de l'ardeur combative du soldat allemand, qui expliquerait que cette ardeur se soit maintenue et même renforcée lors des pires défaites et ait persisté jusqu'à la fin, d'autant plus que l'ampleur considérable des pertes, de l'ordre de 200 % pour certaines unités, aurait entraîné la dislocation et la disparition des « groupes primaires ».

De fait, le soldat allemand a livré non seulement deux guerres successives mais deux guerres parallèles, ou du moins une guerre et demie. Le combat à l'Ouest s'est limité à quelques semaines en 1940 pour ne reprendre qu'en juin 1944 et s'achever moins d'un an plus tard avec la capitulation. La campagne d'Italie a été plus longue, mais coupée de longues pauses, et n'a concerné qu'une fraction réduite de l'armée allemande. Dans l'ensemble, le conflit à l'Ouest a été correct et les lois de la guerre respectées.

En revanche, la bataille de l'Est a duré près de quatre ans et a mobilisé et usé les forces vives de la Wehrmacht. Une guerre pas comme les autres qui a laissé une empreinte indélébile dans l'âme du soldat allemand. L'entrée en Russie a d'abord provoqué un premier choc. Tout comme les soldats de la grande armée de 1812, les hommes de la Wehrmacht ont découvert un monde à part, totalement différent du leur : des campagnes misérables, avec des isbas puantes, infestées de vermine, des villes où le stalinisme avait édifié, en faveur des ouvriers, un urbanisme de façade dont Léon Degrelle a laissé une image saisissante. « Nous fûmes d'abord très impressionnés, à l'approche des faubourgs de la ville [Dniepropetrovsk], lorsque nous vîmes se dessiner les grands cubes de maçonnerie des immeubles prolétaires édifiés par les Soviétiques. Leurs lignes étaient modernes. Les bâtisses étaient énormes et nombreuses. Indéniablement, le communisme avait réalisé quelque chose pour le peuple. Si la misère des paysans était grande, du moins l'ouvrier semblait-il avoir profité des temps nouveaux.

« [...] Ces constructions, si impressionnantes de loin, n'étaient qu'une gigantesque escroquerie, destinée à mystifier les voyageurs de l'Intourist et les spectateurs des actualités du cinéma. Dès qu'on approchait de ces blocs d'immeubles, on était écœuré par une fade odeur de boue et d'excréments, montant des marécages qui entouraient chacun des édifices. Il n'y avait autour d'eux ni dallage, ni ferraille, ni blocage. La boue russe régnait là comme ailleurs. L'évacuation des eaux de pluie se faisait à même le sol. [...]

« Chaque étage possédait un certain nombre d'appartements blanchis à la chaux, nantis d'une cuisine minuscule à l'usage de plusieurs familles. Les fils électriques couraient en girandoles. Les murs étaient en torchis et crevaient dès qu'on se risquait à y planter un clou.

« Généralement, le service d'eau ne fonctionnait pas. La population prolétarienne, ne parvenant pas à utiliser les installations sanitaires, opérait tout autour des immeubles, convertis de la sorte en une vaste fosse d'aisances. [...]

« Hitler avait tenté une expérience dangereuse. Les centaines de milliers de travailleurs allemands mobilisés et envoyés au front de l'Est eussent pu faire de périlleuses comparaisons si les Soviets avaient vraiment réalisé quelque chose de grand en faveur de la classe ouvrière... Jamais masse de travailleurs ne fit un pareil voyage d'étude. Quatre ans plus tard, la comparaison s'opérerait en sens inverse[6]. »

La surprise se traduit dans les correspondances. Pour le soldat Lämmert, « si dans le passé je pensais que notre propagande avait tendance à exagérer les choses, j'estime aujourd'hui qu'elle avait plutôt tendance à les embellir, car la réalité est encore bien pire ». Le lieutenant Wachter estime que ce qu'il a vu dépasse en horreur tout ce qu'on peut lire dans la presse allemande. « Je n'aurais jamais cru, confirme le sergent Shimanovski, qu'il puisse y avoir des choses pareilles sur terre[7]. »

Le soldat allemand affronte encore un adversaire totalement différent de ce qu'il a rencontré jusque-là. Si certaines unités se rendent au premier coup de fusil, d'autres combattent avec une énergie farouche jusqu'à la mort. Particulièrement impressionnantes sont les attaques d'infanterie menées selon les pires méthodes de la Première Guerre mondiale. Un soldat de la Grossdeutschland témoigne. « Je n'oublierai jamais la première attaque massive d'infanterie soviétique à laquelle nous avons eu affaire dès notre arrivée sur le front en août 1941… Les premiers signes d'une attaque imminente débutèrent par une courte préparation d'artillerie qui s'abattit loin derrière nos lignes… A une grande distance de nos positions apparurent ensuite des lignes d'hommes vêtus d'uniformes bruns. La première franchit un petit cours d'eau suivie à 200 mètres par une seconde. Une troisième, une quatrième et enfin une cinquième vague sortirent littéralement de terre […]

« A 600 mètres de distance, nous ouvrîmes le feu et tous les groupes de la première vague furent fauchés, à l'exception de quelques survivants qui continuaient à avancer… La seconde vague réussit à se rapprocher davantage de notre centre, non sans subir de lourdes pertes ; les hommes avançaient péniblement en enjambant les corps de ceux qui étaient tombés préalablement. Sur un ordre, ils s'élancèrent en courant, poussant un hourra sombre, caverneux, qui parut interminable… Les trois premières vagues furent finalement abattues par notre feu. Mais les survivants continuèrent à progresser en rampant cherchant à atteindre des officiers ou des mitrailleurs.

« La progression de la quatrième vague fut encore plus lente, gênée par les cadavres qui recouvraient le terrain. Inconscients du danger, certains de nos hommes tiraient debout sur les assaillants. Les mitrailleuses chauffaient terriblement et il fallait changer les tubes… Une heure plus tard, nous subîmes un nouvel assaut de cinq vagues successives. Elles furent à nouveau fauchées. Il en fut de même d'une troisième et d'une quatrième attaque. Le nombre de nos adversaires paraissait inépuisable. Les Russes renouvelèrent ces assauts pendant trois jours et même pendant la nuit. Ils finirent par s'arrêter et se replièrent, nous laissant avancer pendant deux jours sans la moindre opposition.

« Cette série d'attaques nous avait épuisés. A dire vrai, elle nous avait même effrayés. Au cours de ces journées d'automne plusieurs d'entre nous commencèrent à comprendre que la guerre contre l'Union soviétique serait bien plus imposante que prévu, et un sentiment de découragement lié à la peur de l'inconnu nous envahit. Nous étions encore convaincus de gagner, mais nous savions déjà que cette guerre serait longue, difficile et acharnée[8]. »

Le soldat soviétique se révèle encore comme un maître dans l'art du camouflage, de l'embuscade et s'adapte parfaitement à la lutte de partisans à partir de zones marécageuses comme celle du Pripet ou de forêts impénétrables. Il semble encore ignorer les lois de la guerre. Sur ordre de Staline, bien décidé à promouvoir une guerre inexpiable et à mettre fin à la tentation de la reddition, les premiers soldats de la Wehrmacht faits prisonniers sont le plus souvent massacrés ou abominablement torturés. Les Allemands sont également témoins, avant même l'arrivée des *Einsatzgruppen*, des affreux pogromes des pays Baltes ou d'Ukraine où la population associe les Juifs aux communistes.

En définitive, l'Allemand se heurte à une force primaire, brutale, asiatique. Le Russe apparaît comme le type même de l'*Untermensch*, du sous-homme. Pour le soldat, cette révélation justifie le déclenchement de Barbarossa. L'affaire confirme, une fois de plus, l'extraordinaire perspicacité du Führer qui, par une guerre préventive, a préservé l'Allemagne, la civilisation occidentale, du déferlement de hordes barbares, de la *furia sovietica*, du complot judéo-bolchevique.

Cette guerre justifie les consignes d'éliminer les commissaires politiques, les communistes et les Juifs, les pires agents du système soviétique. Elle va se traduire, suivant la formule d'Omer Bartov, par une « perversion de la discipline » à l'égard des prisonniers, des partisans, des civils, en vertu de l'abrogation du code militaire traditionnel. En somme, une guerre impitoyable où tous les coups sont permis et qui ne pourra susciter, en cas de revers, qu'une volonté de vengeance illimitée de la part des Soviétiques. Cette crainte va jusqu'au bout justifier la résistance désespérée du soldat allemand.

La guerre à l'Est n'a finalement fait que renforcer la confiance dans le Führer. Elle a été reçue comme une croisade pour la défense de la civilisation occidentale contre la barbarie et a exalté l'antisémitisme. Elle a encore été ressentie comme une lutte implacable ne pouvant déboucher que sur la victoire ou l'effondrement. C'est ce que souligne un officier en février 1943. « Que Dieu accorde au peuple allemand la paix de l'esprit et la force suffisante pour en faire l'instrument exigé par le Führer pour protéger l'Occident de la ruine. Car, ce que les hordes asiatiques n'auront pas détruit sera anéanti par les Juifs assoiffés de haine et de vengeance. Au front, la confiance est inébranlable et nous espérons, comme vient de le dire Göring, qu'avec le soleil levant la fortune de la guerre reviendra bientôt de notre côté[9]. »

La guerre implique encore la volonté de se surpasser, comme l'écrit un jeune lieutenant au lendemain de Stalingrad : « L'heure du test est venue. Si nous tenons, nous aurons un avenir. Si nous ne savons pas résister, nous n'aurons plus rien et nous ne serons dignes d'aucune pitié[10]. »

Là encore, cette interprétation se heurte à de sérieuses réserves. L'ampleur des pertes n'a pas entraîné obligatoirement la disparition des groupes primaires. La reconstitution d'unités éprouvées s'effectue, pour la plus grande partie, par le retour de blessés sortis de convalescence. Certains hommes sont revenus au front après 3 ou 4 blessures et même davantage. L'insertion d'éléments nouveaux ne constitue souvent qu'un apport secondaire dont l'intégration est ainsi relativement facilitée.

En dépit de sacrifices considérables, nombre d'unités comme la Grossdeutschland, la 2e ou la 7e Panzer, ou la plupart des divisions blindées SS, ont conservé jusqu'au bout un esprit de corps et une haute capacité opérationnelle. En revanche, d'autres formations, comme la 18e Panzer, constituée à l'automne de 1940 et dissoute trois ans plus tard, ont toujours affiché une valeur combative sinon mauvaise, du moins médiocre.

Si la thèse d'Omar Bartov justifie la surprenante résistance du soldat allemand à l'Est, en particulier au moment de l'invasion des provinces orientales du Reich, elle n'explique pas la résistance tout aussi acharnée à l'Ouest, même après le passage du Rhin, au milieu d'une population devenue hostile.

C'est ce que souligne un jeune officier de la Panzer-Lehr au cours des derniers engagements à l'est de la Weser. « Aux fenêtres des villages que nous traversions, il y avait déjà des drapeaux blancs. On n'avait que regards hostiles ou anxieux pour ces soldats allemands qu'on n'attendait plus. Après avoir été les enfants chéris de la nation, nous étions devenus des réprouvés. La gloire avait quitté nos drapeaux depuis des temps immémoriaux. C'est le destin commun de toutes les armées battues[11]. »

Force est de faire intervenir l'aspect politique. Le régime a su admirablement stimuler la « combativité latente » d'un peuple traumatisé par l'humiliation de Versailles, le fardeau des réparations ou l'occupation de la Ruhr. Il a réussi à exploiter un ensemble complexe de désirs, de revendications et d'aspirations d'une nation profondément atteinte dans son identité. Ses succès sur le plan économique, la renaissance de la puissance allemande ont suscité, au sein de la jeune génération en particulier, un sentiment de fierté et d'extrême confiance en soi, et la volonté de faire passer l'exigence du parti et le bien de la communauté avant ceux de l'individu. La devise « un seul Reich, un seul peuple, un seul Führer » était approuvée avec enthousiasme.

Comme l'écrira Manfred Kehring, « il ne faut surtout pas sous-estimer l'effet, au sein des forces armées allemandes, du consensus national, de la force du sentiment patriotique, de la fierté d'avoir créé la Grande Allemagne. Il peut servir d'explication à cette grande volonté de vaincre et à la disponibilité d'engagement énorme, notamment de la jeune génération de chefs militaires. Leur engagement était cependant fondé sur la conviction de lutter pour une bonne cause, en raison de la fausse affirmation de la propagande nazie selon laquelle, par suite de la déclaration de guerre de l'Angleterre et de la France, le Reich allemand, la patrie, étaient en danger, et qu'il fallait, dans l'intérêt du peuple, éliminer ce danger le plus rapidement possible[12] ».

Pour la grande majorité des Allemands, la lutte entreprise en septembre 1939 n'est, en effet, que la suite de celle amorcée par le diktat de Versailles. Le combat doit permettre à l'Allemagne de vivre comme une grande nation, dans la plénitude de ses droits et non comme un pays étriqué condamné à une existence de seconde zone.

A la source de cette conviction, l'étrange fascination exercée par Hitler. Le grand psychanalyste C.C. Jung avait constaté le phénomène bien avant la guerre. Il considérait le Führer comme un « homme médecine » qui avait su guérir le peuple allemand de ses frustrations et qui était capable de l'entraîner dans la pire des aventures. Consulté à plusieurs reprises sur le devenir du Reich, il ne pouvait que constater que pour le moment il n'y avait rien à faire[13]. Envoûtement d'autant plus pernicieux que depuis la fin du XIXe siècle, le peuple allemand, après les Espagnols, les Français et les Anglais, était travaillé par une volonté de puissance et d'hégémonie.

Presque jusqu'au bout régnera la conviction que le Führer, qui avait su rétablir la prospérité, redonner au Reich une position dominante, remporter la victoire contre la France, saurait triompher de la crise amorcée à Stalingrad. Cette assurance persistera dans les pires moments et dans les circonstances les plus désespérées.

Un sondage du courrier de la 4e Panzerarmee encerclée à Stalingrad montre que le 16 janvier 1943 encore, la confiance en Hitler reste intacte et que la plupart des hommes sont convaincus qu'ils seront tôt ou tard dégagés. Au pire, Stalingrad apparaîtra comme la plus grande victoire du peuple allemand, comme l'écrit un officier : « La bataille impitoyable se poursuit, Dieu aide les braves. Quel que soit le dessein de la providence, nous demandons seulement d'avoir la force de tenir. On dira plus tard que nous avons combattu à Stalingrad comme aucun soldat au monde ne l'avait encore fait jusque-là. Les mères auront pour mission de transmettre ce message à nos enfants[14]. »

Comme le prouve encore un contrôle portant sur 50 000 lettres de la 3e Panzerarmee, l'annonce de l'échec de l'attentat du 20 juillet provoque à la fois colère et soulagement. Colère que l'on ait osé s'en prendre à la vie du Führer, soulagement d'apprendre que les traîtres sont démasqués et seront châtiés, permettant ainsi à l'Allemagne de retrouver le chemin de la victoire.

Au lendemain de la grande défaite à l'Ouest, en août et novembre 1944, une enquête américaine montre que plus des deux tiers des prisonniers allemands continuent à croire au Führer et dans la victoire finale. Cette conviction s'affirme encore au lendemain de l'offensive de l'Ardenne. Elle persistera jusqu'au franchissement du Rhin.

Dans les dernières semaines, un mélange de résignation et d'optimisme se manifeste. Certains restent convaincus que la défaite signifiera la fin du peuple allemand. D'autres pensent que les années de guerre n'ont pas été inutiles. Le conflit a été une rude école qui a permis de purifier l'âme allemande.

« Devons-nous nous résigner à déposer les armes et à être détruits ? écrit un jeune soldat le 4 février 1945. Nous devons avoir confiance en Dieu. Il n'abandonnera pas le peuple allemand et, après cette terrible guerre, il lui accordera le droit de vivre sur cette terre. En attendant, nous devons continuer à lutter jusqu'à ce qu'un avenir meilleur nous soit accordé. »

Pour un autre, « il est évident que la situation générale s'aggrave et il n'est pas difficile de prévoir que les événements de cette année entraîneront l'apogée du conflit et sa fin. Pour nous, il n'y a rien d'autre à faire que de combattre jusqu'au bout. Une capitulation ne ferait que confirmer le désastre… Tant que la bataille continue, nous conservons encore des possibilités innombrables et incalculables ». Quelle que soit la vision des choses, la lutte doit continuer et elle continuera[15].

D'autres sombrent dans une sorte de nihilisme, comme le lieutenant du Panzer August von Kageneck, qui ne dispose plus en avril 1945 que d'une poignée d'hommes et de 4 automitrailleuses.

« La dernière bataille nous attendait dans le Harz. Cette montagne très boisée, qui dresse ses cimes impressionnantes entre la Weser et l'Elbe, constitue un refuge inexpugnable pour une armée en déroute. Ce fut là que nous nous dressâmes pour la dernière fois contre la meute accourue pour la curée. En deux semaines de combats farouches avec les Américains, dans les bois, les vallées, les villages et autour des barrages du massif, nous prîmes congé de la guerre. Nous luttâmes pied à pied, et pour rien, même pas pour l'honneur, pour les uns ni pour les autres, pour quoi donc nous battions-nous ? Peut-être pour satisfaire un reste de soif de destruction, que nous n'avions pas réussi à étancher en cinq ans de guerre… Nous éprouvions un plaisir indicible à vider, dans une rage inexplicable, quatre magasins d'un 20 automatique sur un village occupé par les Américains pour les voir courir, affolés, dans tous les sens[16]. »

Il faudra attendre le suicide du Führer pour que le voile se déchire et que la population et l'armée prennent brutalement conscience de la terrible ambiguïté du régime national-socialiste et de l'ampleur de ses crimes. Certains se mureront dans le scepticisme. Mais, pour la plupart, le choc sera terrible.

L'étonnante capacité de résistance du soldat allemand sur tous les fronts a cependant eu ses procureurs. En poursuivant une résistance acharnée pendant les derniers mois de la guerre, la Wehrmacht aurait accordé un sursis à un régime maléfique et permis la prolongation du système concentrationnaire et du génocide des Juifs.

L'argument est spécieux. En repoussant l'ennemi aux frontières, les généraux de l'an II auraient ainsi permis le renforcement de la Terreur et la répression de la Vendée. En arrêtant les Allemands aux portes de Moscou ou devant Stalingrad, les généraux soviétiques auraient non seulement préservé le pire des totalitarismes mais assuré la survie du Goulag.

En revanche, le procès intenté au commandement allemand, au lendemain de la guerre, par sir Wheeler Bennett, dans un livre retentissant, *Le Drame de l'armée allemande*, ne peut laisser indifférent. L'état-major se serait fait le complice de l'arrivée de Hitler au pouvoir et de l'instauration d'un système totalitaire. Par ses silences, il aurait couvert les pires déviations. S'il avait eu le courage en 1943, à un moment où la guerre était de toute évidence perdue, d'imposer une capitulation, il aurait évité des pertes et des destructions considérables et inutiles, et abrégé le drame final.

Peut-on trouver une réponse dans les Mémoires de Guderian, de Manstein, de Dönitz ou de Galland ou dans les témoignages recueillis par sir Basil Liddel Hart dans *Les généraux allemands parlent ?* Se dessine, en réalité, le portrait de l'officier apolitique, étranger au nazisme, qui n'aurait fait que son devoir de soldat, dans la discipline et le respect d'un pouvoir légal, soutenu par l'ensemble de la population. Au pire, les régimes passent, la patrie demeure.

Ce n'est qu'au moment de la capitulation que les officiers généraux auraient eu la terrible révélation du caractère criminel du régime avec le décret *Nacht und Nebel*, les camps de la mort ou l'holocauste. Jusque-là, suivant le mot de Manstein, l'envers du national-socialisme n'aurait fait l'objet que de vagues rumeurs.

Admettons. En revanche, comment expliquer le silence total sur ce qui se déroulait dans les industries d'armement, les arsenaux et sur les arrières immédiats du front de l'Est en particulier et que les chefs militaires ne pouvaient pas ignorer : les massacres perpétrés par les *Einsatzgruppen*, les mesures impitoyables à l'égard des partisans, les rafles de main-d'œuvre, l'emploi massif de travailleurs étrangers ou de déportés dans les fabrications de guerre ? Pas un mot sur le sort lamentable des prisonniers soviétiques dont 60 % au moins sont morts de faim, de froid ou de maladie.

En réalité, le haut commandement a répondu par un silence complice ou par une approbation ouverte aux mesures prises contre les maquis des Balkans ou de Russie, ou au déclenchement d'une guerre idéologique entre le national-socialisme et le régime soviétique, avec l'ordre de fusiller les commissaires politiques et les communistes.

Si certains généraux comme von Bock, Guderian ou von Rundstedt semblent avoir voulu ignorer ces directives ou du moins se refuser à participer aux opérations spéciales des Einsatzgruppen, d'autres comme Külcher, Hoepner ou Reichenau s'y associent avec empressement.

Dès le 2 mai 1941, Hoepner écrit : « La guerre contre l'Union soviétique est un élément essentiel de la lutte du peuple allemand pour son existence. C'est le vieux combat des Germains contre les Slaves, la défense de la culture européenne contre la marée moscovito-asiatique, le bouclier contre le judéo-bolchevisme. Ce conflit a pour but la ruine de la Russie actuelle et doit être conduit avec une brutalité sans précédent. La préparation et l'exécution de chaque bataille doivent être menées avec une volonté de fer pour aboutir à la destruction complète, impitoyable de l'ennemi. Aucune pitié ne devra, en particulier, se manifester à l'égard des agents du système russo-bolchevique d'aujourd'hui[17]. »

Dans une directive du 10 octobre 1941, le général Reichenau se montre aussi énergique. « Le but essentiel de la campagne contre le système judéo-bolchevique est la destruction complète de ses instruments de domination et l'élimination de l'influence asiatique sur la sphère culturelle européenne.

« Dans cette perspective, les troupes auront donc à remplir des missions qui vont bien au-delà du comportement habituel du soldat. A l'Est, le soldat est non seulement un combattant selon les règles de la guerre, mais aussi l'instrument d'une conception raciale impitoyable et le vengeur de toutes les bestialités commises contre les Allemands et les peuples associés.

« Dans ces conditions, le soldat doit bénéficier d'une compréhension totale pour la nécessité de procéder à la tâche pénible mais juste d'expiation à l'égard de la sous-humanité juive. Cette tâche comporte également la nécessité de briser sur les arrières de la Wehrmacht toute tentative de subversion qui, comme le montre l'expérience, sont toujours conduites par les Juifs[18]. »

Tout en soulignant la nécessité de ne pas prendre la dernière vache du paysan, de respecter les usages religieux et de faire preuve de réserve vis-à-vis des prisonniers, une directive de Manstein du 20 novembre 1941 est de la même encre : « Depuis le 22 juin, le peuple allemand mène une lutte à mort contre le système bolchevique. Cette guerre, à elle seule, contre la force armée soviétique, n'est pas menée selon la norme établie par les règles de la guerre européenne. Derrière le front aussi la lutte continue, et des partisans vêtus en civil, des francs-tireurs attaquent les soldats isolés et les petites unités ; ils essaient de couper notre ravitaillement par les sabotages, les mines et les machines infernales.

« La juiverie sert donc d'intermédiaire entre l'ennemi à l'arrière et le reste des forces de l'Armée rouge encore combattantes. Plus fortement encore qu'en Europe, elle occupe toutes les positions clés de la direction de la politique et de l'Administration, du commerce et de l'artisanat, et forme le noyau de tous les troubles et des émeutes possibles.

« [...] C'est pourquoi le soldat allemand a le devoir non seulement d'écraser le potentiel militaire de ce régime, mais il doit aussi se poser en défenseur d'une conception raciale et en vengeur de toutes les cruautés qui ont été perpétrées contre lui et le peuple allemand.

« La lutte derrière les lignes n'a pas encore été menée assez sérieusement. La coopération active de tous les soldats doit être exigée pour désarmer la population, pour le contrôle et l'arrestation des rôdeurs, civils et militaires, et la disparition du symbole bolcheviste.

« [...] La situation alimentaire de la patrie exige que la troupe tire sa subsistance, dans la plus large mesure, des ressources du pays et qu'en outre de larges approvisionnements puissent être mis à la disposition de la patrie. C'est surtout dans les villes ennemies qu'une large partie de la population devra souffrir de la faim. Malgré tout, rien de ce que la patrie donne, en se privant, ne devra être distribué à la population et aux prisonniers, à moins qu'ils ne soient au service de la Wehrmacht.

« Le soldat devra se montrer conscient de la dure expiation infligée au judaïsme, détenteur spirituel de la terreur bolcheviste ; elle est aussi indispensable pour étouffer dans l'œuf toutes les émeutes qui sont, pour la plupart, imputables aux Juifs[19]. »

Le haut commandement est encore averti – de manière « aseptisée » – par Himmler du génocide, au début de 1944, lors d'une réunion associant 260 officiers généraux, au cours des journées « d'entraînement idéologique et politique » de Posen. Une conférence similaire réunit d'autres généraux au château de Sonthofen. Le travail forcé ne suscite pas davantage de réaction. Comme le souligne Dönitz, l'essentiel est de disposer d'armes. « Peu importe qui les fabrique. »

Les protestations ont donc été rarissimes. On ne peut citer qu'un seul exemple, encore que timide : celui du général Blaskowitz, au lendemain de la campagne de Pologne et de la mise en place du gouvernement général de Varsovie. Lui seul a eu le courage de s'élever contre les mesures d'élimination prises à l'égard des élites polonaises : religieux, enseignants, intellectuels. Il ne s'agit que d'une voix isolée.

Celles contre les plans d'expansion de Hitler en 1938-1939 ont été le fait d'une poignée d'officiers comme Beck, Halder ou Witzleben. Elles n'ont concerné que le domaine opérationnel. La mise en application d'un plan d'expansion dès 1938 semble prématuré et il serait souhaitable d'attendre au moins cinq ans, la fin du réarmement.

Comme on l'a déjà souligné, ces critiques ne s'adressent pas au fond, au principe même du recours à la guerre ou à l'élimination d'Etats souverains comme la Tchécoslovaquie ou la Pologne. De même, l'attaque de la Russie ne soulèvera pas, en soi, la moindre objection.

Tout comme l'Allemand moyen, le corps des officiers et la quasi-totalité du haut commandement ont accueilli avec faveur l'arrivée au pouvoir de Hitler, notamment après la nuit des Longs Couteaux, à laquelle l'armée n'est pas étrangère. La purge offre l'avantage d'écarter les « éléments les plus radicaux » de l'entourage du Führer et de laisser à l'armée son indépendance ou du moins d'en faire le second pilier du régime, au même titre que le parti. Même de futurs conjurés comme Stauffenberg ou Tresckow ne dissimulent pas leur enthousiasme, le 30 janvier 1933, lorsque les SA défilent, à la lueur des torches, à travers Berlin.

Quitte à se répéter, l'accueil tient à un profond mépris à l'égard de la république de Weimar, qui s'identifie à la défaite, à la déchéance de l'Allemagne, à l'impuissance politique et à la lutte des classes. Une réprobation s'adresse également à l'égard d'une culture cosmopolite et dégénérée, imprégnée d'esprit juif.

Un homme comme le général von Seeckt, derrière un respect de façade à l'égard de la République, se refuse à paraître lors des cérémonies commémorant la promulgation de la Constitution. Il a multiplié les efforts pour laisser à l'armée le drapeau aux vieilles couleurs : noir, blanc, rouge. De même s'est-il opposé avec vigueur à la création d'un ordre pour le mérite de la République.

Au cours des années suivantes, les réussites du régime exercent leur séduction. La crise économique est conjurée, le chômage extirpé. Les lois de Nuremberg garantissent la pureté de la race et de la vie intellectuelle. Avec le réarmement, l'armée est à l'honneur et réintégrée dans la nation. Les officiers, comme le soulignera Dönitz, ne peuvent qu'applaudir aux succès extérieurs du régime.

« "Seigneur, délivrez-nous" était une inscription fréquente sur les monuments de la Première Guerre mondiale. Nous avions été délivrés. Le plébiscite de la Sarre, le rétablissement du service militaire, la réoccupation de la Rhénanie, l'annexion de l'Autriche et du territoire des Sudètes, autant de grands succès de politique étrangère. Quel patriote, quel soldat eût refusé son assentiment devant un tel redressement ? Le grand Reich unifié, rêve de nos pères, était alors réalité[20]. »

Le national-socialisme se trouve encore à l'origine de la réconciliation des classes sociales, du rétablissement d'une communauté nationale. Dans les arsenaux, les officiers de marine peuvent circuler librement sans se faire insulter. Dönitz se fera encore l'écho de cette gratitude à l'égard du régime, dans une allocution du 12 mars 1944 : « Que serait-il advenu de notre pays si le Führer ne nous avait pas unis sous l'égide du national-socialisme ? Divisés en partis, corrompus par ce poison qu'est la juiverie, car non encore immunisés contre lui par les idées salvatrices qui sont maintenant les nôtres et sur lesquelles nous ne transigerons jamais, nous aurions depuis longtemps succombé sous le poids de cette guerre et été voués à une destruction impitoyable de la part de nos adversaires[21]… »

En mai 1945, au lendemain de la capitulation, dans un discours destiné à maintenir le courage du peuple allemand, le successeur du Führer rendra encore hommage à cet apport inestimable du régime : « L'essentiel, c'est de sauvegarder à tout prix le plus grand don qui nous ait été fait par le national-socialisme : notre unité. En dépit de l'effondrement militaire total de ce jour, notre peuple n'est pas semblable au peuple de 1918. Il ne s'est pas trouvé divisé. Soit que nous établissions une autre forme de national-socialisme, soit que nous nous conformions au genre de vie que nous imposera l'ennemi, nous devons veiller avant tout à ce que l'unité qui nous a été donnée par le national-socialisme soit maintenue quoi qu'il advienne[22]. »

En dehors de la séduction exercée par le régime, un autre élément explique le comportement de l'armée : l'isolement et l'amoindrissement constant du rôle du haut commandement. C'est une lourde erreur de perspective que de considérer l'OKH du IIIe Reich comme l'héritier du grand état-major de l'Allemagne impériale. L'OKH a d'abord été victime d'une tendance générale, propre au second conflit mondial, celle de la primauté du pouvoir politique dans la conduite de la guerre.

Le général de Gaulle devait souligner cette tendance dès 1942 : « Ne croyez-vous pas que cette guerre totale a placé la stratégie sur un plan nouveau ? Si les conflits consistaient autrefois en batailles d'armées, on se bat aujourd'hui avec l'effort, le sang et l'âme des peuples. N'est-il pas vrai par conséquent que les stratèges des temps modernes ne sont plus, comme jadis, les chefs des armées mais bien les chefs des peuples, par exemple Churchill, Staline, Roosevelt, ou bien Hitler et Mussolini ? » L'ordonnance du 4 avril 1944 devait souligner la prééminence du pouvoir politique dans la conduite de la guerre, l'organisation et l'emploi des forces armées.

Un Hitler assumant la conduite générale de la guerre et même la direction opérationnelle des armées ne constitue donc pas une exception. Staline n'agit pas autrement. Churchill interfère constamment dans la marche des opérations. Si Roosevelt évite cette tentation, il n'en assume pas moins la paternité de toutes les grandes initiatives stratégiques. C'est lui qui impose le principe de *Germany First* au lendemain de Pearl Harbor. C'est lui qui, au cours de l'été 1942, tranche le différend stratégique anglo-américain et impose le débarquement en Afrique du Nord à un moment où Marshall et King, excédés par l'hostilité britannique à une opération en France, préconisent d'orienter l'effort américain en direction du Pacifique et de ne laisser que des forces aériennes sur le théâtre occidental. C'est encore Roosevelt, à l'automne de 1943, qui rejette les propositions de Churchill sur les Balkans et tranche en faveur de débarquements en France pour l'année suivante.

Dans tous les Etats belligérants de la Seconde Guerre mondiale, les généraux ont été cantonnés dans un rôle d'exécution. A la différence des grands ancêtres de 1914-1918, Hindenburg, Ludendorff, Kitchener, Joffre voire même Foch, ils ont été écartés de la conduite générale de la guerre.

En Allemagne, l'effacement de l'OKH a été encore accentué par la création d'un état-major interarmées, l'OKW, et par la décision de Hitler d'assumer le commandement de l'armée lors de la crise de Moscou de décembre 1941. La compétence de l'OKH finit par se limiter au front à l'Est, à l'exclusion des Balkans et sans droit de regard sur les réserves stratégiques.

A la différence de la Première Guerre mondiale, l'OKH voit encore lui échapper la propagande, les industries d'armement placées sous la coupe d'hommes comme Todt, Milch, Speer, voire même Goebbels à la fin du conflit. L'emprise de la SS contribue encore à sa déchéance, tant sur le plan du renseignement avec l'absorption de l'Abwehr par le Sicherheitsdienst que sur le plan militaire avec le développement considérable de la Waffen SS et le contrôle des nouvelles divisions de Volksgrenadiere par Himmler placé à la tête de l'armée de l'intérieur et bientôt du groupe d'armées de la Vistule. La Seconde Guerre mondiale a bien été la guerre totale annoncée par Ludendorff, mais en dehors de la direction des militaires.

Notons aussi que les pouvoirs exorbitants concentrés par Hitler et sanctionnés par des plébiscites ont encore contribué à l'effacement des organes de commandement, qu'il s'agisse de l'OKW ou de l'OKH.

Avec le retour à une armée d'effectifs liés au service militaire, le corps des officiers est de plus en plus envahi par des promotions massives de jeunes cadres farouchement nazis. Guderian constatera que d'année en année, après la prise du pouvoir, « l'opposition à l'intérieur de l'armée ne cessa de s'affaiblir avec l'appel sous les drapeaux des jeunes générations qui avaient servi dans la Jeunesse hitlérienne, le service du travail et qui avaient ainsi prêté serment de fidélité à Hitler. Le corps des officiers devenait lui aussi, d'année en année, de plus en plus composé de jeunes nationaux-socialistes[23] ».

Comme le remarque aussi de son côté le général Senger und Etterlin, la politisation de l'armée ne fera que s'accentuer après le premier hiver passé en Russie. « Un autre spécimen de chefs s'était poussé au premier rang, celui de l'officier inféodé au régime, optimiste à tous crins, casse-cou et libéré de tout complexe politique. Ces individus dénués de scrupules avaient plus de succès que les autres. Ils se faisaient remarquer favorablement et atteignaient ensuite plus vite les échelons supérieurs. La tradition de Beck était encore occasionnellement tolérée et représentée parmi les chefs des échelons les plus élevés et à l'état-major général. Dans la catégorie des commandants de division et de corps d'armée, elle devenait de plus en plus rare[24]. »

A la fin de la guerre, cette tendance finit par gagner la nouvelle génération de commandants d'armée ou de groupes d'armées. C'est le cas de Schôrner, de Rendulic, de Weichs, de Manteuffel ou de Model. Dès la fin de 1942, tous les grands généraux du début du conflit, Brauchitsch, Halder, von Bock, von Leeb, von List ont été limogés. Manstein disparaît au printemps de 1944. Seul von Rundstedt, de disgrâce en disgrâce, se maintiendra pratiquement jusqu'à la fin.

Nombre de ces nouveaux chefs ont combattu, le cas échéant, avec une ardeur qui n'avait rien à envier à celle des hommes de troupe. A la fin de la bataille de Falaise, la plupart des généraux réussissent à s'extraire de la poche. Un seul commandant d'armée sur cinq est capturé et 3 seulement des 15 chefs de division. Hausser sérieusement blessé passe avec un peloton de chars ; Meindl, le chef du 2e corps parachutiste, franchit les lignes canadiennes avec un petit détachement, mitraillette au poing. Un civil français conduit Meyer, le chef de la 12e SS, en lieu sûr. La reddition de Paulus et de son état-major, ainsi que les 15 généraux du groupe d'armées centre en Russie blanche, en juillet 1944, constituent des exceptions. Au total, sur 1 400 officiers généraux de l'armée et de la Luftwaffe, près de 500 ont été tués au combat ou ont disparu de 1939 à 1945. Une proportion énorme, à l'échelle de la guerre moderne[25].

Ces chefs de la nouvelle génération deviennent des officiers politiques, non pas à la manière d'un Beck, mais d'un Dönitz, qui déclare le 15 février 1944 devant des commandants de la Kriegsmarine : « Avant tout, le corps des officiers doit se sentir solidairement responsable de l'Etat national-socialiste. L'officier est l'expression même de l'Etat : raconter que l'officier ne doit pas s'occuper de politique est une absurdité[26]. »

Comme la masse de la population et de la troupe, la plupart de ces hommes ont également été victimes de l'extraordinaire capacité d'envoûtement de Hitler. Keitel n'a jamais dissimulé cet étrange pouvoir de fascination : « Mon attitude à l'égard de Hitler a toujours été dictée par de pures considérations de service. Evidemment, je donnais mon opinion ; c'était mon droit et mon devoir. On en comprendra la difficulté si l'on sait que Hitler, après quelques échanges de paroles, dominait toujours la discussion et épuisait lui-même la question, ce qui rendait très difficile toute tentative de revenir sur le sujet. Je dois dire qu'ayant occupé de nombreux postes dans d'importants états-majors, j'étais habitué à discuter avec mes supérieurs, si j'ose m'exprimer ainsi. Je me trouvai là dans une situation à laquelle je n'étais pas habitué ; je fus pris au dépourvu et ai souvent perdu la pleine possession de mes moyens. Ceci n'a rien d'étonnant, car Hitler, pour employer un langage modéré, apportait dans les questions militaires et stratégiques des idées audacieuses qui heurtaient souvent le soldat de la vieille école que j'étais, après trente-sept années de service[27]. »

Au cours du procès de Nuremberg, l'amiral Dönitz soulignera également ce don d'envoûtement du Führer : « Je voyais en Hitler une puissante personnalité dont l'intelligence et l'énergie étaient extraordinaires, et dont les connaissances étaient pratiquement universelles ; le pouvoir semblait émaner de sa personne et il était doué d'un remarquable don de suggestion. D'autre part, c'est intentionnellement que je lui rendais rarement visite à son quartier général, car j'avais l'impression que c'était la meilleure façon de préserver mon initiative, et je sentais qu'il valait mieux que je me dérobe à la forte influence qu'il avait exercée sur moi au cours des deux ou trois jours où j'étais resté auprès de lui. Si je vous dis cela, c'est que j'étais en ce sens certainement plus heureux que son état-major qui était constamment exposé à l'influence de sa forte personnalité et de son pouvoir suggestif[28]. »

Au lendemain de son accès au quartier général du Führer, Stauffenberg constatera avec satisfaction qu'il se trouvait immunisé contre ce charme maléfique.

Le haut commandement se trouve encore soumis à un isolement supplémentaire, par l'adhésion massive du peuple allemand au régime et à la personne de Hitler. La population connaîtra des accès de découragement après Stalingrad, au lendemain de la chute de Mussolini ou à l'automne de 1944. Il y aura des mouvements d'opposition dans certaines universités, des arrêts de travail ou des sabotages dans des usines. Mais rien de comparable aux grèves ou aux manifestations de masse que l'Allemagne avait connues en 1917. Dans l'ensemble, le peuple ne perdra pas foi dans la victoire finale et se raccrochera à l'espoir d'une solution miraculeuse. C'est seulement après le passage du Rhin par les Alliés, en mars 1945, que le désespoir s'emparera de l'ensemble des Allemands.

En attendant, cette fascination se manifeste dès la naissance du régime chez des hommes comme Blomberg, Reichenau, Küchler, Keitel, Jodl, voire même Fritsch. Elle persistera dans les pires moments de doute. Rommel s'opposera toujours à un assassinat du Führer. En tant que chrétien, Guderian condamnera le crime politique. Dans la lettre rédigée à la veille de son suicide, von Kluge ne peut s'empêcher d'exprimer un sentiment d'admiration envers le Führer.

Ce charisme débouche sur une affligeante servilité dénoncée par Guderian : « Mais qui donc, parmi ceux qui vivent encore, de ces gens qui parlent et écrivent et qui auraient pu approcher le Führer, lequel d'entre eux a donc vraiment offert une seule fois quelque résistance à Hitler ? Qui donc osa, ne fût-ce qu'une seule fois, informer Hitler de son opinion divergente, ou même ne pas en démordre en tête à tête avec le dictateur ? Voilà ce qu'il aurait fallu faire ! Durant les mois au cours desquels j'assistai chez Hitler aux rapports de situation et à d'innombrables conversations militaires, techniques et politiques, quelques hommes seulement agirent de la sorte[29]... »

Pour comprendre le comportement du haut commandement, il faut encore tenir compte du développement d'une insensibilité quasiment absolue, liée à la familiarité constante avec la mort, qu'elle se manifeste par les pertes au front, les bombardements de terreur ou les massacres de populations civiles. Cette insensibilité procède aussi de la politique des adversaires du Reich, qui n'a pas eu le monopole de l'agression et de la cruauté. A cet égard, la présence de Soviétiques parmi les juges de Nuremberg provoque un malaise.

Les infractions de l'URSS aux lois internationales ne le cèdent en rien à celles de l'Allemagne, avec les agressions contre la Pologne et la Finlande, les annexions brutales des pays Baltes suivies de déportations massives, ou la violation du pacte de non-agression avec le Japon. Indépendamment des Allemands, l'Union soviétique n'a nullement respecté les conventions de Genève – auxquelles elle n'avait d'ailleurs pas souscrit – à l'égard des Finlandais ou des Japonais faits prisonniers. A Nuremberg, l'affaire de Katyn sera tout au plus évoquée et la culpabilité allemande, invoquée par les Soviétiques, ne convaincra personne.

La loi du vainqueur servira certains accusés. Anglais et Américains ayant reconnu avoir pratiqué une guerre sous-marine sans restriction, le tribunal admettra ne pouvoir condamner Dönitz « pour violation du droit international en matière de guerre sous-marine ». Le grand amiral sera pourtant condamné à 10 ans de prison pour avoir contribué à la préparation d'une guerre d'agression, alors qu'il n'était encore que simple capitaine de vaisseau en 1939.

Quant à Raeder, il se verra infliger 15 années de détention pour se trouver à l'origine de l'agression contre la Norvège, à un moment où les juges et le monde voulaient encore ignorer que Churchill envisageait une opération du même ordre depuis octobre 1939 et que l'opération allemande du 9 avril 1940 n'avait fait que se télescoper avec celle des Alliés.

Dernier élément majeur de l'attitude de l'armée, le problème clé de la reddition sans conditions. Tout autant que la fascination exercée par le régime ou le charisme démoniaque de Hitler, la décision prise par les Alliés à la conférence de Casablanca, en janvier 1943, a pesé d'un poids considérable sur le comportement du haut commandement et même du simple combattant.

Le complot du 20 juillet, en dehors d'un manque évident de préparation, reposait sur une double illusion, celle de redonner au grand état-major son pouvoir de décision au niveau politique et stratégique, et surtout l'espoir d'aboutir à une paix ou du moins un armistice séparé à l'Ouest, en faisant disparaître Hitler.

A partir de 1943, la « solution politique » dénoncée par Jodl concerne des opposants de fraîche date comme Rommel, Kluge ou des hésitants comme Rundstedt. Celui-ci ne se gêne pas pour répondre, le 29 juin 1944, à un Keitel visiblement décontenancé par la marche des événements et qui se demande ce qu'il faut faire : « Faire la paix, imbécile ! » Au cours des mois suivants, l'espoir d'un compromis à l'Ouest finira par concerner des hommes aussi différents que le colonel Hans Rudel, le fameux « pilote de stuka », ou Guderian lui-même. Convaincu, à la mi-mars 1945, que l'Allemagne ne peut mener une lutte sur deux fronts, le chef de l'état-major de l'armée ne trouve rien de mieux que de s'adresser à Himmler afin que celui-ci utilise ses relations à l'étranger pour aboutir à un accord avec les Occidentaux !

Cet espoir reposait sur une méconnaissance totale de l'image de marque peu flatteuse que le corps des officiers allemands avait su inspirer à ses adversaires. Pendant toute la guerre et même avant, Anglo-Américains et Soviétiques ont eu l'intime conviction que l'état-major, ou plutôt les états-majors, OKH et OKW étaient les grands artisans, au même titre que le parti, de la politique d'agression et de la volonté de domination européenne, voire même mondiale du IIIe Reich. L'attentat du 20 juillet ne devait pratiquement pas modifier cette certitude.

Conviction étayée par des souvenirs historiques. Depuis 1870-1871 pour les Français, depuis la Première Guerre mondiale pour les Anglo-Américains, le grand état-major, en marge de son étonnante capacité opérationnelle, apparaît comme l'instrument majeur du Pangermanisme et de la volonté de puissance de l'Allemagne. Il s'identifie à la caste des junkers de Poméranie et de Prusse orientale.

Lors de la demande d'armistice de 1918, sur le thème des 14 points de Wilson, Anglais et Français obtiennent du président des Etats-Unis que l'armistice ne sera conclu qu'avec un gouvernement démocratique excluant les « maîtres militaires et les autocrates couronnés » du Reich Dans le cadre du traité de Versailles, la plupart des grands chefs, à commencer par Hindenburg, Ludendorff, figurent sur la liste des criminels de guerre que les Alliés se réservent le droit de juger. Le refus des Pays-Bas d'extrader Guillaume II torpillera cette exigence, et le gouvernement allemand prendra finalement l'engagement de juger lui-même les responsables. Les procès se limiteront à quelques officiers de marine convaincus d'avoir enfreint des règles internationales.

Quoi qu'il en soit, à son entrée en Allemagne, en janvier 1945, l'Armée rouge met en place des panneaux associant de toute évidence aux « Monstres fascistes » la caste des officiers allemands réputés originaires de Prusse orientale : « Camarades ! Vous avez atteint la frontière de la Prusse orientale et bientôt vous foulerez le sol qui a donné naissance aux monstres fascistes qui ont dévasté nos villes et nos foyers, massacré nos fils et nos filles, nos frères et nos sœurs, nos femmes et nos mères. Les pires de ces brigands et de ces nazis viennent de Prusse orientale. Pendant des années, ils ont eu le pouvoir en Allemagne, dirigeant cette nation dans ses agressions à l'extérieur et son génocide des autres peuples[30]. »

Lors de la conférence de Yalta, c'est avec satisfaction que Churchill accepte l'idée d'un partage de la Prusse orientale entre l'Union soviétique et la Pologne, comme le meilleur moyen de faire disparaître le berceau du militarisme allemand.

La perspective d'une paix ou d'un armistice reposait encore sur une autre méconnaissance, celle des principes qui guidaient les Occidentaux. Soucieux de régénérer le peuple allemand par l'extirpation du nazisme et du militarisme, Roosevelt était bien décidé à poursuivre la lutte jusqu'à une victoire totale. Il ne voulait pas non plus renouveler l'erreur de Wilson en 1918 et donner naissance à une nouvelle légende du « coup de poignard dans le dos ». Il n'était donc pas question de traiter avec le moindre chef militaire allemand, tous ayant plus ou moins longtemps adhéré au nazisme, à commencer par Beck et Witzleben. Traiter avec un homme comme Rommel, qui avait été le *right man* de Hitler, le symbole même du nouveau soldat allemand, était encore plus impensable.

Roosevelt ne pouvait que garder en mémoire la réaction indignée des médias et de l'opinion des Etats-Unis, au lendemain de la signature des accords Clark-Darlan, en Afrique du Nord. Le Président avait dû battre en retraite et traiter l'amiral de la flotte « d'expédient temporaire ». De toute manière, il n'était pas question de remettre en cause les liens conclus avec les Soviétiques pour des raisons stratégiques et politiques. Dans le cadre de l'ONU, la grande alliance devait se poursuivre après le conflit et constituer une des bases de l'équilibre du monde de l'après-guerre.

Un Stauffenberg nageait, lui aussi, en pleine illusion, en imaginant un « accord entre soldats ». Comment pouvait-il penser que des hommes comme Marshall ou Eisenhower aient pu conclure une trêve unilatérale avec le haut commandement allemand à l'Ouest ? Eux aussi se trouvaient entièrement soumis à la direction politique. Le groupe Seydlitz caressait, également, de singulières illusions sur le comportement de l'URSS à l'égard du Reich.

Il semble étrange que les grands chefs n'aient pas tenu compte de l'échec des propositions de paix de Hitler en octobre 1939, après la campagne de Pologne, et en juillet 1940, au lendemain de la chute de la France. Tout aussi curieux le contre sens commis sur la portée de la déclaration de Casablanca et la solidité de l'alliance conclue entre les Anglo-Américains et les Soviétiques.

En définitive, l'armée allemande comme l'ensemble de la population a été victime d'un triple piège. Elle a subi la fascination d'un chef qui avait su créer un régime attirant, diabolique, dont les effets criminels n'ont été révélés qu'après la guerre. Le haut commandement a encore été victime d'une nouvelle conception de la conduite de la guerre et a été ravalé à un rôle subalterne et purement technique. L'OKH de 1939-1945 n'est plus que l'ombre du grand état-major de la Première Guerre mondiale.

Il s'est encore heurté au mur de la reddition sans conditions. Exigence unique dans l'Histoire, à l'origine d'une solution insoluble : poursuivre une lutte à mort, de plus en plus désespérée, ou consentir à une capitulation déshonorante et peut-être prématurée. Un débat à la mesure, suivant l'expression de Guderian, de la tragédie d'un peuple et d'une époque.

Conclusion

L'histoire de la Wehrmacht est courte. De la petite Reichswehr de 100 000 volontaires privée de tout matériel moderne au début des années 30 à l'armée allemande de 1943-1945 mettant en jeu près de 8 millions d'hommes, à peine plus de dix ans se sont écoulés. Pourtant, la Wehrmacht de la Seconde Guerre mondiale a laissé une empreinte indélébile dans l'Histoire et le souvenir d'un extraordinaire instrument de combat.

De 1939 à 1942, l'armée allemande a révélé à un monde stupéfait toutes les ressources de la Blitzkrieg et a servi de modèle à toutes les grandes armées du monde restées fidèles aux enseignements de la fin de la Première Guerre mondiale, en dépit de quelques esprits audacieux comme Fuller, Liddel Hart, de Gaulle ou Toukhatchevsky.

Britanniques, Américains, Soviétiques ont adopté le système des divisions blindées, mis sur pied des unités aéroportées et développé une aviation tactique agissant directement sur le champ de bataille au profit des troupes engagées au sol ou sur les arrières de l'ennemi. Au cours de la bataille d'Angleterre, la Luftwaffe a encore expérimenté toutes les techniques que les aviations britannique et américaine emploieront sur une bien plus grande échelle lors de leurs offensives sur l'Europe ou le

Japon. En adoptant la tactique des meutes, l'amiral Dönitz a encore relancé la bataille aux communications. Il a donné aux U-boote une efficacité que l'on croyait révolue et fait mentir la prédiction de l'Amirauté britannique qui n'hésitait pas à écrire en 1937 que « le sous-marin ne sera plus en mesure de nous poser les mêmes problèmes qu'en 1917 » !

Fait surprenant, en dépit de la supériorité de moyens mécaniques acquise à partir de 1942-1943 et annoncée par de Gaulle dans son appel du 18 Juin, les adversaires du Reich se sont révélés incapables de retourner la guerre éclair contre les forces du Reich. Au cours des deux dernières années du conflit, l'armée allemande a effectué une reconversion inattendue et a su mener une guerre défensive d'une remarquable efficacité. Elle a démontré que le char et le canon d'assaut constituaient d'excellents antidotes du char et que les avions de la Blitzkrieg comme le stuka pouvaient être les ennemis mortels des blindés. A la disposition des fantassins, le Panzerfaust a bien mérité son nom de terreur des blindés. Plus de 60 % des chars détruits pendant les derniers mois de la guerre figurent à son actif.

Au cours de l'ultime phase du conflit, l'armée allemande affiche encore une étonnante virtuosité dans l'utilisation du terrain, dans le combat en milieu urbain, en liaison avec des destructions savantes et l'emploi massif de toute une gamme de mines de plus en plus sophistiquées. Elle réussit encore le tour de force de combattre, non seulement avec un soutien aérien qui va se réduisant, mais sous la pression d'aviations adverses d'une puissance croissante.

Tout au long de cette période, la Wehrmacht se trouve presque toujours en état d'infériorité numérique, ce qui ne l'empêche pas d'afficher une maîtrise tactique indiscutable sur ses adversaires.

Au lendemain de la guerre, le colonel américain Trevor Dupuy, à la suite d'une étude exhaustive, en arrivera à la conclusion que « les fantassins allemands ont toujours infligé des pertes de 50 % supérieures à leurs adversaires britanniques ou américains et cela dans *toutes les circonstances*. C'était vrai quand les Allemands étaient attaqués ou cantonnés sur la défensive, quand ils bénéficiaient d'une supériorité ou se trouvaient, ce qui était généralement le cas, en infériorité... ». On retrouve la proportion déjà constatée en 1914-1918 sur le front occidental[1].

Dans l'offensive comme dans la défensive, l'efficacité de la Wehrmacht tient encore à la qualité du commandement. A tous les échelons, depuis la compagnie ou le bataillon jusqu'au régiment et à la division, ce commandement est resté fidèle au *Führerprinzip* défini au tout début du XIXe siècle par Scharnhorst et par Gneisenau. Si ce principe s'était un peu affaibli pendant la Première Guerre mondiale, il retrouve toute sa vigueur.

De 1939 à 1945, le chef chargé d'une mission l'accomplit sous sa propre responsabilité. Prévenu du but de l'opération, il dispose, à la différence des commandements français et britannique, d'une importante marge d'initiative dans l'emploi des armes et l'exécution de la manœuvre. Il doit s'adapter à une situation qui peut s'écarter des conditions initiales. A maintes reprises, cet esprit s'est manifesté par la création de *Kampfgruppe* regroupant, à l'initiative d'un officier décidé, des hommes de toutes armes, coupés de leurs unités.

Le cas échéant, officiers supérieurs, généraux savent payer de leur personne. A la manière des grands sabreurs de l'époque classique, des hommes comme Guderian, Rommel, Model, Manteuffel se trouvent à la pointe du combat à bord de leurs véhicules de commandement.

Rappelons encore l'apparition d'une nouvelle Wehrmacht à la fin de la guerre. Elle est fondée sur des bombes volantes, des avions à réaction, des missiles air-air, sol-air, des bombes planantes radioguidées et des sous-marins « électriques » dotés du Schnorchel.

Dans son rapport final, le général Arnold, le commandant en chef des forces aériennes américaines, soulignera avec satisfaction l'énorme apport représenté par les savants et les techniciens allemands, la documentation des bureaux d'études et la saisie de matériels de pointe extrêmement variés dont les Alliés ne soupçonnaient pas, de toute évidence, l'existence : « On recherche, on emballe et on expédie, aux fins d'étude, des inventions étranges : depuis les équipements pour atterrir sans visibilité, les instruments de météorologie à rayons infrarouges, jusqu'aux appareils « radar » et aux postes de chef de bord ; des moteurs à réaction aux viseurs de bombardement, des canons de DCA aux armes de bord, des compas et des caméras aux documents médicaux et aux appareils de pilotage automatique[2]. »

Au lendemain du conflit, la Wehrmacht va encore servir de modèle. La guerre des Six Jours de 1967 remportée de manière exemplaire par Israël s'inspire de toute évidence de la Blitzkrieg, avec l'acquisition initiale de la supériorité aérienne et l'emploi magistral de formations blindées. A partir de 1963, la décision de l'OTAN d'assurer une défense de l'avant, au plus près de la frontière de l'Allemagne de l'Est de l'époque, s'appuiera sur une étude minutieuse menée sur le terrain du dispositif adopté par les Allemands pendant la bataille de Normandie[3].

La percée technologique allemande de la fin de la guerre se trouve encore à l'origine de la révolution militaire de la seconde moitié du XXe siècle, fondée sur les missiles, les avions à réaction ou à moteur fusée ou les sous-marins Diesel-électriques. Cette percée ne comporte qu'une seule lacune, le nucléaire, à l'exception peut-être de la propulsion atomique pour les sous-marins, encore que la fusée V2 annonce les missiles balistiques des forces de dissuasion et que l'avion-robot V1 ne soit l'ancêtre du missile croisière à tête conventionnelle ou nucléaire type *Tomahawk*.

En dépit d'un tableau particulièrement flatteur, la Wehrmacht a cependant éprouvé une défaite retentissante, la seconde subie par l'Allemagne en l'espace de vingt-cinq ans. A priori, les conditions n'offrent aucune ressemblance, avec deux régimes fondamentalement différents, une monarchie impériale et un système totalitaire, et deux types de commandement. De 1914 à 1918, le grand état-major a assumé, en toute liberté, non seulement la direction des opérations mais la conduite générale de la guerre. En revanche, de 1939 à 1945, le haut commandement s'est trouvé totalement subordonné à Hitler qui a voulu assumer toutes les prérogatives du chef de guerre.

Ces deux défaites offrent cependant de profondes analogies. Chaque fois, l'armée allemande s'est révélée incapable d'abattre l'adversaire continental principal, la France au cours du premier conflit, l'Union soviétique lors de la Seconde Guerre mondiale. Chaque fois encore, la marine, en dépit d'un énorme effort en faveur des U-boote, n'a pu empêcher les puissances maritimes d'utiliser les grandes routes de navigation. Les conséquences de cette impuissance ont été désastreuses. En 1914-1918, la maîtrise de la mer a permis l'intervention sur le front occidental d'une grande armée britannique, en attendant le corps expéditionnaire américain. Au cours du second conflit, les Anglo-Américains ont été en mesure, à partir de 1943, de reconstituer le front occidental disparu en 1940, avec la chute de la France.

Ces deux défaites successives, dans le cadre d'une guerre de trente ans, ont mis en défaut la doctrine du haut commandement allemand, convaincu qu'un grand état-major composé d'officiers triés sur le volet, de haute culture, rompus à leur métier, disposant de troupes parfaitement entraînées et équipées, devait être en mesure de réhabiliter la manœuvre et de remporter la victoire sur des adversaires supérieurs en nombre.

Pour justifier deux désastres successifs, le haut commandement allemand a été amené à invoquer au lendemain de 1918 l'effondrement de l'arrière, le « coup de poignard dans le dos », et après 1945 les ingérences catastrophiques de Hitler dans le domaine opérationnel. En réalité, ces deux désastres traduisent la faillite de l'enseignement non pas de Clausewitz, comme on le prétend trop souvent, mais de Moltke l'Ancien et de Schlieffen devenus les maîtres à penser des états-majors allemands depuis le début du XXe siècle. Cet enseignement, exclusivement terrestre, n'était pas à la mesure de conflits d'ampleur mondiale associant des pays à dominante continentale et maritime. Malgré son potentiel démographique et économique, l'Allemagne wilhelminienne et hitlérienne n'était pas de taille à répondre à des coalitions associant les plus grandes puissances de la planète.

Notes

1

De la Reichswehr à la Wehrmacht

1. Benoist-Méchin J., *Histoire de l'armée allemande*, Paris, R. Laffont, t. I., p. 543 et ss.

2. *Ibid.*, p. 557.

3. Dulffer J., *Raeder between Hitler and Dönitz*, « Les marines du Dreadnought au nucléaire », Paris, Service historique de la Marine, 1990, p. 275.

4. Becker J., *la Politique révisionniste du Reich de la mort de Stresemann à l'avènement de Hitler*, « La France et l'Allemagne », 1932-1936, Paris, CNRS 1980, p. 21 et ss.

5. Dulffer J., *Raeder between Hitler and Dönitz, op. cit.*, p. 275.

6. Deist W., *le Problème du réarmement allemand dans les années 1933-1936*, « La France et l'Allemagne », 1932-1936, Paris, CNRS, 1980, p. 66.

7. Dulffer J., *Raeder between Hitler and Dönitz, op. cit.*, p. 279.

8. Schreiber G., *Kriegsmarine et marine française*, France-Allemagne, 1936-1939, p. 29 et ss.

9. *The Rise and Fall of the German Air Force*, Londres Arms and Armour Press, 1983, p. 4 et ss.

10. Benoist-Méchin, *op. cit.*, t. I, p. 797.

11. Dulffer J., *Raeder between Hitler and Dönitz, op. cit.*, p. 288.

12. Dulffer J., *Réarmement et économie du Reich*, France-Allemagne, 1936-1939, p. 20.

13. *Ibid.*, p. 3.

14. *Ibid.*, p. 25.

2

La mise au pas

1. Sur l'épuration de la SA, voir l'ouvrage entièrement neuf de J. Philippon, *la Nuit des Longs Couteaux, histoire d'une intoxication*, Paris, Armand Colin, 1992.

2. Wheeler-Bennett John W., *le Drame de l'armée allemande*, Paris, Gallimard, 1955, p. 268.

3. *Ibid.*, p. 292.

4. Benoist-Méchin J., *op. cit.*, t. II, p. 29 et ss.

5. Steinert M., *Hitler*, Paris, Fayard, 1991, p. 302.

6. Wheeler-Bennett J.W., *op. cit.*, p. 338.

7. *Ibid.*, p. 340.

8. Benoist-Méchin, *op. cit.*, t. II, p. 552.

9. Guderian H., *Mémoires d'un soldat*, Paris, Plon, 1958, p. 287.

10. Wheeler-Bennett J.W., *op. cit.*, p. 324.

3

Bluff ou réalité ?

1. Teyssier Cl., *Voyage du général Vuillemin en Allemagne*, 1938, RHA 2/87.

2. Murray W., *Luftwaffe*, Baltimore, The Nautical and Aviation Publishing Company, 1985, p. 30.

3. Vulliez A., *Analyse des conférences navales du Führer*, Paris, 1955, p. 14.

4. Kherig M., *la Défaite française vue par la Wehrmacht*, « Les armées françaises dans la Seconde Guerre mondiale », IHCC, 1985, p. 119.
5. *Ibid.*, p. 119.
6. Marril J.M., *la Doctrine militaire française entre les deux guerres*, Revue historique des armées, 3/91.
7. Guderian H., *op. cit.*, p. 22.
8. *Ibid.*, p. 16.
9. *Ibid.*, p. 12.
10. Rauschning, *Hitler m'a dit*, Paris, Somogy, 1979, p. 35.
11. Beaufre général, *le Drame de 1940*, Paris, 1965, p. 86.
12. *The Rise and Fall of the German Air Force, op. cit.*, p. 42.
13. Vivier Th., *la Naissance de l'arme aéroportée en France*, RHA, 4/92, p. 47.
14. *The Rise and Fall of the German Air Force, op. cit.*, p. 96.
15. Vulliez A., *op. cit.*, p. 14.
16. Witte W., *la Propagande nazie et la combativité allemande jusqu'en 1936*, « La France et l'Allemagne », 1932-1936, CNRS, 1980, p. 248.
17. Khering W., *op. cit.*, p. 125.

4

Blitzkrieg

1. Price A., *Luftwaffe*, Londres, Ballantine, 1969, p. 40.
2. Benoist-Méchin J., *op. cit.*, t. I., p. 40.
3. Muller K.J., *Historia Spécial*, mai-juin 1990, p. 9 et ss.
4. Wheeler-Bennett J.W., *op. cit.*, p. 398.
5. Benaerts P., *Petit Essai sur les causes d'un grand désastre*, inédit, 1941, p. 32.
6. Kherig M., *op. cit.*, p. 13.
7. Masson Ph., *Moral et propagande*, « Français et Britanniques pendant la drôle de guerre », Paris, CNRS, 1979, p. 163.
8. Kherig M., *op. cit.*, p. 132.
9. Bauer Eddy, *Histoire controversée de la Seconde Guerre mondiale*, Rombaldi, 1966, t. II., p. 49.

10. E. von Manstein, *Victoires perdues*, Paris, Plon, 1958, p. 66 et ss.

11. Kersaudy F., *1940, la guerre du fer*, Paris, Tallandier, 1987, p. 51.

12. *Ibid.*, p. 33 et ss.

13. Barjot P., *Histoire de la guerre aéronavale*, Paris, 1961, p. 117.

14. Rohwer J., *The Fateful Decisions : Intelligence, Command and Technical Failure*, Institut for Forsvarsstudier, Oslo, 1990, p. 122.

5

Victoire à l'Ouest

1. Lukacs J., *le Duel Churchill-Hitler, 10 mai-31 juillet 1940 : les 80 jours où se jouent le sort de la guerre*, Paris, R. Laffont, 1992, p. 94.

2. J. Costello, *les 10 Jours qui ont sauvé l'Occident*, Paris, O. Orlan, p. 117 et ss.

3. Senger and Etterlin, *Panzer sur l'Europe*, Monaco, 1965, p. 33.

4. Benaerts P., *op. cit.*, p. 39.

6

A la recherche d'une stratégie

1. Lukacs J., *op. cit.*, p. 163.

2. Ciano G., *Carnets*, p. 264.

3. Lukacs J., *op. cit.*, p. 201.

4. *Ibid.*, p. 201.

5. Gruchmann M.L., *les Occasions stratégiques manquées des puissances de l'Axe en Méditerranée*, « La guerre en Méditerranée », CNRS, 1971.

6. Irving D., *Hitler's War*, t. II, 1939-1942, p. 320.

7

Barbarossa

1. Souvorov V., *le Brise-Glace*, Paris, Olivier Orban, 1989.
2. Lukacs J., *op. cit.*, p. 263.
3. *Ibid.*, p. 264.
4. *Ibid.*, p. 284.
5. Halder F., *Kriegstagebuch*, vol. III, p. 38.
6. *Ibid.*, p. 170.
7. Brissaud A., *Mussolini*, Paris, Perrin, 1983, t. II., p. 193.
8. Guderian, *op. cit.*, p. 184.
9. *Ibid.*, p. 238.
10. *Ibid.*, p. 250.
11. Irving D., *op. cit.* t. II., p. 368.
12. Sur les ponts aériens, voir Beker C., *Raid, altitude 4000*, Paris, 1966, p. 247, et Lucas J., *War on the Eastern Front*, Londres, 1979, p. 196 et ss.
13. Degrelle L., *Hitler pour 1000 ans*, Paris, La Table ronde, 1969, p. 127.
14. Hughes T. et Costello J., *la Bataille de l'Atlantique*, Paris, Albin Michel, 1977, p. 198 et ss.

8

Aux portes de l'Asie

1. Young D., *Rommel*, Paris, 1951, p. 29.
2. Bauer Ed., *la Guerre des blindés*, 2 vol., Paris, Payot, 1952.
3. Degrelle L., *la Campagne de Russie*, 1941-1945, Paris, 1949, p. 171.
4. Degrelle L., *Hitler pour 1000 ans, op. cit.*, p. 136.
5. Carrell P., *Barbarossa*, Paris, Laffont, 1964, p. 533.
6. *Historia XXe siècle*, n° 165, p. 1923.
7. *Historia XXe siècle, op. cit.*, p. 1923.

9

Le vent de la Bérézina

1. Deakin F.W., *l'Axe brisé*, Paris, 1964, p. 78 et ss.
2. Jäckel E., *la France dans l'Europe de Hitler*, Paris, Fayard, 1968, p. 361.
3. Manstein, *op. cit.*, p. 278.
4. *Ibid.*, p. 255 et ss.
5. *Ibid.*, p. 270.

10

Victoires défensives

1. Baumont M., *la Grande Conjuration contre Hitler*, Paris, 1963, p. 34 et ss.
2. Deakin F.W., *op. cit.*, p. 286 et ss.
3. Kleist P., *Entre Staline et Hitler*, Paris, Plon, 1953. *Le Monde*, 10 juin 1989.
4. Erikson J., *Koursk, « Decisive battles of XXth century »*, Londres, 1976, p. 224 et ss.
5. Guderian H., *op. cit.*, p. 296.
6. Manstein, *op. cit.*, p. 355.
7. Guderian H., *op. cit.*, p. 298.
8. Rudel Hans, *Pilote de stuka*, Paris, 1951, p. 117.
9. Clark A., *la Guerre à l'Est*, 1941-1945, Paris, 1967, p. 407.
10. Manstein, *op. cit.*, p. 360.

11

Nouveaux fronts

1. *Hitler parle à ses généraux*, Paris, 1964, p. 133
2. Deakin F.W., *op. cit.*, p. 522 et ss.
3. Vulliez A., *op. cit.*, p. 102.
4. Jäckel E., *op. cit.*, p. 279.
5. *Ibid.*, p. 423.
6. *Ibid.*, p. 437.
7. *Ibid.*, p. 457.
8. *Procès de Nuremberg*, t. X., p. 219.
9. Murray, *Luftwaffe, op. cit.*, p. 131.

12

La nouvelle Wehrmacht

1. *Dictionnaire de la Seconde Guerre mondiale*, J. Mabire, *Vlassov*.
2. Senger und Etterlin, *op. cit.*, p. 221.
3. Guderian H., *op. cit.*, p. 269 et ss.
4. Stein G.H., *la Waffen SS*, Paris, 1967, p. 149.
5. Degrelle L., *la Campagne de Russie, op. cit.*, p. 22.
6. *Ibid.*, p. 25.
7. Stein, *op. cit.*, p. 164.
8. Guderian, *op. cit.*, p. 264.
9. *The Rise and Fall of the German Air Force, op. cit.*, p. 227.
10. Murray W., *op. cit.*, p. 177
11. *Ibid.*, p. 286.
12. *Ibid.*, p. 199 et 217.
13. Galland J., *les Premiers et les Derniers*, Paris, 1953, p. 350.
14. *Ibid.*, p. 353 et ss.
15. Murray W., *op. cit.*, p. 237.

16. *Führer Conferences on Naval Affairs*, 1939-1945. Annapolis, 1990, p. 306.

17. *Führer Conferences, op. cit.*, p. 310.

18. Rohwer J., *Radio Intelligence in the Battle of the Atlantic*, Military History Symposium US Air Force, 1988. *The Intelligence Revolution ; a Historical Perspective. Allied and Axis Radio-Intelligence in the Battle of the Atlantic.* Les marines de guerre du Dreadnought au nucléaire, SHM, 1989.

19. *Führer Conferences on Naval Affairs, op. cit.*, p. 308.

20. *Ibid.*, p. 303.

21. La théorie de Rohwer selon laquelle le débarquement de Normandie aurait dû être annulé si les pertes alliées en tonnage s'étaient maintenues tout au long de l'année 1943 au niveau des trois premiers mois a été contestée par G. Weinberg *in Military Symposium of US Air Force, op. cit.* p. 189. Les Anglo-Américains, pour des raisons de politique générale évidentes, n'auraient pu renoncer à *Overlord* et auraient été amenés à effectuer des ponctions de tonnage en Méditerranée et surtout dans le Pacifique, quitte à ralentir le rythme des opérations sur ces théâtres.

22. Rahn W., *The Development of New Types of U-boote in Germany during World War II.* « Les marines de guerre du Dreadnought au nucléaire », *op. cit.*, p. 370.

13

La stratégie ensorcelée

1. Cartier R., *Hitler et ses généraux*, Paris, Fayard, 1962, p. 36

2. *Historia* spécial n° 379 bis, *Hitler et ses généraux*, p. 46.

3. Keegan J., *l'Art du commandement*, Paris, Perrin, 1987, p. 282.

4. Irving D., *op. cit.*, t. II, p. 565 et ss.

5. Manstein, *op. cit.*, p. 361 et 432.

6. Kennedy P., *The Rise and Fall of the Great Powers*, N.Y. Vintage books, 1989, p. 347.

7. Zinoviev A., *Vivre, la confession d'un robot*, Paris, L'Age d'homme, 1989, p. 211.

8. Wilmot Ch., *la Lutte pour l'Europe*, Paris, 1964, t. III., p. 260 et ss.

9. Blum A., *Pertes démographiques et enjeux de la population dans l'histoire soviétique*, Stratégique, 4/92. p. 202.

10. Murray W., *op. cit.*, p. 236.

11. Baumont M., *op. cit.*, p. 34 et ss, p. 141 et ss.

12. Lewin R., *The American Magic*, N.Y. Penguin Books, 1983.

13. Manstein, *op. cit.*, p. 364.

14. Glantz D., *Soviet Military Intelligence*, History symposium of US Air Force, *op. cit.*, p. 123.

15. Lukacs, *op. cit.*, p. 142.

16. Speer A., *Au cœur du IIIe Reich*, Paris, Fayard, 1971, p. 345.

17. Speer A., *op. cit.* p. 414.

18. *Ibid.*, p. 349.

19. Guderian H., *op. cit.*, p. 274.

20. Senger und Etterlin, *op. cit.*, p. 234.

21. Guderian H., *op. cit.*, p. 331.

22. Cartier R., *op. cit.*, p. 244 et ss.

23. Guderian H., *op. cit.*, p. 403.

24. Rudel H., *op. cit.*, p. 182.

25. Powers Ph., *le Mystère Heisenberg*, Paris, Albin Michel, 1993.

26. Rahn W., *op. cit.*, p. 368.

14

L'impossible guerre de Sept Ans

1. Wilmot Ch., *op. cit.*, t. I. p. 271.

2. *Ibid.*, p. 269.

3. *Ibid.*, p. 254.

4. Speidel H., *Invasion 44*, Paris, 1950, p. 70.

5. Speidel H., *op. cit.*, p. 66.

6. Wilmot Ch., *op. cit.*, t. II. p. 107.

7. Murray W., *op. cit.*, p. 266 et ss.

8. Wilmot Ch., *op. cit.*, t. II. p. 125.

9. *Ibid.*, p. 133.

10. *Ibid.*, p. 130.

11. Speidel H., *op. cit.*, p. 123.

12. Masson Ph., *la Participation de la marine française aux débarquements de Normandie et de Provence*, Paris, SHM, p. 81.

13. *Ibid.*, p. 81.

14. *Ibid.*, p. 83.

15. *Ibid.*, p. 83.

16. *Ibid.*, p. 83.

17. Delmas J., *Combattants, terrain, concentration de feu*, Normandie 44, Paris, Albin Michel, 1987, p. 85

18. Speidel H., *op. cit.*, p. 137.

19. Ruge Al., *Rommel face au débarquement de Normandie, 1944*, Paris, Presses de la Cité, 1960, p. 245.

15

Crise militaire et politique

1. Irving D., *op. cit.*, t. III. p. 606. Au cours de l'hiver 1943-1944, le groupe Seydlitz s'était déjà livré à une première tentative de ralliement auprès des généraux Stemmermann, Lieb et Kruse, par l'intermédiaire d'officiers infiltrés derrière les lignes allemandes. Un certain nombre de ces officiers avaient été capturés. Avant d'être exécutés, ils avaient affirmé avoir subi un lavage de cerveau au camp de Kragnogorsk. Seydlitz avait également réussi à faire parvenir des messages aux généraux Küchler, Zimmermann, Model et Rundstedt. Ces tentatives devaient amener le général Schmundt à exiger des principaux chefs militaires un nouveau serment d'allégeance au Führer.

2. Muller K.J., *le Débarquement allié en Normandie et l'opposition à Hitler en Allemagne*, Normandie 44, *op. cit.*, p. 257 et ss.

3. Baumont M., *op. cit.*, p. 117 et ss.
4. Guderian H., *op. cit.*, p. 322.

16

Chute et redressement

1. Dufresne M., *Normandie, août 1944*, RHA 3/1987. *Le Succès allemand sur la Seine*, RHA, 3/1989. Contribution capitale à la fin de la bataille de Normandie.
2. Bauer E., *Histoire controversée, op. cit.*, p. 177
3. Murray W., *op. cit.*, p. 273.
4. Dufresne M., *Normandie 14 août 1944, les décisions qui sauvèrent les armées allemandes*, RHA, 1993/2. Complète les études précédentes.
5. Wilmot Ch., *op. cit.*, t. IIL, p. 147.
6. Speer A., *op. cit.*, p. 659.
7. *Ibid.*, p. 768.
8. Murray W., *op. cit.*, p. 291.
9. Closterman, *le Grand Cirque*, Paris, 1954, p. 75 et ss.
10. Wilmot Ch., *op. cit.*, t. III., p. 164 et ss.
11. Guth E., *la Stratégie allemande*, Normandie 44, *op. cit.*, p. 33 et ss.
12. Wilmot Ch., *op. cit.*, t. III., p. 203.

17

Les derniers accents

1. Speer A., *op. cit.*, p. 764.
2. Rahn W., *op. cit.*, p. 362 et ss.
3. Guderian H., *op. cit.*, p. 420.
4. Duffy Ch., *Red Storm on the Reich*, New York Maxwell Mac Millan International, 1991, p. 56.
5. Vulliez A., *op. cit.*, p. 121.
6. Guderian H., *op. cit.*, p. 420.

7. Guderian H., *op. cit.*, p. 407.
8. Degrelle L., *Campagne de Russie, op. cit.*, p. 414.
9. Duffy Ch., *op. cit.*, p. 212.
10. *Ibid.*, p. 276.
11. Arnold général, *Rapport final*, p. 15 et ss.
12. Casey W., *The Secret War against Hitler*, Londres, Simon and Chester, 1989, p. 209 et ss.
13. Simons G., *Victoire en Europe*, Time Life, 1982, p. 129.

18

Moral et politique

1. Rudel H., *op. cit.*, p. 271.
2. *The Effect of Strategic Bombing on the German War Economy*, p. 207.
3. Burkhart Müller-Hillebrand, *Der Zweitfrontenkrieg*, Francfort/Main, p. 171 et ss, p. 261 et ss.
4. Guderian H., *op. cit.*, p. 399.
5. Bartov Orner, *Hitler's Army*, Oxford Un. Press, 1991, p. 30 et ss.
6. Degrelle L., *Campagne de Russie, op. cit.*, p. 414.
7. Bartov O., *op. cit.*, p. 163.
8. Lucas, *op. cit.*, p. 31.
9. Bartov O., *op. cit.*, p. 169.
10. *Ibid.*, p. 168.
11. Kageneck August, *Lieutenant de Panzer*, Paris, Perrin, 1994, p. 187.
12. Kehring M., *op. cit.*, p. 125.
13. Jung C.C., *Rencontres et Interviews*, Paris, Buchet-Chastel, 1985, p. 112.
14. Bartov O., *op. cit.*, p. 167.
15. *Ibid.*, p. 175.
16. Kageneck A. von, *op. cit.*, p. 188.
17. Bartov O., *op. cit.*, p. 128.
18. *Ibid.*, p. 129.

19. Vorant J.-M., *le Procès de Nuremberg*, Paris, Pluriel, p. 289.
20. Dönitz K., *op. cit.*, p. 227.
21. Vorant J.-M., *op. cit.*, p. 289.
22. Wheeler-Bennett, *op. cit.*, p. 572.
23. Bartov O., *op. cit.*, p. 138.
24. Senger und Etterlin, *op. cit.*, p. 55.
25. Keegan J., *l'Art du commandement*, Paris, Perrin, 1991, p. 347.
26. Vorant J.-M., *op. cit.*, p. 289.
27. *Ibid.*, p. 177.
28. *Ibid.*, p. 288.
29. Guderian H., *op. cit.*, p. 338.
30. Duffy Ch., *op. cit.*, p. 285.

Conclusion

1. Hastings Max, *Overlord*, Londres, Michael Joseph, 1984, p. 207.
2. Arnold, *op. cit.*, p. 22.
3. Keegan J., *Six Armées en Normandie*, Paris, Albin Michel, 1984, p. 307.

Chronologie

1933

30 janv. Hitler nommé chancelier du Reich.
28 mars. Loi des pleins pouvoirs.
14 oct. L'Allemagne se retire de la Société des Nations et de la conférence du désarmement.

1934

30 juin. Nuit des Longs Couteaux. Purge de la SA.
2 août. Mort de Hindenburg. Hitler devient Reichsführer, Chancelier et commandant suprême de la Wehrmacht.

1935

13 janv. La Sarre vote son retour à l'Allemagne.
16 mars. Hitler dénonce les clauses du désarmement du traité de Versailles. Rétablissement du service militaire et création de la Luftwaffe.
18 juin. Accord naval anglo-allemand.
3 oct. Début de la guerre d'Ethiopie.

1936

27 fév. Ratification par le Parlement français du pacte franco-soviétique. 7 mars. Réoccupation par l'Allemagne de la zone démilitarisée.

17 juillet. Début de la guerre d'Espagne.

25 oct. Signature de l'accord sur l'axe Rome-Berlin.

25 nov. Signature de l'accord anti-Komintern entre l'Allemagne et le Japon.

1937

28 mai. Chamberlain devient Premier ministre.

5 nov. Réunion secrète à Berlin où Hitler expose ses plans d'action extérieure (rapport Hossbach).

1938

24 janv. Blomberg et Fritsch éliminés de l'armée.

4 fév. Création de l'OKW.

30 mai. Conférence de Juterborg. Hitler communique à ses généraux les grandes lignes du « plan Vert » d'attaque contre la Tchécoslovaquie.

Juillet-août. Fronde des généraux.

31 août. Beck remplacé par Halder comme chef d'état-major de l'OKH.

30 sept. Accords de Munich sur l'annexion des Sudètes par l'Allemagne.

1939

26 janv. Les nationalistes s'emparent de Barcelone.

27 janv. La Grande-Bretagne et la France reconnaissent le gouvernement de Franco.

16 mars. Coup de Prague. L'Allemagne établit son protectorat sur la Bohême-Moravie.

22 mai. Signature du pacte d'acier germano-italien.

23 mai. Hitler annonce à ses généraux son intention d'attaquer la Pologne.

23 août. Signature du pacte germano-soviétique.

1er sept. L'Allemagne attaque la Pologne.

3 sept. La Grande-Bretagne et la France déclarent la guerre à l'Allemagne.

17 sept. L'Union soviétique attaque la Pologne.

27 sept. Capitulation de Varsovie.

28 sept. Quatrième partage de la Pologne.

6 oct. Proposition de paix de Hitler rejetée par la Grande-Bretagne et la France.

30 nov. L'URSS attaque la Finlande. Les Alliés envisagent une expédition scandinave.

1940

13 mars. Traité de Moscou entre l'URSS et la Finlande.

22 mars. Daladier remplacé par Paul Reynaud à la tête du gouvernement français.

9 avril. Déclenchement du plan Weser. Les troupes allemandes occupent le Danemark et les principaux ports norvégiens.

10-13 avril. Batailles de Narvik.

16-19 avril. Débarquements alliés à Namsos et Andalnes.

30 avril-1er mai. Rembarquements alliés.

9 mai. Le président Lebrun refuse la démission de Paul Reynaud.

10 mai. Début de l'attaque allemande à l'Ouest. Chamberlain remplacé par Churchill.

13 mai. Deux corps blindés allemands franchissent la Meuse.

20 mai. Les Panzer de Guderian atteignent Abbeville avant de remonter vers Calais et Boulogne.

24 mai. Décision d'arrêt des Panzer sur l'Aa.

28 mai. Capitulation de l'armée belge. Prise de Narvik par les Alliés.

3 juin. Fin du rembarquement de Dunkerque.

8 juin. Evacuation de Narvik.

5-10 juin. Rupture du front français sur la Somme et sur l'Aisne.

10 juin. L'Italie déclare la guerre à la Grande-Bretagne et à la France.

14 juin. Entrée des troupes allemandes à Paris. Rupture de la Ligne Maginot en Lorraine.

17 juin. Guderian arrive à Pontarlier et achève l'encerclement des armées de l'Est.

Démission de Paul Reynaud remplacé par le maréchal Pétain, qui demande l'armistice.

18 juin. Appel du général de Gaulle.

19 juin. Chute de Cherbourg et de Brest.

22 juin. Signature de l'armistice de Rethondes.

25 juin. Entrée en vigueur de l'armistice.

3 juillet. Rupture franco-britannique. Déclenchement de l'opération *Catapult*.

10 juillet. Le Parlement vote les pleins pouvoirs au maréchal Pétain.

juillet-août. L'URSS annexe les pays Baltes et se fait céder par la Roumanie la Bessarabie et la Bukovine du Nord.

7 août. Naissance officielle de la France libre.

13 août-15 sept. Bataille d'Angleterre. La Luftwaffe ne peut acquérir la supériorité aérienne.

17 sept. Hitler annule l'opération *Seelöwe* de débarquement en Angleterre. Début du *Blitz* contre l'économie britannique.

23-25 sept. Echec anglo-gaulliste devant Dakar.

23 oct. A Hendaye, entrevue entre Hitler et Franco.

24 oct. Rencontre de Montoire entre Hitler, Pétain et Laval.

28 oct. Début de la guerre italo-grecque.

11 nov. Attaque aéronavale britannique contre Tarente.

13 nov. Rencontre Hitler-Molotov à Berlin.

9 déc. Déclenchement de la victorieuse offensive britannique de Wavell en Libye.

1941

Janv-mars. Début de l'intervention allemande en Méditerranée avec l'envoi d'un corps aérien en Sicile et des premiers éléments de l'Afrikakorps en Libye sous les ordres de Rommel. En trois semaines, celui-ci réoccupe la Cyrénaïque.

Simultanément, débarquent en Grèce les premières troupes britanniques.

28 mars. Bataille du cap Matapan ; trois croiseurs lourds italiens envoyés par le fond.

6-30 avril. Campagne des Balkans. La défaite de la Yougoslavie est acquise en 8 jours, celle de la Grèce en trois semaines. Le corps expéditionnaire britannique réussit à se rembarquer, au prix de l'abandon de tout son matériel.

6 mai. Accord Darlan-Abetz. Le gouvernement français accepte de livrer des armes à l'Irak révoltée contre la domination britannique et de laisser des avions allemands transiter par des aérodromes de Syrie.

13 mai. Rencontre Hitler-Darlan à Berchtesgaden suivie, le 28, de la signature des accords de Paris.

18 mai-28 mai. Unique et tragique sortie du *Bismarck*.

20 mai-1er juin. Conclusion de la campagne des Balkans. Les parachutistes allemands s'emparent de la Crète.

7 juin-14 juillet. Campagne de Syrie, qui débouche sur l'armistice de Saint-Jean-d'Acre.

22 juin. Attaque allemande contre l'Union soviétique.

Juin-juillet. Batailles d'encerclement de Minsk et de Smolensk. Occupation des pays Baltes.

Août-sept. Bataille d'Ukraine. Conquête de la Crimée et investissement de Leningrad.

14 août. Signature de la Charte de l'Atlantique par Roosevelt et Churchill.

30 sept.-1er oct. Déclenchement de l'opération Typhon contre Moscou.

15 oct. Prise de Mojaïsk à 100 kilomètres de Moscou.

18 oct.-15 nov. L'avance allemande est bloquée par la boue.

15 nov.-5 déc. Reprise de l'offensive à nouveau arrêtée par un froid intense et le raidissement soviétique.

6 déc. Début de la contre-offensive de l'Armée rouge.

7 déc. Attaque japonaise contre la base de Pearl Harbor.

8-12 déc. Débarquement japonais en Malaisie et aux Philippines.

11 déc. L'Allemagne déclare la guerre aux Etats-Unis.

13 déc. Hitler assume le commandement de l'armée allemande.

12-30 déc. Succès de l'opération *Crusader*. Rommel doit abandonner le siège de Tobrouk et se replier sur la position d'El Agheila. Il repartira à l'offensive en janvier et rejettera les Britanniques sur El Gazala.

17 déc. Première bataille du golfe de Syrte ; une escadre italienne ne peut intercepter un convoi à destination de Malte.

18-19 déc. A Alexandrie, six nageurs de combat italiens réussissent à couler les cuirassés *Valiant* et *Queen Elizabeth*.

1942

Janv-mars. Conquête des Indes néerlandaises par les Japonais.

20 janv. Conférence de Wannsee sur l'extermination des Juifs.

15 fév. Capitulation de Singapour.

Fév-mai. Conquête de la Birmanie.

6 avril. Capitulation de Bataan.

6 mai. Reddition de Corregidor.

5-8 mai. Occupation britannique de Diego-Suarez.

6-8 mai. Bataille de la mer de Corail. Première rencontre « au-delà de l'horizon ».

26 mai-21 juin. Victoire de Rommel à El Gazala, chute de Tobrouk et poussée en direction du Nil.

15-30 mai. Echec de l'offensive soviétique d'Ukraine. Destruction des armées de Timochenko.

30 mai. Raid des « 1 000 avions » sur Cologne.

4-6 juin. Défaite japonaise de Midway. L'équilibre est rétabli dans le Pacifique.

7 juin. Début de l'assaut allemand contre Sébastopol. Toute résistance cesse le 3 juillet.

12-16 juin. Opération *Harpoon* et *Vigorous* pour assurer le ravitaillement de Malte.

28 juin. Déclenchement de la grande offensive allemande à l'Est en direction de la Volga et du Caucase. Les débuts sont brillants, mais, à la fin août, l'offensive s'enlise sur le Terek et aux abords des cols du Caucase. L'effort se concentre en direction de Stalingrad.

10-15 août. Opération *Pedestal* pour le ravitaillement de Malte.
19 août. Echec du raid anglo-canadien sur Dieppe.
Août. Début de la bataille de Guadalcanal.
31 août-7 sept. Echec de l'offensive de Rommel en direction d'Alexandrie.
Sept-oct. Première bataille de Stalingrad. La 6e armée de Paulus réussit à s'emparer de l'essentiel de la ville.
23 oct.-4 nov. Victoire de Montgomery à El Alamein. Les forces de l'Axe se replient en direction de la Libye.
8 nov. Opération *Torch*. Les Anglo-Américains débarquent au Maroc et en Algérie.
10 nov. Darlan donne l'ordre d'un cessez-le-feu général.
11 nov. Occupation de la zone libre par les Germanc-Italiens.
Mise en place d'une tête de pont des forces de l'Axe en Tunisie.
19-23 nov. Contre-offensive soviétique sur le front de l'Est.
Encerclement de la 6e armée à Stalingrad.
27 nov. Sabordage de la flotte française à Toulon.
24 déc. Echec de la contre-offensive de dégagement lancée par von Manstein.

1943

13-24 janv. Conférence de Casablanca-Anfa. Décision publique de la reddition sans conditions.
31 janv.-2 fév. Capitulation des troupes allemandes à Stalingrad.
7 fév. Evacuation de Guadalcanal par les Japonais. Début de la reconquête des Salomon.
18 fév.-20 mars. Victorieuse contre-offensive de Manstein dans le Donetz. Reprise de Kharkov et de Bielgorod.
13 mars. Echec d'une tentative d'assassinat de Hitler à Smolensk.
16-20 mars. Bataille des convois HX 229 et SC 122 dans l'Atlantique Nord. Derniers grands succès des U-boote.
13 mai. Fin de la campagne de Tunisie. Capitulation des forces de l'Axe.

15-20 mai. Conférence *Trident* à Washington. Décision de débarquer en Sicile.

26 mai. Défaite des U-boote. Dönitz abandonne l'Atlantique Nord.

5-16 juillet. Bataille de Koursk. Victoire défensive soviétique.

10 juil. Débarquement anglo-américain en Sicile.

12 juil. Prise de Palerme par Patton.

25 juil. Chute et arrestation de Mussolini remplacé par le maréchal Badoglio, qui entame des négociations avec les Alliés.

26-29 juil. Raids dévastateurs sur Hambourg.

17 août. Fin de la campagne de Sicile. Repli des troupes germano-italiennes en Calabre.

Août-sept. Victorieuse offensive de l'Armée rouge en Ukraine.

Repli des troupes allemandes à l'ouest du Dniepr.

3-20 sept. Débarquements alliés en Calabre et à Salerne.

9 sept.-5 oct. Libération de la Corse.

1er oct. Occupation de Naples.

Oct-nov. Repli des troupes allemandes sur la ligne Gustav.

Nov. Début de l'offensive aérienne de la RAF sur Berlin.

6 nov. Libération de Kiev par l'Armée rouge. Repli allemand en Ukraine occidentale. Fin du siège de Leningrad.

20-23 nov. Début de l'offensive de Nimitz dans le Pacifique central. Prise de Tarawa et Makin dans les Gilbert.

28 nov.-2 déc. Conférence de Téhéran entre Roosevelt, Churchill et Staline. Décision irrévocable de débarquer en France au printemps 1944.

1944

18-22 janv. Première bataille de Cassino.

22 janv. Débarquement d'Anzio. Les Alliés bloqués dans la tête de pont.

25 janv-18 fév. Deuxième bataille de Cassino. L'impasse persiste.

31 janv. Pacifique, début de la conquête de l'archipel des Marshall.

15-23 mars. Troisième bataille de Cassino. La campagne d'Italie sombre dans l'enlisement.

Mars-mai. Offensive de l'US Army Air Force contre l'industrie aéronautique allemande (opération *Argument)*. Reprise des attaques de la Luftwaffe contre Londres et le sud de l'Angleterre.

Mai. Front de l'Est. Fin de l'offensive d'hiver de l'Armée rouge. Les troupes allemandes sont rejetées sur les Carpathes.

12-15 mai. La campagne d'Italie sort de l'impasse. Rupture des positions allemandes.

4 juin. Entrée des troupes alliées à Rome. Exploitation en direction de l'Arno.

6 juin. Opération *Overlord*, débarquement allié en Normandie.

10 juin. Oradour.

12 juin. Début de l'offensive des bombes volantes V1 sur Londres.

15 juin. Premiers débarquements américains dans les Mariannes (Saïpan, Tinian et Guam).

18-19 juin. Victoire américaine dans la bataille aéronavale des Mariannes.

22 juin. Front de l'Est. Opération *Bagration* déclenchée par l'Armée rouge. Effondrement du front centre allemand. Exploitation en direction de la Vistule et des pays Baltes.

27 juin. Prise de Cherbourg.

27 juin-24 juil. Progression difficile des Américains dans le Cotentin. Offensives britanniques répétées autour de Caen.

20 juil. Echec de l'attentat contre Hitler.

Fin juil. Destruction du maquis du Vercors.

25-31 juil. Percée d'Avranches.

1er août-30 sept. Drame de Varsovie.

6-10 août. Echec de la contre-offensive de Mortain. Repli des Allemands en direction de la Seine.

15 août. Débarquement allié en Provence.

20 août. Offensive soviétique en Roumanie. Chute du gouvernement Antonescu et défection de la Roumanie. Repli allemand sur la Hongrie.

25 août. Libération de Paris. Progression rapide des armées alliées au nord de la Seine et dans la vallée du Rhône.

8 sept. Reprise de l'offensive aérienne contre Londres au moyen des V2.

12-16 sept. Conférence de Québec entre Roosevelt et Churchill. Adoption du plan Morgenthau visant à ravaler l'Allemagne au rang d'un pays purement agricole.

Mi-sept. Rétablissement allemand sur la frontière occidentale du Reich et en Italie sur la ligne gothique.

17-25 sept. Echec de l'opération aéroportée Market Garden à Arnhem.

21 oct. Prise d'Aix-la-Chapelle.

24-26 oct. Bataille aéronavale de Leyte. Fin de la marine japonaise.

22 nov. Chute de Metz.

23 nov. Libération de Strasbourg.

25 nov. Libération de Mulhouse. Sur le front de l'Est, rétablissement allemand en Courlande, en Hongrie et en Bosnie.

16-19 déc. Lancement de la contre-offensive allemande dans les Ardennes.

20-26 déc. Rétablissement allié.

1945

1er janv. Déclenchement de l'opération *Nordwind* en Alsace.

Apogée de la bataille de Bastogne.

3 janv. Crise de Strasbourg. Sur les instances de De Gaulle, Eisenhower renonce à l'évacuation de la ville.

12 janv.-16 fév. Offensive soviétique en direction de l'Oder.

27 janv. Libération de Colmar.

4-11 fév. Conférence de Yalta. Déclaration de l'Europe libérée.

Adoption de la charte des Nations unies. Staline s'engage à intervenir contre le Japon trois mois après la défaite de l'Allemagne.

Fév.-avril. Bataille de Prusse orientale, de Poméranie et de Silésie.

8 fév.-21 mars. Bataille de la rive gauche du Rhin.

19 fév.-26 mars. Conquête d'Iwo-Jima.

23-31 mars. Franchissement du Rhin par les armées alliées.

Fin mars-8 mai 1945. Offensive alliée en Allemagne en direction de la mer du Nord, des Alpes et de l'Autriche.

1er avril-21 juin. Conquête d'Okinawa. Attaque des kamikaze contre la flotte américaine.

9 avril-2 mai. En Italie, rupture de la ligne gothique et capitulation des armées allemandes.

21 avril-2 mai. Bataille de Berlin.

30 avril. Suicide de Hitler, l'amiral Dönitz lui succède.

8-9 mai. Capitulations de Reims et de Berlin.

6-9 août. Hiroshima et Nagasaki.

9-25 août. Conquête de la Mandchourie par l'Armée rouge.

2 sept. Capitulation du Japon. Fin de la Seconde Guerre mondiale.

Bibliographie

I. GÉNÉRALITÉS

Atlas de la Seconde Guerre mondiale, sous la direction de John Keegan, Paris, Larousse, 1990.

Bauer Eddy, *La Guerre des blindés*, 2 vol., Paris, Payot, 1962.

Bauer E., *Histoire controversée de la Seconde Guerre mondiale*, 10 vol., Rombaldi, 1966.

Benoist-Méchin J., *Histoire de l'armée allemande*, Paris, Albin Michel, 1964-1966. (Ne répond pas à son titre. S'arrête en 1939.)

Dahms H.G., *La Deuxième Guerre mondiale*, Paris, Payot, 1961.

Das Deutsche Reich und der Zweite Weltkrieg, Deutsche Verlag-Anstalt, Stuttgart, 6 vol. parus, 10 prévus.

Dictionnaire de la Seconde Guerre mondiale (sous la direction de Ph. Masson), Paris, Larousse, 1980.

Dupuy Ernest and Dupuy Trevor, *The Encyclopedia Military History*, Londres, Jane's, 1977.

Frankland Noble et Dowling Christopher, *Decisive Battles of the xxth Century – Land – Sea – Air*, Londres, Sidgwick and Jackson, 1976.

Guderian H., *Souvenirs d'un soldat*, Paris, Plon, 1954.

Halder F., *Kriegstagebuch*, 3 vol., Stuttgart, 1964.

History of the Second World War, sous la direction de Liddell Hart, Londres, 8 vol., Purnell and sons, 1966-1968.

Jakobsen Hans-Adolf et Rohwer Jurgen, *Decisive Battles of World War II : the German View*, Putnam, 1965.

Keegan John, *The Second World War*, Londres, Hutchinson, 1989.

Liddell Hart sir Basil, *Histoire de la Seconde Guerre mondiale*, Paris, Fayard, 1973.

Liddell Hart sir Basil, *The Other Side of the Hill*, Londres, Cassel, 1951 ; édition refondue de *The German Generals'Talk*, New York Morrow, 1948. Traduction française : *Les généraux allemands parlent*.

Lukacs J., *Le Duel Churchill-Hitler, 10 mai-31 juillet 1940*, Paris, Laffont, 1992.

Manstein Erich von, *Victoires perdues*, Paris, Plon, 1958.

Pemsel H., *Atlas of Naval Warfare*, Londres, Arms and Armour Press, 1977.

Seaton A., *The German Army*, Londres, Weidenfeld and Nicolson, 1983.

Senger und Etterlin, *Panzer sur l'Europe*, Monaco, 1965.

Van Creveld Martin, *Supplying War*, Cambridge, 1977.

II. RÉARMEMENT

Castellan G., *Le Réarmement clandestin du Reich, 1930-1935*, Paris, Plon, 1954.

Deist W., *The Wehrmacht and German Rearmement*, Londres, Oxford University Press, 1981.

Deist W., *Le Problème du réarmement allemand dans les années 1933-1936*, dans *La France et l'Allemagne, 1932-1936*, CNRS, 1980.

Hourze E.L., *Arming the Luftwaffe*, Lincoln, 1976.

Volkmann H., *Aspects de l'économie militaire nazie de 1933 à 1936*, dans *La France et l'Allemagne, op. cit.*

III. CONDUITE GÉNÉRALE DE LA GUERRE

Bloch Ch., *Le IIIe Reich et le Monde*, Paris, Imprimerie nationale, 1986. (Fondamental.)

Deakin K.W., *L'Axe brisé ; l'amitié brutale d'Hitler et de Mussolini*, Paris, Stock, 1962.
Fabry Philipp W., *Die Sowjetunion und das Dritte Reich*, Seewald Verlag, Stuttgart, 1971.
Friedlander Saul, *Hitler et les Etats-Unis*, Paris, Le Seuil, 1986. (Essentiel.)
Fuller J.E.C., *The Conduct of War, 1789-1961*, Londres, Methuen and Co, 1977.
Greenfeld K.R., *Command Decisions*, Londres, Methuen and Co, 1960.
Hillgruber A., *Hitler's Stragegie, Politik und Kriegsführung*, Francfort, 1965.
Hitler, *Testament politique*, Paris, Fayard, 1953.
Jackel E., *La France dans l'Europe de Hitler*, Paris, Fayard, 1968.
Kennedy Paul, *Stratégie et Politique*, Paris, Economica, 1988.
Masson Philippe, « *Stratégie et Tactique* », *Dictionnaire Seconde Guerre mondiale, op. cit.*
Pike David W., « *Franco et le stigmate de l'Axe* », *Revue d'histoire de la Seconde Guerre mondiale*, n° 142, avril 1986.
Speer Albert, *Au cœur du IIIe Reich*, Paris, Fayard, 1971.

IV. LE COMMANDEMENT

Blumentritt G., *Von Rundstedt*, Odhams, 1952.
Cartier R., *Hitler et ses généraux*, Paris, Fayard, 1962.
Irving David, *Hitler's War, 1939-1945*, 2 vol., Londres, Papermac, 1983.
Keegan John, *L'Art du commandement*, Paris, Perrin, 1991.
Keegan John, *Guderian*, New York, Ballantine, 1973.
Padfield P., *Dönitz*, Londres, 1984, traduction française.
Rauschning Hermann, *Hitler m'a dit*, Paris, Somogyn, 1979.
Strawson J., *Hitler as Military Commander*, Londres, 1971.
Taylor A.J.P., *The War Lords*, New York, Penguin Books.
Warlimont W., *Inside Hitler's Headquarters*, Londres, Weidenfell and Nicolson, 1964.
Young Desmond, *Rommel*, Paris, Fayard, 1951.

V. GUERRE A L'OUEST

Ansel W., *Hitler Confronts England*, Darlan, 1972.
Beaufre général, *Le Drame de 1940*, Paris, Pion, 1965. Beaufre général. *La Revanche de 1945*, Paris, Pion, 1966.
Bedarida François, *Normandie 1944*, Paris, Albin Michel, 1987.
Benoist-Méchin Jacques, *Soixante jours qui ébranlèrent l'Occident*, Paris, Laffont, 1956.
Berben Paul et Iselin Bernard, *Les Panzers passent la Meuse*, Paris, Laffont, 1967.
Blumenson Martin, *Duel pour la France, 1944*, Paris, Denoël, 1963.
Botting Douglas, *The Second Front, World War II*, Time-Life, Alexandria, Virginia, 1978.
Delmas J., « *France 1944-1945 (bataille de)* » ; « France 1940, (compagne de) » ; « Normandie (bataille de) » ; *Dictionnaire de la Seconde Guerre mondiale, op. cit.*
Dutailly H., « Norvège (opérations de) », *Dictionnaire de la Seconde Guerre mondiale, op. cit.*
Facon P., *La Bataille d'Angleterre*, Paris, 1992.
Goutard A., *La Guerre des occasions perdues*, Paris, Hachette, 1956.
Hastings Max, *Overlord, D-day and the Battle for Normandy*, 1944, Londres, Michael Joseph, 1984.
Keegan John, *Six Armées en Normandie*, Paris, Albin Michel, 1984.
Kersaudy F., *1940, la guerre du fer*, Paris, Tallandier, 1987.
Mordal J., *La Bataille de France*, Paris, Presses de la Cité, 1954.
Mysyrowicz L., *Autopsie d'une défaite*, Paris, L'Age d'homme, 1973.
Ryan C., *Le Jour le plus long*, Paris, Laffont, 1960.
Speidel H., *Invasion 1944*, Paris, Berger-Levrault, 1950.
Wilmot Ch., *La Lutte pour l'Europe*, 3 tomes, Paris, Presses de la Cité, 1964.

VI. GUERRE EN MÉDITERRANÉE

Blumenson Martin, *Sicily*, New York, Ballantine, 1971.
Consine A., « Provence (débarquement de) », *Dictionnaire de la Seconde Guerre mondiale, op. cit.*

Costantini A., « Campagne des Balkans », *Dictionnaire de la Seconde Guerre mondiale, op. cit.*

Delmas J., « Cassino. Italie (campagne d') », *Dictionnaire de la Seconde Guerre mondiale, op. cit.*

Gourmen P., « Libye (campagne de) », *Dictionnaire de la Seconde Guerre mondiale, op. cit.*

La Guerre en Méditerranée, 1939-1945, Actes du colloque des 8-11 avril 1969, Paris, CNRS, 1971.

Lesouef P., « Tunisie (campagne de) », *Dictionnaire de la Seconde Guerre mondiale, op. cit.*

Macintyre D., *La Bataille de Méditerranée*, Paris, Presses de la Cité, 1964.

Masson Philippe, « Malte » ; « Méditerranée (guerre en) », *Dictionnaire de la Seconde Guerre mondiale, op. cit.*

Wallace Robert, *The Italian Campaign, World War II*, Time-Life, Alexandria, Virginia, 1978. Traduction française : *La Campagne d'Italie*, 1980.

VII. GUERRE A L'EST

Bethell Nicolas, *Russia Besieged, World War II*, Time-Life, Alexandria, Virginia, 1977. Traduction française : *Le Front russe*, 1980.

Blau Georges E., *The German Campaign in Russia. Planning and Operations (1940-1942)*, Washington, 1955.

Carell P., *Opération Barbarossa*, Paris, Laffont, 1964.

Carell P., *Opération terre brûlée*, Paris, Laffont, 1966.

Degrelle Léon, *La Campagne de Russie*, 1941-1945, Paris, Diffusion du livre, 1949.

Dufly Ch., *Red Storm on the Reich*, New York, Maxwell Mac Millan International.

Erickson J., *The Road to Stalingrad. The Road to Berlin*, Londres, Grafton Books, 1985.

Jukes Geoffrey, *The Defence of Moscow*, New York, Ballantine, 1969.

Jukes Geoffrey, *Kursk, the Clash of Armour*, New York, Ballantine, 1968.

Jukes Geoffrey, *Stalingrad*, Verviers, Gérard & Co, 1971.

Keegan John, *Barbarossa, Invasion of Russia 1941*, New York, Ballantine, 1970.

Shaw John, *Red Army Resurgent, World War II*, Time-Life, Alexandria, Virginia, 1979. Traduction française : *Le Redressement soviétique*, 1980.

Souvorov Victor, *Le Brise-Glace*, Paris, Olivier Orban, 1989.

Thorwald J., *La Débâcle allemande*, Paris, Stock, 1965.

Ziemke Earl F., *La Chute de Berlin*, Verviers, Gérard & Co, 1970.

Ziemke Earl F., *The Soviet Juggernaut, World War II*, Time-Life, Alexandria, Virginia, 1980.

VIII. LUFTWAFFE ET GUERRE AÉRIENNE

Bedarida François, *La Bataille d'Angleterre*, Bruxelles, Editions Complexe, 1985.

Collier Basil, *The Battle of Britain*, Londres, Batsford, 1962.

Facon P., *La Bataille d'Angleterre*, Paris, 1992.

Galland Adolf, *Les Premiers et les Derniers*, Paris, Y. Michelet, 1985.

Irving David, *A bout portant sur Londres*, Paris, Laffont, 1967.

Murray Williamson, *Luftwaffe*, Baltimore, The Nautical and Aviation Publishing Company, 1985.

Price Alfred, *Luftwaffe*, New York, Ballantine, 1969.

Price Alfred, *The Rise and Fall of German Air Force*, Londres, Arms and Armour Press, 1983.

Rumpf Hans, *La Guerre des bombes*, Paris, Presses de la Cité, 1963.

Sweetman John, Schweinfurt, *Disaster in the Skies*, New York, Ballantine, 1972.

IX. KRIEGSMARINE

Abbazia Patrick, *M. Roosevelt Navy, the Private War of the US Atlantic Fleet 1939-1942*, Annapolis, 1975.

« La Bataille de l'Atlantique », *Revue d'histoire de la Seconde Guerre mondiale*, n° 69.

Bekker P., *Hitler's Naval War*, New York, 1974.

Costello J. et Hughes T., *La Bataille de l'Atlantique*, Paris, Albin Michel, 1980.

Dönitz, *Dix Ans et vingt jours*, Paris, Plon, 1959.

Dülffer Jost, *La Kriegsmarine : Raeder entre Hitler et Dönitz. Du Dreadnought au nucléaire*, Paris, Service historique de la Marine, 1990.

Dülffer Jost, *Weimar und die Marine, und die Flottenbau, 1920-1939*, Düsseldorf, 1973.

Führer Conferences on Naval Affairs, 1939-1945, Annapolis, 1990.

Hezlet A., *Electronic and Sea Power*, Londres, Stein and Day, 1975.

Hezlet A., *The Submarine and Sea Power*, Londres, Peter Davies, 1967.

Macintyre Donald, *The Battle of the Atlantic*, Londres. 1983

Raeder E., *My Life*, Annapolis, 1960.

Rohwer J., *The Critical Convoy Battles of 1943*, Londres, 1977.

Ruge Fr., *Der Seekrieg, the German Navy at War, 1939-1945*, Annapolis, 1957.

Von der Porten, *The German Navy in World War II*, New York, 1969.

Vulliez A., *Analyse des conférences navales du Führer*, Paris, 1949.

X. RENSEIGNEMENT

Accote P., Quet P., *La guerre a été gagnée en Suisse*, Paris, Librairie Académique Perrin, 1966.

Andrew Christopher, *Codebreaking and Signals Intelligence*, Londres, 1986.

Baritz J.-J., *The Phantom War, Second World War*, Purnell and sons, vol. 4, n° 4.

Bloch Gilbert, *Enigma avant Ultra, 1930-1940*, Paris, 1988, inédit.

Bloch Gilbert, *Fortitude, Histoire et Préhistoire de la plus célèbre opération d'intoxication de la Seconde Guerre mondiale*, Paris, inédit.

Bloch Gilbert, *L'Autre Ultra, Magic, les décryptements américains pendant la Seconde Guerre mondiale*, Paris, 1990, inédit.

Casey W., *The Secret War against Hitler*, Londres, Simon and Schuster, 1989.

Cochran Alexander, *The Influence of Magic Intelligence on Allied Strategy in the Mediterranean, New Aspect of Naval History*, Annapolis, 1979.

Gardner W.J.R., *ASW Victory. Ressources or Intelligence. Les Marines de guerre du Dreadnought au nucléaire*, Paris, Service historique de la Marine, 1990.

Hinsley F.H., *British Intelligence in the Second World War*, 5 vol., Londres, Her Majesty's Stationery Office, 1979.

Langhorne R., *Diplomacy and Intelligence during the Second World War*, Cambridge University Press, 1985.

Lewin R., *Ultra Goes to War*, Londres, Hutchinson, 1978.

Lewin R., *The American Magic*, New York Penguin Books, 1983.

Mac Lachlan D., *Room 39, Naval Intelligence in Action, 1939-1945*, Londres, Weindelfed and Nicolson, 1968. Traduction française : Paris, Fayard, 1970.

Russel Francis, *The Secret War, World War II*, Time-Life, Alexandria Virginia, 1981.

XI. ÉCONOMIE DE GUERRE

Facon P., « Ravitaillement », *Dictionnaire de la Seconde Guerre mondiale, op. cit.*

Gourmen P., « Logistique », *Dictionnaire de la Seconde Guerre mondiale op. cit.*

Harvey S., « Mobilisation économique et succès militaire pendant la Seconde Guerre mondiale », *Revue d'histoire de la Seconde Guerre mondiale*, n° 142, avril 1986.

Kennedy Paul, *The Rise and Fall of the Great Powers*, New York, Vintage Books, 1987.

Milward Alan, *The German Economy at War*, Londres, 1965.

United States Strategic Bombing Survey. The Effects of Strategic Bombing on the German War Economy. US Government Printing Office, Washington DC, 1946.

Van Creveld Martin, Supplying War, Cambridge, 1977.

Wolff G., « Finances, Economie de guerre », *Dictionnaire de la Seconde Guerre mondiale, op. cit.*

XII. RÉSISTANCE CONTRE HITLER

Baumont M., *La Grande Conjuration contre Hitler*, Paris, 1963.

Bedarida François, « Les Résistants allemands », *L'Histoire*, n° 118, 1989, p. 128.

Bernard H., *L'Autre Allemagne : la résistance allemande à Hitler*, Paris, Renaissance du Livre, 1976.

Hoffmann P., *The History of the German Resistance*, Londres, Macdonald and Jane's, 1977. Traduction française : *La Résistance allemande contre Hitler*, Paris, Balland, 1984.

Manvel R., *The Conspirators : 20th July 1944*, New York, Ballantine Books, 1971.

Müller Klaus-Jurgen, *The Army, Politics and Society in Germany*, 1933-1945, Manchester University Press, 1987.

Sandoz G., *Ces Allemands qui ont défié Hitler, 1933-1945*, Paris, Pygmalion, 1980.

Wheeler-Bennett J.W., *Le Drame de l'armée allemande*, Paris, Gallimard, 1955.

XIII. LE SOLDAT

Bartov Orner, *Hitler's Army*, Oxford University Press, 1991.

Clostermann P., *Le Grand Cirque*, Flammarion, 1948.

Facon P., « Moral », *Dictionnaire de la Seconde Guerre mondiale, op. cit.*

Kageneck August von, *Lieutenant de Panzer*, Paris, Perrin, 1994.

Keegan J. and Holmes R., *Soldiers*, Londres, Hamish Hamilton, 1985.

Keegan J., *Waffen SS*, Purnell and sons, vol. 7, n° 11.

Holmes Richard, *Acts of War, the Behavior of Men in Battle*, New York, The Free Press, 1985.

Lucas James, *War on the Eastern Front 1941-1945. The German Soldier in Russia*, Londres, Jane's, 1979.

Masson Philippe, *Moral et propagande, Français et Britanniques dans la drôle de guerre*, Paris, CNRS, 1979.

Men, *Second World War*, Londres, Purnell and sons, vol. 7, n° 11. Rudel Hans, *Pilote de Stuka*, Paris, Corrêa, 1951.

Sajer Guy, *Le Soldat oublié*, Paris, 1964.

« The soldier », *Second World War*, Londres, Purnell and sons, vol. 7, n° 16.

Van Creveld Martin, *Fighting Power, German and US Army Performance, 1930-1945*, Greenwood, 1982.

Cartes

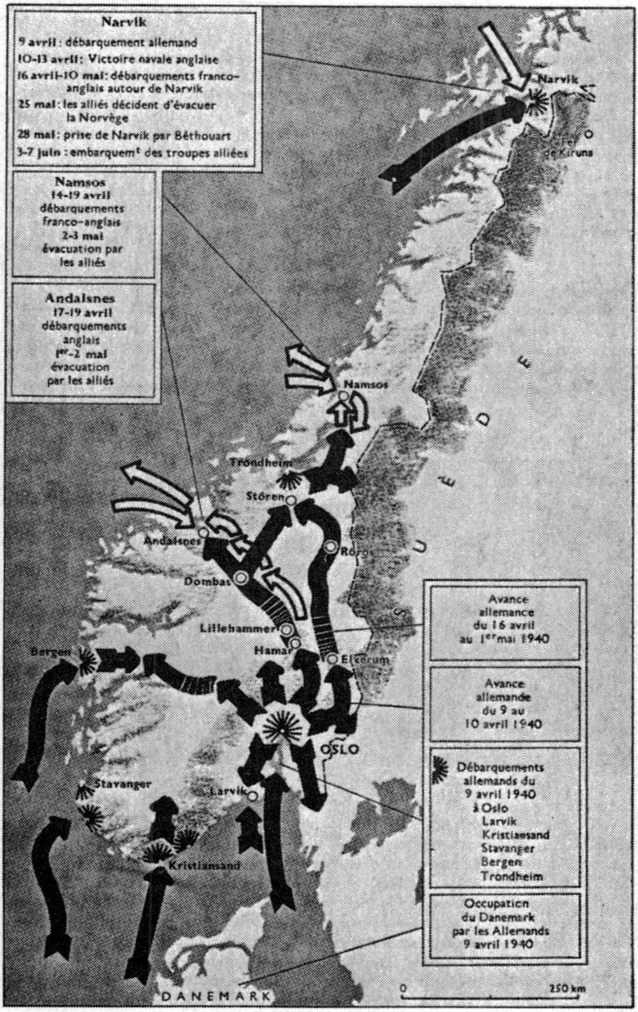
Narvik
9 avril : débarquement allemand
10-13 avril : Victoire navale anglaise
16 avril-10 mai : débarquements franco-anglais autour de Narvik
25 mai : les alliés décident d'évacuer la Norvège
28 mai : prise de Narvik par Béthouart
3-7 juin : embarquem[t] des troupes alliées
Namsos
14-19 avril
débarquements franco-anglais
2-3 mai
évacuation par les alliés
Andalsnes
17-19 avril
débarquements anglais
1er-2 mai
évacuation par les alliés
Narvik
de Kiruna
Namsos
Trondheim
Stören
Andalsnes
Röros
Dombas
Lillehammer
Hamar
Elverum
Bergen
OSLO
Stavanger
Larvik
Kristiansand
DANEMARK
0
250 km
Avance allemance du 16 avril au 1er mai 1940
Avance allemande du 9 au 10 avril 1940
Débarquements allemands du 9 avril 1940 à Oslo Larvik Kristiansand Stavanger Bergen Trondheim
Occupation du Danemark par les Allemands 9 avril 1940

1. La Norvège.

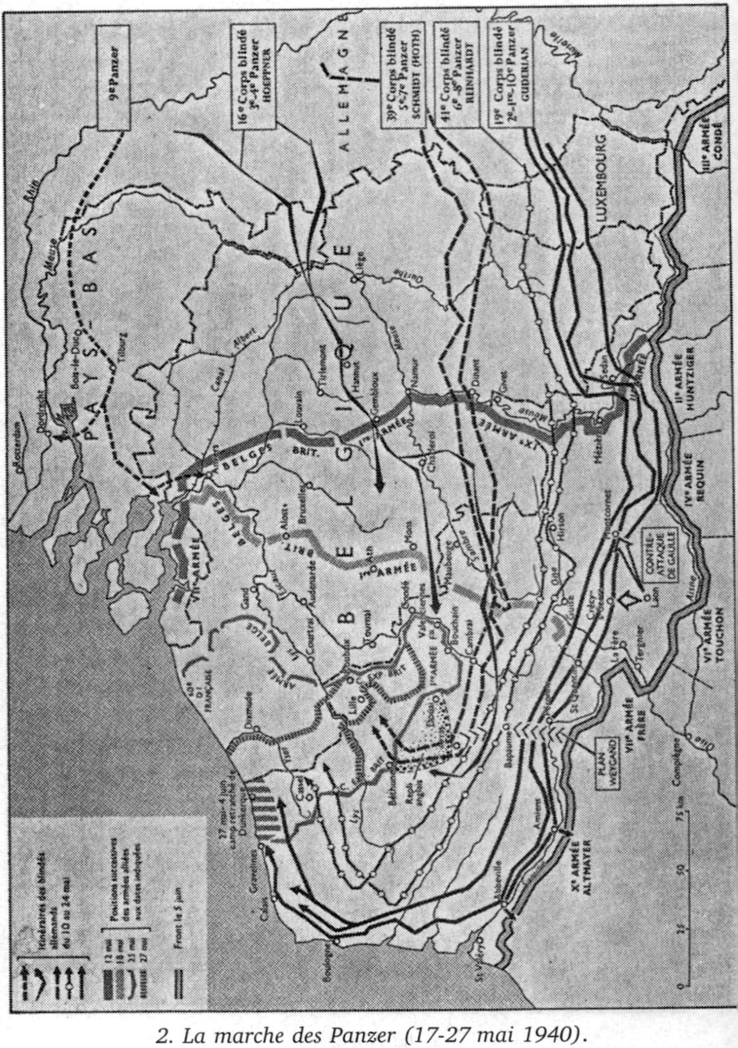

2. La marche des Panzer (17-27 mai 1940).

3. *L'invasion de la Yougoslavie et de la Grèce.*

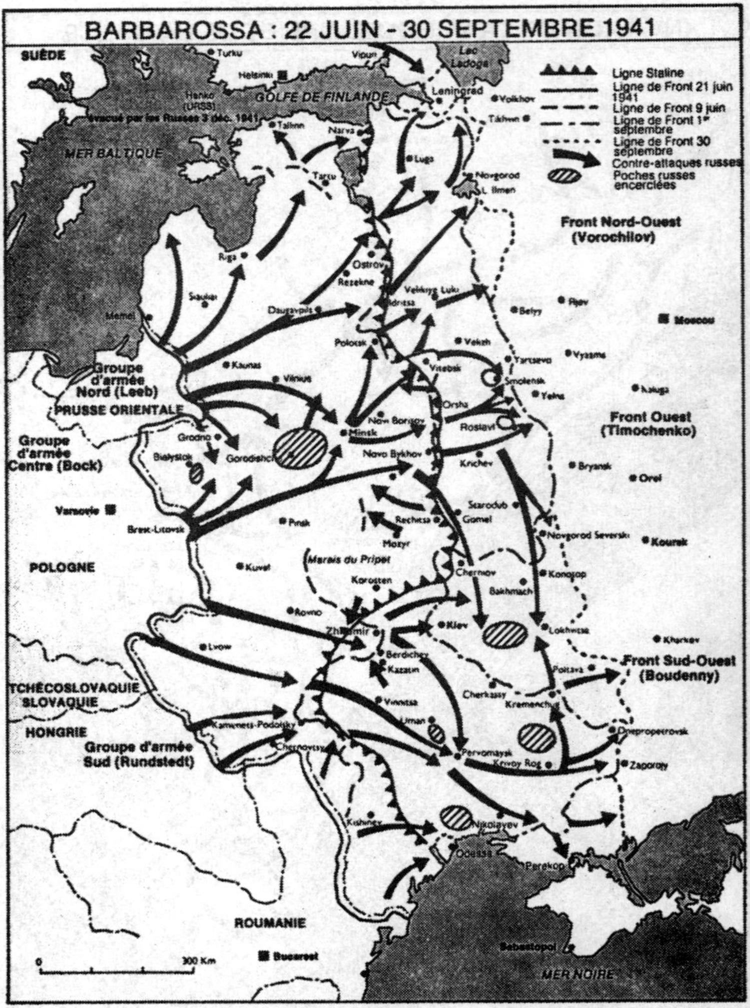

4. *Barbarossa (22 juin-30 septembre 1941).*

5. *L'avance des groupes d'armées A et B vers la Volga et le Caucase en été 1942*
Les régions pétrolifères russes se trouvent au-delà des monts Caucase.

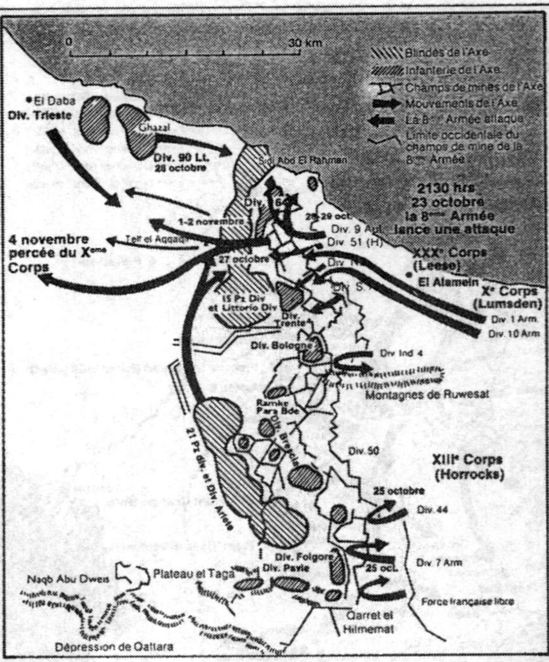

5) *Bataille d'El Alamein. Montgomery livre une bataille défensive victorieuse (Alam Halfa) sur la position Alamein. 31 août-7 septembre. Au milieu d'octobre, après dix jours de violents combats, sa VIIIème Armée effectue une percée et force Rommel à se replier en Tunisie.*

6) *Le 8 novembre 1942, une armée anglo-américaine commence à débarquer en Afrique du Nord. L'opération Torch ne rencontre qu'une faible résistance de la garnison vichyssoise mais l'arrivée de renforts prélevés sur l'armée de Rommel entraîne une rude campagne dans l'Atlas. Tunis tombe finalement aux mains des Alliés le 13 mai 1943.*

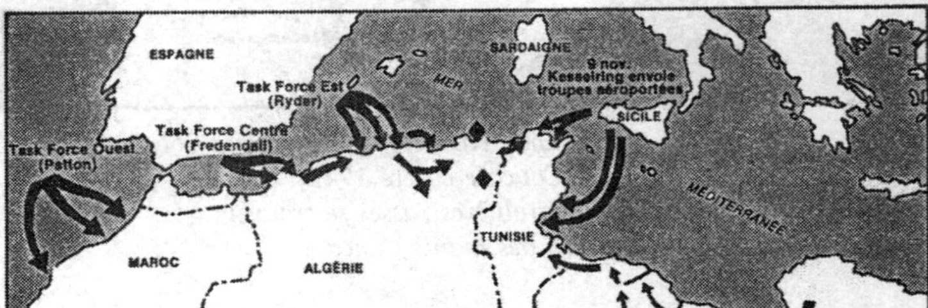

6. *L'Afrique du Nord (1940-1943).*

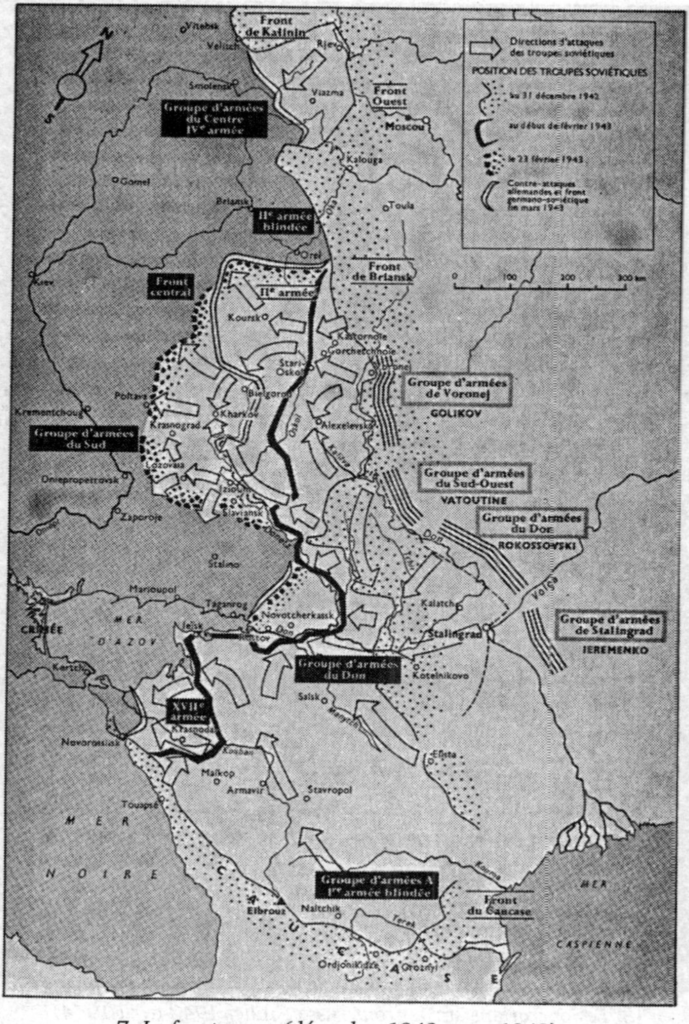

7. *Le front russe (décembre 1942-mars 1943).*

8. *Les opérations sur le front russe (juillet 1943-avril 1944).*

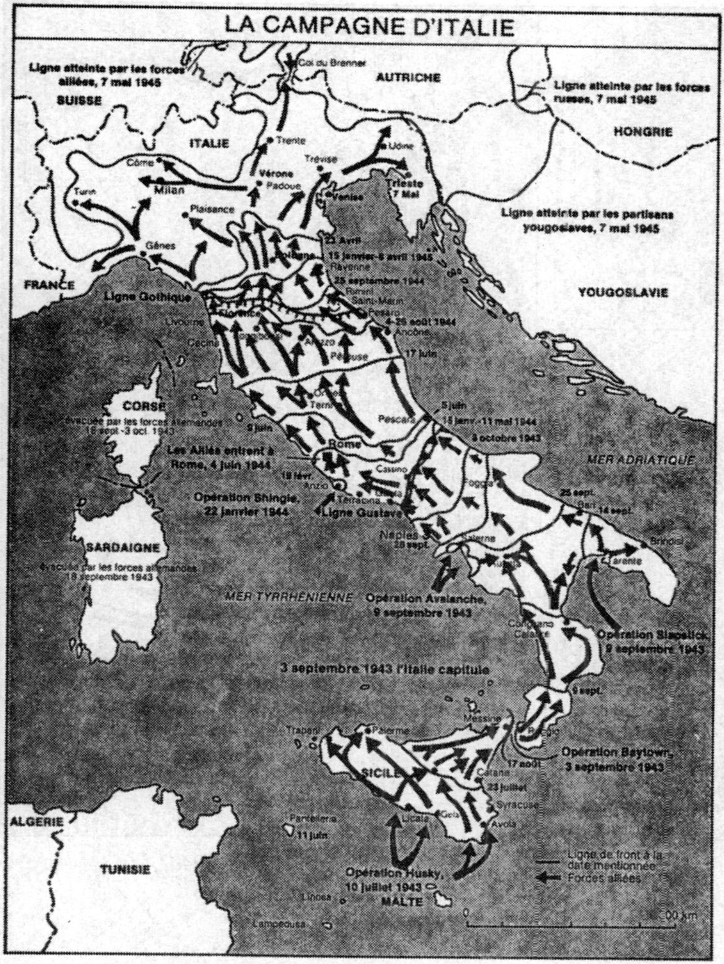

9. *La campagne d'Italie.*

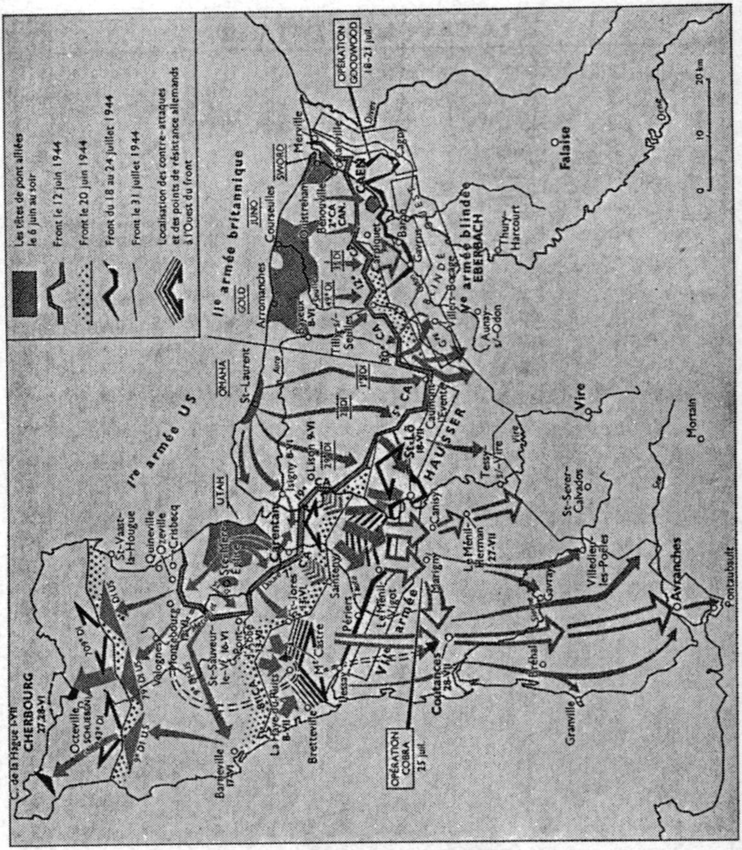

10. La Normandie (7 juin-31 juillet 1944), jusqu'à la percée d'Avranches.

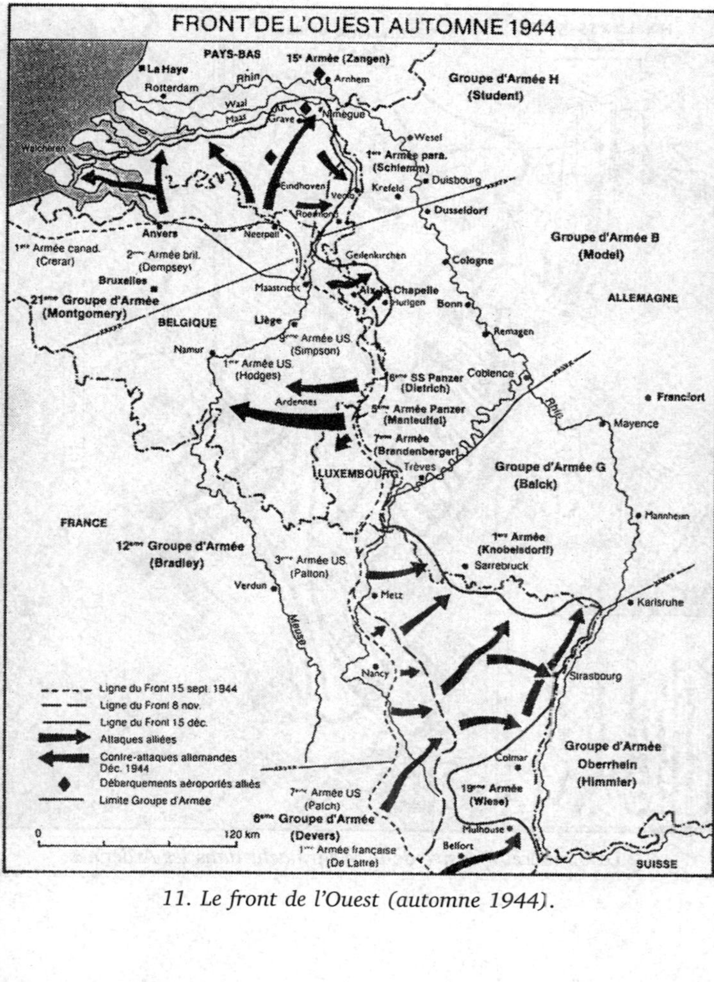

11. Le front de l'Ouest (automne 1944).

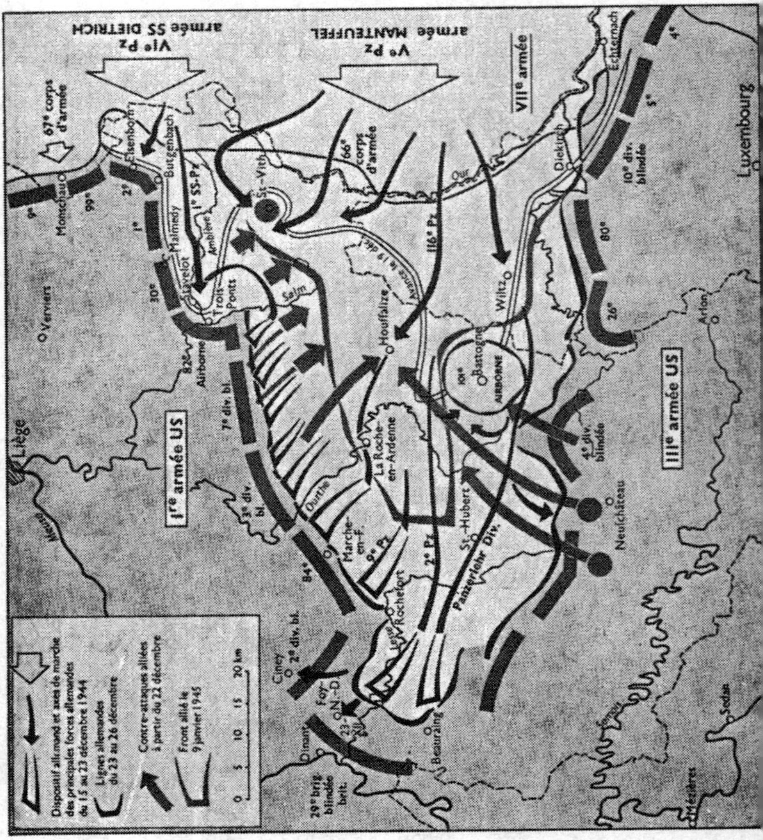

12 *La dernière offensive de la Wehrmacht dans les Ardennes.*

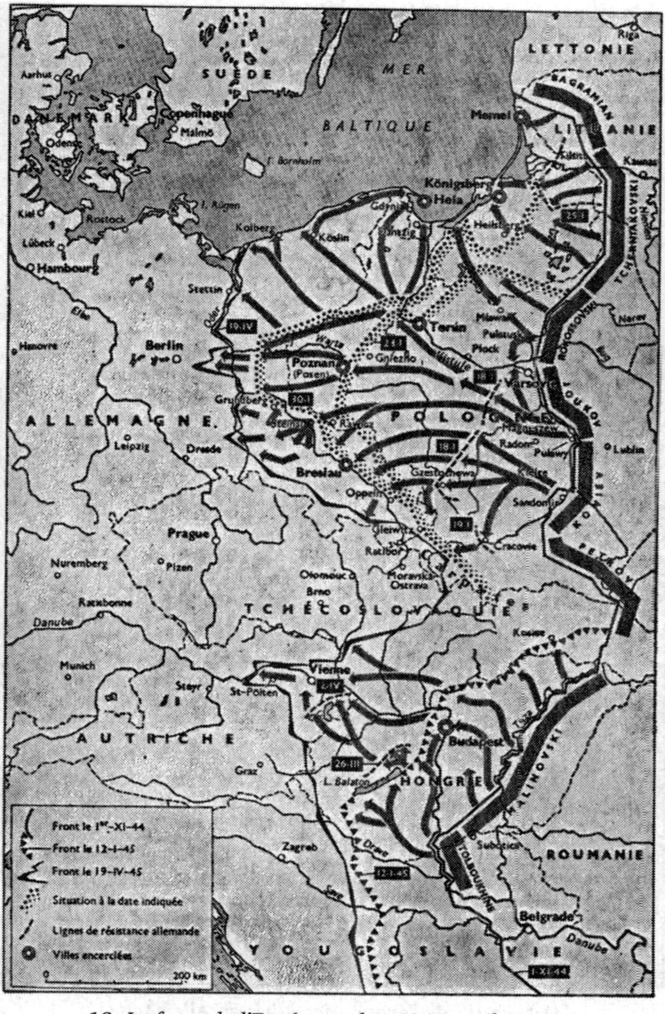

13. *Le front de l'Est (novembre 1944-avril 1945).*

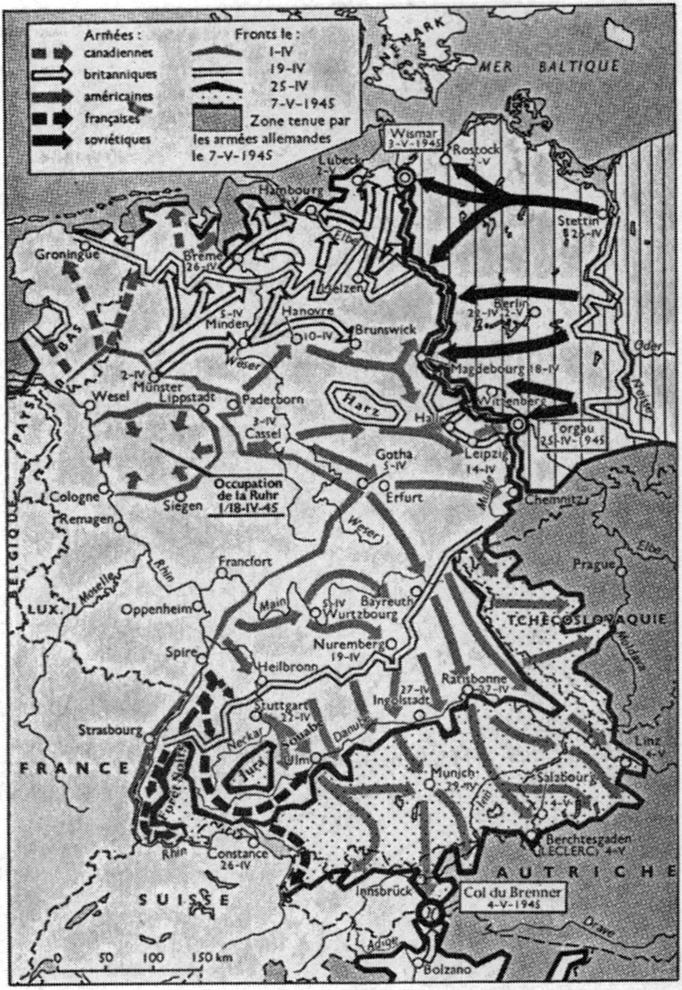

14. La fin de l'avance des Alliés en Allemagne.

Index

Table

collection tempus
Perrin

Déjà paru

50. *Histoire de l'Allemagne* – Henry Bogdan.
51. *Lieutenant de panzers* – August von Kageneck.
52. *Les hommes de Dien Bien Phu* – Roger Bruge.
53. *Histoire des Français venus d'ailleurs* – Vincent Viet.
54. *La France qui tombe* – Nicolas Baverez.
55. *Histoire du climat* – Pascal Acot.
56. *Charles Quint* – Philippe Erlanger.
57. *Le terrorisme intellectuel* – Jean Sévillia.
58. *La place des bonnes* – Anne Martin-Fugier.
59. *Les grands jours de l'Europe* – Jean-Michel Gaillard.
60. *Georges Pompidou* – Éric Roussel.
61. *Les États-Unis d'aujourd'hui* – André Kaspi.
62. *Le masque de fer* – Jean-Christian Petitfils.
63. *Le voyage d'Italie* – Dominique Fernandez.
64. *1789, l'année sans pareille* – Michel Winock.
65. *Les Français du Jour J* – Georges Fleury.
66. *Padre Pio* – Yves Chiron.
67. *Naissance et mort des Empires.*
68. *Vichy 1940-1944* – Jean-Pierre Azéma, Olivier Wieviorka.
69. *L'Arabie Saoudite en guerre* – Antoine Basbous.
70. *Histoire de l'éducation*, tome III – Françoise Mayeur.
71. *Histoire de l'éducation*, tome IV – Antoine Prost.
72. *La bataille de la Marne* – Pierre Miquel.
73. *Les intellectuels en France* – Pascal Ory, Jean-François Sirinelli.
74. *Dictionnaire des pharaons* – Pascal Vernus, Jean Yoyotte.
75. *La Révolution américaine* – Bernard Cottret.
76. *Voyage dans l'Égypte des Pharaons* – Christian Jacq.
77. *Histoire de la Grande-Bretagne* – Roland Marx, Philippe Chassaigne.
78. *Histoire de la Hongrie* – Miklós Molnar.
79. *Chateaubriand* – Ghislain de Diesbach.
80. *La Libération de la France* – André Kaspi.
81. *L'empire des Plantagenêt* – Martin Aurell.
82. *La Révolution française* – Jean-Paul Bertaud.

83. *Les Vikings* – Régis Boyer.
84. *Examen de conscience* – August von Kageneck.
85. *1905, la séparation des Églises et de l'État.*
86. *Les femmes cathares* – Anne Brenon.
87. *L'Espagne musulmane* – André Clot.
88. *Verdi et son temps* – Pierre Milza.
89. *Sartre* – Denis Bertholet.
90. *L'avorton de Dieu* – Alain Decaux.
91. *La guerre des deux France* – Jacques Marseille.
92. *Honoré d'Estienne d'Orves* – Étienne de Montety.
93. *Gilles de Rais* – Jacques Heers.
94. *Laurent le Magnifique* – Jack Lang.
95. *Histoire de Venise* – Alvise Zorzi.
96. *Le malheur du siècle* – Alain Besançon.
97. *Fouquet* – Jean-Christian Petitfils.
98. *Sissi, impératrice d'Autriche* – Jean des Cars.
99. *Histoire des Tchèques et des Slovaques* – Antoine Marès.
100. *Marie Curie* – Laurent Lemire.
101. *Histoire des Espagnols*, tome I – Bartolomé Bennassar.
102. *Pie XII et la Seconde Guerre mondiale* – Pierre Blet.
103. *Histoire de Rome*, tome I – Marcel Le Glay.
104. *Histoire de Rome*, tome II – Marcel Le Glay.
105. *L'État bourguignon 1363-1477* – Bertrand Schnerb.
106. *L'Impératrice Joséphine* – Françoise Wagener.
107. *Histoire des Habsbourg* – Henry Bogdan.
108. *La Première Guerre mondiale* – John Keegan.
109. *Marguerite de Valois* – Éliane Viennot.
110. *La Bible arrachée aux sables* – Werner Keller.
111. *Le grand gaspillage* – Jacques Marseille.
112. *« Si je reviens comme je l'espère » : lettres du front et de l'Arrière, 1914-1918* – Marthe, Joseph, Lucien et Marcel Papillon.
113. *Le communisme* – Marc Lazar.
114. *La guerre et le vin* – Donald et Petie Kladstrup.
115. *Les chrétiens d'Allah* – Lucile et Bartolomé Bennassar.
116. *L'Égypte de Bonaparte* – Jean-Joël Brégeon.
117. *Les empires nomades* – Gérard Chaliand.
118. *La guerre de Trente Ans* – Henry Bogdan.
119. *La bataille de la Somme* – Alain Denizot.
120. *L'Église des premiers siècles* – Maurice Vallery-Radot.
121. *L'épopée cathare*, tome I, *L'invasion* – Michel Roquebert.

122. *L'homme européen* – Jorge Semprún, Dominique de Villepin.
123. *Mozart* – Pierre-Petit.
124. *La guerre de Crimée* – Alain Gouttman.
125. *Jésus et Marie-Madeleine* – Roland Hureaux.
126. *L'épopée cathare*, tome II, *Muret ou la dépossession* – Michel Roquebert.
127. *De la guerre* – Carl von Clausewitz.
128. *La fabrique d'une nation* – Claude Nicolet.
129. *Quand les catholiques étaient hors la loi* – Jean Sévillia.
130. *Dans le bunker de Hitler* – Bernd Freytag von Loringhoven et François d'Alançon.
131. *Marthe Robin* – Jean-Jacques Antier.
132. *Les empires normands d'Orient* – Pierre Aubé.
133. *La guerre d'Espagne* – Bartolomé Bennassar.
134. *Richelieu* – Philippe Erlanger.
135. *Les Mérovingiennes* – Roger-Xavier Lantéri.
136. *De Gaulle et Roosevelt* – François Kersaudy.
137. *Historiquement correct* – Jean Sévillia.
138. *L'actualité expliquée par l'Histoire.*
139. *Tuez-les tous ! La guerre de religion à travers l'histoire* – Élie Barnavi, Anthony Rowley.
140. *Jean Moulin* – Jean-Pierre Azéma.
141. *Nouveau monde, vieille France* – Nicolas Baverez.
142. *L'Islam et la Raison* – Malek Chebel.
143. *La gauche en France* – Michel Winock.
144. *Malraux* – Curtis Cate.
145. *Une vie pour les autres. L'aventure du père Ceyrac* – Jérôme Cordelier.
146. *Albert Speer* – Joachim Fest.
147. *Du bon usage de la guerre civile en France* – Jacques Marseille.
148. *Raymond Aron* – Nicolas Baverez.
149. *Joyeux Noël* – Christian Carion.
150. *Frères de tranchées* – Marc Ferro.
151. *Histoire des croisades et du royaume franc de Jérusalem*, tome I, *1095-1130, L'anarchie musulmane* – René Grousset.
152. *Histoire des croisades et du royaume franc de Jérusalem*, tome II, *1131-1187, L'équilibre* – René Grousset.
153. *Histoire des croisades et du royaume franc de Jérusalem*, tome III, *1188-1291, L'anarchie franque* – René Grousset.
154. *Napoléon* – Luigi Mascilli Migliorini.

155. *Versailles, le chantier de Louis XIV* – Frédéric Tiberghien.
156. *Le siècle de saint Bernard et Abélard* – Jacques Verger, Jean Jolivet.
157. *Juifs et Arabes au XXe siècle* – Michel Abitbol.
158. *Par le sang versé. La Légion étrangère en Indochine* – Paul Bonnecarrère.
159. *Napoléon III* – Pierre Milza.
160. *Staline et son système* – Nicolas Werth.
161. *Que faire ?* – Nicolas Baverez.
162. *Stratégie* – B. H. Liddell Hart.
163. *Les populismes* (dir. Jean-Pierre Rioux).
164. *De Gaulle, 1890-1945*, tome I – Éric Roussel.
165. *De Gaulle, 1946-1970*, tome II – Éric Roussel.
166. *La Vendée et la Révolution* – Jean-Clément Martin.
167. *Aristocrates et grands bourgeois* – Éric Mension-Rigau.
168. *La campagne d'Italie* – Jean-Christophe Notin.
169. *Lawrence d'Arabie* – Jacques Benoist-Méchin.
170. *Les douze Césars* – Régis F. Martin.
171. *L'épopée cathare*, tome III, *Le lys et la croix* – Michel Roquebert.
172. *L'épopée cathare*, tome IV, *Mourir à Montségur* – Michel Roquebert.
173. *Henri III* – Jean-François Solnon.
174. *Histoires des Antilles françaises* – Paul Butel.
175. *Rodolphe et les secrets de Mayerling* – Jean des Cars.
176. *Oradour, 10 juin 1944* – Sarah Farmer.
177. *Volontaires français sous l'uniforme allemand* – Pierre Giolitto.
178. *Chute et mort de Constantinople* – Jacques Heers.
179. *Nouvelle histoire de l'Homme* – Pascal Picq.
180. *L'écriture. Des hiéroglyphes au numérique.*
181. *C'était Versailles* – Alain Decaux.
182. *De Raspoutine à Poutine* – Vladimir Fedorovski.
183. *Histoire de l'esclavage aux États-Unis* – Claude Fohlen.
184. *Ces papes qui ont fait l'histoire* – Henri Tincq.
185. *Classes laborieuses et classes dangereuses* – Louis Chevalier.
186. *Les enfants soldats* – Alain Louyot.
187. *Premiers ministres et présidents du Conseil* – Benoît Yvert.
188. *Le massacre de Katyn* – Victor Zaslavsky.
189. *Enquête sur les apparitions de la Vierge* – Yves Chiron.
190. *L'épopée cathare*, tome V, *La fin des Amis de Dieu* – Michel Roquebert.

191. *Histoire de la diplomatie française*, tome I.
192. *Histoire de la diplomatie française*, tome II.
193. *Histoire de l'émigration* – Ghislain de Diesbach.
194. *Le monde des Ramsès* – Claire Lalouette.
195. *Bernadette Soubirous* – Anne Bernet.
196. *Cosa Nostra. La mafia sicilienne de 1860 à nos jours* – John Dickie.
197. *Les mensonges de l'Histoire* – Pierre Miquel.
198. *Les négriers en terres d'islam* – Jacques Heers.
199. *Nelson Mandela* – Jack Lang.
200. *Un monde de ressources rares* – Le Cercle des économistes et Érik Orsenna.
201. *L'histoire de l'univers et le sens de la création* – Claude Tresmontant.
202. *Ils étaient sept hommes en guerre* – Marc Ferro.
203. *Précis de l'art de la guerre* – Antoine-Henri Jomini.
204. *Comprendre les États-unis d'aujourd'hui* – André Kaspi.
205. *Tsahal* – Pierre Razoux.
206. *Pop philosophie* – Mehdi Belahj Kacem, Philippe Nassif.
207. *Le roman de Vienne* – Jean des Cars.
208. *Hélie de Saint Marc* – Laurent Beccaria.
209. *La dénazification* (dir. Marie-Bénédicte Vincent).
210. *La vie mondaine sous le nazisme* – Fabrice d'Almeida.
211. *Comment naissent les révolutions*.
212. *Comprendre la Chine d'aujourd'hui* – Jean-Luc Domenach.
213. *Le second Empire* – Pierre Miquel.
214. *Les papes en Avignon* – Dominique Paladilhe.
215. *Jean Jaurès* – Jean-Pierre Rioux.
216. *La Rome des Flaviens* – Catherine Salles.
217. *6 juin 44* – Jean-Pierre Azéma, Philippe Burrin, Robert O. Paxton.
218. *Eugénie, la dernière impératrice* – Jean des Cars.
219. *L'homme Robespierre* – Max Gallo.
220. *Les Barbaresques* – Jacques Heers.
221. *L'élection présidentielle en France, 1958-2007* – Michel Winock.
222. *Histoire de la Légion étrangère* – Georges Blond.
223. *1 000 ans de jeux Olympiques* – Moses I. Finley, H. W. Pleket.
224. *Quand les Alliés bombardaient la France* – Eddy Florentin.

225. *La crise des années 30 est devant nous* – François Lenglet.
226. *Le royaume wisigoth d'Occitanie* – Joël Schmidt.
227. *L'épuration sauvage* – Philippe Bourdrel.
228. *La révolution de la Croix* – Alain Decaux.
229. *Frédéric de Hohenstaufen* – Jacques Benoist-Méchin.
230. *Savants sous l'Occupation* – Nicolas Chevassus-au-Louis.
231. *Moralement correct* – Jean Sévillia.
232. *Claude Lévi-Strauss, le passeur de sens* – Marcel Hénaff.
233. *Le voyage d'automne* – François Dufay.
234. *Erbo, pilote de chasse* – August von Kageneck.
235. *L'éducation des filles en France au* XIX*e* *siècle* – Françoise Mayeur.
236. *Histoire des pays de l'Est* – Henry Bogdan.
237. *Les Capétiens* – François Menant, Hervé Martin, Bernard Merdrignac, Monique Chauvin.
238. *Le roi, l'empereur et le tsar* – Catrine Clay.
239. *Neanderthal* – Marylène Patou-Mathis.
240. *Judas, de l'Évangile à l'Holocauste* – Pierre-Emmanuel Dauzat.
241. *Le roman vrai de la crise financière* – Olivier Pastré, Jean-Marc Sylvestre.
242. *Comment l'Algérie devint française* – Georges Fleury.
243. *Le Moyen Âge, une imposture* – Jacques Heers.
244. *L'île aux cannibales* – Nicolas Werth.
245. *Policiers français sous l'Occupation* – Jean-Marc Berlière.
246. *Histoire secrète de l'Inquisition* – Peter Godman.
247. *La guerre des capitalismes aura lieu* – Le Cercle des économistes (dir. Jean-Hervé Lorenzi).
248. *Les guerres bâtardes* – Arnaud de La Grange, Jean-Marc Balencie.
249. *De la croix de fer à la potence* – August von Kageneck.
250. *Nous voulions tuer Hitler* – Philipp Freiherr von Boeselager.
251. *Le soleil noir de la puissance, 1796-1807* – Dominique de Villepin.
252. *L'aventure des Normands,* VIII*e*- XIII*e* *siècle* – François Neveux.
253. *La spectaculaire histoire des rois des Belges* – Patrick Roegiers.
254. *L'islam expliqué par* – Malek Chebel.
255. *Pour en finir avec Dieu* – Richard Dawkins.
256. *La troisième révolution américaine* – Jacques Mistral.
257. *Les dernières heures du libéralisme* – Christian Chavagneux.
258. *La Chine m'inquiète* – Jean-Luc Domenach.

259. *La religion cathare* – Michel Roquebert.
260. *Histoire de la France*, tome I, *1900-1930* – Serge Berstein, Pierre Milza.
261. *Histoire de la France*, tome II, *1930-1958* – Serge Berstein, Pierre Milza.
262. *Histoire de la France*, tome III, *1958 à nos jours* – Serge Berstein, Pierre Milza.
263. *Les Grecs et nous* – Marcel Detienne.
264. *Deleuze* – Alberto Gualandi.
265. *Le réenchantement du monde* – Michel Maffesoli.
266. *Spinoza* – André Scala.
267. *Les Français au quotidien, 1939-1949* – Éric Alary, Bénédicte Vergez-Chaignon, Gilles Gauvin.
268. *Teilhard de Chardin* – Jacques Arnould.
269. *Jeanne d'Arc* – Colette Beaune.
270. *Crises, chaos et fins de monde.*
271. *Auguste* – Pierre Cosme.
272. *Histoire de l'Irlande* – Pierre Joannon.
273. *Les inconnus de Versailles* – Jacques Levron.
274. *Ils ont vécu sous le nazisme* – Laurence Rees.
275. *La nuit au Moyen Âge* – Jean Verdon.
276. *Ce que savaient les Alliés* – Christian Destremau.
277. *François Ier* – Jack Lang.
278. *Alexandre le Grand* – Jacques Benoist-Méchin.
279. *L'Égypte des Mamelouks* – André Clot.
280. *Les valets de chambre de Louis XIV* – Mathieu Da Vinha.
281. *Les grands sages de l'Égypte ancienne* – Christian Jacq.
282. *Armagnacs et Bourguignons* – Bertrand Schnerb.
283. *La révolution des Templiers* – Simonetta Cerrini.
284. *Les crises du capitalisme.*
285. *Communisme et totalitarisme* – Stéphane Courtois.
286. *Les chasseurs noirs* – Christian Ingrao.
287. *Averroès* – Ali Benmakhlouf.
288. *Les guerres préhistoriques* – Lawrence H. Keeley.
289. *Devenir de Gaulle* – Jean-Luc Barré.
290. *Lyautey* – Arnaud Teyssier.
291. *Fin de monde ou sortie de crise ?* – Le Cercle des économistes (dir. Pierre Dockès et Jean-Hervé Lorenzi).
292. *Madame de Montespan* – Jean-Christian Petitfils.
293. *L'extrême gauche plurielle* – Philippe Raynaud.

294. *La guerre d'indépendance des Algériens* (prés. Raphaëlle Branche).
295. *La France de la Renaissance* – Arlette Jouanna.
296. *Verdun 1916* – Malcolm Brown.
297. *Lyotard* – Alberto Gualandi.
298. *Catherine de Médicis* – Jean-François Solnon.
299. *Le XXe siècle idéologique et politique* – Michel Winock.
300. *L'art nouveau en Europe* – Roger-Henri Guerrand.
301. *Les salons de la IIIe République* – Anne Martin-Fugier.
302. *Lutèce* – Joël Schmidt.
303. *Les aventurières de Dieu* – Elisabeth Dufourcq.
304. *Chiisme et politique au Moyen-Orient* – Laurence Louër.
305. *La chute ou l'Empire de la solitude 1807-1814* – Dominique de Villepin.
306. *Louis II de Bavière* – Jean des Cars.
307. *L'Égypte des grands pharaons* – Christian Jacq.
308. *La Deuxième Guerre mondiale* – John Keegan.
309. *Histoire du libertinage* – Didier Foucault.
310. *L'affaire Cicéron* – François Kersaudy.
311. *Les Gaulois contre les Romains* – Joël Schmidt.
312. *Le soufre et le moisi* – François Dufay.
313. *Histoire des Étrusques* – Jean-Marc Irollo.
314. *Le plaisir au Moyen Âge* – Jean Verdon.
315. *Cro Magnon* – Marcel Otte.
316. *La ligne de démarcation* – Éric Alary.
317. *Histoires de Berlin* – Bernard Oudin, Michèle Georges.
318. *Histoire de l'armée allemande* – Philippe Masson.

À paraître

La guerre de Cent Ans – Georges Minois.
La santé de Louis XIV – Stanis Perez.
La mémoire des pieds-noirs – Joëlle Hureau.
Pascal – Francesco Paolo Adorno.

Composition Nord Compo
Villeneuve-d'Ascq

Impression réalisée par

BRODARD & TAUPIN

La Flèche (Sarthe), le 24-02-2010
pour le compte des Éditions Perrin
11, rue de Grenelle
Paris 7e

N° d'édition : 2573 – N° d'impression : 56789
Dépôt légal : mars 2010
Imprimé en France

13

Le xxe siècle est, pour l'armée française, celui des triomphes, des mécomptes, des déchirements et des bouleversements. Victorieuse à l'arraché en 1918, la voilà consacrée première armée du monde, mais incapable de résister plus de quarante jours au Reich. Ecartelée en plusieurs forces jusqu'en 1945, elle se trouve ballottée de guerres coloniales en guerre froide, tout en s'adaptant à la révolution nucléaire. Enfin, vient l'heure des choix européens et de la professionnalisation, sources de nouvelles interrogations. Il faut la clarté de Philippe Masson pour pointer les enjeux de ce siècle de fer.

512 pages – 10 €